Studientexte zur Soziologie

Reihe herausgegeben von

Dorett Funcke, Institut für Soziologie, FernUniversität in Hagen, Hagen, Deutschland

Frank Hillebrandt, Institut für Soziologie, FernUniversität in Hagen, Hagen, Deutschland

Uwe Vormbusch, Institut für Soziologie, FernUniversität in Hagen, Hagen, Deutschland

Sylvia Marlene Wilz, Institut für Soziologie, FernUniversität in Hagen, Hagen, Deutschland

Die „Studientexte zur Soziologie" wollen eine größere Öffentlichkeit für Themen, Theorien und Perspektiven der Soziologie interessieren. Die Reihe soll in klassische und aktuelle soziologische Diskussionen einführen und Perspektiven auf das soziale Handeln von Individuen und den Prozess der Gesellschaft eröffnen. In langjähriger Lehre erprobt, sind die Studientexte als Grundlagentexte in Universitätsseminaren, zum Selbststudium oder für eine wissenschaftliche Weiterbildung auch außerhalb einer Hochschule geeignet. Wichtige Merkmale sind eine verständliche Sprache und eine unaufdringliche, aber lenkende Didaktik, die zum eigenständigen soziologischen Denken anregt. Herausgegeben vom Institut für Soziologie der FernUniversität in Hagen, repräsentiert durch Dorett Funcke, Frank Hillebrandt, Uwe Vormbusch, Sylvia Marlene Wilz, FernUniversität in Hagen, Deutschland

Weitere Bände in der Reihe http://www.springer.com/series/12376

Dorett Funcke

Die gleichgeschlechtliche Familie

Soziologische Fallstudien

 Springer VS

Dorett Funcke
FernUniversität in Hagen
Hagen, Deutschland

Studientexte zur Soziologie
ISBN 978-3-658-31335-7   ISBN 978-3-658-31336-4 (eBook)
https://doi.org/10.1007/978-3-658-31336-4

Die Deutsche Nationalbibliothek verzeichnet diese Publikation in der Deutschen Nationalbibliografie; detaillierte bibliografische Daten sind im Internet über http://dnb.d-nb.de abrufbar.

© Der/die Herausgeber bzw. der/die Autor(en), exklusiv lizenziert durch Springer Fachmedien Wiesbaden GmbH, ein Teil von Springer Nature 2021
Das Werk einschließlich aller seiner Teile ist urheberrechtlich geschützt. Jede Verwertung, die nicht ausdrücklich vom Urheberrechtsgesetz zugelassen ist, bedarf der vorherigen Zustimmung des Verlags. Das gilt insbesondere für Vervielfältigungen, Bearbeitungen, Übersetzungen, Mikroverfilmungen und die Einspeicherung und Verarbeitung in elektronischen Systemen.
Die Wiedergabe von allgemein beschreibenden Bezeichnungen, Marken, Unternehmensnamen etc. in diesem Werk bedeutet nicht, dass diese frei durch jedermann benutzt werden dürfen. Die Berechtigung zur Benutzung unterliegt, auch ohne gesonderten Hinweis hierzu, den Regeln des Markenrechts. Die Rechte des jeweiligen Zeicheninhabers sind zu beachten.
Der Verlag, die Autoren und die Herausgeber gehen davon aus, dass die Angaben und Informationen in diesem Werk zum Zeitpunkt der Veröffentlichung vollständig und korrekt sind. Weder der Verlag, noch die Autoren oder die Herausgeber übernehmen, ausdrücklich oder implizit, Gewähr für den Inhalt des Werkes, etwaige Fehler oder Äußerungen. Der Verlag bleibt im Hinblick auf geografische Zuordnungen und Gebietsbezeichnungen in veröffentlichten Karten und Institutionsadressen neutral.

Planung/Lektorat: Cori Antonia Mackrodt
Springer VS ist ein Imprint der eingetragenen Gesellschaft Springer Fachmedien Wiesbaden GmbH und ist ein Teil von Springer Nature.
Die Anschrift der Gesellschaft ist: Abraham-Lincoln-Str. 46, 65189 Wiesbaden, Germany

Inhaltsverzeichnis

Teil I Theorie und Methoden

1 Familienforschung und theoretische Vorüberlegungen............ 3
  1.1 Der soziale Wandel der Familie............................ 3
  1.2 Die Konstitution des Gegenstandes „Familie"................ 5
  1.3 Eine spezifische alternative Lebensform – Das gleichgeschlechtliche Frauenpaar mit über Samenspende gezeugten Kindern........................ 18
  1.4 Einbettungsstrukturen – Drei-Ebenen-Modell................ 25
  1.5 Dimensionsanalyse – Das Feld möglicher Fälle.............. 29

2 Forschungspraktisches, methodisches Vorgehen und methodologische Fragen... 47
  2.1 Einige Vorbemerkungen................................... 47
  2.2 Das Untersuchungsvorhaben............................... 49
  2.3 Fallrekonstruktive Forschung............................. 53
  2.4 Forschungspraktisches................................... 61
  2.5 Typenbildung... 74

Teil II Fallrekonstruktionen und Typenbildung

3 Die Radikalen... 79
  3.1 Testierbare Daten: Familienbildung mithilfe anonymer Samenspenden... 79
  3.2 Homologie zum Herkunftsmilieu: Das Prinzip der sozialen Vergemeinschaftung...................................... 81
  3.3 Paarbildung und Kinderwunsch............................ 93
  3.4 Eingangssequenz: Familienbildungsprozess................. 96

3.5	Weitere ausgewählte Interviewstellen und Familienfoto	102
3.6	Deutungsmuster Samenspende	116
3.7	Fallstrukturgeneralisierung – Auf dem Weg zu einer Typologie	130

4 Die Moderaten 147
- 4.1 Testierbare Daten: Familienbildung mithilfe einer „halb-offenen" Samenspende 147
- 4.2 Heterologie zum Herkunftsmilieu: Das Prinzip der Gleichursprünglichkeit von Ablehnung und Zustimmung 149
- 4.3 Eine ethnografische Annäherung an den Fall 168
- 4.4 Die Strukturtransformation vom Paar zur Familie 182
- 4.5 Die Deontologie der Kernfamilie 190
- 4.6 Deutungsmuster Samenspende 211
- 4.7 Theoriebildung: Erweiterter Entwurf – Zwischenergebnisse 230

5 Die Konservativen 239
- 5.1 Testierbare Daten: Familienbildung mithilfe eines Samenspenders aus dem sozialen Nahbereich 239
- 5.2 Heterologie zum Herkunftsmilieu: Frauendominanz und strukturelle Abwesenheit von Vätern 242
- 5.3 Eine ethnografische Annäherung an den Fall 267
- 5.4 Der Prozess der Familiengründung 278
- 5.5 Das Thema der Herstellung von Ähnlichkeit 293
- 5.6 Verwandtschaftlichung eines Freundschaftsverhältnisses 309
- 5.7 Die Regenbogenfamilie als Kleinfamilie 312

Teil III Familie als Gegenstand der Soziologie

6 Zusammenfassung und abschließende Theoriebildung 331
- 6.1 Synopse der dritten Fallinterpretation 331
- 6.2 Familienstrukturelle Grundlagen und die Anerkennung der kulturellen Norm der Kernfamilie – Diskrepanz zwischen normativer Bedeutung und praktischem Vollzug 335
- 6.3 Erosionsprozesse im Bereich der Familie – Das Beispiel der gleichgeschlechtlichen Inseminationsfamilie 348
- 6.4 Familie als Gegenstand der Soziologie 352

Literatur 363

Abbildungsverzeichnis

Abb. 1.1	Dimension – Distanz zum Samenspender	31
Abb. 1.2	Dimension – Distanz zum Samenspender, erweitert	32
Abb. 1.3	Pole – A Integrierer/B Ausschließer und Zeugungspraktiken	33
Abb. 1.4	Dimension – Grad der Anonymität der Samenspende	34
Abb. 1.5	Dimension – Homologie/Heterologie zur Herkunftsfamilie	37
Abb. 1.6	Dimension – Homologie/Heterologie zur Herkunftsfamilie	38
Abb. 1.7	Dimension – Homologie/Heterologie zur Herkunftsfamilie	39
Abb. 1.8	Dimension – Homologie/Heterologie zur Herkunftsfamilie	43
Abb. 1.9	Dimension – Konflikt der Partnerin der Mutter mit dem Samenspender	45
Abb. 1.10	Dimension – Konflikt der Partnerin der Mutter mit dem Samenspender	46
Abb. 3.1	Genogramm Fuertes/Hoffmann	82
Abb. 3.2	Überkreuzweise Elternschaft	103
Abb. 3.3	Drei-Väter-Konstruktion	115
Abb. 4.1	Genogramm Bauer/Dallmeyer	150
Abb. 4.2	Schematische Darstellung des Klingelschildes	171
Abb. 4.3	Eine mögliche Darstellung der Namen auf dem Klingelschild	172
Abb. 4.4	Protokoll der Sitzordnung und des Wohnbereichs (Interview vom März 2005)	174
Abb. 4.5	Sitzordnung zum zweiten Gespräch im August 2006	177
Abb. 4.6	Sitzordnung zum ersten Gespräch im März 2005	178
Abb. 5.1	Genogramm Dagmar und Cornelia Meisner	243
Abb. 5.2	Genogramm Dieter und Manfred Gärtner	255

Abb. 5.3	Grafische Darstellung des Klingelschildes.	268
Abb. 5.4	Grafische Darstellung der Begrüßungsszene	270
Abb. 5.5	Protokoll der Sitzordnung und des Wohnbereichs	271
Abb. 5.6	Familienfoto	275

Vorwort

Das Buch hat eine lange Reise hinter sich. Erste Erhebungen fallen in die Zeit, als ich begann, meine Promotion abzuschließen. Das liegt viele Jahre zurück. Teilabschnitte des vorliegenden Textes sind in Zeitschriftenartikel (2007a, 2009a, 2011, 2014a, 2019a), in Buchbeiträge (2008, 2014b, 2018) und in einen Studienbrief der FernUniversität in Hagen (2017a) eingegangen. Das Manuskript ist im wahrsten Sinne des Wortes viel mit mir herumgereist. Da gab es berufsbedingt mehrere Ortswechsel, auch Pendelstrecken waren in Kauf zu nehmen; prekäre Anstellungsverhältnisse mit hohem Lehrdeputat, einschließlich so wunderbarer Neuanfänge wie die Berufung auf die Ernsting's family Junior-Stiftungsprofessur an die FernUniversität in Hagen lenkten die Aufmerksamkeit nicht selten auf anderes, das eben getan werden musste und auch Zeit brauchte, um als Erfahrung in die eigene Biografie eingehen zu können. Man könnte meinen, dass das Leben so manches Mal zu viel gestört hätte, um konzentriert am eigentlichen Forschungsgegenstand arbeiten zu können. Aber der Prozess an sich – ohne all diese Äußerlichkeiten –, die hermeneutische Arbeit selbst, bei der man in die Tiefe des Materials abtaucht und sich der Sache selbst überantwortet, hat auch gedauert. Ist es doch so, dass die produktive Aktivität ihren ungehinderten Selbstlauf erst dann beginnt, wenn man sich in mimetischer Anpassung vom Gegenstand, materialisiert in dieser Forschungsarbeit in verschiedenen Datensorten, determinieren lässt. Erst dann „taucht ja" – so hat es Ferdinand Zehentreiter in seinem Adorno-Buch formuliert – der neue Gedanke „spontan, unvermittelt auf im Magnetfeld der Sache selbst, spekulativ im radikalsten Sinne" (2019: 263 f.). Oft liegt man, ähnlich wie bei einer Jagd, statt auf dem Hochsitz am Schreibtisch sitzend auf der Lauer, um im Material ungewöhnliche Beobachtungen zu machen, die wiederum neue theoretische Überlegungen anzustoßen vermögen. Und läuft es nicht gut, so hat jede/r erfahrene Wissenschaftler/in ihre individuellen Praktiken entwickelt, die zwar manches Mal so gar nicht nach Arbeit aussehen, aber helfen, im Vertrauen auf die autonomen Qualitäten des Gegenstandes ins produktive Denken hineinzufinden. Thomas Bernhards „Lebensfreundin" Hedwig Stavianicek wusste intuitiv darum, wie bedeutsam für den Schreibprozess es ist, die ästhetische Sensibilität zu erhalten. So ermunterte sie ihn während einer Schreibkrise: „So spiel er doch mal wieder Geige" (vgl. Funcke 2007a). Es ist wohl schwerlich an den Universitäten heute durchzusetzen, dass um die Entstehung von Neuem über kreative Theoriebildungsprozesse zu ermöglichen, es solcher freien Nachmittage braucht, wie sie Hemingway für sich einzurichten wusste: nach getanem Schreibwerk am Vormittag ging er angelnd die Natur genießen, gut zu besichtigen auf zahlreichen Fotografien im Hemingway-Museum in Key West.

Ans Ende und zum Abschluss kommt eine wissenschaftliche Arbeit nicht, darauf haben viele große und bedeutende Wissenschaftler immer wieder hingewiesen. Lawrence Sterne hat in seinem Roman „Tristram Shandy" (1759/1964) mit dem ihm eigentümlichen Witz zur Darstellung seiner Erzählung im Roman einmal Folgendes angemerkt, das man leicht auch auf wissenschaftliche Forschungsarbeiten übertragen kann: „Könnte ein Geschichtsschreiber seine Geschichte so vor sich hertreiben wie ein Maultiertreiber den Maulesel – geradeaus, sagen wir: von Rom nach Loreto, ohne sich nach rechts oder links umzusehen –, so dürfte er es wagen, Ihnen auf die Stunde vorauszusagen, wann er das Ende seiner Reise erreicht haben werde; doch in der Welt des Geistes ist das unmöglich [...] [Denn] das Auge [des Geschichtsschreibers] wird ohne Unterlass von Aussichten und Ansichten in Anspruch genommen sein, und er wird ebenso wenig umhinkönnen, vor ihnen haltzumachen, wie er es zustande zu bringen vermöchte zu fliegen. Er wird zudem verschiedene Nachrichten zu vergleichen/ Anekdoten zu sammeln/Inschriften zu entziffern/Geschichten einzuweben/Überlieferungen zu sichten/Großen Herren aufzuwarten [...] haben, von welchen Aufgaben sowohl der Maultiertreiber als auch der Maulesel selber befreit sind. Alles in allem: Vor jedem Abschnitt gibt's Archive zu durchstöbern und Schriftrollen, Urkunden und Dokumente und endlose Geschlechtsregister zu lesen, vor welchen haltzumachen und auf welche einzugehen die Gerechtigkeit und Billigkeit ihn stets von neuem auffordern. Kurzum, das Ende ist an keiner Stelle abzusehen" (Sterne 1759/1964: 45 f.).

Dass eine Forschungsarbeit dann doch einmal an ein Ende gelangt und als Monographie zur Kritik in die scientific community entlassen wird, hat vermutlich ganz verschiedene Gründe, hier waren es hauptsächlich zwei: Zum einen trat am Material der Fälle dann doch, zumindest für mich, nichts mehr Neues zutage und zum anderen besteht der Drang, überraschende Befunde dieser Arbeit in einem neuen Forschungsfeld mit einem neuen Gegenstand zu untersuchen und auf ihre Gültigkeit und Folgen hin zu interpretieren.

Die Entstehung und Arbeit an diesem Buch ist verknüpft mit einzelnen Menschen, Institutionen und Kollektiven, denen ich mich verbunden fühle und dankbar bin, dass sie mich unterstützt haben. Erste mikrologische Interpretationen und Genogrammanalysen fanden statt im Forschungskolloquium am Institut für Soziologie der Friedrich-Schiller-Universität in Jena. Bruno Hildenbrand gebührt hier mein herzlicher Dank. Als es daranging, erste Ergebnisse aus der Forschungsarbeit zu publizieren, waren es die Herausgeber der Zeitschrift „Sozialer Sinn" (2007b) und Ulrike Borst als Mitherausgeberin der Zeitschrift „Familiendynamik" (2009), die sich entgegen kritischer Stimmen, die es ethisch nicht für vertretbar hielten, über eine solche Familienform zu schreiben, sich für eine Veröffentlichung einsetzten. Danken möchte ich für Diskussionen, die Bereitschaft, sich in Detailanalysen bedingungslos verstricken zu lassen und auch für kritische Anmerkungen unterschiedlichster Art: Karl Friedrich Bohler, Tobias Franzheld, Sascha Liebermann, Thomas Loer, Claudia Peter, Andrea Riecke und Christine Wiezorek. Dank gebührt meinen Promovendinnen, Annemaria Köhler, Franziska Krüger, Julia Gosert und Sarah Bauer, die mich auch immer wieder an ihrem Fallmaterial mit ihnen gemeinsam die mikrologische Entzifferung sozialer Gehalte üben ließen. Und ohne das Eingebettetsein in eine so kollegiale Arbeitsumgebung wie ich sie am Institut für Soziologie der FernUniversität in Hagen erfahre, wo auch ein geteiltes Interesse an der Welt der Mikroformationen besteht, ist die Entstehungsgeschichte dieses Buches nicht zu erzählen. Für ausdauernden Zuspruch, Ermunterung, anhaltendes Interesse, geteilte Freude und Begeisterung, Zuversicht und Optimismus sowie praktische Urteilskraft in allen Lebensdingen danke ich meinem Mann Martin Gold.

Wietstock
den 11.03.2021

Einleitung[1]

Das Interview, aus dem ich im Folgenden einen Ausschnitt zitiere, wurde wie die meisten Interviews, die ich mit gleichgeschlechtlichen Frauenpaaren, die ein Kind mithilfe einer Samenspende gezeugt haben, um das Jahr 2005 geführt. Das Lebenspartnerschaftsgesetz, das gleichgeschlechtlichen Paaren das Zusammenleben in einer eingetragenen Lebenspartnerschaft erlaubte, war vier Jahre zuvor, 2001, gerade verabschiedet. Und drei Jahre später (2004) wurde im Zuge der Novellierung dieses Gesetzes die Stiefkindadoption eingeführt, die dem Partner/ der Partnerin des leiblichen Elternteils erlaubte, das Kind zu adoptieren. Es folgten viele weitere Bundesverfassungsgerichtsurteile, durch die in den folgenden Jahren die Lebensgemeinschaft gleichgeschlechtlicher Paare der Ehe Schritt für Schritt angeglichen wurde. So sprach das Bundesverfassungsgericht Lebenspartnern die gleichen Rechte bei der Hinterbliebenenversorgung im öffentlichen Dienst zu (2009), gleiche Freibeträge bei der Erbschaftssteuer (2010), das Recht zum Ehegattensplitting (2013) und die Möglichkeit, auch adoptierte Kinder des Lebenspartners anzunehmen (2013). Seitdem gelten gleichgeschlechtliche Paare und ihre Kinder als eine Familie im Sinne von Artikel 6 des GG. Und: Mit der Entscheidung des Bundesrates am 1. Juli 2017, Lesben und Schwule rechtlich heterosexuellen Paaren völlig gleichzustellen („Ehe für alle"), ist gleichgeschlechtlichen Paaren auch das uneingeschränkte Adoptionsrecht zugesprochen worden. Das letzte Puzzlestück, um diese Lebensform mit Kindern der heterosexuellen Familie gleichzustellen, war gesetzt. Während vor 30 Jahren gleichgeschlechtliche Paare nicht in einer Familie leben konnten, so können zu Beginn des 21. Jahrhunderts,

---

[1] Ich danke herzlich Franziska Krüger, Julia Gosert, Victoria Fabian und Hannah Kuster für ihr gründliches Lektorat der Rohfassung.

die von einem damaligen Lebensmodell noch völlig Ausgeschlossenen, heute offen in einer selbst gegründeten Familie mit eigenen Kindern leben.

I   *Und was haben Sie dann gesagt, als sie dann gefragt hat?*
A   *Dass sie einen Papa hat (?)*
I   *Ja.*
A   *Da habe ich gesagt, nö, sie hat halt eine Mama und eine Mami.*
B   *Und das erzählt sie auch jedem. Also ((lacht)), wenn jemand, wenn die Verkäuferin im Laden zum Beispiel gesagt hat: ‚Gib das mal der Mami' oder so, dann sagt die Klara [Name des Kindes]: „Mami ist auf der Arbeit",*
A   *Da war die Klara zwei und da war ich mit ihr hier drüben auf dem Spielplatz und dann sagte sie – ich saß so ein Stückchen weiter weg – sie ging da, sie ging halt und da war da so eine ältere Dame. Dann sagt sie, da stand sie und guckt so nach mir und dann sagt die ältere Dame: „Ah, da drüben ist doch deine Mama". Klara dreht sich um und sagt: „Die Mama ist zu Hause am Computer", also weil B immer viel am Computer sitzt.*
I   *((lacht))*
A   *Und dann sagt die ältere Dame, da sie dachte, dass Klara Mama und Oma vielleicht verwechselt, sagt sie: „Ach, deine Oma ist zu Hause". Und Klara hat, ich habe das so von der Ferne gehört, und sie hat gesagt: „Die Mama ist zu Hause am Computer, das da ist meine Mami"*

Der Kontext dieser Interviewstelle ist bestimmt durch das Thema, wie ein gleichgeschlechtliches Frauenpaar mit den Fragen des Kindes nach dem Vater umgeht. Die beiden Frauen haben in diesem Fall eine anonyme Samenspende gewählt, um sich ihren Kinderwunsch zu erfüllen. Weder sie noch ihr Kind kann und wird in Zukunft wissen können, wer der leibliche Vater ist. Es handelt sich um einen Fall, der sich zur Regelstruktur der Kernfamilie einerseits maximal distanziert verhält, andererseits sich aber in Zusammenhängen wie die der Anredeformen (Mama/Mami) und der damit verbundenen minimalen Differenzherstellung auf der Ebene des Elternpaares konformitätsbereit gegenüber der Ordnungsstruktur der Kernfamilie zeigt. Eine Aufgabe der Forschungsarbeit ist im Vergleich ganz unterschiedlicher Fälle von gleichgeschlechtlichen Frauenpaaren, die sich ihren Kinderwunsch mithilfe einer Samenspende erfüllt haben, herauszuarbeiten, wie typenspezifisch verschieden sich ins Verhältnis zur Nonkonformität gesetzt wird, welche Folgen daraus resultieren und ob über die einzelnen Fälle hinaus, ein generalisiertes Allgemeines auszumachen ist, aus dem sich eine Erkenntnis über den Gegenstand Familie ableiten lässt. Die forschungsleitenden Fragen dabei waren folgende, die – wie die oben zitierte Interviewstelle zeigt – auch von der Lebenspraxis dieser sozialen Lebensform beantwortet werden müssen: Welcher Rahmen wird, um eine sozialisatorische Interaktion zu ermöglichen, von einem gleichgeschlechtlichen Frauenpaar entworfen? Wie wird, wenn der Mann als Vater fehlt, der in der Kernfamilie mit der Mutter des Kindes ein Paar bildet, mit der Strukturposition des Vaters umgegangen? Welcher Platz wird in dem Ganzen der Frau zugewiesen, die nicht Mutter ist, sondern mit der zweiten Frau in einer gleichgeschlechtlichen Paarbeziehung lebt? Wie wird mit der kulturellen Norm der Kernfamilie umgegangen, die von außen an sie herangetragen wird? Also: Wie reagieren die gleichgeschlechtlichen Paare auf die Handlungszumutung, die die Kehrseite der Freiheit darstellt, die aus der eingenommenen Distanz zur Regelstruktur der Kernfamilie resultiert, nach Maßgabe einer selbst gesetzten Choreografie ein Zusammenleben als gleichgeschlechtliches Frauenpaar mit Kind(ern) zu gestalten? Die Konstruktion einer Dreiertypologie wird zeigen – ohne hier einen quantifizierenden Typenbildungsprozess zu verfolgen –, welche verschiedenen Lösungen gefunden werden und worin das Allgemeine besteht, das allen Typen gemeinsam ist.

Ein allgemeiner Befund, der nicht den individuellen Konstellationen der Fälle entspringt, sondern ein Ergebnis der fallvergleichenden Analyse ist und somit für einen tieferen Zusammenhang steht, ist folgender: Es spricht einiges dafür, dass so neue Lebensgemeinschaften, wie die gleichgeschlechtliche Inseminationsfamilie, ein in die Krise geratenes Lebensmodell mit ganz neuer Legitimationskraft versorgen. Die gleichgeschlechtliche Inseminationsfamilie ist keineswegs ein weiteres Beispiel in einer Kette von Argumenten, mit denen der alten Institution Familie im Anschluss an das Narrativ vom Niedergang, ihr Zerfall, ihr Ende oder ihr Tod bescheinigt werden kann. Das Gegenteil trifft zu. Wir haben es hier mit einer Gruppe zu tun, die sich nicht vom Modell der Kernfamilie emanzipiert, sondern in ihren typischen Reaktionen auf die Folgen der Abweichung vom „Standardmodell" ihren Willen zur Konvention ausdrückt und damit die Institution „Familie" bekräftigt. Dieser zeigt sich darin, dass auf den Auseinanderfall von Biologischem und Sozialem, das in der Kernfamilie zur Deckung kommt, mit Re-Integrationsbewegungen reagiert wird, für die das Modell der bürgerlichen Familie, in der institutionell Ehe, exklusive Monogamie und biologische Elternschaft verknüpft sind, Pate steht. Ich werde im Folgenden anhand von drei Beispielen illustrieren, was damit gemeint ist, dass man an diesen Fällen von Familie immer wieder sehen kann, dass Handlungsweisen am Wirken sind, die darauf zielen, auf die durch die Abweichung von der Kernfamilie gewonnene Freiheit mit einem Entwurf zu reagieren, in dem alte Orientierungsbestände der Kernfamilie keineswegs außer Kraft gesetzt sind.

Abb. 1 Eine gleichgeschlechtliche Familie (a). (Quelle: eigene Darstellung)

Zum ersten Beispielfall: Er stammt aus einer Talkshow mit Günther Jauch, in der drei verschiedene gleichgeschlechtliche Paare mit Kindern vorgestellt worden. Das Thema der Sendung „Die homosexuelle Familie" wurde zu dieser Zeit (2013) emphatisch diskutiert, es ging um das gemeinsame Adoptionsrecht und die steuerliche Gleichstellung. Zu Gast in der Talkshow war ein ehemaliger Oberbürgermeister einer deutschen Stadt. Er berichtete von der lesbischen Beziehung seiner Tochter, die mit ihrer Partnerin ein Kind hat, das sie zusammen mit einem schwulen Paar erziehen. Einer davon ist der Samenspender. Das Foto, das uns Zuschauern gezeigt wurde, zeigt Folgendes (Abb. 1):

Die Partnerin der Mutter hält das Kind auf dem Arm. Links und rechts von der Frau mit dem Kind stehen die leiblichen Eltern. So gesagt: Die Reproduktionstriade hat sich aufgespalten und die Frau, die mit dem Kind nicht blutsverwandt ist, integriert. Die leiblichen Eltern sind auseinandergerückt, sodass die Partnerin im Binnenraum Gelegenheit erhält, über mehr Nähe zum Kind eine Art leibliche Mutter für das Kind zu sein. Dass der Partner des Samenspenders hier am Rand steht, und nicht von der Reproduktionstriade mit eingeschlossen ist, verweist auf eine Fallbesonderheit, die hier nicht weiter gedeutet werden kann.

In dieser Talkshow war auch die folgende gleichgeschlechtliche Familie zu Gast. Zwei Frauen, eine davon hat zwei Kinder aus einer früheren heterosexuellen Beziehung. Diese scheitert. Sie tut sich dann mit einer Frau zusammen, die die beiden Kinder adoptieren kann, da der leibliche Vater sie zur Adoption freigegeben hat. An der Sitzordnung bei Günther Jauch, also an der sozialen

Einleitung XVII

Abb. 2 Eine gleichgeschlechtliche Familie (b). (Quelle: eigene Darstellung)

Organisationsweise im Raum, erkennt man auch hier das Integrationsmuster (Abb. 2).

Die leibliche Mutter rückt an die Peripherie, an den rechten Rand, und macht ihrer Partnerin Platz in der Nähe der Kinder, sodass sie ihnen eine zweite Mutter sein kann. Legitimiert wird die soziale Konstruktion von Verwandtschaft über einen gemeinsamen Familiennamen. Dieser stammt – und das überrascht sicherlich nicht mehr – von der nicht-leiblichen Mutter.

Zum dritten Beispiel. Die Familie besteht aus zwei Vätern, einer Frau, die die leibliche Mutter von zwei Kindern ist, die jeweils mit dem Samen einer der beiden Männer entstanden sind. Die Familie wohnt in einer Großstadt zusammen in einer Fünf-Zimmer-Wohnung. Alle drei Elternteile beteiligen sich an der Erziehung und Versorgung der beiden Kinder (vgl. Hummel 2016) (Abb. 3).

Die beiden Kinder haben den gleichen Nachnamen, der von einem der beiden Männer stammt. Dieser Nachname, der ein Familienname ist, wird auch von der leiblichen Mutter getragen. Damit das möglich werden konnte, hat sie den einen Mann, der der leibliche Vater eines ihrer Kinder ist, geheiratet. Bald darauf hat sie sich, wie zuvor zwischen allen verabredet, wieder scheiden lassen, aber den Namen behalten. Deutlich wird, dass sie nach außen hin einen Rahmen konstruieren, der den Kindern, wie das für Kernfamilien konstitutiv ist, genau eine Mutter und einen Vater zuordnet. Fragmentiertes wird über diese Strategie wieder rückübersetzt in eine Ordnung, die uns als Kernfamilie bekannt ist. Es scheint, als ob sie vortäuschen wollten, die Kinder wären aus einer heterosexuellen Paarbeziehung entsprungen, mit der Folge, auch untereinander wie Geschwister verwandt zu sein. Dass es ihnen darum zu gehen

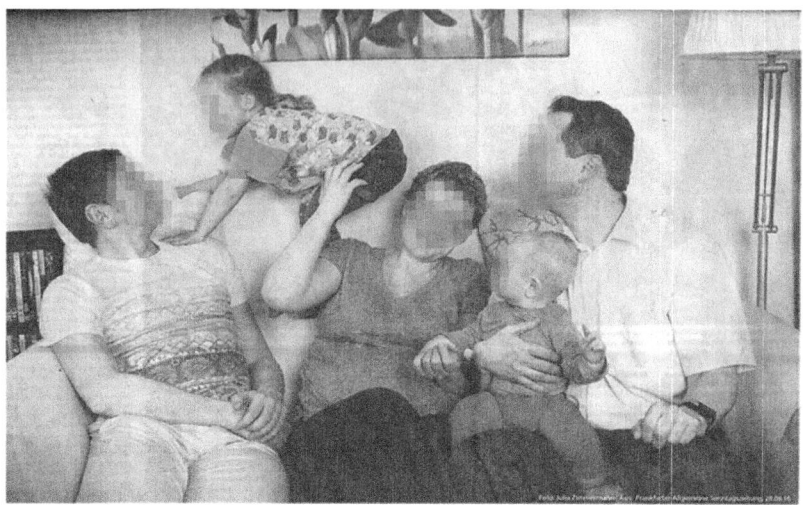

Abb. 3 Eine gleichgeschlechtliche Familie (c). (Quelle: F.A.Z. vom 28.08.2016, S. 9)

scheint, verdeutlichen auch die Vornamen der Kinder, die beide den gleichen Anfangsbuchstaben haben. Es wird eine Einheit auf der Geschwisterebene nach dem Modell der Abstammungsfamilie konstruiert, in der gilt, genetisch miteinander verwandt zu sein. Nun ist es aber in diesem Fall nicht so, dass es nur einen leiblichen Vater gibt, sondern damit es gerecht zugeht, durfte jeder Mann seinen Samen spenden. Dieser Gerechtigkeitsgedanke zielt darauf, alle Mitglieder gleichermaßen zu integrieren. Damit das gelingt, und der eine Vater nicht zu einem Ausgeschlossenen aus der Gruppe der Mitglieder mit dem gleichen Namen wird, haben sie folgende Regelung getroffen. Der jeweils biologische Vater ist nicht der rechtliche Vater des Kindes. Der rechtliche Vater ist derjenige, der mit dem Kind abstammungsgemäß nicht verwandt ist. Über diese Strategie wird einerseits der namensfremde Vater hineingeholt in die Triade der Namengleichen und andererseits das fremde Kind über diese Rechtskonstruktion auch zum eigenen Kind des Mannes, von dem es nicht abstammt. So sind alle letztendlich über diese Verschränkung miteinander verbunden und eine Vollintegration aller Mitglieder erreicht.

Was alle diese Beispiele illustrieren, ist ein Befund, der auch über die Fallrekonstruktionen zutage getreten ist: Dass mit der Orientierung an Mustern der Kernfamilie, in der eine biologische Einheit hineinverlängert wird in eine aus zwei miteinander verbundenen Sozialbeziehungen, nämlich der Paarbeziehung und der Eltern-Kind-Beziehung, die Folgen der Nonkonformität bearbeitet

Einleitung

werden. Grundsätzlich bzw. umstürzlerisch Neues geschieht dabei keineswegs. Die gleichgeschlechtliche Inseminationsfamilie ist, das wird in den folgenden Einzelfallrekonstruktionen deutlich werden, ein Fall der Institution „Familie". Sie ist eine zeittypische Ausprägung der Kernfamilie des 21. Jahrhunderts.

Zur Gliederung des Buches: Im ersten Kapitel geht es vor allem um zwei Aspekte, die eine erste Phase im Forschungsprozess ausgemacht haben. Es geht um Fragen, die die konstitutionstheoretische Bestimmung des Forschungsgegenstandes betreffen und um die gedankenexperimentelle Bestimmung eines Feldes möglicher Fälle im Rahmen einer Dimensionsanalyse. Es werden hier klassische Basistexte zur Familie rezipiert, die zeigen, inwiefern die gleichgeschlechtliche Inseminationsfamilie eine Abweichung von der für West- und Mitteleuropa kulturellen Norm darstellt, an der orientiert immer noch zu großen Teilen der Prozess der Nachwuchssozialisation organisiert wird. In der Dimensionsanalyse, deren Aufgabe ist, die fallkontrastive Fallauswahl im Erhebungsprozess zu steuern, werden in einem gedankenexperimentellen Hypothesenbildungsprozess verschiedene Typen von gleichgeschlechtlichen Inseminationsfamilien entworfen, die sich darin unterscheiden, dass für die, für alle dieser Fälle gleichermaßen geltenden Handlungsprobleme: a) Wahl einer Samenspende, b) Zeugungspraxis, c) Umgang mit der Strukturposition des Vaters und d) soziale Platzierung der lesbischen Partnerin unterschiedliche Lösungen gefunden werden, die sich in der Ausdrucksgestalt unterschiedlicher Fälle objektivieren und demzufolge rekonstruieren lassen. Im zweiten Kapitel wird erläutert, wie sich der Zugang zu den gleichgeschlechtlichen Frauenpaaren mit Kind(ern) gestaltete, welche Schwierigkeiten dabei auftraten und wie sie gelöst werden konnten. Während es hier um Forschungspraktisches geht, wird im Abschnitt „Fallrekonstruktive Forschung" dargestellt, was ein am Fall orientiertes Vorgehen bedeutet. Danach folgen konstitutionstheoretische und methodologische Ausführungen, die verdeutlichen sollen – ohne hier Anspruch auf eine komplexere Darstellung zu erheben – was es heißt, auf der Basis einer Rekonstruktionslogik das Feld der gleichgeschlechtlichen Inseminationsfamilie zu erforschen. In diesem Kapitel werden auch Fragen beantwortet, wie unter Berücksichtigung der Dimensionsanalyse eine erste Fallauswahl erfolgen kann, in welcher Reihenfolge verschiedene Datentypen in den Prozess der Fallrekonstruktion eingehen und was es heißt, auf der Grundlage von Fällen über den Prozess der Typenbildung zu erschließen, in welcher Variation eine allgemeine Struktur, die für alle Fälle gleichermaßen gilt, auftreten kann. Im Anschluss an diesen ersten Teil, der mit „Theorie und Methoden" (Teil I) überschrieben ist, folgt der empirische Teil mit drei Fallrekonstruktionen (Teil II „Fallrekonstruktionen und Typenbildung"). Im dritten Teil (Teil III „Familie als Gegenstand der Soziologie") geht es um familiensoziologische Fragen allgemeinerer Art.

Teil I
Theorie und Methoden

Familienforschung und theoretische Vorüberlegungen

1.1 Der soziale Wandel der Familie

Dass wir es im Bereich der Familie mit einem sozialen Wandel zu tun haben, wird wohl keiner mehr bestreiten.[1] Seit den 50er und 60er Jahren des 20. Jahrhunderts, dem sogenannten *Golden Age of Marriage,* einer Zeit, in der die bürgerliche Familie die weitverbreitetste Lebensform war (verheiratet, Kind, Mann berufstätig, Frau Mutter und Hausfrau), ist ein Wiederanstieg bzw. die „Wiederkehr einer Vielfalt" (von Trotha 1994: 55) zu beobachten. Denn in Stief-, Patchwork-, Adoptiv- und Pflegefamilien, in denen Kinder heute zunehmend aufwachsen, sind Kinder auch in den früheren Jahrhunderten groß geworden, zumal die blutsverwandtschaftliche Abstammungsfamilie in Gestalt der Kernfamilie im Mittelalter und in der Neuzeit aufgrund einer geringen Lebenserwartung infolge von Hunger, Krankheit, Krieg, Seuchen, Missernten, hoher Säuglings- und Müttersterblichkeit selten von langer Dauer war (vgl. Funcke/Hildenbrand 2018: 33–42). Wirklich ‚neu' sind im Vergleich zu den früheren Jahrhunderten allerdings die Familienformen, die mithilfe reproduktionstechnischer Maßnahmen zunehmend entstehen und bei denen infolge dieser Techniken nicht immer ganz klar ist, wer eigentlich Vater und Mutter ist; man denke neben den durch Insemination mit einer Fremdsamenspende gezeugten Kindern an die Familien, die durch eine Embryonen- oder Eizellspende entstehen oder an die Kinder, die durch eine Leihmutter zur Welt gekommen sind (vgl. Funcke 2016).

---

[1] Zum sozialen Wandel der Familie vgl. Funcke 2017b: 105–115; Funcke 2019b.

Diesen unkonventionellen Familien (Funcke/Hildenbrand 2009) ist gemeinsam, dass ihnen, im Vergleich zur Kernfamilie, die zeugende Sexualität fehlt, um aus dem Paar eine Familie zu machen. Eine leibliche Einheit wird nicht in den kulturellen Rahmen der Kernfamilie übersetzt. Es gibt keine Kongruenz von leiblichen und sozialen Verhältnissen. In diesen, von der Kernfamilie in ihrer äußeren Gestalt abweichenden Familienformen, können soziale Operationen nicht mehr gestützt von einem biologischen Unterbau erfolgen. In der Familienwissenschaft sind derartige Wandlungsprozesse im Familienleben auch als „Krise der Familie" oder als „Ende der Familie" gedeutet worden. Ebenso gab es Stimmen, die dafür plädierten, anstelle des Familienbegriffs ad hoc gebildete, theorielose Begriffe, wie z. B. „Familie als private Lebensform" (Lenz 2003) zu setzen. Bevor allerdings dafür plädiert werden kann, sich von dem alten Begriff der Kernfamilie zu verabschieden, der wirklich nicht besonders originell ist, „sondern ein historisch bekannter, gesättigter, erlittener Begriff" (Fischer 2008), ist erst einmal zu prüfen – ein möglicher Weg sind Fallrekonstruktionen –, ob trotz aller Wandlungen der Begriff der Kernfamilie weiterhin, gewissermaßen als Leitkategorie, genutzt werden kann, um (auch) gegenwärtige (neue) Familienformen zu beschreiben. Dafür benötigen wir eine theoretische Perspektive auf den Gegenstand „Familie", um familiale Lebensformen, die in einem neuen Gewand daherkommen, auf alte Muster hin zu befragen. Diese Muster haben sich im Laufe des Zivilisationsprozesses herausgebildet und funktional bewährt. Zu diesem Zwecke schließe ich an Überlegungen aus der sozialhistorischen Familienforschung an, an eine Familiensoziologie, die über ein Strukturmodell der ödipalen Triade verfügt, an eine kulturanthropologische Perspektive auf den Gegenstand Familie und an eine Institutionentheorie, die ausgehend von evolutionstheoretischen Überlegungen den Prozess der Familienbildung rekonstruiert. Dieses Bündel an Perspektiven, das ich im Folgenden vorstelle, ist ein Versuch, Familie zu begreifen als einen über lange Zeiträume gewachsenen Regel- und Funktionszusammenhang, der im Rahmen umfassenderer Zusammenhänge gesehen werden muss.

Worauf geben die gebündelten Perspektiven eine Antwort? Sie enthalten eine Antwort auf die Frage: Welche Lösung – zumindest in West- und Mitteleuropa – haben die Menschen gefunden, um die sexuelle Reproduktion und die Sozialisation des Nachwuchses zu sichern? Die Menschen leben hier in einem Zwei-Generationengebilde stabil zusammen, in dem (unabhängig von der Institution der Ehe) Paarbeziehung (Konjugalität) und Eltern-Kind-Beziehung (Filiation) in einem Zusammenhang gesehen werden, verschiedengeschlechtliche Partner sich vermittelt über den sogenannten „romantic love complex" (vgl. Linton 1936: 175)² eigenständig gegenseitig auswählen. Zugleich sind durch die Familialisierung des Vaters Kooperationsformen entstanden, die an Mustern wie lebenslange Bindung, Affektivität und emotionale Solidarität orientiert sind.

1.2 Die Konstitution des Gegenstandes „Familie"

Familie aus institutionstheoretischer Perspektive: Einen Basistext, in dem der Institutionalisierungsprozess der Familie ausgehend von der archaischen Familienbildung rekonstruiert wird, liefert Hartmann Tyrells (1978) Aufsatz „Die Familie als ‚Urinstitution'". Der Leitgedanke, der hier vertreten wird, ist, dass die „biparentale Kernfamilie" (ebd.: 643), in der ein (Ehe)Paar sich über die gemeinsam gezeugten Kinder als Eltern, eben als Vater und als Mutter verstehen, sich erst in einer Gegenbewegung zum zeitlich weiter zurückreichenden matrilinearen Verwandtschaftszusammenhang herausbilden konnte, in dem der Kern der Verwandtschaft aus der Mutter, aus den Kindern und den Geschwistern untereinander, und dem Bruder der Mutter bestand. Die „Familialisierung des Mannes" (ebd.: 640) und damit zusammenhängend die Entstehung der (ehelichen) Paarbeziehung falle – so Tyrell – evolutionär in eine spätere Phase (vgl. ebd.: 643; 636). In Abgrenzung zu anderen Ansätzen (Schelsky 1955; Count 1958; Habermas 1976) geht Tyrell, um die familiale Institutionenbildung zu erklären, von Folgendem aus: *Erstens,* er veranschlagt die Mutterschaft und Geschwisterschaft „als Kristallisationskern familial-verwandtschaftlicher Institutionenbildung" (ebd.: 619). Nicht in der „Ehe und der Verschwägerung" (ebd.), sondern in der Beziehungslinie zwischen der Mutter, den von ihr geborenen Kindern und der vom Mutterbruder vertretenden väterlichen Autoritätsfunktion sieht Tyrell die ursprüngliche Verwandtschaftsbeziehung. *Zweitens,* die Familie lässt sich funktional nicht von der Pflegebedürftigkeit des Kindes herleiten. Sondern die Dauer und Exklusivität der Beziehung ist gedeckt durch das, was Tyrell die „archaische Idee der Verwandtschaft" nennt (ebd.: 622). Gemeint ist hier die „ungeheure Suggestion des Sachverhalts, dass die Mutter ihr Kind aus ihrer eigenen physischen Substanz heraussetzt und dass sie darüber hinaus das Kind aus ihren eigenen (leiblichen) Naturkräften nährt und am Leben erhält" (ebd.). Von dieser Sinnfigur ausgehend,

---

[2]„The concept of romantic love did not appear in Europe until the time of the thirteenth century troubadours" (Linton 1936: 175). Ich danke Thomas Loer für diesen Hinweis.

von der „physisch-sozialen Dauerzusammengehörigkeit der Verwandten" (ebd.: 622), kann dann erst, so Tyrell, „evolutionär die stabile Identifizierung der Verwandten miteinander gelingen" (ebd.). *Drittens,* über eine Verwandtschaftsterminologie können Beziehungslinien dauerhaft im sozialen Bewusstsein verankert werden. Jemanden als Mutter, Sohn, Tochter, Bruder, Schwester sprachlich zu bezeichnen, verleiht dem Einzelnen nicht nur eine soziale Identität, sondern weist ihm über die Verwandtschaftsterminologie auch einen Ort im Verwandtschaftszusammenhang zu. Und *viertens,* über die Generationen hinweg bleibt, auch wenn das Personal wechselt, die Struktur identisch, „auch die Menschen nachfolgender Generationen stehen jeweils zueinander in einem Verhältnis der Mutterschaft, Kindschaft, Geschwisterschaft" (ebd.: 636). Es überrascht nun nicht, dass Tyrell, der Verwandtschaftsentwicklungen ausgehend von genealogisch miteinander Verbundenen begreift, das Schlüsselmotiv dafür, dass aus dem genealogischen Mutter-Kind-Geschwister-Komplex heraus ein „biparentaler Familialismus" (ebd.: 639), quasi gegen ein „matrilineares Filiationsprinzip" (ebd.: 636) entstehen konnte, also sich – wenn auch kulturell spät – eine „Vater,- Genitorrolle" (ebd.) herausbilden konnte, in dem Wissen über die männliche Zeugungsfunktion sieht. „Erst jetzt ist Verwandtschaft zwischen dem Vater und ,seinem' Kind denkbar; erst jetzt tritt der Vater als ,Erzeuger' an die Seite der Mutter" (ebd.: 639). Die matrilineale Verwandtschaft, die ausschließliche genealogische Zusammengehörigkeit von einer Mutter und den von dieser Mutter geborenen Kindern, gab es nur, solange der „Anteil des Mannes an der Kindeszeugung unbekannt war" (ebd.), geleugnet oder ignoriert werden konnte. Dass die Figur des Vaters sich erst evolutionär spät herausbilden konnte, liegt – so Tyrell im Anschluss an den Ethnologen D. M. Schneider (1961) – daran, dass im matrilinealen Kontext die Entstehung einer Gattenbeziehung gleichsam blockiert war, da die „primäre Loyalität der Frau ihrer Sippe, d. h. vor allem den autoritätsbesetzten Figuren des Bruders bzw. Mutterbruders" (Tyrell 1978: 641) galt. Erste Ansätze für eine (eheliche) Paarbeziehung sind erst dann zu finden, als Männer einer Sippe beginnen, ihre Frauen mit anderen Abstammungsgruppen zu tauschen und so über den genealogisch verbürgten Verwandtschaftszusammenhang hinaus ganz neue, über Affinität gestiftete Verwandtschaftsbeziehungen entstehen. Diese Verwandtschaftsoperation des Frauentauschs führt zu einem „von der Matrilokalität wegführenden Entwicklungsdruck" und bereitet den Boden für den Einbau der (ehelichen) Paarbeziehung in die Struktur der Familie, womit sich „die Institutionalisierung der Familie, die nunmehr erst Kernfamilie sein kann" (ebd.: 637), vollendet.

1.2 Die Konstitution des Gegenstandes „Familie"

Familie aus kulturanthropologischer Sicht: Aus kulturanthropologischer Sicht ist Familie als eine Institution mit einem System konstitutiver Regeln zu verstehen. Überall da – so der Ethnologe Lévi-Strauss –, wo Regeln fehlen, befinden wir uns auf der Ebene der Natur und da, wo Regeln sind, auf der Ebene der Kultur (vgl. Lévi-Strauss 1993: 51). Claude Lévi-Strauss hat – u. a. neben George H. Mead und Noam Chomsky – herausgearbeitet, was im Übergang von der Natur zur Kultur an Neuem entsteht und eine Qualität der humanspezifischen Ontogenese ausmacht. Hervorzuheben ist hier die kulturelle Universalie des Inzesttabus, die nach Lévi-Strauss den entscheidenden Transformationsschritt von der Natur zur Kultur bildet und, als die Instinkte gebannt waren, die soziale Regulierung der sexuellen Reproduktion gewährleistete. In seiner negativen Bestimmung besagt das Inzesttabu, „dass man sich weder auf die Bruderschaft noch auf die Vaterschaft berufen kann, um eine Gattin zu fordern" (ebd.: 94). Zugleich legt es in Verbindung mit dem Exogamiegebot, das zur Ausheirat aus der Verwandtschaftsgruppe auffordert, über Heiratsregeln fest, wer wen heiraten soll. Claude Lévi-Strauss hat das System des Frauentauschs als Mechanismus identifiziert, der die soziokulturellen Regeln zusammenfasst, durch die nach Ausfall der Instinktsteuerung in den vorschriftlichen Kulturen archaischer Gesellschaften Ordnung geschaffen wird. Dieses System regelt über eine Verwandtschaftsoperation, für den aus seiner Naturverhaftetheit entlassenen Menschen, die Auswahl des adäquaten Sexualpartners und schafft Reziprozität, da Frauen an andere außerhalb der eigenen Gruppe „weitergegeben", eben „getauscht" werden (vgl. Lévi-Strauss 1975: 642). Sozusagen ein allgemeines Gesetz der Reziprozität erfüllend, werden Frauen zwischen Abstammungslinien „getauscht", wodurch sich die reziprok miteinander verkehrenden Abstammungslinien in eine exogame Vergemeinschaftung verwandeln. Auf makrosozialer Ebene besteht die Hauptfunktion des Inzesttabus darin, dass Abstammungslinien sich gegenüber anderen Abstammungslinien öffnen. Gäbe es das Inzesttabu nicht, wäre die sexuelle Reproduktion zwischen Verwandten der eigenen Abstammungslinie viel wahrscheinlicher als mit Nichtverwandten, da ursprünglich, so Lévi-Strauss' (und auch Freuds) Überlegungen, ein Inzestwunsch vorhanden war. Damit aber menschliches Zusammenleben möglich und eine soziale Gemeinschaft durch Inzest nicht in Isolation getrieben wird, muss dieser ursprüngliche Inzestwunsch in eine Inzestscheu umgewandelt werden, was allerdings nicht einfach ist. Denn inzestuöses bzw. nicht-inzestuöses Verhalten ist weder angeboren, noch genetisch bedingt, noch entwickelt es sich durch bloße Reifung. Beim Inzesttabu handelt es sich um eine Universalie, die kulturell und nicht biologisch ist.³ Das Universelle am Inzesttabu ist, dass es beim Menschen in allen Kulturen gleichermaßen vorkommt.⁴ Das „Inzesttabu ist als Universalie [zwar – D. F.] negativ ausgebildet, zu ihrer materialen Erfüllung [bedarf es aber – D. F.] einer Positivierung in Gestalt von Heiratsregeln" (Oevermann, 2014: 28). Diese Heiratsregeln sind, anders als das Inzesttabu, nicht universell, sondern kulturspezifisch.

Zum Ausfall der Heiratsregeln, die in den schriftlosen Kulturen archaischer Gesellschaften die Geschlechterbeziehung, das „Wer mit wem?", über den sogenannten Frauentausch regulieren, kommt es gegen Ende des Mittelalters zuerst im Okzident – übrig bleibt einzig das Inzesttabu. Von da an muss der „heiratsfähige Mann von sich aus wählen. Er muss sich eine Heiratsregel bilden, die zum Inzesttabu passt. Dieses hat zur Bedingung, dass der Heiratspartner – die Frau – kehrseitig genau dasselbe tut, dass die Frau jetzt nicht mehr getauschte, sondern selbst autonome Person ist, die sich austauscht im Sinne der zweckfreien Reziprozität" (Oevermann 1995/96: 94). So löst sich im Laufe einer historischen Entwicklung „das Heiraten als ein institutionalisierter Austausch von Frauen zwischen Abstammungslinien auf [...] und die darin verkörperte Reziprozität verlagert [sich – D. F.] in die Reziprozität zwischen heterosexuellen Einzelsubjekten, die als Kandidaten für eine Gattenbeziehung in Frage kommen [...]. Diese auf der Reziprozität zwischen den Partnern, die sich wechselseitig in je personaler Autonomie zum Gatten wählen, beruhende Beziehung konstituiert grundsätzlich das Strukturmodell von Gleichberechtigung und wechselseitiger Anerkennung der Besonderheit und Verschiedenheit im Verhältnis der Gatten zueinander." (Oevermann 2014: 34 f.).

Damit sich eine individuierte Gattenbeziehung stabil herausbilden kann, kommt es in diesem Prozess darauf an, dass „die Position des Vaters [sich – D. F.] zu einem verbindlichen Strukturelement" (ebd.: 36) ausformt. In den archaischen Gesellschaften, in der die Paarbeziehung noch keine individuierte und eine durch

---

³Es gilt: Nicht alles, was universell ist, ist deswegen automatisch biologisch und alles, was historisch variabel ist, ist kulturell bzw. sozial. Das hat insbesondere der französische Strukturalismus gezeigt, der davon ausgeht, dass es noch etwas Drittes gibt, etwas, was kulturell ist und dennoch universal. Das „Inzestverbot[s]" – so Lévi-Strauss –, ist „[...] fast weltweit verbreitet [...], auch wenn es viele verschiedene Formen annimmt" (Lévi-Strauss 1992/2014: 219).

⁴Eine andere, biologische Sichtweise vertritt z. B. der Psychologe Norbert Bischof (1985): Inzestverbote, die auf der Ebene der Kultur in Gestalt der Heiratsregeln manifest werden, wirken, so Bischof, nicht einem biologischen Inzestbegehren entgegen, sondern verstärken eine biologisch verankerte Inzestscheu.

1.2 Die Konstitution des Gegenstandes „Familie"

die Verwandtschaftsorganisation standardisierte ist, existiert der Vater noch nicht als Partner auf Lebenszeit in einer stabilen und individuierten Beziehung. Wie schwierig der Transformationsprozess von der biologischen Paarung zum sozialen Paar der Gattenbeziehung ist, in der es neben der dauerhaften Position der Mutter auch die des Vaters gibt, zeigt sich in Folgendem. Historisch hat es lange gedauert, bis „die beiden [...] Komponenten der Vater-Position, nämlich einerseits [...] zum Kind als ganzem Menschen dessen Partner, Pfleger, Fürsorger, Gehilfe und Kamerad zu sein, aber andererseits die Anforderungen der souveränen politischen Vergemeinschaftung und der abstrakten Gesellschaft mit Autorität [...] zu vertreten und auch durchzusetzen" (ebd.), sich in einer Person vereinigten. In den archaischen, schriftlosen Kulturen wurden diese beiden Komponenten „noch arbeitsteilig von zwei verschiedenen Positionsinhabern vertreten: vom leiblichen Vater bzw. dem als Erzeuger geltenden Partner der Mutter einerseits und dem Mutter-Bruder als Onkel andererseits. Nirgendwo wurde eine der beiden Komponenten von beiden Verwandtschaftsoperationen gleichzeitig verkörpert, sondern jedes Mal haben beide Positionsinhaber [...] jeweils eine verschiedene der beiden gegensätzlichen Komponenten vertreten" (ebd.). Wenn also der Vater die Autoritätsfunktion erfüllt (wie das in Gesellschaften der Fall ist, wo die Abstammung auf den Vater zurückgeführt wird), dann kommt dem Onkel mütterlicherseits die Aufgabe zu, Affektpartner für das Kind zu sein.[5] Umgekehrt gilt: Wenn der Vater Affektpartner ist (wie das in Gesellschaften der Fall ist, wo die Abstammung auf die Mutter zurückgeführt wird), vertritt der Onkel die Autoritätsperson. Für das Kind bedeutet das, an zwei ödipalen Triaden teilzuhaben. In der einen Triade lebt es mit dem liebevollen, in der anderen mit dem autoritären Vater. Der Entwicklungsdruck (vgl. Oevermann 1996) ist aufgrund dieser halbierten Triaden nicht so groß. Sobald aber die ödipale Triade in Gestalt der Kernfamilie manifest in Erscheinung tritt, wird die ödipale Triade „wirkungsmächtiger und dynamischer" (ebd.: 80). Dies ist erst der Fall, wenn durch die Stabilisierung der Vaterfigur die beiden getrennten ödipalen Triaden im Modell der Kernfamilie zur Einheit gebracht werden.

Wie kann man sich den Prozess der Familialisierung des Vaters genauer vorstellen? Welche Bedingungen haben dazu geführt, dass sich die soziale Position des Vaters lebenspraktisch realisieren konnte? „Eine erste Bedingung [...] besteht

---

[5]Zum Wiederauftauchen einer alten Verwandtschaftsstruktur, „die einst in den menschlichen Gesellschaften vorherrschend war" (Lévi-Strauss 1997/2014: 220) vgl. den Beitrag von Lévi-Strauss für die italienische Zeitschrift La Repubblica (v. 24.12.1997): „Die Rückkehr des Onkels mütterlicherseits".

in der verlängerten Aufzuchtpraxis der menschlichen Gattung [...]. Diese verlängerte Aufzuchtpraxis bindet die Mutter entsprechend länger und hält sie [...] von der eigenen Sicherung der Nahrungspraxis ab. Dafür ist die Gewährleistung eines entsprechenden Beitrages eines Dritten [...] funktional. Die nächstliegende Lösung dafür ist an Stelle einer kollektiven Zusammenarbeit zwischen den Müttern die Einbindung des Vaters. Die sicherste Einbindung besteht in einer dauerhaften sexuellen Bindung. Dafür ist eine günstige weitere Bedingung [...] das, was man ‚Entsaisonalisierung' der weiblichen Paarungsbereitschaft nennen kann, mit der die Nicht-Sichtbarkeit des Eisprungs einhergeht" (ebd.: 62).

Mit der Ausdifferenzierung der verwandtschaftlichen Organisationsform der Kernfamilie, in der es neben der Mutter eine stabile Vaterfigur gibt, sind aber auch Folgeprobleme verbunden, die gelöst werden müssen. Die Mutter ist v. a. vor das Problem gestellt, sich einerseits allmählich aus der Symbiose mit dem Kind zu lösen und wieder als Partnerin des Mannes ihren Platz in der (ehelichen) Paarbeziehung einzunehmen; andererseits soll sie in die außerfamilialen Beziehungen zurückgelangen. Der Vater hat das Problem in eher umgekehrter Weise zu lösen, nämlich als Dritter zunehmend in die „symbiotische Beziehung zwischen der Mutter und dem Kind hinein[zu]gelangen [...] und dort zugelassen" zu werden (ebd.: 59). Um diese Transformationsanforderungen bewältigen zu können, sind die Gatten, um ihre Aufgaben als Vater und Mutter in der Eltern-Kind-Beziehung ausfüllen zu können, aufgefordert, sich wechselseitig zu unterstützen.

> Ein Exkurs in fremde Kulturen – Matrilineare Gesellschaften
>
> In matrilinearen Gesellschaften wie bei den Nayar (eine große indische Bevölkerungsgruppe), den Minangkabau auf Sumatra, den Ashanti im afrikanischen Ghana und den Trobriandern im Nordosten gibt es die Institution der Kernfamilie nicht, ebenso ist die strukturelle Bedeutung der Blutsverwandtschaft weitgehend reduziert. Bei den Nayar und den Ashanti zählen die Kinder zur Abstammungsgruppe der Mutter, der Vater spielt allenfalls die Rolle eines heimlichen Gelegenheitsbesuchers, der nur die Zeugungsfunktion erfüllt. Nachts „besucht" der Mann seine Frau in ihrem Haus, und diese muss als Gegenleistung für ihn kochen. „So sieht man jeden Abend in den Häusergassen der Ashantistädte Kinder mit Tellern und Schüsseln voller Essen rennen. Sie tragen es vom Haus der Mutter zum Haus des Vaters (Fox 1967: 101)" (zit. nach Zonabend 1986/1996: 57). Ein solcher „Besuchsgatte" kann aber gleichwohl eine liebevolle Beziehung zu einem Kind haben, dann, wenn er annehmen kann, dass er der leibliche

1.2 Die Konstitution des Gegenstandes „Familie"

Vater ist. „Er darf ihm kleine Geschenke machen, bei Besuchen mit ihm spielen und ihm beim Heranwachsen sogar Rat und Hilfe anbieten. Dennoch hat er keinerlei Recht, in die Kindeserziehung einzugreifen, und das Kind hat nach Brauch und Sitte keinerlei Verpflichtungen gegenüber diesem leiblichen Vater (Gough 1961: 364)" (zit. nach ebd.: 81) Die Väter bei den Nayar und Ashanti stellen nur blasse, randständige Figuren dar, sie üben eine beiläufige „profane Vaterschaft" (ebd.) aus.

Die Trobriander leugnen dagegen jeden Anteil des Mannes bei der Zeugung. Die Unkenntnis, besser: die Ignoranz der biologischen Vaterschaft, führt zu der Vorstellung, dass einzig und allein nur aus der Mutter selbst heraus neues Leben erwachse. Der Mann, von dem die Kinder biologisch abstammen, gilt in der Familie der Mutter als „angeheirateter Verwandter" (ebd.), dem die Stellung eines geschätzten Freundes zukommt. Das bedeutet aber nicht, dass die Kinder nicht an diesem Mann wie an einem leiblichen Vater hängen. Es bestehen Bande der Zuneigung und des Schutzes zwischen ihm und diesen Kindern, doch gehören die Kinder vollständig zur Lineage der Mutter. Der ihnen zugeordnete Vater ist nicht der biologische Vater, sondern der Bruder der Mutter, der auch das Oberhaupt der Familie darstellt. Er lehrt den Kindern die magischen Künste und die Ideale des Clans, er wird von ihnen respektiert und er ist das Vorbild der heranwachsenden Jungen.

Tendenziell ist im System matrilinearer Deszendenz die Rolle der Gatten weitgehend reduziert auf ihre Zeugungsfunktion. Die Dominanz der Bruder-Schwester-Beziehung (Mutterbruder), die Marginalität der Gattenbeziehung und die tendenzielle Leugnung des biologischen Vaters sind Strukturprinzipien einer Gesellschaft, in der Abstammung und Zugehörigkeit über die Herkunftslinie der Mutter erklärt wird.

Bei den sudanesischen Nuer und den Lovedu im Transvaal gibt es unterschiedliche Formen der Frauenheirat. Diese wird bei den Nuer aber nur dann eingegangen, wenn eine Frau unfruchtbar ist. Sie erwirbt dann in ihrer Lineage Sonderrechte. Sie kann Vieh, das Hauptvermögen ihrer Gruppe, erben und bei der Verheiratung der Mädchen ihrer Lineage einen Teil des Brautpreises kassieren. Mit diesem Geld kann sie eine oder auch mehrere Frauen kaufen und sie dann heiraten. Die Zeugungspflichten tritt sie an einen Mann ab, der ihre Gattin bzw. Gattinnen nachts „besucht". Es handelt sich dabei häufig um einen Knecht aus einer anderen, als minderwertig betrachteten Ethnie. Zum Lohn für seine Dienste erhält er dann eine Kuh, wenn eine der von ihm gezeugten Töchter heiratet. Dieser Mann kann zwar affektive Beziehungen zu seinen leiblichen Kindern haben, von ihnen wird er aber als Knecht behandelt. Er kann ihnen gegenüber nicht als „Vater" auftreten. Denn die Rolle des Vaters und des Ehemannes ist durch die unfruchtbare Frau besetzt, die, ohne die Rolle der Mutter und Ehefrau aufzugeben, wie ein Mann handelt. Sie besitzt eine eigene Herde, wird von ihren Ehefrauen als Mann behandelt und von den Kindern, denen gegenüber sie sich wie ein Vater verhält, auch als „Vater" angesprochen. Diese „Mann-Frau" hat in ihrem Haus, in dem ihre Gattinnen leben, die gesamte Entscheidungsautorität (vgl. ebd.: 78 f.).

Während die Nayar, die Ashanti, die Trobriander, die Lovedu und die Nuer zwischen biologischer und sozialer Vaterschaft differenzieren, trennen die Mossi, eine Ethnie des westafrikanischen Staates Burkina Faso, zwischen Mater und Genitrix. Die leibliche Mutter ist in dieser Gesellschaft nicht zwangsläufig die soziale Mutter. Die Kinder bei den Mossi werden von einer anderen Frau als ihrer leiblichen Mutter nachts behütet und tags ernährt und erzogen. „Auch machen die Mossi einen Unterschied zwischen der Stillmutter (mit dem kindlichen Kosewort *ya* bezeichnet) und der Frau, bei der sie nach dem Abstillen leben, der *roogo-ma* oder ‚Hüttenmutter'. Desgleichen unterscheiden sie unter den vielen Frauen, die ein Recht auf die Anrede ‚ma' (Mutter) haben, zwischen der *m ma roaka* (‚Mutter, die mich geboren hat') und der *m ma wubuduga* (‚Mutter, die mich großgezogen' oder ‚Mutter, die mich erzogen hat') (vgl. Lallemand 1976: 109)" (zit. nach ebd.: 82) (Hervorhebungen im Original). Die Frauen, die Mütter geworden sind, dürfen ihren Nachwuchs nicht für sich behalten, sondern er wird unter den Mitfrauen der leiblichen Mutter oder den Frauen des Vaterbruders oder des Großvaters aufgeteilt.

Bei den afrikanischen Kikuya sieht die Konstruktion von Ehe und Familie noch anders aus. Eine Witwe, die zu alt ist, um mit einem Liebhaber ein Kind zu haben, das ihren verstorbenen Mann beerben könnte, kann mit dem Geld des Verstorbenen eine Frau kaufen und von ihr das Gebären von Nachwuchs verlangen. Die Frau wird dann als Gattin des Toten betrachtet, und die Kinder sind erstrangige Erben, weil ihre Mutter mit dem Geld des Toten gekauft worden ist.

Die Beispiele, die weitestgehend die Familienorganisation von matrilinear organisierten Gesellschaften beleuchten, veranschaulichen die Tatsache, dass hier die biologische Basis keineswegs die Ausformungen von Familien- und Verwandtschaftsbeziehungen dominiert.

1.2 Die Konstitution des Gegenstandes „Familie"

Familie aus sozialhistorischer Perspektive: Es war ein langer Weg bis die Kernfamilie, die sich aus Sippenbindungen und Clanzusammenhängen herauslöste, entstehen konnte. Über Jahrhunderte hinweg erstreckte sich der Umbau des Verwandtschaftssystems, der in West- und Mitteleuropa dazu geführt hat, dass die konjugale, auf die Ehe bezogene Zwei-Generationenfamilie entstanden ist. Bei der Zwei-Generationenfamilie, der Kernfamilie, handelt es sich um einen für Mittel- und Westeuropa typischen Sonderfall. Im Vergleich zu Ost- und Südeuropa, zu Teilen des Mittelmeerraumes und zu den außereuropäischen Großräumen hat sich nur in diesem westlichen europäischen Gebiet, aufgrund ganz spezifischer Bedingungsfaktoren, Verwandtschaft auf den „familiären Minimalkomplex" (Koschorke 2011: 121) der Zwei-Generationenfamilie reduziert. Der Sozialanthropologe Jack Goody hat herausgearbeitet, dass v. a. zwei bedeutsame Faktoren dazu beigetragen haben, dass sich die für diese europäische Region typische Familienform herausbilden konnte: das Christentum und die feudale Grundherrschaft (das Lehenswesen) (vgl. Goody 1983). Eines ihrer zentralen Ziele bestand darin, Verwandtschaft nur in kleinster Größe zuzulassen. Dazu waren Regelungen erforderlich, die die „Kontrolle über die Reproduktionsmechanismen der Verwandtschaft" (Koschorke 2011: 122) ermöglichten. Diese Kontrolle zu gewinnen, gelang über weitreichende Heiratsverbote und Erbschaftsregeln. Von entscheidender Bedeutung war hier insbesondere die katholische Kirche, die mit dazu beigetragen hat, dass das Modell der autonomen Gattenbeziehung entstand. Machte doch das katholische Kirchenrecht des Mittelalters Schluss mit geplanten Heiraten, die im Interesse eines Status- und Machterhalts von Verwandtschaftsgruppen erfolgten. Das geschah zum einen, indem weitreichende Heiratsregeln festgelegt wurden. Zum anderen erhob die mittelalterliche Kirche die Ehe zum Sakrament. Dieses Sakrament war das einzige, das nicht von einem Priester gespendet wurde, sondern das sich die heiratenden Partner selbst spendeten. So sind in dem Sakrament der Ehe bereits die zentralen Merkmale enthalten, die im Strukturmodell der Kernfamilie (siehe Abschnitt: Familie aus strukturtheoretischer Perspektive) beschrieben sind.

Die Faktoren, die in der Neuzeit den stärksten Einfluss auf die Familienbildung hatten, sind der Industrialisierungs- und Urbanisierungsprozess. Einerseits verstärkten sie den Kernfamilienbildungsprozess, andererseits – und das ist keineswegs ein Widerspruch – führten sie dazu, dass neue verwandtschaftliche Beziehungsgebilde entstanden. Auf dem Land entwickelten sich erstmals in größerer Anzahl Drei-Generationenhaushalte, und auch in der Stadt lebten zunehmend mehr als zwei Generationen in einem gemeinsamen Haushalt. Obwohl sich für die Neuzeit nachweisen lässt, dass Verwandtschaft zunehmend bedeutsam wurde, wurden verwandtschaftliche Bindungen weiterhin aus der

Zwei-Generationenfamilie heraus aufgebaut, nukleare Haushaltsformen blieben ein zentrales Ordnungsprinzip von Familien (vgl. ausführlicher Funcke/Hildenbrand 2018). Im Zuge der Herauslösung des Paares aus den Verpflichtungen des Familien- und Verwandtschaftssystems und der Herausbildung einer Partnerwahl, die am Ideal der Liebesheirat orientiert war, wurde auch das Geschlechterverhältnis neu definiert. Neue Vorstellungen von Geschlechtsunterschieden – so die Historikerin Karin Hausen (vgl. 1976) – trugen zur Legitimierung der Trennung in die öffentlich-männliche und die häuslich-weibliche Sphäre bei. Auf diese Weise entstand an der Schwelle zum 19. Jahrhundert das romantische Liebesideal, aufgrund dessen der Partner, überhöht durch den „romantic love complex", zum einzigartigen, singulären erklärt wird (vgl. Oevermann 2014: 34). Auch ein neues Geschlechterverhältnis entwickelte sich; zunächst allerdings nur im Bürgertum – und auch da nur als Ideal. Erst 100 Jahre später sollte das Leitbild der bürgerlichen Familie seine Breitenwirkung voll entfalten.

Exkurs zur Begriffsgeschichte ‚Verwandtschaft', ‚Haus' und ‚Familie'

Die ausführlichste Abhandlung zum Familienbegriff im Spätmittelalter bis zur Mitte des 19. Jahrhunderts stammt von Dieter Schwab (1975). Auf diese begriffsgeschichtliche Untersuchung werde ich mich im folgenden Exkurs hauptsächlich beziehen. Das Wort „Familie", mit dem in unserem heutigen Sinne die Einzelfamilie bezeichnet wird, hat sich erst spät in die deutsche Sprache eingebürgert. Eine Bezeichnung für die Eltern-Kind-Gruppe, die wir heute als Kernfamilie bestimmen, gab es weder im Spätmittelalter noch in der frühen Neuzeit. Erst zum Ende des 17. Jahrhunderts und zu Beginn des 18. Jahrhunderts ist das Wort im deutschen Sprachgebrauch heimisch geworden, davor lässt es sich nur vereinzelt nachweisen. Der ursprünglichere Begriff war der der Verwandtschaft, der bis heute allerdings sehr unbestimmt geblieben ist. Dieter Schwab hat drei Phasen in der Entwicklung des Familienbegriffs unterschieden:

1.Phase – Spätmittelalter bis spätes 18. Jahrhundert: Lange Zeit konkurrierte das Bedeutungsfeld des Wortes Verwandtschaft mit dem lateinischen Wort „familia", aus dem dann im 17./18. Jahrhundert die „famille" (Familie) wird, zuerst in Westeuropa, etwas später in Mitteleuropa. Auf der einen Seite bezeichnete „familia", also das lateinische

1.2 Die Konstitution des Gegenstandes „Familie"

Lehnwort, ganz allgemein die Verwandtschaft, „die vornehme Dynastie und ihre Genealogie" (ebd.: 269) und auch „die Verwandten, die als Gesamtheit in rechtlicher Beziehung zu einem Familiengut [...] stehen, oder schließlich das Erbgut selbst" (ebd.). Auf der anderen Seite meint es auch das „Haus", wozu alle unter einem Dach zusammen lebenden, arbeitenden und konsumierenden Personen zählen, die durch Verwandtschaft und Ehe verbunden sind, als auch zur Dienerschaft bzw. zum Gesinde gehören. Auch wenn es die Kleinfamilie in dieser Zeit gegeben hat, so begriff man diese doch immer als „Bestandteil einer sozioökonomischen Einheit" (Teuteberg 1983: 15), zu der auch die Güter des Hauses, einschließlich alle Tiere, dazugehörten. Das Wort „familia" war nicht begrenzt auf die Gemeinschaft von Ehegatten und ihren Kindern, sondern schloss u. a. die Dienerschaft, die weitere Verwandtschaft und auch die erwerbswirtschaftliche Komponente mit ein.

2. Phase – ausgehendes 18. Jahrhundert bis 19. Jahrhundert: Erst zum Ende des 18. Jahrhunderts und im Laufe des 19. Jahrhunderts „erhält von den konkurrierenden Termini ‚Familie' (frz. ‚famille') das Übergewicht über ‚Haus'" (Schwab1975: 270). Ein entscheidender Schritt in dieser Phase der Entwicklung des Familienbegriffs ist die „Rückbildung der erwerbswirtschaftlichen Komponente. Dieser Vorgang begrenzt die wirtschaftliche Anschauungsweise der Familie auf den Konsumbereich; auf der anderen Seite ermöglicht er den Zug zur begrifflichen Personalisierung der familiären Beziehungen" (ebd.: 272). Diese Rückbildung des Produktionscharakters der Familie lässt sich insbesondere auch daran ablesen, dass das Gesinde bzw. die Dienerschaft gegen Ende des 18. Jahrhunderts nicht mehr zur Familie als dazugehörig gerechnet wurde. In dieser zweiten Phase, in der die „erwerbswirtschaftliche Komponente" verlorengeht, entwickelt sich die Familie zu einem „primär sittlichen, natürlichen, organischen" Gebilde. Was sich vollzieht, „ist eine Transformation, die eine primär rechtlich stabilisierte ‚Zweckgemeinschaft' in eine ‚Ursprungsgemeinschaft' verwandelt" (Koschorke et al. 2010: 109). Konzipiert ist die neue Familienform als „Intimgemeinschaft [...], die in wesentlicher Hinsicht einen nach außen befestigten Raum darstellt" (ebd.: 110). An der Herausbildung dieses spezifisch bürgerlichen Familienbegriffs haben der Rechtsphilosoph Hegel und seine Nachfolger beträchtlichen Anteil. In Hegels Rechtsphilosophie heißt es: „Durch die Ehe konstituiert sich eine neue Familie, welche ein für sich Selbständiges gegen die Stämme oder

> Häuser ist, von denen sie ausgegangen ist; die Verbindung mit solchen hat die natürliche Blutsverwandtschaft zur Grundlage, die neue Familie aber die sittliche Liebe" (Hegel 1820/1970, § 172: 324).
> *3.Phase – 1780 bis 1810:* Diese dritte Phase liegt zeitlich zwischen den beiden anderen und muss als eine eigenständige Etappe in der Entwicklung des Familienbegriffs betrachtet werden. Gemeint ist die Zeit der romantischen Theoretiker, die noch einmal ein anderes, ein alternatives Leitbild, insbesondere zur Ehe, entwarfen. Das Zusammenleben von Mann und Frau, auch mit gemeinsamen Kindern, sollte keinen äußeren religiösen oder rechtlichen Rahmen in Anspruch nehmen. Nicht durch die Rationalität eines Vertrages sollte eine Ehe stabilisiert werden, sondern einzig gegründet sein auf Liebe. Diese Beziehungsnorm der romantischen Liebe ist mit dem bürgerlichen Familienbegriff, der ein ständischer ist, wie man unschwer erkennen kann, eng verwoben. Schloss dieser doch z. B. die bäuerliche Familie, die traditionell die Einheit von Familie und Betrieb fortsetzte, ebenso aus wie die Industriearbeiterfamilie oder die adlige Lebensform, für die die „Vorstellung von verinnerlichten, der Ökonomie entfremdeten ‚kleinen' Lebensgemeinschaft" (Schwab 1975: 298) nicht passend war. Auch wenn wir heute, im 21. Jahrhundert, wie auch schon in früheren Zeiten, in verschiedenen Familien- und Lebensformen leben, so ist das Leitbild der Familie mit den Strukturkomponenten der romantischen Partnerwahl, der Kindorientierung und einer nach außen hin abgegrenzten Privatsphäre, in der weitgehend als Konsumeinheit zusammengelebt wird (eine Ausnahme bilden die bäuerlich-ländliche Familie und die Unternehmerfamilie), als Leitbild konkurrenzlos und ungebrochen bis heute wirksam.

Familie aus strukturtheoretischer Perspektive: Ein wichtiger historischer Prozess für die Herausbildung eines Modells von Familie, in der sich beide Ehepartner wechselseitig in je personaler Autonomie zum Gatten wählen, ist – wie oben geschildert – die Entstehung des Sakraments der Ehe im europäischen Mittelalter am Ende des 12. Jahrhunderts. Die wichtigste Form, um das Inzesttabu zu realisieren, ist von diesem Zeitpunkt an nicht mehr der Frauentausch oder eine Verwandtschaftsoperation von Familien, um Macht, Kapital und Status von Abstammungsgruppen zu erhalten. Sondern jetzt, nach dem Ausfall der Heiratsregeln, hat ein Erwachsener, passend zum Inzesttabu, eigenständig, jenseits der Herkunftsfamilie, einen Partner nach den Kriterien des „romantic love complex" zu wählen. Eine Voraussetzung für diese Form der Partnerwahl ist die Internalisierung

1.2 Die Konstitution des Gegenstandes „Familie"

des Inzesttabus. Wurde es bis zum späten 12. Jahrhundert durch entsprechende kulturspezifische Heiratsregeln realisiert, wird es im Übergang zur autonomen Partnerwahl im Durchlaufen einer funktionierenden ödipalen Triade erworben. Ich werde im Folgenden die ödipale Triade mit ihren Merkmalen und Eigenschaften skizzieren. Es handelt sich dabei um ein theoretisches Strukturmodell, das psychoanalytische Ausdrücke allerdings in einer soziologischen Wendung gebraucht (vgl. Oevermann 2014). Die ödipale Triade besteht aus drei Dyaden: einer (ehelichen) Paarbeziehung und zwei Eltern-Kind-Dyaden. Für diese drei Beziehungen gilt, dass es sich um diffuse Sozialbeziehungen handelt, die von spezifischen zu unterscheiden sind (vgl. Parsons 1981). Diffuse Sozialbeziehungen sind immer Beziehungen zwischen ganzen Menschen, d. h. die Beweislast in dieser Art von Beziehungstyp trägt immer derjenige, der ein Thema ausschließen will. Die spezifische Sozialbeziehung ist im Unterschied dazu eine Beziehung, in der die Beweislast derjenige trägt, der zu den in der Rollendefinition festgelegten Zuständigkeiten etwas hinzufügen will. Für Familien gilt nun der Beziehungstyp der diffusen Sozialbeziehung. Spezifisch würde sie explizit erst dann agieren, wenn sie nicht mehr funktioniert, wenn es z. B. nur noch um Unterhalts- oder Besuchsregeln ginge. Solange die Familie als Familie funktioniert, ist sie aber gerade kein Rollensystem, sondern eine Form von Vergemeinschaftung. Diffuse Sozialbeziehungen in der Familie haben nun folgende drei Eigenschaften: *Erstens:* Sie sind unkündbar. Trennung und Scheidung sind auch in der moderneren Definition nicht einfach hinzunehmende Tatsachen, sondern Katastrophen. *Zweitens:* Diese Beziehungen haben notwendigerweise eine Körper- bzw. Leib-Basis. Für die Gattenbeziehung konstitutiv ist die Sexualität. Im Falle der Eltern-Kind-Beziehung geht es um die Pflegebedürftigkeit des Kindes, das ohne die elterliche Fürsorge nicht überlebensfähig ist. *Drittens:* Für die Beziehungen in der Familie gilt, dass sie auf Vertrauen beruhen, welches bedingungslos gewährt wird und eben nicht, wie bei Rollen- bzw. Vertragsbeziehungen, an die Erfüllung von Kriterien gebunden ist.

Familienbeziehungen, so kann man zusammenfassen, sind gekennzeichnet durch die Nichtsubstituierbarkeit des Personals (vgl. Oevermann 2014). Diese dyadischen Beziehungen, die zusammen in der Familie eine Einheit bilden, schließen sich allerdings wechselseitig aus. Denn die Beziehung zwischen ganzen Personen, die Bedingungslosigkeit der Hingabe, kommt erst reziprok zur Vollendung, wenn dieses Ausschließlichkeitsprinzip gut funktioniert. Daraus ergeben sich drei Konfliktsituationen, die sich aus der Perspektive des Kindes wie folgt beschreiben lassen: 1) Das Kind hat Anspruch auf eines der Elternteile; gleichzeitig hat in der Logik der Gattenbeziehung ein Dritter einen Anspruch auf diesen Partner. 2) Beide Eltern haben gleichzeitig einen Anspruch auf das Kind. Das Kind muss entscheiden, mit wem es gemeinsam handeln will, ohne dabei den anderen zu verlieren. 3) Aus der Gattenbeziehung ist das Kind durch die Wirksamkeit des Inzesttabus völlig ausgeschlossen. An dem, was die Eltern ausschließlich miteinander teilen, ist das Kind nicht berechtigt teilzunehmen; zum elterlichen Schlafzimmer gibt es eine Barriere. Durch diese drei Konfliktkonstellationen wird eine sozialisatorische Dynamik in Gang gesetzt, die konstitutiv für die Bildung eines autonomen Subjekts ist. Denn das Kind lernt dabei, die Abhängigkeit von den Eltern allmählich, quasi in der Verinnerlichung des Ödipuskomplexes, aufzulösen und so erwachsen zu werden.

Dieses Bündel an theoretischen Perspektiven auf den Gegenstand „Familie" zielt darauf, Familien in unserer Gegenwartsgesellschaft zu analysieren, ohne die über Jahrtausende gewachsenen Familienstrukturen zu ignorieren. Um diese Familienstrukturen in einer Beschreibung adäquat treffen zu können, habe ich – wenn auch hier nicht immer ausdrücklich zitiert – auf Basistexte zur Familie zurückgegriffen bzw. solche ausgewählt, die eine Antwort auf die Frage geben: Wie wird das gesellschaftliche Handlungsproblem der sexuellen Reproduktion und der kulturellen Gemeinschaft gelöst? Nämlich: Als Kernfamilie in einem Zwei-Generationengebilde, das aus einem Elternpaar und Kind(ern) besteht, verlässlich stabil unter Einhaltung des Inzesttabus zusammenzuleben. Die Abstammungsgemeinschaft, die Zeugungsgemeinschaft und die soziale Familie bilden dabei eine Einheit. Zu diesem Rahmen kommen verschiedene Strukturmerkmale wie Diffusivität, affektive und erotische Solidarität, Nichtsubstituierbarkeit und Unkündbarkeit hinzu, an denen sich das Zusammenleben im Binnenraum der Familie orientiert. Durch diese konstitutionstheoretische Bestimmung wird der Begriff der Kernfamilie zur Leitkategorie einer theoriegeleiteten Familiensoziologie.

1.3 Eine spezifische alternative Lebensform – Das gleichgeschlechtliche Frauenpaar mit über Samenspende gezeugten Kindern

In der gleichgeschlechtlichen Inseminationsfamilie[6] finden wir einen anderen Rahmen als den der Kernfamilie vor, um Kinder großzuziehen. Dieser Rahmen, den das Paar gewählt hat und der auch ihrem Selbstverständnis als Familie

---

[6]Ich werde für diese Lebensform mit Kindern hier erst einmal den Familienbegriff verwenden, obwohl erst noch zu prüfen ist – eben über Fallrekonstruktionen –, ob es sich hierbei tatsächlich um einen Fall von Familie handelt.

1.3 Eine spezifische alternative Lebensform ...

entspricht, stellt eine Lösung für das Handlungsproblem dar, sich den Kinderwunsch trotz der Unmöglichkeit der gemeinsamen biologischen Zeugung zu erfüllen. Nicht möglich ist dem Paar eine Familienbildung über eine zeugende Sexualität, aus der heraus ein Kind entsteht, das dann in einer Eltern-Kind-Beziehung aufwächst, in der die in der Biologie angelegte Vergemeinschaftungsform ihren Ausdruck in einer Familienform findet, in der Zeugungs- und Abstammungsgemeinschaft eine Einheit bilden. Es fehlt die männliche Sexualität, um aus dem Paar eine Familie zu machen, in der aufruhend auf der biologischen Zeugung diese Einheit in den kulturellen Rahmen der Kernfamilie übersetzt werden kann.

Denkbare Reaktionen auf die Unmöglichkeit, als lesbisches Paar auf biologischem Wege ein Kind zu zeugen, wären a) der Verzicht auf eine Familiengründung, also auf Kinder, b) sich von der Partnerin zu trennen und einen Mann zu suchen, mit dem man die gemeinsam gezeugten Kinder großzieht, c) die Adoption eines Kindes oder d) die Aufnahme eines Pflegekindes. Nicht auszuschließen wäre auch e), dass mütterliche Ambitionen in alternativen Settings ihren Ausdruck finden, wie zum Beispiel im verwandtschaftlichen Beziehungsverhältnis einer Tante oder Patentante. Auch wenn sich in den letzten Jahren hinsichtlich der gesellschaftlichen Anerkennung gleichgeschlechtlicher Paare, die mit Kindern zusammenleben, viel geändert hat, werden doch, insbesondere wenn es um die Adoption eines Kindes geht, heterosexuelle Paare nicht nur bevorzugt, sondern eine gemeinsame Adoption war in Deutschland gleichgeschlechtlichen Paaren lange Zeit nicht möglich.[7] Auch bei der Aufnahme eines Pflegekindes konkurrieren homosexuelle Paare mit heterosexuellen, obgleich hier in den letzten Jahren aufgrund neuer gesetzlicher Richtlinien eine Zunahme, allerdings mehr von männlichen homosexuellen Pflegeelternpaaren als von weiblichen, zu beobachten ist (vgl. Funcke 2015). Verschiedene Studien zeigen (vgl. Rupp/Dürnberger 2010; Dethlof 2010), dass für gleichgeschlechtliche weibliche Paare, wie auch für heterosexuelle Paare mit noch unerfülltem Kinderwunsch, die Adoption eines Kindes oder die Aufnahme eines Pflegekindes nicht die erste Alternative ist. So wie heterosexuelle Paare sich nicht unmittelbar von dem Wunsch nach einem leiblichen Kind lösen und zunächst alle Chancen einer reproduktionsmedizinischen Behandlung wahrnehmen, bevor eine Adoption

---

[7]Erst mit der Entscheidung des Bundesrates vom 1. Juli 2017, Lesben und Schwule rechtlich heterosexuellen Paaren völlig gleichzustellen („Ehe für alle"), ist gleichgeschlechtlichen Paaren auch das uneingeschränkte Adoptionsrecht zugesprochen worden.

erwogen wird, so bevorzugen auch homosexuelle Frauenpaare Wege, wie die Wahl einer Samenspende, um ein (zumindest mit einer Frau) leiblich verwandtes Kind zu bekommen.

Bei homosexuellen weiblichen Paaren mit Kinderwunsch hat die Häufigkeit der Familiengründung mithilfe einer Samenspende zugenommen, seitdem mit dem Gesetz zur Überarbeitung des Lebenspartnerschaftsrechts aus dem Jahr 2004 diejenige Frau, die mit der Mutter in einer lesbischen Paarbeziehung lebt, durch die Stiefkindadoption in die soziale Position eines Elternteils einrücken kann. Bedingungsvoraussetzungen für eine Stiefkindadoption sind das Zusammenleben in einer eingetragenen Lebenspartnerschaft, dass der Vater nicht bekannt ist bzw. dessen Aufenthaltsort sich nicht ermitteln lässt und dieser sein Elternrecht nicht einfordert. Eine Folge der Möglichkeit der Stiefkindadoption war, dass – zeitgleich zur Erhebung der Fälle für dieses Forschungsprojekt –, das Interesse der lesbischen Paare an einer anonymen Samenspende zunahm und die Anzahl der über eine anonyme Samenspende entstandenen gleichgeschlechtlichen Familien stark anstieg (vgl. Eggen 2009). Eine Studie des Staatsinstituts für Familienforschung (ifb) der Universität Bamberg aus dem Jahre 2009 bestätigte diese Beobachtung: Auch wenn die Anzahl der Kinder aus früheren heterosexuellen Beziehungen bei eingetragenen Lebenspartnerschaften bei 46 % lag, wurden 42 % der Kinder in die gleichgeschlechtliche Beziehung hineingeboren. Von den insgesamt 852 Kindern aus 747 Familien, die in der ifb-Studie untersucht wurden, waren zwei Prozent Adoptivkinder und sechs Prozent dieser Familien hatten Pflegekinder (vgl. Eggen/Rupp 2011: 33). Kurz, neben der gleichgeschlechtlichen Stieffamilie stellte die gleichgeschlechtliche Inseminationsfamilie die zweithäufigste Form dar.

Auch heterosexuelle Paare nutzen bei Unfruchtbarkeit, die psychische oder organische Gründe haben, aber auch durch eine lang hinausgeschobene Familienplanung entstehen kann, die Möglichkeiten der Reproduktionsmedizin. Die Lösung, sich den Kinderwunsch trotz Unfruchtbarkeit zu erfüllen, besteht dann in einer medizinischen Behandlung, die gleichsam eine prothetische Behandlung ist. Das verhält sich anders bei homosexuellen weiblichen Paaren, die aufgrund der fehlenden männlichen Sexualität als Paar kein leibliches Kind zeugen können und die Samenspende eines fremden Mannes wählen. In diesen Fällen stellt die Insemination, zum Beispiel durch einen Arzt, durch die lesbische Partnerin oder von einer anderen dritten Person vorgenommen, eine Abweichung vom normativ geltenden Modell dar. Denn seit der Familialisierung des Vaters und der Herausbildung der Kernfamilie als einem Gehäuse, in dem Biologisches und Soziales zur Deckung kommen, ist nicht vorgesehen, dass der Vater des Kindes fehlt, auf uneindeutige Weise abwesend ist und sich nicht – in welcher Form

1.3 Eine spezifische alternative Lebensform ...

die Lebenshilfe auch immer geleistet wird – als Mitglied der Familie an deren Fortbestehen beteiligt. Im Modell von Sozialisation, so wie es sich im Verlaufe des Zivilisationsprozesses herausgebildet hat und in West- und Mitteleuropa als Sonderform der Kernfamilie seinen Ausdruck fand, gibt es immer einen Vater, der gemeinsam mit seiner Partnerin bzw. Ehefrau, die die Mutter seines leiblichen Kindes ist, einen Rahmen des Aufwachsens herstellt. Bei homosexuellen weiblichen Paaren, die sich über die Wahl einer Fremdsamenspende dazu entschließen, in einer Gemeinschaft als Familie zusammenzuleben, kann nur eine sozialisatorische Interaktion ins Werk gesetzt werden, die im Biologischen keine leibliche Entsprechung hat.

Um Missverständnissen vorzubeugen: Es ist hier damit keineswegs gemeint, dass ohne Leiblichkeit überhaupt keine sozialisatorische Interaktion stattfinden kann und auch nicht, dass eine sozialisatorische Interaktion auf leibliche Mütter und leibliche Väter angewiesen ist. Wir wissen aus vielen Studien zu alternativen Familienformen, wie die der Adoptiv- und Pflegefamilie und der alleinerziehenden Familie, dass die Personalausstattung der in der Triade angelegten Strukturpositionen sehr flexibel gehandhabt werden kann, ohne dass – allerdings nicht ohne Sonderleistungen des Adoptiv-, Pflege- oder Stiefelternpaares – Sozialisationsprozesse, gemessen an der Erzeugung einer gelungenen autonomen Lebenspraxis, scheitern müssen (vgl. Funcke/Hildenbrand 2009). „Bei alleinerziehenden Müttern" – so Oevermann in einer seiner Vorlesungen aus dem Sommersemester 1995 – „können etwa Freundinnen faktisch die Vaterrolle ausfüllen [...] Überall dort, wo die Mütter ideologisch großen Wert darauf legten, dass sie alleinerziehend sind, war, wenn man genau hinschaute, unter deren Freundinnen eine, die diese Imago-Position ausfüllte. Man muss sich das so vorstellen, dass die Strukturgesetzlichkeit sich ihr Personal dann schon selbst sucht, auch wenn die Leute subjektiv-intentional dagegen sind, also auch wenn ihnen Ideologien die Einsicht in diese Strukturgesetzlichkeit versperren. Die Strukturgesetzlichkeit ist mächtiger. Sie verschafft sich schon irgendwie ihr Recht. Diese Strukturgesetzlichkeit ist kein Natur-Mythos, keine biologische Gesetzlichkeit, nicht die Stimme des Blutes oder dergleichen, sondern ist eine ganz abstrakte nur soziologisch charakterisierbare Gesetzlichkeit" (Oevermann 1996: 105). Für das Feld der gleichgeschlechtlichen Inseminationsfamilie bedeutet das, fallweise zu rekonstruieren, wie sich diese Strukturgesetzlichkeit innerhalb der Rahmenbedingung von weiblicher Homosexualität und Samenspende ihren Ausdruck verschafft.

Die Merkmale einer gleichgeschlechtlichen Inseminationsfamilie sind als Ergebnis der Lösung zu verstehen, bei bestehender Unmöglichkeit der gemeinsamen biologischen Zeugung aufgrund von weiblicher Homosexualität und bestehendem Kinderwunsch, mithilfe einer Samenspende einen dem Selbstverständnis des Paares entsprechenden Rahmen für eine Familie zu setzen. Die zentralen, die gleichgeschlechtliche Inseminationsfamilie kennzeichnenden Merkmale sind:

- Die Strukturposition des Vaters ist nicht besetzt mit der Figur des Vaters, d. h. mit einem Mann, der in Personalunion der Partner/Ehemann der Mutter und der Vater des Kindes zugleich ist.
- Durch die Wahl einer Samenspende ist der leibliche Vater auf uneindeutige Weise anwesend bzw. abwesend. Der notwendige Dritte, um ein Kind zu bekommen, wird zugelassen und auf Abstand gehalten.
- Zeugungsgemeinschaft, Abstammungsgemeinschaft und soziale Familie bilden keine Einheit. Der sozialisatorischen Praxis fehlt die leibliche Entsprechung.
- Die lesbische Partnerin der Mutter ist zwar vergleichbar dem Vater in einer Kernfamilie auch nicht Mitglied der Mutter-Kind-Symbiose, aber es fehlt ihr nicht nur die leiblich-symbiotische Basis, sondern zusätzlich das Deszendente, die genetische Abstammung, um in Verlängerung dazu, quasi von einem biologischen Unterbau abgestützt, Bindung zu entwickeln.

Aus diesem selbstgesetzten Rahmen, der eine Lösung für das Problem darstellt, trotz der Unmöglichkeit, gemeinsam ein Kind zu zeugen, am Kinderwunsch festzuhalten, resultieren wiederum Folgeprobleme, die allen Inseminationsfamilien gemeinsam sind und auf die sie reagieren müssen. Welche Dimensionen mutmaßlich den Prozess der Auseinandersetzung mit diesen Folgeproblemen prägen, wird in einer gedankenexperimentellen Hypothesenbildung zu bestimmen sein (vgl. Abschn. 1.5). Doch zuvor wird es darum gehen, die aus dem selbst gesetzten Rahmen einer gleichgeschlechtlichen Inseminationsfamilie resultierenden Folgeprobleme zu beschreiben.

An der Art und Weise, wie nun in den einzelnen Fällen Folgeprobleme gelöst werden, wird man erkennen können, a) ob möglicherweise der Begriff der Familie entweder nicht anzuwenden ist auf derartige in den Fällen sich realisierende Formen des Zusammenlebens mit Kindern. Denkbar wäre auch, dass über die Fallrekonstruktionen, in deren Zentrum die Frage steht, wie Folgeprobleme gelöst werden, Ergebnisse zutage treten, die b) anzeigen, dass der Begriff der Familie erweitert werden muss. Und schließlich nicht auszuschließen ist auch, dass über die Lösung der Folgeprobleme ersichtlich wird, dass c) in den Fällen eine allgemeine Struktur sich realisiert, sodass auch diese Fälle als Familie zu begreifen sind. Es geht darum herauszufinden, ob die

1.3 Eine spezifische alternative Lebensform ...

sogenannte Inseminationsfamilie als Typus von Familie gelten kann. Kurz: Ist die Inseminationsfamilie ein Fall von Familie?

Die Wahl der Samenspende und zeugende Ersatzhandlung: Es wird von den Frauen zu klären sein, vorausgesetzt es kommen Alternativen zur Samenspende, um ein Kind zu bekommen, nicht infrage, wie die Fortpflanzung geregelt werden soll. Da der biologische Unterbau fehlt, auf dem aufruhend und von diesem gestützt alle weiteren sozialen Operationen verrichtet werden können, sind Ersatzhandlungen notwendig, um eine soziale Praxis als Familie, die dann zwar keine leibliche Entsprechung wie in der Kernfamilie hat, überhaupt erst zu ermöglichen. An der Art und Weise, wie die Frauen das Problem der Zeugung lösen, für welche Variante von Ersatzhandlung sie sich entscheiden, werden wir erkennen können, ob sie sich mit ihren Handlungen dem Gehäuse der Kernfamilie, obwohl sie diese in ihrem Entwurf leugnen, doch annähern. Wird die Zeugung mit einer Samenspende in einen Handlungsrahmen eingebettet, der die Differenz zur natürlichen Zeugung so gering wie möglich hält oder wird kontrastierend dazu eine zeugende Ersatzhandlung gewählt, die vom natürlichen Prozess maximal entfernt ist? Falls die erste Variante realisiert wird, sind Optionen denkbar, wie zum Beispiel, dass die Frau, die Mutter werden will, mit dem Mann, dem zukünftigen Vater des Kindes, den Geschlechtsverkehr vollzieht. Im Falle der zweiten Variante wäre denkbar, dass die Frau, die Mutter werden will, sich den Samen eines anonymen Spenders selbst, ohne dass der Samenspender oder die lesbische Partnerin oder eine andere Person (Arzt, Freund, ‚sozialer' Vater) oder Instanz (Klinik) beteiligt wäre, inseminiert. Schon hier wird deutlich, dass es zwischen diesen beiden Varianten, die maximal miteinander kontrastieren, Abstufungen gibt, die sich einmal mehr dem naturgegeben Prozess annähern (der Samenspender ist bei der Insemination anwesend und die Zeugung findet qua Sexualität statt) oder die Abweichung davon markieren (die Samenspende ist anonym, erreicht das Frauenpaar mit der Post aus dem Ausland und eine andere Person, eine Ärztin oder die lesbische Partnerin, ist behilflich, den Samen zu inseminieren).

Der Umgang mit dem Samenspender: Je nachdem, welche Art der Samenspende gewählt wird (anonyme Samenspende, der Samenspender ist bekannt), resultieren auch daraus wieder Folgeprobleme, die von dem gleichgeschlechtlichen Paar zu lösen sind. Wenn der Samenspender bekannt ist, wird zu klären sein, ob er als der biologische Vater auch einen Platz in der Familie erhält, also ob das, was in der Biologie vorhanden ist, auch in der praktischen Sozialität seine Entsprechung finden soll. Es wird, ganz allgemein formuliert, die Frage zu klären sein, wie mit der Figur des leiblichen Vaters umgegangen wird, wenn Zeugungsgemeinschaft,

Abstammungsgemeinschaft und soziale Familie keine der Kernfamilie entsprechende Einheit bilden. Es kann davon ausgegangen werden, dass fallweise, auch wenn alle gleichgeschlechtlichen Inseminationsfamilien dieses Problem zu lösen haben, unterschiedliche soziale Ausprägungen von Praxis zu erkennen sein werden. Eine die Analyse leitende Frage wird sein: Wenn die Triade wie eine Strukturgesetzlichkeit operiert, hier aber Familie sich nicht als „naturgemäße" Gemeinschaft bildet, sondern Mitgliedschaft in einer Familie durch andere Wege hergestellt wird, dann wird zu rekonstruieren sein, ob, wie und wodurch bestimmt Rekurs auf den ‚abwesenden' Dritten genommen wird. Denkbar wären Inseminationsfamilien, in denen eingebettet in die weibliche Paarbeziehung eine sozialisatorische Praxis gelebt wird, die mit den leiblichen Verhältnissen kongruent ist; kurz: der biologische Vater lebt in der Familie mit der Mutter des Kindes und der lesbischen Partnerin der Mutter zusammen. Die maximal kontrastierende Variante sehe so aus, dass der biologische Vater (der Samenspender) ganz abwesend ist und die Mutter mit dem Kind in einer Art alleinerziehenden Familie lebt und die Partnerin der Mutter, aus der Perspektive des Kindes, nicht mehr ist als die Lebenspartnerin/Freundin der Mutter.

Die Platzierung der lesbischen Partnerin in der Familie: Des Weiteren ist von allen gleichgeschlechtlichen Inseminationsfamilien die Frage zu klären, wie die Partnerin der Mutter in die Familie integriert werden soll (als Freundin der Mutter, als eine Art leibliches Elternteil – eine sogenannte Co-Mutter, als Tante etc.). Im Vergleich zu heterosexuellen Paaren in der Kernfamilie sind entsprechende Formen von Zuwendungen zum Kind nicht abgestützt von einer Kongruenz mit leiblichen Verhältnissen. Gleichgeschlechtlichen Elternpaaren, die mit Kindern zusammenleben, ist es nicht möglich, sich über eine genealogische Zusammengehörigkeit, also über eine blutsverwandtschaftliche Abstammung, als familiale Einheit zu definieren.[8] Die biologische Verankerung der Eltern-Kind-Beziehung, die in der Kernfamilie durch Deszendenz und Affiliation gegeben ist, fehlt. Vergleichen wir die lesbische Partnerin der Mutter mit einem Vater in der Kernfamilie, so ist beiden gemeinsam, dass das Elternsein für sie ein

---

[8]Und erst seit dem im Oktober 2017 in Kraft getretenen Gesetz („Ehe für alle") können auch gleichgeschlechtliche Paare qua Konjugalität sich als Einheit definieren. Das Gesetz sieht eine Änderung im Bürgerlichen Gesetzbuch vor. So heißt der erste Satz des Paragraphen 1353 des Bürgerlichen Gesetzbuches: „Die Ehe wird von zwei Personen verschiedenen oder gleichen Geschlechts auf Lebenszeit geschlossen. Die Ehegatten sind einander zur ehelichen Lebensgemeinschaft verpflichtet; sie tragen füreinander Verantwortung".

außerordentlich abstrakter Prozess ist. Der Partnerin der Mutter fehlt, wie dem Vater in der Kernfamilie, der leibliche Prozess, der sich über die Schwangerschaft vollzieht und der eine enorme Bindung bedeutet. Die Partnerinnen der Mütter sind vergleichbar den Vätern in Kernfamilien nicht Mitglied einer Symbiose. Es fehlt der lesbischen Partnerin der Mutter aber darüber hinaus noch die Deszendenz, die genetische Abstammung. Der leibliche Vater ist zumindest von der Biologie her, durch die, wenn auch „relativ unverbindliche und ja auch nur punktuell in Erscheinung tretende Beteiligung an der Zeugung gestützt" (Oevermann 1996: 98). Die lesbische Partnerin der Mutter ist aber vom ganzen Vorgang, biologisch gesehen, abgetrennt.

Die von allen gleichgeschlechtlichen Inseminationsfamilien zu beantwortende Frage bzw. das zu lösende Handlungsproblem ist, wie die entsprechende Zugewandtheit aufgebaut werden soll, wenn der naturgestützte Prozess fehlt. Welche Form der Beteiligung, wenn es um Betreuung, Fürsorge, Erziehung geht, wird der Partnerin der Mutter zugedacht? Eine entscheidende Bedingung dafür, dass unter diesen Ausgangsbedingungen die lesbische Partnerin in die soziale Position eines Elternteils einrückt und eine einem leiblichen Elternteil entsprechende Zugewandtheit dem Kind gegenüber entwickeln kann, ist eine stabile lesbische Paarbeziehung und eine Unterstützung vonseiten der leiblichen Mutter. Ein Zurückgesetztsein, ein Zurückgesetztwerden oder ein Konkurrieren mit der leiblichen Mutter und/oder dem leiblichen anwesenden Vater würde es erschweren, eine stabile Beziehung zum nicht-leiblichen Kind aufzubauen.

1.4 Einbettungsstrukturen – Drei-Ebenen-Modell

Das Forschungsziel des Projektes ist, herauszufinden, ob sogenannte gleichgeschlechtliche Inseminationsfamilien als ein Fall von Familie gelten können. Um nun mit dem Prozess einer empirischen Typenbildung beginnen zu können, der über das Verfahren der Fallrekonstruktion, der Strukturgeneralisierung und der Fallkontrastierung verläuft, sind vorab, also bevor mit der eigentlichen Fallerhebung und Fallkontrastierung begonnen wird[9], folgende Schritte

---

[9]Nicht immer lässt sich forschungsökonomisch der Prozess der Datenerhebung so steuern, dass parallel zum Auswertungsverfahren und angeleitet von dem bereits vorliegenden (Fall) Wissen, Fälle kontrastiv erhoben werden können. Nicht selten ist es so, dass bereits eine Anzahl von erhobenen Fällen vorliegt, aus denen dann entsprechende Kontrastfälle ausgewählt werden.

notwendig: In einem ersten Schritt werden die Einbettungsstrukturen bestimmt, die mutmaßlich als Bedingungsrahmen bei der Analyse der Problemauseinandersetzung mit zu berücksichtigen sind. In einem zweiten Schritt (siehe Punkt 1.5) ist in einem gedankenexperimentellen Hypothesenbildungsprozess das Feld möglicher Fälle, die in die Analyse eingehen sollen, im Rahmen einer Dimensionsanalyse zu bestimmen.

Bei den Einbettungsstrukturen, die in der Analyse der Fälle zu berücksichtigen sind, kann es sich um auf ganz unterschiedlichen Ebenen angesiedelte Handlungsbedingungen handeln. In den Studien, die mit dem hermeneutisch-fallrekonstruktiven Verfahren arbeiten, lassen sich unterschiedliche Beschreibungen für in Fallrekonstruktionen mit zu berücksichtigende Einbettungsebenen finden. Karl Friedrich Bohler greift, um den Bedingungsrahmen zu erläutern, der bei Fallrekonstruktionen mit zu berücksichtigen ist, auf eine Anekdote zurück. Ulrich Oevermann habe, wenn es darum ging, die Lebensbedingungen zu erfassen, die eine Alltagspraxis mitbestimmen, sich des Bildes der „russischen Puppen" bedient, bei der aus „jeder größeren Puppe eine kleinere hervorgeholt werden kann" (Bohler 2008: 221). Gemeint sind hier die Einbettungsverhältnisse eines Falles, die in der Grounded Theory im Bild der konzentrischen Kreise, bekannt als das Konzept von der konditionellen Bedingungsmatrix (vgl. Bohler 2018: 105–128, Hildenbrand 2007: 6–43), veranschaulicht sind. Eine Durchführung von Fallanalysen in diesem Sinne, d. h. unter Berücksichtigung der das Handeln einbettenden Verhältnisse sensibilisiert für über subjektive Relevanzen hinausgehende Einflussparameter. Verwiesen wird auf Einflussgrößen, die als soziale Rahmen außerhalb kleiner partikularistischer Weltzusammenhänge liegen, gleichwohl aber diese in ihrer Fallspezifik mitbestimmen und auch als Resultate von Handlungsentscheidungen zu denken sind.

Wenn im Folgenden von Einbettungsverhältnissen die Rede ist, so sind hier die auf den konzentrischen Kreisen einzutragenden Einflussparameter gemeint, die in den Fallrekonstruktionsanalysen zu berücksichtigen sind. Ich gehe dabei von einem einfachen Drei-Ebenen-Modell aus:

1.Ebene: Gesellschaftliche Rahmenbedingungen als Eröffnungsparameter für Entscheidungen: Hier sind die auf der Ebene der Gesellschaft liegenden Möglichkeiten, unter der Bedingung fehlender männlicher Sexualität eine Zeugung im Rahmen von weiblicher Homosexualität zu realisieren, in einer Analyse zu berücksichtigen. Es wird davon ausgegangen, dass die Familienbildung mitstrukturiert ist dadurch, wie auf gesellschaftlicher Ebene das Thema der Samenspende familienrechtlich geregelt ist und welche medizintechnischen

1.4 Einbettungsstrukturen – Drei-Ebenen-Modell

Möglichkeiten zur Verfügung stehen, sodass ein weibliches Paar, bei dem ein Kinderwunsch vorliegt, die Zeugung von eigenem Nachwuchs realisieren kann. Familienrecht und Medizin machen einen Bedingungsrahmen aus, innerhalb dem ein gleichgeschlechtliches weibliches Paar über eine Samenspende eine Familie gründet. Eine zentrale, die Analyse leitende Frage ist: Was war zurzeit, als die Fälle des Samples erhoben wurden, gesellschaftliche Norm hinsichtlich der Möglichkeiten, sich als Frauenpaar den Kinderwunsch mithilfe einer Samenspende zu erfüllen?

Es geht darum, den gesellschaftlichen Möglichkeitsrahmen unter dem Aspekt von Familienrecht und Medizin zu entfalten, vor dessen Hintergrund dann die Problemlösung, die von allen weiblichen Paaren gleichermaßen zu bewältigen ist, nämlich sich den Kinderwunsch mithilfe einer Samenspende zu erfüllen, rekonstruiert werden. In diesem Zusammenhang werden auch denkbar andere Wege, wie die Möglichkeit einer Adoption oder die Aufnahme eines Pflegekindes berücksichtigt. In die Analyse kann so dann auch die Frage eingehen, ob diese anderen Wege als Möglichkeiten erwogen worden sind und aus welchen Gründen sich das Paar dagegen entschieden hat.

2.Ebene: Das sozialisatorische Herkunftsmilieu: Es geht hier um den biografischen Herkunftskontext, insbesondere um die sozialisatorischen Bedingungen aus dem Herkunftsmilieu der Inseminationsmutter. Die Problemkonstellation, die alle weiblichen gleichgeschlechtlichen Paare mit Insemination vorfinden, ist: Es muss geklärt werden, wie mit dem Samenspender umgegangen werden soll. An der Art und Weise, wie dieses Problem gelöst wird, werden wir erkennen können, welche Bedeutsamkeit sie der Figur des Vaters für das Aufwachsen des Kindes zuschreiben. Es ist zu erwarten, dass die Fälle diesbezüglich variieren, und dass die jeweilige Variation auch zurückzuführen ist auf die Einsozialisierung der Frauen in Deutungs- und Handlungsmuster ihres Herkunftsmilieus. Ich gehe also davon aus, dass unterschiedliche Lösungen, die wir in verschiedenen Typen von Inseminationsfamilien realisiert finden, auch mit den in den Sozialisationsmilieus der Frauen erworbenen Sozialisationskonzepten in Verbindung zu bringen sind. In Bezug auf diese Ebene werden für die Analyse der Fälle dann Fragen relevant wie: Welche Lösungen liegen im Herkunftsmilieu bereit, um mit den Folgeproblemen einer Inseminationsfamilie, insbesondere was die Besetzung der Strukturposition des Vaters angeht, zurechtzukommen? Finden die Frauen in ihrem Sozialisationsmilieu Lösungen für vergleichbare Handlungsprobleme, die aus der Struktur einer Inseminationsfamilie resultieren, sodass eine Orientierung an Überkommenem möglich ist? Gehen diese Lösungen, die sie dort vorfinden, überhaupt in ihren Familienbildungsprozess ein? Reproduzieren die Frauen mit ihren getroffenen Lösungsentscheidungen, was die Figur des Vaters für Sozialisationsprozesse betrifft, eine Zugehörigkeit zu ihrem Herkunftsmilieu oder werden ganz andere Optionen, die sie z. B. auf Abstand zu ihrer Herkunftsfamilie bringt, für relevant erklärt? Diese Aspekte sollen insbesondere vor dem Hintergrund des Folgeproblems, für die Strukturposition des Vaters eine Lösung zu finden, rekonstruiert werden.

3.Ebene: Die strukturelle Ausgangslage der Familiengründung: Ich gehe davon aus, dass eine formative Kraft, was die Lösung der Handlungsprobleme: Wahl der Samenspende, Organisation der Fortpflanzung, Umgang mit dem Samenspender und Platzierung der lesbischen Partnerin der Mutter in der Familie, auch von folgenden Faktoren ausgeht: *zum einen* von der Vorgeschichte des Paares. Hier wird in der Analyse zu berücksichtigen sein, wie und wann sich das Paar kennengelernt hat, und ob bereits eigene leibliche Kinder, die aus einer vorherigen Beziehung stammen, mit in die lesbische Paarbeziehung gebracht wurden? *Zum anderen* wird in der Analyse zu berücksichtigen sein, wer von den beiden Frauen einen Kinderwunsch hat und wer aus welchen Gründen schwanger wird bzw. werden darf. Des Weiteren ist in der Analyse auch zu berücksichtigen, ob altersbedingt überhaupt und wie lange noch eine eigene Schwangerschaft für möglich betrachtet wird, oder ob gesundheitliche Gründe eine Schwangerschaft ausschließen. Diese Informationen werden in der Analyse als Daten insbesondere im Zusammenhang mit der Frage relevant, welchen Platz die Partnerin der Mutter in der Familie einnimmt.

Ich fasse zusammen: Fallrekonstruktiv vorzugehen heißt, von einem weiblichen Paar, bei dem ein Kinderwunsch vorliegt und der mithilfe einer Samenspende erfüllt wird, auszugehen, welches eingebettet ist.

a) in eine historische Zeit (Ebene 1: Gesellschaftliche Möglichkeiten), b) in eine spezifische Herkunftsfamilie, in der sozialisatorische Erfahrungen die Nachwuchssozialisation betreffend vorliegen (Ebene 2: Sozialisation im Herkunftsmilieu), und c) in eine strukturelle Ausgangsbedingung (Ebene 3: für die Sozialisation des Nachwuchses).

Im Folgenden wird es darum gehen, unter Einbezug dieses 3-Ebenen-Modells Dimensionen zu bilden, mit denen das Forschungsfeld der sogenannten gleichgeschlechtlichen Inseminationsfamilie über eine präsumtiv vorzunehmende Fallbestimmung ausgelotet werden kann.

1.5 Dimensionsanalyse – Das Feld möglicher Fälle

1.5.1 Allgemeine Erläuterungen

Eine Dimensionsanalyse vorzunehmen heißt, mithilfe von Dimensionen, „die für die Beantwortung der Forschungsfrage [Ist die gleichgeschlechtliche Inseminationsfamilie ein Fall von Familie? – D. F.] relevant sind" (Funcke/Loer 2018b: 2), das Forschungsfeld, in dem der Forschungsgegenstand (Familie) untersucht wird, über die Bestimmung möglicher Fälle abzustecken.[10] Es geht also darum, Dimensionen herauszuarbeiten, mit denen es gelingt, das Forschungsfeld, zu dem konkrete mögliche Fälle (von gleichgeschlechtlichen Inseminationsfamilien) gehören, auszuschreiten. Um nun über den Prozess der Dimensionsbildung eine umfassende Feldbestimmung vornehmen zu können, eine, die eine möglichst große Bandbreite an möglichen Fällen abdeckt, ist es hilfreich, die möglichen Fälle im Feld kontrastiv zu bestimmen. Das gelingt, indem die Pole der Dimensionen mit Kontrastfällen belegt werden.

1.5.2 Die relevanten Dimensionen

Im Folgenden wird es darum gehen, auf der Grundlage von mutmaßlich relevanten Dimensionen ein Spektrum von Fällen zu entwerfen, das helfen soll, mögliche Frauenpaare mit über Insemination entstandenen Kindern als Fälle von Inseminationsfamilien auszuwählen. Ist doch ein wesentliches Ziel der Dimensionenbildung, die sequenzielle und kontrastive Fallauswahl zu steuern, um eine möglichst große Bandbreite an qualitativ verschiedenen Fällen von Inseminationsfamilien einzufangen. Aus forschungsökonomischen Gründen werden in der Regel erst einmal nur die Dimensionen thematisiert, die für die typischerweise zu lösenden Handlungsprobleme erwartbarerweise relevant sind. Möglicherweise ergeben sich im Verlaufe des Forschungsprozesses, mit der Zunahme von fallspezifischem Wissen, weitere Dimensionen, auf die hin der kontrastive Fallvergleich auszurichten ist. Eine Konsequenz daraus ist dann, den Auswahlrahmen für das Feld möglicher Fälle zu modifizieren.

    Was sind – das sei wiederholend noch einmal gefragt – die von allen sogenannten gleichgeschlechtlichen Inseminationsfamilien gleichermaßen zu bewältigenden

---

[10]Zum Begriff des Feldes, so wie er hier verwendet wird: vgl. Funcke/Loer 2018b: 4–7.

Probleme, die aus dem Handlungsrahmen von weiblicher Homosexualität und Samenspende resultieren? Ist es doch so, dass diese allen Inseminationsfamilien gemeinsame Ausgangslage, innerhalb der sie für die Sozialisation des Nachwuchses sorgen, keineswegs bestimmt, *was* konkret zu tun ist. Auch wenn die Frauenpaare sich dafür entschieden haben, in diesem unkonventionellen Rahmen Kinder großzuziehen, so ist von diesem Rahmen aber nicht vorgegeben, wie die daraus resultierenden Folgeprobleme zu lösen sind. Offen und zu beantworten sind die Fragen: a) Welche Form der Samenspende soll gewählt werden? Für welchen Weg, eine Samenspende zu erhalten, soll sich entschieden werden? b) Durch welche Form von Ersatzhandlung soll das Kind gezeugt werden? c) Wie soll mit der Position des leiblichen Vaters in Anbetracht einer Samenspende umgegangen werden? d) Welche soziale Position soll die Partnerin der Mutter einnehmen? Die Lösung dieser aus dem Handlungsrahmen der Inseminationsfamilie folgenden Probleme müssen über Entscheidungs- und Auswahlprozesse des Paares erbracht werden. Auf diesen Problemlösungsprozess haben mutmaßlich unterschiedliche Dimensionen einen Einfluss, die in dem Prozess des Ausschreitens des Forschungsfeldes möglicher Fälle zu berücksichtigen sind. Im Folgenden sollen die Dimensionen vorgestellt werden, die als relevant erachtet werden, um zu verstehen, wodurch, auch wenn alle gleichgeschlechtlichen Inseminationsfamilien die gleichen Handlungsaufgaben zu lösen haben, Differenz entsteht, die ihren Ausdruck in unterschiedlichen Typen von Inseminationsfamilien findet. Es geht also darum, die Dimensionen zu benennen, die in die Problemlösungen eingehen und so zur Ausprägung von unterschiedlichen Fallstrukturmustern führen, die in den Fallrekonstruktionen herauszuarbeiten sind.

1.5.3 Dimensionen und kontrastierende Pole – Bezugspunkte in der Fallrekonstruktionsanalyse

Um das fallkontrastive Vorgehen mit Bezug auf den Dimensionsbildungsprozess vornehmen zu können, müssen also erst einmal die Dimensionen herausgearbeitet werden, von denen angenommen wird, dass sie in den von allen Inseminationsfamilien gleichermaßen zu bewältigenden Problemlösungsprozess eingehen, und es müssen die Pole der Dimensionen mit kontrastierenden Fällen belegt werden (vgl. Loer 2016).

Dimension: Distanz zum Samenspender. Ich gehe erst einmal vereinfachend von den folgenden zwei Polen dieser Dimension aus: Dem einen Dimensionsende lassen sich Fälle von Inseminationsfamilien zuordnen, die zur Gruppe des Typs zählen, die ich vorläufig erst einmal als die „Vertreter des Natürlichkeitsprinzips" bezeichnet habe (Abb. 1.1).

1.5 Dimensionsanalyse – Das Feld möglicher Fälle

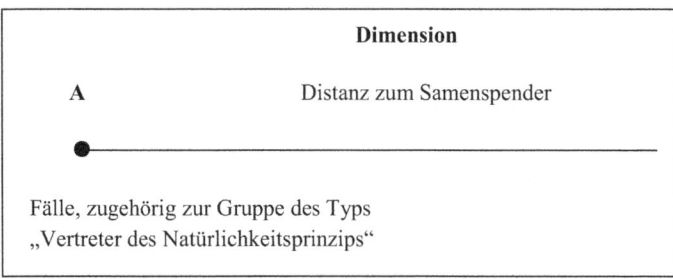

Abb. 1.1 Dimension – Distanz zum Samenspender. (Quelle: eigene Darstellung)

Es lassen sich diesem Pol Fälle zuordnen, bei denen der Samenspender als leiblicher Vater platziert ist, mit dem Frauenpaar zusammenlebt und gemeinsam mit der Mutter, die allerdings mit einer Frau in einer Paarbeziehung lebt, Verantwortung für das Kind im Rahmen eines Co-Parenting-Systems, das uns auch von Trennungsfamilien bekannt ist, übernimmt. Es handelt sich bei diesen Inseminationsfamilien dann, sobald der Samenspender wie ein leiblicher Vater in der Familie mit den zwei Frauen einen Platz erhält, um eine um die Figur des Vaters numerisch erweiterte weibliche Paarbeziehung. An der Art und Weise, wie in diesem Typ von Inseminationsfamilie die Zeugung durchgeführt wird und nach welchen Kriterien der Samenspender bzw. eine Samenspende ausgewählt wurde, werden wir erkennen können, ob es darum geht, über diese Entscheidungen sich der Strukturformation und -zusammenhänge der Kernfamilie anzunähern. Zu erwarten sind für diese Fälle, die sich im Auswahlrahmen möglicher Fälle am Pol der „Natürlichkeitsvertreter" verorten lassen, eher Entscheidungen derart, dass die potenzielle Mutter mit dem Samenspender das Kind durch den natürlichen Fortpflanzungsakt zeugt, der Samenspender also nicht nur bekannt, sondern am Zeugungsakt direkt beteiligt ist, vergleichbar dem eines heterosexuellen Paares aus dem heraus dann ein gemeinsames, eigenes Kind entsteht. Variieren könnten die Fälle, gleichwohl sie sich noch diesem Pol zuordnen ließen, hinsichtlich der Samenspenderwahl und der Zeugungspraxis. Denkbar wäre die Durchführung der Insemination durch eine technische Assistenz (Inseminationskatheder) und/oder durch andere Dritte (die Partnerin, eine Freundin, die z. B. Gynäkologin ist, oder den Samenspender). Mögliche Samenspendertypen in Fällen von Inseminationsfamilien, die sich diesem Dimensionsende (Pol A) zurechnen lassen, wären zum Beispiel der Ex-Mann der Mutter, der Bruder der Partnerin, ein guter Freund des Frauenpaares, ein Arbeitskollege, ein Nachbar, ein Fremder, der aber einen

Integrationsprozess durchläuft und zum Mitglied der Inseminationsfamilie gemacht wird. Eine Konstante innerhalb dieser Fallvarianten ist, dass trotz weiblicher Homosexualität und Samenspende die Nachwuchssozialisation in einem Rahmen erfolgt, in dem das Kind ähnlich wie in einer Kernfamilie einen Vater hat.

Maximal kontrastiv dazu, und deshalb zum anderen Pol (Pol B) dieser Dimension zu rechnen, verhalten sich die Fälle, in denen das Deszendente im Sozialen keine Entsprechung erhält. Die Fallgruppe dieses Typs habe ich vorläufig als die „Vertreter der Konstrukteure einer Familienordnung ohne Vater" bezeichnet (Abb. 1.2).

Es lassen sich diesem Pol Fälle von Frauenpaaren zuordnen, die sich für eine anonyme Samenspende entschieden haben und demzufolge alternativ zum Geschlechtsverkehr von vornherein auf alternative Fortpflanzungstechniken angewiesen sind. Einzutragen auf diesem kontrastierenden Pol sind die Fälle, bei denen eine Problemkonstellation auffällig ist – wenn wir an die Praxis der Erhebung der Fälle denken – für die gilt, ohne einen männlichen Dritten als eine weitere, neben der lesbischen Partnerin der Mutter lebenspraktisch bedeutsame Elternfigur auszukommen. Das Gemeinsame all dieser Fälle ist – auch wenn sie hinsichtlich des Grads der Anonymität der Samenspende variieren können (vgl. die folgende Dimension) und auch hinsichtlich der Fortpflanzungspraktiken –, dass der Samenspender nicht als der Vater des Kindes Mitglied der Familie ist. Das heißt für Fälle an diesem Pol aber noch nicht, dass in jeder dieser Varianten ein Entwicklungsrahmen für die Sozialisation des Nachwuchses erzeugt wird, in

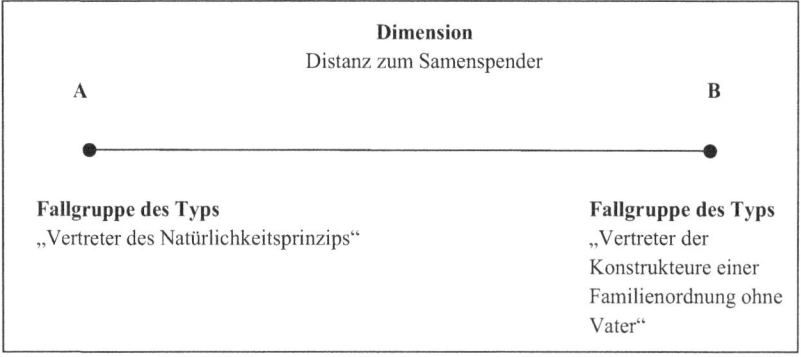

Abb. 1.2 Dimension – Distanz zum Samenspender, erweitert. (Quelle: eigene Darstellung)

1.5 Dimensionsanalyse – Das Feld möglicher Fälle

dem alternativlos zum leiblichen Vater keine weiteren männlichen Dritten in der Figur des Vaters auftreten können.

Vereinfachende Übersicht über die Dimension „Distanz zum Samenspender":

Pol A   Es erfolgt eine Nachwuchssozialisation unter der Bedingung der maximalen Integration des Samenspenders als leiblicher Vater in die Inseminationsfamilie → Die Integrierer (Natürlichkeitsvertreter).

Pol B   Es erfolgt eine Nachwuchssozialisation unter der Bedingung des maximalen Ausschlusses des leiblichen Vaters (des Samenspenders) → Die Ausschließer (Konstrukteure einer Familie ohne Vater).

Bei dieser gedankenexperimentellen Übung, Fälle den kontrastierenden Polen innerhalb der Dimension „Distanz zum Samenspender" zuzuordnen, wird ersichtlich, wie schematisch das Ganze erst einmal bleiben muss. Allerdings, und das ist ein Argument für derartige Vorüberlegungen, sensibilisiert diese kontrastive Fallbestimmung für „reine" Fälle, die sich im Lebenspraktischen vermutlich so gar nicht finden lassen, und zum anderen für die sich schon hier langsam herauskristallisierende Fülle, wie verschiedenartig mit den Folgeproblemen, die aus der weiblichen Homosexualität und der Samenspende resultieren, umgegangen werden kann (Abb. 1.3).

Distanz zum Samenspender	A Integrierer (Natürlichkeitsvertreter)	B Ausschließer (Konstrukteure einer Familie ohne Vater)
Zeugungspraktiken	- Geschlechtsverkehr mit dem Samenspender - Samenspender inseminiert den Samen - ein anderer Dritter nimmt die Insemination vor (Partnerin, Arzt/Ärztin...)	- Selbstinsemination - durch andere (lesbische Partnerin, Ärztin/Arzt...)

Abb. 1.3 Pole – A Integrierer/B Ausschließer und Zeugungspraktiken. (Quelle: eigene Darstellung)

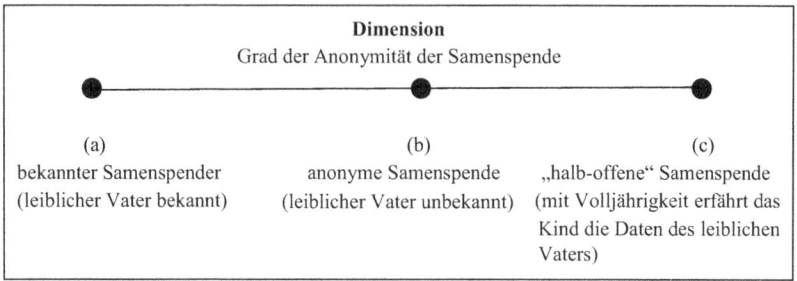

Abb. 1.4 Dimension – Grad der Anonymität der Samenspende. (Quelle: eigene Darstellung)

Dimension: Grad der Anonymität der Samenspende. Es war bisher noch nicht die Rede von solchen Fällen, die sich nicht so einfach einem der beiden Pole der Dimension *Distanz zum Samenspender* zuordnen lassen. Hier sind Fallkonstellationen denkbar, bei denen zum einen der Samenspender dem Kind als Vater bekannt ist (bekannter Samenspender), aber dessen Integration in die Familie, je Fall, zwischen den beiden Extremen: völligem Ausschluss aus der Inseminationsfamilie (er bleibt ein bloßer Zeugungshelfer, ein Samenlieferant) und einer zeitlich begrenzten und klar umrissenen Zuwendungsversorgung (Teilzeitvater, ‚Wochenendpapa') variieren kann (a). Zum anderen lassen sich die Fälle nicht so eindeutig einem der beiden Pole zuordnen, bei denen der leibliche Vater zwar bedingt durch eine anonyme Samenspende unbekannt ist, aber ein anderer männlicher Dritter – wie oben schon angedeutet – die väterliche Strukturposition ausfüllt (b). Ebenso ist eine klare Zuordnung bei den Fällen nicht möglich, in denen das Paar sich für eine „halb-offene" Samenspende entschieden hat und mit den wenigen Informationen, die es über den Vater des Kindes hat, einen Entwicklungsrahmen einrichtet, die dem Kind die Herausbildung einer väterlichen Imago aber nicht verunmöglichen (c). Es wird schon hier ersichtlich, dass gleichwohl die Fälle (a–c) hinsichtlich der Form der Samenspende kontrastieren (a bekannter Samenspender/b anonyme Samenspende/c „halb-offene" Samenspende[11]), die Kinder in einer Familie aufwachsen, deren Gemeinsamkeit darin besteht, dass wir es hier mit verschiedenen Formen väterlicher Abwesenheit zu haben (Abb. 1.4).

---

[11] „Halb-offene" Samenspende bedeutet, dass dem Kind, sobald es die Volljährigkeit erreicht hat, die Daten des Samenspenders durch die Reproduktionsklinik bzw. von einem Notar, bei dem die Daten hinterlegt werden, bekanntgegeben werden können.

1.5 Dimensionsanalyse – Das Feld möglicher Fälle

Ein Ausfall des leiblichen Vaters, wenn auch bei der Wahl einer „halb-offenen" Samenspende nur teilweise, bedeutet aber noch keineswegs, dass die Herausbildung einer väterlichen Objektrepräsentation den Kindern nicht möglich ist. In einer anderen Studie, in der es um die Identitätsbildungsprozesse von Kindern und (jungen) Erwachsenen, die in gleichgeschlechtlichen Inseminationsfamilien aufgewachsen sind, geht, wäre dann zu untersuchen, welche Lösungsvarianten den Weg für gelungene Sozialisationsprozesse ebnen bzw. erschweren. Das Ziel der vorliegenden Forschungsarbeit ist aber, mit Bezug auf die Dimensionsanalyse, durch die das Feld möglicher Fälle vorweg in einem ersten Entwurf hypothetisch abgeschritten wird, über den Prozess der Fallrekonstruktion die Frage zu beantworten: Lässt sich, gleichwohl die Fälle maximal miteinander kontrastieren, eine allen gemeinsame, die Fälle übergreifende Strukturgesetzmäßigkeit erkennen, aus der dann mit Bezug auf den Forschungsgegenstand Familie eine Erkenntnis abgeleitet werden kann, die klärt, ob es sich bei der gleichgeschlechtlichen Inseminationsfamilie um einen Fall von Familie handelt, oder man eben besser beraten ist, den Begriff der Familie für diese soziale Lebensform mit Kindern nicht zu gebrauchen.

Welcher Typ von gleichgeschlechtlicher Inseminationsfamilie, der sich einem der beiden Pole („Natürlichkeitsvertreter"/„Konstrukteure") zuordnen lässt, sich in einem Fall objektiviert, wird also auch davon abhängig sein, welche Auswahl die Frauen innerhalb der Möglichkeiten treffen, sich den Kinderwunsch mithilfe einer Samenspende zu erfüllen (bekannt/unbekannt/halb-offen). Wir erfahren, wenn wir diese Auswahlentscheidung rekonstruieren, aber noch wenig darüber, *was die Entscheidung motiviert bzw. worin* die Gründe auszumachen sind, warum sich ein Paar für genau die von ihnen gewählte Variante entscheidet. Im Prozess der fallrekonstruktiven Analyse ist hier eine Dimension zu berücksichtigen, von der gemutmaßt wird, dass von ihr eine fallstrukturbildende Kraft ausgeht:

Dimension: Homologie/Heterologie zum Herkunftsmilieu. Eine allgemeine Anmerkung vorweg: Im Fokus der Analyse steht hier das Sozialisationsmilieu der Inseminationsmutter. Vom Grad der Integration der lesbischen Partnerin in die Inseminationsfamilie wird abhängig sein, inwieweit auch ihr Sozialisationsmilieu als Einflussgröße für den Strukturbildungsprozess in der Analyse mit zu berücksichtigen ist. So ist im Folgenden, auch wenn der Bezugspunkt das sozialisatorische Herkunftsmilieu der Inseminationsmutter ist, bei den Ausführungen auch die lesbische Partnerin und ihre familiale Sozialisation mit zu denken. Im Zentrum der folgenden Überlegungen steht aber der Zusammenhang von Sozialisationsmilieu der Inseminationsmutter und dem zu lösenden

Handlungsproblem, für eine Nachwuchssozialisation unter der Bedingung einer Samenspende zu sorgen. Da jede Inseminationsmutter in ihrem Herkunftsmilieu bereits Problemlösungen für die Sozialisation des Nachwuchses vorfindet, ist das jeder Inseminationsfamilie zugehörige Thema der Samenspende unter der Berücksichtigung des Bezugs auf das sozialisatorische Herkunftsmilieu der Frau, an der die Insemination vorgenommen wurde, aufzuschließen.

Um den Prozess der kontrastiven Fallauswahl unter Berücksichtigung dieser Einflussgröße, des Sozialisationsmilieus der Inseminationsmutter, zu steuern, ist eine Dimension zu benennen, in der über die entsprechende Samenspenderwahl und den Umgang mit dem Samenspender das Verhältnis der Inseminationsmutter zu ihrem Sozialisationsmilieu erfasst werden kann. Unter der Berücksichtigung der Dimension „Distanz zum Samenspender" sind hier folgende verschiedene Falltypen denkbar.

Falltypen: Pol A „Integrierer"
Zu dem Pol A der Dimension „Distanz zum Samenspender" gehören – um das noch einmal in Erinnerung zu rufen – die Fälle, die mit Blick auf die Samenspende die Alternative wählen, den Samenspender als den leiblichen Vater in die Inseminationsfamilie zu integrieren. Unterscheiden können sich diese Fälle, die diesem Pol (A) dieser Dimension zuzuordnen sind, hinsichtlich der Orientierung an Mustern, die in der Herkunftsfamilie Sozialisationsfragen betreffend bereits vorliegen. Zu unterscheiden sind an diesem Pol (A) folgende zwei Falltypen:

Denkbar wäre ein erster Falltypus (A1: Homologie zur Herkunftsfamilie), der Lösungen für das Handlungsproblem wählt, unter der Bedingung von weiblicher Homosexualität und Samenspende einen sozialisatorischen Entwicklungsrahmen zu entwerfen, die denen des Herkunftsmilieus der Inseminationsmutter entsprechen. Es erfolgt in diesen Fällen dieses Typus die Sozialisation der neuen Generation in der Inseminationsfamilie im Anschluss an sozialisatorische Konzepte aus der Herkunftsfamilie der Inseminationsmutter. Eine mögliche Motivierung für diese Orientierung könnte sein, auch wenn das erst im Rahmen der Fallstrukturanalyse herauszuarbeiten ist, dem Kind die soziale Beziehungserfahrung, einen Vater zu haben, auch innerhalb der Inseminationsfamilie zu ermöglichen, die allerdings im Vergleich zur Herkunftsfamilie der Inseminationsmutter hinsichtlich seiner Personalausstattung etwas anders aussieht, da es neben der Mutter immer noch eine zweite Frau gibt. Haben wir eine solche Ausprägung vorliegen, dann hätte sich aus der Perspektive der Inseminationsmutter eine Sozialisationskonstellation, nämlich die des Herkunftsmilieus, bewährt, sodass daran auch unter den Bedingungen einer Inseminationsfamilie nichts geändert werden soll. Die Lösungen im Herkunftsmilieu, dem Kind die Erfahrung eines

1.5 Dimensionsanalyse – Das Feld möglicher Fälle

realen Vaters, mit dem es verwandt ist, zu ermöglichen, würde von der Sache her als gelungen angesehen werden. Erfolgt eine Orientierung am Sozialisationskontext der Herkunftsfamilie – unabhängig davon, wie sie motiviert ist – wird Kontinuität zu einer Gemeinschaft hergestellt, in der die Strukturposition des Vaters entsprechend den Normen der Kernfamilie besetzt ist. Da nun die Praxis dieser Formen von Inseminationsfamilien sowohl mit dem Herkunftsmilieu der Inseminationsmutter als auch mit der Norm der Kernfamilie übereinstimmt, ist nicht zu erwarten, auch wenn die Samenspende ein deutungsbedürftiges Problem nach sich zieht, dass dieses mit Argumentationen bearbeitet wird, um daraus resultierende Unstimmigkeiten zu behandeln (Abb. 1.5).

Etwas anders verhält es sich mit dem zweiten Falltypus dieses Poles (A2: Heterologie zur Herkunftsfamilie). Die Entscheidung, die Strukturposition des Vaters mit dem Samenspender zu besetzen und ihn maximal in die Inseminationsfamilie zu integrieren, stellt mit Blick auf das Sozialisationsmilieu der Inseminationsmutter in den hier denkbaren Fällen eine Abweichung und damit auch eine Infragestellung ihres eigenen Herkunftsmilieus dar. Für das aus der Samenspende resultierende Problem, wie mit der Strukturposition des Vaters umgegangen werden soll, wird in diesen Fällen eine ganz neue Lösung gefunden, die als Alternative ausgezeichnet wird, um eine angemessene Sozialisation, wenn auch unter unkonventionellen Bedingungen, gewähren zu können. Damit wird

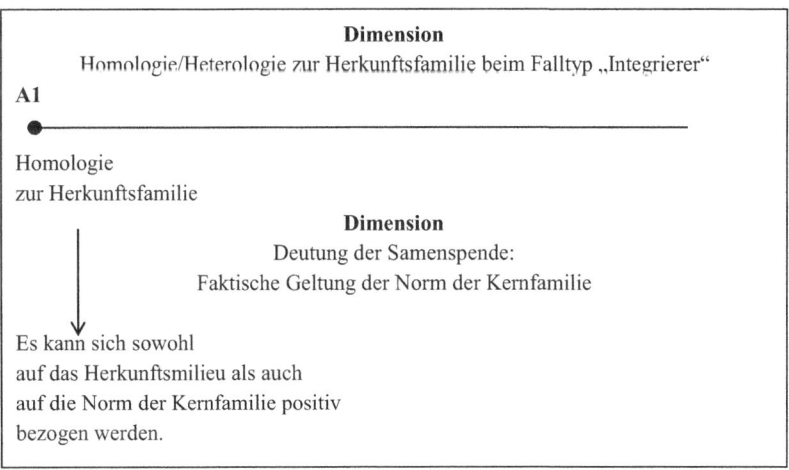

Abb. 1.5 Dimension – Homologie/Heterologie zur Herkunftsfamilie. (Quelle: eigene Darstellung)

eine Abweichung von den Entwicklungsbedingungen, die die Inseminationsmutter vorgefunden hat, vollzogen. Es wird ein anderer primärer Sozialisationsrahmen, in dem es einen konkreten leiblichen Vater gibt, als die geeignetere familiale Integrationsstruktur anerkannt. Eine mögliche Motivierung wäre, auch wenn das erst genauer herauszuarbeiten Aufgabe der Fallanalyse ist, dass dem Inseminationskind, wenn auch im Rahmen von weiblicher Homosexualität und Samenspende, ein anderes Angebot differenzierter Sozialbeziehungen gemacht werden soll, da die Lösungsform, die im Herkunftsmilieu der Inseminationsmutter die Strukturposition des Vaters betreffend vorliegt, als nicht akzeptabel gedeutet wird. Es geht in diesen Fällen darum, ohne an Lösungsvorgaben aus dem Herkunftsmilieu anzuschließen und unter ganz anderen Ausgangsbedingungen (weibliche Homosexualität und Samenspende), eine auf das Kind bezogene Integrationsstruktur einzurichten, die sich von der Struktur primärer Sozialisation, in die die Inseminationsmutter hineingeboren ist, unterscheidet. Interaktionserfahrungen mit dem leiblichen Vater sollen dem Inseminationskind, wenn auch eingebettet in eine weibliche Paarbeziehung, ermöglicht werden. Und die Nichtbesetzung der Strukturposition des Vaters wird – das wäre in der Fallrekonstruktionsanalyse dann zu prüfen – möglicherweise als Defekt, als „durch extreme Notlagen bedingte Ausfallerscheinung" (Popitz 2006: 105) gedeutet. Die Konsequenz wäre, da eine Konstellation, in der die Inseminationsmutter aufgewachsen ist, als eine gedeutet wird, die sich nicht bewährt hat, das für die nachfolgende Generation zu ändern (Abb. 1.6).

Anzunehmen ist, dass das deutungsbedürftige Problem der Samenspende, für das in diesen Fällen dieses Typs (A2: Heterologie zur Herkunftsfamilie) eine Lösung gewählt wird, durch die nicht an die Vorgaben aus der Herkunftsfamilie angeschlossen wird, verbunden ist mit Argumenten, Deutungen, Begründungen, mit denen versucht wird, diese Nichtstimmigkeit zu bearbeiten. Im Prozess der

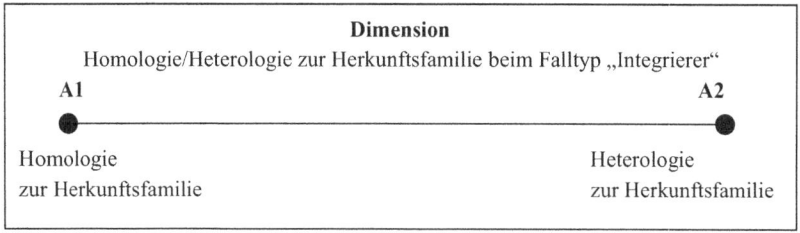

Abb. 1.6 Dimension – Homologie/Heterologie zur Herkunftsfamilie. (Quelle: eigene Darstellung)

1.5 Dimensionsanalyse – Das Feld möglicher Fälle

Datenanalyse wird bei derartigen Fällen, bei denen ein solcher Bruch zwischen dem Herkunftsmilieu und den selbst erzeugten Sozialisationsbedingungen auszumachen ist, danach gefahndet werden müssen, wie es gelingt, dass solche Diskontinuitäten thematisch möglicherweise gar nicht aufkommen bzw. über welche Deutungen die gewählten Alternativen nicht als Brüche wahrgenommen werden. Wenn es um Angemessenheitsurteile für den Umgang mit der Samenspende geht, ist zu erwarten, dass in derartigen Fällen sich zwar nicht positiv auf die Herkunftsfamilie bezogen wird, aber argumentiert wird mit der Norm der Kernfamilie (Abb. 1.7).

In beiden Falltypen, die an diesem Pol A anzusiedeln sind, kommt die Norm der Kernfamilie zum Tragen, wenn es darum geht, unter veränderten Vorzeichen für die Sozialisation des Nachwuchses einen Entwicklungsrahmen zu erzeugen. Unter der Norm der Kernfamilie verstehe ich hier, dass ein primäres Gehäuse, in das das Kind hineingeboren wird, erzeugt wird, in dem die Position des Vaters auch mit dem Akteur besetzt ist, von dem das Kind abstammt. Während es in dem einen Falltyp um eine Strukturerhaltung, um Kontinuität im Milieu geht (Homologie zur Herkunftsfamilie), trotz unkonventioneller, von der Kernfamilie abweichender Ausgangsbedingungen für Sozialisationsprozesse, wird im zweiten

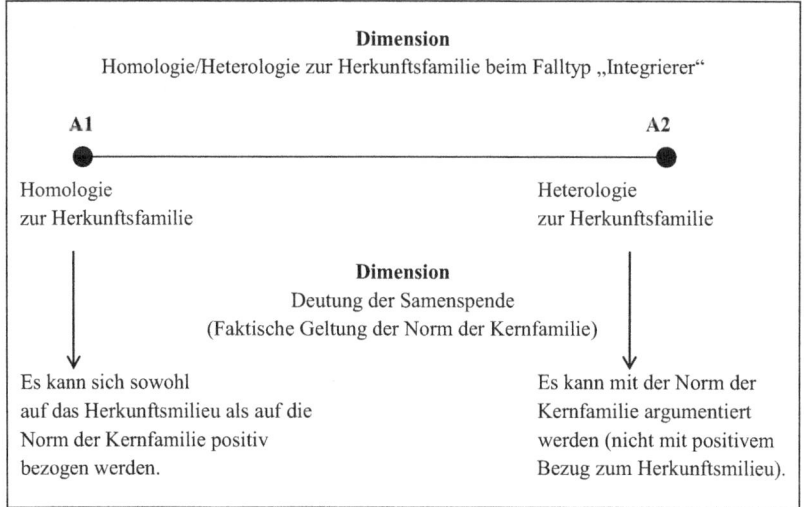

Abb. 1.7 Dimension – Homologie/Heterologie zur Herkunftsfamilie. (Quelle: eigene Darstellung)

Falltypus im Rahmen dieser unkonventionellen Ausgangsbedingungen auch eine neue, vom Herkunftsmilieu abweichende Lösung für die Sozialisation der neuen Generation gefunden (Heterologie zur Herkunftsfamilie). Für die Fälle, die sich diesem Falltypus zuordnen lassen, erwarten wir Deutungen für den Umgang mit dem Problem der Samenspende, die auf diesen Bruch zum Herkunftsmilieu Bezug nehmen oder/und der Norm der Kernfamilie thematisch Geltung verleihen. Obwohl diese beiden Falltypen sich in ihren Lösungen, was den Umgang mit der Samenspende betrifft, gleichen, nämlich dem Kind Interaktionserfahrungen mit dem leiblichen Vater zu ermöglichen, unterscheiden sie sich in der Art, mit den Lösungsangeboten, die sie in ihren Herkunftsmilieus vorfinden, umzugehen.

Das Gemeinsame dieser beiden Falltypen besteht in der Entscheidung, dem Samenspender einen Platz in der Familie zuzuweisen. Aus diesem Handeln resultiert für das Kind die Möglichkeit, neben den beiden Frauen, auch den biologischen Vater zu kennen und darüber hinaus, da er in irgendeiner Form lebenspraktisch in die Familie integriert ist, Interaktionserfahrungen mit dem Vater zu machen. Diese Entscheidung, die Strukturposition des Vaters mit dem Samenspender zu besetzen, konstituiert für den Prozess der kindlichen Erfahrungsbildung andere Möglichkeiten als die, eine anonyme Samenspende zu wählen und den leiblichen Vater auf maximale Distanz zu halten. Das Kind kann in praktischen Interaktionen mit dem Vater ein Konzept herausbilden, das beschreibt, was es heißt, einen ‚Vater' zu haben. Der Unterschied zwischen den beiden Falltypen besteht in verschiedenen Bewertungen hinsichtlich der Sozialisationslösungen ihrer Herkunftsfamilien. Im ersten Falltypus (Homologie zur Herkunftsfamilie) wird sich am Vorgefundenen positiv orientiert und Sozialisationslösungen werden reproduziert. Im zweiten Falltypus (Heterologie zur Herkunftsfamilie) wird sich im Vollzug einer Transformation für eine Alternative entschieden.

Falltypen: Pol B „Ausschließer"
Beide Fälle auf dem Pol A (A1/A2) sind kontrastiv zum Pol B in der Dimension „Distanz zum Samenspender". Während in den Fällen am Pol A („Integrierer") die Kinder einen Sozialisationsrahmen vorfinden, in dem es den Spender als leiblichen Vater gibt, wird den Kindern in den Fällen, die auf dem Pol B („Ausschließer") abzutragen sind, ein Aufwachsen in einer Inseminationsfamilie ohne den leiblichen Vater zugemutet. Die Möglichkeit, auf Dauer im Primärraum der Familie, in der es zwei Frauen, die leibliche Mutter und deren lesbische Partnerin, gibt, Interaktionserfahrungen mit dem leiblichen Vater zu machen, ist nicht vorgesehen. Für die Sozialisation der nachfolgenden Generation wird so von diesem Falltyp (B) ein Entwicklungsrahmen erzeugt, in dem die Alternative

1.5 Dimensionsanalyse – Das Feld möglicher Fälle

ausgezeichnet wird, die Strukturposition des Vaters nicht wie im Modell der Kernfamilie mit dem leiblichen Vater zu besetzen. Damit wird fundamental gegen den normativen Charakter der Kernfamilie verstoßen. Wie die Fälle des Poles A kontrastieren die, die dem Pol B zuzuordnen sind, zueinander in der Dimension Homo-/Heterologie zur Herkunftsfamilie.

Mit Blick auf die familiale Sozialisation der Inseminationsmutter hinsichtlich dieser Dimension (Heterologie/Homologie zur Herkunftsfamilie) sind hier zwei kontrastierende Falltypen (B1 und B2) zu unterscheiden: Entweder reproduziert diese Lösung eine Primärkonstellation, die der Inseminationsmutter aus ihrem Sozialisationsmilieu bekannt ist (B1: Homologie zur Herkunftsfamilie), oder diese Lösung steht für etwas Neues, das dann auch impliziert, alternativ zu ihren eigenen Sozialisationserfahrungen mit der Strukturposition des Vaters umzugehen (B2: Heterologie zur Herkunftsfamilie). In beiden Falltypen, die auf dem Polende B anzusiedeln sind, ist für die Fallrekonstruktion folgende Frage analyseleitend: Mit welchen Argumenten wird die Abweichung von der kulturellen Norm der Kernfamilie soweit abgedichtet, dass eine Praxis realisiert wird, die die Zumutung enthält, dem Kind keine Interaktionserfahrungen mit dem leiblichen Vater zu ermöglichen? Über welche Deutungsmuster angeleitet wird die praktische Negation der Norm nicht soweit zum Problem, dass sie die Praxis, eine Inseminationsfamilie zu erzeugen, in der es für das Kind den leiblichen Vater nicht gibt, verunmöglicht? Es wäre denkbar, dass in solchen Fällen, in denen die im Herkunftsmilieu der Inseminationsmutter vorliegende Sozialisationslösung, dem Kind ein Aufwachsen ohne Vater zuzumuten, reproduziert wird, die Abweichung von der kulturellen Norm mit Bezug auf das Tradierte normalisiert wird: ‚Ich bin auch ohne Vater aufgewachsen und es hat mir nicht geschadet'. Die Norm der Kernfamilie wäre von diesen Fällen dann ganz infrage gestellt. Denkbar wäre aber auch, dass die Abwesenheit des leiblichen Vaters in einen Ausdruck des Bedauerns eingebettet ist: ‚Leider hatte ich nicht wie viele andere Kinder einen leiblichen Vater'. In der Fallanalyse müsste dann nach den Gründen geforscht werden, die die Entscheidung erklären, dem Inseminationskind trotz ihrer eigenen negativen Sozialisationserfahrungen ein vergleichbar ähnliches Entwicklungssetting zuzumuten. Allgemein gilt für Fälle dieser Art, die sich bei der von ihnen eingerichteten Sozialisationspraxis auf voreingerichtete Muster in ihrer Herkunftsfamilie berufen (können) (B1), dass mit positivem wie negativem Bezug auf diese Orientierungsvorgaben die Abweichung von der kulturellen Norm, dem Kind im Rahmen der Inseminationsfamilie keine realen Beziehungserfahrungen mit dem leiblichen Vater zu ermöglichen, nicht zu einem derartigen Problem wird, sodass sich gegen einen Entwicklungsrahmen ohne Vater entschieden wird. Wenn in Orientierung an der Sozialisationspraxis der Herkunftsfamilie, das

Sozialisationsproblem mit der Samenspende so gelöst wird, dass sozialisatorische Ausgangslagen sich in der Nachfolgegeneration reproduzieren, dann steht diese Handlungsentscheidung auch für eine Vergemeinschaftung mit dem Herkunftsmilieu. Es wird im Verstoß gegen eine kulturspezifische Norm die Zugehörigkeit zur Herkunftsfamilie behauptet.

Mit Blick auf den denkbar anderen Falltypus (B2) am Pol B, bei der die Entscheidung, Sozialisationsbedingungen ohne einen leiblichen Vater zu erzeugen, keineswegs eine Wiederholung von familialen Konstellationen des Herkunftsmilieus der Inseminationsmutter darstellt, ist zu fragen: Mit welchen Argumenten wird von der auf gesellschaftlicher Ebene als positiv ausgezeichneten kulturellen Norm abgewichen, gleichwohl in der Herkunftsfamilie der Inseminationsmutter diese Norm praktisch realisiert vorliegt? Es ist in der Fallrekonstruktion dann nach Auslegungsweisen zu forschen, die erklären, dass diese doppelte Abweichung, einmal von der kulturellen Norm der Kernfamilie und zum anderen von den herkunftsfamiliären Vorgaben, nicht zum Problem für die Einrichtung einer ganz anderen Sozialisationspraxis wird. Mit Blick auf das Herkunftsmilieu wären Argumente denkbar, wie zum Beispiel: ‚Ich bin zwar mit meinen leiblichen Eltern aufgewachsen, aber mein Vater hat sich nicht um mich gekümmert'. Oder: ‚Meine Eltern haben sich nur gestritten'. Oder: ‚Mein Vater war selten zu Hause'. Denkbar sind auch Begründungen wie: ‚Es ist leichter für eine Frau, ohne den Vater des Kindes ein Kind großzuziehen'.

Gemeinsam ist den beiden Falltypen des Poles B (B1/B2), dass in ihnen eine Lösung für das Problem der Samenspende präferiert wird, die für eine Nachwuchssozialisation ohne die Anwesenheit des leiblichen Vaters steht. Während in dem ersten Falltypus (B1) mit dieser Lösung die Akteure in ihrer Begründung der Samenspende an eine in der Herkunftsfamilie vorliegende Normalität anschließen können, ist in dem zweiten Falltypus (B2) von Begründungen auszugehen, die den Widerspruch zur Herkunftsfamilie bearbeiten. Generell, unabhängig davon, ob Probleme die Sozialisation des Nachwuchses betreffend durch Reproduktion von herkunftsfamilialen Lösungsvorgaben bewältigt werden (B1) oder in einer Alternative dazu (B2), ist bei der Analyse dieser beiden Falltypen, in der zwar faktisch von der Norm der Kernfamilie abgewichen wird, zu unterscheiden, ob die Geltung der Norm der Kernfamilie nicht infrage gestellt wird (‚Normalerweise braucht jedes Kind seinen leiblichen Vater, aber wir haben uns dagegen entschieden weil ...') oder ganz infrage gestellt wird (‚Ein Kind braucht keinen leiblichen Vater'). Denkbar wäre, dass in den Fällen, in denen von der kulturspezifischen Verbindlichkeit der Kernfamilie abgewichen wird, gleichwohl die Geltung dieser Norm nicht infrage gestellt wird, die Frauenpaare hier offen sind für eine alternative Personalausstattung der väterlichen Strukturposition. Es wäre

1.5 Dimensionsanalyse – Das Feld möglicher Fälle

in der Analyse zu prüfen, ob in diesen Fällen im Vergleich zu denen, die die Norm der Kernfamilie nicht anerkennen, sich weniger radikal von Sozialisationskonzepten abgegrenzt wird, in denen es Männer als Väter gibt (Abb. 1.8).

Dimension: Konflikt der Partnerin der Mutter mit dem Samenspender. Eine allgemeine Anmerkung vorweg. Welchen Einfluss haben Faktoren wie beispielsweise Entscheidungen aus der Zeit der Vorgeschichte des Paares, ein vorhandener oder nicht vorhandener Kinderwunsch auf der Seite der lesbischen Partnerin, das Alter der Frauen und die reproduktive Gesundheit auf die Lösung der von allen gleichgeschlechtlichen Frauenpaaren mit Kinderwunsch zu lösenden Handlungsprobleme: Wahl der Samenspende, Organisation der Fortpflanzung, Umgang mit dem Samenspender und Platzierung der lesbischen Partnerin der Mutter in der Inseminationsfamilie? Die genannten Einflussfaktoren sollen insbesondere hinsichtlich ihrer formativen Kraft, die lesbische Partnerin der Mutter in der Inseminationsfamilie zu platzieren, betrachtet werden. Die analyseleitende Frage ist hier: Über welche soziale Organisationsweise wird die lesbische Partnerin, die mit dem Kind leiblich nicht verwandt ist, in der Inseminationsfamilie platziert? Die zentrale Dimension, die mutmaßlich dazu führt, dass es zu unterschiedlichen Fallstrukturen kommt durch die Auseinandersetzung mit dem zu lösenden

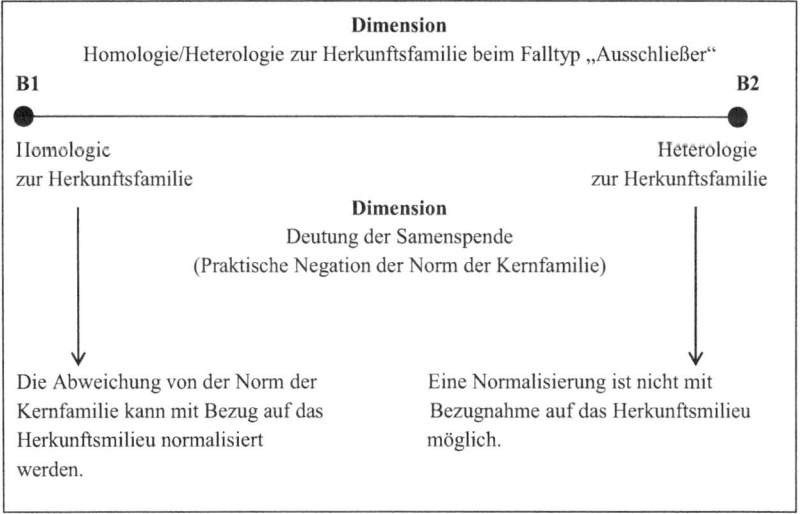

Abb. 1.8 Dimension – Homologie/Heterologie zur Herkunftsfamilie. (Quelle: eigene Darstellung)

Problem der Platzierung der Partnerin der Mutter, ist bestimmt durch das Verhältnis zwischen der Frau, die mit dem Kind leiblich nicht verwandt ist, und dem Samenspender.

Ich gehe, um ein Feld maximal kontrastierender Fälle zu entwerfen, auch hier wieder von den zwei Polen aus, die ich im Fall von Fällen, die den Samenspender als leiblichen Vater maximal integrieren, als „Vertreter der Natürlichkeit" bezeichnet habe (Pol A: Die Integrierer) und im Fall von Fällen, die sich für eine maximale Distanz zum Samenspender entschieden und eine Inseminationsfamilie unter der Abwesenheit des leiblichen Vaters als männlichen Dritten eingerichtet haben, als „Konstrukteure einer Familienordnung ohne Vater" bezeichnet habe (Pol B: Die Ausschließer).

Falltypen: Pol A „Integrierer"
Wenn der Samenspender maximal in die Inseminationsfamilie als leiblicher Vater integriert ist, wie das für die Fälle am Pol A typisch ist, dann erwarten wir nur dann ein Problem bei der Platzierung der zweiten Frau in der Familie, wenn der Anspruch ihrerseits besteht, die Strukturposition des Vaters zu besetzen und damit in Konkurrenz zum Samenspender zu treten. Denkbar wäre, dass derartige Konflikte dann auftreten, wenn zum Beispiel der Samenspender in der Familie mit den beiden Frauen zusammenlebt und gleichzeitig die lesbische Partnerin der Mutter des Kindes Formen von Zugewandtheit dem Kind gegenüber auf der sozialen Position eines Elternteils zukommen lassen möchte. Interessant wird dann sein, in der Analyse zu verfolgen, über welche Deutungen und praktischen Problemlösungen das Thema der Mehrelternschaft bearbeitet wird. Es ist zu vermuten, dass ein ausgesprochen ausgeprägter Kinderwunsch vonseiten der lesbischen Partnerin ein zentrales Kriterium sein kann, mit dem sich die Motivation, wie eine Mutter für das ‚gemeinsame' Kind zu sorgen, erklären lässt.

Während in diesen Fällen zu erwarten ist, dass in irgendeiner Form von den Beteiligten auf die über die Kernfamilie hinausgehende numerische Erweiterung Bezug genommen wird, vermuten wir vergleichsweise wenig bzw. keinen Handlungsbedarf in den Fällen, in denen die Ansprüche, das Kind mit elterlicher Zuwendung zu versorgen, auf die Mitglieder der Kerngruppe begrenzt ist. Das ist dann der Fall, wenn die lesbische Partnerin zum Beispiel keinen ausgeprägten eigenen Kinderwunsch hat(te), der Kinderwunsch bereits durch eigene Kinder aus der Zeit der Vorgeschichte, zum Beispiel in einer heterosexuellen Paarbeziehung, zufriedenstellend erfüllt ist, und die lesbische Partnerin sich von Anfang an eher als Lebenspartnerin der Mutter statt als Elternteil des Kindes gesehen hat. In diesen Fällen, in der die zweite Frau aus der Perspektive des Kindes die Freundin seiner leiblichen Mutter ist, kann der Samenspender als leiblicher Vater, ohne sich

1.5 Dimensionsanalyse – Das Feld möglicher Fälle

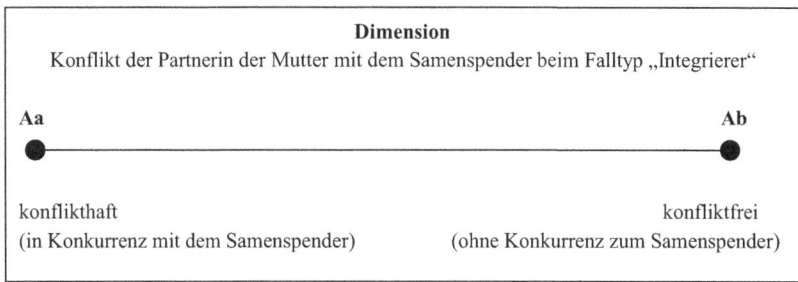

Abb. 1.9 Dimension – Konflikt der Partnerin der Mutter mit dem Samenspender. (Quelle: eigene Darstellung)

eine elterliche Strukturposition mit der lesbischen Partnerin der Mutter seines Kindes teilen zu müssen, konkurrenzlos ausfüllen (Abb. 1.9).

Falltypen: Pol B „Ausschließer"
Die Fälle, die auf dem Pol B abzutragen sind und sich in der Dimension „Distanz zum Samenspender" ähneln, kontrastieren untereinander in der Dimension „Konflikt der Partnerin der Mutter mit dem Samenspender".

Zu den Fällen, die am Pol B anzusiedeln sind: Wenn auch die lesbische Partnerin einen ausgeprägt starken Kinderwunsch hat und dieser zum Beispiel aus Alters- oder Krankheitsgründen nicht erfüllt werden kann, so könnte, selbst wenn vor dem Hintergrund der Herkunftsfamilie der Inseminationsmutter die Entscheidung gegen die Integration des Samenspenders als leiblicher Vater in die Inseminationsfamilie nicht erwartbar ist, dieser derart strukturbildend wirken, dass eine Nachwuchssozialisation unter Ausschluss des leiblichen Vaters zur Alternative wird. Das Motiv, sich gegen die kulturspezifische Norm, dem Kind die konkrete Erfahrung mit dem leiblichen Vater zu ermöglichen, läge in diesen Fällen in dem Wunsch der lesbischen Partnerin, die Strukturposition des Vaters – zum Beispiel als ein zweites Elternteil an der Seite der leiblichen Mutter – auszufüllen. Faktisch würden diese Fälle (Falltypus Ba) gegen die Norm der Kernfamilie verstoßen, aber die Geltung der Norm wäre, auch wenn Familie in einer anderen Personenkonstellation gelebt wird, nicht infrage gestellt.

Wenn die lesbische Partnerin aufgrund eines abwesenden oder nur schwach ausgebildeten eigenen Kinderwunsches maximal als Freundin an der Seite der Inseminationsmutter diese bei ihren mütterlichen Aufgaben und Zuwendungsweisen unterstützen will und aus diesen Gründen ein Konflikt mit einem

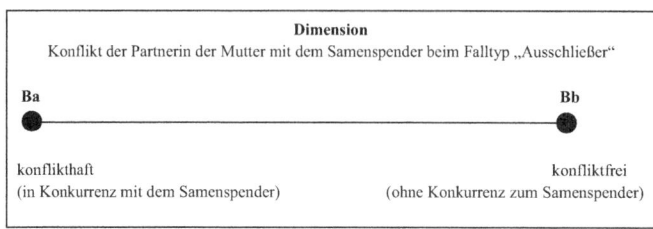

Abb. 1.10 Dimension – Konflikt der Partnerin der Mutter mit dem Samenspender. (Quelle: eigene Darstellung)

anwesenden/präsenten leiblichen Vater nicht zu erwarten ist, so bleibt zu erforschen, wo die Gründe für die Entscheidung, dem Kind trotzdem eine Sozialisation ohne Vater zuzumuten, liegen. Wir würden uns in diesen Fällen (Falltypus Bb) in der Analyse auf das Sozialisationsmilieu der Inseminationsmutter und auf die Deutungsmuster, die im Zusammenhang mit der Samenspende thematisch werden, konzentrieren (Abb. 1.10).

Ich komme zum Schluss dieses Kapitels: Es kann nun sein, dass sich im Verlaufe der Fallrekonstruktionen noch weitere Dimensionen herausarbeiten lassen, die nachweislich Einfluss auf die von allen gleichgeschlechtlichen Inseminationsfamilien gleichermaßen zu lösenden Handlungsprobleme haben. Ist dem so, also sollte offensichtlich werden, dass auch von anfänglich noch nicht klar benennbaren Dimensionen eine fallstrukturprägende Kraft ausgeht, dann ist der Auswahlrahmen um diese Fälle zu erweitern, in denen diese Dimensionen in die zentralen Handlungsproblemlösungen eingehen. Das Ziel ist, sukzessive, über die durch die Dimensionsanalyse angeleiteten Fallrekonstruktionen, die Frage zu beantworten: Lässt sich über die Fälle hinweg durch kontrastive Fallrekonstruktionen eine Typologie der gleichgeschlechtlichen Inseminationsfamilie entwickeln, aus der sich eine allgemeine Erkenntnis über den Forschungsgegenstand „Familie" ablesen lässt. Von diesem Ergebnis ausgehend ist dann zu entscheiden, ob die gleichgeschlechtliche Familie ein Fall von Familie ist oder gegebenenfalls als eine private Lebensform mit Kindern zu bezeichnen ist.

Forschungspraktisches, methodisches Vorgehen und methodologische Fragen 2

2.1 Einige Vorbemerkungen

In den folgenden Unterkapiteln geht es darum, plausibel zu machen, wie die Forschungsergebnisse zum Gegenstand „Familie" über das Feld von Fällen gewonnen werden konnten, die dadurch gekennzeichnet sind, dass eine Nachwuchssozialisation unter den Bedingungen von weiblicher Homosexualität und einer Fremdsamenspende erfolgt. Es geht darum, darzulegen, wie ein Zugang zu den Fällen gefunden werden konnte, wie und welche Daten erhoben wurden und wie der Prozess der Datenauswertung organisiert wurde.

Die Arbeit mit den Fällen, also der ganze Prozess der Erzeugung von neuem Wissen, ist immer auch angeleitet von theoretischen Annahmen, die im Einzelnen im Verlaufe der Forschungsarbeit nicht mehr hinterfragt werden oder zum Gegenstand der Forschung selbst gemacht werden können. Wie theoriegeladen ein methodisches Vorgehen ist, wird deutlich an zentral gestellten Konzepten wie zum Beispiel „Interaktion", „Kommunikation", „soziale Rolle", „Reziprozität", „Normen und Regeln" etc.[1] Auch an der Wortwahl („latente Sinnstruktur", „objektive Bedeutung", „Fallstruktur" oder „Strukturgesetzlichkeit") ist erkennbar, in welchem Kontext die Forschungsarbeit steht bzw. an welchen Schulen innerhalb des hermeneutisch-interpretativen Paradigmas sich orientiert wird. Es fallen auch hin und wieder Codewörter („Lebenspraxis", „Unhintergehbarkeit", „Ausdrucksgestalt"), die keinen so eindeutigen Bedeutungskern haben, aber anzeigen, an welche methodischen Ansätze und Theoriekonzepte mit der Forschungsarbeit angeschlossen wird. Die Wahl eines Forschungsvorgehens, das

---

[1] Zu den genannten Begriffen ausführlicher siehe z. B. Maiwald/Sürig 2018.

auf einem derartigen Untergrund aufruht, der im Folgenden nicht immer explizit gemacht werden kann, ist zurückzuführen auf eine akademische Bildungskarriere, die eine/einen Forscher/in geprägt hat, auch auf den Standort, an dem eine spezifische Lehre stattgefunden hat, und auf die Lehrer, die selbst wiederum in loyaler Verbundenheit mit ihren eigenen Lehrern in bestimmten theoretischen Perspektiven denken, und nicht zuletzt auf das Eingebundensein in Forschungsgruppen und Forschungswerkstätten, in denen ein spezifischer Stil, neues Wissen zu erzeugen, habitualisiert werden konnte.

Vor diesem Hintergrund einer spezifischen akademischen Sozialisation ist die vorliegende Forschungsarbeit über die Lebensform der gleichgeschlechtlichen weiblichen Paare mit über Samenspende gezeugten Kindern als *ein* Deutungsangebot zu verstehen. Bedingt durch die „Seinsgebundenheit des Wissens" – so Karl Mannheim (1985: 70) – ist die Art und Weise in der diese unkonventionelle Lebensform mit Kindern hier erfasst wurde, als *ein* Vorschlag zu verstehen, neue Thesen und neues Wissen zu erzeugen. Thomas S. Kuhn hält hierfür den Begriff des „disziplinären Systems" (1976: 194) bereit, „mit dem das Netzwerk sozialer Beziehungen gefasst werden sollte, in das die Produktion und Anwendung wissenschaftlichen Wissens eingebettet sind" (Kuhn 1976: 146). Keineswegs wird davon ausgegangen, dass mit diesem Buch alles über diese interessante Lebensform gesagt ist. Da Forschung auch ein Prozess ist, der – um Anselm Strauss zu zitieren – in einer „immerwährenden Entwicklung" ist (Strauss 1994: 332), sind hier natürlich nicht die letzten Wahrheiten über diese Familienform versammelt und ist auch nicht vollumfänglich alles zur Darstellung gebracht, was im Verlaufe der Arbeit an den Fällen an Ergebnissen zutage getreten ist.

Die folgenden vier Unterkapitel werden in die Organisation des Forschungsprozesses einführen und Schritte einer fallübergreifenden Theoriebildung erläutern. Da es ein Anliegen des Buches ist, sowohl von Studierenden als auch von Kollegen und Kolleginnen aus den Kultur- und Sozialwissenschaften, aber auch von Sozialarbeitern, Therapeuten, Angestellten aus dem Gesundheitswesen, von interessierten Laien und von Akteuren, die selbst in dieser sozialen Lebensform leben oder in ihr aufgewachsen sind, gelesen und verstanden werden zu können, habe ich versucht, aus der Perspektive einer gemischten Leserschaft zu schreiben. Es ist allerdings für keinen dieser Leser erforderlich, die folgenden Ausführungen beim Lesen des empirischen Teils im Hinterkopf zu haben. Die Fallrekonstruktionen können auch als Beispiele für die Handlungs- und Erlebniswelt dieser Lebensform gelesen werden, in der unter Bedingungen ein Zusammenleben gestaltet wird, die den wenigsten bekannt sind, auch wenn die Aktualität von gleichgeschlechtlichen Paaren mit Kindern zugenommen hat. Zu vermuten ist, dass aber auch dem Leser, der mit dieser Lebensform vertraut ist, einige Interpretationen als neu erscheinen werden, diese vielleicht sogar als befremdlich wahrgenommen werden. Denn die folgenden Falldarstellungen sind nicht darauf aus, die sozialen Welten der gleichgeschlechtlichen Lebensform mit Kindern zu duplizieren, also aus ihrer Innensicht heraus subjektive Familienporträts zu liefern. Sondern die Fallrekonstruktionen enthalten auch dem alltäglichen Blick verborgene Deutungen, die auf einer anderen Ebene als die der reflexiven Identitätsvergewisserung liegen. Um mit diesen angebotenen Erklärungen souverän umgehen zu können, die sich so manches Mal vermutlich von den Deutungen unterscheiden, die Akteure als Mitglieder der gleichgeschlechtlichen Inseminationsfamilie entwickelt haben, um ihr eigenes Selbst und ihre Familienwelt zu verstehen, ist ein gewisses Maß an Autonomie und Offenheit erforderlich. Vorausgesetzt beides ist vorhanden, dann können die Fallrekonstruktionen auch als Chance gesehen werden, neue Einsichten zu gewinnen bzw. den „Bereich der lebenspraktischen Deutungspotenziale [zu] erweitern" (Hildenbrand 1998: 271).

In einem ersten Schritt (2.2) wird berichtet, wie das Untersuchungsvorhaben seinen Anfang nahm, welche Schwierigkeiten dabei auftraten und wie sie gelöst werden konnten. Im zweiten Schritt (2.3) wird der methodische Forschungsansatz, der darauf abhebt, über einzelne Fallrekonstruktionen und durch die Operation des Fallvergleichs eine Typologie zu entwickeln, aus denen sich Erkenntnisse über den Forschungsgegenstand ableiten lassen, dargestellt. Im darauffolgenden Abschnitt (2.4) geht es um die theoretischen Perspektiven der Interpretation des Datenmaterials, an die angeschlossen wird, sowie um Datenerhebungs- und Datenauswertungsfragen, und es wird skizziert, wie der Prozess der Selektion von Datentypen in Bezug auf die erste Fallrekonstruktionsanalyse praktisch organisiert wurde. Im vierten Schritt (2.5) wird erläutert, wie eine Typologie zum Feld der gleichgeschlechtlichen Inseminationsfamilie entwickelt werden soll und was dabei zu berücksichtigen ist.

2.2 Das Untersuchungsvorhaben

Von den gleichgeschlechtlichen Männerpaaren zu den gleichgeschlechtlichen Frauenpaaren: Ganz zu Beginn, d. h. bevor ich die ersten Interviews bzw. familiengeschichtlichen Gespräche[2] mit gleichgeschlechtlichen Frauenpaaren mit

---

[2] „Interview" und „familiengeschichtliches Gespräch" werden hier synonym gebraucht; was ein „familiengeschichtliches Gespräch" ist und aus welchem methodischen Forschungsansatz es stammt, dazu später im Teil „Datenerhebung" ausführlicher.

über Insemination entstandenen Kindern geführt habe, galt ein erstes Forschungsinteresse den männlichen gleichgeschlechtlichen Paaren mit Kindern. Diese Lebensform wollte ich vor dem Hintergrund der Forschungsfrage untersuchen, wie mit dem Thema der abwesenden Mutter in diesen Fällen von Nachwuchssozialisation umgegangen wird. Dieses Untersuchungsvorhaben erschien auch deshalb lohnenswert, da es kaum sozialwissenschaftliche Studien über diese Form von Abwesenheit gab. Doch im Verlaufe der ersten Versuche, derartige Fälle zu erheben, traten Schwierigkeiten auf, die mit Blick auf die Statistik nicht überraschen konnten. Denn generell haben Frauenpaare wesentlich häufiger Kinder als Männerpaare. Mehr als 90 % der gleichgeschlechtlichen Familien bestehen aus zwei Frauen und Kind(ern) (Rupp/Eggen 2011: 29). Kurzum, es gestaltete sich am Ende weitaus leichter – trotz auch hier auftauchender Schwierigkeiten im Prozess der Datenerhebung –, Frauenpaare mit einem über Insemination gezeugten Kind für ein Forschungsprojekt zu gewinnen. Auch wenn zahlenmäßig diese Gruppe mit Kindern überwog, so überraschte dieser Befund doch, da in Deutschland aufgrund einer Richtlinie der Bundesärztekammer zur assistierten Reproduktion die heterologe Insemination ausgeschlossen war[3] und sich die deutschen Samenbanken an diese Richtlinien auch weitestgehend hielten (Jansen/Greib/Bruns 2007).

Wie sich der Zugang zu den gleichgeschlechtlichen Paaren mit über eine Samenspende gezeugten Kindern gestaltete: Es war ein mühsamer Weg bis zum ersten Interview. Auch als ich davon ausging, es bestünde ein Zugang zum Untersuchungsfeld und ein einziger Kontakt würde sicherlich weitere ermöglichen, kam der Prozess der Datenerhebung ins Stocken. Es soll kurz berichtet werden, wie alles begann und wie es dazu kam, dass die ersten Interviews schließlich geführt werden konnten. Als hilfreich erwies sich eine Broschüre mit dem Titel *„Regenbogenfamilien"* (2002), die vom Landesjugendamt der Senatsverwaltung für Bildung, Jugend und Sport in Berlin herausgegeben wurde. Dieser Broschüre waren einige Adressen zu entnehmen, die zur Annahme ermutigten, darüber in Kontakt mit gleichgeschlechtlichen Inseminationsfamilien zu kommen. Ich verfasste einen Brief, in dem ich mich vorstellte und mein Vorhaben kurz skizzierte, und darum bat, mir dabei behilflich zu sein, Frauenpaare mit über Insemination entstandenen Kindern für ein familiengeschichtliches Gespräch zu

---

[3]vgl. (Muster-)Richtlinie zur Durchführung der assistierten Reproduktion – Novelle 2006: https://www.aerzteblatt.de/archiv/51526/Bekanntmachungen-(Muster-)Richtlinie-zur-Durchfuehrungder-assistierten-Reproduktion-Novelle-2006; S. 14 ff.[Letzter Zugriff: 12.06.2020].

2.2 Das Untersuchungsvorhaben

gewinnen. Diesen Brief sendete ich am 31. Juli 2003 an das Familienplanungszentrum BALANCE, an den Verein „Love makes a family – LesBisSchwule Eltern und PartnerInnen", an „Queer and Kids" (eine Beratungsstelle für Lesben und Schwule mit Kinderwunsch), an das Feministische Frauengesundheitszentrum und an „QueerFamily", eine Initiative für Lesben, Schwule und Andere mit Kinderwunsch und Kindern. Die Reaktionen waren folgende: Der Brief an „Queer and Kids" kam zurück mit dem Vermerk „Empfänger unbekannt". Vom Verein „Love makes a family" kam keine Antwort. Das Familienplanungszentrum antwortete am 15. September 2003 und teilte mit, dass es zwar seit einigen Jahren auch mit homosexuellen Paaren arbeite, aber „zurzeit keine Paare zum Thema ‚Homosexuelle Elternschaft'" berate. Ca. vier Wochen nach meiner Anfrage, am 27. August 2003, bekam ich eine E-Mail von Viktor Maier, dem Gründer der Initiative „QueerFamily": „Sehr geehrte Frau Funcke, leider kann QueerFamily bei Ihrer Suche nicht behilflich werden: wir sind eine Initiative von Lesben und Schwulen mit Kinderwunsch, also mit zahlreichen jedoch noch nicht realisierten Elternvorhaben. Die uns persönlich bekannten lesbisch-schwulen Eltern sind für ein Interview leider nicht mehr bereit." Sehr schnell reagierte das Feministische Frauengesundheitszentrum (FFGZ) und Frau Lela Lähnemann, die Leiterin des Fachbereichs gleichgeschlechtliche Lebensweisen in der Senatsverwaltung Bildung, Jugend und Sport Berlin. Beide Einrichtungen machten mich auf den Lesben- und Schwulenverband Deutschlands (LSVD) in Berlin aufmerksam. „Am besten Sie sprechen dort mit Frau Dubrowski[4], (Tel. …; familie@berlin. lsvd.de). Sie berät Lesben und Schwule zu dem Thema. Auch treffen sich dort Lesben und Schwule, die sich konkret mit ihrem Kinderwunsch beschäftigen, teilweise auch schon Kinder bekommen haben." Lela Lähnemann teilte mir noch eine E-Mail-Adresse „eines mir bekannten Lesbenpaares mit einem durch Insemination gezeugten Sohn [mit]. Diese Familie wurde kürzlich in einem Artikel der Berliner Zeitung porträtiert. Die beiden Frauen stehen in Verbindung zu weiteren Lesben mit ähnlichen Familienkonstellationen." Alle Hoffnungen, zu der diese Nachricht Anlass gab, wurden enttäuscht. Das Frauenpaar war zu einem Interview nicht bereit. Aber über den LSVD kam die Sache dann ins Rollen. Die Leiterin der Beratungsgruppe, an die ich mich auf die Empfehlung hin meldete, antwortete umgehend. Sie teilte mit, dass sie mein Anliegen in der Gruppe, die sie betreut, vortragen werde, und bat mich, sie „zwecks genauerer Absprachen noch mal während der Beratungszeit am Freitag, den 5. oder 12.09.2003 zwischen 14–18 Uhr im LSVD Brandenburg anzurufen". Sie machte mich auch auf die

---

[4]Der Name ist anonymisiert.

Leiterin des LSVD, Frau Dr. Elke Jansen, aufmerksam und empfahl mir, mich mit ihr in Verbindung zu setzen. In Folge hat sich dieser Kontakt unter anderem auch deshalb bewährt, da Frau Dr. Jansen mit anhaltender Anteilnahme, Ermunterung und Vorschlägen das Projekt über einige Jahre verfolgte und begleitete. Mit Frau Dubrowski vereinbarte ich später am Telefon, einen Brief zu verfassen, in dem das Projektvorhaben den Gruppenmitgliedern vorgestellt und dann per Rundbrief versendet werden sollte.

Am 22. Oktober 2003 meldete sich eine erste Interessentin per Telefon. Dass sie mich erst jetzt kontaktiere, liege daran, dass mein Brief aufgrund von Krankheit und Computerproblemen im LSVD bei den Gruppenmitgliedern mit einer Zeitverzögerung eingetroffen sei. Am 15. November 2003 fand dann mein erstes Gespräch mit einem gleichgeschlechtlichen Frauenpaar statt. Bei diesem einzigen Kontakt blieb es auch lange Zeit. Auf Frau Dr. Jansens Rat, die mir auch mitteilte, dass einige Familien mittlerweile auch „interviewmüde" (Telefonat am 09.01.2004) seien, verfasste ich einen kleinen Text, der als Annonce dann in „Lespress", in der „Siegessäule" und im „Rik-Magazin" im September 2004 veröffentlicht wurde:

> Familie im Gespräch
>
> Ich (Soziologin) suche für ein Forschungsprojekt gleichgeschlechtliche Elternpaare, die sich ihren Kinderwunsch durch Nutzung einer Reproduktionstechnik (z. B. Insemination) oder auf privat organisiertem Wege erfüllen konnten. Ich würde mich freuen, wenn Sie Zeit für ein Familiengespräch mit mir finden würden.
> Adresse: Dorett Funcke, Friedrich-Schiller-Universität Jena, Institut für Soziologie, 07743 Jena, D.Funcke@uni-jena.de.

Einen Versuch war diese Annonce wohl wert, aber Erfolg hatte ich damit nicht. Die entscheidende Wendung kam mit der Einladung vom LSVD, in Bad Kissingen am 4. Familienseminar vom 03.–05.12.2004 teilzunehmen. Dort lernte ich viele Frauenpaare kennen und hatte die Möglichkeit, ihnen direkt von meinem Projektvorhaben zu erzählen. Zwei Frauenpaare sagten für ein familiengeschichtliches Gespräch zu, das ich dann auch mit ihnen führte. Aus zwei anderen verabredeten Interviews, durch die ich die Möglichkeit gehabt hätte, etwas über zwei nicht so häufig vorkommende Konstellationen zu erfahren, wurde leider nichts. Bei dem einen Fall handelte es sich um ein Frauenpaar, das über eine Annonce einen Manager kennengelernt hatte, der die beiden Frauen auch auf dem Familienseminar begleitete. Mit diesem Mann, der unverheiratet und kinderlos war, planten sie, über eine Samenspende eine Familie zu gründen. Dieser Mann, der beruflich bedingt viel Zeit im Ausland verbrachte, sollte aber auch als Vater des Kindes in die Familie integriert werden. Über zwei Jahre hielten wir lose Kontakt, vereinbart war, dass sie sich bei mir meldeten, wenn es mit der Familiengründung geklappt habe. Auf eine meiner Nachfragen teilten sie mit, dass sie noch keinen Erfolg hatten. Bei dem zweiten Fall handelte es sich um ein Frauenpaar, bei dem der Bruder der einen Frau der Samenspender des bereits gezeugten Kindes war. Da der Bruder gegen ein Interview war, kam es zu keinem weiteren Kontakt.

Das zentrale Thema auf diesem Familienseminar in Bad Kissingen, das die meisten Teilnehmerinnen beschäftigte, war das der „Insemination". Das lag in dem Umstand begründet, dass die meisten Frauenpaare, die anwesend waren, entweder bereits über Insemination sich den Kinderwunsch erfüllt hatten oder diese Form der Zeugung in Erwägung zogen. In der Minderheit waren auf dieser Veranstaltung die schwulen Männer, die adoptiert oder über die Gründung einer Pflegefamilie Kinder hatten oder über diese alternativen Wege nachdachten. Heftig diskutiert wurde von den Frauen, ob das Kind einen Vater brauche oder nicht, ob der Samenspender der Vater sei oder nicht und was sie den Kindern später sagen sollten, wenn sie nach dem Vater fragten. Dass diese Debatten damals im Vordergrund standen, war auch darin begründet, dass zum Zeitpunkt des Familienseminars das Lebenspartnerschaftsgesetzergänzungsgesetz (LPartGErgG), das die Stiefkindadoption erlauben sollte, gerade positiv vom Bundestag verabschiedet worden war. Dieses Gesetz erlaubte der Partnerin der Mutter das Kind zu adoptieren, allerdings nur, wenn der Vater bzw. der Spender kein Elternrecht einforderte. So begünstigte dieses Gesetz schließlich auch die Wahl eines anonymen Spenders. Zwei Jahre nach der Einführung des LPartGErgG zeichnet sich in den Daten des Mikrozensus der Wandel ab, der sich in Bad Kissingen bereits andeutete. Die Zahlen belegen eine Zunahme der gleichgeschlechtlichen Familien mit mehr gemeinsamen Kindern (vgl. Eggen 2007).

2.3 Fallrekonstruktive Forschung

Einige allgemeine Grundaspekte und Hintergrundüberzeugungen der fallrekonstruktiven Forschung: Fallrekonstruktive Forschung ist ein Forschungsansatz der qualitativen Sozialforschung, die Sozialwissenschaftler in den 60er Jahren des 20. Jahrhunderts entwickelt haben. Auslöser für die Entwicklung dieser Forschungsrichtung, die Wissenschaftler als „qualitativ" beschreiben, war ein Unbehagen gegenüber einer Vielzahl an Methoden, mit denen es nicht gelang, den eigentlichen Gegenstand der Sozialwissenschaften zu erschließen. Edmund Husserl (1936/1996) bescheinigt in einer zentralen Schrift mit dem Titel *„Die Krisis der europäischen Wissenschaften und die transzendentale Phänomenologie"* den Wissenschaften sogar einen geistigen Notstand. Als Ursache der Krise, in der sich die Wissenschaften befänden, sieht Husserl deren fehlende Lebensverbundenheit. Dadurch, dass die Weltsicht der Gegenwart fast vollkommen von den Naturwissenschaften und insbesondere von der Physik als Leitwissenschaft dominiert sei, werden die Fragen, die „für ein echtes Menschentum die entscheidenden sind", nicht mehr beantwortet (vgl. Husserl 1996: 3–5, § 2). Die Qualitative Sozialforschung ist eine Antwort darauf. Auch wenn sich mittlerweile verschiedene Schulen im Bereich der qualitativen Forschung herausgebildet haben, ist ihr zentraler Gegenstand der Alltag, die Welt des „Jedermann". Die Alltagswelt soll nicht über Mathematisierungsprozesse quantitativ vermessen werden. Sondern das Ziel eines qualitativen Forschers, unabhängig von der qualitativen Schule, der er angehört, ist, soziales Handeln der Menschen „deutend [zu] verstehen und […] in [ihrem] Ablauf und [ihren] Wirkungen ursächlich [zu] erklären" (Weber 1922/1988: 542). Dieser Kernaufgabe, die ein Gemeingut aller qualitativen Methoden ist, liegt die Auffassung zugrunde, dass soziales Handeln immer in Sinnzusammenhängen erfolgt. So wie für den Menschen die Luft zum Atmen voraussetzungsvoll ist, um überleben zu können, so liegt allem Erleben, Verstehen, Handeln und Kommunizieren die Sinnhaftigkeit der durch Regeln erzeugten objektiven Bedeutungswelt zugrunde. Ohne die Voraussetzung des durch Regeln erzeugten objektiven Bedeutungssinns gibt es nichts, was von dem Menschen überhaupt erlebt und verstanden werden kann und woran er sich im Handeln orientieren kann. Wenn nun aber eine Wissenschaft, die vom Menschen handelt, die menschliche Lebenswelt über die naturwissenschaftliche Operation des Messens in Zahlendaten überführt, dann kann sie ihre eigentliche Aufgabe nicht erfüllen. Sie verfehlt ihren eigentlichen Gegenstand, nämlich die Konstruktion von sozialer Wirklichkeit als sinnhaftes durch Regeln erzeugtes Handeln zu erklären.[5] So erweist sich zum Beispiel die Feststellung: „Beim Vorliegen von zwei aus fünf bekannten klinischen Risikofaktoren beträgt die Erkrankungswahrscheinlichkeit 30 Prozent" genau dann als bedeutungslos, wenn jemand tatsächlich erkrankt und dadurch für eine Wissenschaft, die untersucht, wie Menschen mit lebensweltlichen Gegebenheiten umgehen, zum Fall

---

[5]Zum Regelbegriff ausführlicher in Funcke/Loer 2018b: 19–26; 29–33.

2.3 Fallrekonstruktive Forschung

wird (vgl. Corbin/Hildenbrand 2011: 117). Die Aussagekraft quantitativer Messergebnisse ist dann begrenzt, wenn es darum geht zu verstehen, wie ein Einzelfall sich mit dem Thema der Krankheit auseinandersetzt und lebenspraktische Lösungen findet, um „weiter leben (zu) lernen" (Corbin/Strauss 2004).

In den letzten Jahrzehnten ist das Interesse am Fall in den Wissenschaften gestiegen,[6] die Beschäftigung mit dem Fall – so Düwell und Pethes (2014: 9) – hat derzeit Konjunktur. Den Fall als eine eigenständige Untersuchungseinheit zu betrachten, ihm den Vorzug gegenüber Großtheorien bzw. theoretischen Systemen zu geben, bei denen Objekte und Dinge von oben nach unten erfasst werden und die den Fall maximal als Belegbeispiel in Betracht ziehen, um einen allgemeinen Zusammenhang zu illustrieren, ist aber eine Erkenntnisweise, die bis in die zweite Hälfte des 18. Jahrhunderts zurückreicht, wo sich der „Fall als spezifische Wissensform der Humanwissenschaften etabliert" hat (ebd.: 10). Es ist der Beginn, den Einzelfall als Ausgangspunkt zu nehmen, von dem aus eine allgemeine Regel oder ein übergeordneter Sachverhalt erschlossen werden soll. Die Wissenschaftstheorie im 19. Jahrhundert hat dann komplexere Begründungen für eine einzelfallorientierte Forschung geliefert. Wilhelm Windelband trifft die Unterscheidung zwischen nomothetischer, auf allgemeine Gesetze zielende Forschung, und ideographischer Forschung, die zum Ziel hat, zeitliche und räumlich einzigartige Gegenstände zu analysieren. Wenn eine Wissenschaft „das Allgemeine in der Form eines Naturgesetzes" zu erfassen sucht, sollte sie „nomothetisch" genannt werden. Wenn sie das „Einzelne in der geschichtlich bestimmten Gestalt suche", „ideographisch" (Windelband 1911: 145). Heinrich Rickert hat darauf hingewiesen, dass auch bei ideographischer Vorgehensweise – wie bei der nomothetischen – abstrahiert werden muss. Er spricht hier von generalisierender Methode, die darauf zielt, die kulturell bedeutsame Individualität von etwas herauszuarbeiten; hebt also hervor, dass jedes Besondere immer auch auf ein Allgemeines verweist. „Nur das *Allgemeine* am Wirklichen können wir *vorhersagen,* und gerade dadurch vermögen wir uns in ihm zurechtfinden. Wäre die Welt nicht generalisierend *vereinfacht,* so würde ihre Berechnung und Beherrschung nie gelingen. Die unübersichtliche Mannigfaltigkeit des Individuellen und Besonderen *verwirrt* uns, solange sie nicht durch

---

[6]Vgl. Stuhr/Deneke (Hg.) (1993); Kraimer (Hg.) (2000); Revel/Passeron (Hg.) (2005); Süßmann/Scholz/Engel (Hg.) (2007); Brändli/Lüthi/Spuhler (Hg.) (2009); Dickson/Goldmann/Wingertszahn (Hg.) (2011); Düwell/Pethes (Hg.) (2014); Funcke/Loer (2018 a). Siehe auch die Frühjahrstagung der Sektion „Methoden der qualitativen Sozialforschung" zum Thema: „Von Fall zu Fall. Zur Bedeutung des Falls in der qualitativen Sozialforschung" (18./19. März 2016 in Berlin).

die generalisierende Begriffsbildung überwunden ist" (Rickert 1899/1986: 63 f.) (Hervorhebung im Original). John Stuart Mill betrachtet schließlich den Einzelfall „als einzig validierbares Wissensdatum und verpflichtet die Praxis der empirischen Wissenschaften auf ein Schließen vom Einzelfall zu Einzelfall" (Düwell/Pethes 2014: 14). John Forrester unternimmt dann im 21. Jahrhundert den Versuch, „fallbasierte Ansätze als eigenständige wissenschaftliche Methode oder Argumentationsform zu bestimmen" (ebd.: 31). Im Anschluss an die von Ian Hackings vorgeschlagene Liste von sechs Argumentationsstilen: „Postulieren und Deduzieren, experimentelle Forschung, die hypothetische Konstruktion analoger Modelle, die Ordnung von Varianzen durch Vergleich und Klassifikation, die statistische Analyse von Gesetzmäßigkeiten in einer Bevölkerung, die historische Ableitung genetischer Entwicklungen – schlage ich einen siebten vor: das Argumentieren mit Fällen" (Forrester 2014: 140 f.).

Was ist ein Fall? Disziplinen wie z. B. Recht, Medizin, Literatur und Soziologie haben ein unterschiedliches Fallverstehen. In der Medizin und im Recht werden „Daten des Falls […] erhoben und typisiert, um daraus einen juristischen Sachverhalt oder ein Krankheitsbild zu erstellen" (Lüdemann 2007: 209). Der Einzelfall wird subsumiert unter allgemeine Begriffe wie krank/gesund oder recht/unrecht. Die Literatur dagegen versteht sich eher als Beobachter von gesellschaftlichen Teilsystemen. Sie interessiert sich dafür, ob diese „Urteilssprüche […] dem in Frage stehenden Einzelfall gerecht werden" (ebd.: 210). So arbeitet die Literatur „mit dem Verdacht, dass jedes Urteil als solches schon ungerecht ist, weil es in seiner Allgemeinheit den Einzelfall nie wirklich treffen kann" (ebd.). In der Soziologie versteht man unter einem Fall *zum einen,* nicht wie im Recht, der Medizin und Literatur, nur ein Individuum und sein soziales Handeln. „Unter einem Fall wird hier ein Gebilde mit eigener Bildungsgeschichte bzw. eigener Geschichte der Individuierung sowie mit angebbaren, bei den Akteuren innerhalb wie außerhalb des Falles mental und handlungsmäßig erzeugten Grenzen verstanden. Fälle können demnach Individuen und Familien, Institutionen wie Vereine und Firmen, Stadtviertel, Gemeinden und Regionen bis hin zu nationalen Gesellschaften sein" (Hildenbrand 2001: 291). *Zum anderen* geht es im soziologischen Fallverstehen weder hauptsächlich um das Allgemeine noch um das Singuläre, denn ein Fall ist immer beides zugleich. Dass etwas zum Fall werden kann, setzt einerseits eine Perspektive voraus, die den zu untersuchenden Gegenstand immer schon auch als Beispiel eines Allgemeinen (einer Regel oder eines Sachverhalts) in den Blick nimmt. Ein Paar, eine Familie, eine Organisation wird zu einem Fall durch das, was diese Untersuchungseinheit mit anderen gemeinsam

In die Fallrekonstruktion kann eine Vielzahl ganz verschiedener Protokolle eingehen. Es wäre aber irrtümlich anzunehmen, dass ein Fall in seiner Komplexität durch verschiedene Protokolltypen (Genogramm, Beobachtungsprotokoll, Notate von Interviews, Fotos etc.) in Gänze rekonstruiert werden kann. Der Fall ist weitaus mehr als das, was im Protokoll pragmatisch verfügbar ist.

Der Einzelfall als empirische Grundlage für theoretische Generalisierungsversuche: In einem fallrekonstruktiven Forschungsansatz geht es *einerseits* darum, den einzelnen Fall nicht nur in seiner irreduziblen Besonderheit zu erfassen, sondern das Allgemeine, das im Besonderen des Falles eingewoben ist, zu erschließen und *andererseits* darum, über induktiv gewonnene Verallgemeinerungen Erkenntnisse über den Forschungsgegenstand zu gewinnen und zusammenzufassen. Dieses Vorgehen, welches als ein Prozessurales angelegt ist und als ein solches auch verstanden werden muss, schließt ein, vom Einzelfall auszugehen, von dem aus eine allgemeine Strukturbestimmung (Fallstrukturgeneralisierung) vorgenommen wird, aber dort nicht stehen zu bleiben, sondern von Fall zu Fall zu rekonstruieren, dass und wie in einer Folge von Typen ein immer wieder neu zu fassender Kern, eben eine allgemeine Struktur, sich in unterschiedlichen Fällen reproduziert.

Ganz allgemein kann man bei einer Einzelfallrekonstruktion erst einmal zwei Fallebenen unterscheiden (vgl. dazu Maiwald 2004: 69–77). Zum einen den Einzelfall im Sinne der untersuchten individuellen Praxis. Zum anderen den Fall im Sinne von darüber hinaus gehenden Praxisformen (einer bestimmten Personengruppe, eines Milieus, einer Gesellschaft). Dementsprechend werden zwei Generalisierungsdimensionen unterschieden: „die Generalisierung über den Einzelfall und die Generalisierung über den Einzelfall hinaus" (ebd.: 70). Um zu generalisierenden Aussagen zu gelangen, die über den Einzelfall hinausweisen, sind zwei Basisoperationen entscheidend: a) die selektive Fallauswahl nach dem Kriterium des größtmöglichen Kontrastes und b) das Verfahren der Typenbildung (vgl. 2.5). In der fallrekonstruktiven Forschung werden diese Generalisierungsstrategien im Sinne des Theoretical Sampling gestaltet (vgl. Glaser/Strauss 1998: 53–83, Strauss 1994). Dieses Verfahren kann als ein stufenweises Erschließen des Forschungsfeldes von Fall zu Fall beschrieben werden. Die in der Fallrekonstruktion eines Falles herausgearbeitete Fallstruktur, die etwas über den Grad der Abweichung zu einer bestehenden allgemeinen Regel aussagt, auf die das Besondere eines Falles immer schon verweist, bildet dabei die Entscheidungsgrundlage anhand der (gedankenexperimentell) die Kriterien des nächsten zu erhebenden (Kontrast-)Falles festgelegt werden. Ist dieser gefunden, erhoben und analysiert, „wird die erwartete Ausprägung und die Richtung der maximalen Kontrastierung verglichen mit der tatsächlich eingetretenen" (Gehres/ Hildenbrand 2008: 34).

Eine Anmerkung zu den Kontrastkriterien: Da eine Theorie zum Untersuchungsgegenstand zu Beginn eines Projektes nicht vorliegt, erfolgt die Auswahl eines ersten Falles auf der Basis theoretischer und praktischer Vorkenntnisse. Man spricht in diesem Zusammenhang auch von äußeren Kontrastkriterien. „Als äußere Kontrastkriterien lassen sich diejenigen Kriterien bezeichnen, die vor der Analyse der Fälle zu Zwecken der Fallauswahl und -erhebung in Anschlag gebracht werden. Sie sind nicht wesentlich unterschieden von den üblichen Variablen [...] [wie] Alter, Geschlecht, Bildung, soziale Herkunft etc., ergänzt um eher gegenstandbezogene Kriterien [z. B. bekannter Spender, unbekannter Spender – D. F.], die aber ebenfalls zunächst nur den Status von *mutmaßlich* Differenz erzeugenden Kriterien haben" (Maiwald 2004: 74 f.; Hervorhebung im Original). Die äußeren Kontrastkriterien, so wie sie in eine erste Feldbestimmung über eine Dimensionsanalyse eingegangen sind (vgl. Abschn. 1.5), bilden einen ersten Bezugspunkt, von dem aus die relevanten (theorieinternen) Kontrastkriterien bestimmt werden. „Auch wenn man diese äußeren Kontrastkriterien [...] schon für eine Generalisierung nutzen kann, wird ihre Bedeutung doch durch ihren mutmaßlichen, vorläufigen Status eingeschränkt, denn was wirklich auf einer strukturellen Ebene die Differenz der Fälle erzeugt, kann man erst auf der Basis von detaillierten Fallrekonstruktionen sehen. [...] Erheben lässt sich diese Kontrastivität allerdings nur in sehr eingeschränktem Maße, nämlich insoweit, als man Fallstrukturmerkmale mit einiger Sicherheit an äußerlich wahrnehmbare Kriterien knüpfen kann und daraufhin Personen auswählen kann. Daran ändert auch die sukzessive Erhebung nach vorhergehender Fallrekonstruktion nichts Wesentliches" (ebd.: 75).

2.4 Forschungspraktisches

Sozialtheoretische Anschlüsse und Analyseebenen: Ein geeigneter methodischer Zugang, der den Vorteil hat, verschiedene Protokolltypen zu integrieren, ist die „Fallrekonstruktive Familienforschung" (Hildenbrand 1999/2005). Im Anschluss an diesen methodischen Zugang ist der Interpretationsprozess auf unterschiedliche Analyseebenen bezogen. Die zentralen Fragen, die auf jeweils verschiedene Analyseebenen verweisen und die Interpretation anleiten, waren – das sei wiederholt ausgeführt – folgende: Wie wird mit der Strukturposition des Vaters umgegangen, wenn zwei Frauen ein Paar bilden und ein Kind dazu kommt, das über eine Samenspende gezeugt worden ist? An diesem Punkt der Analyse ging es darum, herauszufinden, über welche sozialen Prozesse die Frauen Elternschaft organisieren, weshalb auch ein Fokus auf dem Familienbildungsprozess lag: Wer hat den Familienbildungsprozess angestoßen? Wie sah der Entscheidungsverlauf bis zur Realisierung der Familiengründung aus? Welche alternativen Handlungspfade waren den Frauen konkret verfügbar und wie haben sie sich mit ihnen auseinandergesetzt? Welche konkreten Schritte hat das Frauenpaar schließlich unternommen, um ein Paar mit Kindern zu werden. Zum anderen sollte herausgefunden werden, wie die Frauenpaare mit dem Thema der (Fremd-)Samenspende umgehen, es deuten und danach handeln. Das Hauptaugenmerk lag auf Fragen wie: Wird der Samenspender als Vater verstanden oder z. B. als bloßer ‚Lieferant' oder ‚Zeugungshelfer'? Den theoretischen Hintergrund bildete hier der symbolische Interaktionismus, dessen Kerngedanken Herbert Blumer in folgenden drei Punkten zusammengefasst hat: a) „Menschen [handeln] ‚Dingen' gegenüber auf der Grundlage der Bedeutungen […], die diese Dinge für sie besitzen", b) „Die Bedeutung solcher Dinge [ist] aus der sozialen Interaktion, die man mit seinen Mitmenschen eingeht, abgeleitet oder […] entsteht [aus ihr]", c) „[D]iese Bedeutungen [werden] in einem interaktiven Prozess […] gehandhabt und abgeändert" (Blumer 1973: 81). Soziale Wirklichkeit zu erforschen heißt, bei den Handelnden anzusetzen und bei den Bedeutungen, die sie jeweils zu ihrem konsequenzenreichen Handeln motivieren.[10]

In einem weiteren Schritt ging es um die alltagspraktische Seite der Familie. Von Interesse waren hier die Themen, ob es in der Familie ein Arbeitsteilungsarrangement gibt und wie Fragen rund um den Haushalt, Beruf und Kindererziehung gelöst werden. Mithilfe der Frage: ‚Wer macht wann was wie?' sollten die Ordnungsmuster herausgefunden werden, die – wenn den Frauen auch nicht immer bewusst – ihre praktische Lebensalltäglichkeit in einen für sie sinnvollen Zusammenhang bringen. Und es ging auch um die Analyse ihrer Überzeugungen, die ihre Selbstfestlegungen steuern, wenn es darum geht, das praktische Zusammenleben zu organisieren. Den Theoriebezug für diese die Interpretation anleitenden Überlegungen bildet die pragmatistisch-interaktionistische Sozialtheorie von Anselm Strauss, der als ein Schüler von Herbert Blumer dessen Interaktionstheorie weiterentwickelt hat. Interaktionistische Kerngedanken

---

[10]Hiervon zu unterscheiden sind die durch Regeln erzeugten objektiven Bedeutungen, die allem Handeln vorausliegen und die Folgen und Konsequenzen eines Handelns festlegen. Zur Unterscheidung von „allgemeinen Bedeutungsstrukturen" und „interaktionsbezogenen Bedeutungsstrukturen" ausführlicher in Loer 2016 (17)/2: 376, Fn. 32.

2.4 Forschungspraktisches

sind u. a., dass den Menschen eine aktive Rolle in der Gestaltung ihrer Lebenswelt zukommt und dass soziale Ordnung in Aushandlungsprozessen hergestellt wird. Aushandlungen definiert Strauss als ein „mögliches Mittel, um Dinge erledigt zu bekommen, wenn die beteiligten Parteien sich miteinander vereinbaren müssen, um die Dinge getan zu bekommen" (Strauss 1978: 234). Dieses Aushandlungskonzept grundiert theoretisch die empirische Frage nach dem Vollzug der „praktischen Seite der Beziehung" (Maiwald 2009: 285) in einer gleichgeschlechtlichen Inseminationsfamilie.

Des Weiteren sollte herausgefunden werden, welche Zuwendungsstile das Erziehungsverhalten der beiden Frauen bestimmen. An dieser Stelle der Fallanalyse ging es um das soziale Handeln als elterliches Handeln. Von zentralem Interesse war hier die Frage, wie Elternschaft im Rahmen von Insemination, Fremdsamenspende und Gleichgeschlechtlichkeit gestaltet wird. Im Fokus der Analyse stand hier auch die aktuelle Interaktionspraxis während des Interviews. Es wird davon ausgegangen, dass die Interaktionen, die während des Familiengespräches ablaufen, ein signifikantes Pendent zu den Interaktionen in der Familie sind, wenn kein Forscher anwesend ist. Ich schließe hier u. a. an die Theorietradition der strukturalen Hermeneutik an (vgl. Oevermann u. a. 1979).

Um die sozialbiografische Prägung von sozialem Handeln, Interaktionen und Deutungen zu erfassen, rücken auf einer anderen Analyseebene die objektiven bzw. „testierbaren Daten" (vgl. Loer 2015)[11] der Frauen in den Fokus der Analyse. Es ging an diesem Punkt der Analyse darum, das Handeln in einem von der Kernfamilie abweichendem Kontext vor dem Hintergrund der biografischen Herkunftsgeschichte der Frauen zu verstehen. Gegenstand der Fallrekonstruktion ist hier das Genogramm. Während in therapeutischen und sozialarbeiterischen Kontexten Genogrammanalysen als ein Hilfsmittel zum Einsatz kommen, um einen Überblick über Ressourcen zu gewinnen (z. B. eine Geschwisterbeziehung, stabile ökonomische Verhältnisse, konstante Eltern-Kind-Beziehungen), aus denen sich Interventionen ableiten lassen, werden in soziologischen Fallrekonstruktionsanalysen Genogrammanalysen durchgeführt, um

---

[11]Zur Diskussion zu dem materiellen Stellenwert der Analyse objektiver Daten vgl. Wenzl und Wernet 2015, und auch Loer 2015 (insbes. S. 303–313). Thomas Loer (2019) hat darauf hingewiesen, dass es sinnvoll ist, „testierbare Daten", so bezeichnet Loer die „objektiven Daten", in der Abhängigkeit von der Fallbestimmung zu unterscheiden. Loer trifft die Unterscheidung zwischen „*testierbaren Daten als Indikatoren für die ‚Hemmungen und die Chancen'*, denen eine Lebenspraxis ausgesetzt ist, und *testierbaren Daten als Ausdrucksgestalten der untersuchten Lebenspraxis*". (Hervorhebung im Original).

das Herkunftsmilieu als einen Bedingungsrahmen zu rekonstruieren, der Identitätsbildungsprozesse prägt. Pierre Bourdieu hat das einmal so formuliert: Würde man „den Versuch unternehmen, ein Leben als eine einzigartige und für sich selbst ausreichende Abfolge aufeinander folgender Ereignisse zu beschreiben, ohne andere Bindung als die an ein Subjekt [...]", dann wäre das „beinahe so absurd wie zu versuchen, eine Metro-Strecke zu erklären, ohne das Streckennetz in Rechnung zu stellen" (Bourdieu 1990: 80). Das Streckennetz in Rechnung stellen heißt, biografische Konstruktionen, die nur begrenzt der eigenen Reflexion zugänglich sind, als ein Handeln in der Auseinandersetzung mit herkunftsfamilialen Vorgaben zu erklären. Ein derartiges Verstehen, das auf den biografischen Zusammenhang bezogen ist, hat seinen theoretischen Bezug in der phänomenologischen Deutungsschule in der Tradition von Edmund Husserl, Alfred Schütz und Richard Grathoff.

In einem weiteren Schritt wird noch einmal an den interaktionistischen Kerngedanken angeschlossen, dass Bedeutungen in Interaktionsprozessen erzeugt, erhalten und verändert werden und eben nicht ein fester Bestandteil der ‚Welt da draußen' sind. Im Zentrum der Analyse stehen hier aber weder Organisationsprozesse rund um den häuslichen Alltag der Familie, noch Prozesse, die die Gründungsgeschichte des Frauenpaares betreffen, auch geht es nicht um die Herkunftsmilieus der an der Familie direkt Beteiligten. In der Annahme, dass eine Fremdsamenspende und die Gleichgeschlechtlichkeit Themen sind, die Anlass geben, sich damit auseinanderzusetzen, werden Stellen aus dem Interview interpretiert, in denen die Frauen darauf Bezug nehmen. Es geht darum, Hypothesen hinsichtlich des Problemverständnisses zu gewinnen, ihrem Kind oder Kindern eine für die gleichgeschlechtliche Inseminationsfamilie typische sozialisatorische Ausgangslage zuzumuten. So lag ein Erkenntnisinteresse darin, mehr darüber in Erfahrung zu bringen, welche Reflexionsprozesse bei den Frauen in Gang gekommen sind, weshalb hier Wissensbestände und selbst gesetzte Themen erfasst wurden, und es ging darum, zu analysieren, wie Überzeugungen begründet werden. In diesem Zusammenhang spielen die Kategorie der Zumutbarkeit und Normalisierungspraktiken eine Rolle. Diese Analyseebene der Deutungen, des expliziten Wissens, des Meinens und Dafürhaltens stellt eine eigenständige Realitätsebene dar, die im Einzelfall recht wenig mit der faktischen Praxis zu tun haben kann, die Gegenstand dieser Deutungen ist.

Dieses Bündel an theoretischen Perspektiven lenkt sowohl die Erhebung der Daten als auch die Datenanalyse. In die Falldarstellung gehen diese Perspektiven allerdings nur bedingt ein. Sie sind nicht das entscheidende Organisationsprinzip, um die Ergebnisse der Fallrekonstruktionen darzustellen. Die Gründe dafür sollen kurz erläutert werden: Umso klassischen Forderungen wie „Verstehen,

2.4 Forschungspraktisches

Glaubwürdigkeit, Wirklichkeitsnähe und Leserverständnis" (Strauss 1994: 277) in einer Falldarstellung gerecht zu werden, habe ich mich dafür entschieden, in der „narrativen Inszenierung" (Süßmann 2007: 20) das analytische Vorgehen nicht immer und ausschließlich zu *dem* entscheidenden Kriterium zu machen. Sondern es gelten auch die Kriterien einer nachvollziehbaren Darstellung, bei der – wie Kai-Olaf Maiwald formuliert – „das Moment der Plausibilisierung [...], wenn nicht gar ein Moment der Überredung eine Rolle spielt" (2007b: 408). Wer jetzt aber davon ausgeht, im empirischen Teil Familienporträts zu lesen, die eine in sich stimmige Familiengeschichte liefern, der wird enttäuscht werden. Denn da eine Fallrekonstruktion jeweils beides enthält, das den Fall in seiner Einzigartigkeit ausmachende Besondere und das Allgemeine, also eine allgemeine Strukturbestimmung, kann die Falldarstellung nicht im Modus der Anschauung aufgehen. In der Darstellung ist immer die theoretische Interpretation mit dem Moment der Beschreibung verflochten. Anselm Strauss bezeichnet diese Verschränkung von theoretischer und sinnlicher Erkenntnis in der Darstellung als „diskursiven Stil" (Strauss 1994: 232). Diese Darstellungstechnik hat das Ziel, „die Daten der untersuchten Sozialwelt einerseits so lebhaft zu beschreiben, dass Leser wie Forscher die ihr angehörigen Menschen fast sehen und zu hören meinen, andererseits aber dennoch die Verbindung zur Theorie zu gewährleisten" (ebd.). Um dem Leser nun das Gefühl zu geben, in gewissem Sinne auch dort gewesen zu sein, wo man selbst als Forscher war, werden verschiedene Standardhilfsmittel benutzt, durch die in die Falldarstellung eine Wirklichkeitsnähe hineinkommt: Es wird an manchen Stellen zeilen- oder abschnittweise aus den familiengeschichtlichen Gesprächen zitiert, mit Auszügen aus dem Beobachtungsprotokoll gearbeitet, zentrale Sätze eingewoben, die die Frauen während des Gespräches fallen ließen, Ereignisse und Handlungen umrissen, sofern sie zum Verstehen des Sachverhalts beitragen, und an manchen Stellen erfolgen knappe Ausführungen über die Hintergründe von Ort und Zeit. Deutlich wird dabei auch werden, wie verstrickt ein fallrekonstruktiver Forscher in den Prozess der Datenerhebung und auch der Darstellungs- und Deutungsarbeit ist. Auch wenn in die Falldarstellungen ein Vorgehen mit eingeflossen ist, dass darauf zielt, den Leser von den Interpretationen zu überzeugen, ein Verstehen zu ermöglichen und dem Ganzen Glaubwürdigkeit zu verleihen, so gehen doch immer in die Falldarstellungen gemäß der Logik, Fälle in der Dialektik von Allgemeinem und Besonderem zu rekonstruieren, theoretische Formulierungen und Kommentare mit ein. In den „Präzisierungen, Verdichtungen, Konturierungen, Differenzierungen oder Neujustierungen" (Wernet 2018: 67) einer Fallstrukturhypothesenbildung wird der theoretische Zusammenhang immer kenntlich gemacht.

Datenerhebung: Kernstück der Datenerhebung im Rahmen der „Fallrekonstruktiven Familienforschung" (Hildenbrand 1999/2005) ist das „familiengeschichtliche Gespräch". „Dieses dient dazu, das geeignete Material zu generieren, um die Prozesse der Konstruktion der spezifischen Individualität eines Falles analysieren zu können [...] Die Beteiligten berichten nicht nur über die spezifische Wirklichkeit dieser Familie, sondern sie konstruieren und modifizieren sie im Verlaufe des Gesprächs. Dabei kommen Aspekte familienspezifischer Weltsichten zum Ausdruck, die den Alltag dieser Familie durchgängig strukturieren" (Gehres/Hildenbrand 2008: 33). Bei der Durchführung der „familiengeschichtlichen Gespräche" bin ich in der Regel folgendem Plan gefolgt: Zu Beginn habe ich das Frauenpaar aufgefordert, mir zu erzählen, wie aus ihnen ein Paar mit Kindern geworden ist. Ich war daran interessiert, etwas über den Prozess der Familiengründung und Familiengestaltung und den damit verbundenen Fragen, Problemen und Lösungen zu hören. Die Gespräche folgten grob der Chronologie der Familienbildung. Mir war aber daran gelegen, dass den Frauen auch ausreichend Raum blieb für das, was sie jeweils als wichtig erachteten. Auf diese Phase folgte dann ein Abschnitt, in dem ich durch detaillierte Nachfragen zu bereits Erwähntem meine Gesprächspartnerinnen im weiteren Erinnerungs- und Erzählprozess zu unterstützen versuchte. In einer folgenden Gesprächsphase habe ich zur Erzählung von bisher Unerwähntem aufgefordert. Ich habe Fragen zu spezifischen Themen gestellt, die für mich im Rahmen des Forschungsinteresses bedeutsam sind (z. B. der Übergang von der Passage als kinderloses Paar zu einem Paar mit Kindern, die Motive für die Entscheidung für eine anonyme Samenspende oder für einen bekannten Spender, die Konzeption und Verwirklichung eines Kinderwunsches, die Bedeutung des Vaters im Familienentwurf).

In einem zweiten, externen Teil habe ich die biografischen Daten zur Herkunftsfamilie und zum Lebenslauf mit der Aufforderung zur biografischen Erzählung erhoben. Diese familiengeschichtlichen Daten habe ich in einem Genogramm übersichtlich dargestellt. Es handelt sich um eine Visualisierung von Familienbeziehungen durch Symbolisierung der Familienmitglieder und ihrer horizontalen (Geschwister- und Paarebene) und vertikalen (mehrgenerationale Ebene) Verbindungen. Mithilfe zusätzlicher Angaben zu wichtigen Daten und lebensgeschichtlichen Ereignissen (Name, Berufe, Geburts- und Todesdaten, Heiraten, Trennungen, Scheidungen) wird es so möglich, das komplexe Geflecht einer mehrgenerationalen Beziehungsstruktur simultan in einer Abbildung darzustellen. Da aber nicht alles Handeln einer Lebenspraxis durch das technische Gerät aufgezeichnet werden kann, soziale Wirklichkeit sich eben nicht immer durch das Nadelöhr von technischen Aufnahmen und Beschreibungen zwingen

2.4 Forschungspraktisches

lässt, erhalten Beobachtungen einen methodischen Stellenwert.[12] So gehören zum Datenbestand der Fallrekonstruktionen auch Beobachtungsprotokolle, in denen der Kontext des Interviews festgehalten ist, aber auch Skizzen z. B. von Wohnungseinrichtungen und Sitzordnungen während der familiengeschichtlichen Gespräche und Skizzen von Klingelschildern, ebenso Familienfotos.

Datenauswertung: Interpretieren, so Wilhelm Dilthey, ist die Rekonstruktion der Textbedeutung „in der Linie des Geschehens" (Dilthey 1958: 214); zeitgenössisch formuliert: Interpretieren ist Sequenzanalyse. Unter einer Sequenz versteht man in der interpretativen Sozialforschung die Herstellung von sozialer Ordnung im Interaktionsvollzug (vgl. Bergmann 1985: 313). Anselm Strauss spricht, wenn es um die Analyse von Sequenzen geht, von der ‚line-by-line analysis' und bezeichnet damit eine „sorgfältige Diskussion dessen, wie jemand einzelne Wörter, Ausdrücke und Sätze gebraucht" (Strauss 1995: 3, zitiert aus Hildenbrand 2003: 76). In der Objektiven Hermeneutik meint Sequenzanalyse ein Interpretationsverfahren, welches in der Lage ist, die sowohl vom Sozialforscher als Rezipienten eines Textes, als auch vom praktischen Wissen der Subjekte unabhängig operierenden Bedeutungsstrukturen aufzuschlüsseln.[13] Bei der Sequenzanalyse, von Ulrich Oevermann auch als „Herzstück der objektiven Hermeneutik" (Oevermann 2004a: 203) bezeichnet, handelt es sich um ein Verfahren des „rekonstruierenden Textverstehens" (vgl. Oevermann 1979: 381), das „mit einem verstehenden Nachvollzug innerpsychischer Prozesse, etwa bei der Interpretation von Befragungsergebnissen oder von durch projektive Tests erzeugten Antworten, nichts zu tun hat" (ebd.). Anders als Verfahren, die das Material unter vorgefertigte theoretische Begriffe subsumieren oder es lediglich paraphrasieren, gelingt es Fallrekonstruktionen auf der Basis von Sequenzanalysen, die Subjektivitätsperspektive der Handelnden zu verlassen und die zum größten Teil (latent) „‚hinter' der wissensmäßigen Repräsentanz von Welt sich verbergende objektive Realität" (Oevermann 2001b: 54, Fn. 14) der Fallstrukturen in ihrer Eigenlogik zu erschließen und auf den Begriff zu bringen.

---

[12] Fälle können allerdings auch einen Komplexitätsgrad erreichen, der – wie Luhmann es ausdrückt –, „sich nicht mehr linearisieren" (Luhmann 1984: 14) lässt. Grenzen der Auskunftswilligkeit oder andere Verbalisierungsschwellen wie Erinnerungslücken, Wissensgrenzen, Grenzen der eigenen Reflexions- und Selbstbeobachtung oder Motivationsprobleme (manchmal lässt einen der zu Interviewende auch beim Sprechen allein) sind manchmal spürbar.

[13] Konstitutionstheoretisches und Methodologisches der Objektiven Hermeneutik kann hier nicht ausführlich dargestellt werden; vgl. dazu Funcke/Loer 2018 b, insbesondere S. 18–37.

Um nun den objektiven Sinn, der den Handelnden i. d. R. nicht bewusst ist (latenter Sinn), von Äußerungen rekonstruieren zu können, genügt eine auf die Protokolle gerichtete „angestrengte Aufmerksamkeit" (Dilthey 1900/1962: 318) nicht. ‚Verstehen und Auslegen', so Friedrich Schleiermacher, der die philosophischen Grundlagen für eine Hermeneutik gelegt hat, ist *„die Kunst, die Rede eines anderen [...] richtig zu verstehen"* (1977: 75) (Hervorhebung im Original). Unter ‚Kunst' im Sinne des griechischen ‚techne' bzw. des lateinischen ‚ars' versteht er eine Fertigkeit, die auf Talent, Übung und Wissen beruht. Zur Fertigkeit des Auslegens gehört neben dem „praktischen Können", neben „Sprach- und Menschenkenntnissen", neben „historischen Kenntnissen" und Interesse am jeweiligen Gegenstand aber auch ein theoretisches Wissen (vgl. Scholtz 1995: 96 ff.). Interpretieren als kunstmäßiges Verstehen basiert auf Regelwissen – hier dem der Objektiven Hermeneutik. Dieses ermöglicht, das Datenmaterial durch die Rekonstruktion der abstrakten Sinnstrukturen erschließbar zu machen, d. h. theoretisch zu durchdringen. Gefolgt wird dabei folgenden Richtlinien:

- *Kontextfreiheit des Analysierens.* Die Protokolle werden zunächst ohne Zusatzhilfen des bereits vorhandenen Wissens über den analysierten Fall interpretiert.
- *Entlastung von Handlungsdruck* – die Interpretation braucht ihre Zeit. Der Vorteil dieser Haltung ist, dass das spezifische Wissen über den Fall *erschlossen* und nicht nacherzählt wird.
- *Das Prinzip der Sequenzialität* besagt, dass man bei der Datenauswertung dem zeitlichen Ablauf der Ereignisse bzw. dem Nacheinander der Äußerungen eines Protokolls zu folgen hat.[14]
- *Das Prinzip der Gegenüberstellung* von Entscheidungsoptionen und tatsächlich getroffenen Wahlen strukturiert diesen Prozess des sequenziellen Abarbeitens. Es schreibt eine besondere Sorgfalt im Aufspüren und fallspezifischen Deuten nicht wahrgenommener Möglichkeiten vor.

Dazu noch eine Erläuterung: Die Interpretation der verschiedenen Protokolle zielt darauf, den spezifischen Selektionsprozess zu rekonstruieren, der in einem Fall zum Ausdruck kommt.[15] Das heißt, dass man das Besondere eines Falles nur

---

[14]Manchmal kann es auch hilfreich sein, um nicht „den Fall als Ganzes eingebettet in eine längere Entwicklungsgeschichte [...] aus den Augen [zu] verlieren" (Schneider 1994: 162), die Datenanalyse entlang der „Sequenz der faktischen Geschichte" (ebd.: 167) zu führen.

[15]Zur Sequenzanalyse ausführlicher Funcke/Loer 2018b: 33–35.

2.4 Forschungspraktisches

verstehen kann, wenn man sich vor Augen hält, welche anderen Möglichkeiten eines Handelns denkbar gewesen wären. Die Kategorie der objektiven Möglichkeit bezieht sich dabei stets auf Entscheidungssituationen, die nicht allein hypothetisch konstruiert, sondern vielmehr als realiter den Handelnden zur Verfügung stehende Alternativen unterstellt werden. In die Interpretation geht diese wichtige Unterscheidung zwischen objektiver Möglichkeit und tatsächlich realisierter Option methodisch ein. Eine weitere methodische Regel ist die gedankenexperimentelle Explikation von Lesarten. Hier geht es um die Beantwortung der Frage: Wie könnte eine bestimmte Interaktionssequenz bzw. eine Handlung motiviert sein? Die gedankenexperimentelle Konstruktion von Lesarten dient dem Zweck, vor dem Hintergrund anderer Möglichkeiten gerade das Fallspezifische erkennen zu können und sich dabei nicht vorschnell durch das eigene Verständnis leiten zu lassen. Während man bei der gedankenexperimentellen Explikation von Lesarten die möglichen Bedeutungen einer Äußerung interpretiert, kann man sich dem Problem auch von anderer Seite nähern. Man kann fragen, in welchen unterschiedlichen Kontexten eine bestimmte Äußerung bzw. eine Ausdrucksgestalt sinnvoll wäre. Bei der Konstruktion von möglichen Kontexttypen sind der Bezugspunkt fallunabhängige, durch Regeln erzeugte allgemeingültige Bedeutungsmöglichkeiten. Um den „möglichen Variantenreichtum genügend zur Geltung zu bringen" (Oevermann 1981: 11), sollte man „sich zunächst konkrete Situationen ausdenken, gewissermaßen Geschichten zu der Äußerung erfinden. In der Forschungspraxis hat hermeneutische Sinnrekonstruktion wesentlich etwas mit dieser Leistung des ‚Geschichten-Erzählens' zu tun" (ebd.). Immer geht es also darum, sich der Spezifik des zu erklärenden Sachverhalts dadurch zu nähern, dass man ihn zu anderen möglichen Sachverhalten oder Situationen in Bezug setzt.

Die Sequenzanalyse der Objektiven Hermeneutik bildet auch die Grundlage für die Analyse des Genogramms. Bruno Hildenbrand hat für das Interpretieren dieses Protokolltyps ein theoretisches Konzept entwickelt (Hildenbrand 2005a, Hildenbrand 2018). Das Genogramm als ein Darstellungsmittel, das die Familie als einen Generationenzusammenhang in einem Überblick grafisch abbildet, wird sequenziell analysiert. „Schritt für Schritt" werden die „Entscheidungsmöglichkeiten […] der Akteure [rekonstruiert] und mit den tatsächlich getroffenen Entscheidungen" verglichen (Hildenbrand 2005a: 16). Bei diesem Vorgehen wird unter strikter Absehung von subjektiven Deutungen sequenziell, bei der ältesten Generation anfangend, rekonstruiert, in welcher Generationenlage (Weltkrieg, Wirtschaftswunderzeit, Wendezeit 1989/90 etc.) und auch in welchem Milieu (Facharbeiter, Landwirt, Selbstständige, Akademiker etc.) die Personen geboren und aufgewachsen sind. Die objektiven bzw. testierbaren Daten wie z. B. Name, Beruf, Heiratswahl etc. werden mit dem Wissen abgeglichen, das über diese historischen und sozialen Konstellationen zur Verfügung steht. Hieraus werden dann Hypothesen über erwartbare ‚Normalverläufe' gebildet, z. B. kann eine Berufswahl als eine Weiterführung von Traditionen verstanden werden oder eine Partnerwahl als Ausdruck, das Bildungskapital weiter zu sichern, gedeutet werden, früher Tod eines Elternteils kann als ein Aufwachsen unter spezifischen Sozialisationsbedingungen angesehen werden oder Brüche im Lebenslauf aufgrund z. B. von Vertreibung und Flucht können als krisenhafte und weitere Entscheidungen prägende Ereignisse gedeutet werden. Ziel einer Genogrammanalyse ist, Handlungsmuster zu rekonstruieren, die über die Generationen hinweg sich reproduzieren und als Handlungsrahmen individuelle Entscheidungen prägen bzw. einen Kontext bilden, in den eingebettet lebensgeschichtliche Entscheidungen getroffen werden.

Um aber den Fall in seiner Besonderheit zu verstehen, die dieser durch die Auseinandersetzung mit allgemeinen Vorgaben herausgebildet hat, gehört neben Erfahrung, Wissen und Reflexion auch ein Maß an Intuition. Denn das Allgemeine ist häufig so in die Besonderheit eines Falles eingewoben, dass es nur durch ein „abduktives Schließen" (Peirce 1976) erfasst werden kann. Charles S. Peirce spricht von einem „Blitz der Einsicht, der sich dann einstellen kann, wenn wir verschiedene Elemente unserer Beobachtung mutig neu auf den Punkt einer Deutung bringen" (Bude 1988: 425).

Erste Fallauswahl und die Organisation der Daten für die Fallrekonstruktion: Im Folgenden soll es darum gehen, wie der Prozess der Selektion von Datentypen und Datenmaterial in Bezug auf die erste Fallrekonstruktionsanalyse praktisch organisiert werden kann.

Eine unumgänglich zu lösende Frage ist: Mit welchem Fall soll der Prozess der Fallstrukturanalyse begonnen werden? Ein allgemeines Rezept für die Auswahl des ersten Falles gibt es nicht. Soll die Entscheidung aber nicht an der über eine Dimensionsanalyse antizipierend vorweggenommenen Typenbildung vorbeigetroffen werden (vgl. 1.5), so ist zum Beispiel ein Fall auszuwählen, der von seinen äußeren Merkmalen her auf den ersten Blick sich einem der beiden Pole, die sich in der Dimension „Distanz zum Samenspender" unterscheiden, zuordnen lässt. Konkret heißt das, es ist entweder ein Fall auszuwählen, der allem Anschein nach vermuten lässt, zum Beispiel schon bedingt durch seine Personalausstattung oder durch die Art der Samenspende oder durch den Vorgang der Zeugung (falls man über derart fallspezifisches Wissen überhaupt verfügt), dass hier vergleichbar einer Kernfamilie der biologische Unterbau eine Verlängerung in eine sozialisatorische Interaktion hinein erfährt, in der es neben der leiblichen Mutter auch einen leiblichen Vater gibt. Oder es wird mit einem Fall begonnen, der am anderen Pol angesiedelt ist. Es müsste sich hierbei um einen Fall handeln,

2.4 Forschungspraktisches

der von seinen äußeren Eigenschaften her vermuten lässt, dass bei der Lösung der Handlungsprobleme, die alle Inseminationsfamilien gleichermaßen zu lösen haben, keine Bestrebungen am Wirken zu sein scheinen, die darauf zielen, eine Nachwuchssozialisation in einem Rahmen zu gewährleisten, in dem der Samenspender als leiblicher Vater des Kindes gemeinsam mit der Mutter soziale Operationen von Fürsorge und Betreuung verrichtet. Hierfür stünde ein Fall, bei dem die Strukturposition des Vaters, zum Beispiel durch die Entscheidung für eine anonyme Samenspende, nicht mit dem leiblichen Vater besetzt ist.

Ist die Entscheidung für den ersten Fall getroffen, stellt sich die Frage, wie ist eine Ordnung in das Dickicht der auf der Erhebungsstrecke angefallenen Datentypen zu bringen. Nicht immer stellt sich die Frage der Selektion von Datentypen, etwa dann nicht, wenn nur ein einziger Datentypus – etwa ein Interviewtranskript – vorliegt. Haben wir es aber mit einem Datenkorpus zu tun, der sich aus verschiedenen Datensorten zusammensetzt, dann ist neben der Frage, mit welchen Daten begonnen werden soll, zum einen zu klären, in welcher Reihenfolge die verschiedenen Datentypen Eingang in die Datenanalyse finden sollen und zum anderen, durch welche Fragen angeleitet die Analyse des entsprechenden Datentyps erfolgen soll.

Ich beginne mit einer thematischen Analyse der objektiven bzw. testierbaren Daten. Dem Thema der Untersuchung entsprechend geht es hier um Daten der Familiengründung. Relevant sind hier: das Alter der Frauen, die (reproduktive) Gesundheit, die Art der Samenspende, die Organisation der Zeugung, die Anzahl der Kinder (eigene, fremde aus der Vorgeschichte der Partnerin), das Zusammenleben im Rahmen einer eingetragenen Lebenspartnerschaft und die Entscheidung für die Stiefkindadoption. Es handelt sich bei diesen Daten, die aus dem Interview herausgelesen werden, um Daten, die sich auch unabhängig von dieser Datenquelle überprüfen ließen (vgl. Loer 2015: 303). Interessant sind diese Daten für die Rekonstruktionsanalyse „aufgrund der Annahme, dass die hierin objektivierten Lebensumstände auf lebenspraktische Entscheidungen verweisen, die sich zu einer Typik des Handelns sukzessive verdichten" (Allert 1993: 332, zit. aus Loer 2015: 303). Zentrale Fragen, die unter Einbezug dieser testierbaren Daten und vor dem Hintergrund der zu rekonstruierenden Möglichkeiten, die den Frauen alternativ zur Verfügung standen, sind: Wer hat den Familiengründungsprozess angestoßen? Wer hatte einen ausgeprägten Kinderwunsch? Wie sah der Entscheidungsverlauf bis zur Realisierung der Familiengründung aus? Welche alternativen Handlungspfade waren den Frauen konkret verfügbar? Welche konkreten Schritte haben sie unternommen, um eine Familie zu werden? Dieser Analyseschritt endet mit einer ersten Fallstrukturhypothese, die aufzeigt, wie für diesen Fall typisch Entscheidungen getroffen werden, mit der Folge, einen fallspezifischen Entwicklungsrahmen für Nachwuchssozialisation unter den Bedingungen von weiblicher Homosexualität und Samenspende zu erzeugen.

In einem zweiten Schritt wird das sozialisatorische Herkunftsmilieu der Frau, an der die Insemination vollzogen wurde, einer thematischen Analyse unterzogen. Die zentrale Frage ist hier: Wie werden im Herkunftsmilieu der Inseminationsmutter Sozialisationsfragen gelöst? An welchen Mustern kann sich orientiert werden, wenn es darum geht, unter den Bedingungen einer gleichgeschlechtlichen Inseminationsfamilie Fragen der sexuellen Reproduktion und der kulturellen Gemeinschaft zu lösen? Im Zentrum der Datenanalyse steht hier das „Genogramm" der leiblichen Mutter. Durch die Genogrammanalyse soll unter Berücksichtigung des bereits vorhandenen Fallwissens eine Erkenntnis darüber gewonnen werden, ob mit den Handlungsproblemlösungen, die zur Fallspezifik der Inseminationsfamilie gehören, Lösungen aus dem sozialisatorischen Herkunftszusammenhang der Inseminationsmutter reproduziert werden oder ob eine Alternative dazu gewählt wird. Aus diesen Ergebnissen wird dann eine Hypothese gebildet zu den für diesen Fall erwartbaren Deutungsmustern hinsichtlich des Handlungsproblems der Samenspende. Diese Hypothese bildet dann den Ausgangspunkt für weitere Analyseschritte.

So steht im weiteren Analyseverlauf im Zentrum der Fallrekonstruktionsanalyse die Frage: Wie ist die zweite Frau, also die lesbische Partnerin der Mutter des Kindes, in die Familie integriert? Unter Berücksichtigung des internen Fallwissens und der bisher herausgearbeiteten Fallstruktur wird – bevor in diesem Analyseschritt neben den thematisch ausgewählten Interviewstellen auch andere Datentypen in die Analyse miteinbezogen werden – Erwartbares über die soziale Platzierung der lesbischen Partnerin in der Familie formuliert. Zentrale Fragen, die die Analyse der verschiedenen Datensorten wie Interview, Beobachtungsprotokoll, Skizze von Sitzordnungen, Familienfoto anleiten, sind: Über welche Art der sozialen Beziehung ist die Frau dem Kind zugeordnet? Wie wird eine Bindung hergestellt, wenn keine leibliche Verwandtschaft zum Kind besteht (Anredeweisen, Namensvergabepraxis etc.)? Wie werden Grundbedürfnisse des Kindes (Trost, Pflege, Schutz) befriedigt? Wie sehen die Zuwendungsstile gegenüber dem Kind aus? Wer ist wann wie zu Hause? Es geht in diesem Punkt um, wie es Maiwald einmal formuliert hat, die „praktische Seite der Beziehung" (Maiwald 2009: 285). Wir erfahren in der Durchführung dieses Analyseschrittes, bei dem die lesbische Partnerin im Fokus steht, etwas darüber, wie die fundamentalen Sozialisationsleistungen erbracht werden, wenn sie nicht wie in der Kernfamilie auf die Position von Vater und Mutter verteilt sind.

Im Zentrum der weiteren Fallrekonstruktion stehen des Weiteren die Deutungsmuster, mit denen das erklärungsbedürftige Thema der Samenspende und damit zusammenhängend die Frage der uneindeutigen An- bzw. Abwesenheit des

2.4 Forschungspraktisches

Vaters bearbeitet wird. Es geht darum, Wissensbestände des Frauenpaares und die selbst von ihnen mit diesem Handlungsproblem in Zusammenhang gebrachten Themen zu erfassen. Zu fragen ist nach den Reflexionsprozessen, die in Bezug auf das Thema bei den Frauen in Gang gekommen sind und wie Überzeugungen begründet werden. Zentrale Fragen sind: Welche Urteile der Angemessenheit gehen in das Thema der Samenspende ein? Welche dem Herkunftsmilieu entspringenden Deutungen ermöglichen einen veralltäglichten Umgang mit dem Handlungsproblem der Samenspende? Wie wird die Entscheidung gedeutet, durch die Wahl, sich den Kinderwunsch mithilfe einer Samenspende zu erfüllen, in Prozesse der Sozialisation eingegriffen zu haben? In diesem Zusammenhang werden auch die Kategorie der Zumutbarkeit (Blankenburg 1997) und Normalisierungspraktiken eine Rolle spielen. Die Analyseebene der Deutungen, des expliziten Wissens, des Meinens und Dafürhaltens stellt eine eigenständige Realitätsebene dar. Es geht zentral um die Sichtweise des Frauenpaares auf den Vorgang der Samenspende. Unter Sichtweise verstehe ich im Anschluss an den Soziologen Shibutani eine „Perspektive", die eine „geordnete Sicht der eigenen Welt ist" (1955: 563 f.). Eine solche Perspektive enthält Definitionen, die nicht einfach ad hoc gebildet werden, sondern sie ist Trägerin lebensgeschichtlich entwickelter und in Sozialisationsprozessen erworbener Denk-, Deutungs- und Handlungsmuster, die die Wahrnehmung organisieren. Der zentrale Datentyp hierfür ist das Interview. Ich werde hier die Interviewstellen auswählen und analysieren, in denen die Frauen zum Beispiel erzählen, wie sie mit dem Thema der Samenspende ihrem Kind gegenüber umgehen oder was sie diesbezüglich denken, für problematisch oder ganz normal halten.

Die Reihenfolge der Daten, so wie sie in die Analyse eingehen, noch einmal im Überblick:

1. Analyse der Gründungssituation
   – Datentyp: objektive bzw. testierbare Daten
   – Datentyp: ausgewählte Interviewstelle (Geschichte des Kennenlernens)
2. Analyse des sozialisatorischen Herkunftsmilieus der Inseminationsmutter bzw. des Paares
   – Datentyp: Genogramm
3. Analyse der familialen Interaktionsstruktur
   – Datentyp: ausgewählte Interviewstellen (u. a. Eingangssequenz), Beobachtungsprotokolle, Skizzen von Sitzordnungen, Klingelschild, Familienfotos
4. Analyse von Deutungsmustern zum Thema Samenspende
   – Datentyp: ausgewählte Interviewstellen

Ist nun der erste Fall ausgewählt und analysiert, so kann als nächstes ein Fall ausgewählt werden, der in einer Dimension, „die entweder vorab als relevant entworfen wurde oder sich im Laufe der Analyse des ersten Falles als relevant erwiesen hat, zum ersten in Kontrast steht" (Loer 2016a: 1). Wie dann für diesen Fall das Datenmaterial im Prozess der Analyse organisiert wird, ist – wie für jeden weiteren Fall – auch davon abhängig, welche Datensorten generell zur Verfügung stehen und von der Fallstruktur, die sich sukzessive erst im Prozess der Fallrekonstruktion erschließt. Das Ziel der Analyse einer überschaubaren Anzahl von Fällen ist, über eine kontrastive und sequenziell geleitete Fallauswahl, bei der Fallrekonstruktion, Strukturgeneralisierung und kontrastive Fallauswahl die zentralen Schritte im Prozess der Generalisierung sind, Typen von Inseminationsfamilien zu rekonstruieren und herauszufinden, ob es eine die Fälle übergreifende Struktur gibt, die es gerechtfertigt erscheinen lässt, bei der gleichgeschlechtlichen Inseminationsfamilie von einem Fall von Familie zu sprechen.

2.5 Typenbildung

Durch die bisherigen Ausführungen sollte deutlich geworden sein – was in den sich anschließenden Fallrekonstruktionen praktisch realisiert wird –, dass die Bildung von Fallstrukturhypothesen ein Prozess ist, in dem im Verlaufe der materialen Interpretation Ergebnisse kumulativ gewonnen werden. Im Folgenden wird es darum gehen, zu erläutern, wie von der Konkretheit des ersten Falles abstrahiert werden kann und durch welche Schritte, die über den Vergleich kontrastiver Fälle führen, der Weg zu einer fallübergreifenden Theoriebildung beschritten werden kann. Das Ziel, das nur im Durchgang durch weitere Fallanalysen erreicht werden kann, ist, sukzessive, von Fall zu Fall, eine Theorie über die gleichgeschlechtliche Inseminationsfamilie zu entwickeln. Diese enthält dann auch eine Erkenntnis über den Gegenstand „Familie", die eine Antwort auf die Forschungsfrage ermöglicht: Ist die gleichgeschlechtliche Inseminationsfamilie ein Fall der Institution Familie?

Eine erste Phase auf dem Weg zu einer Theorie über das Feld der gleichgeschlechtlichen Inseminationsfamilie, die hier über eine Anzahl von drei Fällen gebildet wird, ist dadurch bestimmt, dass eine „theoriesprachliche Würdigung" (Wernet 2018: 48) des ersten Falles vorgenommen wird. Es geht darum, von der Konkretheit des ersten Falles abzuheben und den Pfad in Richtung einer Theoriebildung einzuschlagen. Das gelingt über den Schritt der Fallstrukturgeneralisierung. Die Ergebnisse der Fallrekonstruktion werden dabei so ausgewertet, als seien sie Ausdruck der gleichgeschlechtlichen Inseminationsfamilie

2.5 Typenbildung

überhaupt. Es wird so getan, als würde der Fall für die gleichgeschlechtliche Inseminationsfamilie als solche stehen. Man geht also erst einmal davon aus, als ob die Beobachtung, die in den Fallstrukturhypothesen gebündelt ist, für alle gleichgeschlechtlichen Inseminationsfamilien gilt; als ob es sich – auch wenn das im Fallvergleich erst nach und nach herausgearbeitet werden kann – um eine allgemeine Struktureigenschaft handelt. Das ist natürlich erst einmal eine heuristische Annahme.

Eine von den Fallstrukturhypothesen des ersten Falles ausgehende Strukturgeneralisierung vornehmen heißt, eine Aussage darüber zu machen, was über das Besondere und Typologische eines Falles hinaus Bestandteil einer allgemeinen, alle Fälle im Feld der gleichgeschlechtlichen Inseminationsfamilie übergreifenden Strukturgesetzlichkeit ist. Der Prozess der Theoriebildung ist so dadurch bestimmt, dass im Vergleich der Fälle, Schritt für Schritt, ersichtlich wird, a) was Merkmal einer allgemeinen Struktur bzw. eine elementare Strukturdynamik ist, b) was das Typische eines Falles ist, das sich in der Auseinandersetzung mit den von allen Fällen gleichermaßen zu lösenden Handlungsproblemen herausgebildet hat und c) was Falleigentümliches ist, also Ausdruck entweder von etwas Individuellem der Akteure ist oder sich in anderen fallübergreifenden Strukturen (wie zum Beispiel einer Milieu- oder Generationenzugehörigkeit) (vgl. Maiwald 2004: 73) manifestiert. Um die Unterscheidung zwischen einer allgemeinen, alle Fälle übergreifenden Struktur; dem Typischen eines Falles, das es mit anderen Fällen, aber eben nicht mit allen aus dem Feld der gleichgeschlechtlichen Inseminationsfamilie teilt; und dem Spezifischen eines Falles vornehmen zu können, ist es erforderlich, nacheinander die Fälle zu interpretieren. Bei diesem Vorgehen von Fall zu Fall dienen die bereits vorliegenden Erkenntnisse aus den vorherigen Fallanalysen als Vergleichsfolie. Erst so kann Schritt für Schritt voneinander geschieden werden, was Bestandteil bzw. Merkmal einer allgemeinen Strukturdynamik, was Falltypisches und was das spezifisch Besondere eines Falles ist.

Für das Vorgehen, die Fälle nach dem maximalen Kontrast auszuwählen, also angeleitet von den in der Dimensionsanalyse hypothetisch vorweggenommenen möglichen Falltypen im Feld der gleichgeschlechtlichen Inseminationsfamilie, sprechen folgende Argumente. „Dieses Verfahren [fallkontrastierend vorzugehen – D. F.] zielt auf die Sicherung der Reichweite der Geltung von Aussagen sowohl hinsichtlich allgemeiner wie typologischer Struktureigenschaften" (ebd.: 74). Hypothesen über eine allgemeine, alle Fälle übergreifende Struktureigenschaft lassen sich dadurch abstützen, dass man sagen kann: ‚„Wenn sich [eine] Struktur in solch unterschiedlichen Fällen rekonstruieren ließ, dann spricht einiges dafür, dass sie auch in anderen Fällen vorliegt' [.] Hypothesen zur typologischen Auffächerung der

Variationsbreite" (ebd.), ein Zusammenleben unter der Bedingung von weiblicher Homosexualität und Samenspende einzurichten, lassen sich dadurch abstützen, dass man sagen kann: „Wenn es keine weiteren angebbaren Kontrastkriterien gibt und die untersuchten Fälle die angegebenen Kontrastkriterien repräsentieren, dann spricht einiges dafür, dass auch die faktische Bandbreite mit der Typologie aufgefangen wurde" (ebd.). Es kann nun aber auch sein, dass die Variationsbreite einer allgemeinen Struktur im Rahmen einer Typologie nicht vollständig bestimmt werden kann. Zum Beispiel können forschungspragmatische Gründe dazu führen, wie, das ein Forschungsbericht zu einem vorläufigen Abschluss gebracht werden muss, oder auch kontingente Gründe, wie zum Beispiel, dass Fälle sich nicht nach dem hypothetisch konstruierten Kontrastdesign erheben lassen so wie es in der Bestimmung des Feldes möglicher Fälle gedankenexperimentell vorweggenommen wurde. Wenn aus diesen Gründen im Verlaufe des Forschungsprozesses die allgemeine Struktur nicht durch die komplette Reihe von Typen, die Ausdruck der Variation dieser Struktur sind, gefüllt werden kann, so ist diese vorliegende Begrenzung zu benennen und ggf. für eine zukünftige Forschung die Wege aufzuzeigen und auf mögliche Schwierigkeiten hinzuweisen, die dabei zu erwarten sind.[16]

---

[16]Weitere Ausführungen zur Typenbildung u. a. in Funcke/Loer 2018b: 13–15.

Teil II
Fallrekonstruktionen und Typenbildung

Die Radikalen 3

> *"Wozu gibt es Regeln, um sie, also damit äh, nicht gehalten werden. Genau, Gesetze sind da, um überschritten zu werden, so."*
> (Ina Hoffmann)

3.1 Testierbare Daten: Familienbildung mithilfe anonymer Samenspenden

Ina Hoffmann (* 1968) und Wandula Fuertes (* 1966) leben in einer deutschen Großstadt zusammen mit drei Kindern, die mit einer anonymen Samenspende gezeugt sind. Die Zeugung wurde in einer Kinderwunschklinik durchgeführt, die auch homosexuelle Frauen mit einer Fremdsamenspende inseminiert. Ina, die in Israel geboren wurde, hat zwei Kinder zur Welt gebracht. Als das erste Kind, der Sohn Joel, im Jahr 2000 geboren wurde, ist sie 32 Jahre alt. Joel ist eine spontane Frühgeburt und kommt durch eine Notoperation per Kaiserschnitt zur Welt. Auf die neonatologische Intensivtherapie folgt ein langer Krankenhausaufenthalt. Nach einer Vielzahl von diagnostischen und therapeutischen Behandlungen sind die beiden Frauen mit dem Wissen konfrontiert, dass Joel in seiner psychosozialen Entwicklung beeinträchtigt und in hohem Maße pflegebedürftig bleiben wird. Vier Jahre später, im Jahr 2004, bringt Ina ihr zweites Kind, die Tochter Olivia zur Welt.[1]

---

[1]Namen und Berufe sind sinnadäquat verfremdet.

Wandula, die eine deutsche Mutter und einen spanischen Vater hat und selbst in Spanien geboren wurde, bringt im Jahr 2002, da ist sie 36 Jahre alt, die Tochter Laila zur Welt. Beide Frauen waren ein halbes Jahr nach der Geburt ihrer Kinder zu Hause, danach in Teilzeit berufstätig. Wandula arbeitet als promovierte Naturwissenschaftlerin in einem Unternehmen der Finanzindustrie und Ina ist freiberuflich für eine religiöse Organisation tätig. Die Kinder sind vormittags in einer Kindereinrichtung untergebracht, bzw. werden von einer Tagesmutter betreut. Das Paar lebt nicht in einer eingetragenen Lebensgemeinschaft. Es gibt keinen gemeinsamen Familiennamen. Die Kinder tragen als Familiennamen jeweils den der leiblichen Mutter.

Wir haben es mit einer Fallkonstellation zu tun, in der die Strukturposition des Vaters nicht besetzt ist. Der leibliche Vater wird reduziert auf eine Substanz, die kommerziell gesteuert und unter Zuhilfenahme eines medizinischen Expertensystems zur Kinderzeugung genutzt wird. Alternative Praxisformen für eine Zeugung unter Verwendung einer anonymen Samenspende wären gewesen, die Insemination unter Ausschluss einer technischen Assistenz durchzuführen, zum Beispiel im do-it yourself-Verfahren, in einer familiär-intimen Umgebung (eigenes Wohn- oder Schlafzimmer), mit Unterstützung oder zumindest unter der Anwesenheit der lesbischen Partnerin und/oder eingebettet in eine private Atmosphäre, in der durch entsprechende Rituale eine Annäherung an den heterosexuellen Zeugungsakt hergestellt wird. In ihrem Fall, dem Fall Hoffmann/Fuertes, ist das Kind das Produkt einer Interaktion zwischen einer Frau mit Kinderwunsch und einer Ärztin/Arzt, die/der die Insemination vornimmt. Es fehlt im Moment der Zeugung ohne Sexualität nicht nur der Mann als der Vater des Kindes, sondern auch die Partnerin, da die Insemination im Rahmen der institutionalisierten Reproduktionsmedizin durchgeführt wird. Wir haben es mit einer homosexuellen Paarbeziehung zu tun, in der – so könnte man unter Ausblendung des Vorwissens annehmen – zwei alleinstehende Frauen sich in einer Klinik mit einer medizinisch-technischen Methode inseminieren lassen. Die identitätspolitische Selbstbezeichnung dieser Bewegung von Alleinerziehenden wird – zumindest in den USA – als „single mother by choice" (Hayford/Guzzo 2015) bezeichnet. Wir werden im weiteren Verlauf der Fallrekonstruktion herausarbeiten können, ob sich die Hypothese bestätigt, dass wir es mit einer Lebensgemeinschaft zu tun haben, in der zwei alleinerziehende Frauen mit jeweils einem bzw. zwei Kindern sich in ihrer Mutterschaft, ohne das es einen Vater bzw. Ehemann gibt, wechselseitig unterstützen. Die weiterführende Frage lautet: Haben wir es in diesem Fall mit einer Summe von zwei Alleinerziehenden zu tun, die sich Beistand und Lebenshilfe wie in einer Wohngemeinschaft leisten? Die Rekonstruktion der Gründungsgeschichte dieses sozialen Lebenszusammenhanges und die soziale Platzierung der Frau, die mit den Kindern/dem Kind nicht verwandt ist, werden an dieser Stelle für die weitere Fallstrukturbestimmung bedeutsam sein.

Was wissen wir bisher? Wir haben einen Fall vorliegen, in dem beide Frauen schwanger werden und ein Kind bzw. Kinder gebären. Noch unklar ist, warum eine Frau zwei Kinder hat. Warum wird ein Ungleichgewicht zwischen den Frauen zugelassen, das nicht entstanden wäre, hätte jede Frau gleichviele Kinder? Wäre es um die Aufrechterhaltung einer Nicht-Synthese gegangen bzw. hätte nicht jede Frau gerechterweise ein Kind zur Welt gebracht, dann hätte man es bei einem Kind bewenden lassen können; drei sind erklärungsbedürftig. Des Weiteren ist dieser Fall dadurch charakterisiert, dass, aus der Perspektive der Kinder betrachtet, ein Entwicklungsrahmen eingerichtet wird, in dem Interaktionserfahrungen mit einem Vater nicht gemacht werden können. Auch können Abstammungsfragen den Kindern gegenüber, was ihre biologische Herkunft väterlicherseits betrifft, nicht eindeutig geklärt werden, da Daten über den Vater durch die Anonymität der Samenspende den Frauen nicht zur Verfügung stehen. Der leibliche Vater des Kindes ist jeweils unbekannt. Als Fallspezifikum in dieser Familie kommt hinzu, dass der Anfang ihrer Familiengründung durch eine dramatische Geburtssituation gekennzeichnet ist, bei der unklar war, ob die Mutter und das schwergeschädigte Neugeborene überleben werden (Abb. 3.1).

3.2 Homologie zum Herkunftsmilieu: Das Prinzip der sozialen Vergemeinschaftung

Im Zentrum des folgenden Analyseschrittes steht als Datentyp das „Genogramm". Da wir es mit einem Fall zu tun haben, in dem beide Frauen Mütter werden, sind die sozialisatorischen Herkunftsmilieus beider Frauen zu berücksichtigen, die Gegenstand der Genogrammanalysen sind. Ich beginne mit folgenden allgemeinen Ausgangsüberlegungen: Der Fall steht dafür, dass die Entscheidung, ein Kind mithilfe einer anonymen Samenspende zu bekommen, zur Folge hat, dass ein Ort des Aufwachsens erzeugt wird, in dem die Strukturposition des Vaters nicht wie im Modell der Kernfamilie mit dem leiblichen Vater besetzt ist. Was wir noch nicht wissen, ist, ob mit dieser Lösung eine Primärkonstellation aus den Herkunftsmilieus der beiden Frauen reproduziert wird (A1: Homologie zur Herkunftsfamilie) oder ob im Vergleich zur jeweiligen Herkunftsfamilie für die nachfolgende Generation ein alternativer Sozialisationsrahmen erzeugt wird (A2: Heterologie zur Herkunftsfamilie). Ich beginne mit der Genogrammanalyse derjenigen Frau, die als erste Mutter geworden ist.

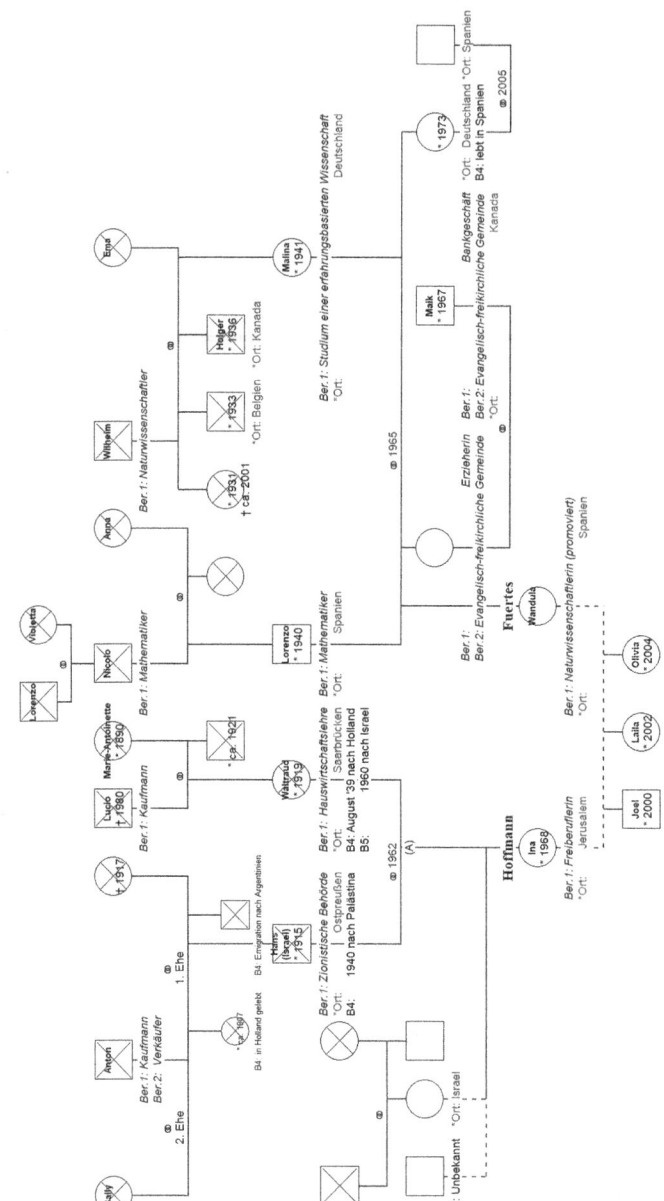

Abb. 3.1 Genogramm Fuertes/Hoffmann. (Quelle: eigene Darstellung)

3.2 Homologie zum Herkunftsmilieu: Das Prinzip der sozialen ...

Ina Hoffmann (die biologische Mutter von Joel und Olivia): Als Ina 1968 in Israel zur Welt kommt, kann ihre Mutter aufgrund einer stationär zu behandelnden psychischen Erkrankung die elterliche Sorge nicht übernehmen. Inas leiblicher Vater ist unbekannt. Kurz nach der Geburt kommt sie in ein Waisenhaus. Nach anderthalb Jahren kommt ihre zukünftige Adoptivmutter als Betreuerin in dieses Waisenhaus und beginnt unter einem adoptivfamilialen Vorzeichen eine mutterähnliche Bindung zu Ina aufzubauen. Im Alter von zwei Jahren wird Ina von dieser Frau und ihrem Ehemann adoptiert. Mit einer Adoption erlöschen rechtlich die verwandtschaftlichen Beziehungen des Kindes zu den leiblichen Eltern. Die Adoptiveltern, die soziale Mutter und der soziale Vater, treten an die Stelle der leiblichen Eltern. Die „Ursprungs"-Triade wird durch eine neue, sozial bestehende Triade in Gestalt der Adoptivfamilie ersetzt.[2] Das Ehepaar, das keine eigenen Kinder hat, lebt in Israel, der Adoptivvater Hans mit der Geburt Inas seit 28 Jahren und die Adoptivmutter Waltraut seit acht Jahren. Zum Zeitpunkt der Gründung der Adoptivfamilie ist Waltraud 49 Jahre und Hans 53 Jahre alt, also in einem Alter, wo in anderen Familien die Kinder bereits wieder ausziehen und die Eltern Großeltern werden. Da den Adoptiveltern Hans und Waltraud jegliche Informationen zum leiblichen Vater von Ina fehlen und auch über die Mutter kaum etwas bekannt ist, und auch kein Kontakt zu ihr bzw. anderen Verwandten der Familie besteht, bleibt für Ina die eigene Herkunft im Unklaren. So findet sie einen „strukturellen Ursprungskontext" (Oevermann 1973/2001: 23) vor, der bestimmt ist durch einen abwesenden Vater, den Ausfall der leiblichen Mutter und einem völligen Fehlen an Informationen über ihre leibliche Abstammung; zumindest väterlicherseits. Aus der Adoptionsforschung ist bekannt, dass Adoptiveltern und Adoptivkinder spezifische, an diese Familienform gebundene Bewältigungsleistungen erbringen müssen, um ihr familiales Anderssein zu gestalten. Im Unterschied zur Kernfamilie, in der das leibliche Kind nur ein Elternpaar hat und das Mitgliedsein in der Familie selbstverständlich ist, sind alle Mitglieder in der Adoptivfamilie eingebunden in das „Leben mit doppelter Elternschaft" (Hoffmann-Riem 1984: 143). Die Koexistenz eines anderen Elternpaares außerhalb der Adoptivfamilie – auch wenn wie im Falle von Ina der leibliche Vater unbekannt ist und sie auch mit einer abwesenden leiblichen Mutter aufwächst – stellt die Adoptiveltern vor die Aufgabe einen Weg zu finden, den leiblichen Eltern ihres Adoptivkindes im eigenen Familienleben einen

---

[2]Zur Adoptivfamilie als unkonventionelle Familie vgl. Funcke/Hildenbrand (2009, insbes. S. 132–166). Instruktiv auch hier Farber 1970: 107–113 zum Vergleich der Adoptionsgesetze des 19. Jahrhunderts mit denen der 2. Hälfte des 20. Jahrhunderts.

Platz zu geben. Diese Aufgabe werden Adoptiveltern spätestens dann zu lösen haben, wenn das Adoptivkind beginnt, nach seinem Herkommen, also seiner Abstammung zu fragen. Da Inas Adoptiveltern aber in Bezug auf den leiblichen Vater keine Daten zur Verfügung stehen und auch über die leibliche Mutter nur rudimentäre Informationen vorhanden sind, werden sie vermutlich Schwierigkeiten damit gehabt haben, Ina, ihrem Adoptivkind, überzeugend und auch zu ihrer eigenen Zufriedenheit eine stimmige Erzählung über die signifikanten Anderen zu liefern, die ihre (Inas) Existenz verbürgen. Wie den Adoptiveltern diese Aufgabe gelungen ist und mit welchen Folgen, das wird sich ansatzweise an zentralen biografischen Entscheidungen Inas ablesen lassen.

Der Adoptivvater Hans stammt ursprünglich aus Ostpreußen und wächst in einer jüdischen Familie auf. Sein Vater ist von Beruf Kaufmann und arbeitet als Verkäufer in einem Geschäft. Von seiner Mutter ist nur bekannt, dass sie 1917 stirbt, da ist Hans zwei Jahre alt. Der Vater heiratet erneut. Weitere Kinder werden aber nicht geboren. Vermutlich hat die Familie in einer der Städte gelebt, in denen es wie zum Beispiel in Königsberg, Memel, Tilsit und Allenstein neben dem Handel und Gewerbe auch größere jüdische Niederlassungen gegeben hat. Bis zum Ersten Weltkrieg lebt die Familie in einer wirtschaftlich prosperierenden und vom Frieden geprägten Zeit. Im Ersten Weltkrieg wird Ostpreußen durch seine gemeinsame Grenze mit Russland und seine vorgeschobene geographische Lage zu einem Schauplatz der Ostfront. Inwieweit die Familie vom Krieg betroffen war, lässt sich nicht rekonstruieren. Doch bekannt ist, dass nach 1918 die wirtschaftliche Lage Ostpreußens – vom übrigen Deutschland durch den sogenannten polnischen Korridor getrennt – schlecht war, und: die preußischen Juden waren mit einem Antisemitismus in bisher nicht bekanntem Maße konfrontiert. Amos Oz beschreibt die Lage so: „Niemand hat geahnt, was wirklich bevorstand, aber schon in den 20er Jahren wussten fast alle tief im Herzen, dass die Juden weder unter Stalin noch in Polen oder sonstwo in ganz Osteuropa eine Zukunft hatten, und deswegen verstärkte sich die Tendenz, ins Land Israel zu gehen" (Oz 2002: 287). Die Frage ist, überlebt die Familie den Holocaust, können sie einer Inhaftierung, dem Konzentrationslager und der Deportation ins Vernichtungslager entgehen, und wenn ja, wie können die einzelnen Familienmitglieder ihr Leben retten? Richtete sich doch die brutale Verfolgungs- und Vernichtungspolitik des nationalsozialistischen Staates neben den politisch Verfolgten in erster Linie gegen Juden, denen schrittweise die Bürgerrechte, wirtschaftliche Existenzmöglichkeiten und schließlich auch ihr Lebensrecht genommen wurde.

Allen in dieser Familie gelingt es, Ostpreußen zu einem Zeitpunkt zu verlassen, bevor die Auswanderung nur noch unter großen lebensbedrohlichen

3.2 Homologie zum Herkunftsmilieu: Das Prinzip der sozialen ...

Schwierigkeiten zu realisieren oder gar nicht mehr möglich war, da nach 1941 jede Emigration verboten war. Die ältere Schwester von Hans geht gemeinsam mit den Eltern nach Holland, sein älterer Bruder nach Argentinien. Hans emigriert im Jahr 1940, kurz bevor ab Oktober 1941 Juden nicht mehr ausreisen durften. Er geht nach Palästina. Zu diesem Zeitpunkt ist er 25 Jahre alt und verfügt über einen Universitätsabschluss. Nach Palästina brachen damals allerdings die wenigsten Juden auf, da aufgrund der arabischen Unruhen zur Zeit der britischen Besatzungsmacht die Lage nicht ungefährlich war. In der Regel gingen nur die Juden nach Palästina, die einen eigenen, jüdischen Staat aufbauen wollten. Was macht Hans in Palästina? Wie gelingt es ihm, ohne über ein soziales Verwandtschaftsnetz zu verfügen, sich in einem fremden Land einzurichten, in dem 1947 „rund 100.000 Juden und 65.000 Nichtjuden: muslimische und christliche Araber, Armenier, Griechen, Briten und Angehörige vieler anderer Nationalitäten" (ebd.: 498) lebten und Hebräisch noch dabei war, eine gesprochene Sprache zu werden? Ich mache es kurz: Er muss nicht berufsfremd arbeiten, was bei den Einwanderern nicht unüblich war. Er findet in einer zionistischen Behörde Arbeit. Und gleich zu Beginn seiner Ankunft gibt er sich einen neuen, einen jüdischen Namen. Ein biografischer Neubeginn wird markiert. Es geht um eine Neu-Zuweisung von Identität, zu der das Selbstbild dazugehört, sich als ein Pionier eines Aufbaustaates zu begreifen. Nach seiner Ankunft in Palästina vergehen noch 22 Jahre bis er 1962 im Alter von 47 Jahren heiratet.

Waltraud, Hans Ehefrau, ist vier Jahre jünger, in Saarbrücken in einer deutschjüdischen Familie aufgewachsen und einen Monat vor Kriegsbeginn, im August 1939, nach Holland emigriert. Dort hat sie 20 Jahre an einer Hauswirtschaftsschule unterrichtet. Die Gründung eines eigenen Hausstandes in Zusammenhang mit einer Familiengründung erfolgt nicht. Im Alter von 40 Jahren trifft sie die Entscheidung, Holland zu verlassen und nach Palästina zu gehen. Was könnten die Gründe sein, 1960 in ein Land zu gehen, wo das Schlimmste zwar nach 1948/1949 überwunden war, Ben Gurion als Staatsgründer und Führer der Arbeiterpartei die Regierungsmacht innehatte, aber man „wie auf einem Vulkan lebte" (ebd.: 284)? Eine Antwort auf diese Frage finden wir, wenn wir an dieser Stelle die Datensorte wechseln und ins Interview gehen. Ein Schlüsselereignis im Leben der Adoptivmutter ist die Erfahrung, nur Gerüchten zufolge zu wissen, dass ihre Mutter im Konzentrationslager Auschwitz umgekommen ist. „Das war so ein Thema, das ist von der Mutter irgendwie nie abgeschlossen worden, weil sie es nur gehört hat", so Ina im Interview. Es handelt sich – wie Pauline Boss diese Art von traumatischen Verlusterfahrungen beschrieben hat – um einen „uneindeutigen Verlust" (Boss 2008). Ein uneindeutiger Verlust, so Pauline Boss, „blockiert [die Wahrnehmung], die Emotionen sind erstarrt, und eine [...]

Fortsetzung individueller und familiärer Prozesse wird verhindert" (Boss 2001 zit. nach Boss 2005: 46). Da Inas Mutter zu wenige Informationen zum Tod ihrer eigenen Mutter vorliegen, entsteht eine Situation der Ungewissheit; gleichwohl die Mutter physisch abwesend ist, ist sie psychisch präsent. Diese Gefühlserfahrung der Uneindeutigkeit ist vermutlich gepaart mit einer schuldmäßigen Verarbeitung. Sie wird sich fragen, warum sie das Wissen, das ihr zur Verfügung stand und ihr das Leben rettete – ist sie doch nach Holland emigriert –, nicht an die Mutter weitergegeben und auch für sie genutzt hat. Vor dem Hintergrund dieser Deutung erscheint der Weggang aus Holland im Alter von ca. 40 Jahren als Lösung, das Lebensthema des uneindeutigen Mutterverlustes und die damit verknüpfte Schuldproblematik direkt anzugehen. Waltraud geht nach Palästina, um am Aufbau eines Staates mitzuwirken, der das Leben der Mutter hätte retten können. Zwei Jahre später heiratet sie. Sie findet in Hans einen Ehemann, der als ein früher Pionier aus der israelischen Gründerzeit als der Erfahrenere von beiden ihr in dem fremden Land eine Orientierung geben kann. Als ein gleichgesinnter Gefährte wird er auch ihren familiengeschichtlichen Auftrag, am Schuldkomplex zu arbeiten, mittragen können.

Das sozialisatorische Milieu, das durch das Zusammentreffen der sozialkulturellen Lebenswelten von Hans und Waltraud gebildet wird und in das Ina im Alter von zwei Jahren kommt, ist durch folgende Merkmale gekennzeichnet. Sie wächst mit einem Ersatz-Elternpaar auf. Dieses gründet eine Familie in einem hohen Lebensalter, in dem eigene Kinder nicht mehr möglich sind. Ihre Adoptivmutter leidet unter dem Trauma des uneindeutigen Mutterverlustes und einer „Überlebensschuld" (vgl. Eckstaedt 1992: 27 f.). Es handelt sich um ein lebensprägendes Schlüsselereignis, das Entscheidungsaufschübe zur Folge hat. Blockiert ist lange Zeit die Annahme und die lebenspraktische Realisierung von Entwicklungsaufgaben, wie die Integration in das neue Land – wie wir dem Interview entnehmen können („Bis heute fühlt sie sich aber nicht wohl [...], die Sprache kann sie nicht so gut", so Ina) – und die Gründung einer eigenen Familie. Die Adoptivmutter gehört zu einer Generation Holocaustüberlebender, die beginnen, die kollektiv traumatisierenden Erfahrungen des Holocaust individuell und familial zu bearbeiten. Wie dynamisch wirksam und biografieprägend die Vergangenheit für diese Generation bleibt, zeigen die biografischen Fallrekonstruktionen von Gabriele Rosenthal (1999). Keineswegs werden die „Folgen der Vergangenheit [...] in der Abfolge der Generationen [...] schwächer, sondern sie werden in der dritten Generation sichtbarer: Deutlicher noch als ihre Eltern agieren die Enkel die Folgen der Vergangenheit aus" (Rosenthal 2001: 16), „sie leisten weitere Schritte in der Trauerarbeit über die ermordeten Familienangehörigen" (1999: 2). Wie hoch identifiziert Ina als Adoptivkind mit ihrem

3.2 Homologie zum Herkunftsmilieu: Das Prinzip der sozialen ...

Ersatz-Milieu ist – ich werde gleich darauf zurückkommen –, zeigt ihre starke Identifikation mit diesem Erbe. Zum Adoptivvater: Er wächst ab dem Alter von zwei Jahren in einer Stieffamilie auf und beteiligt sich als Erwachsener am Aufbau eines jüdischen Staates. Ina wächst mit Adoptiveltern auf, die bedingt durch den Holocaust Brüche zu verarbeiten haben. Diese haben ihren Preis, da sie Neuanfänge auferlegen und Identitätsumschreibungen erzwingen. Partnerschaft und Familiengründung werden aufgeschoben. Die Lösung, die sie für diese Bewährungsaufgaben finden, ist eine späte Ehe und die Bildung einer Ersatz-Familie unter dem Vorzeichen der Adoption.

Welche biografischen Entscheidungen sind vor dem Hintergrund dieses Sozialisationskontextes für Ina erwartbar? Hinsichtlich der ersten beruflichen Schritte ist anzunehmen, dass Ina – wie das in Israel üblich war – 24 Monate Militärdienst zu absolvieren hat. Ausgenommen vom Wehrdienst waren nur orthodoxe Juden, israelische Araber und alle nichtjüdischen, schwangeren oder verheirateten Frauen. Orientiert sie sich am Adoptivvater, so wäre eine wissenschaftliche Ausbildung denkbar, mit der sie – wie der Berufsabschluss des Adoptivvaters nahelegt – an hermeneutische Grundlagen anschließt. Überraschen würde auch nicht, wenn sie an das weibliche Angebot mütterlicherseits anknüpft und z. B. Hauswirtschafterin, Kindererzieherin oder Sozialarbeiterin wird. Nicht auszuschließen ist ein Psychologiestudium, um das Lebensthema der Adoptivmutter rational zu verarbeiten. Ihr eigenes Thema der uneindeutigen biologischen Herkunft könnte auch die Entscheidung motivieren, an der Technischen Hochschule in Haifa ein Studium der Informatik aufzunehmen. Die Erfahrung der unklaren Abstammungsverhältnisse würde dann den Sinn in die Handlung tragen: Es ist besser, über klare Informationen zu verfügen, als über uneindeutige Abstammungskoordinaten. Alle anderen beruflichen Orientierungen, wie z. B. Fotografin zu werden oder einen landwirtschaftlichen Beruf zu erlernen, würden für eine Abgrenzung von den adoptivfamilialen Vorgaben stehen.

Ina wählt folgenden Weg: Nach zwei Jahren Militärdienst beginnt sie im Alter von 20 Jahren Germanistik und Anglistik zu studieren. Mit dieser Entscheidung nähert sie sich den Herkunftsländern der Adoptiveltern über die Sprache an. 1994 dann, noch vor Ende des Studiums, macht sie einen Schritt, der überrascht. Sie geht für ein Jahr nach Ägypten. Vermutlich gehört sie einer Generation an, die keine Probleme mehr mit einer arabischen Bevölkerung hat. Aus der Perspektive der Adoptiveltern muss dieser Schritt im Kern eine Provokation enthalten und ihr Toleranzmaß auf die Probe gestellt haben. Dass Ina allerdings die Adoptiveltern mit Konflikt produzierenden Themen herausfordert, setzt voraus, dass sie Sicherheit in Form von unbedingter Solidarität im Familienmilieu erfahren konnte. Es ist auch zu vermuten, dass es den Adoptiveltern trotz des wenigen

Wissens, das ihnen über die leiblichen Eltern zur Verfügung stand, überzeugend gelungen ist, auch wenn relevante Fragen nach dem Vater und der Mutter nicht eindeutig beantwortet und letzte, entscheidende Reste von Nichtwissen in Wissen nicht übersetzt werden konnten, ein stabiles soziales Ersatz-Milieu einzurichten. 1995 konfrontiert Ina die Adoptiveltern mit einer weiteren Konfliktzumutung, die aufgrund ihres provokatorischen Gehalts verstörend auf die Adoptiveltern gewirkt haben muss. Sie geht nach Deutschland. Sie geht genau dorthin, wo das Verbrechen ersonnen worden ist und als Ereignis in der Biografie der Adoptivmutter soweit um sich greifen konnte, dass bis in die Gegenwart hinein kein thematischer Abschluss erreicht werden konnte.

Was wird an diesen Entscheidungsschritten deutlich? Es scheint ihr darum zu gehen, auf der Basis der bestehenden und nicht in Zweifel gezogenen Mitgliedschaft zu einer Familie, der sie qua Adoption angehört, die soziale Verwandtschaft zur eigenen zu machen. Die abstammungsgemäß nicht selbstverständlich gegebene Familiengeschichte soll angeeignet werden. Die Form, die sie dafür wählt, nimmt Gestalt in der Figur der familiengeschichtlichen Pionierin an, die in rückwärtsgewandter Archivarbeit mit dem adoptivfamilialen Milieu ihr eigenes Bündnis schließt. Allerdings wird die Art der Auseinandersetzung, zu der dazugehört, nach Ägypten und Deutschland zu gehen, die Beziehung zu den Adoptiveltern stark belastet haben. Denn auch wenn diese Entscheidungen beinhalten, gegensätzliche Positionen durch Konfrontation zu integrieren und zu verändern, wird aus der Versöhnung ein unabschließbarer Prozess von Gegensätzen. In Deutschland, dann schon mit eigenen Kindern und einer gleichgeschlechtlichen Partnerin zusammenlebend, arbeitet sie als Freiberuflerin, vor allem in Zusammenarbeit mit einer jüdischen Organisation.

Ich fasse zusammen vor dem Hintergrund der Frage: Wie verhält sich die Entscheidung, den Kinderwunsch in einer homosexuellen Paarbeziehung mit einer Frau über eine anonyme Samenspende zu erfüllen, zu den im Herkunftsmilieu vorliegenden Sozialisationslösungen? Organisiert ist die Beziehung zwischen den Generationen um das Thema des abwesenden Vaters. Reproduziert wird über die anonyme Samenspende eine Primärkonstellation, da Ina wie auch ihren eigenen Kindern der leibliche Vater unbekannt ist. Es findet eine „Transmission zum Äquivalenten" (vgl. Bertaux/Bertaux-Wiame 1991) statt. Das Äquivalente um das sich, wenn auch im Rahmen einer weiblichen Paarbeziehung, etwas wiederholt, ist die Einrichtung von Sozialisationsbedingungen, die den Nachwuchs mit der Erfahrung konfrontiert, mit einem physisch nicht anwesenden und auch nicht identifizierbaren Vater aufzuwachsen. Tradiert wird eine Abweichung von der kulturellen Norm der Kernfamilie derart, dass die Strukturposition des Vaters mit dem leiblichen Vater nicht besetzt ist. In der Wiederholung dieser

3.2 Homologie zum Herkunftsmilieu: Das Prinzip der sozialen ...

sozialisatorischen Ausgangslage, auf alternativem Wege eine Familie zu gründen, ohne dass es einen leiblichen Vater gibt, drückt sich aber auch eine Zugehörigkeit zum adoptivfamilialen Milieu aus, dem Ina, vergleichbar auch mit den Schritten, die deutsche Sprache zu studieren und nach Deutschland zu gehen, ihre Loyalität bzw. Verbundenheit attestiert. Dass sie sich aber trotz des Vorhandenseins eines sozialen Vaters für eine anonyme Samenspende entscheidet und nicht für eine Adoption, um auch selbst leibliche Mutter zu werden, ist vor dem Hintergrund des bisherigen Fallwissen wie folgt zu erklären. Eine Familienneugründung im Rahmen einer Adoption würde für Ina bedeuten, sich neben dem unbekannten leiblichen Vater und dem sozialen Vater (Hans) mit einem weiteren, dann dritten Vater, hier zwar dann der ihres Adoptivkindes, auseinandersetzen zu müssen. Wir haben aber an den biografischen Schritten gesehen – deutlich zutage treten wird es auch in der Sequenzanalyse – wie sehr Ina bereits mit ihrer eigenen Familiengeschichte beschäftigt ist und diese ihre Kräfte absorbiert. Einerseits geht von dem Nichtwissen um den leiblichen Vater eine Ambivalenzzumutung aus, die darin besteht, dauerhaft mit den nicht still zu stellenden Fragen die eigene Herkunft betreffend zu leben. Andererseits ist sie hochidentifiziert mit der sozialen Mutter (Waltraud), der es selbst aufgrund lebensgeschichtlicher Themen nicht gelungen ist, sich den Wunsch nach einem leiblichen Kind zu erfüllen, und den Ina jetzt, stellvertretend für die Adoptivmutter, quasi die Trägerfunktion für diesen Wunsch übernehmend, dann in der nachfolgenden Generation sich anschickt zu lösen. So stellen die anonyme Samenspende und die eigene leibliche Mutterschaft im Kontext einer homosexuellen Paarbeziehung geeignete Lösungen für die Handlungsprobleme dar, die sich aus der doppelten triadischen Situation, aus der fehlenden „Ursprungs"-Triade und der adoptivfamilialen Triade, ergeben. Diese Arbeit an den Themen, die ihr durch die Zeugungsfamilie und das Ersatz-Milieu auferlegt sind, hat für die nachfolgende Generation den Preis, dass auch ihr Interaktionserfahrungen mit dem leiblichen Vater verwehrt sind. Des Weiteren wachsen die Kinder von Ina mit einer Mutter auf, die sich die Aufgabe zu eigen gemacht hat, das Trauma der Adoptivmutter, das im durch die Katastrophe des Holocausts verursachten uneindeutigen Verlust der Mutter besteht, weiter kognitiv zu bearbeiten.

Mit welcher Partnerin, die – wie wir bereits wissen – auch ein Kind zur Welt bringt, lebt sie zusammen? Sind auch hier Vorgaben aus der Herkunftsfamilie für die Lösung von Sozialisationsaufgaben orientierungswirksam (A1: Homologie zum Herkunftsmilieu) oder wird mit der Entscheidung für eine anonyme Samenspende eine alternative sozialisatorische Ausgangslage gewählt (A2: Heterologie zum Herkunftsmilieu)?

Wandula Fuertes (die leibliche Mutter von Laila): Der Vater von Wandula, Lorenzo, stammt aus einer spanischen Familie mit bildungsbürgerlichem Hintergrund. Als ältester Sohn setzt er das naturwissenschaftliche Erbe seiner Familie fort. Er wird wie sein Vater Mathematiker und arbeitet nach einer Lebensphase beruflicher Karrieremobilität an einem naturwissenschaftlichen Forschungsinstitut in West-Deutschland. Als er nach Deutschland geht, im Jahr 1972, ist er seit sieben Jahren verheiratet und hat zwei Kinder, eine Tochter und einen Sohn. Das dritte Kind, eine Tochter, kommt ein Jahr nach dem Umzug der Familie in einer deutschen Großstadt zur Welt. Er ist verheiratet mit einer Frau, die aus einer deutschen Familie stammt. Malina ist vier Jahre jünger, hat eine erfahrungsbasierte Wissenschaft studiert und stammt, wie ihr Ehemann Lorenzo, aus einer Familie mit einer naturwissenschaftlichen Berufsorientierung. Aus ihrer eigenen Familie ist ihr das Thema Mobilität bekannt. 1946, da ist Malina fünf Jahre alt, zieht ihre Familie innerhalb Deutschlands um. Drei Jahre danach geht die Familie ins Ausland. Nicht ganz klar ist, als was der Vater von Malina in Deutschland gearbeitet hat. Nicht auszuschließen ist, dass er als Naturwissenschaftler in nationalsozialistische Interessenvertretungen verstrickt gewesen ist. Die Biografiekarrieren der drei Geschwister – von der ältesten Schwester von Malina sind mir nur das Geburts- und Todesjahr bekannt – zeigen, dass vermutlich für alle gleichermaßen die Aufgabe galt, früh einen eigenen Platz außerhalb der Herkunftsfamilie zu finden. Der älteste Bruder von Malina geht nach Kanada und arbeitet im Bankgeschäft, der jüngere Bruder lebt in Spanien und arbeitet in einem mittelständischen Unternehmen im Bereich Management. Die Jüngste, Malina, heiratet einen Spanier (Lorenzo) und reproduziert mit ihrer eigenen Familie das Muster der Mobilität. Wir haben es hier mit einem zentrifugalen Familienmilieu zu tun, das sich – wie wir gleich sehen werden – in der nachfolgenden Generation wiederholt.

Zusammen haben Lorenzo und Malina – wie oben ausgeführt – drei Kinder. Alle drei Kinder kommen in einem anderen Land zur Welt. Die älteste Tochter, Wandula, die uns hier als die Partnerin von Ina interessiert, wird ein Jahr nach der Hochzeit in Spanien geboren. Ein Jahr später kommt Maik in Kanada zur Welt, vermutlich also während eines Aufenthalts, der für den Vater einen Karrieresprung bedeutet haben wird. 1963 erfolgt der Umzug in eine deutsche Universitätsstadt. Nach insgesamt sechs Jahren Wanderschaft situiert sich die Familie 1972 in Deutschland, in der Stadt, in der Malina, die Mutter von Wandula, geboren worden ist. Die Stadt, die Malina mit Erinnerungen aus der frühen Kindheit verbindet, wird ihr nach vielen Jahren, die sie zum Teil auch im Ausland verbracht hat, wahrscheinlich fremd und zugleich auch ganz vertraut gewesen sein. In dieser deutschen Stadt wird dann das dritte und jüngste Kind geboren. Die Familienmobilität und die Anzahl der Kinder legen die Vermutung nahe, dass

3.2 Homologie zum Herkunftsmilieu: Das Prinzip der sozialen ...

die Mutter von Wandula, Malina, ihre eigene berufliche Karriere nicht weiterverfolgt hat. Innerhalb der Familie wird es nicht darum gegangen sein, sich als Paar wechselseitig in Wissenschaftsaspirationen zu unterstützen. Sondern die Familie wurde vermutlich nach dem bildungsbürgerlichen Modell organisiert, in dem die Frau die weitere Ausgestaltung ihrer Bildungskarriere unterlässt und als Gattin eines erfolgreichen Wissenschaftlers sich um den Familienhaushalt und die Erziehung der Kinder kümmert. Was wird aber aus den fachlichen Ambitionen von Malina, die zu einer Zeit studierte, als man infolge der Studentenbewegung der 60er und 70er Jahre begann, leidenschaftlich über die richtige Kindererziehung zu diskutieren? Besonders an den Universitäten wurden damals intensive Debatten über die kindlichen Bedürfnisse im familiären wie außerfamiliären Bereich geführt und neben Kindergärtnern, Sozialpädagogen und Lehrern haben auch Eltern ihre tägliche Erziehungsarbeit einer Selbstkritik unterzogen. Die Pädagogik dieser Zeit war geprägt durch neue Reglementierungen und für die Erziehung gab es eine Vielzahl an Gebrauchsanweisungen. Der Mutter von Wandula werden die pädagogischen Mittel der behavioristischen und materialistischen Psychologie nicht fremd gewesen sein, und nicht ganz auszuschließen ist, dass sie ihre still gestellten Berufsansprüche auf die Familie umgelenkt und eine sehr anspruchsvolle, verwissenschaftliche Kindererziehung in der Fremde betrieben hat.

Welche Konsequenzen ziehen nun die Kinder dieser Familie, die auch bedingt durch die vielen Umzüge mit dem Thema der prekären Zugehörigkeit konfrontiert sind, im Sinne von „nicht mehr ganz dort [zu sein], wo man herkommt [und] noch nicht ganz dort, wo man hingeht" (Waldenfels 1997: 182)? Wenn wir auf die Lebensverläufe der Kinder blicken, so erkennt man zentrifugale Tendenzen, die von diesem Familienmilieu ausgehen: Der älteste und einzige Sohn der Familie, von dem zu erwarten gewesen wäre, dass er versucht, das naturwissenschaftliche Erbe des Großvaters oder Vaters anzutreten, geht auf Distanz. Weder reproduziert er das Betätigungsfeld der männlichen Vorgänger, noch versucht er dem Bewährungsdruck in einer Randexistenz standzuhalten (z. B. als Wissenschaftsjournalist). Der einzige Sohn begibt sich unter Preisgabe seines erworbenen Humankapitals in einen Kontext, in dem man naturwissenschaftliche Kenntnisse nicht verwerten kann, zudem weicht er in eine religiöse Gemeinschaft aus. Die beiden Töchter der Familie ziehen aus dem Familienmuster der prekären Zugehörigkeit die Konsequenz, daraus eine Lebensform zu machen. Die Jüngste stellt mit ihrer Orientierung nach Spanien das missing link zwischen dem Vater und seiner Herkunftsfamilie wieder her. Sie heiratet 2005 einen Spanier. Die Älteste, Wandula, wählt eine pioniermäßige Paarbeziehung, in der die Vergemeinschaftung auf einem technisch-instrumentell herbeigeführten Konstrukt von Elternschaft ohne

Vaterschaft beruht. Sie entscheidet sich für eine sexualitätslose Zeugungsform, die ohne männlichen Sexualitätspartner auskommt. Der Erzeuger ihres Kindes (Laila) ist, wie bei den Kindern ihrer lesbischen Partnerin, auf eine Substanz, den Samen, reduziert, der ihr mithilfe medizinisch-technischer Methoden inseminiert wird. Wir können vermuten, dass ihre Eltern – bedingt durch ihre berufliche Sozialisation – der Lebensform ihrer ältesten Tochter mit Verständnis begegnen konnten. Der Vater als Naturwissenschaftler war damit vertraut, etwas naturhaft Beiläufiges in die Stellung einer technisch rationalen Durchformung zu heben. Der Mutter, die zur Zeit der ersten Frauenbewegung studiert hat und die die emanzipatorischen Interessen der Reformbewegung kennt, sind vermutlich zumindest die Debatten über neue Zeugungstechnologien aus dieser Zeit bekannt. Diese wurden damals unter dem Etikett der Frauenbefreiung als Fortschritt in der reproduktiven Selbstbestimmung von Frauen verstanden. Schwanger zu werden, ohne ausweisbaren Mann, entsprach dem damaligen Zeitgeist, der in der Parole: „Mein Bauch gehört mir" zum Ausdruck kam.

Welche zwei Lebenswelten werden durch den Paarzusammenschluss der beiden Frauen miteinander verbunden? Ina und Wandula kommen beide aus Familien, die sich mit dem Thema der Heimatlosigkeit bzw. der prekären Zugehörigkeit auskennen. Im Unterschied zu Ina, die in einer Adoptivfamilie aufgewachsen ist, verfügt Wandula über eine naturwüchsig gewachsene Zugehörigkeit zu ihrem Familienmilieu. Diese sozialisatorische Ausgangslage erweist sich als günstige Bedingungsvoraussetzung, um der Partnerschaft auf Dauer Stabilität zu geben, in der die Partnerin Ina stark mit familienbiografischen Themen beschäftigt ist. So erhält Ina mit Wandula eine Partnerin, die ihr für die rückwärtsgewandte Deutungsarbeit den Rücken stärkt und mit der im Interesse dieser familiengeschichtlichen Pionierarbeit Vertrauen gesichert werden kann. Auch kann Wandula durch ihre Einsozialisierung in ein Milieu, das vermutlich durch eine Verwissenschaftlichung der Kindererziehung geprägt ist, in dem emanzipatorische Interessen aus der Zeit der Reformbewegung präsent sind und in dem naturwissenschaftliches Denken einen Platz hat, zu einem verlässlichen Unterstützungsgaranten für das Projekt werden, sich den Kinderwunsch außerhalb einer Beziehung zu einem Mann über einen Zeugungsakt technischer Provenienz zu erfüllen. Mit Wandula bekommt sie aber auch einen Familienkontext, der als angeheiratete Verwandtschaft den Familienentwurf einer technokratischen Vergemeinschaftung mittragen kann. Wandula hingegen erhält in Ina eine Partnerin, die zum einen durch ihre Herkunft aus Israel die Möglichkeit mitbringt, sich eine neue Kultur zu erschließen. Zum anderen bietet Ina durch die uneindeutige Abstammung, durch den unklaren, dunklen Herkunftsgrund eine Geschichte, die wie alles Unbekannte durch fehlende gültige

Auslegungsschemata im Bereich der Faszination bleibt: „Meine Geschichte" – so Ina im Interview – „das ist irgendwie nicht so die glorreiche Geschichte". Daraufhin sagt Wandula: „Aber eine sehr spannende Geschichte".

3.3 Paarbildung und Kinderwunsch

Beide Frauen lernen sich 1992 im Rahmen einer Freizeitbeschäftigung kennen. Ina hat ein Stipendium für einen Jahresaufenthalt in Deutschland. Für beide Frauen ist es die erste Beziehung mit einer Frau. Nach Inas Rückkehr nach Israel führt das Paar eine Fernbeziehung, die zwei Jahre dauert. Ein wichtiger Schritt in der Konsolidierung der Paargemeinschaft ist die Entscheidung, *„nach vielem Hin und Her"*, dass Ina nach Deutschland kommen soll. Die Standortwahl Deutschland ist zum einen motiviert durch die wirtschaftlich schlechte Situation in Israel im Jahr 1994 und zum anderen durch Wandulas Karriereambitionen: *„ich habe mich hier noch nicht beruflich ausgetobt"*. Drei Jahre nach ihrem Zusammenleben in Deutschland, im Jahr 1997, beginnen sie *„darüber zu reden, ob wir gemeinsam Kinder haben wollen"*. Auf meine Frage, ob sie sich auch hätten vorstellen können, als Paar ohne Kinder zusammenzubleiben, antworten beide entschieden mit *„Nein"*:

(Z1)	I	*Also es war dann quasi schon früher ein Thema. (.)*
(Z2)	Wandula	*Ja.*
(Z3)	I	*Hm.*
(Z4) (Z5) (Z6)	Wandula	*Also nicht in der ersten Woche unserer Beziehung, weil da warn wir auch noch sehr viel jünger und (.) mussten wir erst, so, sozusagen erstmal uns dann (.) finden.*
(Z7) (Z8)	Ina	*Ja, aber es war klar von Anfang an. Also jede (!) von uns wollte Kinder.*
(Z9) (Z10)	Wandula	*Genau. Wir wussten nur nicht, ob wir zusammen Kinder haben wollten.*
(Z11)	I	*Aja.*
(Z12) (Z13)	Ina	*Das war von Anfang an klar. Also ich (!) hab mich immer gesehen mit Kindern.*
(Z14) (Z15) (Z16)	Wandula	*Ich auch. Und eben über, ob wir gemeinsam Kinder haben wollen, ham wir geredet, als wir so das dritte Jahr zusammen warn.*

Schauen wir uns die Redezüge im Einzelnen an. Es ist Wandula, die als erste spricht. Sie ist diejenige, die die Gesprächsführung übernimmt und den Prozess der Paarbildung, zu dem auch eine Anfangsphase gehört (vgl. Burkart 2018: 67 ff.), darstellt. Im Grunde genommen ist sie dabei zu erzählen, entlang der üblichen Etappen einer Beziehungsentwicklung (vgl. Lenz 2009: 65–186), dass der Familiengründung eine Paarbildung vorausging. Was in diesem Fall auch insofern stimmig ist, da keine der beiden Frauen Kinder aus einer vorherigen heterosexuellen Paarbeziehung mit in die homosexuelle Partnerschaft bringt. Umso überraschender ist Inas Reaktion, die als nächste das Wort ergreift: *„Ja, aber"* (vgl. Zeile 7). Mit *„Ja"* wird von Ina ein Einverständnis signalisiert. Sie bestätigt, dass das zentrale Thema als sie jung waren, war, ein Paar zu werden. Der Konsens darüber wird durch das *„Ja"* in Geltung gesetzt. Mit *„aber"* wird zum Ausdruck gebracht, dass im Gang der Darstellung, so wie sie Wandula liefert, noch ein Gegenargument bedacht werden soll. Das, was Wandula gesagt hat, ist nicht unzutreffend, aber es ist Ina wichtig, die Interviewerin noch auf einen anderen Punkt aufmerksam zu machen. Das *„aber"*, ein Adversativ-Junktor (vgl. Weinrich 2007: 812 ff.), enthält die Instruktion, der Hörer, also die Interviewerin, möge von der „erwartbaren Linie des Textverständnisses abweichen und sich mit seinen Verstehensbemühungen in eine andere Richtung wenden […] (ebd. 1993: 813). Ina will nicht, dass bei der Interviewerin durch die Äußerung Wandulas der Eindruck entsteht, der Kinderwunsch sei aus der Paarbeziehung herausgewachsen; zwar mussten sie sich als Paar erst finden, aber einen Kinderwunsch hatte jede *„von Anfang an"*. Wandula lässt über diese Mitteilung keinen Dissens aufkommen und reagiert darauf auch prompt: *„Genau"*. Sie bestätigt Inas für die Interviewerin angezeigte Konkretisierung, indem sie ihr Einverständnis mit Inas Äußerung erklärt. Allerdings bettet Wandula die Darstellung von ihnen als Paar, in der jede Frau einen Kinderwunsch hatte, wieder in eine vergemeinschaftende Äußerungsform ein: *„Wir wussten ..."* [Hervorh. d. Verf.].

An der Art der Dialogführung lernen wir an dieser Stelle auch etwas über die Interaktionsdynamik des Paares kennen. Während Ina das Trennende betont: *„jede (!) von uns"*, und gar nicht mehr anzeigt (vgl. Zeile 7), dass sie sich im Dialog mit Wandula befindet – tut sie doch so, als ob gar kein Sprecherwechsel stattgefunden hat –, erzählt Wandula partnerorientiert und vergemeinschaftend. Auch wenn sie spricht, so erzählt sie von sich als Mitglied einer Zweierbeziehung, die Ina einschließt: *„da warn wir auch noch […] mussten wir erst […] uns dann (.) finden"* (vgl. Zeile 4–6) [Hervorh. d. Verf.]. Ina scheint, wenn es um das Thema Kinderwunsch geht, über eine partnerschaftliche Perspektive überhaupt nicht zu verfügen. Nicht nur verlässt sie die in Zeile 7 mit *„Ja"* noch angezeigte Dialogizität, sondern sie stellt – vgl. Zeile 12 – auch nur noch sich selbst in den Vordergrund, *„ich"*, und hat damit schließlich jede partnerschaftsbezogene Darstellung völlig aufgegeben.

3.3 Paarbildung und Kinderwunsch

Doch zurück zum thematischen Kern des Dialogs. Wandula und Ina teilen der Interviewerin mit, dass jede von ihnen für sich, unabhängig von ihnen als Paar, *„von Anfang an"* einen Kinderwunsch hatte. Es geht nicht um das Kind als Objektivation eines gemeinsamen Lebensentwurfes des Paares, um die Folge einer Synthese, an der auch nachträglich festgehalten wird. Sondern da der Kinderwunsch nicht aus der Lebendigkeit einer Paarbeziehung hervorgeht und eine gemeinsame Praxis verkörpert, kann, wenn auch erst einmal unter Vorbehalt, geschlussfolgert werden, dass er gewissermaßen ein Ausstattungswunsch ist, der herrührt aus der Selbstsubsumtion unter Normalitätsstandards des gegenwärtigen Lebens. Das Kind wird instrumentalisiert für den eigenen Biografieentwurf, der mit bestimmt ist von der Loyalität gegenüber dem gesellschaftlich anerkannten Muster, als Frau auch Mutter zu werden. Das wird besonders deutlich an Inas Äußerung: *Das war von Anfang an klar. Also ich (!) hab mich immer gesehen mit Kindern* (vgl. Zeile 12/13). Da sie das *„ich"* auch noch betont *(„!")* stellt sie damit auch indirekt an Wandula die Frage, ‚wie das bei ihr sei'. So zu fragen hat sie auch allen Anlass, da Wandula zuvor wiederholt das paardynamische Element gestärkt hat (vgl. Zeile 9), gleichwohl Ina (in Zeile 7) die Singularität *(„Also [jede!] von uns")* deutlich *(„!")* akzentuiert. Scheinbar sieht Ina sich jetzt genötigt, noch einmal – zumal sie sich bei Wandula nicht so ganz sicher ist, wie diese darüber befindet – klar herauszustellen, wie es um ihren Kinderwunsch bestellt war. Dafür verwendet sie das Zeigewort *„ich"*. Sie zeigt damit nur noch sich selbst an, ohne überhaupt noch in irgendeiner, wenn auch rudimentären Form, wie zum Beispiel mithilfe von „mh" oder „ja" anzuzeigen, dass sie im Gesprächskontakt mit Wandula ist. Wandula allerdings fängt die egozentrische Perspektive von Ina wieder nach dem bekannten Muster (vgl. Zeile 14) auf. Sie stellt Gemeinsamkeit her, indem sie auf die indirekte Frage von Ina antwortet; bei ihr war das auch so wie bei Ina: *„Ich auch"*. Sie nimmt dann aber sogleich wieder die Perspektive des Paares ein: *„... ob wir gemeinsam Kinder ..."* [Hervorh. d. Verf.]. Zu vermuten ist, dass Ina in ihrem Zweifel, ob auch Wandula einen Kinderwunsch unabhängig von einer Paarbeziehung hatte, insofern Recht hat, als dass Wandula schon aufgrund ihrer Sozialisationsgeschichte zu weniger radikalen Ansichten und Konzepten neigen muss. Da es aber in Inas Lebensentwurf darum geht, eine Verbindlichkeit zum Herkunftsmilieu herzustellen bzw. sich das adoptivfamiliale Milieu zum eigenen zu machen, gehört dazu, vergleichbar der Adoptivmutter, für die gleichwohl schon in einem Alter, wo man keine eigenen Kinder mehr bekommen kann, ein Verzicht auf Kinder keine Alternative darstellt, wie diese am Mutterschaftskonzept festzuhalten: *„[...] ich (!) hab mich immer gesehen mit Kindern"*. Interessant ist, dass nicht die auch denkbar mögliche Formulierung gewählt wird: *„Also ich (!) hab mich immer mit*

Kindern gesehen". Es wird keine Verbalklammer gewählt, die die Präpositionalgruppe „mit Kindern" eingeschlossen hätte. In der von Ina selektierten Variante steht „mit Kindern" frei am Ende *(Also ich (!) hab mich immer gesehen mit Kindern).* Dass „*ich*", ihre Person, wird ergänzt. Es tritt ein Element zu einem anderen hinzu wie in Formulierungen „der Rektor mit seiner Amtskette" oder „der hl. Hieronymus mit seinem Löwen" (vgl. Weinrich 2007: 654). Die Sache, mit der eine Person ausgestattet ist, hat hier die Funktion einer Ornamentalie (vgl. ebd.). Besonders eng ist die Ergänzung dann – so Weinrich –, „wenn in Junktionen dieser Art das Adjunkt ohne Artikel steht (ebd. 1993: 655): „seit heute bin ich eine Frau mit Auto", „suche Drei-Zimmer-Wohnung mit Balkon" (ebd.). Allerdings geht es in unserer Äußerungseinheit nicht um eine „Amtskette", ein „Auto" oder einen „Balkon", sondern um den Kinderwunsch. Dieser wird von Ina aber behandelt als ein Sachverhalt mit Ausstattungscharakter.

Insgesamt können wir festhalten: Da für jede der beiden Frauen, auch wenn das sozialisationsbedingt von ihnen unterschiedlich zur Geltung gebracht wird, Mutterschaft jenseits des Paarlebens eine Option ist, aber ein Paarleben ohne Kinder keine, ist zu vermuten, dass es ihnen trotz der Nicht-Anerkennung von naturgegebenen Konstitutionsbedingungen für die Zeugung eines Kindes darum geht, genauso zu sein wie ein heterosexuelles Paar, zu deren Komplettheit bzw. familialer Vollständigkeit (mindestens) ein Kind gehört. Weiterhin ist davon auszugehen, dass es ihnen nicht darum geht, eine additative Verknüpfung von Mutterschaft zu praktizieren, also eine Art Parallelmutterschaft im Rahmen einer weiblichen Paarbeziehung, und auch nicht darum, wie zwei alleinerziehende Mütter in einer Wohngemeinschaft zu leben, in der man sich wechselseitig in seiner Mutterschaft unterstützt. Sondern es ist zu vermuten, dass von ihnen eine Familiendynamik in Gang gebracht wird, in der es darum geht, trotz Ausschluss des biologischen Vaters heterosexuellen Familien so gleich wie möglich zu sein.

3.4 Eingangssequenz: Familienbildungsprozess

Interviewerin: *Was mich interessiert so, ähm (…) (Kinderlaut) als Soziologin, wenn man sich jetzt einmal die Familienlandschaft anschaut, wo es die äh Normalfamilie schon lange nicht mehr aus dem klassischen Modell Vater, Mutter, Kind bestehend gibt. Da gibt es Adoptivelternschaft, Pflegeelternschaft, alleinerziehende Mütter und Väter, also die Landschaft ist so breit (betont), und ich hab mir gedacht, wie sieht das nun eigentlich aus bei (Kinderlaut) Familien, wo dieser Rahmen eben aus einem gleichgeschlechtlichen Paar besteht, und das noch durch eine Art künstliche Befruchtung sich ihren biologischen Kinderwunsch*

3.4 Eingangssequenz: Familienbildungsprozess

haben erfüllen können. Und ich hab gedacht, jetzt schau ich mir solche Familien an und lass mir mal erzählen, was einfach da Familie ist und bedeutet. Ja.

Die Interviewerin richtet mit dem Redebeitrag, der das Interview eröffnet, den Fokus auf das Besondere dieser Familie. Sie gibt zu erkennen, dass sie plurale Lebensformen grundsätzlich anerkennt. Zugleich macht sie die Angesprochenen zu Helden und Experten einer modernen Lebensform, von der sie sie auffordert zu berichten. Für die Interviewerin ist derart zu fragen, also mit wissenschaftlicher Neugierde in einen privaten Sozialzusammenhang hinein zu agieren, keine Routineangelegenheit. Das kann man am „*Ja*" am Ende der Äußerungseinheit erkennen. Da es am Schluss steht, nimmt es verstärkt Rückbezug auf das vorweg Thematisierte. Es präsupponiert eine Beseitigung eines möglichen (Selbst) Zweifels an der Realität des Anliegens. Es liest sich damit wie eine Selbstermunterung für die Durchführung des von der Interviewerin eigens initiierten Vorhabens.

Man kann erwarten, dass die sozial Kompetentere der beiden Frauen das Wort ergreift. Das muss aber nicht heißen, dass diejenige, die als erste spricht, auch die Dominante in der Paarbeziehung ist, sie ist zumindest diejenige, die die Kompetenz hat und die Außenrepräsentation übernimmt. Eine Möglichkeit zu antworten wäre, sofort in das eigene Thema einzusteigen und eine lebensnahe Darstellung ihrer Familie zu geben. Eine andere Option wäre, dass statt einer konkreten Erzählung, in der die eigene Angelegenheit einer reflexiven Zugangsweise ausgesetzt wird, sich für eine allgemeine Darstellung entschieden wird. Gerade bei außergewöhnlichen Themen besteht die Tendenz, nicht exemplarisch über die eigene Sache zu sprechen, sondern ganz allgemeine Reden zu halten, wie zum Beispiel über die prekäre Lage der Landwirtschaft oder über psychische Krankheiten an und für sich oder über die Vorteile regenerativer Energiequellen. So wären wir nicht überrascht, wenn damit begonnen wird, ganz allgemein über die Familie mit zwei Frauen und Kindern zu sprechen. Es wäre hier auch Platz, Familie zum Beispiel über die quantitative Bestimmung zu definieren im Sinne von ‚Familie ist dort, wo Eltern Verantwortung für ein Kind übernehmen'. Denkbar wäre auch, dass diejenige Frau, die mit dem Sprechen beginnt, solche Strukturmerkmale der Familie anführt wie: ‚Familie ist dort, wo Eltern Kinder großziehen, ein gemeinsames Leben miteinander geteilt wird bis der Tod die Eltern scheidet, und wo man einander in unbegrenzter Solidarität begegnet'.

Wandula: Gut. (3 sek.) Wobei natürlich dann nur ein, also wir sind eine von hoffentlich vielen Frauen, die Sie befragen werden, weil sonst wird das schon sehr spezifisch,

An den Eingangsstimulus schließt Wandula als Erste an. Weder wird die Möglichkeit genutzt, erst einmal explizit zu thematisieren, wer beginnen soll, noch wird durch Ina die Option wahrgenommen, ihre Redeposition, wenn auch zum Beispiel nur durch einen inhaltsleeren Beitrag ('mh'), zu markieren. Wandula ist diejenige, die die Repräsentanz des Paares nach außen übernimmt.

Erklärungsbedürftig sind eine gewisse Zögerlichkeit, die in der Planungspause (3 sek.) zum Ausdruck kommt, und die elliptische Äußerung, der unvollständige Konditionalsatz, der in eine ursprünglich nicht geplante Äußerung umgelenkt wird. Offenbar kann ein Anschluss an die Eröffnungseinheit nicht problemlos hergestellt werden, weder in der Form einer allgemeinen Darstellung der Familie, noch in der Bekundung, sich der Reflexion über die eigene Inseminationsfamilie mit Interesse zuzuwenden. Sprachlich bedeutet die Formulierung *("Wobei natürlich dann nur ein, also wir sind eine von hoffentlich vielen Frauen, die Sie befragen werden, weil sonst wird das schon sehr spezifisch")*, wenn man ihre Präsupposition in Langschrift ausformuliert: ‚Wir können Ihnen (also der Interviewerin) nur etwas über *unsere* Familie erzählen. Um zu einer generalisierenden Überlegung auf der Grundlage eines breiten Wissens über die Familienform, in der wir leben, zu gelangen, ist es notwendig, *„viele Familien"* zu *„befragen"*'. Einmal unabhängig davon, dass Wandula hier als Naturwissenschaftlerin spricht, die mit der Einzelfallproblematik vertraut ist, und die Interviewerin gerade einer wissenschaftlichen Unterweisung unterzieht, wird Folgendes deutlich: Wandula arbeitet erst noch am pragmatischen Rahmen. Das zeigt sich auch am Nexus-Adverb *„also"*, durch das ein unvermittelter Umsprung im Satz erfolgt. In seiner Funktion besagt es, dass eine längere Argumentationskette jetzt mit einer Folgerung abgeschlossen wird. Sie gibt der Interviewerin zu verstehen, dass aus dem noch zu Sagenden, für das sie hier so eine lange Vorbereitungszeit braucht, nicht allgemeine Schlüsse zu ziehen seien. Sie kann deshalb nicht mit der Erzählung ungebremst beginnen, da es ihr wichtig ist, der Erwartung der Interviewerin vorzubeugen, sie finde in ihrer Familie Typisches einer gleichgeschlechtlichen Familie gut zum Ausdruck gebracht (*„weil sonst wird das schon sehr spezifisch"*). Für die von ihr eingenommene Perspektive muss es allerdings einen Anlass geben, der vermutlich in einem Spezifikum ihrer Familie auszumachen ist, welches sie antizipieren lässt, dass ein derartiges Signal, die Interviewerin möge nicht vorschnell schlussfolgern, notwendig ist. Wandula bereitet die Interviewerin somit auf Besonderheiten ihrer Familie vor.

Warum verwendet sie aber das Verb *„befragen"*, wo doch die Interviewerin ihr Interesse an einer Erzählung angezeigt hat und nicht an einer Faktensammlung? Gemäß des Eingangsstimulus wäre erwartbar gewesen, dass Wandula Formulierungen verwendet – hätte sie der Aufforderung entsprochen,

3.4 Eingangssequenz: Familienbildungsprozess

eine Erzählung zu liefern – wie: ‚…wir sind eine von hoffentlich vielen Frauen, die Sie *interviewen* oder *mit denen Sie ein Gespräch führen werden* oder *besuchen werden*'. Jemanden „*befragen*" heißt aber, dass man jemanden einen Informationsmangel und gleichzeitig auch ein Bestreben signalisiert, diesen auszugleichen. Wandula hebt, in dem sie aus der Erzählung, die abgerufen werden soll, eine Befragung macht, das Thema der gleichgeschlechtlichen Familie in den Status eines Gegenstandes, bei dem sie unterstellt, dass in Bezug auf diesen bei der Interviewerin ein Informationsdefizit vorliegt, das durch Befragungen ausgeglichen werden soll. Die Antworten, dass signalisiert sie der Interviewerin aber auch, werden allerdings sehr spezifisch ausfallen, weshalb für Wandula der – wenn auch noch nicht reale – Sachverhalt ‚Befragungen vieler Frauen' eine hohe Geltung („*hoffentlich*") besitzt.

„weil bei uns kommt ja nich nur dazu, dass wir ne gleichgeschlechtliche Beziehung haben mit zwei Kindern[3]*, sondern eben auch dies bikulturelle (…) mit Israel-Deutschland, also auch noch jüdisch-katholisch sozusagen, und jetz halt mit Joel auch noch die Situation haben, dass eins unserer Kinder nicht normal is."* (1,5sek.)

Wozu etwas kommt, ist völlig unklar *("kommt ja nich nur dazu")*. Sie sagt aber erst einmal, dass die auf den Fokus x bezogene Position auch noch mit etwas anderem besetzt ist. Sie gibt der Interviewerin zu verstehen, dass ihre Annahmen nicht ganz richtig, nicht ganz vollständig sind. Die Interviewerin wird angewiesen, ihre Erwartungen bzw. das plausible Vorwissen, an das mit dem Modulpartikel „*ja*" appelliert wird, zu korrigieren. Es geht Wandula darum, die Interviewerin auf den Sachverhalt ‚was bei ihnen Familie ist und bedeutet' hin neu zu orientieren. Einerseits wird von Wandula auf ein Wissen verwiesen, das die Interviewerin bereits hat, und das dann eigentlich auch keine weiteren Fragen erzwingen würde, andererseits bekommt sie auch die Mitteilung, dass der Fokus auch noch auf andere Elemente aus einer Menge vergleichbarer Elemente herauszustreichen notwendig ist: „*kommt dazu*". Damit ist ein Verb *("kommt")* ausgewählt, dass eine Zustandsveränderung anzeigt. Diese ist bestimmt durch die beiden Besonderheiten: Bikulturalität und die Behinderung des erstgeborenen Sohnes.

Beides zusammen, zusätzlich zum Merkmal „*gleichgeschlechtliche Beziehung mit zwei Kindern*", lässt in ihrer Vorstellung ein Bild von ihrer Familie entstehen, das eine Erzählung hemmt bzw. einen Kommentar erzwingt, da es von einem

---

[3]Zum Zeitpunkt des Interviews ist das dritte Kind noch nicht geboren.

allgemeinen Typus einer Familie, über den sie verfügt, abweicht. Was Wandula antizipiert, ist, dass Idealtypus und Realtypus stark auseinanderfallen, weshalb der Interviewerin auch empfohlen wird, viele Frauen zu befragen. Es gibt, das will Wandula sagen, gleichgeschlechtliche Familien, da kommt viel besser als bei ihrer Familie, die die Interviewerin vorfindet, zum Ausdruck, dass auch eine gleichgeschlechtliche Familie nur eine Variation von Familie darstellt. Das Universelle, das – nach Wandulas Vorstellung – eine Familie ausmacht, und auch in einer gleichgeschlechtlichen Familie zu finden ist, wovon ihre einen Spezialfall darstellt, der sich ihrer Ansicht nach nicht besonders gut als Beispiel eignet, um die Frage der Interviewerin zu beantworten, da neben dem Merkmal der Gleichgeschlechtlichkeit auch noch das der Bikulturalität und das der Behinderung eines Kindes hinzukommen, wird die Interviewerin erst erkennen können, wenn sie viele (gleichgeschlechtliche) Familien befragt. Das Spezifische ihrer Familie, das ist ihre Sorge, die sie hat, und die sie auch zum Ausdruck bringt, erschwert ihr eine Erzählung, in der sie ausgehend von ihrer eigenen Familie der Interviewerin überzeugend vermitteln kann, was in gleichgeschlechtlichen Familien Familie *„ist und bedeutet"*. Das kann allerdings aber auch erst vor dem Hintergrund einer Vergleichsfolie zur Darstellung gelangen, zu der ein universalistisches Modell von Familie gehört, welches auch in verschiedenen Konstellationen von Familie sich immer wieder zeigt. Das mit Bezug auf das Spezifische ihrer Familie zu erzählen, ist deshalb schwierig, da der Durchblick auf das Allgemeine ihr durch die Besonderheiten wie Gleichgeschlechtlichkeit, Bikulturalität und Behinderung versperrt ist. Aber in jedem Fall ist aus ihrer Perspektive auch ihre Familie, wie alle anderen gleichgeschlechtlichen Inseminationsfamilien auch, ein Fall der Institution Familie.

Erklärungsbedürftig ist noch die von ihr gewählte Formulierung *„dass wir ne gleichgeschlechtliche Beziehung haben mit zwei Kindern"*. Gestaltrichtig müsste es heißen: ‚dass wir in einer gleichgeschlechtlichen Beziehung leben und zwei Kinder haben'. Das strukturelle Zentrum in Wandulas Sprechakt ist das Besitzverb *„haben"* (Eisenberg 2013: 121). Man kann zum Beispiel ein Auto mit vier Türen haben, oder ein Haus mit zwei Eingängen oder einen Garten mit viel Rasenfläche. Wandula behandelt ihre Beziehung wie eine Sache, wie ein Objekt, *das* einem gehört, aber *zu dem* man nicht selbst gehört. Die zu sich selbst auf Distanz gebrachte Beziehung, die sie wie einen wissenschaftlichen Gegenstand behandelt, wird dann noch auf der Ebene des Sprechaktes mit einer Ergänzung versehen: *„mit Kindern"*. Die Präposition *„mit"* übernimmt die Funktion einer Hinzufügung durch die etwas ergänzt wird, das nicht gebunden ist. Die Ungebundenheit ist sprachlich daran zu erkennen, dass kein Verb den Satz rahmend beschließt. Wir haben es mit einem Adjunkt zu tun, das frei ist

3.4 Eingangssequenz: Familienbildungsprozess

(vgl. 2013). Was hier so zum Ausdruck kommt, ist genau das, was in einer gleichgeschlechtlichen Inseminationsfamilie vorliegt: Die Frauen, die in diesem Fall beide Mütter eines Kindes sind, sind mit diesen eben nicht ödipal verbunden. Es besteht keine Synthese zwischen Eltern und Kindern wie in der Kernfamilie und die Nicht-Synthese kommt sprachlich im freischwebenden Adjunkt zum Ausdruck, das ungebunden an der – wie ein kalter Gegenstand behandelten – gleichgeschlechtlichen Beziehung hängt.

„Aber müss mer mal gucken, also da weiß ich nich, wo wo wir den Schwerpunkt legen, da müssen wir aber auch immer die richtigen Fragen stellen, damit wir das richtig erzählen."

Ein aufschlussreiches Detail in dieser Formulierung ist das Pronomen „*wir*" in der Worteinheit: *„da müssen wir aber auch immer die richtigen Fragen stellen, damit wir das richtig erzählen"*. Angemessen wäre gewesen zu sagen: ‚da müssen Sie aber auch immer die richtigen Fragen stellen …' Dass Wandula diese Option nicht wählt, verweist darauf, dass Wandula sich auf den Standpunkt der Interviewerin begibt. Wandula übernimmt die Rolle der Interviewerin mit. In Langschrift heißt das, die Sequenz einmal wörtlich paraphrasiert: ‚Wir als Paar führen das Interview mit.' Das Interessante ist hier, dass die Interviewdynamik sofort übergangen wird. Die Grunddifferenzierung zwischen der Interviewerin und den Interviewten ist aufgehoben durch einen von Wandula initiierten Prozess einer differenzierungslosen Vergemeinschaftung. Diese Vergemeinschaftung, in der die Interviewerin sofort mit einbezogen wird, übernimmt die Interviewrolle und befragt zugleich sich selbst. Nehmen wir die Äußerungseinheit *„da müssen wir aber auch immer die richtigen Fragen stellen, damit wir das richtig erzählen"* wörtlich, dann präsupponiert der Inhalt ein kollektives Auftreten gegenüber jemandem, an den die *„richtigen Fragen"* gestellt werden. Den zu Befragenden gibt es aber nicht, weil das *„wir"* ja schon alle einschließt. Dass hier rein sprachlich nichts zusammenpasst, scheint schon Ausdruck dafür zu sein, wie problematisch es ist, über die Besonderheiten ihrer Familie hinaus und gleichfalls auf diese bezogen ihr universalistisches Konzept von Familie darzustellen. Die Interviewerin ist aufgefordert, sollen die Interviewten der schwierigen Aufgabe gerecht werden können, vor dem Hintergrund ihrer eigenen Familie zu erzählen, was trotz des Besonderen auch in ihrer Familie – wie in allen anderen gleichgeschlechtlichen Inseminationsfamilien – das allgemeine Familienbildende ist, daran mitzuwirken. Das kann sie, wenn sie die *„richtigen Fragen"* stellt. Einmal angenommen, das gelingt der Interviewerin, dann sind angestoßen von den *„richtigen Fragen"* erzählerische Darstellungen zu erwarten, in denen das Allgemeingültige von Familien unproblematisch zur Anschauung gebracht werden kann. Das müssten dann eigentlich Fragen sein, durch die die Gefragten nicht fixiert werden auf die Spezifika ihrer Familie (Gleichgeschlechtlichkeit, Bikulturalität, Behinderung), sondern die ihnen Gelegenheit geben zu erzählen, wie ‚normal' auch ihre Konstellation von Familie ist und wie auch diese allgemeinen, kulturspezifisch typischen Mustern von Familie entspricht.

Vollständig ausformuliert hätte der Äußerungsteil lauten müssen: „da müssen wir <u>uns</u> aber auch immer die richtigen Fragen stellen, damit wir das richtig erzählen" [Hervorh. von Verf]. Die Tilgung des Reflexivpronomens „uns" ist aber nicht zufällig. Doch suchen wir erst einmal nach passenden Situationen für die von Wandula gewählte Formulierung. Eine Forschergruppe kann sagen: ‚Wir ham nicht gefragt, in welchem Alter die Probanden sind'. Eine Gruppe von Journalisten kann sagen: ‚Wir haben nicht gefragt, was der die kriminaltechnische Untersuchung leitende Kommissar Neues über den Fall herausgefunden hat'. Mitarbeiter aus dem Jugendamt können sagen: ‚Wir ham nicht gefragt, ob die Eltern mit der sozialpädagogischen Hilfskraft gut zurechtkommen'. In allen Varianten zielt die Frage, mit der Informationslücken geschlossen werden sollen, auf einen Gegenstand. Was vermieden wird, ist, dass zwar bezüglich gefragt wird, aber eben nicht reflexiv. Die Sozialisationspraxis, um die es geht, wird wie ein kalter Gegenstand behandelt. Der Forscher, der Journalist oder der Jugendamtsmitarbeiter kann sich im Vergleich zu einem Elternpaar jederzeit von dem Gegenstand, gegenüber dem er keine Verpflichtung hat, trennen. Wenn ein Forscher etc. seinen Gegenstand so behandeln würde, als ob eine Trennung von ihm nicht möglich ist, wäre das erklärungsbedürftig. Aber diejenigen, die die Sozialisationspraxis gestalten, können sich nicht, das ist auch mit dem Begriff der primären Sozialisation gemeint, von den Kindern trennen und sich aus der Elternschaft entlassen. Da das Reflexivpronomen fehlt und sie sich nicht reflexiv auf ihre Familie beziehen, kommt es zu einer Vergegenständlichung ihrer Praxis. Sprachlich kommt hier wiederholt die in dieser Familienform nicht bestehende Synthese zum Ausdruck, bedingt dadurch, dass Elternschaft und Paarbeziehung, die in der Kernfamilie eine Einheit bilden, im inseminalen Familienprojekt durch den Samenspender aufgespalten ist.

3.5 Weitere ausgewählte Interviewstellen und Familienfoto

Kreuzweise Mutterschaft – Ein Familienfoto: Das Besondere an diesem Datenmaterial, weshalb ich es auch an den Anfang der weiteren Datenanalyse stelle, die sich im Folgenden auf ausgewählte Interviewsequenzen bezieht, ist, dass im

3.5 Weitere ausgewählte Interviewstellen und Familienfoto

Abb. 3.2 Überkreuzweise Elternschaft. (Quelle: eigene Darstellung)

Gegensatz zu verbalsprachlichen Protokollen, in denen Sinnhaftes sich sukzessive entfaltet, hier Komplexes augenblicklich erscheint, sich simultan präsentiert. Bei dem Foto, das in einer Skizze hier dargestellt wird, handelt es sich um ein Dokument, das die beiden Frauen für mich ausgewählt haben und mir anlässlich des ersten Interviews aushändigen (Abb. 3.2).

Es handelt sich bei diesem Familienfoto um keinen Schnappschuss, auch nicht um ein Foto, das bereits im Entstehungsprozess intentional auf andere bezogen ist, wie das zum Beispiel bei einem Porträt- oder Passfoto der Fall ist. Auch ist das Foto nicht als individuelle Erinnerung an ein spezifisches Ereignis, einen Geburtstag oder ein Weihnachtsfest produziert worden. Sondern die Familie positioniert sich im Rahmen einer Selbstinszenierung für einen Moment, der mithilfe des Selbstauslösers der Kamera festgehalten ist. Es gibt neben den beiden Frauen keinen zusätzlichen Dritten, der zum Beispiel wie ein Fotograf die Szenerie mitgestaltet. Auch ein Dritter in Gestalt eines Betrachters ist nicht appräsentiert, da die Gruppe – ganz mit sich beschäftigt – nicht aus dem Bild heraus in die Kamera schaut. Sie wählen für mich ein Familienfoto aus, das sie als Familiengruppe dokumentiert, die vergleichbar dem Produktionsprozess des Fotos ohne einen zusätzlichen (erwachsenen) Dritten auskommt. Was – so soll erst einmal ganz allgemein gefragt werden – wollen sie damit sagen? Womöglich, dass es sich bei ihnen um eine Gruppe handelt, die, auch ohne Strukturpositionen von Elternschaft nach dem Modell der Kernfamilie zu gestalten, sich als Familie versteht. Sie stellen dar, dass es sich bei ihnen um einen Fall von Inseminationsfamilie handelt, für den gilt, dass hier zwei Frauen für zwei Kinder Elternschaft übernehmen, ohne dass die väterliche Strukturposition auch nur in irgendeiner Art von Alternative besetzt ist.

Doch schauen wir uns das Foto der Familiengruppe näher an. Wie platzieren sich die an der Entstehung des Fotos Beteiligten zueinander? Was das Familienfoto abbildet, ist ein symmetrisches Modell, in dem zwar Generationsunterschiede, also die Ebene der Erwachsenen und die Ebene der Kinder, zum Ausdruck kommen, aber Positionsunterschiede auf der Ebene des Paares kein Thema sind. Man könnte annehmen, es sitzen hier zwei alleinerziehende Mütter, die ihre Kinder auf dem Schoß halten, nebeneinander. Doch das täuscht. Denn Wandula hat das Kind von Ina auf dem Schoß und Ina das Kind von Wandula, was präsupponiert: Ich übernehme die Verantwortung für dein und du die Verantwortung für mein Kind. Abgebildet wird über diese Struktur ein Fall, der sich nicht als additive, sondern als Überkreuzungsfamilie inszeniert. Es werden nicht zwei Dyaden zusammengefügt. Es werden zwei Dyaden verschränkt.

Aus der Perspektive der Kinder betrachtet heißt das, sie werden in ein primäres Gehäuse hineingeboren, in dem die Frauen von vornherein Strukturierungen auf die Kinder vornehmen. Und zwar derart, dass die Strukturposition der Mutter besetzt wird von der Frau, die mit dem Kind biologisch nicht verwandt ist, was zur Folge hat, dass die leibliche Mutter verwiesen ist auf die Strukturposition des Vaters. Aus dieser wird sie aber gleichsam wieder enthoben, da sie stellvertretend für ihre Partnerin die Strukturposition der Mutter ausfüllt, um für deren Kind Mutter nach dem Vorbild einer leiblichen Mutter zu sein. Für die leiblichen Kinder der Mütter hat das die Konsequenz, mit einer Strukturtriade aufzuwachsen, in der die leiblichen Mütter – bedingt durch ihre Bindung an das ‚fremde' Kind – ihre Strukturposition der leiblichen Mutter nicht ausfüllen können, gleichwohl sie anwesend sind, und die väterliche Strukturposition leer bleibt, zumindest diese nicht symbolisch durch die zweite Frau besetzt ist. Zum Thema des abwesenden Vaters kommt also in diesen Fällen dieses Typs einer Inseminationsfamilie noch hinzu, dass auch die leibliche Mutter – strukturtheoretisch betrachtet – abwesend ist. Ina ist ein derartiger Ursprungskontext gut bekannt, denn ihren leiblichen Vater hat sie nie kennengelernt und ihre leibliche Mutter stand bedingt durch eine psychische Erkrankung nicht zur Verfügung. Die beiden Kinder dieser Frauen werden so in ein Aggregat hineingeboren, in dem die Norm der Kernfamilie praktisch negiert wird und vermutlich – auch hinsichtlich Inas Sozialisationsgeschichte – auch die Geltung der Norm ganz infrage gestellt wird. Ein Indiz dafür, dass sie trotz praktischer Negation die Norm der Kernfamilie anerkennen, wäre die Entscheidung für nur ein Kind gewesen bzw. dafür, dass nur eine Frau schwanger wird. Denn dann hätte die Partnerin der Mutter auf der Strukturposition des Vaters eine Elternbeziehung gestalten können. Dem ist aber nicht so. Es erfüllen sich beide Frauen ihren Kinderwunsch und strukturieren Elternschaft nach dem Modell einer kreuzweisen Mutterschaft.

3.5 Weitere ausgewählte Interviewstellen und Familienfoto

Es scheint ihnen mit dieser Art Integrationsstruktur darum zu gehen, die Asymmetrie, die bei gleichgeschlechtlich weiblichen Paaren konstitutiv ist, wenn nur eine schwanger wird, zu beseitigen. Denn wenn nur eine die Gebärende ist, dann ist die andere symbolisch auf die Position des Vaters verwiesen. Was dann aber vorliegt, ist genau die Nicht-Synthese, die in der Kernfamilie Synthese ist, da die Eltern Mann und Frau und Vater und Mutter zugleich sind. Bei einem gleichgeschlechtlichen Paar ist diejenige Frau, die nicht schwanger geworden ist, zwar die Partnerin in einer homosexuellen Paarbeziehung, aber sie ist nicht der Vater, gleichwohl sie symbolisch auf diese Position verwiesen ist. Die Spannung von symbolisch zugewiesener Vaterschaft und Frau-Sein soll in diesem Fall aufgelöst bzw. zur Ruhe gebracht werden, indem auch die andere Frau, wie ihre Partnerin, Mutter wird. Diese Gerechtigkeitslösung löst aber das Problem nicht, denn die Kinder haben unterschiedliche Mütter mit der Folge, dass, symbolisch gesehen, der Vater des einen Kindes, die Mutter des anderen Kindes ist. In der Kernfamilie kommt genau das nicht vor, da hier, wenn sie richtig ‚funktioniert', die Gatten auch die leiblichen Eltern der Kinder sind. In der Kernfamilie hat zwar dann jedes Kind für sich eine ödipale Triade, aber so stabil, dass für alle der Vater und die Mutter identisch sind.

Elternschaft ohne die Besetzung der väterlichen Strukturposition: Dass Ina und Wandula am Ende nach dem Konzept einer kreuzweisen Mutterschaft eine Eltern-Kind-Beziehung gestalten innerhalb einer Strukturformation, die dadurch bestimmt ist, dass der biologische Vater abwesend ist und auch die zweite Frau nicht stellvertretend diese Strukturposition ausfüllt, ist das Resultat von vielen Einzelentscheidungen im Verlaufe der Kinderwunschplanung und Kinderwunscherfüllung. Nicht von Anfang an war die anonyme Samenspende für sie ohne Alternative. Denn zuallererst haben Ina und Wandula einen Mann als Samenspender gesucht, *„den wir kennen, damit das Kind die Chance hat, mit dem Vater Kontakt aufzunehmen. Äh, der aber dann nicht die väterliche Rolle übernimmt, sondern sozusagen nur auch Ansprechpartner ist".* Sie suchen als Samenspender einen *„entfernten Freund von uns oder um die Ecken oder so jetzt, niemand, der uns sehr nahe ist, aber jemand, der halt doch uns genau vertraut".* Die Formulierung, die hier verwendet wird, ist doppeldeutig. Steckt doch in dieser Äußerung, dass sie jemanden suchen, der ihnen so vertraut, dass er Sicherheit hat, von ihnen nicht zur Verantwortung gerufen zu werden und der ihnen gleichzeitig vertraut ist im Sinne von ‚kennen', sodass sie sicher sein können, dass er nicht die Verantwortung eines Vaters einfordern wird. Die Dyade soll demnach nicht durch einen Dritten destabilisiert werden. Als sie die geeignete männliche Vertrauensperson aber nicht finden, *„ham wer erstmal [...] klar gemacht, dass wir keine dritte Person mit drin haben wollen".* Erwogen wird die Alternative des

„*komplett unbekannten Vaters*". Für Wandula, so sagt Ina, war das „*vielleicht nicht so wichtig, wie für mich, aber ich hatte keine Lust, dass irgendwie drei oder vier Leute die Kinder erziehen. Ich find auch, zwei reicht. Also ich wollte wirklich die Familie, so ne, jetzt nicht irgendwie noch n paar Schwule, die dann miterziehen oder so, darauf hatt' ich keine Lust*". Was Ina wollte, war eine Familie, in der Eltern, auch wenn die Strukturposition des Vaters weder durch einen Mann noch durch eine Frau besetzt ist, Kinder großziehen. Familie ist bei ihr nicht bestimmt durch das Kriterium der Verschiedengeschlechtlichkeit des Elternpaares, sondern rein quantitativ (*„zwei reicht"*). Vor dem Hintergrund der Sozialisationsgeschichte und des herausgearbeiteten Fallwissen überrascht nicht, dass Ina von beiden Frauen die vehementere Vertreterin eines Konzeptes von Elternschaft ohne Vaterschaft ist, und Wandula, auch wenn sie bedingungslos mitmacht, diejenige von beiden ist, die nicht derart radikale Ansichten vertritt bzw. vertreten muss. Letztendlich trägt sie aber das Deutungsmuster der quantitativen Bestimmtheit – *„zwei reicht"* – von Ina mit, sodass das Konzept vom *„komplett unbekannten Vater"* in der Familiengründung praktisch wirksam wird. An der folgenden Sequenzstelle wird deutlich, dass Wandula keineswegs nur jemand ist, die rational begründet ein derartiges Familienmodell mitverantworten kann, sondern für die ebenso wie für Ina elementare Strukturen der Kernfamilie nicht relevant sind.

Am Ende des Interviews fragt die Interviewerin, ob die beiden Frauen noch etwas erzählen möchten, worauf Wandula antwortet: „*Wir ham nicht gefragt, ob wir das Gefühl haben, dass unseren Kindern Männer fehlen werden, echt, das ist so ne typische Frage, die kommt. I: Aha. W: Weil ich dann immer nicht weiß, was ich drauf antworten soll*". Ein aufschlussreiches Detail ist in dieser Formulierung das Pronomen „*wir*" in der Worteinheit „*Wir ham nicht gefragt*". Angemessen wäre gewesen zu sagen: ‚Sie haben nicht gefragt'. Dass Wandula diese Option nicht wählt, verweist darauf, dass sie sich hier auf den Standpunkt der Interviewerin begibt. Wandula übernimmt die Rolle der Interviewerin mit. In Langschrift heißt die Sequenz einmal wörtlich paraphrasiert: ‚Wir als Paar führen das Interview mit'. Das Interessante ist hier, dass die Familiendynamik völlig übergangen wird. Die Grunddifferenzierung zwischen dem, was die Kernfamilie in ihrer inneren Architektur ausmacht, ist aufgehoben. Die Differenzierung zwischen den Geschlechtern und der davon abhängigen Eltern-Kind-Beziehung wird durch einen von Wandula initiierten Prozess der differenzierungslosen Vergemeinschaftung, in den die Interviewerin mit aufgenommen wird und in dem Wandula die Interviewrolle übernimmt, zugleich sich dabei selbst befragend, überhaupt nicht thematisch. Positionen der Kernfamilie werden nicht nur nicht auf ihre Familie übertragen, sondern eher aufgehoben.

3.5 Weitere ausgewählte Interviewstellen und Familienfoto

Die Formulierung: *"Wir ham nicht gefragt, ob wir das Gefühl haben, dass unseren Kindern Männer fehlen werden"* ist aber auch hinsichtlich einer anderen Perspektive aufschlussreich. Was in dieser Satzeinheit nicht formuliert ist, ist, dass ihnen die Männer fehlen und den Kindern die Väter. Würde man den Satz korrigieren, so wie er sinnvoll überhaupt gestellt werden kann, müsste sie sagen: ‚Sie ham nicht gefragt, ob wir das Gefühl haben, dass unseren Kindern ihr Vater fehlt'. Der Fehler, den sie macht, ist aber ein zweifacher: Erstens sagt sie *"Männer"* statt *"Väter"* und zweitens verwendet sie Plural statt Singular. Wir sehen an dieser Sequenzstelle, dass ein Problem, das nur die Frauen haben können, wie selbstverständlich auf die Kinder übertragen wird, und gleichzeitig kommt kehrseitig zum Ausdruck, dass das, was überhaupt strukturtheoretisch einzig und allein ein Fehlen für die Kinder sein könnte, nämlich das Fehlen des Vaters, ihnen als Möglichkeit gar nicht zugebilligt wird. Sie tun beide so, als ob sie nach dem Strukturproblem des fehlenden Vaters fragen, bringen es aber nicht zum Ausdruck. Genauso wenig wie Männer als Väter Zugang zum Binnenraum ihrer Familie erhalten, genauso wenig dürfen sie die Grenze zur Sprache überschreiten.

Warum wird aber den Kindern die Möglichkeit, das paternale Moment zum Beispiel in einem Vatersubstitut oder einer symbolischen Vaterrepräsentanz zu erfahren, entzogen? Die Strukturproblematik des Vaters wird deshalb nicht thematisiert, so die Fallstrukturhypothese, weil die Verlebendigung der väterlich-männlichen Strukturposition ein Angriff auf die nur über eine Ausgleichshandlung zu erzeugende Symmetrie bedeuten würde. Was aber gerade sich noch mitteilt, indem das Thema des Vaters durch Entthematisierung bzw. Tabuisierung entrückt wird, ist das Normativ der Kernfamilie. Sowohl in der Tabuisierung des Vaterthemas als auch in den Korrekturbewegungen in Form der kreuzweisen Mutterschaft, durch die das symbolische Verwiesensein der anderen Frau auf die Strukturposition des Vaters stillgestellt werden soll, wird deutlich, dass die Regelstruktur der Kernfamilie mit ihren elementaren Positionen in Geltung bleibt.

Doch setzen wir die Analyse mit den beiden Sätzen fort: *„[…] das ist so ne typische Frage, die kommt. I: Aha W: Weil ich dann immer nicht weiß, was ich drauf antworten soll"*. Aus dieser Formulierung geht hervor, dass das Standardthema des fehlenden Vaters den beiden Frauen gut bekannt ist, da die Frage danach immer von Fremden gestellt wird, die – einmal salopp formuliert – noch in konservativen Bahnen zu denken scheinen, über die sie selbst schon längst hinweg sind. Pflichtschuldig sagt dann die Interviewerin, die ja zu den Fremden gehört, denen der in der Äußerung steckende implizite Vorwurf gemacht wird, sich noch in festgefügten Gleisen zu bewegen: *„Aha"*. Von da an ist dann eine unvoreingenommene Blickweise auf die Familie nicht mehr möglich. Will die Interviewerin jetzt aber nicht zu dem Kreis der Fremden gehören, die noch nicht auf dem Stand des modernen Denkens sind, so sollte sie – das ist der in der Äußerung steckende Auftrag an die Interviewerin – Abstand davon nehmen, die Frage nach dem Vater ernsthaft zu stellen. Auf der einen Seite sagen sie: *„wir ham noch nicht gefragt"*, was eigentlich so viel bedeutet wie, die Frage muss eigentlich noch gestellt werden, und gleichzeitig wird signalisiert: ‚trauen Sie sich bloß nicht die Frage zu stellen'. Was hier über die sprachliche Rahmung inszeniert wird, ist eine typische Beziehungsfalle, eine Art double-bind, die die zuvor entwickelte Hypothese unterstreicht, dass die Frage nach dem väterlichen Strukturmoment einer Tabuisierung unterliegt.

Lesen wir noch den Schluss dieser Sequenz: *I: Ja, vielleicht kann ich's ja mal so fragen (schmunzelnd) (alle lachen für 2 sek.). Ich glaube ja jetzt, Sie ham da ne Antwort schon parat dann. W: Also, wir denken, es fehlt ihnen nicht.* Wir sehen hier, dass die Interviewerin sich so leicht nicht entmutigen lässt und für die Frage, die nicht gestellt werden darf, eine andere Formulierung im Sinne eines Formelkompromisses sucht. Die Antwort, die das Paar dann für die in einen neuen Sprachrahmen gekleidete Frage hat, besteht in einem Lachen, das auf eine Einheit, eine Geschlossenheit der beiden Frauen schließen lässt, die die Strukturproblematik des fehlenden Vaters gar nicht mehr tangiert. Alles, was diese Frage betrifft, kann nur noch belächelt werden. Die Ignoranz, in der das Strukturproblem aufgelöst wird, geht schließlich soweit, dass die *„Männer"* zu einem unpersönlichen *„es"* zusammenschrumpfen.

Katalogmäßige Spenderauswahl: Wandula und Ina entscheiden sich, als klar war, dass für sie nur noch die Variante des *„komplett unbekannten Vaters"* infrage kommt, für eine anonyme Samenspende. Sie finden dafür in einer Großstadt eine Arztpraxis, die nicht nur bei unfruchtbaren Paaren, sondern auch bei alleinstehenden Frauen eine Insemination durchführt. Die Wahl der Samenspende wird dabei allerdings nicht allein dem Arzt/der Ärztin überlassen. Sondern das Paar wählt nach Datenbankkriterien aus einer Samenbank einen Samenspender aus: *W: [...] nach Äußer- es gibt zehn, acht bis zehn Kriterien. Äußerlichkeit vor allem- I: Aja. W: Größe, Gewicht, Augenfarbe, Haarfarbe- ((wird von Ina unterbrochen)) Ina: Hautfarbe (!), Nationalität (!) und irgendwie Beruf. So, ok. Da, da ham wir gesucht. Klar. Ok. I: Aha, mh.*

Einmal angenommen, die Frauen hätten sich nur den medizinischen Regeln der Auswahl unterworfen, dann wäre es allein darum gegangen, dass gesichert wäre, dass mit einem nicht schadhaften und männlich brauchbaren Samen

3.5 Weitere ausgewählte Interviewstellen und Familienfoto

inseminiert wird. Die Frauen hätten die Gewähr, dass der Samen aus eugenischen Gründen (Fruchtbarkeit, erblich nicht belastet, keine Krankheiten) akzeptabel ist. Zum anderen hat das Anvertrauen an die ärztliche Praxis auch etwas Entlastendes. Da der Arzt/die Ärztin nur von sich aus nach medizinischen Gesichtspunkten den geeigneten Samen hätte wählen können, dessen Herkunft die Frauen nicht kennen, würde genau das Zukunftsoffene im Prozess der sexuellen Reproduktion und Lebenserzeugung authentisch gesichert bleiben. Ein Stück der für ein Paar konstitutiven Offenheit hätte so beibehalten werden können. Diese ist aber nicht mehr gewährleistet, wenn die beiden Frauen aus einer katalogartig zusammengestellten Datenbank auswählen. Das Offene, das dann nicht mehr allein der ärztlichen Kompetenz unterliegt, ist geschlossen, da eine strategische Auswahl getroffen wird. Die Offenheit ist stillgestellt durch die Selbstsubsumtion unter die Kataloginformation. So wird das Kind, das die Frauen haben wollen, bei einer konsumatorischen Katalogauswahl, die nach Subsumtionskriterien erfolgt, zu einer Ware.[4] An der Selbstunterwerfung unter standardmäßige Vorgaben sehen wir so noch einmal deutlich, dass der Kinderwunsch in dieser weiblich gleichgeschlechtlichen Paarbeziehung nicht der gelebten Einheit von Leib und Sozialität entspringt. Sondern er entspringt der Angleichung an ein ideologisches Idealitätsmuster.

Aber warum haben die beiden Frauen, wenn die Familie doch ursprünglich auf Symmetrie hin angelegt war, also jede der Frauen *ein* Kind zur Welt bringen sollte, sich für ein drittes Kind entschieden, was ja von vornherein Asymmetrie bedeutet? Kann doch, wenn es nach dem Gerechtigkeitsprinzip zugeht, weder ein noch drei Kinder von Anfang an geplant gewesen sein. Der Sinn dieser scheinbar widersprüchlichen Konstruktion erschließt sich *zum einen* an der Art und Weise der Auswahl einer Samenspende und *zum anderen* über die Analyse der Anredeformen, die für die Frauen gelten, wenn die Kinder sie anrufen.

Auswahl der Samenspende: Alle Samenspenden hat das Paar über eine Samenbank im Internet eingekauft. Ausgewählt haben sie den Samenspender für das erste Kind nach Ähnlichkeitskriterien. Sie haben dabei wie folgt entschieden: Für den Erstgeborenen haben sie einen Samenspender ausgewählt, der vom Äußeren her ähnlich aussieht wie die nicht-leibliche Mutter. *W: Bei unserem ersten Kind*

---

[4]In diesem Zusammenhang überrascht dann auch nicht die Sequenz, in der der Warencharakter des Kindes über die Kostenrechnung noch einmal zum Ausdruck kommt: *„Die beiden großen Kinder haben uns ungefähr 3000 Mark gekostet. Das dritte Kind war billiger, weil wir da ja nun schon alle schlauen Wege kannten."* (Wandula)

haben wir einen Spender gesucht, der mir ein bisschen ähnelt. Also, dass der Vater dunkle Haare und helle Augen hat. Das ham wir uns gewünscht als Samenspender. Was wird hier deutlich? Es scheint ihnen um die Erzeugung der Fiktion einer biogenetisch vollkommenen Verwandtschaft zu gehen. Durch die künstlich konstruierte Ähnlichkeit über den Spenderkatalog der Samenbank wird fiktional eine Nähe markiert, die es faktisch gar nicht gibt. Das Frauenpaar scheint vortäuschen zu wollen, man habe real dieses Kind gezeugt und es sei sozusagen nach dem Mendelschen Gesetz als eine Mischung beider Partnerinnen entstanden. Über eine katalogartige Ähnlichkeitskonstruktion wird an der Fiktion gearbeitet, das Kind als Fortsetzung ihrer selbst erfahren zu können.

Für die Zeugung des zweiten Kindes wählen sie aber nicht – wie zu erwarten gewesen wäre – den Spendersamen nach dem bereits bekannten Prinzip. Sondern entscheidend bei der Spenderwahl ist, einen Phänotyp zu erzeugen – nachdem sie auf den von ihnen favorisierten Spendersamen ihres ersten Kindes verzichten müssen –, der dem der biologischen Mutter entspricht: *W: Das Hauptkriterium oder das einzige Kriterium bei Laila, als dann klar war, dass es nicht Joels Vater sein konnte, weil der schon genug Kinder gezeugt hatte, war die Blutgruppe und ich habe jemanden genommen, der eben auch (.) dunkle Haare und helle Augen hat.* Warum ist aber jetzt die Fiktion der Kernfamilie nicht mehr handlungsleitend bei der Erweiterung der Familie um ein zweites Kind? Sie können die Nicht-Synthese, die beim ersten Kind noch durch die Ähnlichkeitserzeugung mit der nicht-leiblichen Mutter vermieden werden sollte, nur genau dann zulassen, wenn vermutlich von vornherein geplant war, dass Ina noch einmal schwanger werden wird. Diese Entscheidung würde nicht nur die Gerechtigkeitshypothese belegen, sondern auch, dass für das behinderte Kind eine Art Ersatz geschaffen werden muss. Denn soll das Prinzip der kreuzweisen Mutterschaft in seiner ordnungsstiftenden Kraft gelten, dann muss Ina ‚gezwungenermaßen', um wieder eine ausgewogene Struktur zu erhalten, noch einmal schwanger werden. Sie bringt 2004 Olivia zur Welt, die, nicht wie ursprünglich von den beiden Frauen gewollt, *„mit dem gleichen Samenspender"* von Laila gezeugt werden konnte.

Die Zeugung ihrer drei Kinder mithilfe jeweils verschiedener Samenspender wird von ihnen bedauert: *W: Es hat leider nie geklappt, dass wir schwanger geworden sind immer mit den gleichen Männern. Das hätte die Kinder enger zusammengebracht.* Was deutlich wird, ist, dass beide Frauen sich eine genetische Ähnlichkeit ihrer Kinder wünschen. Sie wollten eine Einheit auf der Ebene der Kinder. So wird nach der Logik der Blutsverwandtschaft in der Phantasie, eine blutsverwandtschaftliche Geschwisterbeziehung zwischen den Kindern konstruiert. Die Fiktion dabei ist die, dass durch denselben Samenspender der Vater, der in einer weiblich gleichgeschlechtlichen Paarbeziehung nicht sein darf,

3.5 Weitere ausgewählte Interviewstellen und Familienfoto

trotzdem erzeugt wird als ein gemeinsamer Vater der Kinder. Auch wenn sie am Ende mit Kindern zusammenleben, die mithilfe von Samenspenden verschiedener Männer gezeugt sind, so war doch ursprünglich eine Konstruktion geplant, die – wenn man bedenkt, alle Kinder würden vom gleichen Samenspender abstammen – dem Nachwuchs vergleichbar der Kernfamilie eindeutig eine Orientierung auf einen gemeinsamen biologischen Vater ermöglicht hätte. Man sieht hier noch einmal deutlich, wie trotz faktischer Außerkraftsetzung der Norm der Kernfamilie, der Gestaltungsprozess der Familienbildung keineswegs an der Institution der Kernfamilie vorbeigeht.

Anredeformen: Welche Bezeichnungen sind für die beiden Frauen vonseiten der Kinder denkbar und welche vor dem Hintergrund des bereits herausgearbeiteten Wissens über den Fall nicht unbedingt erwartbar bzw. ganz auszuschließen? Ich werde die Möglichkeiten im Einzelnen ausbuchstabieren. Am Ende dieser etwas komplizierten Übung wird ersichtlich werden, dass es sich lohnt, diese gedankenexperimentellen Vorüberlegungen zu machen. Denn man sieht, wie gleichsam genial die gewählte Variante der Frauen ist, auf die man so ohne Weiteres bei der Antizipation des denkbar Möglichen und Erwartbaren nicht kommt, die sich aber mit der bisher herausgearbeiteten Fallstruktur deckt. Denkbar wäre (A), dass es nur eine Anredeform gibt. Dass zum Beispiel die Anrufung mit „Mama" nur für die leibliche Mutter gilt. Wenn dann Joel und Olivia „Mama" rufen, würde allein und alternativlos nur Ina reagieren. Wenn Laila „Mama" ruft, dann wäre für alle eindeutig, dass hier nur Wandula gemeint ist. Diese Anredeweise wäre Ausdruck dafür, dass zwei Frauen zwar zusammenleben, aber jede für sich in einer Art Alleinerziehendenfamilie, in der die Strukturposition des Vaters nicht mit der Partnerin besetzt ist, da diese an ihre Kinder bereits als Mutter gebunden ist. Vor dem Hintergrund des bereits herausgearbeiteten Fallwissens ist diese Anredeweise aber nicht zu erwarten. Denn das Muster, nach dem Entscheidungen getroffen werden, verweist nicht auf einen Fall, der dadurch bestimmt ist, dass das gleichgeschlechtliche Paar sich als eine Gruppe von zwei zusammengesetzten Alleinerziehenden definiert. Insbesondere die Intention einer Vereinheitlichung auf der Geschwisterebene, die Konstruktion eines Phänotyps entsprechend dem Muster der Kernfamilie und das Merkmal der kreuzweisen Mutterschaft lassen vermuten, dass sie eine Anredeweise wählen, die Folgendes ausdrückt: *erstens,* auch die Frau, die nicht-biologisch mit dem Kind/den Kindern verwandt ist, ist zu ihnen positioniert wie eine leibliche Mutter, *zweitens,* für alle Kinder gilt ein einziger Ausdruck für Wandula und ein einziger Ausdruck für Ina, die beide als Mutter bezeichnet, *drittens,* dieser Ausdruck, der sie als Mütter benennt, muss ausschließen, dass dadurch die andere Frau, also die Partnerin, symbolisch auf die soziale Position des Vaters verwiesen ist. Wenn diese Merkmale gelten, dann ist zu erwarten, dass neben der erstgenannten auch folgende Anredeweisen nicht realisiert werden: B) Dass die Kinder ihre leibliche Mutter stabil mit „Mama" anrufen und die Partnerin ihrer Mutter mit einer Terminologie aus dem Verwandtschaftsfeld oder mit dem Vornamen. C) Anzunehmen ist auch nicht, dass es ausschließlich nur eine Anredeweise gibt, dass alle, unabhängig ob Ina oder Wandula gemeint sei, „Mama" sagen. Damit wäre man zwar allen Kriterien (vgl. erstens bis drittens) sehr nahegekommen, aber durch die fehlende sprachliche Differenzierung würde man sich nicht nur eine mögliche Arbeitsteilung verschenken, sondern sie würden auch vorbeioperieren an dem auch für sie normativ gültigen Konstitutivum, dass es in einer Familie auf der Elternebene zwei Erwachsene gibt; was bei ihnen in der Formulierung *„zwei reicht"* seinen Ausdruck findet.

D) Ein Kompromiss wäre, sie würden eine minimale Kontrastierung in diese Bezeichnung, die sie beide in die soziale Position der Mutter hebt, einführen, nämlich indem sie die Unterscheidung zwischen „Mama" und „Mutti/Mami" machen. Nun ist es aber so, wenn zum Beispiel gilt, dass die Kinder ihre leibliche Mutter mit „Mama" und ihre nicht-leibliche mit „Mami" oder „Mutti" anrufen, dann würde gelten, dass auf der Ebene der Kinder keine Einheit analog zu Geschwistern in der Kernfamilie bestünde. Des Weiteren wäre – aus der Perspektive der Kinder gedacht – dann diejenige Frau, die sie mit „Mami/Mutti" anrufen, an der Seite ihrer leiblichen Mutter platziert wie eine zweite Mutter. Mit dieser Art der Aufteilung in der Anrede hätte man dann einen Zusammenhang geschaffen, in dem zwei Frauen mit ihren leiblichen Kindern bzw. ihrem leiblichen Kind zusammenleben und der jeweilige Nukleus der leiblichen Familie ergänzt wäre um eine zweite Mutter. E) Am wahrscheinlichsten wäre noch folgende Variante: Es gilt die minimale Kontrastierung wie in D), allerdings in der Weise, dass alle Kinder die eine Frau stabil mit „Mama" anrufen und die andere jeweils mit „Mami/Mutti", unabhängig davon, ob leiblich verwandt oder nicht. Interessant wäre dann, wer von den beiden Frauen sich „Mama" und wer sich „Mutti/Mama" nennen darf. Es macht einen Unterschied, ob zwei Kinder, die eine gemeinsame leibliche Mutter haben (Joel und Olivia), diese mit der mehr Distanz ausdrückenden Anrede „Mutti/Mami" anrufen oder mit der ursprünglichen Anredeform „Mama". Wäre doch erklärungsbedürftig, warum die beiden Frauen sich dafür entscheiden, dass Joel und Olivia die Frau, von der sie nicht leiblich abstammen, also Wandula, mit „Mama" und ihre leibliche Mutter mit „Mami/Mutti" anrufen. Vor dem Hintergrund der kreuzweisen Mutterschaft, so wie sie auf dem Familienfoto zur Geltung gebracht ist, würde das allerdings nicht überraschen. Der Sinn, der hier auch der Platzierung auf dem Foto entspräche,

3.5 Weitere ausgewählte Interviewstellen und Familienfoto

bestünde darin, über diese gewählte Alternative der Anredeweise der nicht-leiblichen Mutter zu einer Beziehung zum ‚fremden' Kind zu verhelfen, so ‚als ob' sie die leibliche Mutter wäre. Auch wäre denkbar, dass alle Kinder zu Ina stabil „Mama" sagen und stabil „Mami/Mutti" zu Wandula. Das hätte zwar für Letztere den Preis, von ihrem eigenen Kind, von Laila, nicht mit der ursprünglicheren Bedeutung angerufen zu werden. Vor dem Hintergrund ihrer naturwissenschaftlichen Einsozialisierung und ihrer bedingungslosen Unterstützung ihrer Partnerin ist aber zu vermuten, dass diese Praxis sie nicht mit einem Widerspruch konfrontiert oder zu einem deutungsbedürftigen Problem wird.

Zum Tragen kommt keine dieser Varianten (A-E). Sie entscheiden sich für folgende: Ina wird von allen Kindern mit der hebräischen Bezeichnung für Mutter „*Ima*" angesprochen und Wandula mit „*Mama*":

W: *Es is halt so, wir ham ja jetzt diese Aufteilung gemacht, dass ich „Mama" für alle drei Kinder heiße. Logischerweise. Und Ina „Ima".*

Durch die Wahl dieser Anredeform erfolgt keine biologische, sondern eine symbolische Differenzierung. Sie benutzen einfach verschiedene Einzelsprachen, um einen Unterschied zu machen, wo eigentlich keiner ist, nämlich für ‚Mama'. So gibt es in der Familie eine deutsche (Mama) und eine hebräische (Ima) Bezeichnung für Mutter. Mit dem Ausweichen auf zwei Einzelsprachen gelingt es ihnen, a) die Ebene der Erwachsenen mit zwei Personen, die sich unterscheiden, zu markieren *(„zwei reicht")*, b) sich beide als Mutter, unabhängig von der leiblichen Verwandtschaft zu den Kindern, zu positionieren und c) über diese Anredeweise auch die Fiktion zu erzeugen, als ob eine Einheit auf der Geschwisterebene besteht, da jedes Kind die gleiche Mama bzw. Ima hat. Es wird auch mit dieser Anredeform, wie schon in der phänotypischen Angleichung durch eine Spendersamenwahl und ihre im Foto angezeigte Selbstbezüglichkeit, ausgedrückt, dass zwei Frauen aus sich heraus – ohne dass die väterliche Strukturposition mit einem Äquivalent besetzt ist – eine Familie gestalten können.

An dieser Stelle muss aber noch erklärt werden, inwiefern über die Rekonstruktion der für diesen Fall typischen Anredeform die Frage beantwortet werden kann, warum die Frauen drei Kinder haben, und nicht nur jeweils eine Frau einmal Mutter geworden ist, was eine Asymmetrie gerechterweise verhindert hätte. Generell kann man erst einmal festhalten, dass Wandula, die sich bezogen auf ihr Kind „Mama" nennen darf, im Vorteil ist, weil die Umgebung deutsch ist. Sie wird besser verstanden als Ina, die von ihren Kindern hebräisch angerufen wird. Es hat etwas Erklärungsbedürftiges, dass der hebräische, in der deutschen Umgebung fremde Name für Mutter für zwei von den drei Kindern zutrifft. Das lässt vermuten, dass das Frauenpaar ursprünglich nur zwei Kinder haben wollte. Es waren wahrscheinlich nicht drei Kinder geplant. Denn drei Kinder bedeuten von vornherein eine Asymmetrie, die dieses gleichgeschlechtliche Paar gerade über die Dynamik einer kreuzweisen Mutterschaft vermeiden will. Weil das erste Kind aber behindert ist, hat die Mutter dieses Kindes noch einen Versuch wahrgenommen. Vermutlich haben sie die Familie – ganz in Übereinstimmung mit ihrem individualbiografischen Kinderwunsch, der nicht aus der gelebten Sozialität des Paares hervorgegangen ist – ursprünglich symmetrisch geplant. Jede sollte ein Kind bekommen. Das erste Kind kommt dann aber mit einer Behinderung zur Welt und versetzt sie beide dadurch in die schwierige Lage, entscheiden zu müssen, ob das erste Kind ‚gültig' ist oder nicht. Es ist eben nicht ganz ‚gültig', denn es muss – so eine denkbare Erklärung – ein Ersatz dafür geschaffen werden.

Kein Auskommen ohne die Institution der Vaterschaft: Die bisherige Fallanalyse hat gezeigt, dass wir es mit einem Fall zu tun haben, in dem das väterliche Strukturmoment nicht besetzt bzw. in einem Äquivalent repräsentiert ist. Das Dritte, um einen Prozess der Triangulierung in Gang zu setzen, ist zwar gegeben, aber die zweite Frau bildet kein Substitut für den Vater, und ebenso sind andere Personen als Vaterrepräsentanzen in dieser Inseminationsfamilie nicht vorgesehen. An einigen Sequenzstellen im Interview kann man aber erkennen, dass das Thema der Samenspende nicht reduziert bleibt auf den technisch-instrumentellen Aspekt der Zeugung. Aus dem Spender als dem Helfer in einer Notlage, der ähnlich wie bei einer Blut- oder Museumsspende eine Gabe unter der Bedingung knapper Ressourcen spendet, wird der biologische Vater. Dass überrascht vor dem Hintergrund, dass es den beiden Frauen, insbesondere aber Ina, darum geht, durch die Wahl einer anonymen Samenspende den männlichen Part von Anfang an auf ein Minimum zu reduzieren und einen Vater für die Kinder nicht vorzusehen. Doch tilgen können sie zum Beispiel die biologische Vaterschaft genau dann nicht, wenn es *erstens* um die gesellschaftlich anerkannte Norm der Kernfamilie geht. So ist eine Voraussetzung für die Durchführung der Insemination durch den Frauenarzt/Frauenärztin, den/die sie finden und der/die bei ihnen die Insemination durchführt, dass es eine notariell unterschriebene Erklärung eines Mannes gibt, in der dieser zusichert, dass er der Vater des Kindes ist. Dieses bürokratische Konstrukt sichert den Arzt/die Ärztin unter anderem davor, durch Verstoß gegen das Gesetz, dass das Kind das Recht hat, seine Eltern zu kennen, mit Unterhaltsforderungen von der Frau, in die er/sie inseminiert hat, konfrontiert zu werden. Neben dem *„rechtlichen Vater"*, für den die beiden Frauen einen jeweils anderen *„entfernten Freund"* für die insgesamt drei Kinder gefunden haben, tritt die Figur des *„unbekannten Vaters"*. Diese entsteht durch

3.5 Weitere ausgewählte Interviewstellen und Familienfoto 115

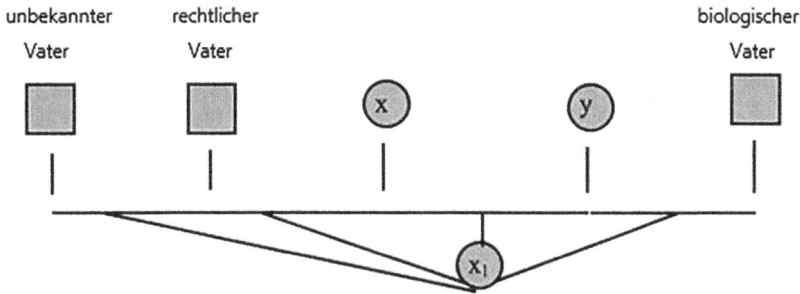

Abb. 3.3 Drei-Väter-Konstruktion. (Quelle: eigene Darstellung)

ein vom Jugendamt an die biologische Mutter herangetragenes Modell, in dem die Zeugung eines Kindes immer schon verbunden ist mit der Funktion der Vaterschaft. *„Und beim Jugendamt steht drin, Vater unbekannt, weil wir wissen ja auch definitiv nicht, wer das ist".* So benötigen sie für ihre Familiengründung, in der ein Vater auf gar keinen Fall zugelassen werden soll, eine Konstruktion von drei Vätern (Abb. 3.3).

Zweitens, es tritt die Figur des Vaters dann zutage, wenn es um die Perspektive der Kinder und ihre Einbettung in einen Kontext geht, der Fragen der Entstehung und damit auch Herkunft berührt. Auf die Frage der Interviewerin: *Was werden Sie den Kindern erzählen?* Antwortet Wandula: *Die Wahrheit. Wir sagen, wir wollten Kinder kriegen. Wir haben Männer gefunden die uns geholfen haben, wir wissen aber nicht wer sie sind. I: Ja. W: Und je nachdem wie (1s) wie alt die sind, kann man denen dann auch das mal ein bisschen technischer erklären. I: Ja, hm. W: Dass wir ihnen auch nicht sagen können wer die Väter sind. I: Ja, ja, hm (1s), hm. W: (Bloß in eigentlicher Weise?) ist es halt für jedes Kind 'n anderer Vater, obwohl es immer die gleiche Samenbank war, aber es hat nie geklappt, dass wir schwanger geworden sind immer mit den gleichen Männern.* An dieser Äußerungseinheit können wir erkennen, dass die funktionale Angelegenheit der Samenspende nicht reduziert bleibt auf den technisch-instrumentellen Reproduktionsvorgang. Es erfolgt eine Vernatürlichung bzw. Einkleidung ins lebenspraktisch Übliche, die deutlich wird, wenn wir das Wort *„Vater"* bzw. *„Väter",* das zweimal in diesem Redezug verwendet wird, interpretieren. *„Dass wir ihnen nicht sagen können wer die Väter sind."* Der Inhalt überrascht uns nicht vor dem Hintergrund, dass es dem Frauenpaar darum geht, durch die Wahl der anonymen Samenspende den männlichen Part von Anfang an auf ein Minimum zu reduzieren. Männer gibt es allenfalls am Rande als potenzielle Väter in der

Figur der „rechtlichen Väter". Aber diese füllen weder die familiale Position des Vaters aus, noch können aus ihnen biologische Väter werden, da sie den Frauen die nötige Substanz für die Zeugung nicht zur Verfügung gestellt haben. Eine denkbare Bedingung dafür, dass die beiden Frauen nicht sagen können, wer die Väter sind, ist ein Konstrukt von Familie, in dem es keine Männer als Väter gibt, allenfalls Frauen, die allein aus sich heraus an der Erhaltung der Gattung arbeiten. Auf die nachfolgende Redesequenz *„(Bloß in eigentlicher Weise?) ist es halt für jedes Kind 'n anderer Vater"* kann diese gedankenexperimentell konstruierte Erfüllungsbedingung allerdings nicht übertragen werden. Offensichtlich ist in der weiblichen gleichgeschlechtlichen Paarfamilie die Position des Vaters doch nicht unbesetzt. Die Vermutung, dass hier Bezug genommen wird auf die „rechtlichen Väter", die als *„entfernte Freunde"* eine notarielle Erklärung unterschrieben haben, wird zwar dadurch bestätigt, dass für *„jedes Kind"* sich ein anderer Mann als Vater erklärt hat. Aber die Realität, dass die ‚Väter' den Frauen unbekannt sind, dass sie *„nicht sagen können wer die Väter sind"*, steht in Widerspruch zu der Tatsache, dass die Frauen die „rechtlichen Väter" kennen. Um die kann es hier an dieser Stelle also nicht gehen. Am Satzfragment: *„obwohl es immer die gleiche Samenbank war, aber es hat nie geklappt, dass wir schwanger geworden sind immer mit den gleichen Männern"* wird dann klar, dass die Position ‚Vater' bestimmt ist durch den Samenspender.

Drittens, tritt die Figur des Vaters dann zutage, wenn es um den elementaren Regelkomplex der Abstammung geht, der im Interview im Erzählzusammenhang von Zeugung, Anlagen und Ähnlichkeitsbeschreibungen zur Sprache kommt. Doch dazu ausführlicher im folgenden Teil.

3.6 Deutungsmuster Samenspende

Wie verhalten sich die beiden Frauen, wenn es um Entwicklungsbedingungen für ihren Nachwuchs geht? Mit welchen Deutungen wird, wenn überhaupt, von ihnen das krisenhafte Thema der Samenspende bearbeitet? Wie verhalten sie sich hinsichtlich möglicher Bedenken, den Kindern ein Aufwachsen unter den von ihnen gesetzten Rahmenbedingungen zuzumuten?

Bevor dazu eine aussagekräftige Interviewstelle analysiert wird, sollen auf der Basis des bisherigen Fallwissens Mutmaßungen darüber angestellt werden, welche Begründungen, auch Rechtfertigungen oder thematischen Bezüge sie geltend machen, die wiederum dazu führen, dass die praktische Abweichung von der kulturellen Norm der Kernfamilie nicht zum Problem für die unmittelbare Alltagspraxis wird. Im Falle von Wandula ist davon auszugehen, dass sie bedingt

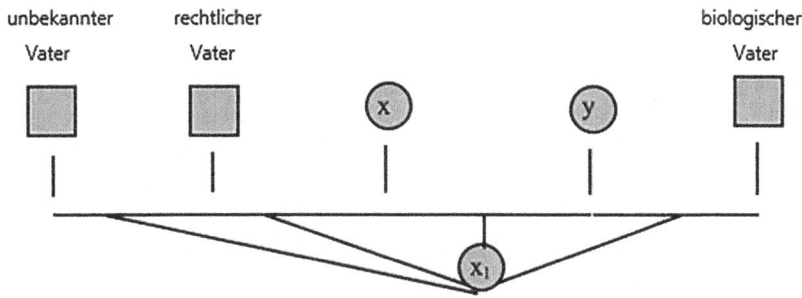

3.6 Deutungsmuster Samenspende

durch die sozialisatorische Prägung in ihrer Herkunftsfamilie vom Habitus her, vielmehr und stärker als Ina, Trägerin des sozialen Deutungsmusters der Kernfamilie ist. Zu vermuten ist, dass Wandula Formulierungen bzw. Äußerungen verwendet, die vom Inhalt her sich viel deutlicher und ungebrochener auf den Normbereich der Kernfamilie beziehen. Sie scheint eher als Ina geneigt zu sein, in relativ konservativen Bahnen zu denken und das Deutungsmuster der Kernfamilie zu teilen. Ina dagegen wird sich vermutlich kaum zu Äußerungen veranlasst sehen, in denen sie Deutungen realisiert, die zum Ausdruck bringen, das Deutungsmuster der Kernfamilie anzuerkennen. Zu erwarten ist, dass das, was von der Kernfamilie abweicht, von ihr nicht normalisiert wird über Deutungen, mit denen ausgedrückt wird, die Norm der Kernfamilie zu teilen. Diese Art der Normalisierung wird sich genau deshalb nicht Bahn brechen, da es für das inseminale Projekt mit dem unbekannten Vater eine Legitimationsbasis gibt, auf die sie sich berufen kann und die gegen den Vergleichshorizont, der bei Wandula in Kraft tritt, abdichtet. Denn Ina findet in ihrem adoptivfamilialen Milieu eine Quelle für die Geltung eines Sozialisationsrahmens, in dem Abweichendes von der kulturspezifischen Norm der Kernfamilie Normalität ist. Hinzu kommt noch, dass es in ihrer individuellen Bildungsgeschichte darum geht, sich mit der Adoptivfamilie zu vergemeinschaften. Diese Vergemeinschaftungsbestrebungen, in denen sich auch eine Zugehörigkeit und Loyalität zu ihrer Adoptivfamilie ausdrückt, unterbinden geradezu, dass Themenkomplexe, wie das der Samenspende, so normalisiert werden, dass sich darin die Geltung der Norm der Kernfamilie ausdrückt. Da es um die Akzeptanz ihres Ersatz-Milieus geht, würde ein Bewusstheitskontext, in dem die Norm der Kernfamilie gültig ihren Ausdruck findet, eine Kritik bzw. eine Abgrenzung von ihrem Sozialisationsmilieu bedeuten, in dem sie aufgewachsen ist. Derartiges ist vor dem Hintergrund der bisher herausgearbeiteten Fallstruktur aber nicht zu erwarten. Es ist weiterhin davon auszugehen, sollten die hier formulierten Vorüberlegungen stimmen, dass bei Ina, die von beiden Frauen habitusbedingt diejenige ist, die vermutlich auf radikale Distanz zum Deutungsmuster Kernfamilie geht, ethische Zweifel an dem Projekt der Samenspende gar nicht aufkommen. Wenn es um Fragen der ethischen Vertretbarkeit geht bzw. um Fragen, die sich um den Aspekt der Zumutbarkeit drehen, dann ist zu erwarten, dass, wenn dann Wandula von beiden Frauen diejenige ist, die ein Bewusstsein für derart Problematisches hat, da sie, wenn unsere Vermutung stimmt, das soziale Deutungsmuster der Kernfamilie teilt. Ina hingegen wird schon allein durch die Wirkung des Prinzips, sich das adoptivfamiliale Milieu anzueignen, es zum eigenen zu machen, völlig undurchlässig sein für Deutungen, die die Überzeugung beinhalten, ohne die Kenntnis des leiblichen Vaters aufzuwachsen sei etwas Problematisches. Die Anerkennung und kritiklose Akzeptanz ihres Herkunftsmilieus drückt sich dann darin aus, dass alternative Entwicklungsrahmenbedingungen für das Aufwachsen von Kindern als etwas Problematisches, Fragwürdiges, Bezweifelbares unthematisch bleiben. Das Problem, dass die Kinder nicht nur ohne den leiblichen Vater aufwachsen, sondern einen Teil ihrer leiblichen Herkunft auch nicht genau bestimmen können, wird in Inas Bewusstheitskontext vermutlich gar keine Aufmerksamkeit erregen. Denn eine Normalisierung mit positivem Bezug zu ihrem Sozialisationsmilieu geht einher mit einer erfolgreichen Abdichtung gegen Reflexionen, durch die der Prozess der Nachwuchssozialisation unter der Bedingung einer anonymen Samenspende zu einem problematischen und erklärungsbedürftigen Thema wird. Eine höhere Sensibilität für das Krisenhafte, das der Samenspende anhaftet, ist eher auf der Seite von Wandula zu vermuten. Denn wenn Normalisierungen bei ihr mit Bezug zum Deutungsmuster der Kernfamilie erfolgen, dann erwachsen daraus im Abgleich mit der Inseminationsfamilie Irritationen bzw. Unvereinbarkeiten, die schon einmal eher zu ethischen Bedenken anstiften können, für die bei Ina die Grundlagen völlig fehlen. Aus der Analyse des Herkunftsmilieus von Wandula ist uns aber bekannt, dass sie in einem naturwissenschaftlichen Milieu einsozialisiert ist, das ihr wahrscheinlich auch einen Habitus hat angedeihen lassen, durch den potenziell Krisenhaftes über rational-technische Auslegungsschemata nicht zum Problem wird. So ist zu vermuten, dass im Bewusstheitskontext von Wandula der Prozess der Nachwuchssozialisation unter dem erklärungsbedürftigen Thema des abwesenden leiblichen Vaters thematisch ist, allerdings nicht eingebettet in eine pragmatische Rahmung des Bedauerns, der Entschuldigung oder des Zweifels. Denn all das würde eine Rechtfertigung bedeuten, die wiederum die Hypothese widerlegen würde, dass im Fall von Wandula aus dem Habitus resultierende Auslegungsschemata am Wirken sind, die verunmöglichen, das von der Norm der Kernfamilie abweichende Sozialisationsbedingungen als unverantwortlich und ethisch bezweifelbar gedeutet werden. Doch schauen wir uns jetzt die ausgewählte Interviewstelle an:

I: Ja vielleicht dann noch ähm gehen wir mal zu der Samenspende. Macht man sich denn da so Gedanken auch also über Anlagen zum Beispiel (?).

Im Interaktionsverlauf, so wie er im transkribierten Interview dokumentiert ist, ist in der Regel Wandula diejenige, die zuerst spricht. Denkbar wäre, dass sie auch die Einzige ist, die sich überhaupt veranlasst sieht, sich zu dem angesprochenen Thema sprachlich ins Benehmen zu setzen. Es würde nicht überraschen, wenn Ina darauf gar nicht antwortet bzw. ein Schweigen bekundet oder wenn sie sich dazu mit einem Sprechakt äußert, der das Thema schnell zum Erliegen bringt

3.6 Deutungsmuster Samenspende

mit z. B.: „Nein, darüber mache ich mir keine Gedanken.". Von Ina ist ein Antwortverhalten zu erwarten, das sie als die radikale Vertreterin einer Familienform ausweist, in der für Konzeptionelles, das an die Kernfamilie erinnert, kein Platz ist. Hier an dieser Sequenzstelle wird aber nun von der Interviewerin ein Thema, nämlich das der Samenspende, in einer Art und Weise angeschlagen, die traditionelle Konzepte virulent werden lässt. Die Interviewerin muss ein Gespür dafür haben, dass es sich um einen heiklen Sachverhalt handelt, der hier angesprochen wird; das wird an dreierlei ersichtlich. Das Adverb *„vielleicht"* drückt für die Interviewten aus, dass auch etwas anderes gelten kann. Es suggeriert ihnen die Möglichkeit einer Alternative: „vielleicht auch nicht". Das „ähm" der Interviewerin verweist zweitens darauf, da die Rede nicht flüssig fortgesetzt wird und für eine Pause steht, die die Interviewerin benötigt, um nach einer passenden Formulierung zu suchen, dass sie vermutlich antizipiert: hier wird Krisenhaftes angesprochen. Eine Reaktion auf die Mutmaßung, thematisch Problematisches zum Gegenstand der Rede zu machen, ist die Wahl des verallgemeinernden und konturenverwischenden Pronomens *„man"*. Die Interviewerin spricht aus der Perspektive des Allgemeinen und vermeidet so eine direkte persönliche Ansprache. Worin besteht aber nun genau das Krisenhafte? Mit der von der Interviewerin gelegten Spur, das, worüber man ins Räsonieren kommen könnte, wenn es um die Samenspende geht, beispielhaft am Sachverhalt der Anlagen zu illustrieren, enthält folgende Brisanz: Ist doch, wenn es um *„Anlagen"* geht, der biologische Unterbau aufgerufen, der in ihrem Fall durch die anonyme Samenspende nicht mit den sozialisatorischen Verhältnissen deckungsgleich ist. Das Deszendente, das punktuell in der Zeugung vorliegt, verlängert sich nicht, da der Vater fehlt, in das Soziale hinein. Wenn nun die durch die Samenspende verursachte Deckungsungleichheit von biologischem Unterbau und familialer Sozialisationspraxis in ihrer Phantasie bei ihnen Gestalt im Thema *„Anlagen"* einnimmt, dann heißt das, dass der biologische Vater bewusstseinsmäßig präsent ist. Da sie diesen aber nicht kennen, kann er nur, wenn es um *„Anlagen"* geht, über die Merkmale des Kindes, die sich nicht auf die Mutter zurückführen lassen, bruchstückhaft rekonstruiert werden. Es ist kaum zu vermuten, dass Ina, die habitusbedingt – so die Fallstrukturhypothese – nicht dazu neigt, Widersprüchliches im ungebrochenen Anschluss an das Deutungsmuster der Kernfamilie zu normalisieren, auf das von der Interviewerin angesprochene Thema positiv reagiert. Wenn, wie vermutet, ihre Normalisierung, die über das adoptivfamiliale Herkunftsmilieu läuft, gegen die von der Interviewerin angesonnene Abstammungsfrage abdichtet, dann kann, wenn die Hypothese funktioniert, im Bewusstheitskontext von Ina der biologische Vater keinen Platz haben. Demgemäß ist zu erwarten, dass nur Wandula reagiert, da sie diejenige ist, die fallspezifisch bedingt zu anderen, konservativeren Interpretationen des Deutungsmusters neigt. Ina könnte allenfalls, sollte sie sich sprachlich überhaupt dazu äußern, erklären, dass dieser Sachverhalt für sie bedeutungslos ist.

W: *Ja. (!) Bei Laila zum Beispiel war klar,*

Wandula antwortet ohne die geringste Verzögerung. Offenbar handelt es sich bei dem Thema um eines, bei dem sie nicht den geringsten Zweifel hegt und über das sie sich so im Klaren ist, dass sie darüber gar nicht erst nachzudenken braucht. Weder benötigt sie eine Besinnungspause, noch verschafft sie sich eine Verzögerung, z. B. mit „*äh*". Wandula scheint aber nicht nur nicht überrascht über die Frage, die sie bestätigend beantwortet (*„Ja"*), sondern es scheint sie geradezu zu einer Antwort zu drängen, worauf das mit Emphase geäußerte „*Ja*" verweist, das in der Verschriftlichung mit dem Ausrufezeichen markiert ist. Dass sie mit dem von der Interviewerin angesprochenen Thema überhaupt kein Problem hat, zeigt sich nicht nur darin, dass sie sofort mit einem Redebeitrag anschließt, sondern auch darin, dass sie das Ansinnen der Interviewerin bedient, eine Darstellung zu wählen, die beispielhaft einen abstrakten Zusammenhang illustriert. Aus der Möglichkeit, über Abstammungsfragen zu sprechen, wählt sie aus den möglichen Eltern-Kind-Beziehungen ihrer Inseminationsfamilie, in der sie lebt, diejenige aus, an der sich anlagenbezogene Thematiken mit Bezug zu ihr selbst am besten erläutern lassen. Das ist dann eben nicht ihre Beziehung zu Joel oder Olivia, sondern ihre eigene biologisch begründete Mutter-Kind-Beziehung. Demzufolge ist schlüssig, dass hier auch vom Vater, von dem ihr Kind abstammt, die Rede sein wird. Schon an dieser Stelle wird ersichtlich, wie präsent – zumindest für Wandula – der Samenspender als Mitglied einer Eltern-Kind-Beziehung ist. Eine Fortsetzung des Satzes mit: ,[…] dass sie auch vom Vater abstammt', würde uns nicht überraschen. Allerdings wissen wir aus anderen Sequenzstellen des Interviews, dass sie eher ein Fall von Inseminationsfamilie sind, der präsupponiert, zur Familie braucht es keinen Vater.

dass sie, dass sie schon, also schon als Baby hat sie mir sehr geähnelt.

Vom Samenspender als Vater des Kindes ist erst einmal nicht die Rede. Wir können allerdings vermuten, dass – wenn auch unausgesprochen – schon hier sprachlich ein Bezug zu ihm hergestellt werden sollte. Sie muss aber gemerkt haben, dass sie damit ihr Konzept von Familie, in dem die Partnerin als zweite Mutter die Familie vollständig komplettiert, desavourieren würde. Deshalb gerät sie auch ins Stocken (*„dass sie, dass sie"*), verschafft sich Zeit und setzt mit

3.6 Deutungsmuster Samenspende

dem zäsurierenden *„also"* noch einmal neu an. Zentralthematisch wird zuerst die Mutter-Kind-Dyade. Herausgestellt wird die Ähnlichkeit zwischen ihr und ihrer Tochter Laila. Das geschieht in Form einer Rückschau durch die sprachlich eine Vergangenheit repräsentiert wird, zu der die Erfahrung gehört, die in einen Gewissheitssatz gekleidet wird *(„war klar")*, dass bereits früh *(„schon")* eine Ähnlichkeit zwischen ihnen ausgemacht werden konnte. Das heißt, die Ungewissheit, zu der auch dazugehört zu antizipieren, das Kind könnte nicht ihr, sondern mehr dem biologischen Vater ähneln, ist zu einem frühen Zeitpunkt beseitigt gewesen. Das bedeutet im Umkehrschluss aber auch, dass Abstammungsfragen sie von Anfang an beschäftigt haben bzw. die Bedeutung des Samenspenders als Vater des Kindes immer – zumindest in der frühen Vergangenheit – virulent war. Umso erklärungsbedürftiger ist, dass sie den Vater, der ja mit *„Samen"* thematisch eingeführt war, wieder tilgt; es ist offenbar ein Tabuthema. Es darf darüber nicht gesprochen werden, da eine über die Sprache ausgedrückte Anerkennung der Norm der Kernfamilie, sobald diese durch Wandula erfolgt, Widerspruch und damit zusammenhängend auch einen Paarkonflikt hervorrufen könnte. Denn für Ina würde die Verlebendigung des Samenspenders als leiblichen Vater bedeuten, dass Wandula sie nicht in dem für sie wichtigen Lebensthema unterstützt: über die Bildung einer Familie mit unbekannten Vater ihre eigene unvollständige Herkunft zu normalisieren. Die Geltung der Norm der Kernfamilie darf nicht ausgedrückt werden, auch wenn sie implizit für beide gilt. Sie muss abgewehrt werden, um Inas Normalisierungsbemühungen, die sie hier auf Kosten der Kinder betreibt und diese für ihre Zwecke instrumentalisiert, nicht infrage zu stellen.

Aber es gibt so'n paar Sachen. Zum Beispiel, dass sie so hellhäutig ist.

Über das *„Aber"* wird eine Gegenbewegung eingeleitet, mit der ein Kontrast zum Ausdruck gebracht werden soll. Sie kündigt für die Interviewerin an, dass noch ein anderes Argument bedacht werden soll und dass dieser als Kontrast zu nennende Sachverhalt als nicht positiv einzuschätzen ist. Es handelt sich dabei um etwas, das jetzt nicht mehr Teil einer Darstellung ist, die sich auf die Vergangenheit bezieht. Sondern durch den Wechsel vom Präteritum ins Präsens wird angezeigt, dass es um etwas in der unmittelbaren Gegenwart geht. Was das ist, wird durch das Syntagma *„es gibt"*, bei dem es sich um ein Aufmerksamkeitssignal handelt (vgl. Weinrich 2007: 398), für die Interviewerin auffällig präsentiert: *„so'n paar Sachen"*. In Langschrift formuliert heißt dieser Satz: Auch wenn schon früh die Abstammung von der biologischen Mutter klar war, gibt es ein Bündel von Merkmalen, die sich nicht auf diese zurückführen lassen. In Stellvertretung für die Pluralität an diesen nicht ihr zuzurechnenden

Phänomenen, wird beispielhaft konkret das der Hellhäutigkeit herausgestellt. Einschließlich dieses Merkmals gibt es aber auch noch andere, die allgegenwärtig präsent sind. Das heißt, wenn sie auf Laila schaut, dann findet sie in ihr Anteile repräsentiert, die die Allgegenwärtigkeit der anderen Abstammungshälfte objektiv präsent halten.

Das erklär ich dann immer damit, dass sie, sie, das muss von der väterlichen Familie kommen.

Für das, was sich von ihr als biologischer Mutter abhebt, sich von ihr unterscheidet, muss eine Prädikation gefunden werden. Diese Prädikation wird vom Modalverb „*muss*" so modalisiert, dass Zwänge feststellend präsupponiert werden, welche die Geltung einer Prädikation verlangen, die wie eine gesetzgebende Kraft wirkt. Wenn Wandula auf Laila blickt, dann sieht sie wie auf einem Phantombild Bestandteile, die auf etwas anderes schließen lassen, das immer im Anblick von Laila mit präsent ist. Zieht man von diesem Phantombild die mütterlichen Anteile ab, dann kommen, wie die Hellhäutigkeit, Eigenschaften deutlich zutage, die der „*väterlichen Familie*" zugesprochen werden müssen. Warum wählt sie nun aber nicht die Alternative, den Relativsatz wie eingeleitet mit der Formulierung abzuschließen „dass sie auch vom Samenspender" abstammt, oder: „das muss vom Samenspender kommen"? Mit dieser Wortwahl hätte sie zumindest die Bezeichnung „Vater" vermieden und hätte sich auf relativ neutralem Terrain befunden. Auch wenn vermutlich Ina, die sich bisher noch nicht zu Wort gemeldet hat, dieser ganzen Thematik aus oben angeführten Gründen nichts abgewinnen kann, wäre das eine Alternative mit dem noch geringsten Konfliktpotenzial gewesen. Stattdessen bleibt die Zuordnung der ‚fremden' Bestandteile nicht beschränkt auf die primäre Bezugsperson des Vaters, sondern mit „*väterlicher Familie*" wird gleichsam die ganze Abstammungsverwandtschaft des Vaters aufgerufen. Indem Wandula in dieser Form die helle Hautfarbe von Laila in Verbindung mit dem väterlichen Verwandtschaftssystem bringt, positioniert sie ihr Kind zu einer Linie von Menschen, die vor ihm da waren. Sie weist dem Kind eine Herkunftslinie und Herkunftsidentität zu, die eben nicht auf die mütterliche Linie beschränkt ist, und mit Inas Verwandtschaftsverhältnissen gleich gar nichts zu tun hat. Wir sehen hier ganz deutlich, wie Wandula, um phänotypische Merkmale zu ‚erklären', sich auf einen kulturspezifischen Zusammenhang beruft, der sich schon in der frühesten Vergesellschaftung des Menschen durchgesetzt hat und sich – wie es Popitz einmal formuliert hat – wie ein „normatives Netz jedem über die Wiege" legt (Popitz 2011: 117). Sie bringt die Wirksamkeit von derart allgemeinen Zugehörigkeitsnormen, die wir – zumindest in Westeuropa – mit dem Begriff der Familie verbinden durch das

3.6 Deutungsmuster Samenspende

Modalverb *„muss"* wie eine Kraft zur Geltung, die unabhängig von ihr wie ein Vorgegebenes wirkt. Das kommt insbesondere auch in der Verwendung eines assertorischen Sprechaktes zum Ausdruck: *„das erklär ich"*. Ihre Aussage, *„das erklär ich immer mit der väterlichen Familie"* setzt voraus, dass sie als Erklärende über einen entsprechenden Begriff von Familie verfügt. Wandula legt sich, indem sie den assertorischen Sprechakt wählt, auf eine Überzeugung fest, mit der sie der Interviewerin sagt, dass die soziale Welt so beschaffen ist, dass hier mit einem genealogischen Ordnungsmuster argumentiert werden muss, um zum Beispiel die helle Haut von Laila zu erklären. Über die Sprache wird so auf die institutionelle Realität von Kernfamilie und Verwandtschaft verwiesen, die durch Wandula in diesem Sprechakt repräsentiert wird. Gleichwohl Wandula in der Praxis mit der Inseminationsfamilie faktisch gegen die Norm der Kernfamilie verstößt, wird deutlich, wie in ihrem Fall durch die Bezugnahme auf mit dem biologischen Unterbau verknüpfte kulturspezifische Normierungen ihre Geltung behalten, von ihr anerkannt und akzeptiert werden.

I: Aha.

Die Antwort von Wandula ruft bei der Interviewerin einen *„Aha"*-Effekt hervor. Mit der Interjektion wird zum einen ausgedrückt, dass aufseiten der Interviewerin ein Unverständnis beseitigt werden konnte und dass andererseits die Antwort die Interviewerin zugleich überrascht. Überrascht wird die Interviewerin darüber sein, dass Wandula nun doch auf ein traditional-genealogisches Konzept Bezug nimmt, von dem die Interviewerin annahm, dass das gar nicht erst angesprochen werden darf, weshalb diese bei der Formulierung der Frage auch Schwierigkeiten hatte. Und überraschend ist nun, dass es sprachlich doch zutage tritt.

W: Das is, (.) aber man weiß es halt nicht. Es, ich seh's halt so

Mit der Verwendung des demonstrativen *„das"* rückt sie die Erklärung, die Uneindeutigkeiten mit der Abstammungsverwandtschaft väterlicherseits plausibel machen soll, wieder auf Distanz. Die Distanzierung ist allerdings nicht darin motiviert, dass sie merkt, dass sie gerade dabei ist, eine Normalisierung über eine kulturspezifische Norm vorzunehmen. Sondern neutral gesehen *(„es")* – und darin ist sie wieder ganz Realistin – funktioniert ihre Referenz deshalb nicht ganz vollgültig, da durch die anonyme Samenspende eine eindeutige Zuordnung zur *„väterlichen Familie"* nicht vorgenommen werden kann. Was bleibt, auch wenn sie äußere Merkmale, wie eine andere Hautfarbe, über Traditionales zu normalisieren versucht, ist ein Nicht-Wissen: *„man weiß es halt nicht"*. Bei diesem Nicht-Wissen handelt es sich – so wie Wandula es darstellt – um ein Faktum, das man einfach anerkennen und hinnehmen muss. Mit der Partikel

„*halt*" wird jede Erklärungsbedürftigkeit dieser Schlussfolgerung abgewiesen und das Festgestellte wird als nicht weiter kommentierungsbedürftig normalisiert. In der Äußerung steckt aber auch eine Ambivalenz: Wandula oszilliert nämlich zwischen einer nüchternen objektivierenden Tatsachenfeststellung einerseits und einer impliziten Rechtfertigung des festgestellten Sachverhalts andererseits, die zum Ausdruck kommt im Sprechakt: „*Ich seh's halt so*". Wir erwarten infolge die Darstellung einer Überzeugung, mit der sie ausdrückt, wie aus ihrer Perspektive sich die Dinge verhalten.

jetzt bei den (.) Heterofamilien. ((atmet ein)) Wenn man nur die Mutter kennt oder nur den Vater, dann denkt man auch immer: (.) ‚Das Kind sieht ja voll aus wie die Mutter'. Und dann sieht man irgendwann mal den Vater und denkt: ‚Ach ja stimmt. Eigentlich sieht das komplett aus wie der Vater'.(.)

Sie setzt erst einmal eine Zäsur *(„jetzt")*, mit der sie eine Entgegensetzung zum zuvor Thematisierten ankündigt. Es handelt sich dabei um das Vergleichsmodell der heterosexuellen Familie, das von ihr in einer respektlos-distanzierenden Rede *(„den [.] Heterofamilien")* herausgehoben wird. Das hörbare Einatmen und auch die kurze Pause *(„[.]")* zeigen an, dass Wandula allerdings zum einen kurz überlegen muss, bevor sie zu einem Schluss ansetzt, und dass zum anderen die Erläuterung auch mit einer gewissen Schwierigkeit verbunden ist, worauf das Einatmen als Ausdruck einer Anspannung schließen lässt. Vermutlich antizipiert sie, dass sie in der Normalisierung des Nicht-Wissens mithilfe einer Familienform, bei der in der Regel Phänotyp und Genotyp übereinstimmen, einer Täuschung unterliegt. Denn auch wenn sie ihrer Äußerung den Charakter einer generalisierenden Schlussfolgerung verleiht und damit aus der Perspektive des Allgemeinen spricht *(„sieht man")*, ist ihre Argumentation doch nicht konsistent. Zum einen ist es in ihrem Fall ja gerade nicht so, dass Lailas Äußeres allen Anlass dazu gibt, sie sehe „*ja voll aus wie die Mutter*". Vom Phänotyp her gesehen tritt bei Laila ganz offensichtlich noch eine andere Abstammungslinie zutage. Zum anderen ist in ihrem Fall ja eben durch die anonyme Samenspende der Vater unbekannt, weshalb die Annahme, bei Präsenz des Vaters das Kind durch ein gemeinsames Äußeres ihm zuordnen zu können, nicht logisch ist. Man kann es auch so formulieren: Am ehesten würde alternativ zum Kontext der Kernfamilie zu dieser Äußerungssequenz noch ein Bedingungsrahmen passen, zu dem als Eigenschaft dazugehört, dass der Vater nicht bloß Samenspender ist, sondern die Wahrscheinlichkeit gegeben ist, dass er als Vater des Kindes auch bekannt ist. Das ist potenziell der Fall in Stieffamilien oder sogenannten Patchworkfamilien, in denen Eltern im Rahmen eines Co-Parenting sich, wenn

3.6 Deutungsmuster Samenspende

auch getrennt vom Partner/Partnerin lebend, die Sorge um das Kind weiterhin teilen, oder in Adoptiv- oder Pflegefamilien, in denen, wenn auch andere Erwachsene die Erziehungs- und Betreuungsverantwortung übernehmen, der biologische Vater in irgendeiner Weise präsent sein kann. Was hier deutlich wird, ist, dass Wandulas Normalisierung über ein Konzept von Familie läuft, zu dem immer schon wie selbstverständlich ein biologischer Vater dazugehört. Diese Deutung hat die Konsequenz, dass das Phänomen der anonymen Samenspende und der ganze Problemkomplex, der damit zusammenhängt, gar nicht erst bewusstwerden kann. Wandulas Bezugnahme auf ein Normalität beanspruchendes Modell, die auch wie eine Rechtfertigung vorgetragen wird, imprägniert erfolgreich gegen Krisenhaftes, das ihre Inseminationsfamilie infrage stellen könnte, was sie selbst aber tut. Ethische Zweifel an ihrem Familienmodell dürfen aber nicht aufkommen, dürfen nicht geäußert, sondern müssen abgewehrt werden. Denn sobald Wandula anfängt Bedenken zuzulassen, z. B. im Hinblick auf die Frage, ob man Kindern ein Aufwachsen ohne einen Vater durch die Wahl einer anonymen Samenspende überhaupt zumuten darf, würde das einen fundamentalen Angriff auf Inas biografisches Kernthema bedeuten: über die Bildung einer Inseminationsfamilie mit unbekanntem Vater ihre Sozialisationsgeschichte, in der es keinen leiblichen, eben auch einen unbekannten Vater gibt, zu normalisieren. Wandula muss und wird, will sie die Paarbeziehung nicht gefährden, alles daransetzen, die Dissonanz, die sie zwischen der Gültigkeit der Norm der Kernfamilie und ihrer Inseminationsfamilie spürt, nicht in eine Richtung aufzulösen, die Zweifel an der Richtigkeit und Zulässigkeit ihrer sozialisatorischen Praxis schüren könnten.

Nicht ganz unkommentiert können wir über die Verwendung des Demonstrativpronomens *„das"* in der Formulierung *„sieht das komplett aus wie der Vater"* hinweggehen, gleichwohl sich hier eine Fallstruktureigenschaft reproduziert, die wir schon an früherer Stelle herausgearbeitet haben. Gestaltrichtig hätte es heißen müssen, ‚sieht das Kind komplett aus wie der Vater'. Die Determinante von *„das"* ist in dem Äußerungssegment nun aber getilgt, wodurch die Sprecherin auf Distanz zur Referenz des Satzes (das Kind) geht, auf die hier verwiesen wird. Derart neutral und distanzierend kann man sich allerdings nur gegenüber einem Gegenstand verhalten, mit dem man nicht derart verbunden ist bzw. es erklärungsbedürftig ist, würde man sich diesem gegenüber so verhalten, als ob er mit einem untrennbar verbunden wäre. Da der Bezug aber hier die Eltern-Kind-Beziehung ist, die unter dem Vorzeichen der Ähnlichkeitsbeziehung behandelt wird, geht es implizit um die Sozialisationspraxis und für diese ist Untrennbarkeit geradezu ein konstitutives Merkmal. Die Formulierung, die Wandula wählt, ist – gemessen an dieser Eigenschaft diffuser Sozialbeziehungen – nicht gemäß. Denn sie behandelt die Beziehung zum Kind wie eine Sache, für die konstitutiv ist, dass man sich von ihr auch wieder trennen kann.

I: *((schmunzelt)) Ja, mh.*

Mit dem „*Ja, mh*" signalisiert die Interviewerin zwar einen Zuspruch, aber durch das abgemilderte Lachen in Gestalt eines Schmunzelns bringt sie auch einen Kommentar zum Ausdruck. Die Interviewerin scheint die Widersprüchlichkeit in Wandulas Äußerungen, einerseits eine Perspektive für sich in Anspruch zu nehmen, die besagt, dass zwei Frauen als Mütter für die Sozialisation von Kindern ausreichend sind, und anderseits aber Prekäres, wie das Nicht-Wissen bezüglich eines Teils der Abstammung zu normalisieren, doch nur belächeln zu können.

Ina: Aber ich mach mir viel weniger Gedanken. Zum Beispiel,

Nun setzt sich Ina doch, was nicht unbedingt zu erwarten gewesen ist, sprachlich zu dem von der Interviewerin repräsentierten Abstammungsthema ins Benehmen. Allerdings reagiert sie – wie vermutet – mit einem Antwortverhalten, das in einer Kontrast-Opposition zu Wandula steht. Sie kündigt mit „*aber*" der Interviewerin an, dabei sich selbst exponierend („*ich*"), dass das Anlagenthema sie anders beschäftigt als Wandula. Das Personalpronomen der ersten Person Singular betont, dass sie sich in einem Unterschied zu Wandula sieht. Das will sie der Interviewerin verständlich machen. Und ohne erneut Wandula zu Wort kommen zu lassen oder für sich eine längere Planungspause in Anspruch nehmend, signalisiert sie eine andere Perspektive, die die Interviewerin zu berücksichtigen hat. Interessant ist, dass es sich bei dem von Ina angekündigten Einwand aber nicht um eine Ablehnung von Wandulas Darstellung handelt, sondern um eine in Nuancen zum Ausdruck gebrachte andere Einstellung zum Abstammungsthema: sie mache sich „*viel weniger*" Gedanken als Wandula. Ina normalisiert, da sie möglicherweise spürt, dass Wandula noch viel eher als sie selbst eine Kandidatin dafür ist, implizit vorhandene Zweifel an der ethischen Vertretbarkeit ihrer Familienform zuzulassen. Auch geht sie vom Gegenteil dessen aus, was ihre Partnerin Wandula äußert. Sie vermutet, dass diese das Thema der Abstammung schon beschäftigt, was ja auch stimmt. Wandula setzt aber alles daran, aus oben genannten Gründen, das eher zu unterdrücken. Darin wird sie unterstützt von Ina, hier in der Form, dass sie der Interviewerin zu verstehen gibt: zusammengenommen sind wir ein ganz normales Paar, auch wenn ein impliziter Konflikt aufscheint.

3.6 Deutungsmuster Samenspende

Eine alternative Formulierung zu „*viel weniger*" wäre gewesen, sie mache sich nicht „so viele" Gedanken. Stattdessen wählt sie eine Äußerung, die das „*weniger*" potenziert. Ina drückt mit dieser Form eine nuanciert gesteigerte Unterbietung aus. In Langschrift formuliert heißt das: Wandula mache sich fast überhaupt keine, eben wenige Gedanken – woran sie selbst aber nicht glaubt –, bei ihr sind es im Vergleich dazu noch weniger, um es abzuschätzen: „*viel weniger*". Das stimmt insofern, als das Wandula sich tatsächlich wenig Gedanken macht, da die Problematik, die von der anonymen Samenspende ausgeht und im Anlagenthema präsent ist, über die Normalisierung mithilfe des Konzepts der Kernfamilie bewusstseinsmäßig kaum zu Buche schlägt. Wir können jetzt schlussfolgern, dass, wenn bei Wandula schon Kräfte am Wirken sind, die dazu führen, dass Abstammungsthemen in keinen Zweifel schürenden Prozess der kritischen Auseinandersetzung hineinführen dürfen, also bei Wandula gerade einmal dazu führen, sich ‚Gedanken zu machen', so muss im Fall von Ina ein Medium wirksam sein, das in einem noch viel stärkeren Maße gegen Problematiken abdichtet, die etwas mit dem biologischen Unterbau zu tun haben. Um ihr Verhältnis zu diesem Themenkomplex der Interviewerin zu verdeutlichen, setzt sie mit einem Beispielsatz an. Sie macht sich daran, einen Zusammenhang, der womöglich nur schwer zu begründen oder nicht unmittelbar einsichtig ist, beispielhaft zu konkretisieren.

dass ich (nehm an) durch meine Geschichte dass, äh ich hab mir viel weniger Gedanken drum gemacht. Was die, was diesen, zu diesen Anlagen. Das interessiert mich <u>nicht.</u>

Der Beispielsatz wird allerdings nicht fortgesetzt, sondern er wird abgebrochen, und es erfolgt ein Neuansetzen mit einem Nebensatz, in dem dann etwas mit grundlegendem Charakter hervorgehoben wird. Es geht dabei nicht um eine nur aktuelle oder situationsbezogene Wichtigkeit, sondern um etwas, dass Bedeutung für das Leben als Ganzes hat. Mit dem Adjunkt „*durch meine Geschichte*" macht sie das Medium bewusst, das für sie zentralthematisch ist, wenn es um das Anlagenthema geht. Das Medium, das im Falle von Ina zu einer verstärkenden Abdichtung führt bezüglich Fragen, die Herkunft und Abstammung betreffen, ist – so ihre Begründung – ihre eigene Geschichte, womit sie auch ihr Aufwachsen in einer Adoptivfamilie meint, in der Fragen rund um das Thema ‚Anlagen' insofern kaum beantwortet werden konnten, da ein Kontakt zur leiblichen Mutter nicht bestand und der leibliche Vater völlig unbekannt gewesen ist. Diese lebensgeschichtlichen Ausgangskoordinaten werden als Argument vorgetragen, weshalb sie im Vergleich zu Wandula noch viel immuner gegen Konzeptionelles ist, das mit dem Komplex der Kernfamilie zu tun hat. Im Grunde genommen steckt darin auch eine Anerkennung ihrer Adoptiveltern, denen es offenbar gut gelungen ist, einen Sozialisationskontext einzurichten, in dem denkbare Fragen, die mit der Abstammung zu tun haben, gar nicht erst aufkamen und so dem Kind, also Ina, zum Anlass werden konnten, sich über Phantasien, die vom Unbekannten der eigenen Herkunft ausgelöst werden, in eine biologische Abstammungslinie hineinzudenken. Sie solidarisiert sich mit ihrem Sozialisationsmilieu, wenn auch im Modus der Abwehr ihrer Herkunftsproblematik. Das hat zur Konsequenz, dass ein ethisches Empfinden, das Abstammungsfragen aus der Perspektive des Nachwuchses berührt, gar nicht erst aufkommt. Es wird an keiner Stelle im Interview deutlich, dass sie für die Kinder ein Problem darin sieht, über die anonyme Samenspende einen Kontext des Aufwachsens eingerichtet zu haben, durch den durchaus Fragen nach der eigenen Herkunft aufkommen können; zumal ja, wie wir über Laila wissen, diese auch durch ein anderes Äußeres als nicht eindeutig der biologischen Mutter zugeordnet werden kann. Die „*eigene Geschichte*" wird von Ina so repräsentiert, als ob sie dadurch bedingt gar nicht anders kann, als im Vergleich zu Wandula in einem noch gesteigerten Maße als diese sich von Thematiken, die den biologischen Untersatz der Familie betreffen, nicht berühren zu lassen. Sie nimmt für sich in Anspruch, dass in der Gegenwart – und das betont sie ausdrücklich – die zur Kernfamilie gehörende Tatsache der biologischen Abstammung keine Geltung hat und in der Zeit der Vergangenheit, worauf das Imperfekt verweist („*hab…gemacht*"), sie ihre Partnerin noch gesteigert unterbietend, sich „*viel weniger*" Gedanken über „*Anlagen*" gemacht hat. Aber warum nimmt sie in der Formulierung noch eine Hervorhebung vor? Worauf verweist die ausdrückliche Betonung von „*nicht*"? Auch wenn Ina zum Zwecke der Normalisierung ihrer Sozialisationsgeschichte Zweifel in Gestalt von ‚sich Gedanken über das Abstammungsthema machen' nicht aufkommen dürfen, so glaubt sie doch selbst nicht daran, dass das Thema bedeutungslos für sie ist.

I: Mh, mh.

Mit „*mh, mh*" nimmt die Interviewerin das Gesagte kommentarlos zur Kenntnis.

Ina: Aber es ist auch irgendwie durch meine Geschichte. ((senkt die Stimme))

Ina verweist noch einmal auf die Realität ihrer „*Geschichte*", die im Sprechakt repräsentiert und damit ausdrücklich bewusstgemacht wird. Die sprachliche Verdopplung als auch die Stimmführung *((senkt die Stimme))* verweisen auf die große Bedeutsamkeit ihrer Geschichte für sie als Person. Normalerweise erreicht man die Betonung eines Wortes dadurch, dass man die Stimme hebt, also die Lautstärke erhöht. „Indem die Zurücknahme der Lautstärke der naturwüchsigen

3.6 Deutungsmuster Samenspende

Reaktion der Lautstärkeerhöhung zuwiderläuft, ist sie Ausdruck besonderer Kontrolliertheit und intendiert Ernsthaftigkeit" (Franzmann/Pawlytta 2008: 420). Es handelt sich demnach um etwas besonders Wichtiges für Ina. Im Vergleich zum Satz zuvor, der hier wiederholt wird, drückt Ina in dieser Wiederholung durch das leisere Sprechen in forcierter Weise die Bedeutung ihrer Geschichte aus, auf die sie sich hier besinnt.

Mit Blick auf die Herkunftsmilieus beider Frauen, die sich den Kinderwunsch durch eine anonyme Samenspende erfüllen, soll abschließend die Frage beantwortet werden: Warum entscheiden sie sich – gegen die von ihnen implizit geteilte Geltung des Kernfamilienmodells – für einen abwesenden Vater? Inas Lebensthema ist, ihr Aufwachsen in einer Adoptivfamilie mit einem unbekannten Vater zu normalisieren. Die Normalisierung erfolgt über die Gründung einer Inseminationsfamilie mit einer anonymen Samenspende. Das Thema des Aufwachsens ohne den leiblichen Vater wird bei den eigenen Kindern, die zum Zwecke der Normalisierung instrumentalisiert werden, wiederholt. Die Beschäftigung mit diesen familienbiografischen Themen hat, wie das auch schon bei ihrer Adoptivmutter strukturbildend war, seinen Preis: Der Nachwuchsgeneration werden die gleichen Ausgangsbedingungen zugemutet, die sie vorgefunden hat und die auch ihr eine lebenslange Auseinandersetzung abverlangen. Ihre in die weibliche Paarbeziehung hineingeborenen Kinder, Joel und Olivia, wachsen mit einem abwesenden, nicht identifizierbaren Vater auf und mit einer Mutter, die verstrickt ist in Familienthematiken, die nicht abschließend bewältigt werden können und Kräfte absorbieren.

Ina, die ihrem adoptivfamilialen Milieu verbunden bleibt, ist eine radikale Vertreterin einer Mutterschaft ohne leibliche Vaterschaft. Meinungen wie „Das Kind braucht keinen Vater" sind Formulierungen, die aufgrund ihres lebensgeschichtlichen Hintergrunds und durch die Verbundenheit mit ihrem Herkunftsmilieu nicht überraschen. Zu Kompromissen wird sie diesbezüglich, sollte ihre Partnerin da anders denken, nicht bereit sein. Würde Wandula mithilfe irgendeiner Art von Phantasie die Strukturposition des Vaters alternativ besetzen, wäre das ein Stoff, der in der Paarbeziehung Anlass für Konflikt ergäbe. Ich vermute weiter, dass derart unterschiedliche Ansichten nicht tolerant nebeneinander bestehen könnten, da dafür ein hohes Maß an Ambivalenzfähigkeit notwendig ist, die vermutlich gerade bei so lebenszentralen Themen, die mit hoher biografischer Relevanz besetzt sind, nicht möglich ist. Würde Ina in Wandula eine Partnerin haben, die das vaterlose Konzept einer Familie nicht unwidersprochen mitträgt, und sich für Alternativen zur anonymen Samenspende stark macht bzw. der Ansicht ist, das Kind brauche irgendeine Art von Vater, dann wäre vermutlich die Paarbeziehung selbst infrage gestellt bzw. in ihrer Dauer gefährdet.

Ina hat in Wandula eine Partnerin gefunden, die zwar aufgrund ihres Herkunftsmilieus nicht mit einer so vehementen Unbedingtheit wie sie für eine anonyme Samenspende eintreten kann bzw. muss, die aber durch ihre familienbiografische Prägung keine Probleme mit dieser Entscheidung hat. Wandula ist in der Lage, gleichwohl sie mit der von ihr gemeinsam mit Ina gebildeten Familie von den Sozialisationsvorgaben ihrer Herkunftsfamilie abweicht, diese Abweichung mit Verweis auf Milieutypisches zu normalisieren (Naturwissenschaft, Frauenbewegung). Im Vergleich zu Ina ist Wandula keine Vertreterin eines Konzepts von Elternschaft mit unbedingter Vaterlosigkeit, auch wenn sie die Norm der Kernfamilie faktisch nicht anerkennt. Abweichung von der kulturellen Norm heißt bei ihr aber nicht, dass die Geltung der Norm derart radikal infrage gestellt wird, wie das bei Ina der Fall ist. Während Ina keine Alternativen zur Besetzung der Strukturposition gelten lässt und auch Deutungen wie die, dass der Samenspender der Vater des Kindes ist, nicht zulässt, pflegt Wandula herkunftsbedingt einen weniger strengen Umgang mit diesem Thema. Sie muss nicht so radikal für die Abwesenheit eines Vaters eintreten wie Ina. Sie hat ein anderes Verhältnis zu dem Thema väterliche Ersatzpersonen und auch keine Schwierigkeit damit, den Samenspender als Vater anzuerkennen. Allerdings kann sie die von Ina favorisierte Ansicht, ein Kind brauche keinen Vater und keine väterlichen Ersatzpersonen, kompromisslos mittragen, ohne selbst in einen moralischen Konflikt zu geraten. Zweifel, die auch sie an der Legitimität dieser Familiengründung hat, können unterdrückt werden. Der Widerspruch zwischen sozialer Wirklichkeit und geltender Norm kann über einen naturwissenschaftlichen Sachverstand und neue Weiblichkeitsentwürfe, die aus der Zeit der feministischen Psychologie stammen, normalisiert werden.

3.7 Fallstrukturgeneralisierung – Auf dem Weg zu einer Typologie

3.7.1 Ein Überblick über das Kapitel

Im Folgenden wird es darum gehen, die Ergebnisse der ersten Fallrekonstruktion zu gewichten hinsichtlich der beiden zentralen Forschungsfragen: *Erstens,* taugt der etwas in die Jahre gekommene Begriff der Kernfamilie noch, um auch derart moderne Lebensformen zu beschreiben, in denen ein Zusammenleben mit Kindern unter der Bedingung von weiblicher Homosexualität und künstlicher Befruchtung mithilfe einer Samenspende eingerichtet wird? *Zweitens,* gilt auch

3.7 Fallstrukturgeneralisierung – Auf dem Weg zu einer Typologie

diese Lebensform mit Kindern als ein Fall der Institution Familie? Um diese Fragen zu beantworten, die auf das Allgemeine, auf eine alle Fälle übergreifende Struktureigenschaft verweisen, wird für die erkenntniskanalisierende Darstellung ein Umweg über die folgenden Schritte gewählt. Zuerst werde ich im Anschluss an die von Heinrich Popitz herausgearbeiteten „universale[n] Normfelder" (2011: 110) die Kernfamilie als einen bestimmten Bereich herausstellen, in dem sozial normiert, wenn auch in den Kulturen auf je „inhaltlich verschiedene Weise" (ebd.), sich soziales Leben regelgeleitet vollzieht. In einem zweiten Schritt werde ich – auch mit einem Verweis auf Émile Durkheim und Georg Simmel – den von John R. Searle verwendeten Begriff der „Institution" einführen und erläutern. Denn der relativ weit gefasste Institutionenbegriff von Searle verweist ähnlich wie Popitz' „soziales Normfeld" auf „das stets schon Verfestigte […] als etwas, das auf den einzelnen einen äußeren Zwang ausübt" (ebd.: 85), auf „Inhalte, in denen wir eben leben, arbeiten, beten und sterben" (ebd.: 126).

Die weiter oben gestellten Fragen lassen sich im Anschluss an diese theoretischen Ausführungen konkretisieren und umwandeln in die immer wieder gleiche Frage: Wird in dieser Lebensform auf der Grundlage „inhaltlicher Konstanten" (Popitz 2011: 126) gehandelt, die dem sozialen Normfeld der Kernfamilie zurechenbar sind? Bewegen sich die Akteure dieser sozialen Lebensform in der institutionellen Welt der Kernfamilie? Tritt auch im Untersuchungsfeld die Kernfamilie als eine institutionelle Tatsache mit Allgemeinheitsanspruch auf? Ist sie eine die Fälle übergreifende Angelegenheit, die ganz unabhängig von der Frage des Grades oder der Zustimmung gilt? Die Antworten auf diese Fragen werden im dritten Schritt, die in drei Kapiteln behandelt werden (Abschn. 3.7.4, 3.7.5 und 3.7.6), im Hinblick auf das Falltypenspezifische des ersten Falles zusammengefasst. In dieser Zusammenschau werde ich zeigen, wie eine unter Vorbehalt erst einmal bis auf Weiteres als allgemeingültig angenommene Struktur sich in diesem Fall im Typus der radikalen Nonkonformisten realisiert. Am Ende (3.7.7) wird es darum gehen, den Fallvergleich vorzubereiten, der darauf zielt, angeleitet durch die methodischen Operationen der Falsifikation und des kontrastiven Fallvergleichs zu zeigen, ob und in welcher Variation ein Allgemeines in ganz unterschiedlichen Typen empirisch seinen Ausdruck findet.

3.7.2 Universale Normfelder – Heinrich Popitz

Heinrich Popitz unterscheidet in seinen Vorlesungen zur „Allgemeine[n] Soziologische[n] Theorie" (hier insbesondere die VIII. Vorlesung vom 6. Dezember 1966) sieben „universale Normfelder" (2011: 110). Damit sind Bereiche sozialen

Lebens gemeint, in denen kulturspezifisch bedingt eine unterschiedliche Ausgestaltung dieser Bereiche erfolgen kann. Aber in jeder Kultur sind immer geregelt, wenn auch auf jeweils andere Weise, *erstens* die sexuelle Beziehung der Geschlechter, *zweitens* Erziehung und Fürsorge, *drittens* Unterschiede der Geschlechter, *viertens* unterschiedliche Verhaltensnormen der Altersgruppen und *fünftens* Eigentumsrechte. Und schließlich *sechstens* sind Beziehungen weder innerhalb der Kernfamilie uferlos, noch sind *siebtens* die Sozialbeziehungen jenseits dieses Kerns, also die Herkunftsbeziehungen, ungeregelt bzw. völlig unkanalisiert (vgl. ebd.: 105–120). „In jeder Kultur" – so Popitz – „finden wir irgendwelche Normen, die jeweils bestimmte Männer an Mütter mit kleinen Kindern binden, eine soziale Vaterschaft begründen" (ebd.: 111). Der soziale Vater muss aber nicht gleich der biologische Vater sein, „das wird nach den verschiedensten Kriterien in den Kulturen verschieden ausgewählt [...] das Normfeld wäre also das fundamentale Dreieck [...] Das scheint mir das Entscheidende zu sein beim Phänomen der Kernfamilie" (ebd.: 112 f.). Mit der Herausstellung der Kernfamilie als ein „universales Normfeld" (ebd.: 110) neben den genannten anderen, in denen Beziehungen ebenso normativ geregelt sind wie im kernfamilialen Dreieck, kann man Popitz eher sicherlich der Gruppe der sogenannten „Vertikalisten" zuordnen. Es handelt sich hier um eine Unterscheidung, die Claude Lévi-Strauss (1986/1996: 9) einmal getroffen hat, zwischen Vertretern, die das Entstehen einer sozialen Ordnung eher aus dem Geflecht von Verwandtschaftsbeziehungen („Horizontalisten") erklären und denen, die die Gliederung der Gesellschaft von Kleinfamilien her beschreiben (vgl. ebd.: 10). In der Regel befassen sich die Anthropologen und Ethnologen mit den über Allianzen gestifteten Ordnungsweisen, weshalb sie als „Vertikalisten" bezeichnet werden, während Soziologen, für die die Filiation (Abstammung) an erster Stelle steht, sich mit der aus dem Geflecht der übrigen Verwandtschaftsbeziehungen herausgelösten Kernfamilie als „Eckstein jedes Gesellschaftsgebäudes" (ebd.: 9) befassen.

Heinrich Popitz verweist, indem er die Kernfamilie als ein Normfeld klassifiziert, darauf, dass in jeder Kultur Sozialbeziehungen auf kulturspezifische Weise geregelt sind. „Man kann also sagen, dass die Gesellschaft ihr normatives Netz jedem über die Wiege legt, den einzelnen von vornherein einfügt, einbezieht durch die Zuordnung bestimmter Sozialbeziehungen" (ebd.: 117). Schon bevor ein Neugeborenes zur Welt kommt, ist festgelegt, zu wem ein Kind gehört, wer für es sorgt, es erzieht, von wem es einmal erben wird und mit wem es nah und entfernt verwandt ist. Die von Popitz genannten Normfelder, die in jeder Kultur gelten, stehen dafür, dass es etwas vom Akteur jeweils Unabhängiges, etwas

3.7 Fallstrukturgeneralisierung – Auf dem Weg zu einer Typologie

Überindividuelles gibt – eben Gesellschaft wie der Soziologe Émile Durkheim sagt (1895/1984: 285). Dieses legt Verhaltensweisen fest und fordert den Mitgliedern einer Gesellschaft bestimmte Verhaltensweisen ab, die in einem Prozess der Bewährung sich als funktional bewährt haben. In Westeuropa hat sich nun – wie ich in Abschn. 1.2 gezeigt habe (vgl. dazu auch Funcke/Hildenbrand 2018) – bedingt u. a. durch das Christentum, das europäische Lehenswesen sowie den Industrialisierungs- und Urbanisierungsprozesse die Kernfamilie als eine Sonderform herausgebildet, in der im Unterschied zu anderen geografischen Räumen als Zwei-Generationenverband zusammengelebt wird, Kinder in der Regel – zu 80 % – von Eltern betreut, versorgt und erzogen werden, von denen sie biologisch abstammen, und Verwandtschaft aus der Kerngruppe heraus bilateral, also beide Abstammungslinien einschließend, die des Vaters und der Mutter, gestaltet wird.

3.7.3 Der Institutionenbegriff (Durkheim, Simmel, Searle)

Émile Durkheim hat mit vielen verschiedenen Ausdrücken die außerhalb von Akteuren liegenden Gebilde beschrieben, die das Handeln der Menschen anleiten. Er hat es als das stets schon Verfestigte bezeichnet, das „auf den einzelnen einen äußeren Zwang" (Durkheim 1893/1992: 114) ausübt und das unabhängig von dem Einzelnen und seinen „individuellen Äußerungen" (ebd.) besteht. Georg Simmel spricht, wenn es um das Über-Individuelle geht, um das Abstrakte „jenseits der einzelnen und primären Prozesse", von „objektiven Gebilden, bei denen die wechselwirkenden Kräfte schon aus ihrem unmittelbaren Träger auskristallisiert sind" (Simmel 1908/1992: 32). John R. Searle bezeichnet gesellschaftlich Verfestigtes als „Institution" und meint damit „abstrakte Einrichtungen, die ‚irgendwie' zu einem Gemeinwesen dazugehören, die zu seinem Funktionieren (und) seinem Erhalt […] als erforderlich angesehen werden" (Maiwald/Sürig 2018: 49). Von entscheidender Bedeutung für Searles Konzept der Institution ist der Aspekt „der wechselseitigen Übereinkunft, des Akzeptierens oder eben der allgemeinen Anerkennung" (ebd.: 56). Das etwas als institutionelle Tatsache anerkannt wird, eben *gilt*, geht aber nicht einher mit der Erfüllung von Rechten, Verpflichtungen, Ansprüchen, die mit der Institution verbunden sind. Man kann „ihnen durchaus zuwiderhandeln" (ebd.). Aber nicht jede „Verletzung von Rechten und Verpflichtungen [bedeutet] eine Infragestellung ihrer Geltung" (ebd.: 54) Institutionelle Tatsachen existieren von unseren subjektiven Neigungen und Wünschen unabhängig. Sie wirken aus sich heraus,

„ganz unabhängig davon, wie wir uns dazu stellen" (ebd.). Im Handeln wird ihre Geltung bestätigt, die keine Frage der Zustimmung ist (vgl. ebd.: 59).[5]

Die Allgemeingültigkeit, die allgemeine Geltung der institutionellen Tatsache der Kernfamilie, drückt sich nun – wie die Lebensform der gleichgeschlechtlichen Paare zeigt, die sich ihren Kinderwunsch durch eine Samenspende erfüllt haben – nicht darin aus, um hier schon einmal ein Ergebnis vorweg zu nehmen, dass Akteure die Regeln der Kernfamilie befolgen, ganz im Gegenteil, sie stellen die Regeln, durch die die Kernfamilie konstituiert ist, infrage. Aber, sich den Konformitätszumutungen dieser Institution zu entziehen, hat nicht zur Konsequenz, dass aus dieser in Anspruch genommenen Gestaltungsfreiheit ein Handeln resultiert, bei dem völlig unabhängig von den Gestaltungsprinzipien der Kernfamilie in dieser neuen Lebensform gehandelt wird bzw. werden kann. Denn, was man in den drei Typen – das sei hier vorweggenommen – empirisch konkretisiert auf ganz unterschiedliche Weise sehen kann, ist, dass in der Reaktion auf die in Anspruch genommene ganz neue Handlungsalternative – die Ausdruck von Nonkonformität ist –, sich in allen Typen rekonstruieren lässt, dass immer auf die kulturelle Norm der Kernfamilie rekurriert wird. Sich an die Choreografie der Kernfamilie nicht zu halten, ihre Regeln zu sprengen, erzwingt die Regelübertreter, sich in ein Verhältnis zu der gewonnenen Handlungsfreiheit zu setzen. An der Art und Weise, wie sie das tun, erkennt man, dass keineswegs die Ordnungsstrukturen der Kernfamilie abgedankt haben. Denn in allen drei Typen bleibt der Deutungskomplex (vgl. Douglas 1986), der Weltsicht, das Denken und Handeln prägt, die Kernfamilie. Der „common ground", auf den sich bezogen wird, genau dann, wenn im Rahmen der neu gewonnenen Freiheit eine neue Choreografie für das Zusammenleben unter ganz anderen Ausgangsbedingungen (Homosexualität, Samenspende) gefunden werden muss, ist die institutionelle Tatsache der Kernfamilie. Ihre Gültigkeit wird trotz Regelverstoß, trotz nonkonformen Verhaltens, befestigt, was als Nachweis gelten kann, dass es sich um eine institutionelle Tatsache handelt.

Im ersten Fall finden wir die Struktur, mit der die institutionelle Tatsache zur Geltung gelangt, im Typ der radikalen Nonkonformisten empirisch realisiert. Im Folgenden soll in einer Zusammenschau noch einmal gezeigt werden, wie in diesem Typus auf die institutionelle Tatsache der Kernfamilie rekurriert wird.

---

[5] „Wir leben in einem Meer von Tatsachen, die durch menschliche Institutionen geprägt sind. Vieles davon ist für uns unsichtbar. Genauso, wie es für die Fische schwierig ist, das Wasser, in dem sie schwimmen, wahrzunehmen, so fällt es auch uns schwer, den institutionellen Rahmen, in dem wir schwimmen, zu erkennen" (Searle 2012: 153).

3.7.4 Die radikalen Nonkonformisten – Eine erste allgemeine Darstellung

Die Handlungszumutung, die mit der kulturellen Norm der Kernfamilie verbunden ist, wird von der alternativen Lebensform der gleichgeschlechtlichen Beziehung mit Kindern, die mithilfe einer anonymen Samenspende entstanden sind, nicht aufgenommen – das gilt für alle Fälle des Untersuchungsfeldes, ganz unabhängig davon, in welchem Typus sie sich empirisch konkretisieren. Der erste Fall als Repräsentant eines Typus, in dem sich die Kernfamilie als institutionelle Tatsache empirisch in der Ausdrucksgestalt der radikalen Nonkonformisten zeigt, ist weit davon entfernt, sich der Regelstruktur der Kernfamilie gegenüber in einem Modus der Fügsamkeit zu verhalten (vgl. hier der 3. Fall). Er steht auch nicht für einen Typus, dem sich Fälle zuordnen ließen, die in einer moderaten Form, also weniger radikal, ihre Nonkonformität zum Ausdruck bringen (vgl. hier der 2. Fall). Denn typisch ist für den Fall Folgendes:

Es liegt ein Fall von Inseminationsfamilie vor, in dem zwei Frauen für ihre Kinder Elternschaft übernehmen, ohne die väterliche Strukturposition auch nur in irgendeiner Art von Alternative zu besetzen. Männer erhalten in dieser Familie keinen Zugang, es sind allenfalls Frauen, die allein, aus sich heraus, an der Erhaltung der Gattung arbeiten wollen. Der Dritte, um einen Prozess der Triangulierung in Gang zu setzen, ist zwar gegeben, aber die zweite Frau bildet kein Substitut für den Vater. Denn die Spannung von symbolisch zugewiesener Vaterschaft und Frau-Sein, die gegeben ist, sobald eine Frau schwanger wird, wird in diesem Fall aufgelöst bzw. zur Ruhe gebracht, indem die zweite Frau, wie ihre Partnerin, Mutter wird. Die Strukturposition des Vaters bleibt leer, und auch Alternativen zum leiblichen Vater sind in diesem Fall kein Thema (ein Patenonkel, ein Nachbar, ein Freund der Familie). Aus der Perspektive der Kinder betrachtet heißt das, dass ein Entwicklungsrahmen eingerichtet wird, in dem Interaktionserfahrungen mit einem Vater oder einem Vater-Ersatz nicht gemacht werden können. Auch können Abstammungsfragen den Kindern gegenüber, was ihre biologische Herkunft väterlicherseits betrifft, nicht eindeutig geklärt werden, da Daten über den Vater durch die Anonymität der Samenspende den Frauen nicht zur Verfügung stehen.

3.7.5 Die institutionelle Tatsache der Kernfamilie empirisch konkretisiert im Typ der radikalen Nonkonformisten

Es handelt sich um ein Frauenpaar, das nach dem Vorbild einer heterosexuellen Paarbeziehung mit Kindern eine Familie konstruiert. Sie wollen so gleich wie möglich diesem Modell sein, allerdings unter Ausschluss von Männern als Väter, aber in Orientierung an die für die Kernfamilie typische Anzahl von zwei Erwachsenen, die Elternschaft übernehmen. Dieses Konzept einer quantitativen Bestimmung von Familie (*„zwei reicht"*) schließt eine numerische Erweiterung zum Beispiel im Rahmen einer Mehrelternschaft aus, über die dem Samenspender ein Platz als Vater der Kinder hätte zugewiesen werden können. Die Wahl einer anonymen Samenspende, die in diesem Fall nach den vorgegebenen Kriterien eines Spenderkatalogs erfolgt, zielt darauf, den Samenspender auf maximale Distanz zu bringen. Der Ausschluss eines zusätzlichen dritten Erwachsenen aus dem Binnenraum der Familie zeigt, wie trotz der radikalen Abweichung von der Kernfamilie im Handeln eine Orientierung auf sie hin erfolgt, was letztlich ihren institutionellen Charakter belegt. Denn das „'Zwingende' von Institutionen" (Maiwald/Sürig 2018: 56) zeigt sich darin, dass man gar nicht anders kann, als sich auf sie zu beziehen, „auch im Fall des abweichenden Handelns, auch im Fall der Kritik" (ebd.: 62).

Auch wenn für diesen Fall typisch ist, dass Männern als Väter eine Bedeutung für Familienbildungsprozesse aberkannt wird, sind diese doch auf der Ebene der objektiven Bedeutungswelt präsent, was nicht überrascht, wenn die Hypothese stimmt, dass wir es bei der Kernfamilie mit einer institutionellen Tatsache zu tun haben. So wird zum einen, als Folge eines Institutionalisierungsprozesses, den Gesellschaftsmitgliedern die Kernfamilie als ein zu befolgendes Muster normativ angesonnen. Das zeigt sich darin, dass eine mit der Institution verbundene Norm, nämlich, dass jedem Kind ein Vater zugeordnet werden kann, von außen an sie herangetragen wird. Darauf, auf diese rechtlich bindende Norm, die besagt, dass die Zeugung eines Kindes immer schon mit der Status-Funktion der Vaterschaft verbunden ist, reagieren sie mit einer notariell unterschriebenen Erklärung eines Mannes, in der dieser zusichert, dass er der Vater des Kindes sei, und mit einer Eintragung beim Jugendamt: *„Vater unbekannt"*.

Aber die institutionelle Tatsache der Kernfamilie ist nicht nur etwas, das von außen her an die Frauen herangetragen wird, sondern etwas, das sie selbst internalisiert haben. Denn gleichwohl in diesem Fall die Strukturposition des Vaters nicht besetzt ist, wird doch über die Sprache immer wieder auf die institutionelle

3.7 Fallstrukturgeneralisierung – Auf dem Weg zu einer Typologie

Realität der Kernfamilie verwiesen. Nicht immer gelingt es, den Samenspender auf den technisch-instrumentellen Reproduktionsvorgang zu reduzieren. Aus dem Spender als dem Helfer in einer Notlage, der ähnlich wie bei einer Blut- oder Museumsspende eine Gabe unter der Bedingung knapper Ressourcen spendet, wird der biologische Vater. Auch die Reaktion, die Spannung von Frau-Sein und symbolisch zugewiesener Vaterschaft, still zu stellen, in diesem Fall, indem auch die zweite Frau Mutter wird, verweist auf die verhaltenssteuernde Kraft der institutionellen Tatsache. Ebenso wie die Korrekturbewegung in Form der kreuzweisen Mutterschaft bestätigt die Tabuisierung und Entthematisierung des Vaterthemas die Gültigkeit der institutionellen Tatsache. Und: Auch in der Interaktion, das hat die Sequenzanalyse gezeigt, werden die mit der Institution der Kernfamilie verbundenen Normen als normative Erwartungen wirksam. Signalisieren sie doch der Interviewerin, dass diese sie nicht danach gefragt habe, ob ihren Kindern nicht der Vater fehle, was darauf hindeutet, eine allgemeingültige Tatsache, nämlich dass Kinder einen Vater haben, als unumgänglich zu antizipieren, mit der Folge, in diesem Zuge auch die soziale Realität der Kernfamilie als Institution zu bekräftigen.

Die innere Geltung der Kernfamilie als eine institutionelle Realität, der immer wieder im Handeln Referenz erwiesen wird, tritt auch dort zutage, wo auf den Auseinanderfall von Biologischem und Sozialem mit Ausgleichshandlungen reagiert wird. Das zeigt sich an der Art der Wahl einer Samenspende, die nach Kriterien einer phänotypischen Angleichung erfolgt. Es geht ihnen um die Erzeugung einer biogenetisch vollkommenen Verwandtschaft. Das Frauenpaar scheint vortäuschen zu wollen, man habe ganz real ein Kind gezeugt und es sei sozusagen nach dem Mendelschen Gesetz als Mischung beider Partnerinnen entstanden. Des Weiteren haben die beiden Frauen sich eine genetische Ähnlichkeit ihrer Kinder gewünscht. Mithilfe des immer gleichen Samenspenders sollte eine blutsverwandtschaftliche Geschwisterbeziehung zwischen den Kindern konstruiert werden. Die leitende Fiktion dabei war die, durch den Samenspender dem Nachwuchs, vergleichbar der Kernfamilie, eindeutig eine Orientierung auf einen gemeinsamen biologischen Vater zu ermöglichen.

Diese Ausgleichshandlungen, wie auch die Herstellung von Nähe zum nichtleiblichen Kind nach dem Konzept einer kreuzweisen Mutterschaft und die Benennungspraxis, bei der das Frauenpaar sich zweier Einzelsprachen bedient, mit der Folge, dass es stabil für alle Kinder gemeinsam eine Mutter gibt, machen deutlich, dass es darum geht, Biologisches und Soziales, das in dieser Familie nicht zur Deckung kommt, nach dem Modell der Kernfamilie wieder zu re-integrieren. An den Re-intergrationsbewegungen tritt offen die Gültigkeit der Kernfamilie als eine institutionelle Realität zutage, da sie das Handeln auch dort reguliert, wo der Rahmen der Kernfamilie nicht vorliegt. Auch in Situationen, in denen das Frauenpaar aufgefordert ist, ihre Familie zu beschreiben, kann in der Darstellung nicht vorbeigedacht werden an der Institution der Kernfamilie. Der Bezugspunkt bleibt immer der für sie problematische Normalfall der Kernfamilie. Und: Wenn Abstammungsfragen virulent werden, dann wird auf den kulturellen Zusammenhang der Kernfamilie rekurriert und damit verbunden auch auf Sozialbeziehungen, die über den Kern als Verwandtschaftsbeziehung kraft Deszendenz hinausgehen *(„väterliche Linie")*. Argumentiert wird, wenn es um Abstammung und Zugehörigkeit geht, mit einem genealogischen Ordnungsmuster, das Herkunft über die Kernfamilie und den damit verbundenen Verwandtschaftsbeziehungen definiert. Bei Wandula tritt das deutlicher zutage als bei Ina, da ihre Sozialisationsgeschichte es ihr erleichtert, sich auf Traditionales viel offensichtlicher zu beziehen, während Ina, die weitaus Radikalere von beiden, sich gegenüber Themen wie Abstammung, Herkunft und Verwandtschaft weitaus weniger aufgeschlossen verhält. Auch wenn für beide implizit die Norm der Kernfamilie gilt, diese aber nicht ausgedrückt werden darf, ist Ina diejenige, die Deutungen der Kernfamilie noch weniger teilt als ihre Partnerin und noch viel mehr darum bemüht ist, im sprachlichen Handeln nicht darauf zu rekurrieren. Denn für Ina steht die gewählte Abweichung trotz impliziter Geltung der Kernfamilie im Dienste eines biografischen Lebensthemas. Ihr geht es darum, ihre Sozialisationsgeschichte, zu der das Thema des unbekannten Vaters und das Aufwachsen in einer Adoptivfamilie gehören, zu normalisieren. Diese Normalisierung erfolgt, indem sie die Ausgangsbedingungen ihres Aufwachsens für die nachfolgende Generation reproduziert und die eigenen Kinder zu diesem Zwecke instrumentalisiert. Deutungen, die diese Lösung infrage stellen könnten, dürfen nicht zutage treten, sondern müssen abgewehrt werden. Ihre Partnerin Wandula muss und kann biografisch bedingt die spürbare Dissonanz zwischen einer positiven Einstellung zur Kernfamilie und der gewählten Abweichung nicht derart radikal in die Richtung auflösen, dass kernfamiliale Deutungen überhaupt nicht mehr zugelassen werden. Aber sie spürt und scheint zu wissen, dass, sobald sie zur Trägerin des Deutungsmusters Kernfamilie wird, indem sie z. B. die Kinder (Olivia, Laila, Joel) bei der Suche nach ihrem Vater unterstützt oder Bedenken zu den gewählten Sozialisationsbedingungen äußert, sie ein krisenhaftes Element in die Paarbeziehung hineinträgt. Denn eine Realisierung von Deutungen, die das Modell der Kernfamilie bestätigen, würde Inas gesamtes Lebenskonzept, das im Kern die Normalisierung ihrer Sozialisationsgeschichte beinhaltet, untergraben und bloßstellen. Es wäre, sollte Wandula in Zukunft mehr dazu neigen, das Deutungsmuster der Kernfamilie zu teilen, das Ende der Paarbeziehung.

3.7 Fallstrukturgeneralisierung – Auf dem Weg zu einer Typologie

Was beide Frauen gemeinsam vertreten, das muss hier noch ergänzt werden, ist ein universalistisches Familienbild. Normativ erheben sie für ihre Lebensform mit Kindern, wie auch für jedes gleichgeschlechtliche Frauenpaar mit über eine Samenspende entstandenen Kindern, den Anspruch, als eine Familie zu gelten, in der unabhängig von den Merkmalen Gleichgeschlechtlichkeit und Insemination nach allgemeinen, eine Familie ausmachenden Mustern gelebt wird. Sie betrachten ihre Variante einer gleichgeschlechtlichen Inseminationsfamilie als einen Fall der Institution Familie, auch wenn bei ihnen aufgrund so spezifischer Merkmale, wie Bikulturalität und Behinderung das Institutionelle zusätzlich zur Gleichgeschlechtlichkeit nur verdeckt und eben nicht offensichtlich zutage tritt, weshalb sie für die Interviewerin den Rat bereithalten, *„viele Familien"* – und eben nicht nur die ihrige – *„zu befragen"*.

3.7.6 Bedingungen und Folgen

Im Folgenden soll es einerseits um die Bedingungen gehen, die dazu geführt haben, dass die Akteure dieses Falles auf den Gestaltungszwang, den sie sich einhandeln, wenn sie nicht als Kernfamilie, sondern unter den selbst gewählten Rahmenbedingungen von Gleichgeschlechtlichkeit und Samenspende zusammenleben, mit einem Entscheidungsverhalten reagieren, durch das sich die institutionelle Tatsache der Kernfamilie im Typ der radikalen Nonkonformisten manifestiert. Zum anderen sollen zusammenfassend die Folgen beschrieben werden, die aus den Handlungen resultieren, auf die durch Regelnonkonformität gewonnene Handlungsfreiheit mit sozialtechnokratisch anmutenden Gestaltungsprinzipien zu reagieren, die dem Typ des radikalen Nonkonformisten entsprechen.

Eine erste Bedingung, die dazu geführt hat, dass auf die durch die Abweichung von der Kernfamilie gewonnene Gestaltungsfreiheit und -notwendigkeit mit dem Entwurf einer Choreografie geantwortet wird, die aus dem Fall einen Repräsentanten des Typus des radikalen Nonkonformisten macht, ist ein Kinderwunsch, den beide Frauen haben und der nicht aus einer gemeinsamen Paarpraxis heraus entstanden ist. Sondern der Wunsch nach einem Kind, das in diesem Fall nicht verstanden werden kann als die Objektivation eines gemeinsamen Lebensentwurfes, an dem das Paar nachträglich festhält, ist bei beiden Frauen Teil eines Normalitätskonzeptes. Dieses beinhaltet die Vorstellung, dass zum eigenen weiblichen Biografieentwurf – der bei ihnen bestimmt ist von der Loyalität gegenüber dem gesellschaftlich anerkannten Muster als Frau auch Mutter zu werden – dazugehört, ein Kind zu bekommen. In der Realisierung dieses individualbiografischen Kinderwunsches, der herrührt aus der Selbstsubsumtion unter Normalitätsstandards des gegenwärtigen Lebens, unterstützen sich beide Frauen. Sie können den Entwurf der jeweiligen Anderen mittragen, ohne sich dabei selbst zu widersprechen oder in eine Wertekrise zu geraten, die nur um den Preis einer Trennung aus der Welt zu schaffen wäre.

Da ihr jeweiliger Kinderwunsch nicht der gelebten Einheit von Leib und Sozialität entspringt, sondern aus der Angleichung an ein ideologisches Idealitätsmuster resultiert, können sie auch ohne Bedenken, ohne Vorbehalte oder Zweifel, die sie in den Stand einer kritischen Reflexion versetzen würden, sich dafür entscheiden, sich den Kinderwunsch mithilfe eines Spendersamenkataloges zu erfüllen. So wird das Kind, indem die Offenheit – die jeder Zeugung innewohnt – stillgestellt wird durch die Unterwerfung unter eine konsumatorische Katalogauswahl, sprachlich behandelt wie eine Sache mit Warencharakter. Das Nicht-Synthetische, das in der Kernfamilie durch die Verschränkung von Paar- und Eltern-Kind-Beziehung Synthese ist, findet in der Sprache darin seinen Ausdruck, dass die Sozialisationspraxis (Eltern-Kind-Beziehung) und auch die Paarbeziehung behandelt werden wie eine kalter Gegenstand bzw. wie eine Sache. Die Instrumentalisierung des Kindes, das der Erfüllung des jeweiligen eigenen Biografieentwurfes dient und das wie im Falle von Ina im Dienste der Normalisierung der eigenen Sozialisationsgeschichte steht, mündet in eine neutrale und distanzierende Darstellungsweise, die Sachverhalten mit Ausstattungscharakter entspricht, aber nicht primären Interaktionsformen, in denen es um die Sozialisation des Nachwuchses geht.

Das, was sie zu einem Fall macht, der zur Gruppe des Typs der radikalen Nonkonformisten zu zählen ist, ist, dass es sich bei ihnen um eine Inseminationsfamilie handelt, die präsupponiert, zur Familie braucht es keinen Vater, bzw. um Mutter zu werden, braucht es keinen Mann, der als Partner der Mutter die Sozialposition des Vaters ausfüllt. Eine Bedingung, die dazu führt, dass sie auf den von der Handlungsfreiheit ausgehenden Zwang mit dieser Konstruktion reagieren, in der für die Kinder kein Vater vorgesehen ist, liegt in den biografischen Herkunftszusammenhängen und den damit verbundenen Sozialisationserfahrungen, die die Frauen gemacht haben.

Biografisch vermittelt ist das choreografische Muster, mit dem auf die durch Abweichung von der Kernfamilie gewonnene Handlungsfreiheit reagiert wird und die sich im Typ der radikalen Nonkonformisten empirisch konkretisiert, in diesem Fall durch eine Biografie, die bestimmt ist durch das Merkmal der Adoption, zu dem die Dimension des unbekannten Vaters gehört, und durch das auf sozialisatorische Ausgangsbedingungen antwortende Muster, das adoptivfamiliale Milieu sich zu eigen zu machen. Letzteres bedeutet in Konsequenz und ganz konkret, sich den mit einem Trauma verbundenen Lebensthemen der Adoptivmutter (Holocaust, Konzentrationslager, Verlust der Mutter) anzunehmen und auch mit biografisch eigenen Schritten auf die Milieuverhaftetheit der Adoptiveltern (Juden, Holocaust) zu reagieren. Die Formen der Auseinandersetzung, die dabei gewählt werden, sind gleichwohl sie einerseits eine Verbundenheit zum Adoptionsmilieu zum Ausdruck bringen, andererseits von hohem provokatorischem Gehalt, zumindest aus der Perspektive der Adoptiveltern (Deutschland als Lebensort, Erlernen der deutschen Sprache, Zusammenleben in einer gleichgeschlechtlichen Beziehung). Für die Sozialisation der nachfolgenden Generation haben diese Lösungswege, in denen die Auseinandersetzungen mit den lebensgeschichtlichen Themen eine spezifische Gestalt annehmen, zur Folge, in eine sozialisatorische Ausgangslage hineingeboren zu werden, der eingeschrieben ist, dass Männer als biologische Väter für Entwicklungsprozesse nicht konstitutiv sind, zwei Frauen aus sich heraus eine Familie gründen können und die eigene leibliche Mutter zum Teil abwesend ist, da verstrickt in die Bearbeitung eigener Herkunftsthemen. Abwesenheit konstituiert sich auch dadurch, dass eine Bewegung auf das nicht-leibliche Kind erfolgt. Zum Ausdruck gebracht und theoretisch beschrieben ist die Korrekturbewegung, mit der auf den Auseinanderfall von Biologischem und Sozialem reagiert wird, in der Figur der Überkreuzungsfamilie.

Diese ganze Konstruktion, die darauf basiert, mit einem radikalen Bauplan auf die Abweichung von der Kernfamilie zu reagieren, wird von der zweiten Frau (Wandula), der Partnerin, die auch Mutter werden darf, mitgetragen. Diese verfügt über eine sozialisatorische Prägung (naturwissenschaftliches-akademisches Herkunftsmilieu, Konzepte aus der feministischen Psychologie, Offenheit gegenüber Fremdem), sodass aus den beiden Frauen zusammen ein Team werden kann, das in der von ihnen entworfenen Konstruktion zusammenlebt, ohne dass dabei moralische Zweifel sich sprachlich manifestieren, die sie implizit zwar beide hegen, aber aus genannten, recht unterschiedlichen Gründen, abwehren. Äußerungen, die ethische Bedenken beinhalten und ihr Familienmodell infrage stellen, dürfen – gegen die implizite Geltung der Norm der Kernfamilie – nicht zugelassen werden.

3.7.7 Weitere Schritte auf dem Weg der Theoriebildung

Im Folgenden geht es darum, den Pfad der Theoriebildung weiter zu beschreiten, indem unter Berücksichtigung des Falsifikationsprinzips und der methodischen Operation des kontrastiv angelegten Fallvergleichs ein nächster Fall ausgewählt wird. Das Ziel der Fallauswahl ist, einen Fall zu finden, der die bisher gebildeten

Hypothesen mutmaßlich widerlegt, indem er geltend macht, dass die Kernfamilie als institutionelle Tatsache keineswegs als ein generalisierendes Allgemeines beschrieben werden kann. Kann ein derartiger Fall nicht gefunden werden bzw. kristallisiert sich im Verlaufe der Fallrekonstruktion heraus, dass wir es mit einem Fall zu tun haben, der die theoretischen Überlegungen aus dem Prozess der Strukturgeneralisierung bestätigt, dann ist zu bestimmen, ob wir es mit einem neuen Typ von Fall zu tun haben. Trifft dies zu, dann sind wir forschungspraktisch gesehen dabei, das Feld der gleichgeschlechtlichen Inseminationsfamilie über den Entwurf einer Typologie weiter auszuschreiten.

Bei dem hier zuerst ausgewählten Fall hat sich im Verlaufe der Arbeit am Fall herausgestellt, dass es sich nicht nur um einen „Grenzfall" (Jaspers 1913/1965: 362 f.) handelt, „worunter jene in der Wirklichkeit selten vorkommenden Fälle zu verstehen sind, in denen ein Typus in maximaler Annäherung und als nahezu reine Gestalt erscheint" (Schmeiser 2003: 70). Sondern es handelt sich zugleich um einen Extremfall, der den Schritt, falsifikatorisch vorzugehen nicht nur überflüssig, sondern auch nicht erforderlich macht, es sei denn man ist darauf aus, nicht die Variation der Struktur, sondern die quantitative Verteilung von Typen zu erforschen. Denn der Fall vom Typ der radikalen Nonkonformisten hat gezeigt, dass gleichwohl in so extremer Weise von der kulturellen Norm der Kernfamilie abgewichen wird, der Fall in seiner Besonderheit, d. h. in der Art und Weise, wie mit der Abweichung von der Regelstruktur der Kernfamilie umgegangen wird, über sich selbst auf ein abstraktes Allgemeines hinausweist. In der Radikalität, in der in diesem Fall vom Allgemeinen abgewichen wird, lässt sich das Allgemeingültige, nämlich, dass auch unter neuen, selbstgewählten Bedingungen eine Familie zu gründen, die Folgen der Negation bzw. des nonkonformen Verhaltens nur in der Auseinandersetzung mit den Mustern der Kernfamilie bearbeitet werden, umso deutlicher erkennen. „Die Ausnahme" – so Kierkegaard – „erklärt also das Allgemeine und sich selbst, und wenn man das Allgemeine recht studieren will, muss man sich bloß nach einer berechtigten Ausnahme umsehen; diese zeigt alles weit deutlicher als das Allgemeine selbst" (1923: 203).

Im Prinzip könnte man jetzt, nach der Analyse dieses ersten Falles, der sich – was zu Beginn der Analysearbeit nicht absehbar war – als Grenz- *und* Extremfall entpuppte, die weitere Forschungsarbeit einstellen. Das gilt aber nur, wenn das Ziel der Forschungsarbeit nicht darüber hinausgeht, über den Prozess einer Einzelfallrekonstruktion eine Erkenntnis über den Gegenstand zu gewinnen, also die Forschungsfrage zu beantworten, ob die gleichgeschlechtliche Inseminationsfamilie ein Fall von Familie ist, was jetzt positiv beantwortet werden kann, nachdem die Kernfamilie als ein Über-Individuelles, als ein abstraktes Allgemeines am ersten Fall identifiziert werden konnte. Wenn es aber auch darum geht, zu

3.7 Fallstrukturgeneralisierung – Auf dem Weg zu einer Typologie

erkennen, wie das Allgemeine sich auf immer wieder neue Weise typischerweise manifestiert, dann muss dazu übergegangen werden, über einen kontrastiv anzulegenden Fallvergleich, den Prozess der typologischen Unterscheidung anzustoßen. Darum soll es im Folgenden gehen, nicht forschungspraktisch, indem die Auseinandersetzung mit weiterem, neuem Fallmaterial gesucht wird, sondern durch allgemeine Vorüberlegungen, in die die vorliegenden Erkenntnisse aus der ersten Fallanalyse eingehen. Das Ziel, das hier vorbereitet wird, ist, über einen Fallvergleich, der schrittweise von Fall zu Fall vollzogen wird, zu erkennen, in welcher typologischen Vielfalt eine als allgemein angenommene und empirisch bereits nachgewiesene Struktur erscheint.

Welcher Fall aus dem Feld möglicher Fälle hätte denn nun die besten Chancen als Fall das über den Prozess der Strukturgeneralisierung gewonnene abstrakte Allgemeine in einer Variation zu repräsentieren? Wie müsste denn ein zweiter Fall beschaffen sein, sodass er allen Anlass zur Mutmaßung gibt, hier die Struktur möglicherweise in einem neuen Typ realisiert vorzufinden? Wenn die *erste These* stimmt –, wovon auszugehen ist, da es sich um einen Extremfall handelt –, dass die Kernfamilie eine institutionelle Tatsache ist und dass es sich hierbei um eine Regelstruktur handelt, die der jeweiligen Praxis und Interaktion immer schon vorgängig ist, und auch die *zweite These* gilt, dass ein Zusammenhang besteht zwischen sozialisatorischem Herkunftsmilieu, also der Habitusbildung, dem Deutungsmuster der Samenspende und der choreografischen Ausgestaltung der durch Abweichung gewonnenen Freiheit (im ersten Fall in Gestalt des Typs des radikalen Nonkonformisten), dann wäre ein Fall auszuwählen, der von seinen äußeren Merkmalen her entweder minimal *oder* polartypisch zum ersten Fall kontrastiert.

Als erstes ist zu entscheiden, ob eine polartypische Konstruktion die Fallauswahl steuern soll oder ein Vorgehen, bei dem schrittweise der Kontrast zum ersten Fall hergestellt wird. Ich habe mich für Letzteres entschieden, da ich von der Annahme ausgehe, im Vergleich der Fälle eine Antwort auf die Frage zu finden, die aus dem zugegebenermaßen auch etwas irritierend beunruhigendem Befund resultiert, dass sich im Typ der radikalen Nonkonformisten auf der Ebene der Sprache ein versachlichter Umgang mit den beiden Sozialbeziehungen, der Eltern-Kind-Beziehung und der Paarbeziehung, nachweisen lässt: Handelt es sich bei dieser Beobachtung um ein Phänomen, das nur für diesen Typ von gleichgeschlechtlicher Inseminationsfamilie gilt? Oder ist das eine Eigenschaft, die für andere Typen dieser Familienform auch zutrifft? Gut denkbar wäre, dass es sich hierbei um etwas Typisches handelt, das sich in gleichgeschlechtlichen Inseminationsfamilien – möglicherweise aber nicht nur dort – genau dann besonders ausdrucksstark zeigt, wenn zum einen Mutterschaft ein

Individualisierungsprojekt ist und zum anderen noch hinzukommt, die Kinder für die biografische Aufgabe zu instrumentalisieren, die eigene Sozialisationsgeschichte und die damit verbundenen prekären Bedingungen des Aufwachsens zu normalisieren. Nicht auszuschließen ist auch, dass, je weniger radikal mit der Nonkonformität umgegangen wird, also je moderater die Lösungen sind, mit denen auf die Abweichungen von der Kernfamilie reagiert wird (z. B. die Wahl eines bekannten Spenders oder die Wahl einer „halb-offenen" Samenspende), umso geringer sind möglicherweise auch die Chancen, im Datenmaterial objektive Bedeutungen zu rekonstruieren, die anzeigen, dass die Paarbeziehung und/oder die Eltern-Kind-Beziehung wie ein Gegenstand behandelt wird. Die Entscheidung, den Typenbildungsprozess auf diese generative Frage hin anzulegen, führt insofern in einen radikal offenen Forschungsprozess hinein, da unklar ist, ob in der konkreten Auseinandersetzung mit dem Datenmaterial darauf überhaupt Antworten gefunden werden können. Stellt sich im kumulativen Vollzug der fallvergleichend angelegten Analyse heraus, dass über diese Stoßrichtung das Feld der gleichgeschlechtlichen Inseminationsfamilie zu vermessen sich nicht bewährt, dann muss im laufenden Prozess innegehalten werden und auch durch eine Rückbesinnung auf die ursprünglichen Ausgangsüberlegungen der Weg hin zu einer Typologie über einen Fallvergleich nach neuen Kriterien sortiert werden.

Als zweiter Fall ist nun – wird minimal-kontrastiert im Vergleich zum ersten – einer zu bestimmen und auszuwählen, der von seinen äußeren Merkmalen her vermuten lässt, dass er sich einem Typ von Fall zuordnen lässt, für den ein moderaterer Umgang mit der Nonkonformität typisch ist. Denkbar ist hier ein Fall von gleichgeschlechtlicher Inseminationsfamilie, in dem das Frauenpaar keine anonyme Samenspende gewählt hat (halb-anonyme Samenspende oder ein Bekannter, ein Freund bzw. Verwandter ist der Samenspender) und dem Kind die leibliche Abstammung bekannt ist bzw. bekannt sein kann, auch wenn der leibliche Vater, wie im ersten Fall, keinen Platz in der Familie erhält. Des Weiteren wäre ein Hinweis für eine weniger radikale Auseinandersetzung mit den Folgen der Abweichung von der Kernfamilie, die in die Herausforderung mündet, auf die gewonnene Handlungsfreiheit mit einer eigenen Choreografie zu antworten, dass das Frauenpaar nur ein Kind hat bzw. immer die gleiche Frau schwanger wird. Diese Lösung wäre ein Indiz dafür, dass nicht wie im ersten Fall über Überkreuzungsprozesse die Spannung zwischen Frau-Sein und zugewiesener väterlicher Strukturposition aufgelöst wird bzw. werden muss, sondern dass die Partnerin der Frau, die Mutter geworden ist, auf die Strukturposition des Vaters einrücken kann. Woher in diesem zweiten Fall der Kinderwunsch kommt, ob er wie im ersten Fall nicht aus der gelebten Sozialität des Paares hervorgegangen ist, sondern die Folge eines Mutterschaftskonzeptes ist, zu dem dazugehört,

3.7 Fallstrukturgeneralisierung – Auf dem Weg zu einer Typologie

als Frau auch Mutter zu werden, bleibt eine Frage, die erst im weiteren Verlauf der Fallanalyse beantwortet werden kann. Es wird zu untersuchen sein, ob der im jeweiligen Paar vorliegende Kinderwunsch, der von Fall zu Fall, wie angedeutet, unterschiedliche Ursachen haben kann, im Zusammenhang zu denken ist mit der Art und Weise, wie der durch die Abweichung von der Regelstruktur der Kernfamilie gewonnene Spielraum gestaltet wird. Auch wenn allen Fällen gleichermaßen der Charakter zukommt, sich nonkonform zur Kernfamilie zu verhalten, so variieren sie doch in der Interpretation der durch Distanz zur Regelstruktur der Kernfamilie gewonnenen Freiheit. Und es bleibt vorerst eine offene Frage, ob die Folgen, die aus der jeweiligen Choreografie resultieren, wie z. B. ein versachlichter Umgang mit sozialen Beziehungsformen, auch im Kontext des je fallspezifischen Familiengründungsprozesses zu deuten sind. Es wird also im zweiten Fall mit zu untersuchen sein, wo der Kinderwunsch herrührt bzw. wo er zu verorten ist, ganz allgemein gefragt: im Paar selbst oder als internalisierter, in der Biografie der jeweiligen Frau verwurzelter Wunsch, als Frau Mutter zu werden.

Fassen wir zusammen: Wir machen uns auf die Suche nach einem zweiten Fall, der sich minimal vom ersten unterscheidet. Der Unterschied soll darin bestehen, dass er sich in ein anderes Verhältnis zur Samenspende setzt und für eine andere Aufteilung zwischen den beiden Frauen steht, d. h. stabil nur eine Mutter wird. Die Auswahl eines Falles, der aufs erste – soweit man das eben überblicken kann, ohne in die fallanalytische Rekonstruktion eingestiegen zu sein – diese Kriterien erfüllt, zeigt zum einen an, dass nicht wie im ersten Fall eine Choreografie gewählt wird, die in der Abweichung zur Regel die maximale Distanz bewahrt, sondern eine, die auf die Bereitschaft schließen lässt, dass sich die Akteure konformitätsorientiert verhalten. Zum anderen geben diese äußeren Merkmale Anlass zur Mutmaßung, dass in diesem zweiten Fall das Strukturmerkmal der Versachlichung der sozialen Beziehungen weniger radikal zutage tritt oder sich nicht nachweislich manifestiert. Und stimmt die zweite These, die des Zusammenhanges von sozialisatorischem Herkunftsmilieu – der Habitusbildung – dem Deutungsmuster der Samenspende – und der choreografischen Ausgestaltung, dann wird der zweite Fall auch daraufhin zu untersuchen sein, ob und wie die Choreografie des Falles, also die Art und Weise, wie mit den Folgeproblemen resultierend aus der Abweichung fallstrukturmäßig umgegangen wird, mitbestimmt ist durch ein biografisches Muster. So wird, wie im ersten Fall, auch in der zweiten Fallanalyse der Perspektive auf das Herkunftsmilieu ein zentraler Stellenwert eingeräumt, jetzt allerdings motiviert durch die Aufgabe nachweisen zu wollen, dass der Prozess der Transformation des objektiven Allgemeinen in einen anderen Typ von gleichgeschlechtlicher Inseminationsfamilie nur hinreichend erfasst werden kann, wenn auch das die Choreografie tragende sozialisatorische Herkunftsmilieu in der Rekonstruktionsanalyse ausreichend gewürdigt wird.

Die Moderaten 4

„Das also die Zumutung so klein wie möglich gehalten wird, darum geht es." (Sabrina)

4.1 Testierbare Daten: Familienbildung mithilfe einer „halb-offenen" Samenspende

Sabrina Bauer (*1968) lernt ihre um zwölf Jahre ältere Partnerin Maria Dallmeyer (*1956) im Jahr 1995 kennen. Seit 2000 lebt das Paar in einer eingetragenen Lebensgemeinschaft. Sie haben einen Sohn, der mit einer „halb-offenen" Samenspende gezeugt wurde. Mit dieser Form der Samenspende ermöglichen sie ihrem Kind, mit 18 Jahren von seinem Recht Gebrauch zu machen, die Identität seines biologischen Vaters erfahren zu können. Von maßgeblicher Bedeutung für die Entscheidung des Paares für genau diese eine Samenbank war, dass diese nur Männer als Spender zuließ, die selbst bereits eine eigene Familie gegründet hatten und Väter mindestens zweier Kinder waren. Den bei dieser Samenbank eingekauften Samen lässt sich das Paar mit der Post nach Deutschland senden und führt im Do-it-yourself-Verfahren, also unter Ausschluss zusätzlicher Dritter (ohne eine Hebamme oder Ärztin), zu Hause die Insemination durch. Hinzu kommt in diesem Fall noch die Besonderheit, dass Sabrina nach der Geburt von Johann (*2000) das Angebot der Samenbank wahrnimmt, ein Spenderprofil zu erhalten. Dieses macht Angaben zu phänotypischen Merkmalen wie Größe, Gewicht, Haar- und Augenfarbe, nennt den Beruf und enthält auch eine Selbstbeschreibung des Spenders.

Kurz nach Inkraftsetzung des Stiefkindadoptionsgesetzes (2005) adoptiert Maria den Sohn Johann. Einen gemeinsamen Familiennamen gibt es nicht. Nach der Geburt von Johann obliegt die Primärzuständigkeit in der Fürsorge der leiblichen Mutter, die schrittweise zunehmend auch die Betreuung und Fürsorge des Kindes ihrer Partnerin überlässt. Der Wunsch nach einem zweiten Kind wird von beiden Frauen verschieden gesehen. Sabrina möchte gerne noch ein zweites Kind zur Welt bringen. Maria lehnt ein weiteres Kind ab. Für sie ist im Jahr 2005 die Diskussion darüber abgeschlossen. 2006 finden sie eine Kompromisslösung. Sie absolvieren einen Pflegeelternkurs und bewerben sich beim Jugendamt für ein Vollzeitpflegekind. Vier Jahre später teilen sie mir mit, dass sie ihr Gästezimmer weiterhin an Praktikantinnen vermieten und Johann *„leider ein Einzelkind geblieben ist"*.

Beide Frauen sind berufstätig. Maria arbeitet in einem karitativen Beruf. Sabrina, die Jüngere von beiden und die Mutter von Johann, hat ein Universitätsstudium im naturwissenschaftlichen Bereich abgeschlossen und ist zurzeit des Interviews noch dabei, über ein Weiterbildungsstudium berufliche Karriereambitionen geltend zu machen.

Wir haben es mit einem Fall zu tun, der sich dem Pol B („Vertreter der Konstrukteure einer Familienordnung ohne Vater") zuordnen lässt. Für die Sozialisation des Nachwuchses wird über die Wahl einer „halb-offenen" Samenspende ein Entwicklungsrahmen erzeugt, in der die Strukturposition des Vaters nicht wie im Modell der Kernfamilie mit dem leiblichen Vater besetzt ist. Im Primärraum der Gruppe, die aus zwei Frauen besteht, die zusammen ein Paar bilden und von denen die eine die leibliche Mutter des Kindes ist, ist nicht vorgesehen, dass der Sohn Interaktionserfahrungen mit seinem leiblichen Vater macht. Es erfolgt keine numerische Erweiterung um den Vater als einen männlichen Dritten, der als lebenspraktisch bedeutsame Elternfigur angesehen wird. Eine im weiteren Verlauf der Fallrekonstruktion zu untersuchende Frage wird sein, wie innerhalb der Kontextbedingung, dass nur eine Frau ein Kind zur Welt bringt und eine Nachwuchssozialisation unter Ausschluss des leiblichen Vaters erfolgt, mit der Handlungszumutung umgegangen wird, als Partnerin der leiblichen Mutter auf die Strukturposition des Vaters verwiesen zu sein. Welche denkbaren und vor dem Hintergrund des Fallwissens erwartbaren Handlungsoptionen bestehen, um auf die Spannung zwischen Frau-Sein und der Möglichkeit, den freien Platz des Vaters einzunehmen, zu reagieren, wird an entsprechender Stelle noch im Einzelnen auszubuchstabieren sein.

Im Vergleich zum ersten Fall ist der vorliegende zweite Fall aber keineswegs durch das Merkmal der Radikaldistanzierung vom biologischen Vater gekennzeichnet. Eine komplette Anonymität des Spenders ist nicht gegeben. Der biologische Vater ist nicht ganz so unsichtbar gemacht, auch wenn ihm keine sozialisatorischen Verpflichtungen obliegen und zu ihm im strengen Sinne durch die temporär geregelte Abwesenheit auch keine kommunikative Beziehung besteht. Mit der Wahl der „halb-offenen" Samenspende drückt das Frauenpaar aus, biologisch-genetisches Wissen als Quelle für die Herstellung einer sozialen Ordnung als bedeutsam anzuerkennen: dass der Vater zumindest in genetischer Hinsicht zählt. So verhalten sie sich zwar nicht regelkonform zur Handlungszumutung der Kernfamilie, den Vater in den Prozess des Aufwachsens zu integrieren, aber sie lassen gelten, dass für Entwicklungsprozesse ein Wissen, das Fragen der Abstammung berührt, bedeutsam ist.

Generell, so kann zunächst festgehalten werden, fordert ihnen die Gleichzeitigkeit, sich einerseits nonkonformistisch gegenüber der Regelstruktur der Kernfamilie zu verhalten (Ausschluss des Vaters aus dem Primärraum der Sozialisation), aber andererseits positiv die Geltung zu ratifizieren, dass jedes Kind ein Recht auf seinen Vater hat und ihn ggf. kennenlernen darf („halboffene" Samenspende), in hohem Maße die Bereitschaft ab, kommunikative Ambivalenzen nicht nur auszuhalten, sondern sie auch zu gestalten. Es werden bewusst Wege zum Vater offengelassen, und es stehen Informationen über ihn als den biologischen Vater durch das Spenderprofil zur Verfügung. So ist das Frauenpaar damit konfrontiert, immer wieder entscheiden zu müssen, wie mit dem wenigen, nur andeutenden Wissen und Nichtwissen umzugehen ist. Sie müssen entscheiden, wie viel Transparenz sie im Binnenraum der Familie gegenüber ihrem Sohn für notwendig und angemessen erachten.

Im Folgenden werden wir über die Genogrammanalyse beider Frauen erkennen, aus welchen sozialisatorischen Herkunftsmilieus sie stammen, die sie zum einen dafür disponieren, mit der „halb-offenen" Samenspende eine (im Gegensatz zur anonymen Samenspende) moderatere Lösung zu wählen, und zum anderen dafür, komplexen, von Ambivalenzen geprägten Kommunikationsanforderungen zu begegnen (Abb. 4.1).

4.2 Heterologie zum Herkunftsmilieu: Das Prinzip der Gleichursprünglichkeit von Ablehnung und Zustimmung

Wir beginnen mit Sabrina Bauer, der leiblichen Mutter von Johann.

Das Strukturproblem der Nachfolge: Sabrinas Urgroßvater väterlicherseits stammt aus Berlin. Eine Reise führt ihn in eine mittelgroße Stadt im Hunsrück. Er lässt sich dort nieder, ergreift den Beruf des Steinhändlers und heiratet

150   4 Die Moderaten

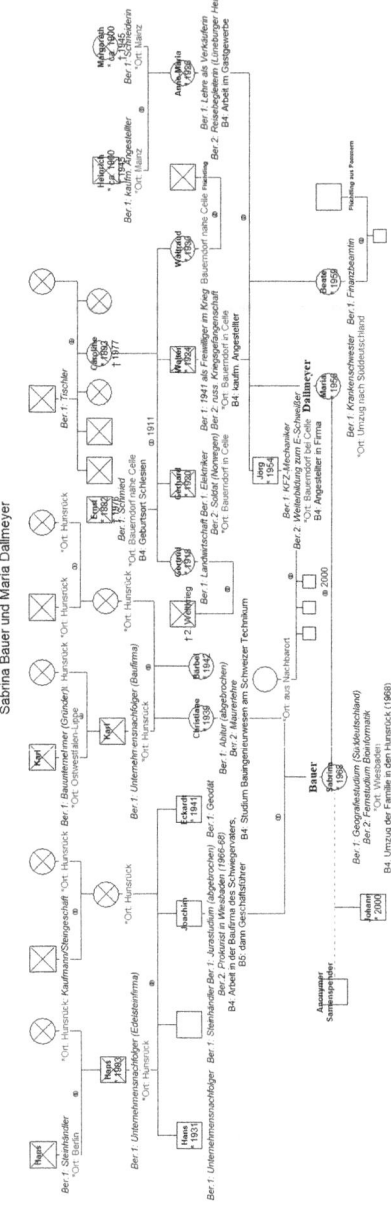

Abb. 4.1 Genogramm Bauer/Dallmeyer. (Quelle: eigene Darstellung)

4.2 Heterologie zum Herkunftsmilieu: Das Prinzip der ...

das „reichste Mädchen" der Stadt – wie im familiengeschichtlichen Gespräch berichtet wird. Der einzige Sohn (*1903) dieses Paares, benannt nach dem Vater, bewährt sich in der vom Vater vorbereiteten unternehmerischen Existenz. Er bleibt in der Steinbranche und heiratet in ein Kaufmannsmilieu ein, das im Ort tonangebend ist. Vor dem Hintergrund, dass sein Vater als Fremder in die Stadt gekommen ist, erscheint diese Eheschließung mit der ältesten Tochter einer Familie, die zum wohlhabenden lokalen Patriziat der Stadt gehört, als ein nicht nur statusmäßig, sondern auch biografisch stimmiger Versuch, die lokale Verankerung voranzutreiben. Zudem gewinnt er durch die Partnerwahl einen Schwiegervater, der auch im Steingeschäft tätig ist und ihm weitere Handelsverbindungen ermöglichen kann.

Halten wir fest: Der Sohn eines Zugezogenen setzt als Stammhalter des väterlichen Namens nicht nur die Berufsorientierung ungebrochen fort, sondern reproduziert auch die väterliche Heiratsstrategie, indem er in den städtischen Wohlstand und Reichtum einheiratet. Die Stabilisierung der vom Vater etablierten Kaufmannstradition findet seinen Ausdruck auch in der Familiengründung, die mit der Heirat verbunden ist. Das Paar hat insgesamt vier Söhne, unter ihnen der Vater von Sabrina. Wie gelingt es dieser nachfolgenden Generation nun, das kaufmännische Erbe und, damit verbunden, das Familienunternehmen fortzuführen?

Der Älteste, Hans (*1931) – schon vom Namen her dazu bestimmt, das Familienunternehmen in dritter Generation fortzusetzen, – übernimmt das Geschäft des Vaters. Der Zweitgeborene wird, nachdem er eine Zeit lang gemeinsam mit seinem älteren Bruder das väterliche Geschäft geführt hat, selbstständiger Steinhändler in einer größeren Nachbarstadt. Joachim, der Vater von Sabrina, beginnt ein Jurastudium, das er, nachdem er zwei Mal durch das Staatsexamen gefallen ist, abbricht. Der Jüngste wird Geodät und arbeitet als Angestellter im Verwaltungsamt in Koblenz.

Im weiteren Verlauf der Genogrammanalyse konzentrieren wir uns auf den Vater von Sabrina, für den sich nach einem Exkurs in den Bereich der akademischen Bildung folgende Option auftut: Er kann an die unternehmerische Tradition der Familie anschließen, wenn auch über einen Seitenpfad, nämlich den der Einheirat. Er heiratet eine mittelständische Bauunternehmertochter, durch die er die Gelegenheit bekommt, von seinem Schwiegervater allmählich in die leitende Position der Firma eingeführt zu werden. Dieser Schritt, den Schwiegersohn in die Firma zu holen, führt aufgrund von Bedingungen, die noch auszuführen sind, zu einer Systemkonstellation, die für die Familienmitglieder folgenreich ist. Sie reagieren mit Streit, Kommunikationsabbruch und der Entscheidung, auf alternative, ganz neue Entwicklungswege auszuweichen. Doch schauen wir uns zuerst die Herkunftsfamilie von Sabrinas Mutter und deren berufliche Entwicklung an.

Der Urgroßvater von Sabrina mütterlicherseits kommt ursprünglich aus der Region Ostwestfalen-Lippe und ist Gründer einer Baufirma in einer größeren Mittelstadt im Hunsrück, die wir bereits aus der väterlichen Familiengeschichte kennen. Das Unternehmen wird in der zweiten Generation von dem ältesten, namensgleichen Sohn übernommen, der eine Frau aus dem Ort heiratet, die aus einer reichen Familie stammt. An dieser Stelle können wir festhalten, dass Sabrina mit einem Vater und einer Mutter aufwächst, die beide mit Vätern groß geworden sind, die als Nachfolger eines Familienbetriebes Verantwortung übernehmen und die jeweils aus väterlicher Linie über Großväter verfügen, denen als Zugezogene über eine berufliche Selbstständigkeit und vorteilhafte Heiraten die Sozialintegration in der Fremde gelungen ist.

Die Bauunternehmerfamilie in zweiter Generation hat zwei Töchter. Christiane, die Älteste, die uns hier als die Mutter von Sabrina interessiert, wird 1939 geboren. Die jüngere Schwester kommt drei Jahre später, 1942, zur Welt. Ein Sohn, der als prospektiver Nachfolger das Unternehmen übernehmen könnte, fehlt der Familie. So konfrontiert die Geburt von zwei Töchtern die Eltern mit dem Nachfolgeproblem. Es kann aber davon ausgegangen werden, da Familienbetriebe auf Kontinuität angelegt sind, dass zumindest eine Tochter einen adäquaten Beruf erlernen wird, der sie befähigt, den Betrieb zu übernehmen, oder einen Mann wählen wird, mit dem sie gemeinsam den Betrieb leiten kann. Die Frage ist: Werden die Eltern ihre Tochter in einem Lebensentwurf unterstützen, in dem es darum geht, das Erbe des Familienunternehmens fortzusetzen, oder werden sie ihre Tochter dazu anhalten, einen Beruf zu wählen, der eine Orientierung außerhalb der Unternehmertradition ermöglicht?

Die Mutter von Sabrina bricht das Abitur ab und absolviert eine Maurerlehre außerhalb des väterlichen Baubetriebes. Anschließend studiert sie am Technikum in der Schweiz Bauingenieurwesen und erwirbt damit die Befähigung, das väterliche Geschäft als Nachfolgerin zu führen. Von der jüngeren Schwester ist nur bekannt, dass sie eine Berufsorientierung fern der Unternehmertradition wählt. Christianes Entscheidungen aber verweisen auf eine starke Identifikationsneigung mit den väterlichen Vorgaben, und sie liefern eine Evidenz dafür, dass es ihr nicht darum geht, Autonomieansprüche, die über die Tradition des Familienunternehmens hinausweisen, sichern zu wollen. Sie bekundet mit der Wahl einer Maurerlehre und dem Eintritt in ein schweizerisches Technikum einen radikalen Entwurf von weiblicher Emanzipation. Zum anderen bringt der Wunsch, männlich bestimmte Fächer zu wählen und zu studieren, eine Entschlossenheit zum Ausdruck, gleichrangig als Frau in einer Männerdomäne beschäftigt zu sein. Mit einem leidenschaftlichen Ausbildungswillen, der vermutlich nicht wie selbstverständlich vom Herkunftsmilieu mitgetragen wird, also unter großen familialen und individuellen Anstrengungen durchgesetzt und verfolgt wird, erkämpft sie sich den Zugang zur Welt des Familienunternehmens.

Vonseiten der Eltern werden aber keine Anstrengungen unternommen, die Tochter, die die Firma potenziell weiterführen könnte, in das väterliche Unternehmen als Nachfolgerin zu integrieren. Christiane heiratet dann einen Mann (Joachim) – den zukünftigen Vater von Sabrina –, der aus dem selbstständigen Kaufmannsmilieu kommt und aus ihrem Herkunftsort stammt. So wählt sie zwar einen Partner, durch den die standesgemäße Verbindung zweier gleicher Milieus gelingt, der aber außer einem abgebrochenen Jurastudium keine eigenen Leistungen aufzuweisen hat. Dadurch, dass er im Baubetrieb fachfremd ist, wird mit ihm jedoch eine gemeinsame Zukunft außerhalb der Tradition ihres Herkunftsmilieus antizipierbar. Mit anderen Worten: Sie zieht mit der Heirat die Konsequenz, wenn auch nicht radikal, da innerhalb des Milieus der Selbstständigen geheiratet wird, das Familienunternehmen zu verlassen und andere Wege zu gehen, nachdem keine Aussicht besteht, die Leitung der Baufirma übernehmen zu können. Das Paar zieht nach Wiesbaden, wo der Ehemann eine erste berufliche Anstellung – trotz des nicht beendeten Jurastudiums – als Prokurist in einer Firma erhält. Wiesbaden wird die Stadt der Familiengründung. Hier kommt 1968 Sabrina, das einzige Kind des Paares[1], zur Welt. Drei Monate nach der Geburt der Tochter kehrt das Paar an den Herkunftsort zurück und zieht in das Haus von Christianes Eltern. Mit der Entscheidung, in das angestammte Lebensumfeld zurückzukehren, beginnt eine Lebensetappe, in der das Paar in den verwandtschaftlichen Zusammenhang der Herkunftsfamilie von Christiane auf Dauer eingebunden bleibt. Ihr Ehemann, Joachim, tritt in die Baufirma ein und beginnt, im Windschatten ihres Vaters, auf der Sozialposition eines Auszubildenden im väterlichen Unternehmen zu arbeiten. Diesen Schritt, nicht der Tochter, die von ihrer Ausbildung her dazu befähigt ist und berufliche Sonderleistungen vollbracht hat, sondern dem Schwiegersohn eine Sozialintegration zu ermöglichen, muss Christiane, die Mutter von Sabrina, als Verrat an ihrem emanzipatorischen Entwurf von Weiblichkeit verstanden haben.

Der Ausschluss aus der unternehmerischen Dyade: Das Strukturmerkmal der Gleichursprünglichkeit von Ablehnung und Zustimmung. Christiane, die älteste

---

[1]Der Wunsch des Paares, die Familie zu vergrößern, scheitert an zwei Fehlgeburten.

Tochter und spätere Mutter von Sabrina, ist mit dem Vater, dem alleinigen Vertreter des Unternehmens, hoch identifiziert. Ihre Berufsorientierung zeigt, dass für sie nicht nur der Vater große Relevanz besitzt, sondern auch das Ziel, auf das ihr Bedürfnis gerichtet ist: Anerkennung zu erhalten. Diese ist sie zu erhalten bestrebt, indem sie mit den Ausbildungsschritten eine hohe Loyalität zum Unternehmen bekundet. Der Vater ist allerdings einem traditional-patriarchalen Muster verpflichtet und sieht in seiner Tochter keine Unternehmensnachfolgerin. Sein „Nein"[2] bedeutet, dass ihr Wunsch nicht erfüllt wird, und exkludiert sie auf Dauer bzw. verweigert ihr, seine Position in der Baufirma zu übernehmen. Ihre lang gehegte Hoffnung, vom idealisierten Vater Anerkennung zu erhalten, wird so enttäuscht. Eine denkbare Reaktion wäre, die Kommunikation abzubrechen, was sie dann auch macht. Sie geht auf Abstand zum Familienunternehmen und setzt damit gleichzeitig einen Ablösungsprozess in Gang, indem sie den Lebensort ihrer Herkunftsfamilie verlässt. Diesen Schritt geht sie nicht allein, sondern zusammen mit ihrem Ehemann. Dass sie ihn als Partner gewählt hat, ist allerdings vor dem Hintergrund ihres Herkunftsmilieus keine radikale, sondern eher eine gemäßigte Entscheidung. Mit dieser Heirat geht sie nämlich nicht auf Distanz zu ihrer Familie, vielmehr verweist die milieuhomogene Heiratswahl auf eine regressive Loyalitätsverstrickung mit dem Vater, die ihren vollen Ausdruck zwei Jahre später darin findet, dass sie in den Schoß der Herkunftsfamilie zurückkehrt. Die Rückkehr zur Familie ist damit verbunden, dass der Schwiegersohn als Unternehmensnachfolger aufgebaut wird, der als Geschäftsführer die Geschicke der Baufirma in Zukunft lenken wird – auch wenn der Vater seiner Tochter das Unternehmen später überschreiben wird. Es darf bezweifelt werden, dass Christiane als Verbündete ihres Mannes, quasi aus dem Hintergrund heraus, versucht, effektiv am Erfolg des Unternehmens mitzuarbeiten. Als Tochter ist sie vom Vater und als Ehefrau vom Ehemann an den Rand gedrängt worden. Dieser Ausschluss kommt einer Kastration gleich, die hier nicht konkretistisch zu verstehen ist, sondern als permanentes Nein, als auf Dauer gestellte Exklusion, die sie auch als körperlich schmerzhafte Krise erfahren haben könnte.[3] Die

---

[2]Vgl. Lacan (1997). Zugleich deutet der Terminus „Name-des-Vaters" auf die restriktive Dimension der Vater-Funktion. Im Französischen klingt im Nom-du-Père auch das Non-du-Père, das ‚Nein-das-Vaters', an.
[3]Nach der Geburt von Sabrina hat Christiane zwei Fehlgeburten. Es kann hier nur gemutmaßt werden, doch könnten diese auch durch die psychische, sicherlich Stress verursachende Situation mit beeinflusst gewesen sein.

4.2 Heterologie zum Herkunftsmilieu: Das Prinzip der ...

schwierige Situation, in der sie sich befindet, der „Engpass" (Jäkel-Wurzer 2010), der auf sie bedrückend wirkt, besteht darin, dass sie einerseits zwar an das väterliche Unternehmen gebunden ist, zum einen durch ihren Ehemann, zum anderen durch die Überschreibung der Firma auf ihren Namen, andererseits aber auch auf Abstand von Positionen gehalten wird, in denen Entscheidungen getroffen werden. Diese soziale Realität führt zu einer Konstellation, in der einander Ausschließendes, Widersprüchliches direkt zusammengespannt ist. So befindet sich Christiane in einer Situation, in der sie ambivalent gebunden ist.

Welche Form der Wechselbeziehung gehen die Beteiligten unter diesen Bedingungen ein? Aus der Perspektive von Christiane, der Mutter von Sabrina, tritt der Vater als jemand auf, der eine privilegierte Position beansprucht. Er tritt auf in der Figur des Dritten, der das Paar mit seiner Entscheidung, den Schwiegersohn zum Bündnispartner zu machen, trianguliert und so zu einem relevanten Anwesenden wird, der auf die Paarbeziehung höchst irritierend wirkt. Indem der Vater mit dem Schwiegersohn koaliert, wird er zu einem destabilisierenden Akteur der Paardyade, da er in diese hinein interveniert, sie dadurch schwächt und in ihrer Einheit bedroht. Er stört ein Anerkennungsverhältnis, das auf Symmetrie und Wechselseitigkeit angelegt ist. Der Vater wird zu einer Bedrohung für das Strukturprinzip der Liebe des Paares.

Die sozialisatorische Interaktionsstruktur: Der Vater als Patriarch der Familie. Welche biografischen Ausgangsbedingungen findet Sabrina, die einzige überlebende Tochter des Paares, vor? Weichenstellend für die weitere Entwicklung der Familie ist die Rückkehr der jungen Familie in die Kleinstadt der Mutter und die Integration in das mütterliche Verwandtschaftssystem. Sabrina wächst mit einem Großvater (mütterlicherseits) auf, der die männliche Nachfolge als ein Normalmodell verinnerlicht hat – mit der Folge, dass Töchter und Enkeltöchter stets mit der offen oder verdeckt kommunizierten Tatsache konfrontiert sind, dass ein Sohn bzw. ein Enkelsohn die erste Wahl gewesen wäre. Sabrina hat mit der Mutter eine Frau zum Vorbild, die sich in eine Konstellation begibt, die ihr ein hohes Maß an Ambivalenztoleranz abverlangt, und zu deren Erfahrungswelt gehört, durch zwei signifikante männliche Andere, den Vater und Ehemann, die im Miteinander eine Koalition bilden, zu einer ausgeschlossenen Dritten zu werden. Die eheliche Paarbeziehung, die Sabrina mit ihren Eltern kennenlernt, ist zusätzlich durch zwei Fehlgeburten bestimmt. Diese werden für den lebenspraktischen Optimismus des Paares eine erhebliche Belastung bedeutet haben und die Beziehung zum ersten Kind, zu Sabrina, mit der Erfahrung von Trauer und Verlust überschattet haben. Sabrina wächst mit einem Vater auf, der eine Sonderstellung im Familienverband einnimmt, da er erstens fachfremd ist, zweitens seine Ehefrau erstaunliche Sonderleistungen erbracht hat, die sie ihm gegenüber überlegen macht, und drittens Matrilokalität das Zusammenleben bestimmt. Seine Marginalität in der Familie und die Strategie, Statuskontinuität durch Einschränkung und Begrenzung anderer Autonomiespielräume zu wahren, lassen vermuten, dass der Vater für Sabrina als Identifikationsfigur weitgehend ausfällt. Denkbar ist allerdings auch, dass von ihm keine Bemühungen ausgehen, die Tochter als Nachfolgerin für die Firma zu gewinnen, da er möglicherweise lange Zeit als Angestellter des Schwiegervaters bestätigt bekam, dass sein in die Zukunft entworfener unternehmerischer Stolz einer erheblichen Grundlage entbehrt.

Heterologie zur Herkunftsfamilie: Lebensbiografische Weichenstellungen in der Berufs- und Partnerwahl. Die Familiendynamik, in die Sabrina hineingeboren wird und die gekennzeichnet ist durch 1) einen autoritären, Macht- und Entscheidungsbefugnis beanspruchenden Großvater (mütterlicherseits), der einen patriarchalen Unternehmergeist vertritt und seiner Tochter den Weg an die Spitze der Baufirma versperrt, 2) eine Mutter, die in einem regressiven Loyalitätskonflikt mit ihrem Vater verstrickt und gebunden bleibt und 3) einen Vater, der ein Quereinsteiger ist und den sie als stellvertretenden Geschäftsführer ihres Großvaters (mütterlicherseits) kennenlernt, dessen Entscheidungsautorität sich ihr Vater, der als Nachfolger erst aufgebaut werden musste, lange Zeit unterordnete, macht es kaum wahrscheinlich, dass sich Sabrina im Sinne einer familienübergreifenden Unternehmeridee auf das Erbe verpflichten lässt. Weder der Weg über die Mutter noch der Weg über den Vater rücken das Unternehmen in eine Perspektive, die sie für die Entscheidung motivieren könnte, etwas Nachfolgedienliches zu studieren. Nicht auszuschließen ist deshalb, dass Sabrina eine Berufsrichtung wählt, mit der sich z. B. durch Anschluss an den Geist der Zeit eigenständige Ideen oder Entscheidungen verwirklichen lassen. Mögliche Alternativen für eine dem Zeitgeist der 1980er Jahre entsprechende Berufswahl sind z. B. folgende: Durch die wachsende Bedeutung von Wissenschaft und Technologie, durch den Übergang von einer warenproduzierenden zu einer Informations- und Wissensgesellschaft werden Studienwahlen relevant, die eine Verbindung zu den neuen Medien, der Mikroelektronik, der Computertechnologie, zu neuen Informations- und Kommunikationstechniken herstellen. Sie könnte z. B. Informationswissenschaft, Medienwissenschaft oder Dokumentationswissenschaft studieren. Denkbar wäre auch, dass sie im Anschluss an das Aufkommen der neuen sozialen Bewegungen, wie die der Alternativbewegung, der Frauenbewegung, der Friedensbewegung oder der Bürgerinitiativ- und Ökologiebewegung, ein Studium an einer

4.2 Heterologie zum Herkunftsmilieu: Das Prinzip der ...

Pädagogischen Hochschule mit dem neu eingerichteten Schwerpunkt Frauenforschung wählt oder – inspiriert durch die Ökologiebewegung – einen Beruf im Bereich der Umwelttechnik ergreift.

Für welche berufsbiografische Orientierung entscheidet sich Sabrina? Eine Entscheidung für die Baufirma trifft sie nicht. Die Lebenswege der Eltern tauchen in der Biografie Sabrinas nicht mehr auf. Sie studiert Geografie an einer Universität in Süddeutschland. Im Anschluss daran und nach mehrjähriger Tätigkeit in diesem Beruf nimmt sie ein Fernstudium der Bioinformatik auf, das sie 2004 abschließt. An diesen gewählten Berufsalternativen, die nicht untypisch sind für die Generation, die sich in den 1980er Jahren für einen Beruf entscheiden musste, erkennen wir, dass Sabrina riskante Selbstbehauptungsversuche unternimmt. Mit diesen für ihre Biografie weichenstellenden Entscheidungen bringt sie zum einen zum Ausdruck, dass sie das Bewährungsproblem der Berufswahl im väterlichen und mütterlichen Vorbild für ungenügend gelöst hält. Zum anderen zeigt sich daran, dass sie sich nicht mehr wie ihre Eltern an die Zumutungen der Vorgängergeneration binden lässt. Die Frage ist, ob sich das Muster, über einen Bruch mit den Orientierungsvorgaben aus dem Herkunftsmilieu Weichen für eine Neudefinition zu stellen, auch in der Partnerwahl reproduziert? Diese ist, neben der Berufswahl, die zweite lebensprägende Entscheidungssequenz.

Indem Sabrina sich für eine gleichgeschlechtliche Paarbeziehung entscheidet und darüber hinaus für einen Familiengründungsprozess über den Vorgang der Insemination, klärt sie das Thema der Reproduktion auf eine Weise, die mit dem Handlungsmuster der Herkunftsfamilie nicht mehr kompatibel ist. Sabrina stellt nicht nur den beruflichen Orientierungen der Eltern eine neue Perspektive entgegen, sondern sie positioniert sich auch ohne Rückgriff auf die familiale Lebensform der Vorgängergeneration zur Frage der ehelichen Ordnungsvorstellungen und zur Frage der Erhaltung der Gattung neu.

Einsozialisierung in einen Kontext kommunikativer Ambivalenz. Wie positioniert sich Sabrina nun gegenüber einem sozialisatorischen Milieu, in dem sie *erstens* durch ihre Mutter die Erfahrung machen kann, dass Loyalität gegenüber einer generationenübergreifenden Unternehmerkultur nicht notwendig einen Zugewinn an Autonomie bedeutet? Hinzu kommt, dass sie *zweitens* in der Figur der Mutter einen Lebensentwurf zum Vorbild hat, der ihr zeigt, dass Männer als Väter und Ehemänner nicht nur keine verlässlichen Unterstützungsfiguren sind, wenn es darum geht, in der Biografie angelegte und erworbene Möglichkeiten für eigene Entwicklungswege zu nutzen. Man denke nur an den autoritären Großvater, der als patriarchale Unternehmerfigur über eine Entscheidungsmacht verfügt, Handlungsräume zu begrenzen und Entwicklungsbestrebungen zu kappen.

Sabrinas Entscheidung für ein Familienleben innerhalb der Rahmenbedingungen von Gleichgeschlechtlichkeit und Insemination spiegelt handlungslogische Konsequenzen wider: Weder wird dem eigenen Nachwuchs im Rahmen diffuser Sozialbeziehungen eine allzu große Nähe zu Männern zugemutet noch bringt sie sich selbst im Kontext einer heterosexuellen Paarbeziehung in ein diffuses Abhängigkeitsverhältnis gegenüber einem Mann. Hinsichtlich der beruflichen Verankerung zieht Sabrina die Konsequenz, sich neu zu orientieren und sich so aus milieuverbindlichen, eher prekären Entwicklungsvorgaben zu befreien. Es geht darum, den nicht nachahmenswerten Praxismodellen aus der Familie die Perspektive eines Lebensentwurfes entgegenzusetzen, in dem, ohne die Last der Herkunftsfamilie übernehmen zu müssen, ein „normales" Leben gelingt. In Maria, einer zwölf Jahre älteren Frau, findet sie eine Partnerin, die sie in ihrem Gegenentwurf zur Herkunftsfamilie unterstützt.

Wir kommen jetzt zu Maria Dallmeyer, der Partnerin von Sabrina Bauer.

Orientierung am dörflich-traditionalen Lebenskosmos: Der Großvater väterlicherseits, Ernst (*1882), kommt aus Schlesien, das zum damaligen Königreich Preußen gehörte und von 1871–1945 Teil des Deutschen Reiches war. Er ist von Beruf Schmied. Während seiner Lehrzeit geht er auf Wanderschaft. Diese führt ihn in ein Bauerndorf der damaligen Provinz Hannover nördlich von Celle. Die Binnenwanderung war zu dieser Zeit ein Massenphänomen. Ende des 19. und Anfang des 20. Jahrhunderts emigrierten sowohl aus den landwirtschaftlich geprägten als auch den Industriegebieten Schlesiens viele in andere Gebiete, auch über den Atlantik hinaus, in der Hoffnung, bessere Lebensbedingungen zu finden. Die großen Migrationsströme gehen nach Berlin, Brandenburg, Westfalen und ins Rheinland. Diese Provinz- bzw. Staatsgrenzen überschreitende Fernwanderung hing einerseits mit der guten Wirtschaftslage der Industrie in West- und Mitteldeutschland zusammen und andererseits mit dem Rückgang der Rentabilität der Landwirtschaft im letzten Viertel des 19. Jahrhunderts. Ernst, der die Krise der schlesischen Industrie erlebt haben wird, entweicht im Zuge seiner Wanderschaft einer schlechten Auftrags- und Rentabilitätslage. In einem Dorf nahe der Stadt Celle lernt er dann seine zukünftige, um elf Jahre jüngere Frau Caroline (*1893) kennen. Sie ist die zweitjüngste Tochter eines Tischlers und somit habituell in die Lebenswelt eines Selbstständigenmilieus hineingewachsen. 1911, mit der Volljährigkeit von Caroline, heiratet das Paar. Sie wohnen neolokal, und da Neolokalität eine günstige Bedingung für die Autonomisierung des Paares als Paar ist, vermuten wir einen auf einer individuellen Paarbeziehung auffußenden Lebens- und Familienentwurf. Die Orientierung an der bäuerlich-dörflichen Lebenswelt

4.2 Heterologie zum Herkunftsmilieu: Das Prinzip der ...

in einer Zeit, in der im Zuge der Industrialisierung moderne Strukturen die traditionalen abzulösen beginnen, verweist auf eine Verbundenheit des Paares mit Lebensgewohnheiten ihrer angestammten Milieus. Weder wird die Möglichkeit genutzt, in die Stadt zu gehen, um dort einen urbanen Lebensentwurf zu gestalten, noch nutzt Ernst als „Industriependler" (Bohler 1995: 258) die überregionalen Arbeitsmarktzentren. Boten doch Hannover, Braunschweig oder z. B. Celle als Zentren der Industrialisierung Gelegenheit, sich an neue berufliche Entwicklungen anzuschließen und sich außerhalb der traditional bäuerlich-dörflichen Welt zu orientieren. Denkbare Alternativen, einen milieuunabhängigen Lebensentwurf zu gestalten, werden nicht genutzt.

Wie viele Kinder hat das Paar? Eine Orientierung am bäuerlich-dörflichen Lebenskosmos lässt eine Kinderzahl von drei bis vier erwarten. Sollte es aber um eine Transformation in Richtung einer industriell-städtischen Entwicklung oder den Anschluss an ein eher kleinbürgerliches Lebensmodell gehen, dann sind zwei Kinder nicht unwahrscheinlich. Nicht ganz auszuschließen ist auch, dass das Paar an der Rentabilitätsgrenze wirtschaftet und aus diesen Gründen nur eine geringe Anzahl Kinder hat. Ernst und Caroline haben zusammen vier Kinder. Diese Anzahl spricht nicht nur für eine gute Planung und ein hohes Verantwortungsbewusstsein, sondern lässt auch darauf schließen, dass die Bodenhaftung im Ländlichen stark gewesen ist und dass eine Transformation, die eine Platzierung in der modernen Welt vorsieht, nicht realisiert wird. Welche beruflichen Entwicklungswege sind vor dem Hintergrund dieses Herkunftsmilieus zu erwarten? Die Kinder von Ernst und Caroline wachsen in einem Lebenszusammenhang auf, in dem bäuernweltlich-handwerkliche Muster tradiert werden und mit einem Vater, der einem traditionalen Handwerk ohne Zukunft angehört. Denkbar wäre die Entscheidung für eine bauernweltliche Sozialorganisation, was allerdings einer rückwärtsgewandten Orientierung entspräche. Auch die Wahl eines traditionellen Landhandwerks (Tischler, Schuster, Schmied) würde darauf hindeuten, dass ländliche Strukturmuster tradiert werden und moderne Biografieverläufe sich in dieser Generation nicht durchsetzen. Für eine Orientierung an modernen Entwicklungen, die eine Milieutransformation über den Beruf ermöglichen, stünde der Anschluss an die neuen Handwerkszweige. In diesem Zusammenhang wäre denkbar, dass über eine entsprechende Lehrausbildung z. B. im Bereich der Installation (Gas, Wasser, Elektrizität) oder der Feinmechanik (Optik, Uhrmacher) eine Erwerbsarbeit erfolgt. Möglich wäre auch, dass Beschäftigungsverhältnisse im industriellen Sektor gesucht werden oder dass ein beruflicher Aufstieg in das Angestellten- oder Beamtenmilieu erfolgt. An der Berufswahl werden wir erkennen können, ob milieutranszendierende Ausstiege relevant werden oder ob die dörflich-traditionale Orientierungswelt ihre Prägekraft behauptet.

Gertrud, 1918 als Älteste geboren, entscheidet sich für eine rückwärtsgewandte traditionale Orientierung und distanziert sich damit vom Modernisierungsprozess. Sie hat keinen Beruf erlernt und bleibt nach dem Tod ihres Ehemannes, der im Zweiten Weltkrieg fällt, in der Landwirtschaft beschäftigt. Wo aber positioniert sich Gerhard, 1920 geboren und ältester Sohn, im Spannungsverhältnis von Moderne und Tradition? Gerhard ist von Beruf Elektriker. Diese Orientierung bedeutet vor dem Hintergrund der Familie einen Transformationsschritt, da an eine moderne Berufsbranche angeknüpft wird. Während des Zweiten Weltkrieges ist er als Soldat der Wehrmacht in Norwegen. Nach dem Krieg und der Rückkehr in das Dorf, in dem er aufgewachsen ist und seine Eltern wohnen, heiratet er eine Zugezogene, hat mit ihr eine Tochter und bleibt, wie seine ältere Schwester Gertrud, in dem Dorf, in dem er aufgewachsen ist. Walter, der jüngste Sohn, der uns in diesem Zusammenhang als Vater von Maria besonders interessiert, wird 1924 geboren. Sechs Jahre später, nach einer Ausdehnung der Reproduktionsphase über zwölf Jahre, kommt 1930 Waltraud als jüngstes und letztes Kind zur Welt. Sie heiratet einen Flüchtling und bleibt, wie ihre älteren Geschwister, im Dorf.

Die Eltern von Maria Dallmeyer. Der Kontext des Kennenlernens: Welchen Biografieverlauf können wir vor dem Hintergrund der generationsspezifischen Lagerung erwarten? Als 1924 Geborener gehört Walter einer Generation an, die im Namen einer politisch-ideologischen Größenidee vereinnahmt worden war. Er gehört zu der Gruppe junger Männer, die vom Alter her zu jung waren, um die Nationalsozialisten an die Macht zu wählen, aber alt genug, um von dem nationalsozialistischen System mitgeprägt zu werden. Die Sozialisationserfahrungen im faschistischen Staat, in der Schule und in den vormilitärischen Organisationen wie die des Deutschen Jungvolkes und der Hitlerjugend, motivieren in dieser Generation auch die Entscheidung, sich freiwillig für den Krieg zu melden. Generationstypische Reaktionen dann auf den „Zusammensturz des Grandiositätssystems" (Bude 1987: 41), sind – so Helmut Schelsky in seinem 1957 erschienen Buch „Die skeptische Generation" – der Rückzug in die Welt der Kleinfamilie, die Abwendung von der politischen Öffentlichkeit und die Konzentration auf das berufliche Fortkommen. Überraschen würde uns vor diesem Hintergrund nicht, wenn auch Walter als junger Mann in den Krieg geht und als berufsloser Erwachsener im Nachkriegsdeutschland Lebenssicherheit im Kreise der Familie sucht und in den 60er und 70er Jahren den Aufstieg in repräsentative gesellschaftliche Spitzenpositionen macht. Doch blicken wir auf

4.2 Heterologie zum Herkunftsmilieu: Das Prinzip der ...

Walters biografische Entscheidungen im Einzelnen: Im Alter von 17 Jahren, im Jahr 1941, als viele Deutsche noch an den sogenannten Endsieg glaubten, meldet sich Walter freiwillig zum Krieg. Nach einer Gefangenschaft in Russland kehrt er in sein Heimatdorf zurück und wird kaufmännischer Angestellter. Denkbar ist, dass er im Handel, in einer Bank oder bei einer Versicherung tätig ist, vermutlich in einer der nächst größeren Städte (Celle, Burgdorf). Nicht auszuschließen ist auch, dass er in diesem Beruf in einem mittelständischen Betrieb auf dem Land arbeitet, z. B. in einem Kieswerk oder einer Fabrik.

Doch ziehen wir eine erste Zwischenbilanz: Walter, der jüngste Sohn von Ernst und Caroline, wählt eine Ausbildung, die nicht an Orientierungsvorgaben der Familie anschließt. Er verlässt das ländlich-handwerkliche Milieu seiner Herkunftsfamilie über eine berufliche Transformation. An der Partnerwahl werden wir im Folgenden erkennen können, ob die über den Beruf vorbereitete Milieutransformation eine Radikalisierung erfährt. Wir werden sehen, ob es Walter darum geht, einen Kontext zu wählen, der den Ausbau moderner lebensweltlicher Identitätsformationen erlaubt, oder darum, über den Anschluss an traditionale Muster der Lebensführung allzu große Experimente und Expeditionen in unbekannte, außerhalb des Herkunftsmilieus liegende Lebenszusammenhänge zu vermeiden.

Die Eltern von Walters zukünftiger Frau Anne-Maria (*1926) kommen aus Mainz. Der Vater Heinrich (ca. *1900) gehört durch sein Beschäftigungsverhältnis im kaufmännischen Bereich zur kleinbürgerlichen Schicht der Angestellten. Denkbar ist, aber Genaueres ist darüber nicht bekannt, dass er z. B. als Buchhalter in einem Mittel- oder Großbetrieb, in einem Warenhaus oder im industriellen Sektor in der Verwaltung gearbeitet hat. Seine Frau Margarethe (ca. *1900) ist Schneiderin. Diese Form der Heimarbeit, die durch die Entstehung der Konfektionsindustrie einen neuen Auftrieb erlangte, entwickelte sich in dieser Zeit zu einem bevorzugten Sektor der weiblichen Arbeit. Anne-Maria, das einzige Kind des Paares, wird hineingeboren in das städtische Kaufmannsmilieu, in dem man, wie Hans-Peter Ullmann ausführt, Distanz zur Arbeiterschaft hielt, aufstiegsorientiert und um einen bürgerlichen Lebenszuschnitt bemüht war (vgl. Ullmann 1995: 97). Welche soziale Stellung wird Anne-Maria, die aus dem städtischen Kleinbürgertum kommt, zugänglich? Sie macht eine Lehre zur Verkäuferin, arbeitet in einem großen Kaufhaus und wird protegiert von der Filialleiterin. An diesen Daten zeichnet sich eine mit dem Beruf des Vaters kompatible Frauenbiografie ab. Die Aufstiegspotenziale, die in dieser typisch weiblichen Biografie angelegt sind, kommen aber dann durch den Krieg zum Erliegen. An dieser Stelle muss die Aufmerksamkeit aber noch auf einen Parameter gerichtet werden:

Mainz und das Bauerndorf nördlich von Celle, in dem Walter aufgewachsen ist, sind keine Regionen, deren Heiratskreise aneinandergrenzen. Die zu dieser Beobachtung richtigen Fragen lauten: Wie kommt Anne-Maria in das Gebiet um Hannover? Wie haben Walter und Anne-Maria sich kennengelernt?

Es ist relativ unwahrscheinlich, dass Walter nach der Rückkehr aus der russischen Kriegsgefangenschaft sich z. B. für eine Lehre in der entfernt gelegenen Stadt Mainz entscheidet. Seine Herkunft aus einem niedersächsischen Dorf und das Aufwachsen in einem familienzentrierten Milieu, das, wie wir an der regionalen Verbundenheit der Geschwister erkennen können, eher bindet, legt nicht die Vermutung nahe, dass Walter nach den Jahren der kriegsbedingten Trennung von der Familie eine fremde, entfernt gelegene Stadt als Ausbildungsort wählt. Selbst wenn Walter auf die Idee kommen sollte, der Stadt als eine Art moderne Gegenwelt zum Land den Vorzug zu geben, wären näherliegende Alternativen Hannover oder Hamburg, aber nicht das entfernte Mainz. Auch kann nicht unbedingt vermutet werden, dass die Familie von Anne-Maria durch die Evakuierung zur Zeit der alliierten Bombenangriffe in das Hannoveraner Land kommt. Denn die bevorzugten ländlichen Evakuierungsgebiete lagen im Hunsrück, im Odenwald oder im Westerwald. Nicht auszuschließen ist ein Kennenlernen über touristische Unternehmungen. Doch das Nächstliegende wäre auch dann nicht gerade die Stadt Mainz, die nach dem Krieg fast völlig zerstört war. Touristischen Zwecken entsprach eher der Harz oder der Schwarzwald. Möglich wäre auch, dass sie sich in den 50er Jahren, also nach Walters Gefangenschaft, im Rahmen eines Kuraufenthaltes begegnen. Was wissen wir? Anne-Maria verliert im Alter von 19 Jahren beide Eltern durch den Krieg. Als Vollwaise wird sie zuerst von einem älteren Ehepaar aufgenommen, dem sie in der Notzeit nach dem Krieg als eine Art Hausmädchen praktische Lebenshilfe leistet. Danach begleitet sie eine alleinstehende Frau auf eine Reise in die Lüneburger Heide. Als sie hört, dass in einem Bauerndorf nahe bei Celle Arbeitskräfte für den Gastwirtschaftsbetrieb gesucht werden, reist sie dorthin. Das ist der Kontext, in dem sie dann Walter kennenlernt. 1951 heiratet Anne-Maria Walter.

Fassen wir kurz zusammen mithilfe der Frage: Für welche Beziehungswahl entscheidet sich Walter? Er heiratet nicht innerhalb seines Milieus, sondern eine Frau, die in der Stadt die „moderne Lebenswirklichkeit" (Nipperdey 1998: 166) kennengelernt hat und aus einem städtischen Kaufmannsmilieu mit Bürgerlichkeitsanspruch und Aufstiegsmotivation stammt. Durch den Krieg, den Verlust beider Eltern und die verlorene berufliche Sozialintegration mit Aussicht auf Aufstieg, ist sie früh in die Lage versetzt worden, Verantwortung für ihr privates Dasein zu übernehmen und selbstständig zu werden. Walter tut sich mit einer

4.2 Heterologie zum Herkunftsmilieu: Das Prinzip der ... 163

Frau zusammen, die, als Millionen von Flüchtlingen und Ausgebombten eine Bleibe suchen, als Waise aus der zerstörten und unüberschaubaren Stadt aufs Land flieht und ihren kompletten Lebenszusammenhang hinter sich lässt. Die vollständige Aufgabe der städtischen Lebensvariante und die Entscheidung für die relativ intakte und überschaubare Ordnung des dörflichen Lebenskosmos lässt Folgendes vermuten: Walter geht die Verbindung mit einer Frau ein, die eine neue Heimat, einen neuen Anfang sucht.

Familiengründung. Wiederherstellung dörflicher Normalität. Die Frage ist: Wer passt sich wem an? Individuieren sie sich als Paar aus der Verwandtschaftsgruppe des Ehemannes heraus, gestalten sie zusammen etwas Neues? Oder ordnet Anne-Maria, die elternlos und ohne eigene Familie ist, sich dem Verwandtschaftsmilieu ihres Ehemannes unter? Denkbar wäre auch, dass Anne-Maria ihre Handlungsenergien investiert, um Walter als Jüngsten aus der engen Verbindung mit seiner Familie herauszulösen. Aufschlussreich, um Genaueres über die Paarbeziehung erfahren zu können, ist der Prozess der Familienbildung. Wie viele Kinder haben Walter und Anne-Maria? Wo wohnt die Familie? Das Paar hat drei Kinder. Jörg, der Erstgeborene, kommt 1954 zur Welt, Maria wird 1956 und Beate, die Jüngste, wird 1959 geboren. Die Familie wohnt zusammen mit den Eltern von Walter in einem Haus, das sie gemeinsam gebaut haben. An diesen Daten wird ersichtlich, dass ein Ausdifferenzierungsprozess aus der Herkunftsfamilie durch die Partnerwahl nicht vorgesehen ist. Walter entscheidet sich für eine Partnerin, die ihm eine Stabilisierung im dörflich-ländlichen Herkunftsmilieu ermöglicht und mit der er durch die Gründung einer eigenen Familie die Lebenssicherheit verbürgende private Welt erweitert. Eine Radikalisierung durch eine sich in der Berufswahl abzeichnende Transformation findet nicht statt. Es geht darum, über die Erzeugung eines innenzentrierten Milieus den Lebensradius auf die Welt der Familie zu konzentrieren.

Diese Handlungsorientierung führt dazu, dass mögliche Entwicklungen, die generationslagespezifisch möglich (Walter) bzw. lebensbiografisch vorbereitet sind (Anne-Maria) nicht aufgenommen bzw. weiterverfolgt werden. Weder stoßen wir bei Walter auf einen Lebensverlauf, der eine für diese Generation typische Aufstiegskarriere repräsentiert, wie sie z. B. Heinz Bude in „Deutsche Karrieren" schildert[4], noch wird von Anne-Maria nach der Heirat an die durch den Krieg

---

[4]Ein Merkmal dieser Generation, so Heinz Bude in „Deutsche Karrieren", ist, dass die zwischen 1926 und 1930 Geborenen nach dem Krieg als „Aufbauer" und „Ärmelhochkrempler" die Karriereleiter aufsteigen und im Alter von 50 Jahren zum Führungspersonal der westdeutschen Gesellschaft gehören.

zum Erliegen gekommene Aufstiegsbewegung im Rahmen einer städtisch modernen Lebensform angeknüpft. Ist es die nachfolgende Generation – so soll als Nächstes gefragt werden –, die die längst fällige Transformation leistet? Dazu einen Blick auf die Vornamen: Als Erstes kann festgehalten werden, dass bei der Wahl der Vornamen nicht auf das innerfamiliale Namensgut zurückgegriffen wird. Zweitens kann man erkennen, dass für die beiden Kinder, Jörg und Beate, eine individualisierende Vornamengebung (vgl. Mitterauer 1993) erfolgt. Es erfolgt keine Benennung nach einem unmittelbaren Vorbild aus dem engen sozialen Umfeld. Das verhält sich anders bei dem Vornamen der ältesten Tochter (Maria). Diese trägt wie ihre Mutter (Anne-Maria) einen religiös motivierten Vornamen. Es wird auf einen Namen aus dem Alten Testament zurückgegriffen. Diese Namensvergabepraxis, die Maria im Vergleich zu den anderen beiden Geschwistern zur Mutter in eine Sonderbeziehung rückt, regt zu der im weiteren Verlauf zu überprüfenden Hypothese an, dass Maria als die älteste Tochter dafür vorgesehen ist, in einen Delegationsprozess mit der Mutter einzutreten. Wir vermuten, dass sie – da als älteste Tochter wahrscheinlich auch die Vertraute der Mutter – den Auftrag erhält, an die verschütteten biografischen Optionen der Mutter anzuknüpfen.

Frauen gehen in Distanz zum Herkunftsmilieu (Heterologie): Welche Berufswahlen treffen die Kinder Jörg (*1954), Maria (*1956) und Beate (*1959)? Jörg als Ältester könnte den Aufstieg über Bildung machen, z. B. Psychologie, Sozialarbeit oder auf Lehramt studieren. Diese Entscheidung stünde für eine Bewegung aus dem Milieu heraus und wäre verbunden mit einer Orientierung an Identitätsformationen außerhalb seiner Herkunftsfamilie. Eine weitere Alternative wäre, dass er nach dem Vorbild des Vaters einen kaufmännischen Beruf ergreift, was ihm ermöglichen würde, im angestammten Erfahrungszusammenhang zu bleiben. Sollte die erste Option zutreffen, so erwarten wir, dass Jörg das Dorf verlässt. Wählt er nach Maßgabe väterlicher Handlungsmuster, so vermuten wir, dass er zum Herkunftsort keine allzu große Distanz aufkommen lässt. Jörg ist im Erstberuf KfZ-Mechaniker, heiratet eine Frau aus dem Nachbarort, wird im Alter von 18 Jahren Vater, dann insgesamt von drei Kindern. Mitte der 70er Jahre, nachdem die Bundesrepublik die schärfste Rezession nach dem Zweiten Weltkrieg erlebt hat und ein leichter wirtschaftlicher Aufschwung sich beginnt abzuzeichnen, macht er eine Weiterbildung zum E-Schweißer. Diese Umschulung bringt ihm nicht nur einen Angestelltenposten in einer Firma ein, in der Diamantbohrköpfe hergestellt werden, sondern auch eine gehaltsmäßige Besserstellung. Der frühe Familiengründungsprozess, der darauf verweist, dass Bodenständigkeit ein wichtiges Prinzip in dieser Familie ist, und ebenso der berufsbiografische

4.2 Heterologie zum Herkunftsmilieu: Das Prinzip der ...

Anschluss an traditional ländliche Muster aus der väterlichen Linie (Schmied, Elektriker) lassen erkennen, dass der Älteste an die in der Elterngeneration angelegten Möglichkeiten, Milieugrenzen zu überschreiten oder sich über das Dörfliche hinausgehende Lebenswelten zu erschließen, nicht anschließt. Sind es – so können wir uns fragen – möglicherweise die Töchter, die in ihren weiblichen Biografieentwürfen die Potenziale der Elterngeneration aufgreifen und dort nicht weiter verfolgte moderne Entwicklungslinien fortführen? Die Jüngste, Beate, macht eine Ausbildung zur Finanzbeamtin, heiratet einen Flüchtling aus Vorpommern, der einen von seinen Eltern gekauften Aussiedlerhof erbt, und arbeitet nach der Geburt des ersten Kindes auf dem Hof ihres Ehemannes, der ca. 15 km von ihrem Heimatort entfernt ist. Sie beginnt, nachdem sie eine Zeit lang auf dem Hof mitgearbeitet hat, in Teilzeit in ihrem Beruf zu arbeiten. Die Wahl des Berufes und die Entscheidung, jenseits des lokalen Heiratskreises sesshaft zu werden, zeigen an, dass auf Distanz zum Herkunftsmilieu gegangen wird. Maria, die älteste Tochter, die einen ähnlichen Vornamen wie die Mutter (Anne-Maria) trägt, könnte die eigentliche Erbin der brachliegenden Entwicklungsoptionen der vorangegangenen Generation sein. Nimmt sie dieses Erbe an, so wäre denkbar, dass sie z. B. an einer der in den 70er Jahren neu gegründeten niedersächsischen Universitäten (Osnabrück, Oldenburg) Psychologie studiert. Möglich wäre auch, dass sie den Aufstieg über den zweiten Bildungsweg realisiert, zuerst eine Lehre macht oder Kindergärtnerin lernt, um dann über ein Studium an einer Pädagogischen Hochschule Lehrerin zu werden. Über solche weichen Aufstiegsoptionen könnte sie an das Entwicklungspotenzial der mütterlichen Linie anknüpfen. Es kommt aber anders: Maria macht eine Ausbildung zur Krankenschwester und arbeitet drei Jahre im Kreiskrankenhaus in Celle. Der Wunsch, durch eine Anstellung an einem Universitätsklinikum ihr Fachwissen zu erweitern, führt sie in eine mittelgroße Stadt im Süden Deutschlands, in der sie heute mit ihrer Partnerin und dem Sohn Johann lebt. Was können wir an dieser Handlungsentscheidung erkennen? Maria reproduziert die mütterliche Handlungsstrategie der Distanzherstellung und erzeugt über den Weggang aus dem kleinbürgerlich-ländlichen Milieu die Bedingungen für einen Neuanfang. Des Weiteren wird an der Berufswahl deutlich, dass sie nicht an die brach liegenden Entwicklungsoptionen der mütterlichen Biografie anknüpft. Die Beobachtung, das keine Handlungsenergien in den beruflichen Aufstieg investiert werden und eine Distanz zum Herkunftsmilieu erzeugt wird, vergleichbar ihrer jüngeren Schwester, regt zu der folgenden Hypothese an: Das handlungsstrategische Ziel dieser Entscheidungen besteht darin, für einen sozialen Rahmen zu sorgen, der es ihr ermöglicht, nicht in den Delegationsprozess mit der Mutter eintreten zu müssen.

Eine abschließende Zusammenfassung: Welche zwei Lebenswelten werden durch den Paarzusammenschluss der beiden Frauen miteinander verbunden? Sowohl Sabrinas als auch Marias Vater kommen jeweils aus einer Familie, in der Männer als Zugezogene (Ernst zieht von Schlesien in die Provinz Hannover, Karl von Berlin in den Hunsrück) die erfolgreiche Sozialintegration in der Fremde durch eine vorteilhafte Heirat (Ernst, Karl), durch einen Lebensentwurf im Rahmen von Selbstständigkeit (Karl) und durch eine Familiengründung (Ernst, Karl) gelingt. Gemeinsam ist den beiden Frauen auch, dass sie mit einem Vater aufwachsen, der Handlungsalternativen den Vorzug gibt, durch die Entwicklungsrisiken vermieden bzw. Stabilität und Statussicherheit über keine allzu großen eigenen Leistungen gesichert werden können. Walter, der Vater von Maria, kommt aus einem Familienmilieu, das seine Mitglieder eher auf den Solidaritätszusammenhang der Familie verpflichtet und sie darin auf Dauer einbindet, als ihnen ansinnt, Handlungsenergien in aufstiegsorientierte Karriereverläufe zu investieren, die eine zu große Distanz zum Milieu erzwingen könnten. So entscheiden sich die beiden Söhne der Familie (Gerhard und Walter) zwar für eine milieuüberschreitende Berufswahl (Elektriker, kaufmännischer Angestellter), aber die beruflichen Transformationen gehen nicht einher mit dem Verlassen ihrer angestammten Milieuwelt. Joachim, der Vater von Sabrina, heiratet in einen Sozialkreis ein, in dem es ihm gelingt – unterstützt durch seinen Schwiegervater, aber auf Kosten seiner Ehefrau –, den angestammten sozialen Status der unternehmerischen Existenz zu sichern. Für die Mütter von Sabrina und Maria haben diese Orientierungsbewegungen ihrer Väter zur Folge, Heiratswahlen getroffen zu haben, die in eine Ehe hineinführen, durch die keine soziale Welt konstruiert werden kann, die es ihnen ermöglicht, an die Aufstiegsbewegungen aus der vorehelichen Zeit anzuknüpfen. Die eheliche Lebensform führt in verwandtschaftliche Abhängigkeitsverhältnisse hinein und in einen Lebenszusammenhang, in dem begonnene Milieuaufschwünge einfrieren. So wachsen Sabrina und Maria mit Müttern auf, deren erworbenes Berufskapital im weiteren Biografieverlauf ungenutzt bleibt und deren Partnerwahl dazu führt, dass Entwicklungsmöglichkeiten zum Erliegen kommen.

Kehren wir abschließend zur Ausgangsfrage zurück: Welche familienstrukturellen Grundlagen disponieren dazu, durch die Wahl einer „halb-offenen" Samenspende das Problem der Zeugung (im Vergleich zum ersten Fall) weniger radikal, sondern in eher moderater Weise zu klären? Um diese Frage mit Bezug zum Herkunftsmilieu zu beantworten, muss noch einmal daran erinnert werden, was das typenspezifisch Moderate ausmacht und welche Konsequenzen damit für das Frauenpaar und für den Sohn Johann verbunden sind. Eine Ausdrucksfigur für die moderate Gestaltung der aus der Abweichung von der Regelstruktur resultierenden

4.2 Heterologie zum Herkunftsmilieu: Das Prinzip der ...

Handlungsanforderungen ist die Entscheidung für eine „halb-offene" Samenspende. Im Vergleich zum Sozialisationskontext beider Frauen, die in einer Kernfamilie aufgewachsen sind, stellt dieser Kontext, der nachwachsenden Generation einen Entwicklungsrahmen ohne die Anwesenheit des leiblichen Vaters zuzumuten, etwas Neues dar. Es wird sich nicht am Vorgefundenen positiv orientiert, weder bei beruflichen Entscheidungen noch bei der Frage der privaten Lebensorganisation. Durch die Genogrammanalyse von Sabrinas Herkunftsmilieu ist deutlich geworden, dass es um einen Gegenentwurf geht, mit dem alternative Pfade der Lebensführung beschritten werden. Diese Abkehr ist auch als Versuch zu deuten, sich nicht wie ihre Mutter in Konstellationen zu begeben, die folgenreich in krisenhafte Prozesse hineinführen. Sabrina zieht folgende Konsequenz aus der Erfahrung, dass konflikthafte Ausgangslagen dann entstehen, wenn signifikante Andere, wie z. B. ihr Großvater (der patriarchale Unternehmer) und auch ihr Vater (Quereinsteiger in die Baufirma), weibliche Emanzipationsentwürfe zum Scheitern bringen können: Männliche Dritte werden aus diffusen Sozialbeziehungen ausgeschlossen. Es geht mit dem selbstgesetzten Rahmen von weiblicher Homosexualität und erfülltem Kinderwunsch mittels einer Samenspende darum, biografische Themen der Mutter, wie eine regressive Loyalitätsverstrickung mit dem Vater und eine aus alten Bindungen nicht herausführende eheliche Paarbeziehung, nicht zu wiederholen. Eine Deutung, die Sabrina entwickelt und die schließlich in die ‚unorthodoxe' Form der gleichgeschlechtlichen Inseminationsfamilie hineinführt, ist folgende: Männer spalten potenziell dyadische Beziehungen (wie der Großvater mütterlicherseits) und sind Enttäuschungsfiguren, wenn es um biografische Neuanfänge geht (Vater). Deshalb ist es besser, sie von vornherein auf Distanz zu halten. Vor diesem Hintergrund wäre es auch nicht überraschend gewesen, wenn sich das Frauenpaar für die radikalere Version, nämlich eine anonyme Samenspende, entschieden hätte. Aus der Genogrammanalyse wissen wir aber, dass Sabrina aus ihrem Herkunftsmilieu Kommunikationsfiguren bekannt sind, die sich in der Struktur, dass Widersprüchliches gleichzeitig gilt, bewegen. Sie wird hineingeboren in einen Kontext der kommunikativen Ambivalenz. Dieser kristallisiert sich vor allem in der Figur der Mutter, die sowohl über ihren Vater als auch über ihren Ehemann ambivalent an das Familienunternehmen gebunden ist. An dieser Stelle ist nun auch anzusetzen, um die Frage zu beantworten, was die Wahl einer „halb-offenen" Samenspende vor dem Hintergrund des Sozialisationskontextes bedeutet. Mit der Wahl einer „halb-offenen" Samenspende wird ausgedrückt, Kommunikationskontexte, die durch Gegensätzliches bzw. Widersprüchliches gekennzeichnet sind, zu akzeptieren. Es handelt sich dabei – trotz aller Gegenentwürfe im Beruflichen und Familiären – um eine Verbeugung Sabrinas vor ihrer Herkunftsfamilie. Die „halb-offene" Samenspende bedeutet im Kern einen Solidaritätsbeweis, der kehrseitig Ausdruck einer „bezogenen Individuation" (Stierlin 2001: 23 ff.) ist, auch wenn der Grad der Anerkennung der Herkunftsfamilie minimal ist. Als Entscheidung enthält sie einen letzten Rest von Loyalitätsbekundung, der sie als Tochter dieser Herkunftsfamilie ausweist.

In Maria, einer zwölf Jahre älteren Frau, die aus dem ländlich-traditionalen Kleinbürgertum kommt und ähnlich wie sie, über eine Seitwärtsbewegung aus der Herkunftsfamilie heraus, nicht in familiale Delegationsprozesse eintritt, findet sie eine Partnerin, mit der es gelingt, in loyaler Verbundenheit sich wechselseitig in den Gegenentwürfen zur Herkunftsfamilie zu bestätigen. Es handelt sich bei der Paarbeziehung um eine Solidaritätsbeziehung zweier Außenseiter, die den biografischen Hypotheken ihrer Herkunftsfamilie mit Flucht begegnen. Im Vergleich zu Sabrina stammt Maria zwar auch aus einer Familie, in dem die Frauen ihren Herkunftsort verlassen, durch das Milieu aber schließlich doch gebunden werden. Mit Blick auf die biografischen Sozialzusammenhänge ist Sabrina diejenige von beiden Frauen, die durch ihre ambivalente Beziehung zu den signifikanten Anderen ihrer Herkunftsfamilie in einem geringeren Maße affektiv beziehungsbezogene Sozialisationserfahrungen gemacht hat. In der Durchführung ihrer Paarbeziehung wird Maria, die Ältere und durch ihren Beruf mit spezifischen Formen von Zuwendungen vertraut, den Part der Wohltemperierteren, auf Ausgleich bedachten übernehmen. Dafür sprechen auch die weniger belastenden Beziehungen zu ihrem Verwandtschaftsmilieu.

4.3 Eine ethnografische Annäherung an den Fall

Mit den folgenden Ausführungen verlassen wir den Kontext der Genogrammanalyse und gehen über zu einem nächsten Teil, in dessen Zentrum die Frage steht: Welchen Platz nimmt die lesbische Partnerin ein (Maria), die nicht die leibliche Mutter des Kindes (Johann) ist. An der Art und Weise, wie dieser zweite Fall dieses von allen gleichgeschlechtlichen Inseminationsfamilien gleichermaßen zu lösende Handlungsproblem bewältigt, werden wir erkennen können, ob im Vergleich zum ersten Fall sich Gemeinsamkeiten entdecken lassen. Denn sollte es sich – so ein Ergebnis der Strukturgeneralisierung – bei der gleichgeschlechtlichen Inseminationsfamilie um einen Fall von Familie handeln, dann müssen wir auch an dem zu rekonstruierenden Kontrastfall mit Konzentration auf die Frage, wie wird mit der Handlungszumutung umgegangen, bei Vorhandensein eines Kindes als Partnerin auf die Strukturposition des Vaters verwiesen zu sein, eine Fallstrukturgesetzlichkeit herausarbeiten können, die darauf verweist, dass es

4.3 Eine ethnografische Annäherung an den Fall

sich bei der Kernfamilie um eine institutionelle Tatsache, um ein alle Fälle übergreifendes Allgemeines handelt.

Ich beginne mit der Ausbuchstabierung verschiedener Formen, sich ins Verhältnis zu der Zumutung zu setzen, als Partnerin (Maria) auf die Strukturposition des Vaters verwiesen zu sein. *Erstens* wäre denkbar, auf die Strukturposition des Vaters einzurücken, sich fügsam bzw. konformitätsorientiert gegenüber diesem Regelkomplex der Kernfamilie zu verhalten. Dafür spräche nicht nur ihre Entscheidung, es bei *einem* leiblichen Kind (Johann) zu belassen, also diese Spannung zwischen Frau-Sein und der Möglichkeit, den freien Platz des Vaters einzunehmen, nicht nach dem Gerechtigkeitsmodell aufzulösen wie im ersten Fall, in dem auch die zweite Frau schwanger wird. Sondern auch die Entscheidung für eine eingetragene Lebenspartnerschaft und für eine Stiefkindadoption sind Indikatoren, die darauf verweisen, dass die Paar- und auch Eltern-Kind-Beziehung analog zur Kernfamilie institutionalisiert wird. *Zweitens* wäre möglich, wenn auch für diesen Fall aufgrund der oben genannten Entscheidungen nicht erwartbar, dass die Partnerin wie eine Tante (Mutterschwester) sich an der Nachwuchssozialisation beteiligt. Die Paarbeziehung wäre dann zugunsten einer Eltern-Kind-Beziehung aufgelöst bzw. als nicht relevant indiziert. Bekannt sind solche Muster von Familien aus der Nachkriegszeit, wo Frauen ohne ihre Männer, die aus dem Krieg nicht zurückgekehrt sind, mit einer Verwandten, der Schwester oder Schwägerin, sich um den Rest der Familie ohne die Männer als Väter kümmerten. *Drittens* ist nicht auszuschließen – wenn auch für diesen Fall ebenso nicht erwartbar –, dass auf die Handlungszumutung, als Frau auf die Strukturposition des Vaters verwiesen zu sein, mit einer Kommunikationsstruktur reagiert wird, die auf diese Spannung überhaupt nicht eingeht. Eine Ausdrucksform dafür wäre, dass die Partnerin (Maria) sich Elternpositionen gegenüber nicht verpflichtet weiß und wenn, dann maximal als Freundin die leibliche Mutter bei ihren Betreuungs- und Versorgungspflichten unterstützt. Wir hätten es dann mit einem Modell von Nachwuchssozialisation innerhalb eines Kontextes zu tun, der vermutlich noch der Lebensform am nächsten kommt, die aus den USA stammt und firmiert unter der Bezeichnung „single mother by choice" (Hayford/Guzzo 2015). *Fassen wir zusammen:* In der ersten Variante verhalten sich die Akteure gegenüber der Regelzumutung, die von den Organisationsprinzipien der Kernfamilie ausgeht, konformitätsbereit. Sie fügen sich der Regelanforderung. In der zweiten Variante erkennen die Akteure den Regelzwang an, dass für die Nachwuchssozialisation zwei Erwachsene notwendig sind, und reagieren darauf, wenn auch unter Verzicht der Aktivierung einer Paarbeziehung, mit dem Einsetzen einer Alternative, die dem Verwandtschaftsmodell entlehnt ist. Die *dritte* Variante repräsentiert die Lösung des Ausweichens: von der Handlungszumutung wird sich radikal distanziert in Form der Negation. Eine *vierte,* hier noch abschließend vorzustellende Variante, auf die zugemutete Spannung zwischen Frau-Sein und Verwiesen-Sein auf die Strukturposition des Vaters zu reagieren, ist die der Kompensation. Eine Ausdrucksgestalt dafür wäre, dass die zweite Frau instanziiert wird als eine zweite Mutter. In dieser Sozialkonstruktion würde die leibliche Mutter durch Addition verdoppelt und durch diesen Verdopplungsprozess aus der Perspektive des Kindes zu einer der leiblichen Mutter vergleichbaren Anderen. Entscheiden sie sich für diese Lösung, dann wird einerseits eine Konformitätsbereitschaft angezeigt, da sie sich in einen triangulatorischen Kontext begeben, in dem nach dem Modell der Kernfamilie zwei Erwachsene als Elternteile Verantwortung für das Kind übernehmen. Andererseits verhalten sie sich aber auch nonkonformistisch, was auf radikal deviante Weise zum Ausdruck gebracht wird in der erfundenen Figur der doppelten Mutterschaft. Dieses Zusammenspannen von Gegensätzen, zum einen nach dem Modell der Kernfamilie zu triangulieren, zum anderen gleichzeitig Nonkonformität (Modell der Addition) aufrechtzuerhalten, hat vermutlich auch Folgen – das wird noch weiter zu untersuchen sein – für die Wechselbeziehung zwischen den Frauen und auch für die Interaktion mit dem Kind.

Ein erster Zugang zum Fall, über den eine Hypothese darüber gewonnen werden soll, wie die soziale Platzierung der zweiten Frau erfolgt, die nicht Mutter geworden ist, erfolgt durch verschiedene Protokolltypen: analysiert wird zuerst das Klingelschild, dann ein Ausschnitt aus dem Beobachtungsprotokoll und schließlich zwei Skizzen von Sitzordnungen, als Ausdruck räumlicher Positionierungen. Ein Vorteil, derart verschiedene Datentypen in die Analyse mit aufzunehmen, besteht darin, durch diese Protokolle auch Ausschnitte aus Bereichen der sozialen Welt des Falles dokumentiert vorliegen zu haben, die durch die Notation des Interviews nicht fixiert werden konnten. Ein Nachteil gegenüber dem sequenzanalytisch aufzuschließenden Interview ist aber, dass das Innere einer Fallstruktur nicht rekonstruiert werden kann, und in der Regel die Interpretation nicht über eine deskriptive Merkmalsklassifikation hinausgeht. Um im Folgenden eine bloße inventarische Darstellung zu vermeiden, wird dieses unkonventionelle Datenmaterial mit Bezug auf die oben genannte Frage hin ausgewertet.

Eine allgemeine Anmerkung. Kontaktaufnahme: Am 15. September 2004 ruft mich am Vormittag Maria Dallmeyer an. Sie habe meine Telefonnummer von dem befreundeten Paar aus dem Nachbarort erhalten, mit dem ich vermittelt über den LSVD bereits Kontakt habe. Frau Dallmeyer teilt mir mit, dass auch sie und ihre Partnerin sich gerne an meinem Projekt beteiligen würden. Allerdings

4.3 Eine ethnografische Annäherung an den Fall

sei der Zeitpunkt ungünstig, da ihre Partnerin noch ein Fernstudium mache und das Zuwenig an Zeit schon zulasten von Freunden und Bekannten gehe. Wenn das Projekt allerdings noch im nächsten Jahr aktuell sei, dann stünden auch sie für ein Interview zur Verfügung. Das erste Gespräch findet am 8. März 2005 statt und dauert von 18–22 Uhr. Die Familie wohnt im Zentrum einer Universitätsstadt in einem alten Bürgerhaus. Auf dem Klingelschild stehen drei Namen wie folgt untereinander:

Maria Dallmeyer
Sabrina Bauer
Ernst Johann Bauer

Mich veranlasst diese Präsentation der Namen kurze Zeit später dazu, zu Johann zu sagen: *„Du bist der Ernst."* Woraufhin Johann antwortet: *„Nein, ich bin der Johann. Habe drei Namen, Ernst, Johann und Bauer."*

Das Klingelschild – Ein Protokoll familialer Gemeinschaft: In die Analyse des Klingelschildes geht das Kontextwissen ein, dass es sich bei den auf dem Klingelschild vermerkten Personen um eine Familie mit einem Sohn handelt. Wir haben es mit einem familienindikativen Protokoll zu tun. Dieses ermöglicht, erste Vermutungen über die Struktur der familialen Lebenspraxis zu bilden. Schematisch kann das Grundmodell des Klingelschildes folgendermaßen dargestellt werden (Abb. 4.2):

Ganz allgemein kann man erst einmal festhalten, dass das Klingelschild eine Zugehörigkeit von genau drei Personen behauptet. Da die Vornamen angegeben sind, ist offensichtlich, dass hier zwei Frauen wohnen und eine männliche Person.

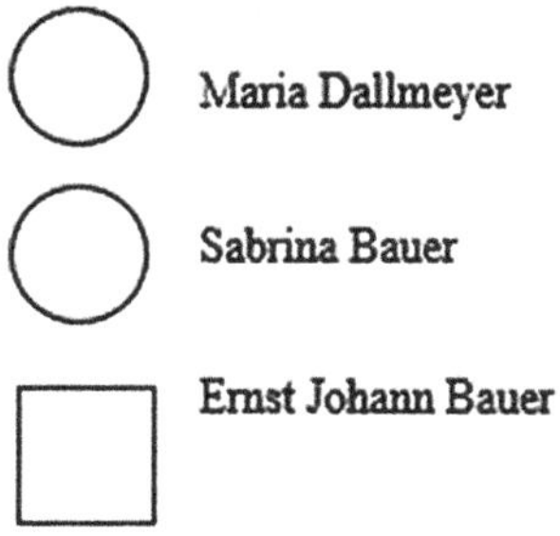

Abb. 4.2 Schematische Darstellung des Klingelschildes. (Quelle: eigene Darstellung)

○ Maria Dallmeyer

○ Sabrina Bauer

□ Ernst Johann Bauer

Lediglich zwei der drei Personen tragen den gleichen Familiennamen. Einen gemeinsamen Familiennamen, der ein Ausdruck dafür ist, dass die hier Versammelten verwandtschaftlich verbunden sind, gibt es nicht. Eine eindeutige familiale Zugehörigkeitsdeklaration im Sinne von „hier wohnt die Familie X" fehlt. Da die Familie sich weder protokollarisch noch inhaltlich als Einheit präsentiert, kann vermutet werden, dass sich nicht an der Regelstruktur der Kernfamilie orientiert wird. Allerdings gibt es zwei Indizien, die diese Hypothese nicht bestätigen bzw. nicht mit ihr übereinstimmen:

1. Blickt man auf das Klingelschild (vgl. Abb. 4.2), so wird deutlich, dass es eine hierarchische Konstellation mit einem Oben und Unten gibt. Es werden Über- und Unterordnungsverhältnisse zum Ausdruck gebracht. Diese Logik der Vertikalität zahlt die Paarbeziehung mit dem Preis des Untereinander. Einmal unabhängig davon, dass schon das Fehlen eines gemeinsamen Nachnamens einer „Idee der Gleichheit" (Kaufmann 2005: 173; Maiwald 2007a: 77) nicht entspricht, finden wir auch keine elementare Gleichheitsrelation des Nebeneinanders durch eine horizontale Abbildung der beiden Frauennamen. Wäre doch auch folgende Darstellung auf dem Klingelschild möglich gewesen (Abb. 4.3): Doch die Paarelemente stehen nicht als grundsätzlich gleichrangig und gleichwertig nebeneinander. Es fehlt eine horizontale Achse, die als Ausdruck einer Symmetrie gelesen werden könnte, die die Paarbeziehung fundiert. Der Vorzug ist einer hierarchischen Positionierung gegeben. So zeichnet sich durch diese Ungleichheitsstruktur auf der Ebene der Paarorganisation eine strukturelle Ungleichheitsstruktur ab, die uns aus dem Familienmodell von Parsons (1981) bekannt ist. Diese Beobachtung legt die Vermutung nahe, dass die vertikale Achse die familialen Rollen entlang einer „bürgerlichen" Familie

Abb. 4.3 Eine mögliche Darstellung der Namen auf dem Klingelschild. (Quelle: eigene Darstellung)

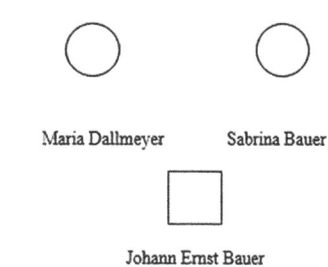

4.3 Eine ethnografische Annäherung an den Fall

ordnet, in der Maria durch ihre Position an der Spitze die instrumentelle (männliche) und Sabrina, näher als Maria dem Kind und im Zentrum der Familie positioniert, die expressive (weiblich-mütterliche) Handlungsorientierung vertritt.

2. Auch die Repräsentation von Filiation auf dem Klingelschild verweist auf eine elementare Struktur von Familie. Es ist ein Kindschaftsverhältnis protokolliert, so wie wir es in allen symbolischen Darstellungen von Allianz und Filiation finden. Das Kind, hier der Sohn Johann, ist unterhalb der beiden Frauen eingetragen. Die vertikale Ordnung steht für eine gerontokratisch generationelle Machtachse, in der die Eltern als überlegen, die Kinder als unterlegen erscheinen.

Diese empirischen Indikatoren, die auf eine Orientierung an der Regelstruktur der Kernfamilie hinweisen, stehen aber in einem Widerspruch mit der Beobachtung, dass es keinen gemeinsamen Familiennamen gibt. An diesem Punkt scheint es ratsam, um das Fallspezifische der Familie weiter zu erschließen, der Frage nachzugehen: Welchen sozialen Platz nimmt Maria Dallmeyer ein, die namentlich unverbunden ist mit der gleichnamigen Dyade, die sie an der Spitze anführt? Einige empirische Hinweise, die man dem Klingelschild entnehmen kann, wie die namentliche Unverbundenheit von Maria mit Sabrina und Johann, Marias Nähe zu Sabrina und ihre größere Distanz zu Johann legen die Vermutung nahe, dass wir es möglicherweise mit einem Konzept von Familie zu tun haben, in dem Maria als Partnerin der leiblichen Mutter zwar männliche Handlungsmuster befolgt, aber die elterliche Sozialposition nicht besetzt. Wenn dies zutrifft, dann haben wir es hier mit einer Form familialen Zusammenlebens zu tun, in der Elternschaft und Partnerschaft voneinander entkoppelt sind. Aus der Perspektive von Johann betrachtet wäre Maria Dallmeyer ausschließlich die Freundin/Partnerin seiner Mutter oder eine Schwester seiner Mutter (vgl. zweite Variante).

Die bisherigen Annahmen lassen sich weiter präzisieren, ergänzen und korrigieren, wenn wir jetzt einmal vom inhaltlich recht belanglosen Klingelschild absehen, das über die Familie kaum etwas Preis gibt, und auf einen weiteren Protokolltyp zurückgreifen.

Ein Ausschnitt aus dem Beobachtungsprotokoll: Das Beobachtungsprotokoll, in dem als Resultat einer „beobachtenden Schreibpraxis" (Hirschauer 2002: 35) eine Dimension des Sozialen aufscheint, erzählt etwas über die erste Begegnung. Es hält ein Geschehen im sozialen Raum fest, das zeitlich zwischen dem Vorgang

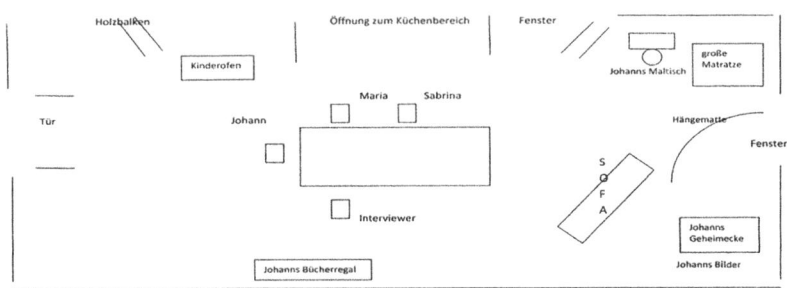

Abb. 4.4 Protokoll der Sitzordnung und des Wohnbereichs (Interview vom März 2005). (Quelle: eigene Darstellung)

des Klingelns und dem Beginn des Interviews, das mit dem Aufnahmegerät festgehalten ist, liegt. Ich zitiere aus dem Protokoll (Abb. 4.4):
„*Ein kleiner verwinkelter Treppenaufgang führt in dem alten Haus in die 3. Etage, wo die Familie wohnt. Oben angekommen, empfängt mich Frau Dallmeyer an der Tür. Frau Bauer steht mit Johann, der ca. 4 Jahre alt ist, im Türrahmen zur offenen Wohnküche. Nach der Begrüßung verliert Johann keine Zeit, er ergreift die Initiative und beginnt mich – mehr mit Frau Funcke anrufend als ansprechend – in seine Spielreservate, die sich im Wohn- und Essraum, der an den Küchenbereich anschließt, einzuführen. Zuerst wird mir seine Versteckecke hinter dem Sofa zwischen Wand und Heizung gezeigt. Es handelt sich um einen Ort, an dem er in einer Art selbstgebauten Höhle verschwindet. Er kriecht unter eine Decke und demonstriert für mich in der Rolle des am Daumen lutschenden Jungen die Funktion des Platzes. Als nächstes werde ich zu einer Hängematte geführt, die im Raum hängt. Dann werden mir weitere Plätze, die in diesem Raum von ihm bewohnt und in Ordnung gehalten werden, gezeigt. Da gibt es einen Maltisch, daneben einen kleineren Tisch, auf dem schnell greifbar und gut geordnet verschiedene Dinge wie Bleistifte, Schere, Radierer liegen. Als nächstes bin ich aufgefordert, eine kleine Kochecke zu betrachten. Im Küchenbereich, der durch Holzbalken vom Wohn- und Essbereich abgeteilt ist, steht ein kleiner Kinderherd, auf dem kleine Töpfe stehen. Während Johann mir seine mikroskopische Welt der Spieldinge vorstellt, sind die beiden Frauen im Küchenbereich beschäftigt und bereiten das Abendessen vor.*"

An der Situation des Übergangs in die Privatwohnung fällt auf – was uns auf der Grundlage der bisherigen Annahmen auch nicht weiter überrascht –,

4.3 Eine ethnografische Annäherung an den Fall

dass Maria Dallmeyer die Aufgabe übernimmt, das Handlungsproblem der Grenzüberschreitung zu lösen. Sie, die auf dem Klingelschild die Mutter-Kind-Dyade anführt und den ersten Kontakt zu mir hergestellt hat, reguliert als Außenvertreterin den Übergang zum Binnenbereich, in dem Sabrina Bauer und ihr leiblicher Sohn Johann mich dann begrüßen. Auffällig ist, dass beide Frauen sich gleichzeitig die häuslichen Pflichten der Küche teilen und mich mit Johann im angrenzenden Wohnbereich allein lassen. Ein denkbares Motiv für dieses Verhalten wäre, dass sie mir durch das Zusammensein mit Johann Gelegenheit geben wollen, zu erkennen, dass auch zwei Frauen ohne Vater ein Kind mit Erfolg großziehen können. Johann soll sozusagen der Beweis sein, dass ihre unkonventionelle Familiendurchführung als legitim gelten kann. Doch es wird an der Situation noch etwas anderes deutlich. Eine klassische Rollenaufteilung mit einer maskulinen und femininen Orientierung kann man an dieser Stelle nicht beobachten. Da die Vorbereitung der Mahlzeit nicht in den Zuständigkeitsbereich einer Person fällt, vermute ich, dass die Arbeitsteilung im Haushalt egalitär verteilt ist. Einmal angenommen, diese Vermutung stimmt, dass im Rahmen einer partnerschaftlichen Kooperation im Haushalt gleiche Handlungsstile gelten, bleibt die Frage, wie die Zuwendung zum Kind aussieht. Die bisherigen empirischen Daten geben Anlass zur Hypothese, dass, obwohl vermutlich die Haushaltsaktivitäten gleich verteilt sind, es Unterschiede in der Kinderfürsorge gibt. Die leibliche Mutter, die wir bisher immer näher am Sohn Johann wahrgenommen haben (vgl. das Klingelschild und das Beisammensein der beiden zum Zeitpunkt der Begrüßung), hat – bis auf den Beweis des Gegenteils – die exklusive Kompetenz für die Fürsorge inne. Die Frage ist, machen die beiden Frauen Unterschiede in ihrer Beziehung zum Kind und wenn ja, wo verhalten sie sich homogen ihrem Sohn gegenüber?

Als homogen und aus der Perspektive von Johann vermutlich auch austauschbar, zeigen beide Frauen sich in der praktischen Durchführung von Haushaltsaktivitäten. Für ihn bedeutet diese Arbeitsallianz der Erwachsenendyade beim „Tanz mit den Dingen" (Kaufmann 1999: 17) in der Küche zum Zeitpunkt des Interviews, dass er sich im Schutz, aber nicht im direkten Aufmerksamkeitsfokus der Eltern stehend, frei bewegen kann. Das Paar, das sich räumlich gesehen an der Peripherie (Küchenbereich) aufhält, gibt Johann, der sich entwicklungsmäßig im Spielalter befindet, so die Möglichkeit, sich mit dem Gast als dem Fremden relativ ungestört in sein Spieluniversum zu begeben. Auffällig ist, dass der Aktionsradius, den sie Johann für seinen „Prozess des Werdens" (Erikson 1978: 99) zur Verfügung stellen, viel Platz einnimmt. Mir ist bekannt, dass er noch ein eigenes Kinderzimmer hat, sodass fraglich ist, warum seine Spielterritorien die gemeinsame Lebenssphäre des Wohnbereiches derart dominieren und die Bewegungsfreiheit der Frauen begrenzen. Man gewinnt den Eindruck, dass Johann die Hauptrolle spielt. So legt die soziale Organisation des Raumes und Johanns ungebrochene Initiative, die von einem Glauben an seine Zentralität zu zeugen scheint, die Hypothese nahe, dass er der Fixpunkt ist, um den sich das Handeln des Paares organisiert. Es stellt sich die Frage, ob Johann der herrschende Mittelpunkt ist, von dem aus das Paar zusammengehalten wird? Wir wollen diese Frage erst einmal im Kopf behalten und uns noch einen Abschnitt aus dem Beobachtungsprotokoll ansehen. Es handelt sich dabei um einen Ausschnitt, der sich auf die Zeit nach der gemeinsamen Mahlzeit bezieht und in der Johann für das Zu-Bett-Gehen vorbereitet wird. Die Paraphrase der Beobachtungssequenz lautet wie folgt: Das Ende des Tages und der Übergang zur Nacht wird über ein gemeinsames Brettspiel gestaltet. Bei dem Spiel werden Bausteine nach Anzahl der gewürfelten Punkte ins Ziel geführt. An dem Spiel sind Johann, Frau Bauer und ich beteiligt. Frau Dallmeyer räumt den Tisch ab und schafft Ordnung in der Küche. Das Spiel, das auf Drängen Johanns gespielt wird, ist als ein letztes Zugeständnis an Johann gerahmt. Es gilt das Bündnis: „Ein Spiel und dann wird ohne Diskussion ins Bett gegangen."

Etwas Neues zeichnet sich hier nicht ab. Es reproduziert sich ein Ordnungsverhalten, das von der Regel geleitet ist, dass die leibliche Mutter in der Nähe des Kindes ist. Maria befindet sich im Vergleich auch zur Struktur des Klingelschildes und zur Struktur, die sich in der Begrüßungsszene abzeichnet, an der Peripherie der Mutter-Kind-Dyade. Die These von der Entkopplung von Partnerschaft und Elternschaft finden wir hier bestätigt.

Das materielle Setting der Sitzordnung: Bisher liegen uns auf der Grundlage der ausgewählten Protokolle nur empirische Indikatoren vor, die darauf hinweisen, dass Maria Dallmeyer sowohl männliche als auch weibliche Handlungsmuster befolgt, während man von Sabrina Bauer den Eindruck hat, dass sie weiblich-mütterliche Zuwendungsstile vertritt. Egalität wird allein bei der Durchführung weiblicher Arbeitsvollzüge (siehe die Haushaltsaktivitäten in der Küche) realisiert. Asymmetrie kommt allerdings dann ins Spiel, wenn es um elterliches Handeln geht. Wir haben für diese Beobachtung die Hypothese aufgestellt, dass Partnerschaft und Elternschaft entkoppelt sind. Ich werde aber im Folgenden zeigen können, dass die Fallspezifik der Familie nicht in diesem Organisationsprinzip aufgeht. Maria Dallmeyer ist – einmal aus der Perspektive von Johann betrachtet – nicht nur die Freundin der leiblichen Mutter.

Ergänzen wir jetzt das bisherige Datenmaterial um eine weitere Kontextbedingung, von der das Aufnahmegerät nichts weiß. Es geht um die Sitzordnung zum Zeitpunkt des ersten und zweiten Interviews. Die Sitzordnung sah zu beiden

4.3 Eine ethnografische Annäherung an den Fall

Gesprächen, die ich im Abstand von ca. eineinhalb Jahren geführt habe, unterschiedlich aus. Während das erste Gespräch als ein Interview gerahmt war, hatte die zweite Begegnung den Charakter eines Besuches, da ich aus privaten Gründen in der Stadt war und ich die Gelegenheit für ein Wiedersehen nutzen wollte. Ins Zentrum der Analyse möchte ich deshalb die Skizze der Sitzordnung zum Zeitpunkt der zweiten Begegnung stellen, da die Familie sich hier nicht veranlasst sah, ihre alltagspraktische Ordnung aufzugeben. Allerdings lassen sich über den Vorgang des Vergleichens beider Sitzordnungen fallergänzende Beobachtungen gewinnen. Deshalb werde ich beide Organisationsweisen im Raum darstellen und interpretieren. Interessant ist dieses Datenmaterial deshalb, da die Wahl der räumlichen Position immer auch etwas über den Grad der Kommunikationsbereitschaft zur Gemeinschaft aussagt. Bezeugt doch eine unmittelbare Nähe immer eine Kommunikationsdichte, die eben räumlich kommuniziert wird und deren Folgen in intensivierter Wechselseitigkeit bestehen. Im Kontrast dazu indiziert ein Mehr an Distanz zueinander eine geringe Bereitschaft, eine Kommunikation tatsächlich aufzunehmen, sozial wird vermutlich weniger investiert, während Nähe die Bereitschaft veranschaulicht, dass auch faktisch die Kommunikation abgerufen werden darf. Schauen wir uns unter diesen Aspekten die räumlichen Positionierungen dokumentiert in den Skizzen an, in die ich in Anlehnung an die planimetrische Geometrie (vgl. Bohnsack 2009: 72) Verbindungslinien eingetragen habe, die eine geometrische Interpretation ermöglichen (Abb. 4.5).

Als erstes fällt auf, dass Johann weder näher an der leiblichen Mutter sitzt noch einen Platz einnimmt, der ein Unterordnungsverhältnis gemäß der Asymmetrie der Eltern- Kind-Beziehung (vgl. Klingelschild) markiert. Wüsste man nicht, dass es sich genau um diese Familie handelt, läge die Vermutung nahe, man habe es hier mit einem patriarchalischen Ordnungssystem eines bäuerlichen oder proletarischen Milieus zu tun. Vergleichbar einem Bauern eines Bauern-

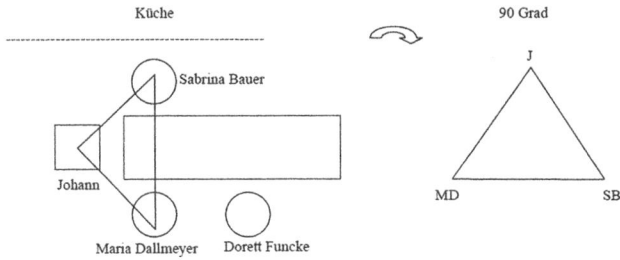

Abb. 4.5 Sitzordnung zum zweiten Gespräch im August 2006. (Quelle: 2. Protokoll; eigene Darstellung)

hofes oder eines Hauptenährers einer Arbeiterfamilie sitzt der Sohn Johann wie ein Patriarch an der Stirnseite des Tisches und um ihn herum gruppiert die beiden Frauen. Diese stark auf Johann bezogene Orientierung kommt noch besser zur Geltung, wenn man das Dreieck einmal auf seine Basis stellt, es um 90 Grad dreht. Es wird deutlich, dass es sich um ein kindorientiertes System handelt, in dem die soziale Bezogenheit beider Frauen zum Kind gleich verteilt ist. Die Fokussierung auf den Sohn überrascht uns nicht. Was wir bisher noch nicht gesehen haben, ist, dass beide Frauen in einer Paareinheit, die in der Sitzordnung in ihrer Frontalperspektive zum Ausdruck kommt, gleichermaßen auf Johann bezogen sind. Denn schon die verschiedenen Spielreservate, die die beiden Frauen dem Sohn zugestehen, haben die Vermutung nahegelegt, dass Johann im Zentrum der Familie steht. Was wir bisher allerdings so noch nicht gesehen haben, ist, dass die Zuwendung zum Kind gleich verteilt ist. Bisher hatten wir angenommen, dass Maria Dallmeyer ausschließlich an der Seite der leiblichen Mutter einen Platz hat, aber nicht mit der Mutter-Kind-Dyade verschränkt ist. In der Sitzordnung ist nun keineswegs die Haltung verobjektiviert: Sich um das Kind zu kümmern, ist allein die Sache der leiblichen Mutter. Wir sehen jetzt, dass vermutlich nicht nur die Hausarbeit, sondern auch die Kinderfürsorge und -erziehung eine gemeinsame Gestaltungsaufgabe ist. An dieser Stelle kann das Konzept der Familie folgendermaßen konkretisiert werden: Wir haben es mit einer Familie zu tun, in der die beiden Frauen als Paar in Bezug auf das Kind über das Prinzip der Verdopplung von Mutterschaft miteinander verschränkt sind. Es handelt sich um zwei Mütter, die als Elterneinheit gleichzeitig eine Paareinheit bilden.

Welche lebenspraktischen Folgen hat die Verdopplung der Sozialposition der Mutter? Die leibliche Mutter-Kind-Beziehung wird zugunsten der nichtleiblichen Beziehung aufgegeben. Diese Hypothese ist aus der Skizze der Sitzordnung, so wie ich sie im Rahmen meines ersten Besuches bei der Familie vorgefunden habe, abgeleitet. Doch dazu jetzt genauer (Abb. 4.6):

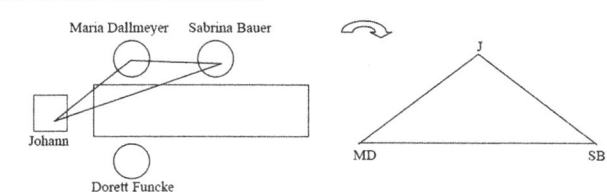

Abb. 4.6 Sitzordnung zum ersten Gespräch im März 2005. (Quelle: 1. Protokoll; eigene Darstellung)

4.3 Eine ethnografische Annäherung an den Fall

Beginnen wir mit der Frage: Welche Entscheidung haben die beiden Frauen für die Lösung der Aufgabe getroffen, sich unter der Bedingung zu organisieren, dass eine vierte Person bei der Familie zu Gast ist? Generell kann man erst einmal festhalten, dass Johann den gleichen Platz belegt und auch das Frauenpaar sich als Einheit präsentiert, nur mit dem Unterschied, dass ihre jeweilige Nähe zu Johann jetzt verschieden ist. So kommt man auf die Idee, dass es vermutlich in der Organisation der Zuwendung zum Kind doch Unterschiede gibt. Um dem Gast einen Platz nahe bei Johann geben zu können, muss eine der beiden Frauen ihren angestammten Platz verlassen. Es ist die biologische Mutter, die ihren Platz frei gibt und auf Distanz geht. Denkbar wäre auch die Variante gewesen, dass ich den freien Platz besetze (= SBs Platz), also eine Variante zum Tragen kommt, die Maria Dallmeyer keinen Platzwechsel abgefordert hätte. Es kommt aber anders. Die Lösung, die für die Abwesenheit von Sabrina Bauer beim Kind gefunden wird, besteht darin, ihre Position mit einem Äquivalent zu besetzen. Maria Dallmeyer rückt auf den Platz der leiblichen Mutter ein mit der Folge, diesen nun entsprechend den eigenen Möglichkeiten gestalten zu können. So wird über die Aufspaltung der leiblichen Dyade die Partnerin Maria Dallmeyer zur Mutter des Kindes. Es wird eine Neuorganisation gewählt, bei der es darum geht, diejenige, die mit dem Kind biologisch nicht verbunden ist, über den Vorgang des Umschließens in die leibliche Dyade zu integrieren.

Eine Anmerkung zur Namenvergabepraxis: Dass es dem Frauenpaar darum geht, auf den Auseinanderfall der biologisch-sozialen Einheit, die für das Modell der Kernfamilie konstitutiv ist, mit Handlungsweisen zu reagieren, die die biologische Unverbundenheit von Maria mit dem Kind kompensieren sollen, zeigt die Namenvergabepraxis. Der Erstname von Johann: „Ernst", der die Interviewerin auch veranlasste, ihn auf diesen Namen hin anzusprechen: *„Du bist der Ernst"*, daraufhin aber von Johann korrigiert wird mit: *„Nein, ich bin der Johann. Habe drei Namen, Ernst, Johann und Bauer"*, stammt aus dem Verwandtschaftszusammenhang von Maria. „Ernst" heißt der Großvater väterlicherseits, der von Beruf Schmied war und mit seiner um elf Jahre jüngeren Frau vier Kinder hatte. Der Eigenname „Ernst" weist so das Kind als jemanden aus, der zu Marias Verweisungszusammenhang gehört. Er suggeriert: Maria und der Sohn Ernst haben eine gemeinsam geteilte Eigenschaft. Sie sind Mitglied der gleichen Familie, aus der Maria stammt. Aus der Perspektive von Johann bedeutet der Erstname aber nicht nur ein Symbol, etwas, mit dem man sich in einem stärkeren Sinne identifiziert, nämlich mit dem anderen Verwandtschaftszweig. Sondern der Eigenname

Ernst steht für die Eingebettetheit in ein Netz sozialer Beziehungen. Er verweist auf seine Zugehörigkeit zur Familie von Maria. In dem Johann sagt, wie er heißt, sagt er nicht nur, worauf er hört, sondern auch, zu wem er gehört. Sein Eigenname gibt die soziale Zurechnungsadresse bekannt. Und indem ihm dieser Erstname zuteil wird, wird ihm eine über Maria abrufbare Familiengeschichte verfügbar. Auch wenn nun im lebenspraktischen Alltag Johann mit dem zweiten Namen gerufen wird, sehen wir deutlich, wie die beiden Frauen darum bemüht sind – das auch mit Erfolg, wie Johanns Antwort gegenüber der Interviewerin zeigt –, orientiert an der Abstammungsfamilie ein bilaterales Verwandtschaftssystem zu konstruieren. Über den Familiennamen (*„Bauer"*) kann Johann sich der mütterlichen Abstammungslinie zurechnen, während der Vorname (*„Ernst"*) ihn dem Verwandtschaftszusammenhang von Maria zuordnet. Das Frauenpaar betont im „Modus des Als-Ob" (vgl. auch Gehres 2016, Gehres/Hildenbrand 2008, Loer 2018a) ein kognatisches, d. h. auf beide Abstammungslinien zurückgehendes Verwandtschaftsverhältnis. Es wird fingiert, als ob es sich bei der Beziehungsgrundlage ihrer Sozialkonstruktion um eine leiblich fundierte Familie handeln würde.

Ich fasse die bisherigen Ergebnisse zusammen: Das Klingelschild und die Begrüßungsszene zum Zeitpunkt der Organisation des Übergangs in die Privatwohnung vor Beginn des Interviews lässt die Vermutung aufkommen, dass trotz aller Unkonventionalität das Zusammenleben entlang traditionaler Muster organisiert ist. Die leibliche Mutter, die jeweils näher bei Johann ist, bildet den „Mittelpunkt der Fürsorge" (Parsons 1999: 51), während die Partnerin der Mutter als eine dritte Person vom Rand her (siehe die Spitzenposition auf dem Klingelschild und die Position an der Schwelle zwischen Drinnen und Draußen während der Begrüßung) die „Angelegenheiten der sozialen Gruppe, die über die Familie hinausreichen" (ebd.), regelt. Die gemeinsame Vorbereitung des Abendessens und das zweite Protokoll der Sitzordnung, das sie als Paar gleichermaßen bezogen auf Johann als Elterneinheit repräsentiert (vgl. Abb. 4.5), zeigen, dass es womöglich so ganz asymmetrisch, wie anfänglich vermutet, nicht zugeht. Das Arbeitsteilungsarrangement im Bereich der Küche und die soziale Platzierung während der Mahlzeiten verweisen auf die Wirksamkeit eines Gleichheitsprinzips. Mehr Klarheit über die Fallstruktur der Familie haben wir dann über das erste Protokoll der Sitzordnung gewinnen können. Die beiden Frauen sehen sich durch mich als einer Fremden, die Interesse an ihrer Familienform hat, im ersten Gespräch dazu veranlasst, ihre alltägliche Sitzordnung aufzugeben. Man sieht plötzlich, dass die Bewältigung der Aufgabe, sich neu zu gruppieren, die Relationen zwischen den Beteiligten der Triade ändert. Ans Licht kommt in dieser Krisensituation, die – wie

4.3 Eine ethnografische Annäherung an den Fall

Starn es formuliert – „zu Momenten der Wahrheit" (1973: 56) wird, dass es einen Unterschied in dem Bezug zum Kind gibt. Ganz im Gegensatz zur Ausdrucksform des Klingelschildes und zu der Situationsdefinition an der Schwelle zum Privaten, ist es hier nicht Sabrina Bauer, die leibliche Mutter, sondern Maria Dallmeyer, die unmittelbar in Beziehung zu Johann steht. Während Sabrina entlastet von der Funktion, die primäre Ansprechpartnerin für Johann zu sein, sich relativ ungestört mit mir als dem Gast der Familie unterhalten kann, übernimmt Maria Aufgaben der allgemein schützenden Fürsorge gegenüber Johann. Die bisherigen Hypothesen zu verwerfen, besteht allerdings kein Anlass. Das fallspezifisch Neue, das man im Brennpunkt der Krise zu fassen bekommt, besteht darin, dass, auch wenn beide Frauen gleichermaßen am Haushalt und der Kindererziehung partizipieren, sie sich hinsichtlich der Durchführung ihrer Beziehung gegenüber dem Kind unterscheiden. Maria Dallmeyer übernimmt weder ausschließlich die Aufgabe, die leibliche Mutter-Kind-Beziehung nach außen zu schützen bzw. zu vertreten, noch in Form von Ergänzungsleistungen eine Beziehung zum Kind zu pflegen. Kurz, die Art des Platzwechsels hat gezeigt, dass Maria die Mutterposition nicht allein ihrer Partnerin Sabrina überlässt. Sie ist, einmal aus der Perspektive von Johann betrachtet, weitaus mehr als nur eine Freundin, Schwester oder Anverwandte der Mutter und auch kein Komplementär zur Mutter. Sondern es handelt sich um eine „strukturale Triade" (Lang 2000: 167) mit zwei Müttern. Da die mütterliche Sozialposition von beiden Frauen besetzt wird, kann geschlussfolgert werden, dass die Sozialisation von Johann über die Beziehung zu zwei Müttern läuft. Lebenspraktisch hat die Verdopplung der Mutterschaft zum einen zur Folge, dass die Mutterposition zu einer umkämpften Position wird. Die Konkurrenz um das rare „Gut" hat zur Konsequenz, dass Johann ins Zentrum der Familie rückt. Das wird deutlich an seinem Platz an der Stirnseite des Tisches und an der Raumgestaltung des Wohnbereiches, in dem Johanns „Spielplätze" überwiegen und somit die Bewegungsfreiheit der Frauen einschränken. Zum anderen hat die Verdopplung der Mutterschaft zur Folge, dass ein Abstand zur leiblichen Mutter als der primären Bezugsperson erfolgt. Dadurch, dass eine zweite Mutter die leibliche Dyade aufbricht, gerät die leibliche Mutter an die Peripherie.

Halten wir fürs Erste fest: Auch in diesem zweiten, zum ersten minimalkontrastiv variierendem Fall, wird auf die mit der Ankunft des Kindes erzeugte Spannung, als Frau auf die Strukturposition des Vaters verwiesen zu sein, nicht mit einer Bewegung des Ausweichens, der Negation oder des kommentarlosen Befolgens reagiert. Sondern das Frauenpaar strukturiert ein Zusammenleben nach dem Modell der Kernfamilie, so als ob zwei Erwachsene als mit dem Kind verwandte Elternteile die Sozialisation des Nachwuchses übernehmen. Dass sie auf dieses Modell zurückgreifen, wird deutlich z. B. in der Ausdrucksfigur des

Umschließens bzw. der Integration der nicht mit dem Kind verwandten Frau in die Mutter-Kind-Dyade. Kompensiert wird auf diesem Wege der 'Mangel', der aus dem Fehlen der biogenetischen Verbundenheit resultiert, da Maria eben nicht abgestützt durch bzw. aufruhend auf einem biologischen Unterbau wie ein leiblicher Vater dem Kind ein Elternteil sein kann.

Im Zentrum stehen im Folgenden die Vorgeschichte des Paares und der Entscheidungsprozess, ihre Paarbeziehung um ein Kind zu erweitern. Das Ziel ist, über die Analyse der Strukturdynamik des Paares, mehr darüber zu erfahren, wie von diesem Fall die Handlungsprobleme gelöst werden, die daraus resultieren, sich nicht auf die kulturelle Norm der Kernfamilie verpflichten zu lassen.

4.4 Die Strukturtransformation vom Paar zur Familie

Emotionale Vorgeschichte: Wenn Paarbeziehungen entstehen, durchlaufen sie verschiedene Phasen, nach Lenz (vgl. 2009: 68 f.) insgesamt drei: eine Aufbau-, eine Bewährungs- und eine Bestandsphase. Im Folgenden wird es um die erste Etappe in diesem Prozess der Paarbildung gehen, um den Beginn der Beziehung, um das Kennenlernen. Kai-Olaf Maiwald spricht, wenn es um diese Zeitspanne in der Geschichte eines Paares geht, von der Zeit, in der die „gefühlte Beziehung" (Maiwald 2009: 285), die „unpraktische Seite der Paarbeziehung" (ebd.), beziehungsdynamisch strukturierend ist. Gemeint ist der Zeitraum in der Beziehungsgeschichte eines Paares, in der noch befreit von so pragmatischen Fragen, wer im gemeinsamen Haushalt wann, was, wie macht, sich erste Beziehungsstrukturen beginnen herauszubilden. Um zu erkennen, wie in diesem Fall die Phase des Beginnens gestaltet wurde, wenden wir uns der Ursprungsgeschichte des Paares zu, die sie erzählen, wenn es um den Anfang ihrer Beziehung geht. Über die Analyse einer Interviewsequenz erfahren wir allerdings immer auch mehr als nur etwas über die Beziehung als Gegenstand, also darüber, wann und wie die beiden Frauen sich kennengelernt haben. Denn da das Interview auch immer die aktuelle Interaktionspraxis mit protokolliert, dies vor allem deshalb, weil die Partner hier als Paar adressiert werden und es dementsprechend die Antworten als Paar organisieren muss (vgl. Peukert 2015: 117), erfahren wir ebenso etwas über die Strukturdynamik des Paares. So muss das Paar, indem es z. B. in den Prozess eines Aushandelns eintritt oder indem es routinehaft zurückgreift auf bewährte Lösungsmodelle für solche Krisensituationen, wie es jedes

4.4 Die Strukturtransformation vom Paar zur Familie

Interview darstellt, regeln, wer auf meine Frage: *„Und wie ham sie sich dann kennengelernt"*[5] antwortet.

S: *Mh. (.) Kennengelernt ham wir uns über'n Sport. (.) Wir ham Federball gespielt.*
I: *Aha. (!)*
S: *Und dann (.) stieß irgendwann meine Frau dazu.*

[alle lachen]

Eine Aushandlung, wer anfängt, ist bei dem Paar anscheinend nicht erforderlich. Jedenfalls fängt Sabrina prompt an, die Ursprungsgeschichte zu erzählen. Sie erzählt vom *„Sport"* als Ort der Beziehungsanbahnung. Die organisierte Freizeit, die eine Gegenwelt zu der von Konkurrenz und Leistung geprägten Arbeits- und Bildungswelt herstellt, ist der Rahmen für die Paarbildung. Vergleicht man diese Version der Geschichte mit der, die – wie wir gleich sehen werden – Maria im Anschluss daran liefert, liegt die Vermutung nahe, dass einzig für Sabrina die Begegnung die Bedeutung von etwas Schicksalhaften hatte. Denn schon mit dem Dazukommen Marias zur Sportgruppe realisiert sich eine Vorbestimmung, also ein von Sabrina unabhängig gedachtes Programm, indem schon lange vor ihrer Begegnung ihre Bestimmung füreinander festgelegt bestand. Denn Maria, die ja erst im Verlaufe einer intensivierten Wechselbeziehung zu ihrer späteren Lebenspartnerin wurde, wird in der Erzählung repräsentiert als von Anbeginn ausschließlich als die zu ihr Gehörige: als *„meine Frau"*. Durch das Possessivpronomen *„meine"* ist Maria in eine besondere Beziehung zu ihr gesetzt. Das Besondere besteht in einem angezeigten Besitzverhältnis, in dem Maria wie ein Objekt behandelt wird. Das Objekthafte steht insofern nicht im Widerspruch zum Kontext der Vorbestimmung, da – wenn dieser gilt – weder von Sabrinas noch von Marias freiem Willen ihr Verhältnis als Paar abhängig ist. Sie entsprechen – das ist Sabrinas Perspektive, mit der sie gleichzeitig auch die homosexuelle Beziehung mit Maria normalisiert – einer ihnen übergeordneten Regel, die von vornherein, ohne dass sie auf die Gültigkeit dieser Regel irgendeinen Einfluss hätten, ihr Füreinanderbestimmtsein festgelegt hat.

I: *Wie kommt man denn auf Federball (?) (.)*

---

[5] S = Sabrina, M = Maria, I = Interviewerin

Auf diese Frage antwortet Maria Dallmeyer. Sie berichtet, dass sie schon zu Hause, an ihrem Herkunftsort, Federball gespielt habe. In den Sportverein in der neuen Stadt sei sie dann eingetreten, um soziale Kontakte zu knüpfen:

M: *halt dann auch mehr Anschluss zu finden, hab ich gedacht ich versuch's doch mal mit nem Sportverein. Und da hab ich sie dann kennengelernt. Kennen und lieben gelernt. Aber es sollte noch eine @lange Geschichte werden@ bis es, bis es dann eine gemeinsame wurde. Sagen wir @mal so@. Na bis es dann überhaupt mal (.) eine Beziehung wurde.*

In der Version, die Maria erzählt, geht es eher um den Prozess, um den Übergang von der Ich-Du-Perspektive zum „Wir", der als ein langer, progressiv, in kleinen Schritten verlaufender beschrieben wird. Zum anfänglichen Kennenlernen, in dem es darum geht, die Lebensgeschichte und Biografie des anderen zu erfahren, kommt die Liebe hinzu, die aus ihrer Beziehung eine exklusive Zweierbeziehung macht. Berichtet wird von der Anbahnung und zunehmenden Verdichtung der Beziehung, die schließlich in eine „*gemeinsame*" Geschichte, in einen gemeinsamen Entwurf einmündet. Erzählt wird von einer „Paarbildung in Etappen" (Kaufmann 2000: 82). Während Sabrina eine Geschichte des Kennenlernens präsentiert, die den Beginn einer Beziehung beschreibt, mit der gleichsam sich eine Wechselseitigkeit realisiert, die dem Gesetz der romantischen Liebe folgt, nach dem ausnahmslos nur ein einziger Partner für einen bestimmt ist, spricht Maria etwas nüchterner von „*Kennen und lieben gelernt.*". Als die Ältere von beiden ist sie nicht nur die Sachlichere und Moderatere, sondern lebensbiografisch bedingt hat sie vermutlich auf die Werbemanöver der jüngeren Sabrina, die sich ihrer gleich zu Beginn als „*zukünftige Frau*" sicher war, nur maßvoll, zögerlich, eben kleinschrittig reagieren können. Paarstrukturdynamisch gesehen, hat Sabrina den aktiven, treibenden Part in der Beziehung. Maria macht, wenn auch die Bewegungsimpulse der anderen aufgreifend, nicht einfach nur mit, sondern sie setzt maßvoll korrigierend den Vorhaben ihrer Partnerin etwas Eigenes entgegen – sowohl dem Paaransinnen als auch, das werden wir noch sehen, der Familienplanung und -gestaltung.

S: *Also ham wir uns <u>kennengelernt</u>. Dann ham wir viele Jahre mit (.) anderen vom Federballclub (.) viel zusammengemacht und viel Spaß, aber (.) war Freundschaft. Ne schöne Freundschaft. (.) So dachte ich. (.)*
I: *Ja. (.)*

[alle lachen]

4.4 Die Strukturtransformation vom Paar zur Familie

Sabrina übergeht in ihrer Fortsetzung keineswegs den Inhalt der biografischen Narration von Maria. Auch wenn sie mit großer Geste, *„Also"*, sich wieder zur Wortführerin macht, lässt sie jetzt davon ab, das besondere Ereignis als schicksalhaftes Ursprungsereignis zu mythisieren. Heraus kommt dabei eine Geschichte, die der von Maria gleicht, eben eine moderatere Variante ihrer ersten Version. Vergleichen wir beide Frauen miteinander, so ist Sabrina diejenige, die die Richtung vorgibt. Maria erzählt aus dem Hintergrund heraus selbstständig. Es handelt sich dabei aber um keine Konkurrenzerzählung. Und am Ende ist es sogar Maria, die an Entscheidungsstellen im Interviewverlauf die Standards setzt:

M: *Naja, das muss jetzt nicht das Thema des Abends werden.*

Fassen wir zusammen: Durch die verschiedenen inhaltlichen Versionen beider Frauen (bei Sabrina fällt das Kennenlernen fast gleichzeitig zusammen mit der Paarbildung, bei Maria wird die Paarentstehung als Prozess evaluiert) und durch eine egalitäre Erzähltaktung, in der Redebeiträge nicht asymmetrisch aufeinander bezogen sind (Sabrina beginnt, Maria beschließt die Erzähleinheit), gewinnt man den Eindruck einer auf Komplementarität basierenden Partnerschaft, in der zwei Frauen ohne den Verzicht darauf, auch Differenz zu kommunizieren, eine Wir-Einheit bilden. Dass sie aber eine Partnerschaft führen, in der es nicht um die Verschmelzung zu einem Ganzen in der Einheit des Paares geht, zeichnet sich nicht nur im Interaktionsverlauf ab. Auch das Fehlen eines gemeinsamen Familiennamens bzw. ihre Entscheidung, nach der Eintragung ihrer Partnerschaft den jeweiligen Geburtsnamen zu behalten, kann als Indikator gedeutet werden, an der eigenen Biografie und Geschichte festzuhalten und nicht in der Paarbiografie aufzugehen. Wie wir auch an ihrer Auseinandersetzung, die Familie um ein weiteres Kind, ein Pflegekind, zu vergrößern, erkennen, impliziert ihre Partnerschaft Verhandlungen, in der individuelle Ansprüche, Rechte und Interessen betont und berücksichtigt werden.

Der Familienbildungsprozess: Ich werde im Folgenden die Familienbildungsgeschichte ‚von Anfang an', d. h. angefangen von den Motiven zur Familiengründung, der Reflexion über alternative Wege der Familienrealisierung und schließlich der Verwirklichung des Familienplans darstellen. Es geht mir darum, den Prozess der Familiengründung als „Problemlösungsepisode" (Schneider 1994: 162) zu erschließen, weshalb auch längere Handlungsketten in den Blick genommen werden.

Die Initiatorin, gemeinsam eine Familie zu gründen, ist, das überrascht uns vor dem Hintergrund des bisherigen Fallwissens nicht, Sabrina Bauer. Sie berichtet, dass eine Freundin, die schwanger geworden ist, in ihr den Wunsch ausgelöst habe, auch ein Kind zu bekommen.

S: *Ich bin dann mit Maria erst ins Gespräch eingetreten. Und sie ist zunächst mal aus allen Wolken gefallen, weil für sie das überhaupt nicht auf'm Radar stand.*

Schauen wir uns diese Sequenz im Einzelnen genauer an: Interessant an dieser Formulierung ist, dass Sabrina, die die Impulsgeberin für das Neue ist und die die Gestaltungsinitiative für das Gespräch ergreift, nicht davon berichtet, dass sie mit Maria „gesprochen" oder ihr etwas „gesagt" oder „mitgeteilt" hat. Anstelle dieser denkbar möglichen Ausdrucksweisen wählt sie eine Formulierung, die darauf verweist, dass es sich bei der damaligen Kommunikation mit Maria, in der es um den Kinderwunsch gegangen ist, um einen Sachverhalt mit größerer Tragweite gehandelt hat. Denn „eintreten" kann man in der Regel z. B. in einen Raum, in ein Kloster, in eine nächsthöhere Schulklasse oder in eine Partei. Indem sie das Gespräch mit einer derartigen Sachreferenz versieht, markiert sie mit dem Wortlaut *„ins Gespräch eingetreten"* auch den Beginn von etwas Neuen, das die bisherige Kontinuität aufhebt und für eine Veränderung steht. Wir sehen an dieser Stelle schon deutlich, dass der Beginn des Gesprächs, indem sie vermutlich das Für und Wider abgewogen haben werden, für den Anfang eines Transformationsprozesses steht, der als krisenhaft Erlebtes auch eine Diskontinuität in der Zeit erzeugt haben wird. Eine notwendige Voraussetzung allerdings dafür, dass Sabrina mit Maria in ein Gespräch „*eintreten*" konnte, ist die bedingungslose Offenheit vonseiten Marias, sich auf so Provokantes und gleichsam Skandalöses, deren Geburtshelferin Sabrina ist, überhaupt einlassen zu können. So findet Sabrina in Maria eine Partnerin, bei der grundständig die Bereitschaft zum Dialog vorhanden ist, die dann in einem Gespräch, bei dem es sich vermutlich um mehrere Diskussionen über einen längeren Zeitraum hinweg gehandelt haben wird, auch verwirklicht wird. Wie dramatisch und befremdlich für Maria das ihr von Sabrina entgegengebrachte Ansinnen gewirkt hat, wird deutlich an der Formulierung, dass diese *„aus allen Wolken gefallen"* sei. Beschrieben ist mit diesem Ausdruck ein Geschehnis, das weder positiv konnotiert ist, noch einer aktiven Gestaltung unterliegt; jemandem stößt etwas unerwartet zu. Es handelt sich um ein Widerfahrnis, das von dem Betroffenen, hier von Maria, auch als Schock, als ein Ereignis mit „Plötzlichkeitsstruktur" (Bohrer 2003: 119) erfahren worden ist.

Mit dem folgenden Nebensatz *(„...weil für sie das überhaupt nicht auf'm Radar stand")* bringt Sabrina dann ein Argument vor, mit dem zweierlei erreicht werden soll. *Zum einen* macht sie sich daran, ein Verstehensproblem, das sie der Interviewerin unterstellt, durch eine Begründung zu beheben. Mit der kausalen Konjunktion *(„weil")* wird eingeleitet, dass sie jetzt für den Sachver-

4.4 Die Strukturtransformation vom Paar zur Familie

halt, bei dem sie davon ausgeht, er sei für die Interviewerin erklärungsbedürftig, einen Grund angibt. Was sind aber die Voraussetzungen dafür, so muss man sich fragen, dass Sabrina meint, der Interviewerin erklären zu müssen, dass für Maria ihr geäußerter Kinderwunsch als etwas außerhalb des Erwartbaren lag und damit als etwas völlig Überraschendes aufgenommen worden ist. Sabrina kann das nur dann formulieren, wenn die Interviewerin (ebenso wie ihre Partnerin Maria) zu einer Gruppe von Menschen gerechnet wird, für die durch ihr Denken in konservativen Bahnen das Durchbrechen kultureller Normen keine Alternative darstellt. Damit gibt sie auch indirekt zu erkennen, dass, gleichwohl sie sich selbst nicht zu den Traditionalisten rechnet, auch für sie selbst ihr Kinderwunsch eine Abweichung von der Norm bedeutet, nur mit dem Unterschied zu Maria, dass sie ihren Kinderwunsch keineswegs als so radikal Neues, als Bruch mit allen ihren Erwartungsvorstellungen erlebt hat. *Zum anderen* wird durch die Konjunktion „*weil*" eine Kausal-Beziehung hergestellt, dergestalt, dass die Interviewerin die Bedeutung des Adjunkts *(„nicht auf'm Radar")* als Grund für die Bedeutung der Basis des Satzes *(„aus allen Wolken gefallen")* verstehen kann. Es wird der Interviewerin plausibel gemacht, weshalb Maria Sabrinas Kinderwunsch – wenn auch formuliert unter dem Vorzeichen einer Einschränkung, nämlich „*zunächst mal"* – als etwas erlebt hat, das sich einer Integration in ihren Lebensentwurf sperrt. Bei einem Radar handelt es sich um Geräte, die der Erkundung und Ortung von Objekten (z. B. ein Bordradar auf Flugzeugen) bzw. zur Erfassung von Informationen (z. B. ein Wetterradar) dienen. Es können mithilfe dieser Technik Vorhersagen getroffen werden, die wiederum ein vorausschauendes Handeln ermöglichen, um Krisenhaftes abzuwenden, in dem planvoll in Prozessverläufe eingegriffen wird. Indem Sabrina diese Formulierung verwendet *(„auf'm Radar"),* wird deutlich, dass auch sie den Kinderwunsch, der im Rahmen einer homosexuellen Paarbeziehung nicht über die natürliche Fortpflanzung erfüllt werden kann, für etwas Risikohaftes und von der Norm Abweichendes hält. Der auf dem Radar abgebildete Kinderwunsch weist wie Schlechtwetterfronten, Raketen oder überhöhte Geschwindigkeiten im Straßenverkehr auf eine Gefahrenlage, von der eine Störung mit manchmal unkalkulierbaren und unabsehbaren Folgen ausgehen kann. Während für Maria das Thema Kinder zum Zeitpunkt als Sabrina ihren Kinderwunsch äußert, nicht relevant ist, dieser in ihrem Erwartungshorizont schlichtweg als mögliche Wahrscheinlichkeit gar nicht präsent ist, ist das Thema für Sabrina, auch wenn sie selbst ihren Kinderwunsch in Anbetracht der Bedingungen als außergewöhnlich deutet, als etwas, das die kulturelle Norm durchbricht, Bestandteil einer möglichen sozialen Wirklichkeit. Im Vergleich zu ihrer Partnerin ist der eine Irritation verursachende Kinderwunsch, der auch aus ihrer Perspektive etwas der Regel nicht Entsprechendes darstellt, auf ihrem Radar sichtbar.

Interessant an der Formulierung „*aus allen Wolken gefallen*" ist in diesem Zusammenhang hier noch, dass sie auch bedeutet, dass jemand in der Wirklichkeit angekommen ist. In der Komödie „Die Vögel" von Aristophanes ist von einer Stadt namens Wolkenkuckucksheim die Rede. Es handelt sich um eine Phantasiestadt, die in den Wolken liegt. Und jemand, der aus den Wolken fällt, gelangt von dieser Phantasie- oder Traumwelt zurück in die Wirklichkeit. Indem nun Sabrina die krisenhafte Situation, in der sie ihre Partnerin durch ihren Kinderwunsch gebracht hat, so beschreibt, wird deutlich, wie sie die Vorstellungswelt bzw. den Erwartungshorizont Marias, in der die Geltung eines Kinderwunsches außer Kraft gesetzt war *(„überhaupt nicht")*, sieht: als Wolkenkuckucksheim. Es entspricht nicht der Wirklichkeit, nicht dem realen Leben, wenn man selbst unter den Bedingungen einer gleichgeschlechtlichen Partnerschaft nicht über Kinder nachdenkt. Das macht im Umkehrschluss deutlich, wie weit Sabrina das kulturell Abweichende und der Norm Widersprechende bereits als ein Bestandteil in ihr Lebenskonzept integriert hat.

Nun wissen wir ja bereits, dass der Kinderwunsch von Sabrina weder zur Auflösung der Paarbeziehung geführt hat, noch Maria sich der Möglichkeit verweigert hat, sich auf eine Familienplanung mithilfe einer Samenspende einzulassen. Wie Maria auf die konflikthafte Zumutung, die von Sabrinas Kinderwunsch ausgeht, reagiert hat, lässt sich mit Blick auf die Wortkombination *„zunächst mal"* erschließen. Mit dem Adjektiv wird eine Reihenfolge ausgedrückt und somit auf etwas Folgendes verwiesen. *„zunächst mal aus allen Wolken gefallen"*, aber danach, so kann paraphrasierend ergänzt werden, erschien das anfänglich so Irritierende, dass Maria wie ein Blitz überraschend getroffen hatte, weitaus weniger dramatisch. Geschildert wird ein Normalisierungsvorgang, ohne dabei darüber hinwegzutäuschen, wie umstürzlerisch der ganze Sachverhalt für Maria gewirkt hat. Aber im Rückblick, also aus der Perspektive einer Gegenwart, hat das damals so Dramatische seine scharfen Konturen verloren. Die Drastik des Widerfahrnis' kann rückblickend auch deshalb etwas heruntergespielt werden, da – so kann geschlussfolgert werden – im Lichte der als gelungen gedeuteten Familiengründung die damaligen Bedenken in ihrer Schärfe als widerlegt und nicht gerechtfertigt erscheinen.

Doch kommen wir auf die Aufgabe zurück, den Prozess der Familiengründung im Ganzen als eine „Problemlösungsepisode" (Schneider 1994: 162) zu erschließen. Sabrina betont, dass sie den Prozess der Familienrealisierung, zu dem dazugehörte, Wissensarbeit zu leisten und über viele kleine Schritte komplexe Entscheidungssituationen zu bewältigen, ein langer Prozess war, *„den*

4.4 Die Strukturtransformation vom Paar zur Familie

wir gemeinsam gegangen sind". Zu diesem Prozess gehört dazu, eine Regionalgruppe zu gründen, um sich mit gleichgeschlechtlichen Paaren, die einen Kinderwunsch haben, auszutauschen, Informationen zu sammeln, Kontakte anzubahnen und sich auseinanderzusetzen mit eigenen und fremden moralischen Ansprüchen. Nach einem zweijährigen Reflexionsprozess, in dem sie immer wieder abgewogen haben *„machen wir es oder nicht"*, entscheiden sie sich dann für eine heterologe Insemination mit einer anonymen Samenspende. Es handelt sich bei dieser anonymen Samenspende – wie wir bereits wissen – um eine „halb-offene". Bei dieser Form der Samenspende treffen sie für ihr Kind die Vorsorge, wenn es 18 Jahre alt ist, von seinem Recht Gebrauch zu machen, die Identität seines biologischen Vaters erfahren zu können. Während der gesamten Entscheidungsphase spielten die Alternativen, über eine Adoption oder eine Pflegeelternschaft sich den Kinderwunsch zu erfüllen, keine Rolle. Zum einen wollte Sabrina auf die Symbiose mit dem Kind durch eine eigene Schwangerschaft nicht verzichten. Zum anderen geht es ihnen beiden um ein *„Elternleben"*, das von ihnen allein, ohne *„externe Eltern"* oder einen Samenspender, der einmal *„in Erscheinung"* treten könnte, gestaltet werden kann. Fremdpersonen bzw. ein anderes leibliches Elternteil sollte in dem von ihnen antizipierten familialen Beziehungsgefüge nicht mit verwoben sein. Deshalb kommt für sie auch eine Vermittlungsagentur, die Homosexuelle mit Kinderwunsch zusammenbringt, um gemeinsam ein Kind zu zeugen, nicht infrage.[6] *„Wir wollten es erst einmal so versuchen."* Sie wollen die Elternzahl vergleichbar einer Kernfamilie auf eindeutig zwei reduzieren. Die Elterndyade soll durch Dritte, die den Platz eines biologischen Elternteils einnehmen könnten, nicht destabilisiert werden, weshalb sie sich auch gegen eine altruistische Spermaspende aus dem Bekannten- bzw. Verwandtenkreis entscheiden.

Um den Spender auf maximale Distanz zu halten, wählen sie eine Zeugungsform, die mit halböffentlichen Bereichen und einer globalisierten Warenwelt verknüpft ist. Sie entscheiden sich für den Einkauf einer Samenspende über eine holländische Samenbank. Allerdings wird an ihrer Entscheidung, sich den Samen mit der Post nach Hause zustellen zu lassen und am Vorgang, über eine Selbstbefruchtung im Do-it-yourself Verfahren die familiale Reproduktion zu bewerkstelligen, eine Orientierung am konventionellen Zeugungsvorgang deutlich. Die Alternativen, sich einem medizinischen Behandlungsregime und einer Medikalisierung der Reproduktion zu unterwerfen, um dadurch auch die Chance einer Schwangerschaft zu steigern, werden nicht relevant.

---

[6]Vgl. Diplomarbeit von Anja Ruprecht „Nicht von schlechten Eltern" (2004: 11).

4.5 Die Deontologie der Kernfamilie

Im Folgenden geht es um einen Protokollausschnitt, der – überblicken wir den Prozess der Familienbildung – durch das Thema, das hier verhandelt wird, zeigt, *welche* Fragen das Paar *wie* geklärt hat, nachdem die Entscheidung für ein Kind getroffen war. Eingebettet sind die Redebeiträge, die rekonstruiert werden, in einen Kontext, in dem ausgelöst durch die Frage der Interviewerin, welche Unterschiede das Paar sieht zwischen *„Familien, die auf klassische Art und Weise, durch den traditionellen Zeugungsvorgang entstanden sind, und den sogenannten Inseminationsfamilien"*. Dazu zwei Anmerkungen. *Zum einen,* das Wissen um diesen Kontext ist für die Rekonstruktion selbst belanglos, da gemäß dem Prinzip der Objektiven Hermeneutik kontextfrei analysiert wird. Denn nicht der Kontext ist es, der die Bedeutung eines Textes stiftet, sondern vielmehr die sprachlichen Regeln, die als unabhängig vom Kontext geltend in der Analyse zu berücksichtigen sind. Das bedeutet aber nicht, dass bereits herausgearbeitetes Fallwissen, das in die Bildung von Fallstrukturhypothesen bereits eingegangen ist und auch als der innere Kontext des Falles bezeichnet werden kann, in der folgenden Sequenzanalyse unberücksichtigt bleibt. Es wird genau dann in Anschlag gebracht, wenn es darum geht, eine Hypothese darüber zu formulieren, welche der infrage kommenden Anschlussoptionen, die wir entsprechend geltenden Regeln und durchschnittlichen Erfahrungswerten (vgl. Loer 2018b: 203, Fn. 33) entwerfen, eben vor dem Hintergrund der bekannten Fallstruktur als wahrscheinlich erscheinen. *Zum anderen,* auch wenn der äußere Kontext eine Sequenzanalyse dieser Interviewstelle angeregt hat, so sind in diesem jedoch nicht die Fragen enthalten, die zur Fortsetzung der Fallanalyse motivieren. Es ist vielmehr die noch offene, auch etwas beunruhigende, da brisante Frage, ob die Nicht-Synthese, also die nicht gegebene Verschränkung von Paar- und Eltern-Kind-Beziehung nach dem Modell der Kernfamilie, auf sprachlicher Ebene dazu führt, dass die Beziehung zum Kind als auch die Paarbeziehung, wenn sie im Kontext von Elternschaft thematisch wird, wie eine Sache, wie ein Gegenstand behandelt wird. Ob die Analyse dieses Interviewausschnittes darauf eine Antwort ermöglicht, ist erst einmal ungewiss. Es ist nicht auszuschließen, dass die Probebohrung an dieser Stelle erfolglos bleibt, was bedeuten kann, dass wir es entweder mit einem Fall zu tun haben, bei dem bedingt durch seinen Kontrast zum ersten Fall das Strukturmerkmal der Versachlichung nicht vorliegt, oder die ausgewählte Sequenzstelle sich zur Beantwortung der Frage nicht eignet, sodass an anderen Stellen weitere Prüfungen vorzunehmen sind, um gut begründet von

4.5 Die Deontologie der Kernfamilie

der Wahrscheinlichkeit auszugehen, dass nur unter spezifischen Bedingungen die Unverbundenheit von Eltern- und Kind-Beziehung durch die nicht gegebene Identität zwischen biologischem Unterbau und den sozialen Verhältnissen dazu führt, sich auf der Ebene der Sprache in einer für diffuse Sozialbeziehungen untypischen Weise zu manifestieren. Davon aber einmal abgesehen, ist mit hoher Wahrscheinlichkeit zu erwarten, dass wir auch in diesem Fall eine Strukturdynamik erschließen werden, die zeigt, dass es sich bei der Kernfamilie um einen institutionellen Rahmen handelt, der unabhängig davon, ob die Akteure sich negativ dazu verhalten, sie in ihren Handlungen festlegt.

S: *Maria hat auch klipp und klar gesagt,*

Sabrina setzt dazu an, eine Äußerung von Maria wiederzugeben. Eine Voraussetzung dafür, dass sie einen Sprechakt vom Typ einer protokollarischen Aussage tätigen kann, ist, dass eine kommunikative Handlung, die von Maria ausgegangen ist, öffentlich gegenüber Sabrina vollzogen worden ist. In dieser Aussprache, die stattgefunden hat, müssen ganz verschiedene Sachverhalte thematisch gewesen sein, worauf das Fokus-Adverb „*auch*" verweist. Denn Sabrina schickt sich mit ihrer Rede gegenüber der Interviewerin an, aus einer Menge von verschiedenen Sachverhalten, die im Gespräch mit Maria zur Sprache gekommen sind, *einen* ganz besonders herauszuheben. Zumindest weiß Sabrina die Interviewerin daraufhin, dass sie das, was von ihr dargestellt wird, als eine Ergänzung *(„hat auch [...] gesagt")* mit erhöhter Aufmerksamkeit behandeln soll. Besonders der jetzt von ihr für die Interviewerin determinierte Sachverhalt, soll mehr als alle anderen, die damals auch besprochen worden sind, aber hier nicht thematisch werden, Beachtung finden. Zu erwarten ist, dass sie das Herauszustellende in direkter oder indirekter Redeweise wiedergibt. Aber unabhängig davon, und auch unabhängig vom propositionalen Inhalt des Folgenden, wissen wir, nämlich durch die von Sabrina gewählte Wortwahl, *wie* Maria die von ihr vorgebrachten Inhalte formuliert hat: *„klipp und klar"* – also „ganz deutlich, unmissverständlich" (Duden 2006: 45). Worum kann es damals gegangen sein, und was hat Maria dazu veranlasst, sich für den Vollzug einer öffentlichen Handlung gegenüber Sabrina zu entscheiden, in der – so kann vermutet werden – auch ihre Gefühle und Einstellungen als Repräsentationen ihrer Weltsicht zum Ausdruck gekommen sind? Maria ist von beiden Frauen diejenige, die durch ihre biologische Unverbundenheit mit dem von Sabrina zur Welt zu bringenden Kind nicht verwandt sein wird. Diese Tatsache – und darin liegt auch ihr Problem, das sie gegenüber Maria zu expressiven Sprechakten (,sagen') veranlasst – beinhaltet, nicht Teil eines institutionellen Rahmens zu sein, in dem ihr wie selbstverständlich eine Status-Funktion zukommt, zu der immer auch eine „deontische Macht" gehört, das heißt, spezifische „Rechte, Pflichten, Verpflichtungen, Forderungen, Genehmigungen, Ermächtigungen, Ansprüche und so weiter" (Searle 2012: 20). Was Maria fehlt, ist das Bindemittel, die biologische Verwandtschaft, durch das sie Zugehörigkeit zu der zu bildenden Gruppe derart besitzt, dass versehen mit einer zugeschriebenen Status-Funktion sie mit Bezug auf das Kind wie ein leibliches Elternteil Entscheidungen treffen kann. Dass dieser Umstand sie zu einer Situationsdefinition gegenüber Sabrina bewegt, setzt voraus, etwas als Problem zu identifizieren (ihre fehlende biologische Verwandtschaft), was wiederum nur möglich ist auf der Grundlage der Anerkennung einer zur Kernfamilie gehörenden institutionellen Basistatsache.

Auf die „Mangelsituation", in der Maria sich befindet, und die sie nötigt, gegenüber Sabrina eine öffentliche Handlung zu vollziehen, könnte sie reagiert haben, indem sie zu Sabrina gesagt hat: ‚Da ich nicht mit dem Kind biologisch verwandt sein werde, werde ich mich auch nicht um das Kind kümmern.' Oder: ‚Da du Sabrina die leibliche Mutter des Kindes bist, werde ich mich nur ein bisschen um das Kind kümmern, die Hauptarbeit in der Versorgung und Erziehung werde ich nicht übernehmen.' Wir erwarten vor dem Hintergrund des bisher herausgearbeiteten Wissens über den Fall aber keineswegs, dass Maria sich derart geäußert hat. Haben wir doch an anderer Stelle gesehen, dass für sie intentionale Zustände repräsentativ sind, die sie dazu veranlassen, auf das Vorgegebene mit Handlungsweisen zu reagieren, die ihr eher den Status eines leiblichen Elternteils verleihen. Aber erst einmal davon abgesehen, was zu erwarten wahrscheinlich ist, kann ganz allgemein davon ausgegangen werden, dass Maria eine „vorgängige Absicht" (Searle 2012: 31) formuliert hat. Sie wird eine Äußerung gegenüber Sabrina gemacht haben, mit der sie darstellt, wie sie etwas gerne hätte bzw. wie sie etwas zu gestalten denkt (vgl. ebd.). Zu erwarten ist, dass Maria Bedingungen oder Absichten formuliert hat, mit denen sie herbeiführen oder auch verwirklichen kann, eine Status-Funktion zu erwerben, die ihr ermöglicht, vergleichbar einer biologischen Mutter sich gegenüber dem Kind zu verhalten. Sie wird in dem Gespräch mit Sabrina diese mit ihren Plänen konfrontiert haben, die auch als das Resultat einer Entscheidung anzusehen sind, an der wir gleich auch erkennen können, wie sie sich zu der krisenhaften Sachlage verhält, nicht mit dem Kind verwandt zu sein.

ähm, (.) wenn sie was mit dem Kind zu tun haben will,

Sie schließt mit einem Bedingungssatz an, der mit der konditionellen Konjunktion *„wenn"* eingeleitet wird. Die Originaläußerung, die durch Sabrina

4.5 Die Deontologie der Kernfamilie

durch die Wahl der indirekten Rede für die Interviewerin protokolliert wird, muss übersetzt gelautet haben: ‚Wenn ich was mit dem Kind zu tun haben will …'. Formuliert ist mit dem Satz-Komplement der Bedingungsrahmen, innerhalb dessen ein Sachverhalt gilt bzw. von dem die Geltung eines Sachverhaltes abhängig ist. Zur Erläuterung dazu ein paar Beispiele: (a) Wenn ich was mit der Partei zu tun haben will, dann muss ich in die Partei eintreten, Mitglied der Partei werden. (Die Bedingung für eine von mir anzustrebende Mitgliedschaft ist, dass ich etwas mit der Partei zu tun haben will.) (b) Wenn ich was mit Gil Sanders zu tun haben will, dann muss ich dauerhaften Zugang zu ihrem Arbeitskreis erwerben. (Die Bedingung für einen Zugang zum Arbeitskreis ist, dass ich was mit Gil Sanders zu haben möchte.) (c) Oder: Wenn ich was mit dem Theater zu tun haben will, dann muss ich Sänger, Schauspieler, Regisseur oder z. B. Bühnentechniker werden. (Die Bedingung für das Ergreifen des Berufes Sänger etc. ist, dass ich was mit dem Theater zu tun haben will.) Zu vermuten ist, dass in dem anschließenden Teil-Satz, der eingeleitet wird mit „dann" oder „so" als mögliche Korrelate der wenn-Konjunktion, die geltende Basis genannt ist. Denkbar wäre: Wenn ich was mit dem Kind zu tun haben will, dann muss ich es adoptieren (Die Bedingung für eine Adoption ist, dass sie etwas mit dem Kind zu tun haben will). Oder: …, dann muss ich auch Mutter werden. (Die Bedingung für Mutterwerden ist, dass sie was mit dem Kind zu tun haben will) Oder: …, dann muss ich es stillen (dürfen) (was nicht möglich ist, nur in der Ersatzvariante des frühzeitigen Versorgens mit einer Babyflasche). (Die Bedingung für das Stillen des Kindes ist, dass sie was mit dem Kind zu tun zu haben will). Es ist offensichtlich, dass die Sätze (a) – (c) gültige Sätze sind. Aber, dass sobald wir den Kontext des Falles einsetzen, die Sätze nicht mehr stimmig erscheinen. Ist es doch unsinnig, den Satz zu formulieren: Die Bedingung für das Stillen/das Adoptieren des Kindes ist, was mit dem Kind zu tun haben zu wollen. Wir müssen uns zum einen fragen, warum sind diese Sätze nicht stimmig und zum anderen, wo sind die Gründe dafür zu suchen, dass Maria einen derartigen Satz formuliert. Zum ersten Aspekt kann Folgendes festgehalten werden. In den Sätzen (a) – (c) haben wir es immer mit in Rede stehenden Sozialbeziehungen zu tun, in denen durch eine Mitgliedschaft z. B. in einer Partei (a) oder im Rahmen einer Arbeitsbeziehung (b) oder im Kontext eines Ausbildungsverhältnisses (c) die jeweilige Person in rollenspezifischer Weise interagiert. Diesen Interaktionstyp, in dem Menschen innerhalb eines vorgegebenen Rahmens kommunizieren, der von vornherein die Themen für die Kommunikation festlegt und andere wiederum ausschließt, nennen wir spezifische Sozialbeziehungen. Sozialbeziehungen, aber, wo Menschen als ganze Menschen kommunizieren, ohne dass irgendwelche Themen nicht angesprochen werden dürfen, nennen wir diffuse Sozialbeziehungen, wozu

Freundschaftsbeziehungen, Liebesbeziehungen und eben auch Eltern-Kind-Beziehungen gehören.[7] Das heißt, Maria behandelt ihre von ihr antizipierte Beziehung zum Kind als eine spezifische und eben nicht als eine diffuse Sozialbeziehung. Ein Trainer einer Sportgemeinschaft hätte noch mit Blick auf ein talentiertes Kind sagen können: ‚Wenn ich was mit dem Kind zu haben will, dann muss es in meinen Leistungskurs kommen.' Ein Lehrer einer Kunstschule kann mit Blick auf ein begabtes Kind sagen: ‚Wenn ich was mit dem Kind zu tun haben will, dann muss es in meine Meisterklasse aufgenommen werden.' An diesen Beispielen wird deutlich, dass es hier nicht um die Beziehung des Kindes an sich geht, sondern um eine von spezifischen Interessen geleitete. Als Funktionsträger von Institutionen formulieren hier Erwachsene die geltenden Standards für die Aufnahme einer Sozialbeziehung, auch wenn dann später diffuse Anteile mit in die Beziehung einfließen (können). Was sind Gründe dafür, dass Maria eine diffuse Sozialbeziehung wie eine spezifische behandelt? Warum repräsentiert sie, also diejenige, die – wie wir aus der Analyse anderer Protokolltypen wissen – sich gegenüber Johann wie eine zweite Mutter verhält und der über die Figur des Umschließens an Johanns Seite ein Platz eingeräumt wird, sodass sie mütterliche Versorgungsstile übernehmen kann, die Beziehung zum Kind als eine rollenhafte? Es ist hier nicht davon auszugehen, dass diese Formulierung als Ausdruck dafür gelten kann, dass die Sozialisationspraxis im Gleise des Rollenhaften verharrt. Ich vermute Folgendes: Maria ist von beiden Frauen diejenige mit einer höheren Konformitätsbereitschaft und demzufolge auch diejenige, die auf Zumutungen, sich mit von der Regel abweichenden Aufgaben auseinandersetzen zu müssen, mit Verhaltenheit (spätes Comingout), Bedacht (Partnerbeziehung) und Schock (Sabrinas Kinderwunsch) reagiert. Die starke Internalisierung geltender Standards bzw. die Anerkennung des Normativen, wozu auch die Regeln der Kernfamilie zählen, verschafft sich auf der Ebene der Sprache einen Ausdruck in Formulierungen, die im Prinzip beinhalten: Was nicht konstituiert ist als eine Eltern-Kind-Beziehung gemäß den Regeln der Kernfamilie kann als solche auch nicht sprachlich realisiert werden. Wenn diese Vermutung stimmt, dass Maria

---

[7]Werden Themen in solchen diffusen Sozialbeziehungen ausgeschlossen (Ein Kind gibt auf die Frage seiner Eltern hin, wo es gewesen sei, zur Antwort: „Das geht euch nichts an". Oder: Ein Ehemann, der seiner Frau am Frühstückstisch von seinem nächtlichen Traum erzählen will, bekommt zu hören : „Das interessiert mich nicht."), dann ist das möglicherweise schon der Anfang vom Ende der Beziehung bzw. die Akteure befinden sich dann in dieser Situation in einer Krise, die Folgen hat, z. B. eine Auseinandersetzung in Form eines Streits.

4.5 Die Deontologie der Kernfamilie

diejenige ist, die noch vielmehr als Sabrina sich im Einklang und im Einverständnis mit der Norm der Kernfamilie befindet, dann folgt daraus auch, dass ihr die Situation, in der sie sich befindet, eine permanente Arbeit abverlangt. Von ihrer Seite wird ein fortwährendes Bemühen erforderlich sein, auf das strukturelle Ungleichgewicht zu reagieren, und zwar es mit Verhaltensweisen zu gestalten und auszufüllen, auf die sie sich in dem öffentlich vollzogenen Sprechakt *(„klipp und klar")* gegenüber Sabrina festgelegt hat.

Weitere Indizien in dieser Sequenz, an denen deutlich wird, dass vor dem Hintergrund der geltenden Norm der Kernfamilie zur Disposition steht, wer sie, Maria, eigentlich in dem Gebilde sein wird, das entsteht, wenn Sabrina sich ihren Kinderwunsch erfüllt, sind der Schätz-Artikel *„was"* und die Präposition *„mit"*. Schauen wir uns das genauer an.

Mithilfe des Schätz-Artikels *(„was")* wird die Bedeutung des Referenten *(„dem Kind")* einer quantitativen Schätzung unterworfen. Zu erwarten ist, wenn sie wie eine Mutter gedenkt die Beziehung zum Kind zu gestalten, dass sie dann eine Formulierung wählt, durch die der Referent (das Kind) einer großen Teilmenge eines Mengenfeldes zugeordnet wird: ,viel mit dem Kind zu tun zu haben' wäre hier eine passende Ausdrucksweise. Maria wählt aber einen Ausdruck *(„was")*, der genau das Gegenteil bedeutet; *„ein wenig* oder *ein bisschen"* könnte „anstelle von *etwas* (…) stehen" (Eisenberg 2013: 177; Hervorhebung der Autorin). Die Frage ist, warum taxiert Maria die Bedeutung des Kindes in Relation zu ihr mit einem Artikel, der dieses Verhältnis als gering bemisst? Genau deshalb – so kann vermutet werden –, weil für mehr als ,ein bisschen' oder ,ein wenig' oder ,etwas' eben die Voraussetzungen fehlen. Sie zeigt an, dass sie über ein Selbstkonzept verfügt, zu dem ein Mutterschaftskonzept gehört, das besagt, Mutter eines Kindes ist die Frau, die mit dem Kind biologisch verwandt ist. Da diese Eigenschaft ihr fehlt und ihr Bezugspunkt die Norm der Kernfamilie ist, ist nicht nur fraglich, *wer* sie ist, wenn sie sich über das Kind bestimmt. Sondern fraglich ist auch, *wie,* also nach welchem Muster, das ja eben nicht abrufbereit für solche Konstellationen wie selbstverständlich zur Hand ist, diese Beziehung zu dem Kind gestaltet werden soll.

Wie problematisch für sie die Situation ist, die entsteht, wenn die Paarbeziehung mit Sabrina um ein Kind erweitert wird, für das sie weder Mutter noch Vater ist, wird insbesondere markiert durch die Präposition *„mit"*. Diese Präposition, deren Bedeutung mit dem Merkmal ,Ergänzung' beschrieben werden kann (vgl. Weinrich 2007: 653), enthält die Information, die im damaligen Gespräch an Sabrina gegangen ist, sich Maria als jemanden zu denken, zu dem etwas hinzugefügt (ein Dativobjekt *„mit dem Kind"*) und dadurch bestimmt wird. Im Grunde genommen hat Maria mit der Formulierung: *„wenn sie was mit dem*

Kind zu tun haben will" ihre Sorge und die darin eingeschlossenen Bedenken und Zweifel ausgedrückt, die beinhalten, nicht zu wissen, wer sie ist, wenn sie sich durch die Beziehung zum Kind bestimmt denkt.

Und noch etwas ist in der hier analysierten Sequenz auffällig und auf den ersten Blick irritierend, aber eben nur dann, wenn man die bisherigen Deutungen außer Acht lässt, mit denen der gewählte Ausdruck keineswegs in einem Widerspruch steht. Warum – so müssen wir uns fragen – hat Maria eine so abstrakte und Distanz ausdrückende Formulierung wie *„mit dem Kind"* gewählt und nicht den Eigennamen des Kindes „Johann"? Der gewählte Ausdruck ist sinnvoll nur, wenn mindestens die folgenden zwei Bedingungen erfüllt sind. *Erstens*, geäußert werden kann er nur von einer Person, die nicht die biologische Mutter des Kindes ist. Eine Frau, die die leibliche Mutter des präsupponierten Kindes ist, kann nicht sagen: *„wenn ich was mit dem Kind zu tun haben will"*. *Zweitens*, das Kind, das unmissverständlich und eindeutig hätte als Referent über den Eigennamen identifiziert werden können, gibt es (noch) nicht. Als Maria den Satz gegenüber Sabrina geäußert hat, hat Johann vermutlich noch nicht existiert. Sie konnte „Johann" nicht benennen, da das „Axiom der Existenz" (Searle 1983: 125) nicht erfüllt war, um eine auf ein Individuum hinweisende Beschreibung vornehmen zu können. Wenn es in dieser Äußerung nun aber gar nicht um eine Vergegenwärtigung von Johann geht, da weder er noch sein Name bereits existiert haben, da der Satz zumindest in eine Zeit vor Johanns Geburt fällt, dann muss gefragt werden, was Maria mit dem hinweisenden Ausdruck *„dem Kind"* intendiert hat. Ich schlage folgende Deutung vor. Statt den Vornamen zu verwenden, wählt sie einen Allgemeinheitsbegriff *(„Kind")*, mit dem auf das Kind als einen bestimmten *(„dem")* Gegenstand (auf ein Objekt, hier im Dativ) der Sozialisation verwiesen wird. Es geht Maria um den Aspekt der Sozialisation und damit um solche, den Gegenstand betreffende Tatsachen wie Betreuung, Fürsorge, Erziehung, auf die ein Kind aufgrund schon seines sozialen Status', noch nicht erwachsen zu sein, ein Recht hat. Die öffentliche Handlung, die sie gegenüber Sabrina mit diesem Sprechakt *„…wenn sie was mit dem Kind zu tun haben will"* vollzieht, verweist von seinem Inhalt her, eben durch den Ausdruck *„dem Kind"*, darauf, dass die Entscheidung, die als vorgängige Absicht vorgetragen wird, bereits ein Moment der Auseinandersetzung mit der Frage enthält: Wie kann sie, Maria, in diesem Gebilde, in dem sie weder Vater noch Mutter ist, einen Funktions-Status erwerben, der ihr die Möglichkeit zu Befugnissen und Forderungen gibt, sich gemäß den Rechten eines Kindes zu verhalten. Dieser Sprechakt zeigt, dass sie auf dem Weg ist zur Konstitution einer Beziehung zu dem Kind. Sie ist dabei, Sabrina mitzuteilen, was sie zu unternehmen gedenkt, um sich in eine Position zu bringen, die sie mit spezifischen Ermächtigungen

4.5 Die Deontologie der Kernfamilie

ausstattet, also mit einer „deontischen Macht" (Searle 2012), um gegenüber dem Kind auf vergleichbare Weise wie Sabrina handeln zu können. Wir wissen aber noch nicht, das kann aus der vorliegenden Sequenz nicht gedeutet werden, mit welchen Verfahrensweisen Maria beabsichtigt, sich das Recht zu erwerben, Teil eines Systems von Regeln zu werden, das entsteht, wenn Sabrina ein Kind zur Welt bringt, sodass sie (Maria) – ganz unabhängig von ihren privaten Neigungen und Wünschen – Sozialisationsaufgaben, die es *„dem Kind"* gegenüber zu erfüllen gilt, nachkommen kann. Zu vermuten ist, dass der auf die konditionale Konjunktion *(„wenn")* folgende dann-Satz darauf verweist, was Maria plant zu tun. Was wir ebenso noch nicht wissen, ist, ob es Maria, die – das können wir als ein Resultat der Analyse festhalten – die Institution Kernfamilie als Träger deontischer Kräfte anerkennt, gelungen ist, ihren Repräsentationen gegenüber Sabrina Geltung zu verleihen. Akzeptiert Sabrina Marias Gestaltungspläne, die sie ihr über den Vollzug einer öffentlichen Handlung durch den Sprechakt mitgeteilt hat? Wie hat Sabrina darauf reagiert: ablehnend oder zustimmend, vielleicht auch reserviert? Behalten wir die Fragen vorher im Kopf und setzen die Sequenzanalyse fort:

das kann sie ja nur auf die soziale Art, kann sie ein, eine Verbindung zu dem Kind schaffen, weil (.) das Genetische gibt's nun mal nich.

Wir können erst einmal festhalten, dass ein mit „dann" oder „so" eingeleiteter Teil-Satz, in dem der in Geltung stehende Sachverhalt, für den bereits ein Bedingungsrahmen formuliert ist, nicht folgt. Was folgt, ist eine Art Einschub, mit dem eine Information gegeben wird, die sich auf Vorheriges des Sequenzausschnittes bezieht, angezeigt mit dem Fokus-Pronomen *„das"*. Für den Hörer, an den damals der Sprechakt adressiert war, also für Sabrina, wird ausgedrückt, dass aus ihrer (Marias) Situation ein Handeln resultiert, das von Sabrina mit zu bedenken ist und das herauszuheben für Maria von hoher Bedeutung ist. Denn, wenn Maria sich in einer sozialen Beziehung zum Kind denkt – das ist ihre Mitteilung –, dann bleibt ihr unter Abzug der biologischen Determinante einzig *„nur"* die Komponente, über tätiges Handeln *„eine Verbindung zu dem Kind [zu] schaffen"*. Was ihr bleibt und sie auch für nötig hält, Sabrina gegenüber zu erklären *(„weil"),* ist, dass sie aufgrund der fehlenden biologischen Verbundenheit, über eine rege Tätigkeit *(„schaffen")* eine Zugänglichkeit herzustellen gedenkt, eben *„auf die soziale Art"*. Dass es um eine Bereitschaft geht, auf eine aktive, kommunikative und elementar-praktische bzw. leibliche Weise gegenüber dem Kind zu handeln, ist ausgedrückt in der Präposition *„auf"*, die „im besonderen Maße eine Präposition des Sozialverhaltens" ist (Weinrich 2007:

627)[8]. Die gegebene Tatsache, nicht mit dem Kind genetisch verwandt zu sein, disponiert *(„kann")* sie dazu, das ist die Kehrseite des Mangels, auf den die Bereitschaft zum aktiven Handeln verweist, über eine Selbsttätigkeit Schritte zu unternehmen, über ein kompensatorisches Handeln sich in eine Position dem Kind gegenüber zu bringen, die ihr fraglos zukäme, wäre sie genetisch verwandt mit dem Kind. Gegenüber Sabrina könnte sie daraus das Recht ableiten, und vielleicht hat sie dieses auch in dem Gespräch mit ihr geltend gemacht, im Gegensatz zu Sabrina, die per leibliche Mutterschaft nicht darauf aus sein muss, über eine *„soziale Art"* einen Zugang zum Kind zu erzeugen, zu ganz anderen Handlungsweisen bestimmt zu sein als sie, die leibliche Mutter. Indirekt wird dieses öffentliche Gespräch auch die Frage an Sabrina beinhaltet haben, ob sie dazu bereit ist, *erstens* in ihren Entwurf von Mutterschaft auch Marias Beziehung zu dem Kind zu integrieren, die aufgrund der fehlenden biologischen Verwandtschaft eine ganz andere sein muss, und andererseits *zweitens,* die daraus resultierenden Folgen, die auch sie als die leibliche Mutter betreffen, anzuerkennen. Wir ahnen – mit Blick auf das bereits herausgearbeitete Fallwissen – worin letzteres bestehen könnte, nämlich darin, ihr, der nicht leiblichen Mutter, Platz an der Seite des Kindes zu gewähren, was bei Sabrina die Bereitschaft voraussetzt, auch auf Distanz zum Kind zu gehen. Wir sehen an dieser Stelle, dass Maria aufgrund der von ihr nicht infrage gestellten Geltung der Norm der Kernfamilie einen Problemhorizont mitführt, wenn sie an das von Sabrina angestoßene Vorhaben denkt, ihre Paarbeziehung um ein Kind zu erweitern, der in ihr nicht nur Zweifel und Bedenken auslöst, sondern sie auch zur Einsicht bestimmt, dass, wenn sie den Kinderwunsch Sabrinas realisieren, sie beide zu Sonderleistungen verpflichtet sind, die ihnen nicht abverlangt würden, wären sie wie ein Vater und eine Mutter verwandt mit dem Kind. Des Weiteren können wir auch festhalten, dass für Maria zur von ihr nicht infrage gestellten Geltung der Norm der Kernfamilie gehört, auf der geltenden Basis der biologischen Abstammung und durch diese abgestützt und legitimiert eine Sozialbeziehung zu dem Kind zu gestalten. Fehlt *„das Genetische"* so fehlt grundsätzlich die Legitimation für diesen Beziehungstyp. Die Konsequenz, die sie daraus zieht, ist nicht, dem Kinderwunsch Sabrinas eine Absage zu erteilen, sondern *„klipp*

---

[8] „Denn die Präposition auf, die ihr anthropologisches Anschauungszentrum bei der offenen (Arbeits-)Hand hat – wenn die Hand also ‚auf' ist –, muss auf tätiges Handeln bezogen werden. Sie drückt eine Bereitschaft oder Bereitstellung für Handlungszwecke aus" (Weinrich 2007: 625). Oder: „Der Handschlag beim Abschied und Wiedersehen [Auf Wiedersehen – D. F.] bekräftigt hier noch einmal den Zusammenhang mit der offenen Hand als der leiblichen Basis dieser Präpositional-Bedeutung" (ebd.: 628).

4.5 Die Deontologie der Kernfamilie

und klar" zu sagen, dass im Kern ihre Beziehung zu dem Kind durch für leibliche Eltern-Kind-Beziehung untypische Verhaltensweisen hergestellt wird. Daraus können wir für diesen Fall schlussfolgern, dass aus der Nicht-Synthese, die in jeder Inseminationsfamilie gegeben ist, da die ödipale Struktur nicht nach den Regeln der Kernfamilie ins Werk gesetzt ist, ein Motiv rationalen Handelns resultiert, das im Kern von der Intention bestimmt ist, über eine Beziehungsarbeit *(„schaffen")* mit dem Kind auf dem Wege der Kompensation den Mangel der biologischen Unverbundenheit zu beheben. Auf sprachlicher Ebene ist diese nicht in die Welt der diffusen Sozialbeziehungen gehörende Antriebsbasis repräsentiert durch abstrakte und Distanz anzeigende Ausdrucksweisen.

Noch offen ist, ob wir das für spezifische Sozialbeziehungen typische Merkmal der Zweckrationalität auch in Äußerungen von Sabrina finden. Dagegen spräche, dass ihre Beziehung zum Kind aufgrund der biologischen Verwandtschaft von vornherein auf einem anderen Fundament aufruht. Sollte aber das Gegenteil zutreffen, und wir zu dem Befund veranlasst werden, dass auch Sabrinas Beziehung zu dem Kind im Abbild der Sprache als anteilig grundiert sich manifestiert als eine nach den Regeln der rollenspezifischen Sozialbeziehung angeleitete Wechselseitigkeit, dann ist folgendes zu vermuten: Dass in jedem Fall, unabhängig davon, ob auf radikal-nonkonformistische (erster Fall) oder moderate (zweiter Fall) Weise gehandelt wird, die gegebene Nicht-Synthese zu einer neutralen und distanzierenden Darstellungsweise disponiert.

I: Ja.
S: Und das kann, (.) jetzt nur über Zeit. (!) Sie will Zeit mit dem Kind verbringen und (.) ähm deswegen hat sie auch reduziert. Und ich konnte dann, hab dann wieder angefangen zu arbeiten. Zunächst zwei ganze Tage. Hab dann, als er drei Jahre alt war, äh auf drei Tage erhöht. Und sie war also relativ früh, (.) ab zehn Monate, war sie immer zwei Tage in der Woche mit dem Kind alleine. Also ich bin dann halt morgens weg und abends erst wieder nach Hause gekommen und so was.

Bei der Analyse dieser Sequenzstelle folgen wir nicht prinzipiengetreu der Analyseregel der Objektiven Hermeneutik, den ausgewählten Protokollausschnitt in seiner Totalität zu rekonstruieren, d. h. „jede noch so kleine und unscheinbare Partikel in die Sequenzanalyse" einzubinden (Oevermann 2000: 100). Wir richten vielmehr unsere Aufmerksamkeit auf Ausdrücke und Formulierungen, die mutmaßlich erwarten lassen, da von ihnen in irgendeiner Weise unser alltägliches Sprachgefühl eine Irritation erfährt, durch die Rekonstruktion ihrer sinnlogischen Motivierungen an die bisherigen Hypothesen anknüpfen zu können, sei es um sie zu präzisieren, zu ergänzen, ggf. zu korrigieren oder um eben vielleicht auch bisher noch nicht Erkanntes zu entdecken. Ganz allgemein kann erst einmal festgehalten werden, dass jetzt die geltende Basis des Bedingungsrahmens *("wenn sie was mit dem Kind zu tun haben will")* explizit gemacht wird. Sabrina gibt mit einem Ausdruck in Gestalt einer exklamativen Äußerung *("Zeit. (!) Sie will Zeit mit dem Kind verbringen")* zu verstehen, was Maria – zu deren Protokollantin sie hier wird, indem sie ihre Mitteilung wiedergibt – zu tun gedenkt, um das Recht auf eine Status-Funktion zu erwerben, die sie in den Stand setzt, ausgestattet mit deontischen Kräften, wozu u. a „,Rechte', ,Pflichten', ,Befugnis', ,Erfordernis', ,Genehmigung' und ,Beglaubigung'" (Searle 2012: 208) gehören, im Rahmen einer bindenden Verpflichtung eine Beziehung zu dem Kind zu gestalten, die ohne die allgemeingültige und von ihr anerkannte Basis einer biologischen Bindung auskommen muss. Die Intensität, mit der Maria die Gültigkeit ihrer Absicht über die Verfahrensweise, ,Zeit mit dem Kind zu verbringen', vorträgt, zeigt sich aber nicht nur in der emphatischen Ausdrucksweise, sondern auch daran, dass sie – wenig zurückhaltend und zaghaft (denn sie hätte alternativ auch formulieren können: „möchte" [statt *„will"*] Zeit mit dem Kind verbringen) – zum einen einen Willen formuliert (angezeigt im Modulverb *„will"*) und zum anderen sich auch öffentlich auf eine beabsichtigte Handlungsweise festlegt. An all dem erkennen wir noch einmal deutlich, wie sehr Maria der ganze Prozess der Erweiterung des Paares um ein Kind emotional bewegt, zu dem auch Folgen gehören, die ihnen, und das antizipiert sie, als Paar Sonderleistungen abverlangen.

Doch überlegen wir als nächstes, wer eine derartige Formulierung: „Zeit mit x verbringen zu wollen" in welchem Kontext verwenden könnte: Zu Beginn einer Paarbeziehung könnte ein Paar sagen, ,man wolle viel Zeit miteinander verbringen, um einander kennenzulernen' (1). Der Vater eines Kindes bzw. ein Ehemann könnten zu seiner Ehefrau sagen, ,er wolle, bevor er wieder anfangen muss zu arbeiten, viel Zeit mit dem Kind verbringen' (2). Mitglieder eines Vereins könnten einander versichern, einen Teil ihrer freien Zeit miteinander verbringen zu wollen (3). Typisch für die Kontexte der Paarbeziehung (1), der Eltern-Kind-Beziehung (2) und der Peergroup (3) ist, dass es sich jeweils um Sozialbeziehungen diffuser Art handelt, für die gilt, relativ ungerichtet und nicht grundiert von einem zweckrationalen Interesse, Wechselseitigkeit im Rahmen einer Begegnung zu erfahren. Ein Trainer (einer Sportgemeinschaft) oder ein Lehrer (einer Meisterklasse) kann eine derartige Formulierung (,mit seinen Sportlern/mit seinen Schülern, Zeit verbringen zu wollen') nur dann wählen, wenn er ausdrückt, über die Trainingsstunden bzw. Unterrichtsstunden hinaus, dann aber eben auch in einem Kontext mit mehr diffusen als spezifischen Anteilen, Zeit mit ihnen verbringen zu wollen. Worum es Maria geht,

4.5 Die Deontologie der Kernfamilie

das wird an dem Vorgehen deutlich, mögliche Alternativkontexte für die ausgewählte Sequenz zu formulieren, ist eine durch das Merkmal der Diffusivität bestimmte Sozialbeziehung zu erzeugen. Dieses Ergebnis ist vor dem Hintergrund des bisher Herausgearbeiteten nun nicht mehr besonders spektakulär, weder enthält es Neues noch demzufolge Überraschendes. Allerdings wird die Fortsetzung der Sequenzanalyse gleich zeigen, welche Folgen auf der Ebene der Sprache, das gilt sowohl für Maria als auch für Sabrina, die soziale Tatsache der fehlenden biologischen Abstammung zeitigt. Es wird deutlich werden, das sei hier schon einmal vorweggenommen, dass die von Maria ausgehende Figur einer Gegenbewegung, die darauf zielt, den Mangel der Nicht-Synthese mit einem gesteigerten Zuwendungsstil zu kompensieren, dazu führt, da der Fokus auf einer sozialisatorischen Erbringungsleistung liegt, das Kind sprachlich als ein Gegenstand der Sozialisation zu behandeln.

Fragen wir erst einmal, wie der Entschluss, den Maria Sabrina mitgeteilt hat, nämlich Zeit mit dem Kind verbringen zu wollen, in die Tat umgesetzt wird. Denn eine „vorgängige Absicht" (ebd.: 72) ist das eine und der Beginn und Vollzug der Handlung in Gestalt der handlungsimmanenten Absicht das andere. Die Kinderbetreuung wird arbeitsteilig organisiert. Maria war nicht nur von Anbeginn an in die Kinderbetreuung eingebunden (*"Und sie war also relativ früh, (.) ab zehn Monate, war sie immer zwei Tage in der Woche mit dem Kind alleine"*), sondern mit zunehmendem Alter von Johann erhöhten sich anteilig ihre Präsenzzeiten, in denen sie sich, da Sabrina sukzessive in ihren Beruf zurückkehrte, um das Kind kümmert. Über diese Form der Kooperation gelangt Maria nicht erzwungenermaßen und auch nicht gegen Sabrinas Widerstand zu ihrem geforderten Recht, über die Herstellung einer diffusen Sozialbeziehung den Status eines Elternteils zu erwerben, sondern diese Form der Arbeitsteilung deckt sich mit Sabrinas Wunsch (*„konnte dann"*), frühzeitig in die Arbeitswelt zurückzukehren. Dass Maria in Sabrina eine Partnerin hat, die vorbehaltlos ihre Absichten und Pläne teilen kann und diese unterstützt – mit welchen Folgen werden wir gleich sehen – wird deutlich, wenn wir uns die Formulierung *"ab zehn Monate"* genauer ansehen. Vorausgeschickt sei die Anmerkung, um deutungsüberschüssige Interpretationen zu vermeiden, dass, als Sabrina der Interviewerin den Sachverhalt schildert, Maria Johann gerade zu Bett bringt und aus diesem Grund beide zu diesem Zeitpunkt des Interviews nicht anwesend waren. Warum, so muss gefragt werden, führt Sabrina den mit *"Und sie war also relativ früh,"* eingeleiteten Satz nicht fort mit: „als Johann zehn Monate alt war". Stattdessen wählt sie eine Formulierung, in der Johann gar nicht vorkommt (*"… Und sie war also relativ früh, (.) ab zehn Monate …"*), weshalb wir uns fragen müssen, was ist denn hier los, zumal auch nicht mehr das Argument der

Nichtexistenz greift, sondern das „Axiom der Existenz" (Searle 1983: 125) gilt, da das Kind bereits geboren ist und einen Namen hat. Im Grunde genommen hat Sabrina sich Marias Perspektive zu eigen gemacht – was der Deutung entspricht, sich mit Maria in einem Einverständnis zu befinden –, aus der resultiert, dass durch die Konzentration auf den Aspekt der sozialisatorischen Erbringungsleistung das Kind eben nicht im Fokus steht, was sich darin manifestiert, dass es namentlich gar nicht genannt ist. Dazugehört, als eine Folge davon, dass Johann auf Distanz zu ihr, der leiblichen Mutter, gebracht ist, da Johann Maria zugeführt wird. Dass es sich dabei um eine Trennung handelt, ist sprachlich ausgedrückt in der Präposition „ab", die von ihrer Semantik her Ablösung bedeutet (Weinrich 2007: 659). Angezeigt ist durch die Präposition ein Ausgangspunkt (Sabrina, die leibliche Mutter), von dem eine Loslösung erfolgt und eine Entfernung hergestellt wird. Diese Figur ist uns bereits aus dem Protokolltyp der Sitzordnung bekannt, wo wir gesehen haben, dass Sabrina auf Distanz zu Johann geht, sodass Maria über den Vorgang des Einschlusses in die Mutter-Kind-Dyade integriert wird, um ihr einen Platz neben Johann zu geben (vgl. Abschn. 4.3).

Doch schließen wir jetzt an die weiter oben komprimiert dargestellte Hypothese an, dass die Bedeutsamkeit der Nicht-Synthese für die Gestaltung von Elternschaft im Rahmen einer gleichgeschlechtlichen Beziehung sich darin zeigt, dass das Kind nicht als Individuum in der Sprache vergegenwärtigt wird, sondern als Gegenstand der Sozialisation. Es steht noch aus, dafür die entsprechende Interpretation zu liefern. Auffällig ist am Protokollausschnitt, dass die Sprecherin (Sabrina) die Möglichkeit ungenutzt lässt, mithilfe einer „identifizierenden Referenz" (Searle 1983: 128 f.) auf unverwechselbare und eindeutige Weise auf Johann zu verweisen. Die Bedingungen dafür, um eine vollständige Referenz erfolgreich vollziehen zu können (vgl. ebd.), sind gegeben. Denn nicht nur das „Axiom der Existenz" (Searle) ist erfüllt, da der Prozess der Arbeitsteilung, von dem Sabrina hier berichtet, sich auf die Zeit nach Johanns Geburt bezieht, sondern auch das „Axiom der Identifikation" (ebd.: 129). Denn ein Eigenname, der dazu dient, „den Sprechakt der identifizierenden Referenz" (Searle 1983: 259) zu vollziehen, existiert, sodass mit diesem hätte auf seinen Träger verwiesen werden können. Das heißt, hätte Sabrina sich auf Johann als ein Individuum beziehen wollen, dann hätte sie den Eigennamen, dessen Funktion ist, auf den Namensträger zu verweisen, verwendet. Stattdessen wählt sie an der einen Protokollstelle das Referenzpronomen „er", ein Pronomen mit der „geringsten Spezifik" (Weinrich 2007: 373), dessen einzige Aufgabe der Referenzverweis im Text selbst ist, mit der Folge, dass eine weitere Spezifizierung des Nomens, auf den es anaphorisch verweist *(„dem Kind")*, nicht vorgenommen wird. Und an anderer Stelle verwendet sie statt des möglichen Eigennamens den Allgemein-

4.5 Die Deontologie der Kernfamilie

heitsbegriff „*Kind*". Wenn also gemäß dem Searlschen „Prinzip der Ausdrückbarkeit" (Searle 1983: 137) gilt, dass alles, was gemeint werden kann, auch gesagt werden kann, dann hat Sabrina mit diesem Redezug Johann gar nicht gemeint, zumindest geht es nicht um Johann als ein unverwechselbares Subjekt. Was wird von ihr ausgedrückt? Was bedeutet die Formulierung? Während ein Eigenname keine Beschreibung des Referenten enthält (vgl. ebd.: 244), enthält ein Deskriptor (*„Kind"*) eine bestimmte, eine explizite Beschreibung, mit der ein Aspekt herausgestrichen wird: hier der der Sozialisation. Es geht um diese, die Referenz betreffende Tatsache. Es geht nicht um die Betonung von Johann als ein Subjekt, als ein Individuum, sondern um den Aspekt der Sozialisation, wozu er als ein Gegenstand gehört.

Interessant, und das haben wir bisher noch nicht kenntlich gemacht, ist, dass die vergegenständlichte Ausdrucksweise, mit der zum Individuum, zur Person auf Distanz gegangen wird, und die einen hohen Abstraktionsgrad enthält, sich nicht nur auf Johann bezieht, dessen Eigenname nicht verwendet wird, sondern auch auf die Partnerin, die ebenso namentlich nicht genannt ist. Sagt Sabrina doch: „*... Und sie war also relativ früh, (.) ab zehn Monate, war sie immer zwei Tage in der Woche ...*". Der Leser möge sich einmal vorstellen, um die Abweichung von der Regel hier deutlich wahrzunehmen, er befinde sich mit einer Interviewerin allein in einem Raum, an einem Ort, wo ein Gespräch/ Interview stattfindet, während seine Ehefrau/ihr Ehemann (Partner/Partnerin) den Gesprächskontext für eine kurze Zeit verlassen hat, um z. B. ein Telefonat entgegenzunehmen oder auf ein Türklingeln zu reagieren. Sofort wird auffällig, dass die Rede über den signifikanten Anderen in einer entpersonalisierten Ausdrucksweise befremdlich erscheint. Das hätte vermieden werden können, wenn Sabrina nicht pronominalisiert hätte, sondern den Eigennamen („Maria") oder einen Gattungsnamen („meine Partnerin") verwendet hätte, also gesagt hätte: „... Und Maria war also relativ früh, (.) ab zehn Monate, war sie immer zwei Tage in der Woche ...". Das Pronomen im zweiten Teilsatz („ *...war sie immer zwei Tage in der Woche*") hätte dann hier den Status eines Referenzpronomens und würde auf das bereits eingeführte Nomen („Maria") verweisen, das eindeutig identifiziert wäre. Das ist aber hier nicht der Fall. Die Person „Maria" ist sprachlich überhaupt nicht eingeführt. Fragen wir einmal, unter welchen Bedingungen wäre eine derartige Formulierung erwartbar, in dem ein Mitglied einer diffusen Sozialbeziehung sprachlich repräsentiert wird durch ein Pronomen? Folgende Lesarten sind denkbar: 1) Wenn die diffuse Sozialbeziehung lange Zeit zurückliegt und in der Gegenwart nicht (mehr) vollzogen wird. Eine Ehefrau könnte über ihren Ehemann sagen: „... Und er ist dann recht bald wieder arbeiten gegangen ...". 2) Wenn derjenige, über den gesprochen wird, (dauerhaft, also nicht bloß transitorisch wie in unserem Beispiel) nicht anwesend ist, vielleicht sogar bereits verstorben ist. Ein Sohn könnte über seinen Vater sagen: „… Und er war, als ich klein war, viel mit uns Kindern unterwegs …". Eine Schwester könnte über ihren Bruder sagen: „… Und er hat sich früh für Fußball interessiert …". Ein Mitglied eines Rudervereins kann über ein ehemaliges Mitglied sagen: „… Und er hat viele Regatten gewonnen …". Im vorliegenden Kontext ist aber prinzipiell das Merkmal der Anwesenheit erfüllt und auch die Partnerschaftsbeziehung ist keine, die der Vergangenheit angehört. Sabrina spricht aber so, als ob Maria nicht nur für die Zeitspanne des Zubettbringens von Johann abwesend ist. Sie spricht so, als ob die diffuse Sozialbeziehung nicht lebendig wäre. Warum ist das so? Was bedeutet diese, sich mit dem vorliegenden Kontext im Widerspruch befindende sprachliche Formulierung von Sabrina? Ich schlage folgende Erklärung vor: Der Kontext, in dem sie von ihrer Partnerin berichtet, ist die Eltern-Kind-Beziehung, die allerdings von Maria unter dem Vorzeichen der nicht gegebenen biologischen Abstammung eingerichtet werden soll. Wir haben bereits herausgearbeitet, dass Sabrina nicht nur die Bestrebung Marias unterstützt, aus diesem Grunde in gesteigertem Maße an der Beziehung zu dem Kind zu arbeiten („*schaffen*"; ‚Zeit mit dem Kind verbringen'), sondern dass sie auch innerhalb eines von ihnen beiden anerkannten Kooperationsrahmens miteinander handeln, der bestimmt ist von der geltenden Norm der Kernfamilie, zu der dazugehört, dass eine Eltern-Kind-Beziehung als diffuse Sozialbeziehung auch bestimmt ist von einer biologischen Grundierung. Da diese hier fehlt, kann sprachlich bei der anerkannten Geltung der Kernfamilie auch von Sabrina die Beziehung Marias zu Johann als diffuse nicht akzentuiert werden. Daraus kann für diesen Fall geschlussfolgert werden: Fehlt der sozialen Beziehung der biologische Unterbau, dann hat das zur Folge, aufgrund der im Hintergrund operierenden Anerkennung der Norm der Kernfamilie, dass auf der Ebene der Sprache – wie wir hier an der Pronominalisierung und einer damit verbundenen entpersonalisierten Ausdrucksweise gesehen haben – sich eine diffuse Sozialbeziehung nicht auf eindeutige Weise sprachlich manifestieren kann.

I: Mh.
S: Und das schafft natürlich auch eine andere Art der Verbindlichkeit.

Paraphrasiert heißt die Äußerung: Die von Maria gewählte Form, auf die genetische Unverbundenheit mit Sozialinvestitionen zu reagieren, wie z. B. viel Zeit mit dem Kind zu verbringen, führt im Vergleich zu Sabrina zu einer „*andere(n) Art der Verbindlichkeit*". Was Sabrina macht, ist, sie drückt eine Verschiedenheit aus zwischen ihrer Beziehung zum Kind und derjenigen ihrer

4.5 Die Deontologie der Kernfamilie

Partnerin. Sie sagt übersetzt ausgedrückt: Sie haben beide nicht die gleiche (eben „*eine andere*") Beziehung zu Johann. Der Unterschied resultiert einerseits aus dem Mangel leiblicher Elternschaft (Maria), der kompensiert wird durch gesteigerte Zuwendungsformen, und andererseits aus der genetischen Verbundenheit, die nicht zu Ersatzhandlungen zwingt, man kann ergänzen, Sabrina auch ermöglicht, auf Distanz zum Kind zu gehen („*ich bin dann halt morgens weg und abends erst wieder nach Hause gekommen*"), um der Partnerin ihren Platz an der Seite des Kindes zu überlassen. Aber warum sagt sie „*auch*" und nicht: „Und das schafft natürlich [auch] eine andere Art der Verbindlichkeit"? Ganz allgemein formuliert kann erst einmal festgehalten werden, dass sie den Hörer, hier die Interviewerin, darauf aufmerksam macht, dass noch etwas Zusätzlichem Beachtung geschenkt werden muss. Worin es besteht, ist realisiert in der Ausdrucksform „*Verbindlichkeit*", die mit Bezug auf den Kontext irritierend wirkt, was hätte vermieden werden können, wenn sie von „Beziehung" oder „Verbindung" gesprochen hätte. Fragen wir uns, in welchem Zusammenhang in der Regel diese Formulierung gebraucht wird: Ein Kollege kann z. B. auf einer Karte, die er einem von ihm herausgegebenen Buch beilegt, das er an einen anderen Kollegen versendet, die Worte formulieren „Mit verbindlichen Grüßen", womit er sich – dabei auch einen riskanten Vertrauensvorschuss gewährend – auf eine Verbindung hin verpflichtet. Oder: „Er hat sich mir gegenüber als verbindlich erwiesen", kann jemand sagen, der von einem anderen erfahren hat, dass dieser sein Versprechen eingehalten hat. Oder: „Er hat sich verbindlich geäußert", kann beinhalten, dass jemand eine bindende Zusage gemacht hat, eben versichert hat, z. B. zu einer Veranstaltung (einer Hochzeit, einem Gipfeltreffen etc.) zu kommen. Was deutlich wird, ist: Indem Sabrina von „*Verbindlichkeit*" spricht anstelle alternativ dazu von „Beziehung" oder „Verbindung", gelingt es ihr auszudrücken, dass es um die Themenkomplexe geht: eine Zusage machen, ein Versprechen geben oder eine Verpflichtung eingehen. Die unterschiedlichen Bezogenheitsstile beider Frauen, die daraus resultieren, dass sie nicht gleichermaßen genetisch mit dem Kind verwandt sind, führen auch dazu, dass insbesondere Maria sich gegenüber dem Kind auf eine „*andere Art*" als Sabrina versprechen bzw. verpflichten muss. Sabrina unterstreicht mit dieser Ausdrucksweise im Grunde Marias Perspektive, die beinhaltet, dass eine biologische Unterausstattung ihr die Pflicht auferlegt, will sie dem Recht eines Kindes auf Fürsorge, Betreuung und Erziehung gerecht werden, in einem ganz anderen Sinne als Sabrina Verantwortung für Johann übernehmen zu müssen. Und die „*andere Art der Verbindlichkeit*" manifestiert sich bei Maria in einer intensivierten Sozialbeziehung gegenüber dem Kind, die gleichsam als Objektivation des Versprechens gedeutet werden kann, wie ein leibliches Elternteil allen zu dieser

Status-Funktion gehörenden Rechte und Pflichten nachzukommen. An dieser Stelle wird auch verständlich, warum Maria den Wunsch Sabrinas nach einem zweiten eigenem Kind abgelehnt hat. Sie wird antizipiert haben, dass sie, die auf eine ganz andere Art und Weise als Sabrina gefordert ist, nicht gleichermaßen noch für ein weiteres Kind die Kraft eines derartigen Dauerinvestments aufzubringen vermag. Dass sie allerdings einem Pflegekind zustimmt, ist vermutlich darin begründet, dass sie dann in Sabrina eine Partnerin sieht, mit der sie sich, da diese dann ebenso wie sie selbst nicht leiblich verwandt ist mit dem Pflegekind, die Anstrengung der Nachwuchssozialisation in gleicher Weise teilen wird. Allerdings haben sie dabei beide nicht bedacht, dass ein Pflegekind, durch seine nicht selten auch traumatische Vorgeschichte, sie mit anderen Aufgaben und Herausforderungen konfrontieren wird als ein leibliches Kind (vgl. Gehres/Hildenbrand 2008).

und ich denke (.) ähm (2) ähm

Sabrina hebt jetzt an mit der Formulierung „*und ich denke*" eine Behauptung aufzustellen. Sie leitet die Darstellung einer Überzeugung ein, mit der sie sich auch auf eine für sie geltende Wahrheit festlegt. Wir sehen, dass ihr das keineswegs leichtfällt. Denn ein nahtloser Anschluss gelingt nicht. Stattdessen wird zwischen zwei „*ähms*", die die Schwierigkeit der „Kodierung einer Redeabsicht" (Bergmann 1982: 150) anzeigen, eine zwei-sekündige Schweigepause platziert. Fragen wir, wie wird sie an die noch unabgeschlossene Äußerung anschließen? Mit welchem Redebeitrag hebt sie die Selbstunterbrechung auf? Wir erwarten, dass sie sich zu dem Bezogenheitsstil ihrer Partnerin in ein Verhältnis setzt und diesen, dabei eine Überzeugung formulierend, kommentiert. Wir erwarten weiterhin, dass es sich um eine Wahrheit handeln muss, die in ihr ein Unbehagen auslöst. Denn sie kann das, was sie vorzubringen gedenkt, nur in der Überwindung eines Widerstandes formulieren. Sie muss also in dem Moment, in dem sie ansetzt, in irgendeiner Weise einen Widerspruch in sich wahrgenommen haben, der sie kurz unterbrechen lässt, sie zum Zögern und Schweigen bringt. Schauen wir, was das sein könnte bzw. worin das Widersprüchliche besteht, das ihr annäherungsweise bewusstgeworden sein muss.

wie soll ich denn sagen (?)

Wir erfahren hier noch nicht, was sie nötigt, innezuhalten. Wir sehen aber erneut, dass sie jetzt im Rahmen eines inneren Monologs sich selbst befragend um eine Formulierung ringt, mit der die Hürde des Widerstands genommen und die begonnene Rede fortgesetzt werden soll. Sie sucht trotz aller Kritik, die sie in sich aufsteigen fühlt, nach einer zufriedenstellenden Lösung, um das Gebotene

4.5 Die Deontologie der Kernfamilie

(„*soll*"), von dem auch etwas Imperatives ausgeht, sprachlich zu manifestieren. Die Spannung, die in der unterbrochenen Rede und in der Suche nach einer angemessenen Formulierung zum Ausdruck kommt, ist dadurch verursacht – so können wir jetzt schlussfolgern –, dass sie sich an dem Zustandekommen der Geltung von etwas Allgemeinem, dem sie sich nicht entziehen kann, veranlasst sieht zu beteiligen, obwohl dieses nicht ihrem Interesse, ihren Absichten entspricht. Was wir jetzt also suchen, kann umgemünzt werden in die Fragen: Worin besteht das Allgemeingültige, das unabhängig von ihren Interessen, Wünschen, Absichten etc. besteht, und deren Geltung sie dabei ist anzuerkennen, wenn auch widerständig? Und worin ist das Opportune auszumachen, das diesem nicht entspricht?

Diesen Anspruch (.) könnte ich an einen Vater genauso stellen

Halten wir erst einmal fest, Sabrina vergleicht hier ihre Partnerin Maria mit „*einem Vater*". Paraphrasierend ausgedrückt sagt sie: Sie „*könne*", wenn anstelle von Maria es einen „*Vater*" gäbe, an diesen den gleichen „*Anspruch (…) stellen*", nämlich seinen Pflichten als Vater gerecht zu werden, in dem er ,Zeit mit dem Kind verbringt', sich also um die Sozialisation des Nachwuchses kümmert. Mithilfe dieses Vergleichs setzt Sabrina ihre Partnerin nicht nur in die von ihr anerkannte Status-Funktion des leiblichen Vaters ein. Sondern in dem sie das, was Maria tut, mit dem Modell der Kernfamilie abgleicht, vollzieht sie eine Befestigung dieses Modells. Im Grunde genommen sagt sie, und das ist es, was ihr ein Unbehagen bereitet und die Schweigepausen und die „Diskontinuität in der Äußerungsprogression" (ebd.: 152) verursacht, dass sie die Institution der Kernfamilie und deren Basistatsachen anerkennt und in ihrem Rahmen handelt, auch wenn sie beide diese ablehnen. Sabrina bringt ein Einverständnis mit der Norm der Kernfamilie zum Ausdruck, gegen die sie und ihre Partnerin mit der Bildung einer gleichgeschlechtlichen Inseminationsfamilie verstoßen, und gibt zu, auch wenn das nur durch die Überwindung eines Widerstandes gesagt werden kann, ihr – eben – nur schwer über die Lippen kommt, dass diese Institution *trotzdem* der von ihnen anerkannte Boden ist, auf dem sie handeln. Diesen Widerstand, den sie beim Sprechen spürt, und der aus der latenten Widersprüchlichkeit von Praxis und geltender Norm resultiert, kann sie nur über eine Normalisierung überwinden, die ihr dann auch die Fortsetzung der Rede ermöglicht. In der Pause, die sie macht („*wie soll ich denn sagen (?)*"), dabei sich selbst befragend, sucht sie quasi nach einer Lösung, die beinhaltet, sich weder von der Kernfamilie noch von ihrer Familienform, die davon abweicht, distanzieren zu müssen. Das Resultat ist die Bildung einer Repräsentation von Familie, zu der die Vorstellung gehört, dass es keines Vaters bedarf, um den „*Anspruch*" erheben zu können, dass der andere, hier Maria, den sozialisatorischen Pflichten gegenüber dem Kind wie ein leiblicher Vater gerecht wird. Der *„Anspruch",* das sagt sie, besteht unabhängig davon, ob die zu ihrer eigenen Status-Funktion komplementäre ausgefüllt wird durch einen Vater oder durch Maria, also einer zweiten Frau. Ihre eigene Status-Funktion, die der leiblichen Mutter, ist verknüpft mit ihrem Recht auf den Anspruch, dass Maria, ganz unabhängig davon, ob sie nun der Vater des Kindes ist oder nicht, bestimmte Handlungen vollzieht. So repräsentiert Sabrina sich gegenüber der Interviewerin als jemand, der die Überzeugung hat, dass die Übernahme sozialisatorischer Aufgaben nicht gebunden ist an leibliche Elternschaft. Es handelt sich somit auch um eine Äußerung *(„Diesen Anspruch (.) könnte ich an einen Vater genauso stellen"),* in der sie ihre praktische Haltung gegenüber dem Modell der Kernfamilie ausdrückt, ohne seine Geltung infrage zu stellen.

Halten wir kurz inne: Wir haben bereits auch im Durchschreiten vorangegangener Interpretationen gesehen, dass Sabrina, wie auch Maria, immer wieder auf das Modell der Kernfamilie rekurriert, zu dem dazugehört, dass die Eltern-Kind-Beziehung in dieser Gruppe auf einem genetischen Unterbau aufruht. Ist die Bedingung der ödipalen Verschränkung nicht erfüllt, dann sind Sonderleistungen in Gestalt von kompensatorischen Handlungen erforderlich (‚viel Zeit mit dem Kind verbringen'). An diesen Bezugnahmen wird deutlich, dass das Modell der Kernfamilie wie ein tektonisches Muster auf subkutane Weise im Hintergrund operiert. Es bleibt allgemein gültig, auch wenn sich individuell verschieden von Fall zu Fall damit auseinandergesetzt wird. Diese kasuistische oder fallspezifische Brechung wird auch realisiert durch ein Familienbild bzw. eine Vorstellung von Familie, über die jedes Paar auf individuell typische Weise verfügt, und zu der in diesem Fall dazugehört, dass die Status-Funktion der Vaterschaft auch durch eine zweite Frau (Maria) ausgefüllt werden kann. Das hat zur Konsequenz, über diese Familienrepräsentation zwar die Abweichung von leiblicher Elternschaft zu normalisieren, sodass für beide Frauen gleichermaßen gerechtfertigt gilt, in diesem unkonventionellen Rahmen für die Sozialisation des Nachwuchses zu sorgen, aber die Perspektive des Kindes, das hier namentlich nicht genannt wird, zu vernachlässigen. Es lassen sich, zumindest nicht an dieser Sequenzstelle, Indizien ausmachen, die auf ein Bedenken seitens der Frauen schließen lassen, dass, wenn Abstammungsfragen nicht eindeutig über die von zwei leiblichen Eltern ausgefüllten Status-Funktionen geklärt werden können, dies problematisch für sozialisatorische Entwicklungsprozesse eines Heranwachsenden sein könnte. Ob im Falle von Maria und Sabrina tatsächlich dieser Themenkomplex, in dem es um die Bedeutung der Abstammung für Identitätsbildungsprozesse geht, im

4.5 Die Deontologie der Kernfamilie

Bereich des Unproblematischen verbleibt bzw. dieser keiner kritischen Auseinandersetzung unterliegt (vgl. dazu der erste Fall), werden wir erkennen können, wenn wir eine entsprechende Sequenzstelle rekonstruieren, in der ausdrücklich das Thema der Samenspende bzw. des abwesenden Vaters behandelt wird (vgl. Abschn. 4.6).

oder, oder wenn ich, wenn ich streng bin, dann sag ich (.)

Mit „*oder*" kündigt Sabrina dem Hörer, also der Interviewerin an, dass sie dabei ist, zur Formulierung einer Ausdrucksvariante anzusetzen. Sie ist dabei, einen alternativen Sprechakt zu platzieren, der vom Inhalt her zu dem zuvor Geäußerten zwar nicht etwas völlig anderes enthält, der aber dadurch, dass das bereits Geäußerte einer Reformulierung unterzogen wird, von ihr als der besser passende bzw. adäquatere Ausdruck gewertet wird. Wir erwarten, dass sie ihre Überzeugung, eine Nachwuchssozialisation ist nicht gebunden an leibliche Elternschaft, in einen Ausdruck mit höherer Präzisionskraft einkleidet. Dass das keine leichte Übung ist, erkennen wir an den doppelten Wortwiederholungen: „*oder, oder wenn ich, wenn ich*". Sie verweisen auf eine bestehende Formulierungsschwierigkeit, die zur Folge hat, dass die gewünschte bzw. gesuchte und dann als geeignet evaluierte Äußerung, mit der ihre Überzeugung noch treffsicherer in Worte gefasst werden soll, erst nach einer Zeitverzögerung eingesetzt werden kann. Sie bedient sich bei der Suche nach der neuen Äußerung aber nicht nur der redezuginternen Figur der Wortwiederholung, sondern sie benutzt auch die Interpretationsressource des Kommentars, hier eingeleitet mit der konditionalen Konjunktion „*wenn*", der durch seine Vorschaltung nicht nur einen Aufschub gewährt, sondern auch den Bedingungsrahmen benennt, innerhalb dessen das jetzt Reformulierte gilt und ‚gesagt' *(„dann sag ich")* wird. Sie bereitet die Interviewerin darauf vor, dass das, was sie jetzt zu hören bekommt, von jeder Einkleidung befreit sein wird. Das, was gesagt werden wird, ist nicht mehr formuliert unter der Berücksichtigung eines Kontextes, der ihr, so ihre Deutung, mehr Freundlichkeit, Milde und/oder Nachsichtigkeit bei der Darbietung ihrer Überzeugung abverlangt. Sie stellt der Interviewerin in Aussicht, dass sie jetzt ihre Überzeugung ganz ungeschminkt formulieren wird, so, als ob sie sich in einer Gesprächsumgebung bewegen würde, die es ihr vorbehaltlos gestattet, ihre Überzeugung „sehr korrekt, genau, exakt; strikt" (ebd.: 902) auszudrücken. Wir vermuten, dass das Folgende vom Inhalt her etwas enthält, das potenziell die Kraft besitzt, in der sozialen Beziehung zwischen ihr und der Interviewerin eine Interaktionskrise hervorzurufen. Sie reflektiert, dass ihre Überzeugung, die sie jetzt gleich in aller Deutlichkeit vortragen wird, nicht die der Interviewerin ist, die hier von ihr als ein Stellvertreter konventioneller Ansichten repräsentiert wird, als ein Repräsentant von allgemeingültigen Normen und Konventionen.

bloß die Gene schaffen ja keine Verbindung.

Sie sagt, einmal paraphrasierend formuliert: Wenn ich meine Überzeugung zu den Sozialisationsbedingungen einmal energisch und entschieden („*streng*") ausdrücke, dann komme ich zu dem Schluss, dass es nicht ausschließlich die biologische Verwandtschaft ist *(„Gene"),* die eine diffuse Sozialbeziehung, hier die einer Eltern-Kind-Beziehung, konstituiert. Wir sind überrascht, dass nun, nachdem sie die Interviewerin darauf vorbereitet hat, jetzt Provokantes zu hören zu bekommen – das aber, so wie sie es ausgedrückt, ihre Überzeugung am besten zur Sprache bringt –, weit weniger Radikales vorgetragen wird. Denn sie argumentiert ja keineswegs negatorisch, also sagt: ‚Die Gene spielen keine Rolle'. Wir müssen uns aber fragen, welche Bedingungen denn erfüllt sein müssen, damit ihre Überzeugung: eine Einschränkung auf das Genetische kann nicht vorgenommen werden, wenn es darum geht, zu bestimmen, was eine Eltern-Kind-Beziehung ausmacht, überhaupt erst die Zündkraft für eine Provokation entwickeln kann? Wir fragen nach den Voraussetzungen, die gegeben sein müssen, damit ihr Standpunkt auf der Seite der Adressatin die Kraft zum Widerspruch entfalten kann. Eine Bedingung dafür wäre, wenn diese, also die Interviewerin, einer ganz anderen Auffassung wäre, sie tatsächlich die Vertreterin eines Familienkonzeptes wäre, das beinhaltet, bloß die Gene schaffen eine Verbindung zum Kind. Es soll uns an dieser Stelle aber nicht die Interviewerin an sich und ihre Vorstellungen und Überzeugungen interessieren, und auch nicht, ob das ihr von Sabrina zugeschriebene Familienbild tatsächlich für sie gilt. Wir wollen eher fragen, was Sabrina denn damit bedeutet, wenn sie so tut, als ob die Interviewerin hier ein Repräsentant der Regel sei, die biologische Abstammung allein sei ausreichend für die Erzeugung einer elterlichen Sozialbeziehung? Sie kann über diese Strategie, mit dem Entwurf einer Projektionsfolie, eine Schwerpunktverlagerung vornehmen, die es ihr ermöglicht, mehr auf das Soziale zu fokussieren. Sie zentriert, indem sie von dem ganzen Inhalt rund um den Themenkomplex der ödipalen Triade (also Verschränkung von biologischer und sozialer Elternschaft) absieht, auf genau denjenigen Aspekt, den ihre Partnerin im Blick hat, wenn es darum geht, über ein gesteigertes Maß an Zuwendung eine Wechselseitigkeit zu erzeugen, über die die Beteiligten, auch ohne biologisch miteinander verbunden zu sein, in eine sie einbettende Gemeinschaft integriert werden, die durch Dauerhaftigkeit, Solidarität und Zuwendung (also die typischen Merkmale der Eltern-Kind-Beziehung so wie sie im Strukturmodell der Kernfamilie enthalten sind) bestimmt ist. Sie rechtfertigt im Prinzip ihre Familienform, in der der zweite

Elternteil, also ihre Partnerin, nicht auf der Basis einer biologischen Verwandtschaft eine elterliche Sozialbeziehung gestaltet. Das gelingt ihr, indem sie das Schlaglicht auf das Soziale einstellt und so die genetischen Anteile, die in dem von ihr konstruierten Gegenentwurf als die ausnahmslos zentralen beschrieben werden, in ihrer Bedeutung für den Sozialisationsprozess relativiert. Im Umkehrschluss heißt das aber – auch wenn sie nicht darauf fokussierend zuhält –, dass, um eine Bindung zum Kind herzustellen, neben dem Sozialen eben auch der Beitrag der genetischen Abstammung nicht ohne Belang ist. Das ist insofern nichts Neues, als schon die kompensatorischen Handlungen in Gestalt des gesteigerten Zuwendungsstiles vonseiten Marias und die Wahl einer „halb-offenen" Samenspende ausdrücken, dass sie keineswegs die Bedeutsamkeit der biologischen Verwandtschaft leugnen, wenn es um die Sozialisation des Nachwuchses geht. So sehen wir hier erneut, dass sie trotz der Abweichung von der Kernfamilie, in der Biologisches und Soziales miteinander über die Paar- und Eltern-Kind-Beziehung verschränkt sind, sich nicht von diesem Modell emanzipieren, sondern dieses in seiner normativen Geltung bestätigen.

4.6 Deutungsmuster Samenspende

Rufen wir uns noch einmal in Erinnerung, dass wir es hier mit einem Fall zu tun haben, der auf die Handlungsprobleme, die aus der Abweichung von der Regelstruktur der Kernfamilie resultieren, nicht mit radikaler Devianz (vgl. erster Fall) reagiert, sondern mit moderaten Verhaltensweisen, die sich am deutlichsten in der Ausdrucksgestalt der „halb-offenen" Samenspende manifestieren. Wir haben zu Beginn der Fallinterpretation schon angedeutet, dass diese Entscheidung mit Folgen verbunden ist, die hier umgemünzt werden sollen in die die weitere Fallrekonstruktion anleitende Forschungsfrage: Wie wird von diesem Fall die Kommunikationsanstrengung bewältigt, einerseits den Vater aus der Familie zu exkludieren, andererseits aber – insbesondere durch das Vorliegen eines Spenderprofils – über ein andeutendes Wissen zu verfügen, das geradezu in seiner Rätselhaftigkeit dazu ‚verführen' kann, dem Spender als einer rätselhaften Instanz weiter auf die Spur zu kommen und ihn über mögliche bildhafte Konstruktionen zu personalisieren. Der erste Fall (Die radikalen Nonkonformisten) hat diese Problematik nicht, da durch die anonyme Samenspende jegliche Informationen über den Spender fehlen. Der zweite Fall aber, und das macht einen entscheidenden Unterschied, hat durch seine Konformitätsbereitschaft – nämlich den Spender als Quelle anzuerkennen, wenn es um Fragen der Herkunft und damit um Identitätsbildungsprozesse des Kindes geht – mit Konsequenzen zu tun, die dem Frauenpaar eine möglicherweise nicht stillzustellende Auseinandersetzung abverlangt. Diese kann in dem anhaltenden Bemühen bestehen, jegliche Informationen, die sie über den Spender haben, zurückzuhalten, oder diese in die Eltern-Kind-Kommunikation in eine für Johann altersgemäße Weise modifiziert mit aufzunehmen. Wir werden im Folgenden untersuchen müssen, ob sie die wenigen Daten, die ihnen über den Spender zu Verfügung stehen, in den Binnenraum der Familie einfließen lassen, oder ob diese durch Tabuisierung und Geheimhaltung die Interaktionsgrenze nicht überschreiten dürfen.

Wir wären nicht überrascht, wenn Maria und Sabrina sich ganz unterschiedlich zu dieser Frage verhalten, d. h., wenn beide Frauen ganz unterschiedliche Umgangsstile pflegen und somit verschiedene Standpunkte vertreten, wenn es darum geht, mit dem ihnen zur Verfügung stehenden Wissen bzw. Nichtwissen umzugehen. Zum einen disponieren sie ihre verschiedenen biografischen Hintergründe allein schon zu einem unterschiedlichen Umgang hinsichtlich der Frage der Bedeutsamkeit von Männern als Vätern für sozialisatorische Entwicklungsprozesse. Zum anderen sind beide Frauen auf ganz unterschiedliche Ausgangsbedingungen festgelegt bei der Ausgestaltung der Eltern-Kind-Beziehung.

Maria ist biologisch nicht mit Johann verwandt. Auf diese geltende Basis der biologischen Abstammung kann sie sich nicht berufen, wenn es darum geht, gegenüber Johann wie eine leibliche Mutter zu handeln. Des Weiteren haben wir im Zuge der Fallrekonstruktion erkennen können, dass Maria vom Milieuhintergrund her die Strukturkonservativere von beiden Frauen ist. Von diesem Punkte her erwarten wir, da es mit Blick auf ihre sozialisatorische Genese keine Gründe gibt, Männer als Väter auf Distanz zu halten, dass sie diejenige ist, die überhaupt eine Neigung haben könnte, den Spender als einen Vater für Johann zu verlebendigen. Allerdings ist sie aber auch im Vergleich zu Sabrina diejenige, die nicht biologisch mit dem Kind verwandt ist und – wie wir gesehen haben – darum ringt, über sozialisatorische Sonderleistungen sich (mit Unterstützung ihrer Partnerin) der Status-Funktion eines leiblichen Elternteils zu ermächtigen, sodass sie wie ein Vater oder wie eine zweite Mutter gegenüber dem nicht-leiblichen Kind handeln kann. Wir vermuten, dass jeder Umstand kritisch reflektiert wird als mögliche Quelle, die ihre Bindungsbeziehung zum Kind beeinflussen könnte. Es würde uns nicht überraschen, wenn Maria, trotzdem sie vom Herkunftsmilieu her noch am ehesten die Bedingungen mitbringt, einen Vater für Johann zuzulassen, jede Form, den Spender als Vater zu verlebendigen, unterbindet. Muss sie doch – das ist zumindest ihre Perspektive – aufgrund des Mangels fehlender biologischer Abstammung eine soziale Bindung als Grundlage, um Rechte und Pflichten wie ein leibliches Elternteil geltend machen zu können, erst aufbauen. Und vermutlich wird sie ihre Beziehung zum Kind immer auch daraufhin befragen und

4.6 Deutungsmuster Samenspende

testen, ob sie noch gilt und stabil ist. Allem, was die Beziehung zum Kind infrage stellen könnte, wird sie mit Skepsis und Widerstand begegnen.

Eher noch – so ist zu vermuten – wird Sabrina diejenige sein, die versuchen könnte, über das Einsetzen einer kommunikativen Figur die Unbestimmtheit des Spenders in einem Maße zu mildern, sodass aus ihm eine vertraute Figur wird. Allerdings ist zu vermuten, dass sobald sie Anstrengungen unternehmen wird, den Spender über Transformationsprozesse in eine väterliche Identifikationsfigur für Johann zu verwandeln, sie mit Gegenwehr seitens ihrer Partnerin rechnen muss. Denn die Daten des Spenders im Binnenraum, also dort, wo die Sozialisation des Nachwuchses stattfindet, in die alltägliche Kommunikation einzubinden, sodass er präsent und damit (auch für Johann) erinnerungsfähig sein und bleiben kann, untergräbt Marias Anstrengungen, vollgültig den freien Platz an Sabrinas Seite einzunehmen und wie diese sich wie ein zweites leibliches Elternteil um Johann zu kümmern. Müssen wir aber feststellen, dass Widerspruch von ihrer Seite ausbleibt, was die bisherige Fallrekonstruktion aber nicht Anlass gibt zu vermuten, so wäre das ein Hinweis darauf, dass Maria die Vertreterin eines Familienkonzeptes ist, das Mehrelternschaft nicht ausschließt. Nicht auszuschließen ist aber, dass Sabrina die Bewegung Marias, zu den Daten des Spenders auf Distanz zu gehen und diese aus dem Binnenraum der Eltern-Kind-Kommunikation herauszuhalten, unterstützt. Denn die Genogrammanalyse hat gezeigt, dass ihre sozialisatorische Genese sie dazu disponiert, eine Bindung zu Männern im Rahmen einer diffusen Sozialbeziehung zu vermeiden. Da wir aber wissen, dass sie diejenige von den beiden Frauen gewesen ist, die das Spenderprofil bei der Samenbank eingefordert hat, ist zu vermuten, dass, wenn dann vor allem sie diejenige von beiden sein wird, die eine Neigung haben könnte, das Wissen in irgendeiner Form einzusetzen. Wie sie das möglicherweise tut, ob mit Rücksicht auf ihre Partnerin oder völlig unbefangen ihr gegenüber, was eine Interaktions- vielleicht auch Paarkrise provozieren könnte, bleibt zu rekonstruieren. Schauen wir uns dazu zwei ausgewählte Sequenzstellen näher an.

Erste Sequenzstelle: Die genetische Abstammung

I: Was mich halt noch interessiert ist äh (.) mit dieser genetischen Wurzel. Das ist so das Thema, ne (!) was (.) da kann man sagen, auch wie Sie sagen, wenn man jetzt lernen will, was ein Mann ist, da geht man zum Nachbarn oder es kriegt man sowieso mit, ne (!) (?) Dazu braucht man nicht Mutter und Vater dazu. (4) Aber – ((wird von Sabrina unterbrochen))

Die Interviewerin zeigt mit diesem Redebeitrag den beiden Frauen ihr Interesse an dem Themenkomplex der genetischen Abstammung an. Sie bekundet ihre

Neugier, noch mehr über das Verhältnis des Paares zu den Fragen rund um das Thema der biologischen Herkunft wissen zu wollen. Damit berührt die Interviewerin einen Kontext, der, sobald dieser aufgerufen wird, von beiden Frauen als Kritik an ihrer Lebensform gedeutet werden kann. Denn das Provokante, das diese Formulierung im Kern enthält, besteht darin, den Frauen eine Erklärung abzuverlangen, die etwas darüber aussagt, wie sie sich dazu verhalten, für die Sozialisation des Nachwuchses einen Entwicklungsrahmen eingerichtet zu haben, in dem Identitätsfragen, die immer auch Fragen nach der Herkunft sind, nicht eindeutig beantwortet werden können, da der (Ehe)Mann der Mutter als der Vater des Kindes fehlt. Die Interviewerin hält ihnen so das Konformitätsmodell entgegen und bringt indirekt ihre Skepsis darüber zum Ausdruck, ob ihre Lebensform überhaupt zu verantworten ist, wenn es um den Prozess der Nachwuchssozialisation geht.

So wie die Interviewerin aber das Gespräch jetzt fortsetzt (*„diese genetische Wurzel"*), gibt sie auch zu erkennen, dass sie mit dieser Richtung, in die sie das Gespräch jetzt zu lenken gedenkt, keineswegs ein völlig neues Thema aufmacht. Sondern sie nimmt, dabei auch das Wagnis der Provokation eingehend und so eine Interaktionskrise riskierend, mit Verweis auf vorherige Inhalte eine kontextuelle Rekodierung vor. Dass nichts Neues thematisiert wird, belegt die Interviewerin, indem sie Worte und Gedanken, die zuvor von den Frauen geäußert worden sind, zitiert (*„auch wie sie sagen [...]"*). Sie knüpft an zuvor Geäußertes an und gibt diesem aber eine neue Wendung, indem sie durch den Ausdruck „mit dieser genetischen Wurzel" die gegebenen Vorinformationen in veränderter Form weiterführt. Man könnte auch sagen, die Interviewerin ist dabei, das, was die Frauen gesagt haben, in eine neue Bedeutung zu überführen und durch Rekodierung diesem einen neuen Geltungswert zu geben. Das macht die Interviewerin schrittweise. *Zuerst* setzt sie dazu an, über die Form der direkten Rede, die mit dem Kommunikationsverb *„sagen"* eingeleitet wird, Äußerungen der Frauen sinngemäß in der Originalversion wiederzugeben: *„wie Sie sagen, wenn man jetzt lernen will, was ein Mann ist, da geht man zum Nachbarn oder es kriegt man sowieso mit, ne (!) (?) Dazu braucht man nicht Mutter und Vater dazu."* Die Interviewerin zitiert mit diesen Worten die Haltung der Frauen zu dem Thema der männlichen Identitätsentwicklung. Übersetzt formuliert lautet sie: Um eine Selbstdefinition als Junge zu entwickeln, bedarf es keines heterosexuellen Elternpaares (*„braucht man nicht Mutter und Vater dazu"*). Für die Konstitution einer geschlechtsspezifischen Identität ist nicht die Mitgliedschaft im ödipalen Dreieck nötig, um dort am Beispiel der Eltern, also der Interaktion von zwei verschiedengeschlechtlichen Erwachsenen, die Elementarerfahrung von männlich und weiblich zu machen. Männliche Identitätsentwicklung bedarf

4.6 Deutungsmuster Samenspende

keiner Interaktionsordnung, die durch eine zweigeschlechtliche Differenzierung bestimmt ist: der Besuch beim „*Nachbarn*" als Träger einer männlichen Identität reicht. Wenn es darum geht, die soziale Rolle des Mannes zu erlernen, dann muss die kindliche Entwicklung nicht eingebettet sein in den Erfahrungsraum einer heterosexuellen Paarbeziehung. Die beiden Frauen erteilen der ödipalen triadischen Konstellation als eine Bedingungsvoraussetzung für die Entfaltung einer stabilen männlichen Identität eine Absage.

In einem *zweiten Schritt,* nachdem die Interviewerin ihren Gesprächspartnerinnen über die direkte Rede ihre Haltung zu Entwicklungsbedingungen kindlicher Sozialisation verlebendigt hat, hebt sie an mit: „*Aber*". Sie beginnt, nach vier Sekunden Pause, einen Einwand gegen dieses Identitätsentwicklungsmodell, in dem die ödipale Triade nicht vorkommt, vortragen zu wollen. Doch wenden wir uns erst der viersekündigen Interaktionspause zu.

Die Zäsur von vier Sekunden Pause gibt dem Frauenpaar Gelegenheit, sich zu äußern. Die Frage ist, was greifen sie von der Sequenz auf, in der zwei Themen, das der „*genetischen Wurzel",* also der biologischen Abstammung, und das der geschlechtsspezifischen Identitätsentwicklung angesprochen sind. Sie könnten mit einem Beitrag anschließen, der darauf referiert, dass der Samenspender als der biologische Vater des Kindes zur Hälfte an der Genausstattung beteiligt ist. Die Art und Weise, wie die beiden Frauen das tun, wird sowohl sozialisatorisch bedingt, als auch im Hinblick darauf, dass Maria nicht biologisch mit dem Kind verwandt ist, verschieden sein; dazu haben wir weiter oben bereits ausführliche Überlegungen angestellt. Sie könnten aber auch mit einem Beitrag fortsetzen, mit dem sie einen Anschluss an ihre, von der Interviewerin zitierten Worte suchen. Sie könnten das von der Interviewerin wiederholte Statement noch einmal bestätigen oder bekräftigen. Denkbar ist auch, dass sie die Äußerungseinheit affirmativ interpretieren und sich nicht weiter dazu äußern. Dass sie den Redevollzug der Interviewerin nicht als Redeübergabe interpretieren, wäre auch deshalb denkbar, da sie von der Interviewerin (noch) gar keinen richtigen Anreiz bekommen haben, sich zu äußern. Ein Stimulus, der sie zu einer Antwort bewegen könnte, ist von der Interviewerin nicht gesetzt. Es ist nicht auszuschließen, dass sie den Beitrag auch so deuten, dass die Interviewerin noch an dem Stimulus bastelt, der dann als Frage verwendbar ist. Trifft diese Variante zu – was sich hier letztendlich nicht endgültig entscheiden lässt – schließt das auch ein, dass für die Interviewerin, die ihre Darstellung offenbar noch sortieren muss, der Anschluss nicht einfach zu sein scheint. Warum nicht? Weil sie antizipiert, dass die Richtung, in der sie dabei ist das Gespräch zu wenden (*„mit dieser genetischen Wurzel"),* als Kritik verstanden werden kann und so die Fortsetzung des Gesprächs riskiert. Das scheint die Interviewerin zu ahnen, denn sie zögert. Erst nach einem kräftigen Zeitmaß von vier Sekunden beginnt die Interviewerin einen durch „*Aber*" eröffneten Einwand zu formulieren. Nicht überrascht hätte uns, wenn die Interviewerin, nachdem durch den Ausdruck „*genetische Wurzel*" das Thema der biologischen Abstammung eingeführt ist, den Einwand wie folgt – einmal paraphrasierend ausgedrückt – formuliert hätte: ‚„*Aber*" das unglaubliche Rätsel, das jedes Kind mit Eintritt in die ödipale Triade zu beantworten versucht: Wieso verdanke ich meine Existenz der Interaktion zweier so verschiedener Menschen wie Vater und Mutter, kann nicht gelöst werden. Diese basale Frage, die sich alle Kinder im ödipalen Alter stellen, kann Johann auch dann nicht beantworten, wenn er außerhalb der mütterlichen Dyade auf signifikante Andere, die Träger einer männlichen sozialen Rolle sind („*Nachbar*"), verwiesen ist. Der „*Nachbar*" ist keine Alternative, um die für jede Identitätsentwicklung entscheidende Frage zu klären: Wo komme ich her? Wem verdanke ich meine Existenz?'

Die Interviewerin kommt aber nicht dazu, diesen Einwand zu äußern. Sabrina unterbricht sofort:

S: Aber

Die Unterbrechung bedeutet, dass ein Einwand nicht zugelassen werden darf. Konkretisiert werden darf von der Interviewerin nicht, dass, auch wenn in ihrer Konstruktion die Figur eines lebenspraktischen Vaters nicht vorgesehen ist, da zwei Frauen nach dem Konzept der doppelten Mutterschaft für die Erziehung des Nachwuchses sorgen, und dass, auch wenn stellvertretend für den biologischen Vater eine andere männliche Personen rekrutiert („*Nachbar*") wird, doch mit Blick auf die „*genetische Wurzel*" ein biologischer Vater in Gestalt des Spenders eine schließlich unleugbare Tatsache ist. Sabrina scheint zu mutmaßen, dass die Interviewerin bestrebt ist, derart Problematisches zu explizieren, weshalb sie unterbricht.

I: ((unterbricht S))

Die Interviewerin lässt diese Unterbrechung, über die ein Einwand vorgetragen werden soll („*Aber*"), nicht zu. Sie zeigt damit an, dass sie nicht bereit ist einzulenken und davon abzulassen, den Fokus auf den biologischen Unterbau zu richten. Indem die Interviewerin Sabrina keine Chance gibt, ihren Einwand auszuformulieren, zeigt sie sich nicht bereit, das Thema fallenzulassen, das eigentlich nicht angesprochen werden soll. Es ist nicht zu vermuten, dass die Interviewerin mit ihrem folgenden Redebeitrag weder zu beschwichtigen, noch eine heikle Interaktionssituation abzuwenden bestrebt ist.

4.6 Deutungsmuster Samenspende

man hat ja immer noch diesen Spender, ne (?) (!) Der ist ja nun <u>da,</u> ob man ihn nun zum Thema macht oder nicht.

Der „Spender" wird prompt eingeführt und damit ist implizit auch klargemacht, dass ihre Familienform, bestehend aus zwei Frauen und dem Kind, von der Interviewerin hier als Abweichung von der Kernfamilie bestimmt wird. Wie gehen sie damit um? Sie könnten dazu ansetzen, ihre Familie zu normalisieren, in dem sie den Unterschied minimieren. Denkbar wären hier Äußerungen, die den Spender auf die Rolle des ‚Zulieferers', des ‚Samenproviders' oder des ‚Helfers in der Not' reduzieren. Möglich wäre auch, dass sie Ähnlichkeiten zur Kernfamilie herausstellen, z. B. über eine quantitative Bestimmung. Besonders Maria, so ist vor dem Hintergrund des herausgearbeiteten Fallwissens zu vermuten, wird daran gelegen sein, die Bedeutsamkeit des Spenders zu relativieren und Prädikationen meiden, die ihren Platz in der Konstruktion infrage stellen könnten.

Im Unterschied aber zum ersten Fall, das muss hier mitbedacht werden, verhält sich das Frauenpaar in diesem Fall zu den Fragen der Herkunft und Abstammung nicht derart radikal, dass durch eine anonyme Samenspende dem Kind jeglicher Zugang zum biologischen Vater versperrt ist. In der Wahl einer „halb-offenen" Samenspende und in dem von Sabrina ausgehenden Wunsch, ein Spenderprofil zu erhalten, das über die phänotypischen Merkmale hinaus Angaben über den Spender enthält, zeigen sie nicht nur an, ein anderes Verhältnis zum Thema der Nachwuchssozialisation zu haben. Sondern sie nehmen auch im Vergleich zum ersten Fall einen anderen Standpunkt ein, wenn es um die Bedingungen für Identitätsbildungsprozesse geht, da sie dem Wissen um die biologische Abkunft eine Bedeutung beimessen. Und sie nehmen des Weiteren, damit zusammenhängend, die daraus für sie resultierenden Konsequenzen in Kauf, die darin bestehen, immer wieder aufs Neue abwägen und entscheiden zu müssen, welches Wissen über den Spender sie als sinnvoll erachten in die Kommunikation mit dem Kind einfließen zu lassen bzw. ob überhaupt und wenn ja, wie sie die Informationen im Binnenraum, sei es im Kontext der Paar- oder im Kontext der Eltern-Kind-Beziehung, verwenden wollen.

S: *Ashley, genau. (!)*
M: *Mh.*

Von einer Geheimnisdistanten Behandlung des Spenders kann nicht die Rede sein. Sabrina äußert einen Sprechakt, mit dem der Samenspender über den Gestaltungsprozess der Personalisierung ins lebenspraktisch Übliche eingespeist wird. Über die Verwendung des Vornamens wird der Spender als personaler

Typ instanziiert, dem nicht nur Bedeutung zugestanden wird, sondern auch eine Einzigartigkeit und Besonderheit. Er ist weder bloßer Genlieferant, noch irgendein Fremder, der seinen Samen gespendet hat. Der Samenspender ist zu einer vertrauten Figur verwandelt, die durch die Akzentuierung des Namens vor dem Verschwinden in eine Prozessualität geschützt ist. Indem ihm eine Aktorpräsenz zugesprochen wird, ist er der Möglichkeit des Vergessens entbunden, zumal auch der Name eine Erinnerungsgarantie symbolisiert, die seine Unverwechselbarkeit unterstreicht und bekräftigt.

Wenn wir davon ausgehen, dass sie den Namen „*Ashley*" auch gegenüber Johann verwenden, dann ist das eine Form, den relativ abstrakten Vorgang der Zeugung mithilfe einer Samenspende kommunikativ auf eine kindgerechte Weise zu bewältigen. Ausgestattet mit einer personalen Identität ist er für Johann erinnerungsfähig präsent gemacht und eine Person, zu der eine zukünftige Beziehung antizipiert werden kann. Noch offen ist die Frage, ob es dabei bleibt, dem Spender allein durch einen Namen eine höhere Explikation zu verleihen. Oder wird er Johann gegenüber auch als sein Vater repräsentiert? Auffällig ist an dieser Sequenzstelle noch, dass das Thema von der Anverwandlung des Spenders im Rahmen eines Personalisierungsprozesses, über den das ganze Verfahren der künstlichen Zeugung auch normalisiert wird, von Sabrina vorgetragen wird, also von derjenigen, die mit dem Spender auf zeugungsmäßige Weise zusammengekommen ist. Es ist die leibliche Mutter, die den Samenspender einführt und konkretisiert: War es doch auch ihr Interesse, das Spenderprofil der Samenbank zu erhalten und somit die Möglichkeit, dem Spender mehr Kontur zu geben. Wie Maria sich dazu verhält, werden wir an der zweiten Sequenzstelle Gelegenheit haben, deutlicher herauszuarbeiten. Hier stimmt sie dem Ganzen erst einmal mit einem „*Mh*" zu. Doch fahren wir fort:

S: *Das war im Kindergarten, da war das schon mal Thema.*
M: *Mein Papa ist in den Niederlanden.*

Sabrina verweist auf den Kontext des Kindergartens, also auf eine Zeit, in der Kinder entwicklungsmäßig den Eintritt in die ödipale Triade vollzogen haben. Die Familienbeziehungen sind in diesem Entwicklungsstadium, in dem Kinder ihre wachsende Identität unter Beweis stellen, in ganz besonderer Weise herausgefordert. Denn die kindlichen Beiträge in der ödipalen Konstellation sind für das ihn umgebende sozialisatorische Milieu von ganz anderer Dramatik und Deutlichkeit, zumal Kinder im ödipalen Alter damit beschäftigt sind, eine primäre Identität als Junge oder Mädchen herauszubilden. Im Kommunikationsraum Kindergarten muss in diesem Zusammenhang das Thema der Herkunft

4.6 Deutungsmuster Samenspende

bzw. Fragen nach Vater und Mutter aufgekommen sein, vermutlich, da von den Kindern wahrgenommen worden ist, dass Johann wechselweise von zwei verschiedenen Frauen abgeholt wird, aber nicht von einem Mann, der sein Vater sein könnte. Daraufhin befragt, hat Johann den Kindern eine Geschichte geliefert, die Maria in der Form der direkten Rede hier wiedergibt. Sie zitiert Johann mit den Worten, die beinhalten, dass sein „*Papa [...] in den Niederlanden*" ist. Wir erkennen hier, dass für Johann der Spender der „*Papa*" ist, also eine Figur, die jeglicher Distanz zu irgendeiner Rollenpräsentation enthoben ist. Der Samenspender als der Fremde hat seine Abstraktheit völlig verloren und ist von Johann instanziiert als sein Vater, der, auch wenn er nicht wie die Väter in den Kernfamilien im Alltag präsent ist, so doch eine eindeutige Adresse hat. Das andeutende Wissen, das den Frauen über das Spenderprofil vorliegt und das sie vermutlich in der Kommunikation mit Johann auf unterschiedliche Weise gestaltet haben, ist für Johann zu einem Bild zusammengeronnen, in dem er „*Ashley*" als seinen Vater erkennt und anerkennt. Während die Frauen die personale Identität betonen, das unverwechselbar Individuelle, akzentuiert Johann, in dem er aus „*Ashley*" den „*Papa*" macht, die soziale Identität des Spenders und damit die Integration in ein Bezugsmilieu.

Es ist zu vermuten, dass Sabrina mit dieser lebensweltlichen Version, in der aus dem Spender der Vater wird, keine Probleme hat. Indem aber die ödipale Triade ins Werk gesetzt ist, tritt diese in Konkurrenz zur Triade bestehend aus zwei Müttern. Es kann vor dem Hintergrund der bisherigen Ergebnisse aus der Fallrekonstruktion vermutet werden, dass Maria sich gegenüber dieser Art der Verlebendigung des Spenders, die ihn zu einem Teil der Familie macht, weitaus kritischer verhält. Da alle ihre Bemühungen darauf gerichtet sind, neben ihrer Partnerin wie ein zweites vollgültiges Elternteil im primären Entwicklungsdreieck alle dazugehörigen Rechte und Pflichten gegenüber Johann zu übernehmen, wird sie weniger unbefangen und vorbehaltlos als Sabrina, deren Status-Funktion durch die biologische Verwandtschaft legitimiert ist, sich zu dieser Transformationsfigur verhalten. Denn wenn dem Spender, wenn auch auf symbolische Weise, eine dauerhafte Präsenz in Gestalt des Vaters gegeben ist, bedeutet das, sobald man kein Vertreter eines Konzeptes von Mehrelternschaft ist, sich mit der Frage konfrontiert zu sehen, wer man selbst in dieser Konstruktion ist, sobald es ja anerkanntermaßen einen gültigen Vater gibt.

I: *Ja (?) (!)@(.)@*
S: *@(.)@*
M: *@(.)@ Und wir sagen, der kommt von Ashley.*

Die Interviewerin bestätigt mit einem „*Ja*". Da es aber eingekleidet ist in die Intonation einer Frage, gibt sie auch zu erkennen, dass es da einen Rest gibt, den sie noch nicht verstanden hat. Eine gewisse Ratlosigkeit ist im fragenden „*Ja (?)*" angedeutet, die von dem Eindruck herrührt, dass die beiden Frauen über etwas zu reden beginnen, das für einen ungleichen Informationsstand zwischen ihnen als Dialogpartner sorgt. Doch worüber wird aber gelacht („*@ (.)@*")? Und warum lachen alle? Klären wir diese Fragen schrittweise, indem wir zuerst erläutern, dabei auch Plessners Studie über das „Lachen und Weinen" (1941/1950) erinnernd, mit was für einer Ausdrucksform des menschlichen Handelns wir es hier zu tun haben.

Für Plessner stellt das Lachen[9] eine Desorganisation des Verhaltens dar. Es handelt sich um ein Randphänomen, mit dem der Mensch seinem Körper die Fortsetzung der Kommunikation überlässt. Es wird ein Stück Natur in die Kommunikationsbewegung, also in den sequenziellen Ablauf des Austauschs von Redevollzügen eingesetzt, und der Stimme dabei eine kommunikative Präsenz verliehen. Kommunikationssoziologisch betrachtet kann das Lachen als Ausdruck einer Kommunikationskrise gedeutet werden. Dabei geht dem Lachen voraus, dass etwas nicht sinnvoll verstanden werden konnte. Eine Äußerungseinheit hat für den Hörer, hier der Interviewerin, an Nachvollziehbarkeit verloren, mit der Folge, dass die alten Mittel zur Fortsetzung der Interaktion sich als unbrauchbar erweisen. Die Interviewerin erfährt sich als in den Stand gesetzt, die Kommunikation nicht fortsetzen zu können. Eine passende Antwort findet sie nicht, was sie mit einem Lachen quittiert. Es ist der Ausdruck eines Anschlussverlustes, der aus der entstandenen Situation einer Sinnkrise resultiert. Interessant an dem Interviewauszug ist, dass die beiden Frauen in das von der Interviewerin ausgehende Lachen mit einstimmen. Als Mitlachende bestätigen sie die Gemeinschaft, und darüber hinaus drücken sie aber auch aus, sich im Einklang mit der Interviewerin darüber zu finden, hier an die Grenze des Verstehens zu geraten. Nun, was ist an dem von Johann geäußerten Satz „*Mein Papa ist in den Niederlanden*" so unverständlich? Es ist etwas eingetreten, das die beiden Frauen selbst überrascht hat und so nicht intendiert haben, als sie in der Kommunikation mit Johann sich angeschickt haben – sicherlich auch aus ethischen Gründen und Bedenken heraus – alles, was mit dem künstlichen Zeugungs- und Entstehungsvorgang zu tun hat, herauszuhalten. Dazu gehörte eben auch, den

---

[9]Das Weinen klammern wir bei diesen Überlegungen aus, kann aber bei einigen der Ausführungen immer auch mitgedacht werden.

4.6 Deutungsmuster Samenspende

Spender, wenn auch nicht zum „*Papa*" für ihn zu institutionalisieren, so ihm doch alles Abstrakte über den Einsatz seines Vornamens *(„Ashley")* zu nehmen. Die von ihnen eingesetzte kindgemäße Normalisierungsstrategie hat aber nun eine Wirkung entfaltet, mit der sie nicht gerechnet haben. In der Kommunikationsbeziehung hat diese Art der Einbindung des Spenders eine Wendung genommen, die sie nicht beabsichtigt und auch nicht antizipiert haben. Dass Johann aus *„Ashley"* seinen *„Papa"* macht, übersteigt ihre Motivation, den Spender zu vernatürlichen in einem Maße, dass sie noch heute, sobald sie darüber reden, gleichsam zurückfallen in eine körperliche Reaktion („ @ (.)@ "), da ihnen dafür die passende Antwort fehlt. Sie drücken damit aus, dass etwas Realität angenommen hat, dass sich ihrer Intentionalität entzogen hat. Ihre Absichten, dem Kind in der ödipalen Entwicklungsphase auf zumutbare Weise ihre Konstruktion und damit auch seine Entstehung zu erläutern, hat im kommunikativen Prozessverlauf eine Eigengesetzlichkeit entfaltet, die auch sie nicht ganz nachvollziehen können. Der gemeinsame Kern des miteinander Lachens, das alle drei Akteure packt, auch wenn die Anlässe dafür ganz unterschiedliche sind, ist, dass eine Situation an Nachvollziehbarkeit eingebüßt hat und sie mit einer Kommunikationskrise konfrontiert. Wie sich die Interviewerin daraus hilft, sehen wir in der Anschlusssequenz. Sie stellt eine Frage:

I: *Was heißt Ashley (?) (!)*
M: *Der Name.*
S: *Das ist der Vorname von dem Spender. Den wollt ich gerne wissen.*
I: *Aja.*

Mit der Rück- und Zwischenfrage der Interviewerin wird deutlich, was sich im fragenden *„Ja (?)"* schon angedeutet hat, dass sie dem Gang der Kommunikation nicht mehr ganz folgen kann. Es ist bei ihr eine Informationslücke entstanden, die sie mit einer Frage zu schließen beabsichtigt, um dann mit den üblichen Mitteln und auf der Basis eines gemeinsamen Wissensstandes die Kommunikation fortsetzen zu können. In dem Interviewausschnitt erfahren wir noch, dass Sabrina diejenige von beiden Frauen gewesen ist, die nicht nur das Bedürfnis hatte, den Vornamen des Spenders zu erfahren, sondern die auch diesem Interesse nachgegeben hat, mit der Folge, dieses Wissen auch im Binnenbereich der Familie zu platzieren. Darüber, wie Maria sich dazu verhält, wissen wir (noch) nicht viel. Wir wissen nur so viel, da Sabrina nicht im Stile eines Paar-Wirs spricht (z. B. sagt:, ... den wollten wir gerne wissen'), dass es sich dabei um keine gemeinsame Entscheidung gehandelt hat bzw. das Informationsbedürfnis über den Spender nicht bei beiden Frauen gleichermaßen stark ausgeprägt gewesen war. Die Initiative geht von Sabrina aus, die über diesen Vorstoß überhaupt erst die Möglichkeit erzeugt, dass dem Spender im Kommunikationsraum ihrer Familie eine derart massive Präsenz zukommt. Im Prinzip muss sie sich auch von Maria vorwerfen lassen können, dass durch diesen Informationsgebrauch sie der Auslöser dafür ist, dass trotz aller Umsicht, die sie im Umgang mit dieser Information gegenüber Johann haben walten lassen, sie jetzt mit dem Handlungsproblem konfrontiert sind, sich damit auseinanderzusetzen, in ihre Konstruktion den Spender als väterliche Identifikationsfigur zu integrieren. Aus der Perspektive von Maria betrachtet, bedeutet das eine Zumutung – allein ausgelöst durch Sabrinas Wissbegier –, da ihre Position dadurch infrage gestellt wird. Will Sabrina keine Paarkrise heraufbeschwören, so wird sie mit Bedacht ihre Worte wählen, wenn es um den Spender geht, und sensibel unterscheiden zwischen der Bezeichnung des Spenders als *„Ashley"* und *„Papa"*. Wir vermuten, dass Maria zu keinen Zugeständnissen und Kompromissen bereit sein wird, wenn der Anspruch auch vonseiten Sabrinas erhoben werden sollte, aus dem Spender einen *„Papa"* zu machen. Diese Metamorphose würde den Spender zu einer lebenspraktischen Figur stilisieren, die ihm eine Bedeutung beimisst, die nicht ihm, sondern Maria zukommt. Mit dieser Bezeichnung würde ein Dritter unverdientermaßen ins Licht gerückt und ein Schatten auf die eigentliche Akteurin fallen, die an seiner Stelle über Kräfte absorbierende Sonderleistungen den Alltag mit Johann gestaltet, für ihn sorgt und erzieht. Es ist zu vermuten, dass aus der Perspektive von Maria der Spender maximal als *„Ashley"* in den kommunikativen Kontext eingebunden werden darf, eine begriffliche Erweiterung zum „Vater" wird nicht unwidersprochen bleiben und die Rede vom *„Papa"* massiv abgewehrt werden.

S: *also wir sagen das ist der Ashley, der Mann heißt Ashley, damit er in seinem Alter nicht schon von Spender, Samenspender oder irgendwas hört.*

Betten wir einmal einen Teil der Formulierung in Alternativkontexte ein wie: ‚dass er in seinem Alter nicht schon hört, aus einer Bankrotteurfamilie zu kommen' oder ‚dass er in seinem Alter nicht schon hört, aus einer jüdischen Familie zu stammen' oder ‚dass er in seinem Alter nicht schon hört, an einer schweren Krankheit zu leiden' oder ‚dass er in seinem Alter nicht schon hört, die anderen sind nicht seine leiblichen Geschwister'. Es wird deutlich, dass es in diesen Kontexten immer um etwas Krisenhaftes, etwas Problematisches geht. Übertragen auf den vorliegenden Kontext heißt das: mithilfe einer Samenspende auf die Welt gekommen zu sein, ist etwas Prekäres bzw., da dieser Vorgang der Zeugung vom Normalen abweicht, etwas Reflexionsbedürftiges, das dem Kind, solange es schutzlos ist, nicht zugemutet werden kann. Da ihr reproduktionstechnischer Entwurf nichts mehr gemein hat mit der menschlichen Lebenspraxis,

4.6 Deutungsmuster Samenspende

in der zwei Menschen verschiedenen Geschlechts zusammenkommen und im Rahmen eines auf Liebe auffußenden Paarentwurfes (gemäß dem westlichen Zivilisationsmodell) Kinder zeugen, muss eine Reflexionsleistung erfolgen, die ihr Konstrukt in eine für das Kind zumutbare Bahn bringt. Die Lösung, die sie dafür finden, dem Kind nicht zumuten zu können, auf so unorthodoxe Weise auf die Welt gekommen zu sein, besteht darin, in Kinderzeiten für Johann den Samenspender zu personalisieren. Erst im Erwachsenenalter kann dem Kind die reflexive Konstruktion zugemutet werden. Solange er aber noch nicht in einem Alter ist, in dem er mit Abstraktionen umgehen kann, schließen sie den Samenspender in ihrer Kommunikation gegenüber dem Kind als einen personalen Typ ein. Dies wird möglich, indem sie den Index *„Ashley"* benutzen bzw. zulassen.

Der Sequenz können wir des Weiteren entnehmen: auch wenn Sabrina die treibende Kraft ist, den Spender durch die Rekrutierung seines Vornamens der Anonymisierung zu entheben, so trägt Maria diese Entscheidung mit: *„also wir sagen, das ist der Ashley"*. Der Samenspender darf in der eingekleideten Version, die aus *„Ashley"* einen *„Mann"* macht, also keineswegs einen „Vater" oder „Papa", die Grenze zum Binnenraum überschreiten. Darin stimmen beide Frauen überein. Um Johann nicht mit dem technischen Vorgang der künstlichen Zeugung zu konfrontieren, wird der Samenspender nicht in seiner sozialen Funktion eingeführt, sondern über den Vornamen als eine Person mit einer personalen Identität. Teil der Geschichte dieser Sozialkonstruktion ist, dass Johann, auch wenn er dazu das nötige Anregungspotenzial nicht von den beiden Frauen erhält, die Anverwandlung des Fremden zum Vertrauten aufgreifend weiterführt und diesen antizipiert als seinen *„Papa"*, der in den Niederlanden lebt. Das präventive Handeln der beiden Frauen mit dem Ziel, dem Sohn Johann nicht so Abstraktes, wie den Vorgang seiner Zeugung mithilfe eines Samenspenders, zuzumuten, konfrontiert sie mit unerwarteten, nicht absehbaren Folgen, die vermutlich von beiden Frauen ganz unterschiedlich aufgenommen und bewertet werden.

Doch bevor wir dazu übergehen, an einer weiteren, zweiten Sequenzstelle zu untersuchen, wie verschieden oder gleich sich die Frauen gegenüber dem Umstand verhalten, dass – ausgelöst auch von Johann – unterschiedliche Deutungsversionen des Spenders, der eben nicht reduziert bleibt auf seinen Vornamen, kommunikativ verfügbar sind, werde ich einige zusammenfassende Ausführungen zum Thema der Zumutbarkeit machen. Das bietet sich hier an, da die Frauen in der zuletzt zitierten Sequenz und auch an anderen Stellen in beiden Interviews dieses Thema immer wieder auch selbst ansprechen. Im Folgenden werde ich auf die exemplarische Darstellung einer Sequenzanalyse verzichten und Ergebnisse über die Form einer Falldokumentation präsentieren. Die partikularistische Perspektive wird zugunsten einer verdichteten Erzählung aufgegeben, die als Exkurs ausgewiesen ist.

Ein Exkurs – Die Reduzierung von Zumutung

Für das Frauenpaar, das über eine „halb-offene" Fremdsamenspende sich den Kinderwunsch erfüllt hat, ist typisch, dass es in einem Modus des Abwägens Entscheidungen trifft. So berichtet Maria, dass sie zwei Jahre lang überlegt haben:

„ganz banal, kann ich das, darf ich das einem Kind zumuten, in so einer Familienkonstellation aufzuwachsen? Es kamen Fragen auf, die man nicht mit eindeutig beantworten kann oder wo man sagen kann: ‚Ja, ich machs' oder ‚Ich bin überzeugt, dass es gut (!) laufen wird.' Das kann man einfach nicht sagen und man muss sich emotional darüber hinwegsetzen. Sonst kann man sich nie dafür (.) entscheiden."

Gegenstand ihrer Auseinandersetzung ist ein nicht weiter spezifizierbares Nichtwissen über die Folgen ihrer Familiengründung. Es fehlt ihnen ein Wissen, das an Wahrheit, objektive Gewissheit und subjektive Überzeugungen gebunden ist. Handlungs- und Entscheidungsfolgen sind, da sie unbekannt sind, nicht abschätzbar. Deutlich wird an der Äußerung, dass ihnen das Thema von der Gefahr ethisch unverantwortlichen Handelns bewusst ist. Sie gestehen sich ein, dass sie etwas machen, das eine riskante Entscheidung voraussetzt. Sie verdrängen die Problematik nicht, blenden sie nicht aus oder sehen darüber hinweg, sondern sie verständigen sich darüber. Weder reagieren sie auf das Problem, auf der Grundlage nicht vorhersehbarer Folgen zu entscheiden, mit einer Abwehrhaltung oder Tabuisierung, noch nehmen sie dazu eine gleichgültige, selbstzufriedene Haltung ein. Es geht ihnen um ein verantwortliches Handeln unter dem Vorzeichen eines Risikos, das sich ihrer Berechnung und Kenntnis entzieht. Äußerste Vorsicht walten zu lassen, reicht allerdings nicht soweit, dass sie ganz darauf verzichten, sich den Kinderwunsch über eine Samenspende zu erfüllen. Das Nichtwissen um die Folgen führt zwar zum Aufschub von Handeln und Entscheiden, veranlasst sie aber nicht, von dieser Form der Familiengründung abzulassen und eine andere Alternative zu wählen oder ganz darauf zu verzichten, ein eigenes Kind großzuziehen. Es herrscht, so hat man den Eindruck, eine gebieterische Unmittelbarkeit des Interesses sowie die daraus resultierende Fixierung auf eine Familiengründung. Um die möglichen negativen Folgen einzudämmen, die sie nicht absehen und einschätzen können, aber antizipieren, geht es ihnen darum, Rahmenbedingungen einzurichten, die sie für ethisch angemessen und vertretbar halten. Es geht ihnen um präventives Handeln, mit dem Ziel *„mögliche*

4.6 Deutungsmuster Samenspende

negative Folgen so gering wie möglich ausfallen zu lassen", so Sabrina. Dazu gehört die Entscheidung für eine „halb-offene" Samenspende.

S: *Und für uns war das sehr wichtig, dass wenigstens die Möglichkeit offen zu halten quasi ja also diese Frage (!) positiv zu entscheiden und zu sagen: ‚Ja, ich kann das dem Kind zumuten'. Das kann man rational nicht oder ich hätte es nicht gekonnt, sondern immer wirklich sich, wie ich vorhin gesagt hab, immer emotional drüber hinwegsetzen und sagen: ‚Ich mach's trotzdem'. Obwohl es vielleicht sein kann, dass es große Schwierigkeiten gibt. Dass das Kind uns vielleicht mal Vorwürfe machen wird. (!) ((atmet ein)) ‚Warum habt ihr das getan(?)', ‚Warum musste ich mit zwei, ausgerechnet ich mit zwei Frauen und zwei Müttern aufwachsen(?)', oder so. Also wir haben uns wirklich sehr, sehr viele Gedanken (darüber) gemacht und (.) äh die kann man nicht aus der Welt schaffen. Das lässt sich einfach nicht, (!) nicht bewerkstelligen. (.) Die werden dann, weiß ich jetzt nach viereinhalb Jahren äh is das überhaupt noch nicht (.) Thema gewesen, aber das weiß man nicht vorher. @(.)@ Dass das so lange dauert quasi bis es dann in, in den Alltag (?) Bis es überhaupt mal auftaucht als (.) vielleicht als Problem.*

Eine Abwägung im Sinne der sozialen Vorsicht und der Schutzbedürftigkeit ihres Kindes führt zur bewussten Entscheidung einer „halb-offenen" Samenspende. Eine Wissenslücke, die die genetische Abstammung betrifft, wird von ihnen, wenn sie die Entwicklung ihres Kindes antizipieren, als nicht irrelevant, als nicht unbedeutend für einen Sozialisationsprozess angesehen. Damit ihr Kind nicht auf Dauer mit dem Thema der uneindeutigen Herkunft konfrontiert sein wird, wählen sie die Möglichkeit einer Spendenform, durch die Nichtwissen in Wissen überführt werden kann. Kurz, für nicht zumutbar halten sie ein dauerhaftes, unüberwindbares Nichtwissen, wenn es um die biologische Abstammung geht. Für zumutbar halten sie aber ein temporäres Noch-Nicht-Wissen, das Johann, wenn er 18 Jahre alt ist, in Wissen verwandeln kann. Was an dieser Äußerung noch ersichtlich wird, ist das Fehlen eines entsprechenden Erfahrungsraumes sowie Erwartungshorizontes, in dem die Wirkung ihrer Familiengründung absehbar bzw. einschätzbar ist. Erst im Nachhinein verfügen sie über das Wissen, *„[d]ass das so lange dauert quasi bis es dann in, in den Alltag (?)*

Bis es überhaupt mal auftaucht (...)". Nicht erwartbar war für sie, dass es mehr als vier Jahre dauern kann, bis Johann sie mit dem Thema der unkonventionellen Familiengründung konfrontiert und ihnen eine Antwort abverlangt. Der zeitliche Wirkungspfad ihrer Entscheidung war für sie im Voraus nicht zu bestimmen, Eintrittswahrscheinlichkeiten von Handlungsfolgen nicht absehbar.

Weitere Entscheidungen, die im Sinne eines präventiven Handelns stehen, um die Gefahr der Überdehnung von Zumutbarkeit zu vermeiden, sind zum einen der offene Umgang mit ihrer Lebensform, die durch ihre sichtbare Besonderheit ohnehin zu Erklärungen zwingt. Zum anderen versuchen sie, Johann über eine kindgerechte Sprache eine Form von Grundvertrauen und Grundwissen über seine Zeugungsgeschichte mit auf den Weg zu geben. Zu dieser schrittweisen, altersgemäßen Aufklärung, die beiden Frauen immer wieder aufs Neue ein Abwägen abverlangt, was angemessen ist und was nicht, kommt hinzu, Johann mithilfe von Sprachformeln bzw. „eingeübten Sätzen" auf Erklärungsanforderungen aus der sozialen Umwelt vorzubereiten. Es geht ihnen darum, durch diese Art stellvertretender Problemlösung im Vorhinein, krisenhafte Prozesse abzuwenden. Des Weiteren waren beide Frauen von Anfang an sich darin einig, auch wenn sie die Anwesenheit eines biologischen und sozialen Vaters ausschließen, Johanns Erfahrungswelt nicht auf die von Frauen (als Müttern) zu reduzieren. Zwar suchen sie keinen Ersatzvater, aber sie erweitern, um Johann männliche Sozialisationserfahrungen zu ermöglichen, den sozialen Kreis um zwei männliche Paten, die selbst Ehemann und auch Vater sind. Mit dieser Wahl von signifikanten Anderen können sie zwei Aufgaben bedienen. Nicht neu, und im Sinne der Fallspezifik nicht überraschend ist, dass Männer gewählt werden, die durch die Bindung an eine eigene Familie nicht zur Gefahr werden, im Binnenraum ihrer Familie, einen Platz zu beanspruchen. Das gilt auch schon für die von ihnen ausgewählte und priorisierte Samenbank, die nur Männer in ihre Kartei aufnimmt, die selbst bereits Vater sind. Andererseits haben diese Männer, die sie als Paten wählen, aber auch den Vorteil, als Väter über Elternerfahrungen zu verfügen. Das heißt, die Paten stehen für das Modell einer heterosexuellen Paarbeziehung und sie können Johann eine andere Form von elterlichem Handeln, nämlich das von Vätern, die Ehemänner von Frauen sind, mit denen sie Kinder haben, zukommen lassen. Indem Maria und Sabrina Johanns soziale Welt um diesen Personenkreis erweitern, verschaffen sie ihm Zugang zu heterosexuellen Familien, in denen der Mann als Vater und Ehegatte durch seine Patenfunktion in einer exklusiven

4.6 Deutungsmuster Samenspende

Beziehung mit ihrem Sohn Johann steht. Aus der Perspektive von Johann betrachtet handelt es sich bei den Paten um von seinen Müttern auserwählte signifikante Andere, von denen er – ohne in Konflikt mit den beiden Frauen zu kommen – lernen soll, was einen Jungen bzw. Mann ausmacht.

Zweite Sequenzstelle: Ein Fremder ohne Geschichte – Der Samenspender.

Wie verhält Maria sich zu der Tatsache, dass ihr beider Plan keineswegs ganz aufgegangen ist, über den Spender ausschließlich mithilfe des Vornamens *("Ashley")* zu kommunizieren? Denn da Johann den Spender als *„Papa"* tituliert, steht der Anspruch im Raum, der von ihm an die beiden Frauen herangetragen wird, über ihn als eine Figur zu kommunizieren, die nicht bloß eine besondere und einzigartige Person ist, sondern auch Teil ihrer sozialen Lebenswelt. Eine Benennung als *„Papa"* ruft die ödipale Triade auf den Plan und integriert den Spender, indem ihm eine soziale Identität gegeben wird, in ein Bezugsmilieu, in dem für ihn eigentlich kein Platz vorgesehen ist. Wir werden anhand der folgenden Sequenzstelle deutlich sehen, dass die beiden Frauen die *„Sache"* mit dem Spender auf unterschiedliche Weise vertreten.

Wenn die Kinder im Kindergarten fragen:

S: *„... hat der Johann keinen ‚Papa'"?, dann sag' ich immer: „Nein, der Johann hat keinen Papa, der bei uns lebt". Also, ich brauch diesen Nachsatz noch [...]*
M: *Wir können ihm nicht verbieten, ihn Papa zu nennen, aber ich lass den Zusatz weg. (Sabrina schmunzelt)*
I: *Aha, warum?*
M: *Das ist so. Er hat keinen Papa. „Papa" ist was Vertrauliches, und das hat er nicht.*

Konflikthaft ist nicht die Personalisierung des Spenders *(„Ashley")* und die damit für Johann mögliche Konstruktion eines *„Papas"*. Sondern Maria erhebt gegen die Verlebendigung des Spenders genau dann Einspruch, wenn auch ihre Partnerin sich anschickt, den Spender als jemanden zu behandeln, der im primären Dreieck seinen Platz ausfüllt und deshalb vom Kind als *„Papa"* angerufen werden darf. Während Sabrina die Vertreterin einer Familienrealität ist, die der Kernfamilie über die Verlebendigung des Spenders zum Vater Symbolkraft zugesteht, kann Maria dieses Konkurrenzmodell nicht in Kauf nehmen. Was ist der Hintergrund, dass Maria die beiden einander ausschließenden Modelle, das der faktischen Elternschaft bestehend aus zwei Müttern und das in der Phantasie repräsentierte ‚Normalmodell' der Kernfamilie, nicht duldet? Die Benennung des Samenspenders zum „*Papa*" erweitert den engen Kreis der Familie, die aus zwei Müttern besteht, die eine „*Elterneinheit*" bilden, um einen Vierten, der vergleichbar der leiblichen Mutter wie diese mit Johann in einem Verwandtschaftsverhältnis steht. Die Anerkennung der mit einer Geburt verbundenen sozialen Ordnungsstruktur von Elternschaft rückt den Spender ins Rampenlicht und stellt Marias soziale Position virulent infrage. Wenn also dem Samenspender durch Sabrina die Position des Vaters zugewiesen wird, dann impliziert das eine Nichtanerkennung der von Maria im lebenspraktischen Alltag ausgestalteten sozialen Elternschaft, da der leiblich begründeten eine besondere Relevanz zugesprochen wird. Das kann Maria nicht ohne Widerspruch gelten lassen.

An der Antwort, die auf die Frage der Interviewerin erfolgt, was sie Johann erzählen werden, wenn er einmal nach seinem Lebensanfang fragen wird, erkennen wir, dass gegenwärtig, zum Zeitpunkt des Interviews, Johann aber eine Geschichte übernommen hat, in der der Samenspender als „*Papa*" im Gespräch mit ihnen nicht vorkommt. Johann ruft zur Zufriedenheit seiner beiden Mütter (immer noch) eine Erzählung ab, der sie als Paar beide zustimmen können, ohne in Streit über Deutungsperspektiven zu gelangen. Welche Antwort geben sie Johann, wenn es um die biografischen Quellen seiner Selbstvergewisserung geht? Halten wir erst einmal fest: Zur Familiengeschichte, die sie Johann erzählen und die er als die eigene übernehmen kann, gehört der Spender als über den Eigennamen „*Ashley*" personalisierte Person dazu. Er ist durch die Bekanntgabe des Eigennamens von beiden für Johann als ein signifikanter Anderer eingeführt. Das heißt, der Samenspender ist nicht *etwas*, sondern ein *jemand*. Und als ein Jemand ermöglichen die beiden Frauen mit der Bekanntgabe seines Namens Johann, den Spender nicht wie eine Sache zu behandeln, sondern als jemand, der über individuelle Eigenschaften und eine spezifische Geschichte verfügt. Der Name „*Ashley*" macht aus dem Samenspender nicht nur eine unverwechselbare Person, sondern er ist auch das Synonym für seine Einzigartigkeit. Neben dem Namen des Spenders verfügen die beiden Frauen auch noch – eingefordert von Sabrina – über das „*Spenderprofil*", das von der Samenbank erstellt wurde. Es enthält Angaben zur Staatsbürgerschaft, Beruf, Alter, Geschlecht, Augen- und Haarfarbe. Hinter diesen konventionellen Prädikaten, die nur Abkürzungen und soziale Stellvertreter für das personale Selbst sind, stehen erzählbare Lebensgeschichten. Zu diesen haben die beiden Frauen keinen Zugang, da sie den Spender nicht kennen, und auch Johann hat erst im Alter von 18 Jahren die Möglichkeit, Kontakt zum Spender aufzunehmen. Aber angedeutet ist, dass die hinter den Kategorien

4.6 Deutungsmuster Samenspende

(Name, Alter, Geschlecht, Beruf und Nationalität) stehenden Lebensgeschichten zum Beispiel durch eine Selbsterzählung des Spenders erschlossen werden könnten. Bis zum Zeitpunkt der Volljährigkeit Johanns sind allerdings derartige narrative Verflüssigungen gegenstandslos. Für Johann gehört der Spender zwar zu seiner Vorgeschichte und zu seinem ihm selbst nicht erinnerungsfähigen Auftakt seines eigenen Daseins als signifikanter Anderer dazu, aber der Spender bleibt weitgehend – um es mit Alfred Schütz zu sagen – ein Fremder ohne Geschichte.

Die Interviewerin provoziert, in dem sie dem Paar vorhält, sie könnten Johann keinen Ursprungsmythos erzählen, der um die Narrative der romantischen Liebe zwischen zwei verschiedenen Geschlechtern angeordnet ist:

I: letztendlich können Sie also nicht den Mythos (.) der ursprünglichen Zeugung als solches <u>errichten,</u> wenigstens in der Erzählung. Also Mama und Papa haben sich damals sehr geliebt, auch wenn er jetzt nicht mehr da ist. Ja. (!)
S: Also diesen Mythos gibt es in unserer Familie natürlich <u>auch.</u> (.) weil wir ihm erklärt haben, wir haben uns eben so lieb und wir wollten auch ein kleines Kind haben, aber das geht ja nun mal nicht, (!) weil wir eben zwei Frauen sind. Und dann gibt es ebeng lücklicherweise Männer, die solchen Frauen helfen. (!) Und das war bei uns eben der Ashley. Und dann war, ab dann waren wir aber wieder für <u>uns.</u>

Erst einmal können wir festhalten, dass die beiden Frauen darauf vorbereitet sind, dass Johann sie mit der Frage nach seiner Herkunft („Woher komme ich?") konsultieren wird. Als die Wissenden, die die Umstände kennen, die zu seiner Geburt geführt haben, haben auch sie einen Mythos anzubieten. Ganz allgemein gedacht, ist nach Jolles (1958: 102 ff.) der Mythos eine einfache Form des Wahrsagens, eine archaische Form der Kausalität, welche Fragen beantwortet, die aufs Ganze des Kosmos abzielen. Ein Mythos gibt die Antwort auf eine Frage, indem er vom Ursprung der Dinge erzählt und das auf eine solche Weise tut, dass das Bedürfnis zu wissen, wie alles entstanden ist, zufriedenstellend gestillt ist. So liefert die Geschichte von der Entstehung der Familie jene Antwort, die Eltern ihrem Kind gegenüber auf die Frage nach seiner Angehörigkeit geben. Es handelt sich dabei um eine Geschichte, die bestimmte Figuren als die Urheber der Geschichte schlechthin inszeniert. Wenn Johann nun die beiden Frauen darum bittet, ihm die Frage nach seiner Angehörigkeit zu beantworten, werden diese auf eine mehr oder minder ausgebaute Erzählung zurückgreifen. Dabei handelt es sich nicht um irgendeine Erzählung von irgendwelchen Personen, sondern sie gewinnt gerade dadurch ihre Relevanz, dass diejenigen, die sie erzählen, seine vorsozialen Tatsachen kennen. Dass eine Familiengeschichte eine für den

Fragenden (Johann) befriedigende Geschichte ist, wird daran ersichtlich, dass sie vom Zuhörenden übernommen wird:

S: *Die Frau Funcke möchte wissen, wie wir zu einer <u>Familie</u> (!) geworden sind. (2) Am Anfang warn die Mama und ich da. Da warn wir noch keine richtige Familie. Da hat noch was gefehlt*
J[10] *Und dann (2) hat die Mutti in, in, in Mamas Bauch den Samen von Ashley gesteckt und dann bin ich geboren.*
I: *Aha. (!)*
M: *Mh. Stimmt genau.*
S: *Du (weißt) es doch.*
M: *So war das. (.)*
J: *Und dann warn wir ne Familie. (!)*

Johann weiß von sich, dass er eine eigene Geschichte hat. Formal übersetzt könnte sie wie folgt lauten: ‚Ich bin jemand, zu dessen Selbstverständnis die Kenntnis seiner Herkunft gehört, zu der neben *„Mutti"* und *„Mama"* auch *„Ashley"* als signifikanter Anderer wesentlich beigetragen hat.' Johann kann *„Ashley"* als Teil seiner eigenen Lebensgeschichte begreifen. In der Version, die Johann als die seinige übernommen hat, kommt – zumindest in der Kommunikation mit den beiden Frauen – der Spender in der Bezeichnung mit der Verwandtschaftskategorie *„Papa"* nicht vor. Er schließt an ein Antwortverhalten seiner beiden Mütter an, das sein Erkenntnisinteresse und auch das der beiden Frauen konfliktfrei befriedigt hat. Er gibt, als er danach gefragt wird, eine das Elternpaar zufriedenstellende Antwort, in der sie als Einheit nicht infrage gestellt sind und in der der Spender nicht als *„Papa"*, sondern als *„Ashley"* repräsentiert wird, der als ein signifikanter Anderer zur Entstehung der Familie beigetragen hat.

4.7 Theoriebildung: Erweiterter Entwurf – Zwischenergebnisse

Im Folgenden wird es darum gehen, die theoretischen Ergebnisse der ersten Fallanalyse wiederaufzunehmen und anhand von zwei Fällen den ersten Theorieentwurf zu diskutieren. Es geht um eine Differenzierung auf der Ebene einer zweiten

---

[10] J = Johann.

4.7 Theoriebildung: Erweiterter Entwurf – Zwischenergebnisse

Theoriestufe. Das Ziel wird dabei sein, über eine „reflektierende Abstraktion" (Piaget 1983: 79 f.), die „notwendigerweise konstruktiv" ist (ebd.), die theoretische Relevanz von gefundenen empirischen Regelmäßigkeiten, die über die Fallstrukturanalysen von zwei minimal miteinander kontrastierenden Fällen zutage getreten sind, vor dem Hintergrund der forschungsleitenden Frage herauszuarbeiten: Handelt es sich bei der gleichgeschlechtlichen Familie um einen Fall von Familie?

Die Rekonstruktionsanalyse von zwei verschiedenen Fällen hat gezeigt: der für beide Fälle gültige – wenn auch problematische – Normalfall ist die Kernfamilie. Was in den Fällen zur Geltung kommt, ist, dass die Abweichung von der Regelstruktur der Kernfamilie und die Gestaltung der damit verbundenen Handlungsprobleme nicht zu neuen Entwürfen führt, die als eine Absage an die Institution der Kernfamilie gedeutet werden können. Dass die Geltung der Kernfamilie intakt bleibt und das Handeln der Akteure auch in dieser unkonventionellen Familienform prägt, zeigt sich in folgendem: *erstens*, in den Repräsentationen der Fälle von sich als Familie und an den komplexen Begründungen. In diesen wird immer argumentiert mit den Strukturmerkmalen der Kernfamilie. Sie bleibt der Vergleichshorizont für alle Normalisierungen, mit denen Abweichungen begründet werden. Selbst Inhalte von Äußerungen wie „*zwei reicht*" (erster Fall) oder ‚der Zweite kann auch eine Frau sein' (zweiter Fall) sind nicht negatorisch bedeutsam, denn rekurriert wird auch hier auf die Bedeutungsstruktur der Kernfamilie (‚nicht nur das Genetische ist wichtig'). *Zweitens*, die Bindung an die Struktur der Kernfamilie wird deutlich in den Ausgleichshandlungen, mit denen auf die Nicht-Synthese von biologischer und sozialer Elternschaft reagiert wird. Es erfolgt z. B. über die Praxis der Vornamengebung, über Prozesse der Arbeitsteilung, über räumliche Organisationsweisen und spezifische Bezogenheitsstile (Überkreuzungsfamilie) eine Re-Integration der nicht-leiblichen Mutter nach dem Vorbild der Kernfamilie. Vor dem Hintergrund dieser Ergebnisse ist die leitende Forschungsfrage, ob es sich bei der gleichgeschlechtlichen Inseminationsfamilie um einen Fall von Familie handelt, positiv zu beantworten.

Es muss nun im Folgenden noch gefragt werden, woraufhin die einzelnen Fälle jeweils mit Bezug auf diese allgemeine Strukturerkenntnis, dass die Kernfamilie die Matrix bleibt, auf die bezogen alles ‚Neue' gefiltert und organisiert wird, variieren. Die Fälle variieren hinsichtlich der Ausdrucksformen und der Folgen, in denen die allgemeine Strukturdynamik (die Fallstrukturgesetzlichkeit) sich empirisch realisiert. Fassen wir die beiden Fälle daraufhin noch einmal zusammen:

Der erste Fall, den wir als Exemplar einer Klasse von Fällen bezeichnet haben, die dem Typ der radikalen Nonkonformisten angehören, ist ein hohes Maß an sozialkonstruktivistischen Bemühungen eigen, die darauf zielen, einen sozialisatorischen Kontext zu erzeugen, in dem ein Mann als der leibliche Vater des Kindes nicht vorgesehen ist. Weder hat er Zugang zum Binnenraum der Familie (dazu dann ein 3. Fall) noch wird ihm über symbolische Repräsentationsformen eine Wirklichkeit zugestanden, auf die bezogen sich der Nachwuchs mit Fragen der Zugehörigkeit und Abstammung auseinandersetzen kann (vgl. dazu der 2. Fall). Es wird in diesem Fall so getan, als ob zwei Frauen allein aus sich heraus an der Erhaltung der Gattung arbeiten können und für sozialisatorische Bildungsprozesse kein Vater notwendig ist. Das reicht soweit, dass bis in den Phänotyp hineinreichend suggeriert werden soll, Abstammung und Herkunft ließen sich über die Zuordnung zu zwei Frauen klären. Die Institution der Vaterschaft wird für bedeutungslos angesehen und so überrascht es auch nicht, dass keine Kompensationsbewegungen vorgenommen werden, indem z. B. den Kindern der Zugang zu Kernfamilien bereitet wird oder Männer, die bereits selbst Väter mit eigener Familie sind, als signifikante Bezugspersonen (z. B. über die Verwandtschaftsform der Patenschaft) für die Kinder ausgewählt werden. Einzig schwule Männer und lesbische Frauen aus dem engeren Freundeskreis rücken als Nenn-Tanten und Nenn-Onkel in den Status eines Verwandten.

Typisch für diesen Fall ist ein universalistisches Familienkonzept durch das ihre Variante, sich zur Regelstruktur der Kernfamilie auf Distanz zu begeben, nicht als Abweichung gedeutet wird. Die beiden Frauen sehen in ihrer Lebensform mit Kindern eine weitere Ausprägung von Familie, in der – wenn auch bedingt durch Falleigentümlichkeiten wie die Behinderung eines Kindes und Bikulturalität nicht so eindeutig zutage tretend – sich zeigt, dass sie ein ganz normaler Fall von Familie sind wie jede andere gleichgeschlechtliche Inseminationsfamilie auch. Mit diesem Selbstverständnis von sich als Familie ist dann konsequenterweise eine hohe Widerständigkeit verbunden, die nicht nur gegen von außen kommende Zuschreibungen abdichtet, die ihre Normalität infrage stellt, oder die in Abrede stellen, es für legitim zu erachten, in diesem Kontext Kinder großzuziehen. Sondern aus dieser für sie typischen Deutungsperspektive von sich als Familie resultiert auch, dass in ihrem Denken und Handeln keine Zweifel aufkommen, die beinhalten, sie konfrontieren ihre Kinder als Folge eines egozentrischen Kinderwunsches, den sie sich mit unkonventionellen Mitteln erfüllen und sich darin wechselseitig unterstützen, mit einer Zumutung. Ein Problembewusstsein, an dem sie sich reiben und aus dem auch folgt, für ihre Kinder Nachteiliges zu antizipieren oder altersgemäße Vorbereitungen zu treffen, um möglichen Schwierigkeiten vorzubeugen, fehlt.

4.7 Theoriebildung: Erweiterter Entwurf – Zwischenergebnisse

Ethische Bedenken gegenüber ihrem sozialisatorischen Rahmen, in dem sie Kinder großziehen, kommen nicht auf bzw. müssen unterdrückt werden.

Wenn wir uns nun fragen, wie in diesem Fall, der durch das Merkmal gekennzeichnet ist, dass die Kinder ohne ihren leiblichen Vater aufwachsen, die von jeder Familie zu lösende Aufgabe bewältigt wird, sich einerseits nach Innen hin als Familie abzuschließen und sich andererseits an die soziale Umwelt auch zu adaptieren, um dem Nachwuchs eine Ablösung von der Familie und eine Integration in die Gesellschaft zu ermöglichen, dann stoßen wir in diesem Fall auf Strategien, die darauf zielen, konflikthaften Auseinandersetzungen aus dem Weg zu gehen und Deutungsweisen, die einen Zweifel an der Richtigkeit ihrer Familienform beinhalten, abwehren. Über Tabuisierungs- (Männer dürfen als Väter die Grenze zur Sprache nicht überschreiten), Rationalisierungs- (‚zwei reicht'), Entwertungs- (herablassende Haltung gegenüber der Kernfamilienform) und Abgrenzungsprozesse (Hinwendung zum Milieu der Subkultur) artikuliert sich eine Bedeutungswelt, in die hineingeboren zu werden bedeutet, dass potenzielle Fragen nach der leiblichen Abstammung immer schon als Kritik an ihrer Lebensform gedeutet werden. Sollte also im Zuge des Identitätsbildungsprozesses für den Nachwuchs der Herkunftskomplex virulent werden, dann kann für diesen Fall prognostiziert werden, dass die Frauen diesem Problemfeld gegenüber wenig Verständnis entgegenbringen. Von der biografischen Grundgestalt und vom Habitus her disponieren sie nicht dazu, sollten ihre Kinder sich nicht ihre Perspektive zu eigen machen, für Entwicklungsprozesse ist das Wissen, wer der leibliche Vater ist, irrelevant, sich zu grundlegenden Fragen, die die Sozialisation betreffen, neu zu positionieren. Es ist aufgrund der Befunde aus der Genogrammanalyse nicht damit zu rechnen, dass krisenhaft Neues, das z. B. in Gestalt von bohrenden Fragen nach dem Vater auftreten könnte oder das sich in einem nicht stillzustellendem Wissensdrang manifestiert, mehr über signifikante Andere aus der väterlichen Herkunftslinie zu erfahren, oder das sich in dem Wunsch, potenzielle Halbgeschwister kennenzulernen, die über die gleiche Samenspende entstanden sind, artikuliert, von den Frauen so bearbeitet und angeeignet wird, dass ein Umdenken in Richtung einer Neubewertung der Abstammungsfrage stattfindet. Der biografische Humus[11] auf den derart konflikt-

---

[11]Dazu zählen: ein technokratisches Denken, wissenschaftlich-rationaler Zugang zu reproduktiven Fragen, eine Feminisierung der Lebenspraxis, Einsozialisierung in ein Milieu, in dem in den Bahnen einer vernaturwissenschaftlichen Psychologie gedacht wird (Wandula) und die Normalisierung einer zum Teil unbekannten Herkunft im Rahmen einer Adoption (Ina).

auslösende Fragen fallen, die das Thema der biologischen Grundlagen berühren und die latent auch immer eine Kritik am Prozess der reproduktiven (technischen) Entstehung von neuem Leben enthalten, präfiguriert sie eher dazu, über Reaktionen der Abwehr eine Krise als solche gar nicht aufkommen zu lassen. Für den Entwicklungsprozess der Kinder bedeutet der Modus, in dem diese Frauen bedingt durch ihre sozialisatorische Genese in ihrem Herkunftsmilieu operieren und der bestimmt ist durch die Arbeit an der Legitimation ihrer privaten Lebensform: nicht mit einer Reziprozitätsoffenheit und affektiven Solidarität rechnen zu können, wenn es um solche basalen, identitätsstiftenden Themen wie Zugehörigkeit und Angehörigkeit geht.

Für diesen Fall kommt noch die Fallbesonderheit hinzu, dass eine Verstrickung in biografische Herkunftsthemen Kräfte absorbiert, mit der Folge, dass eine Frau durch die Arbeit an einem biografischen Grundproblem teilweise als Partnerin und Mutter der Kinder ausfällt: zu einer Abwesenden bei gleichzeitiger Anwesenheit wird. Biografisch eigene Themen binden die Aufmerksamkeit und erschweren, auf den ganzen Umbau infolge einer Radikaldistanzierung zur Kernfamilie so zu reagieren, dass auch unter diesen Sonderbedingungen kindliche Entwicklungsprozesse mit selbstverständlicher Zuversicht und auch Offenheit gegenüber Zumutungen von affektiver Ambivalenz begleitet werden. Die permanente Arbeit an der Selbsttäuschung, die operative Entledigung des Vaters sei bedeutungslos für Sozialisationsprozesse, hat mutmaßlich zur Folge, sich den daraus resultierenden Folgeproblemen nicht flexibel zu stellen, um im Interesse des Kindes Antworten auf Fragen zu finden, die immer auch einen Appell enthalten, sich kritiktolerant ins Verhältnis zu ihrem gewählten Konstrukt setzen zu können. Davon ist in diesem Fall aber nicht auszugehen. Durch die Befestigung einer selbstsuggestiven Gewissheit, die gegenüber jedem aufkommenden Zweifel an der Richtigkeit ihres Konstruktes erhaben ist, gehören die Akteure dieses Falltypus nicht zu denjenigen, die eine Bewegung in eine Richtung vollziehen, die sie auf den Weg bringt, Kritik reflektiert aufzugreifen und Ambivalenzen, die sich daraus ergeben könnten, zugunsten ihrer Kinder auszuhalten. Das sieht im zweiten Fall, dem Typus der Moderaten, etwas anders aus.

Typisch für den zweiten Fall vom Typ der moderaten Nonkonformisten ist, dass die Sache mit dem Vater in einer Weise geklärt ist, die dem Nachwuchs im Alter von 18 Jahren ermöglicht, die bis dahin relativ offene Frage – relativ hinsichtlich der Menge an Informationen über die das Frauenpaar verfügt –, wer sein Vater sei, mit Inhalt zu füllen. Fällen diesen Typs ist gemeinsam, dass das Frauenpaar einerseits den leiblichen Vater aus dem Binnenbereich von Erziehung und Sozialisation auf radikale Weise ausschließt – ein Aufwachsen des Kindes mit

4.7 Theoriebildung: Erweiterter Entwurf – Zwischenergebnisse

seinem Vater ist kein Thema –, andererseits aber dem Wissen um die biologische Abkunft für Identitätsbildungsprozesse eine Bedeutung unterlegt, auf die sie dann auch konsequenterweise mit der Entscheidung reagieren, die Unbestimmtheit nicht auf Dauer zu stellen: artikuliert in der Wahl einer „halb-offenen" Samenspende. Das führt in einen Familienzuschnitt hinein, zu dem auch dazugehört, ganz im Sinne eines sorgenden Schutzes, sich gegenüber anderen Bedeutungswelten zu öffnen (den Zugang z. B. zu Kernfamilien zu ermöglichen). Dies erfolgt aber nicht auf der Grundlage einer defizitären Deutung ihres Konstrukts, sondern sie verfügen über ein Familienkonzept, das beinhaltet: die Strukturposition des Vaters ist nicht notwendigerweise durch einen Mann, von dem das Kind abstammt, zu besetzen. Auch eine zweite Frau kann diesen Platz ausfüllen, allerdings nicht uneingeschränkt. Denn die „Manipulationen" am Standardmodell sind nicht folgenlos. Sie legen den Akteuren auf, sich Sonderleistungen nicht zu verschließen, deren Zumutungscharakter ihnen aber keineswegs von Anfang an vollumfänglich bekannt ist. In welcher Schärfe Unwägbarkeiten zutage treten, hängt auch davon ab, wie distinkt sie sich zu den potenziell verfügbaren Informationen, die zum Spender vorliegen, verhalten. In jedem Fall zwingt sie ihre Haltung der Offenheit, zu der kehrseitig ein Abschluss nach innen gehört („Verdopplung von Mutterschaft"), zu einem ständigen Abwägen, wie viel und welche Informationen wie in den Binnenbereich der Familie aufgenommen werden sollen. Zu den Strategien, mit denen die Formen der Öffnung bzw. Schließung gestaltet werden, gehören Prozesse der Informationskontrolle, ein dem Alter des Kindes gemäßer Umgang mit den Daten über den Spender, eine den Erwartungsstrukturen des Kindes entsprechende reflektierte Aufnahme von Neuem, sich den Zumutungen affektiver Ambivalenzen zu stellen und Ungewissheiten zu tolerieren. Das verlangt dem Paar jede Menge ab. Nicht nur, dass es affektive Krisen auszuhalten gilt, wenn z. B. die Sozialrepräsentationen des Spenders beider Frauen nicht die gleichen sind. Auch müssen sie flexibel auf nicht vorhersehbare Irritationen reagieren, die eine Folge darstellen, einen spezifischen Umgang mit den Daten des Spenders gepflegt zu haben. Vonseiten des Kindes kann eine Dynamik ausgehen, die impliziert, den radikalen Ausschluss des Vaters infrage zu stellen und sie dazu auffordert, vielmehr als anfänglich vermutet, diesen im Binnenbereich Raum zu geben (z. B. die symbolische Repräsentationsform *„Papa"* zuzulassen). So muss abgewogen werden, insbesondere im Sinne der nicht leiblichen Mutter, wie mit den symbolischen Formen der Präsenz, die der Figur des Vaters eine performative Kraft verleihen, umzugehen ist. Der im Vergleich zum ersten Fall moderatere Umgang mit dem Thema der Fremdsamenspende verlangt nach Akteuren, die in der Lage sind, nicht so leicht in die eine oder andere Richtung hin Aufzulösendes auszuhalten:

einerseits zwar für legitim zu halten, unter Ausschluss des Vaters ein Kind großzuziehen, andererseits aber den Vater nicht auf Dauer auszuschließen. Eine von dem Frauenpaar zu gestaltende Aufgabe besteht darin, im Rahmen einer kommunikativ anspruchsvollen Privatheit, Gegensätzliches synchron zu gestalten. Die biografische Rekonstruktion hat gezeigt, dass die Sozialisation in der Herkunftsfamilie die Frauen darauf entsprechend vorbereitet hat. Dass sie sich dieser anspruchsvollen Aufgabe stellen können, ist zurückzuführen auf Erfahrungsstrukturen im Herkunftsmilieu, die einen Resonanzboden bilden, der es ihnen ermöglicht, sich in einen Kontext zu begeben, der mit Ambivalenzzumutungen konfrontiert. Im Detail soll das für den rekonstruierten Fall nicht wieder abgerufen werden, aber allgemein für die Fälle dieses Typus gilt: Die Bereitschaft zum Wohle des Kindes, sich auf reflexive Weise mit den Zumutungen und negativen Folgen, die dem Nachwuchs aus dem nonkonformen Verhalten von zwei Frauen mit Kinderwunsch erwachsen könnten, auseinanderzusetzen, setzt komplexe affektive Dispositionen und ein hohes Maß an kommunikativer Resonanz voraus. In dem rekonstruierten Fall ist das in gesteigerter Form zu beobachten, da hier eine Vielzahl an Informationen zum Spender in den Binnenbereich des Privaten eingehen und beide Frauen immer wieder zwingt, sich auf neue Situationen einzustellen und sensibel auf Irritationen, die daraus entstehen, zu reagieren. Für den Nachwuchs dieser Fälle im Allgemeinen bedeutet das, in einen Familienzuschnitt hineingeboren zu werden, der im Kern die Erfahrung beinhaltet, von zwei Frauen mit altersangemessenem Schutz versorgt und erzogen zu werden. Dazu gehört, auf angemessene Weise das Thema der Abstammung väterlicherseits so aufbereitet zu bekommen, dass eine Zuordnung zu dieser Abstammungslinie möglich ist. Gerahmt ist das Ganze durch die Orientierung an den für Kernfamilien typischen Solidaritätsformen. Aber unabhängig davon, dass für diese Fälle dieses Typs gilt, die Bedeutsamkeit des Vaters für Identitätsbildungsprozesse anzuerkennen: Interaktionserfahrungen mit dem leiblichen Vater können auch hier in den prägenden Jahren der Primärsozialisation nicht gemacht werden. Das sieht im dritten Fall anders aus. Doch bevor wir zum dritten Fall kommen, der einen Kontrastfall zu den beiden ersten Fällen darstellt, da hier der Samenspender als leiblicher Vater eindeutig identifiziert ist, müssen wir auf die aus der Analyse des ersten Falles resultierende Frage zurückkommen: Konnten wir auch hier wie im ersten Fall auf der Ebene der sprachlichen Ausdrucksweise eine Verdinglichung, sowohl der beiden Fundamentalbeziehungen (Paarbeziehung und Eltern-Kind-Beziehung) als auch der Sozialisationspraxis feststellen, und wenn ja, welche allgemeinen Schlüsse lassen sich daraus ziehen?

Gleichwohl auch dieser zweite Fall auf die Institution der Kernfamilie bezogen bleibt, da über Deutungen die Norm der Kernfamilie vollzogen wird,

4.7 Theoriebildung: Erweiterter Entwurf – Zwischenergebnisse

legen Ausdrucksweisen von ihrer objektiven Bedeutungsstruktur her nahe, dass wir es hier mit einem Fall zu tun haben, an dem vergleichbar dem ersten Fall neutrale und distanzierende Darstellungsweisen zu erkennen sind, die eher Sachverhalten und Gegenständen gemäß sind, aber nicht der Beziehungslogik diffuser Sozialbeziehungen entsprechen, wie sie in der Familie gelten und diese als Ort sozialisatorischer Interaktion überhaupt erst konstituieren. Auch im zweiten Fall sind Bedeutungsimplikationen zutage getreten, die auf eine Form von Sozialität verweisen, die für spezifische aber nicht für diffuse Sozialbeziehungen im Nahraum konstitutiv sind. Weder können diese Befunde verallgemeinert werden, indem wir schlussfolgern, sie gelten für alle gleichgeschlechtlichen Inseminationsfamilien gleichermaßen. Noch lässt sich die Behauptung rechtfertigen, sie gelten gilt nur für die gleichgeschlechtliche Inseminationsfamilie. Denn Forschungsergebnisse, die aus anderen soziologischen Projektzusammenhängen (u. a. Behrend 2013, 2015, 2020; Liebermann/Muijsson 2020, Maiwald 2018b, 2020) und Wissenschaftsdisziplinen stammen[12], in denen zum Gegenstand Familie geforscht wurde, zeigen, dass über unterschiedliche Familienformen hinweg Merkmale auszumachen sind, die wie eben auch das der sozialen Versachlichung von diffusen Sozialbeziehungen, auf tektonische Verschiebungen im Binnenbereich von Familie hindeuten und zur Zeitdiagnose veranlassen, dass Familie als Zusammenschluss besonderer Interaktionstypen erodiert. Die gleichgeschlechtliche Inseminationsfamilie stellt in diesem Kontext keine Ausnahme dar. Aber in ihr kommt – und das ist die Hypothese, mit der wir in die Analyse des dritten Falles einsteigen – der zeitdiagnostische Befund, dass es Familie als ein Vergemeinschaftungszusammenhang diffuser Sozialbeziehungen gegenwärtig schwer hat, besonders gut zur Geltung. Stimmt diese Überlegung, die den Status einer Hypothese hat, dann müssen wir mindestens auch im dritten Fall auf Ausdrucksweisen stoßen, die von ihrer objektiven Bedeutung her eher in den Kontext von Sozialbeziehungen passen, für die ein mehr sachbezogener Umgang konstitutiv ist. Am Ende, also nach der Analyse des dritten Falles, ist dann die Frage zu beantworten, warum gerade in der gleichgeschlechtlichen Inseminationsfamilie ein zeitdiagnostischer Befund zur Familie in exponierter Weise zur Geltung kommt.

---

[12]Ich beziehe mich hier auf Arbeiten aus dem Bereich der Psychotherapie (Dammasch 2013), der Erziehungswissenschaft (Winkler 2012) und der Entwicklungspsychologie (Seiffge-Krenke 2014).

Doch fragen wir zuerst: Nach welchen Kriterien ist nun ein weiterer, ein dritter Fall auszuwählen? Der dritte Fall muss von seinem Äußeren her so beschaffen sein, dass wir ihn erst einmal im Vergleich zu den anderen beiden Fällen als einen Kontrastfall identifizieren können. Diese Verschiedenheit muss dann des Weiteren so ausfallen, dass es gute Gründe gibt, die zur Mutmaßung berechtigen, in ihm einen Fall gefunden zu haben, mit dem die bisherigen Befunde widerlegt werden können. Wir suchen also nach einem Fall, der im Unterschied zu den beiden ersten Fällen über eine Eigenschaft verfügt, die mutmaßen lässt, dass aufgrund dieser Andersartigkeit das Merkmal der sozialen Versachlichung sich nicht empirisch realisiert. Nun einmal angenommen, es gilt der Zusammenhang, dass je weniger radikal die Lösung ausfällt, mit der Folgen aus der Abweichung von der Kernfamilie inhaltlich gestaltet werden, umso unwahrscheinlicher ist, dass die Dimension der Sachbezogenheit zutage tritt, dann wäre ein Kontrast ein Fall, von dem die Sache mit dem Spender weitaus weniger radikal gelöst wird: der leibliche Vater ist bekannt.

Wir beginnen nach einer kurzen Einführung in den dritten Fall und noch bevor ausgewählte Sequenzstellen rekonstruiert werden mit der Genogrammanalyse. Das Ziel dieses biografischen Exposés ist auch hier, die vom Fall gewählten Handlungsproblemlösungen, die auch als kreative Leistungen in der Auseinandersetzung mit den Folgen aus der Abweichung von der Kernfamilie zu deuten sind, als Bezugnahmen auf eine kontextuierende Sozialität zu verstehen.

Die Konservativen 5

„wir haben alles familiär eingemeindet" (Dagmar)

5.1 Testierbare Daten: Familienbildung mithilfe eines Samenspenders aus dem sozialen Nahbereich

In diesem Fall haben wir es mit einem Frauenpaar zu tun, das für die Zeugung eines Kindes einen Mann als Samenspender wählt, der aus ihrem Freundeskreis stammt und wie sie in einer eingetragenen Lebenspartnerschaft lebt. Für die Zeugung haben sie weder auf professionelle Helfer noch auf hochgradig spezialisierte Dienstleistungen zurückgegriffen. Sondern sie haben eine Selbstinsemination im Rahmen eines Verfahrens durchgeführt, das die leibliche Mutter Dagmar (*1964) als „Selbstarbeit nach dem Prinzip der Bechermethode" beschreibt. Dieter (*1948), der leibliche Vater von Felix (*2002), der zusammen mit seinem Partner Manfred (*1944) vom Alter her einer anderen Generation angehört als die beiden jüngeren Frauen, ist nicht in die Geburtsurkunde eingetragen. Administrativ soll der Samenspender als Vater nicht in Erscheinung treten. Dadurch vermeiden sie zum einen, einer bürokratischen Eigenlogik Vorschub zu leisten, die sie nicht mehr kontrollieren können. Zum anderen ermöglicht der Umstand, dass der biologische Vater urkundlich nicht bekannt ist, der Partnerin der leiblichen Mutter die Stiefkindadoption zu beantragen. Cornelia (*1964) wird durch diese Regelung in den sozialen Status eines Elternteils erhoben und erhält vertraglich geregelt das Erziehungs- und Sorgerecht.

Der Lebensmittelpunkt ist der Haushalt der beiden Frauen, die in einer deutschen Großstadt leben und bei denen der Sohn aufwächst. Der leibliche Vater und sein Partner wohnen ca. 350 km entfernt. Nun ist es aber nicht so, dass Dieter als leiblicher Vater des Kindes nur geduldet und mit allen Mitteln auf Distanz gehalten wird. Sondern er ist, auch wenn er nicht an der unmittelbaren Sozialisation des Nachwuchses beteiligt ist, als der Vater des Kindes inthronisiert. Auch der Partner des Vaters, Manfred, ist aus der Perspektive aller Beteiligten, die über verschiedene Integrationsleistungen – wie noch zu zeigen sein wird – an einer Art Verwandtschaftlichung ihres Freundschaftsverhältnisses arbeiten, mehr als bloß der Lebensgefährte des leiblichen Vaters, nämlich eine Art zweiter Vater. So sind die beiden Partner der leiblichen Eltern – nicht zuletzt auch über die Anredeformen der Kernfamilie – für den Sohn Felix als zusätzliche Erwachsene mit Elternstatus eingeführt. Da sie nun aber nicht alle zusammen in einem gemeinsamen Haushalt und auch nicht in unmittelbarer Nachbarschaft wohnen, haben sie spezifische Praktiken entwickelt, um über große Distanzen und Zeiträume der Trennung hinweg soziale Beziehungen herzustellen. Dazu gehört u. a., sich mindestens einmal im Monat und alle Feiertage zu sehen, die Durchführung regelmäßiger Telefonkonferenzen, als auch sich über Skype zu besprechen, sobald Entscheidungen in gemeinsamer Absprache getroffen werden sollen. Aus der Perspektive von Felix betrachtet bedeutet diese Bedeutungsstrukturierung von Elternschaft, die hier von insgesamt vier Erwachsenen vorgenommen wird, in einen Sozialzusammenhang hineingeboren zu werden, in dem die Sozialisation nach dem Modell der Mehrelternschaft strukturiert wird. Da Felix aber nicht mit allen Erwachsenen in einem Haushalt zusammenlebt und die Männer im Vergleich zu den beiden Frauen vom Alter her seine Großeltern sein könnten, wird das Modell der Mehrelternschaft nach dem Konzept einer multilokalen Mehrgenerationenfamilie gestaltet.

Wir haben es mit einem Fall zu tun, der sich dem Pol „Vertreter der Natürlichkeit" zuordnen lässt. Der Samenspender dieser Fälle, die diesem Pol zuzuschlagen sind, ist nicht nur bekannt, sondern als Vater auch in die um die Mutter-Kind-Dyade erweiterte weibliche Paarbeziehung integriert oder an diese angeschlossen. In diesem dritten Fall ist es so, dass auf die Handlungsanforderung, die daraus resultiert, für den Nachwuchs nicht innerhalb der Struktur der Kernfamilie zu sorgen, mit der Bildung eines Verwandtschaftszusammenhanges reagiert wird, die alle Beteiligten, also die leiblichen Eltern und die gleichgeschlechtlichen Lebenspartner, nach dem Zentrum-Peripherie-Modell integriert. Das Zentrum bilden die beiden Frauen mit dem Kind. Die Männer unterstützen diesen Kern vom Rand her. Sie bilden den Kontext einer männlichen Unterstützungsmatrix. Herausgehoben, und für Felix eindeutig bestimmbar, sind

5.1 Testierbare Daten: Familienbildung mithilfe eines Samenspenders ...

in diesem verwandtschaftlichen Netzwerk seine leiblichen Eltern, gleichwohl die Reproduktionstriade nicht die soziale Familie bildet, in der er aufwächst. Zur Folge hat diese Strukturbildung, dass Felix zwar seinen leiblichen Vater kennt und auch alle Fragen, die das Thema der Abstammung betreffen, auf eindeutige Weise geklärt werden können, aber im Alltag wächst Felix ohne Vater auf. Interaktionserfahrungen mit dem leiblichen Vater im Kontext einer ödipalen Interaktionsstruktur sind nicht möglich, da seine leibliche Mutter und sein leiblicher Vater kein Paar bilden, auch wenn sie, vergleichbar eines geschiedenen Ehepaares, gemeinsam Elternverantwortung übernehmen können. Im unmittelbaren Alltag ist die Strukturposition des Vaters aber durch die Frau vertreten, die durch die Stiefkindadoption über ein Betreuungsrecht verfügt und im Notfall, noch vor dem leiblichen Vater, dem Kind praktischen Beistand zu leisten hat.

Im Unterschied zu den ersten beiden Fällen, die durch das Strukturproblem des abwesenden Vaters gekennzeichnet sind, haben wir es hier mit einem Fall zu tun, in dem der leibliche Vater auch über körpergebundene Prozesse sich an der Nachwuchssozialisation beteiligen und eine Vater-Sohn-Beziehung gestalten kann. Was das für die Partnerin der Mutter bedeutet, wird im Einzelnen herauszuarbeiten sein. Wir wissen aber bereits: Zum einen ist Cornelia durch die Stiefkindadoption zu Felix ins Verhältnis gesetzt wie eine leibliche Mutter, ermöglicht durch die administrative Unsichtbarkeit des leiblichen Vaters. Zum anderen besteht zum Vater eine lokale Distanz und seine leibliche Verfügbarkeit ist auf außeralltägliche Tage des Zusammenseins begrenzt. Des Weiteren sorgt der Altersunterschied für einen Abstand zwischen den beiden Erwachsenengenerationen, der, sollte es um die soziale Ausdifferenzierung der sozialen Familie gehen, in die kommunikative Figur der Großeltern übersetzt werden kann. Aber trotz dieses Kontextes stehen die Beteiligten vor der Aufgabe, über kooperative Formen von Wechselseitigkeit eine Ordnung zu strukturieren, in der sowohl die nicht-leibliche Mutter ihren Rechten und Pflichten als ein zweites Elternteil nachkommen, als auch der Samenspender als Vater für das Kind auf lebensnahe Weise präsent sein kann. Über die Genogrammanalyse werden wir den Sozialisationskontext rekonstruieren und erkennen können, über welche Lösungsmuster sie verfügen, um in einem Sozialgefüge für den Nachwuchs zu sorgen, in dem weder auf traditionelle Weise Mutterschaft noch Vaterschaft gestaltet wird. Von ihrer Biografie her müssen sie – so kann hier schon einmal gemutmaßt werden – über eine Disposition verfügen, die sie dazu befähigt, Traditionelles und Unkonventionelles zu verklammern. Wir vermuten eine biografische Prägung, die sie zu einem Verhältnis von Elternschaft veranlagt, für das sie als legitim erachten, dass der leibliche Vater sich in der Wahrnehmung seiner väterlichen Rechte und Pflichten beschränkt und Frauen die Hauptverantwortung für die Sozialisation des Nachwuchses übernehmen.

5.2 Heterologie zum Herkunftsmilieu: Frauendominanz und strukturelle Abwesenheit von Vätern

Auf meine Bitte, die ich an alle vier Erwachsene gerichtet habe, mir ihre Herkunftsgeschichte zu erzählen, reagiert zuerst Dagmar.[1] Ohne mit ihrer Partnerin oder einem der beiden anwesenden Männer in einen Aushandlungsprozess einzutreten, wer den Anfang macht, beginnt sie, die leibliche Mutter von Felix, mit der Erzählung ihrer Geschichte. Sie beginnt mit den Familienerinnerungen mütterlicherseits. Dies ist insofern erstaunlich, da in der Regel – das bestätigen auch die Fälle dieser Studie – die Erzählenden mit der väterlichen Linie anfangen.[2] Weicht nun – wie in unserem Fall hier – die Erzählstruktur davon ab, indem auf der mütterlichen Seite begonnen wird, dann kann diese Tatsache als Anlass für die Hypothese genommen werden, dass es sich um ein matriarchalisch geprägtes Familienmilieu handelt (Abb. 5.1).

Die Mutter von Dagmar Kowalski. Frühe Verselbstständigungsprozesse. Dagmars Mutter Brigitta stammt aus einer unehelichen Beziehung. Sie kommt 1945 in Köln zur Welt und wird in den entbehrungsreichen Jahren nach dem Krieg sieben Jahre von ihrer Mutter Herta (*1917) allein großgezogen. 1952 heiratet Herta einen gleichaltrigen Betriebsingenieur. Diese neue Periode des Familienlebens, die eine wirtschaftlich prekäre Situation beendet, geht für Brigitta mit einer großen Veränderung einher. Nachdem sie sieben Jahre allein mit der Mutter zusammengelebt hat, ist sie durch den Stiefvater Werner (*1917) mit der Handlungszumutung konfrontiert, die Mutter mit einer Person, die ihr anfänglich als fremd erscheinen musste, zu teilen und sich einer neuen Weisungs- und Autoritätsbefugnis zu fügen. Gemildert wird diese neue Sozialsituation für Brigitta

---

[1] Zum Zeitpunkt des Interviews waren alle vier Erwachsene und das Kind anwesend.

[2] Das ist genau dann nicht verwunderlich, wenn man bedenkt, dass im westeuropäischen Kulturkreis die Sozialgemeinschaften über Jahrhunderte durch patriarchale Handlungs- und Deutungsmuster geprägt waren. Die Familien definierten sich über den (beruflichen) Status des Mannes bzw. des Vaters in der Gesellschaft bzw. der jeweiligen Schicht. In Bezug auf die Genogrammanalyse heißt das, dass in patriarchalen Familien die „objektiven Daten" der Männer umfangreicher als die der Frauen erinnert werden. In gemilderter Form kommt das Patriarchat darin zum Ausdruck, dass die Erzählungen in der männlichen Linie begonnen werden.

5.2 Heterologie zum Herkunftsmilieu: Frauendominanz und ...

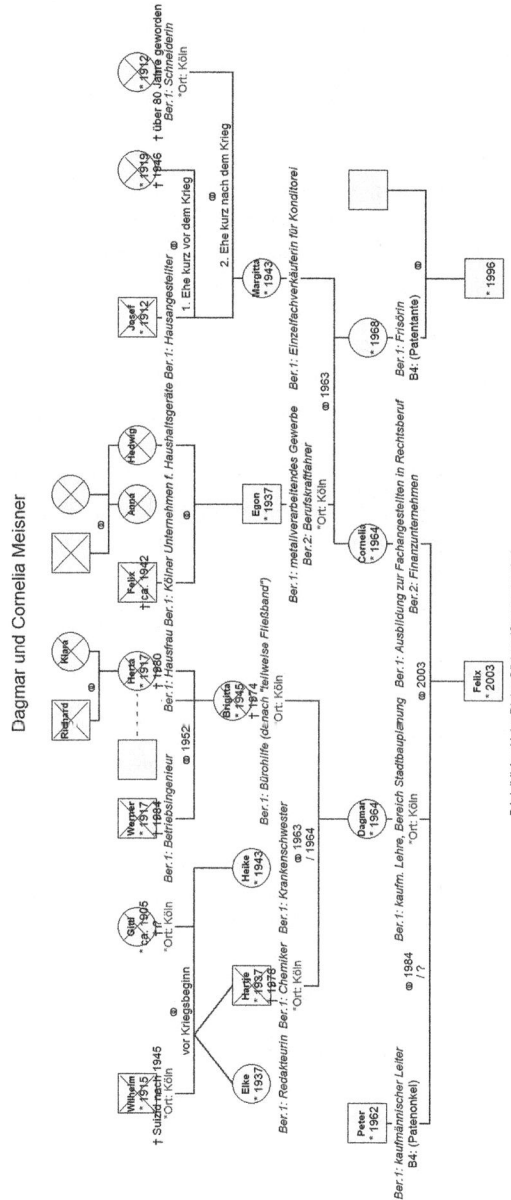

Abb. 5.1 Genogramm Dagmar und Cornelia Meisner. (Quelle: eigene Darstellung)

dadurch, dass die neue Ehe der Mutter nicht als Liebes- *und* Familiengemeinschaft vollzogen wird. Werner und Herta haben keine eigenen Kinder, was für Brigitta zur Folge hat, nicht mit Halbgeschwistern um die Zuneigung und Aufmerksamkeit der Eltern konkurrieren zu müssen. Zum anderen kann der Stiefvater Werner, da die Ehe nicht mit einem Kind begründet wird, seine väterlichen Gefühle allein auf Brigitta übertragen. Ob es dem Paar gelungen ist, die neue Situation für Brigitta so zu definieren, dass sie über den Verlust der exponierten Stellung, die sie innerhalb der Mutter-Kind-Dyade unangefochten innehatte, hinweggetröstet werden kann, wird abhängig davon gewesen sein, wie Brigitta als ein Erbe aus der Vorgeschichte der Mutter in das neue eheliche Zusammenleben integriert werden konnte. An der Art, wie es ihr gelingt, sich in der Welt der Erwachsenen zu platzieren, werden wir erkennen können, wie die Eltern, Herta und Werner, diese Aufgabe gelöst haben.

Die Berufswahl von Brigitta fällt in eine Zeit, in der es in vielen Bereichen bergauf ging und der Fortschrittsglaube groß war. Es ist die Periode der Vollbeschäftigung, der sozialen Wohlfahrt und der wirtschaftlichen Prosperität nach dem Zweiten Weltkrieg. Vor dem Hintergrund ihrer Generationenlage und ihrer Herkunft aus einem Familienmilieu, in dem der Stiefvater als Ingenieur zur technischen Intelligenz gehört, ist nicht unwahrscheinlich, dass Brigitta zu den Bildungsaufsteigern der 68er-Generation gehört und während der Expansionsphase der Bildungsreformen in eine akademische Laufbahn eintritt. Realisiert sie diese Option, sich über ein Hochschulstudium in die Arbeitswelt zu integrieren, dann ist dieser Entwicklungsschritt aber nicht nur verbunden mit einer Verlängerung der Abhängigkeit vom Elternhaus. Sondern die Verzögerung einer frühen Verselbstständigung durch Bildungsaspirationen setzt neben der Unterstützungsbereitschaft der Eltern, der Mutter und des Stiefvaters, auch eine Identifikation mit milieuspezifischen Orientierungsvorgaben voraus. Aber einmal angenommen, der Familienneubildungsprozess nach der Phase des Alleinseins mit der Mutter hat nicht zur Entstehung eines Lebenszusammenhanges geführt, in dem Brigitta mit dem neu hinzugekommenen Dritten ihren Frieden hat schließen können, dann ist nicht auszuschließen, dass sie zu einem möglichst frühen Zeitpunkt die Familie verlässt. Die zeithistorischen Bedingungen dafür sind nicht ungünstig. Der Arbeitskräftebedarf zur Zeit des Wirtschaftsaufschwunges führte generell zu einer Zunahme der Frauenerwerbsarbeit. Denkbar wäre, dass Brigitta in der Großstadt, in der sie aufwächst, im tertiären Sektor, im Bereich des Handels, der Dienstleistungen oder Banken, eine Anstellung als ungelernte Fachkraft findet oder als ungelernte Arbeiterin in die Industrie geht. Bekannt ist nun Folgendes: Brigitta arbeitet als Bürohilfe bei einem größeren Konzern

5.2 Heterologie zum Herkunftsmilieu: Frauendominanz und ...

und danach „teilweise am Fließband". Sie wählt eine Erwerbstätigkeit, ohne prätentiöse Ansprüche bzw. Selbstverwirklichungsoptionen erkennen zu lassen. Im Alter von 18 Jahren forciert sie den Ablösungsprozess und das Erwachsenwerden durch einen eigenen Familiengründungsversuch. Eine ungeplante Schwangerschaft wird mit dem Erreichen der Volljährigkeit durch die Heirat legitimiert. Mit welchem Partner geht Brigitta eine Ehe ein? Wer ist der Vater von Dagmar, die 1964 in Köln zur Welt kommt?

Der Vater von Dagmar. Die Strukturproblematik des abwesenden Vaters. Brigitta heiratet 1963 den acht Jahre älteren Hartje (*1937), der wie sie in Köln aufgewachsen ist. Hartje stammt aus einem kleinbürgerlich-protestantischen Milieu. Sein Vater Wilhelm (*1915) ist zehn Jahre jünger als seine Mutter Gitti (*1905). Erinnert wird Wilhelm als aktiver Nationalsozialist, der seine Enttäuschung nach dem Zusammenbruch des „Dritten Reiches" nicht verbergen konnte, und nachdem seine Frau Gitti sich nicht an seinem Plan beteiligte, die ganze Familie nach dem Vorbild von Joseph Goebbels (vgl. Ginsborg 2014: 433 ff.) auszulöschen, sich suizidiert. Durch diese biografische Tat bringt er zum Ausdruck, wem seine größere Solidaritätsverpflichtung gilt: nicht der Familie, zu der die Zwillinge Elke und Hartje (*1937) und die Tochter Heike (*1943) gehören. Sondern seine Treue gehört dem Vergangenem, der nationalsozialistischen Ideologie und den führenden Personen. Er unterstreicht mit dem Suizid, dass die Gegenwart für ihn keine Bedeutung hat. Indem er die Verantwortung für seine Familie aufkündigt, entwertet er die Beziehung zu seiner Ehefrau und die zu seinen Kindern, die zum Zeitpunkt des Suizids ihres Vaters ca. zwei und acht Jahre alt sind.

Zur Herkunftsfamilie von Wilhelm sind keine Daten bekannt. Die Verbundenheit mit dem Nationalsozialismus und die Wahl einer weitaus älteren Ehefrau legen die Vermutung nahe, dass Wilhelm in einer Familienkonstellation aufgewachsen ist, der es an klar strukturierten Autoritätsvorgaben mangelte. Für die Entwicklungsaufgabe, einen Platz in der männlichen Erwachsenenwelt einzunehmen, findet er die Lösung, sich mit einer Ehefrau zusammenzutun, die trotz einer Bindungsproblematik des Ehemannes für Kontinuität sorgen kann, und zum anderen lässt er sein Über-Ich von den institutionellen Vertretern der nationalsozialistischen Ideologie formen. Da Wilhelm zur Stützung seiner männlichen Identität auf den nationalsozialistischen Kollektivgeist außerhalb der Familie zurückgreift und im binnenfamilialen Bereich vermutlich seine um zehn Jahre ältere Ehefrau Gitti die Tonangebende gewesen ist, kann angenommen werden, dass Wilhelm eine innerfamiliale Randstellung eingenommen hat. Zu seinen Lebzeiten, also vor dem Ausscheiden aus der Familie durch Suizid, wird er als

Vorbild, Identifikationsobjekt und schutzgebender Vater wenig bedeutsam gewesen sein. Wie sehen nun die Entwicklungsbedingungen des Sohnes Hartje aus, nachdem durch die Familiengeschichte der historische Riss von 1945 führt, der mit dem konkreten Ausfall des Vaters verbunden ist?

Nach dem Systemzusammenbruch wird die alleinerziehende Mutter Gitti vor der Herausforderung gestanden haben, sich weiterhin im Konkreten, der Erhaltung der Familie zu bewähren. War sie auch schon während des Krieges gezwungen, ihre Eigenständigkeit zu erproben, so ist sie nach dem Krieg, da ihr Ehemann und der Vater ihrer Kinder die Verantwortung für die Familie endgültig aufgekündigte, alleinerziehend für die Familie verantwortlich. Es galt, neben der Versorgung der Familie ohne die Unterstützung eines Ehemannes – ein Schicksal, das viele Frauen traf, da ihre Männer im Krieg gefallen oder noch in Kriegsgefangenschaft waren – sich zwischen Trümmern, Ruinen und einem kulturellen Niemandsland zurechtzufinden. Wohnungen waren zum großen Teil zerstört, es fehlte an Nahrungsmitteln und Heizmaterial. In dieser anomischen Situation der Nachkriegszeit wird die Mutter Gitti versucht haben, die Kinder mit verstärkter Kohäsion an sich zu binden. Für Hartje, der zu diesem Zeitpunkt acht Jahre alt gewesen ist, bedeutete das, als einziger und ältester Sohn mit einer Art Mutter Courage aufzuwachsen, die alleine, ohne Unterstützung eines ehelichen Subsystems, für das Überleben sorgte. So ist für Hartje, nachdem der Vater seine Enttäuschung über den Zusammenbruch des „Dritten Reiches" mit Suizid zum Ausdruck gebracht hat, eine sozialisatorische Interaktionsstruktur prägend, der die Entwicklungsmöglichkeit fehlt, über einen Identifizierungsprozess ein Bild vom Vater als Elternimago zu entwickeln. Leitende Idealbilder können nicht in der Auseinandersetzung mit dem Vater erworben werden. Aber auch durch Erzählungen über den Vater, der als Mitläufer mit der nationalsozialistischen Ideologie hochidentifiziert war und die Nachkriegsrealität nicht akzeptierte, können keine orientierungswirksamen Vorbilder entworfen werden, aus denen Hartje als der Sohn seines Vaters Selbstachtung und Lebensmut hätte beziehen können. Weder stand lebenspraktisch ein Vater zur Verfügung, noch eine Phantasie vom Vater als Objekt der Bewunderung und Identifikation. Das Erbe, das Wilhelm seiner Familie hinterlässt, war inakzeptabel, vermittelte Kränkung und Schuld. Es überrascht nicht, dass weder der Beruf noch weitere objektive Daten von Wilhelm bekannt sind. Die Trübung im Familiengedächtnis weist darauf hin, dass Wilhelm für seine Nachkommen über Erzählungen nicht vermittelbar war. Wie findet Hartje, der uns hier als der (zukünftige) Ehemann von Brigitta und als zukünftiger Vater von Dagmar interessiert, in den entbehrungsreichen Jahren nach dem Krieg, ohne einen real verfügbaren Vater zu besitzen, den Weg ins Leben?

5.2 Heterologie zum Herkunftsmilieu: Frauendominanz und ...

Vor dem Hintergrund der generationsspezifischen Lagerung und aufgrund der innerfamilialen Milieusituation wäre folgender biografischer Entwicklungsverlauf denkbar. Die Generation der um 1940 geborenen Kinder, die aus der frühen Kindheit noch die Bombenangriffe im Ohr hatten und die Rolf Dieter Brinkmann auch als „Ruinenkinder und Bombensplitterkinder" (Brinkmann 1979) bezeichnet hat, wurde von Oevermann wiederholt als „schweigende Generation" beschrieben: „schweigend [...], weil sie über das, wodurch sie im Unterschied zu den sie umgebenden Generationen geprägt wurde, die kriegsbedingte flächendeckende Väter-Abwesenheit während der entscheidenden frühen Kindheit als Quelle von Traumatisierung, und entsprechend über Gefühle nicht reden kann" (Oevermann 2001a: 123 f.).[3] Denkbar wäre, dass Hartje die Strukturproblematik der unvollständigen Entwicklungstriade über einen Prozess der progressiven Selbstgestaltung angeht, indem er z. B. für die Lösung seiner ungünstigen sozialisatorischen Ausgangslage die Angebote der sozialen Wirklichkeit, die eine bundesrepublikanische Reformzeit zu bieten hat, nutzt. Er könnte einen wohlfahrtsbürokratisch-patriarchalen Apparat (z. B. die AWO) oder eine Partei suchen – eventuell die SPD, die mit ihrem Slogan „mehr Demokratie wagen" den Regierungswechsel vollzieht –, um über die Teilnahme an Debatten und über eine ausgeprägte Streitkultur eine Ich-Identität zu entwickeln (vgl. der Fall Heinz Welbers in: Funcke 2007c: 131–143). Eine Möglichkeit in diesem Zusammenhang wäre, eine Karriere im sozialarbeiterischen Bereich, in dem er als eine Art „Bewegungsunternehmer" (Bude 1995: 18) den gesellschaftlichen Modernisierungsprozess mitgestaltet, z. B. in der Funktion eines späteren Amtsleiters oder Sozialdezernenten. War es doch für diese Generation nicht unüblich, dass man nach der Ausbildung sehr rasch in Positionen mit Leitungsfunktionen aufstieg. Eine andere Berufsoption, um das Thema des fehlenden Vaters zu bearbeiten, wäre, sich in eine Arbeitswelt zu integrieren, in der über eine gesellschaftliche Stellvertretung ein Über-Ich errichtet werden kann. Nicht ganz auszuschließen ist in diesem Zusammenhang ein Interesse an der Polizei, der Bundeswehr oder an totalen Institutionen (z. B. Gefängnis, Klinik) (vgl. Goffman 1961), die als strukturgebende Organisationen den Boden für eine Ablösung aus einem kohäsiven Milieu bereiten können. Eine ganz andere

---

[3] „Das Schweigen" – so Allert – „bezieht sich auf eine Form von Entschlossenheit und Selbstverschlossenheit, aus der heraus die Jugend [dieser – D. F.] Zeit, den hemdsärmeligen Aktivismus der Aufbaugeneration bestaunend, verfolgt hat, aber auch – nicht ohne stille Wehmut – Zweifel anmeldet gegen die geschwätzige und schon konsumorientierte Unbestimmtheit der nachfolgenden Generationen" (Allert 2017: 82 f.).

Kompensationsstrategie, um die prekäre sozialisatorische Ausgangslage in den eigenen Lebenslauf zu integrieren, wäre z. B. die Entscheidung, Geschichtslehrer zu werden (vgl. Buchholz 1995: 400), um über eine rationale Aneignung mit dem Familienthema fertig zu werden. Eine vierte denkbare Entwicklungsalternative ist, dass Hartje die Aufgabe der Berufswahl löst, indem er orientiert am Frauenhaushalt – er wächst neben seiner Mutter noch mit zwei Schwestern auf – z. B. eine Lehre als Koch, Kellner oder Konditor wählt, oder neben dem Bereich der Nahrungsmittelversorgung Interesse an den Bereichen der Gesundheits- und Krankenvorsorge zeigt.

Es werden keine der im Möglichkeitsspektrum entfalteten Varianten biografieprägend, denen allen gemeinsam ist, dass ein Mindestmaß an Vertrauen in soziale Beziehungen besteht. Er wählt mit dem Beruf des Chemikers einen Fachbereich, der in seiner naturwissenschaftlichen Ausprägung für eine rationale Aneignung der Welt steht. Er entscheidet sich für eine Berufssozialisation, in der die Kontingenz sozialer Beziehungen keine Rolle spielt. Die Schwestern von Hartje wählen im Gegensatz zu ihm, der über eine weltanschaulich-neutrale Weise sein Bündnis mit der Welt schließt und eine Distanz zu allem Beziehungsmäßigen bevorzugt, Berufe, die in ihrer Anforderungsstruktur ein hohes Maß an Bereitschaft fordern, Reziprozitätsverhältnisse zu gestalten: Seine Zwillingsschwester wird Redakteurin und Heike, die Jüngste, Krankenschwester. Im Vergleich zu seinen Schwestern ist Hartje derjenige, der sich am wenigsten auf die Sozialität der Lebenspraxis einlässt. Wir mutmaßen, dass ein Ausfall des Vaters für den Entwicklungsprozess der Töchter in diesem Familienmilieu weniger weitreichende Konsequenzen bzw. leichter zu kompensierende Folgewirkungen hatte als für den einzigen Sohn. Diesem fehlte in der familialen Welt der drei Frauen das Vorbild, um über die Identifikation mit einem männlichen Repräsentanten die Aufnahme und Gestaltung von Intimbeziehungen lernen zu können. Da allerdings nicht bekannt ist, ob die Schwestern heiraten bzw. in einer eheähnlichen Gemeinschaft leben, kann nicht rekonstruiert werden, ob die Reziprozität des Gebens, Nehmens und Erwiderns, die sie beide unter der Bedingung einer berufsspezifischen Kommunikation leben, in eine Gatten- bzw. Liebesbeziehung hineinverlängert wird.

Der Sozialisationskontext von Dagmar: abwesende Eltern und großmütterliches Ersatz-Milieu: Welchen Partner wählt Brigitta, um die ungeplante Schwangerschaft im Jahre 1965 durch eine Ehe zu legitimieren, die nach knapp einem Jahr wieder geschieden wird? Sie entscheidet sich mit Hartje für einen Mann, der aus einem frauendominanten Milieu kommt und in seiner Herkunftsfamilie weder ein Modell einer autonomen Gattenbeziehung, noch ein Modell von autonomiegewährendem väterlichen Handeln erfahren hat. Blicken wir auf die Sozialisationserfahrungen

5.2 Heterologie zum Herkunftsmilieu: Frauendominanz und ...

von Brigitta, die durch die Strukturproblematik des unbekannten Vaters in nicht weniger prekären Sozialverhältnissen groß geworden ist, so überrascht nicht, dass es beiden nicht gelungen ist, eine gemeinsame Perspektive als Familie verlässlich zu entwerfen. Beiden gemeinsam ist die Erfahrung, in ihren Herkunftsfamilien kein Vorbild zu haben, das zeigt, wie beide Eltern sich wechselseitig in ihrer Elternschaft bei der Sorge und Betreuung des gemeinsamen Nachwuchses unterstützen. Brigitta und Hartje stammen aus Familien, wo die Mutter den Kern der Familie bildet und der Vater als Teil einer „unterstützenden Matrix" früher (vgl. der Vater von Brigitta) oder später (vgl. der Vater von Hartje) ausfällt. Brigitta und Hartje verfügen über kein Konzept von Männern als Väter, und an der Herausforderung, sich dieses gemeinsam zu erarbeiten, scheitern sie. Ein Jahr nach der Hochzeit, die gemeinsame Tochter Dagmar ist noch kein Jahr alt, kommt es zur Trennung des Paares. Nach der Auflösung der jungen Familie wird die Betreuung und Erziehung hauptsächlich von der Großmutter Herta übernommen. Für Dagmar bedeutet diese Lösung, mit den gleichen prekären sozialisatorischen Entwicklungsbedingungen konfrontiert zu sein, die für die Sozialisation ihrer Eltern prägend waren. Es zeichnet sich eine Fallstruktur ab, die in der intergenerationellen Fortsetzung der Strukturproblematik des fehlenden Vaters besteht. Verschärft wird die Abwesenheit von leiblicher Elternschaft für Dagmar noch dadurch, dass auch die Mutter als Bezugsperson nicht mehr zur Verfügung steht. Dagmar wächst nach dem ersten Lebensjahr ohne ihre leiblichen Eltern auf.[4]

Überblicken wir Dagmars Biografie insgesamt, so erkennt man nach der Abgabe an die Großmutter Herta und den Stiefgroßvater Werner eine Kette von Ereignissen, die Dagmar immer wieder mit der Erfahrung konfrontiert hat, dass Sozialbeziehungen befristet sind bzw. dass Erwartungen, verlässlich in Sozialsysteme integriert zu werden, enttäuscht werden können: Als sie zehn Jahre alt ist, stirbt ihre Mutter. Vier Jahre später stirbt der Vater. Mit 14 Jahren ist sie Vollwaise. Die Dramatik der Situation wird noch dadurch verschärft, dass das großmütterliche Submilieu durch eine frühe Alzheimer Erkrankung der Großmutter wegbricht und Dagmar den Persönlichkeitszerfall der letzten, ihr neben dem Stiefgroßvater noch gebliebenen Person beobachten muss. Als sie 16 Jahre alt ist, stirbt die Großmutter, die sie gemeinsam mit dem Stiefgroßvater Werner die letzten Jahre gepflegt hat. Im günstigsten Fall hat bei einer Identifikation mit den Anforderungen, die die Krankheit der Großmutter an das Pflegesystem stellte, diese Herausforderung auf

---

[4] „Da meine Mutter als alleinerziehende Mutter überfordert war, hat sich dann meine Oma um mich gekümmert und hat gesagt, ‚gut, dann kommt das Kind aber bitte zu uns.'".

der lebenspraktischen Ebene zum Erwerb eines sozialen Kapitals bzw. zu Krisenbewältigungskompetenzen geführt. Es kann davon ausgegangen werden, dass diese biografische Situation ihr nicht nur frühreife Bewältigungsleistungen abgefordert hat, sondern dass die Erfahrung, durch Trennung, Krankheit und Tod überlebenswichtige Personen zu verlieren, zur Bewusstseinsbildung beitrug, dass diffuse Sozialbeziehungen sehr fragil sind und diesen nicht bedingungslos zu trauen ist. Eine Konsequenz, die daraus gezogen werden könnte, wäre ein Handeln, das den Verselbstständigungsprozess vorantreibt, das Eingehen von Abhängigkeitsverhältnissen vermeidet und erwartbaren Kontingenzen des Lebens durch eine eigenständige Kontrolle vorbeugt.

Die individuelle Bildungsgeschichte von Dagmar sieht folgendermaßen aus. Ich wähle hier den Weg der Abkürzung, ohne das Spektrum an denkbaren Möglichkeiten zu entfalten: Dagmar entscheidet sich gegen das Abitur.[5] Sie absolviert eine kaufmännische Lehre und arbeitet nach der Ausbildung im Bereich der Stadtbauplanung, wo sie nicht nur ihren zukünftigen Ehemann kennenlernt, sondern auch den Arbeitskollegen, mit dem zusammen sie später eine eigene Firma gründet, die sie heute als Geschäftsführerin mit ihm gemeinsam leitet. Dass es Dagmar gelungen ist, trotz der schwierigen Entwicklungsbedingungen erfolgreich den Weg in die berufliche Selbstständigkeit zu gehen, wird nicht zuletzt auf das großmütterliche Unterstützungsmilieu zurückzuführen sein.

Betrachten wir den Familienzusammenhang als einen – wie Stern es formuliert – „transgenerationellen Kontext" (1998: 41), so können wir für dieses Familiengesamt, aus dem Dagmar stammt, folgendes Gestaltmuster erkennen: Es werden Formen von Sozialintegrationen reproduziert, für die die strukturelle Abwesenheit von väterlichen Vorbildern charakteristisch ist. Es kann die Erfahrung tradiert werden, dass biologische Väter aus dem triadischen Entwicklungskontext desertieren. Wenn neues Leben sozialisiert werden soll, dann über das Erfahrungsmaterial, das von Frauen bereitgestellt wird (vgl. die Mutter und Großmutter Herta und die alleinerziehende Gitti). Vor diesem lebensgeschichtlichen Hintergrund überrascht nicht, dass Dagmar ihre biografische Erzählung mit Erinnerungen aus der mütterlichen Linie beginnt.

Kommen wir zur Genogrammanalyse der Partnerin Cornelia Meisner.

---

[5]Im Interview begründet Dagmar ihre Entscheidung, kein Abitur zu machen wie folgt: „weil ich mangels Eltern nicht wusste, ob mein Großvater lange genug lebt, um meine Ausbildung finanzieren zu können. Also hab ich gesagt: Ich möcht gerne arbeiten und Geld verdienen".

5.2 Heterologie zum Herkunftsmilieu: Frauendominanz und ...

Der Vater. Sozialisation in einem frauendominanten Versorgungssystem: Cornelia beginnt ihre biografische Erzählung mit der väterlichen Linie: Ihr Vater Egon wird 1938 in Köln geboren. Er verliert im Alter von fünf Jahren seinen Vater, vermutlich durch den Krieg. Seine Mutter Hedwig teilt sich mit ihrer Schwester Anna, Egons Tante, die Betreuungs- und Fürsorgepflichten. Die Lebensgrundlage sichern die beiden Frauen durch eine Schichtarbeit bei einem Kölner Unternehmen, das Haushaltsgeräte herstellt. Zu einer Wiederverheiratung von Hedwig, für die es in einer Großstadt vielerlei Gelegenheitsstrukturen gibt, kommt es nicht. So wächst Egon, der Vater von Cornelia, ab dem fünften Lebensjahr in einem Frauenhaushalt auf. Wie gelingt es Egon, sich aus dieser weiblichen Umgebung zu lösen, in der die Gewinnung einer personalen Identität über die konflikthafte Auseinandersetzung mit einem Vater nicht möglich ist und in der die Gefahr besteht, durch die mangelnde väterliche Präsenz von gleich zwei Frauen vereinnahmt zu werden?

Egon macht eine Ausbildung im metallverarbeitenden Gewerbe. Mit der Wahl dieses Berufes verbleibt er im Industriearbeitermilieu der ihn erziehenden Frauen. Im zweiten Beruf arbeitet er als Angestellter bei den Stadtverkehrswerken. Diese beiden Berufswahlen legen nahe zu vermuten, dass es dem Vater von Cornelia nicht darum gegangen ist, zumindest nicht über die Berufswahl, einen Resonanzboden zu suchen, um in diesem Bewährungsfeld die Entwicklung von personaler Identität auf der Basis von Konflikten voranzutreiben, um die Ablösung aus der Frauendyade zu vollziehen. Denkbar wäre, dass Egon über die Partnerwahl Selbstbehauptungsbestrebungen geltend gemacht hat, um sich aus den Abhängigkeiten eines frauendominanten Versorgungssystems zu lösen. Nicht auszuschließen ist die Wahl einer um vieles älteren Frau, die ihn bei der Ablösung aus dem Lebenszusammenhang mit den zwei Frauen unterstützt. Überraschen würde auch nicht eine Partnerwahl, die es ihm ermöglicht, sowohl an die Mutter-Tanten-Dyade gebunden zu bleiben als auch eine auf Symmetrie gerichtete Paarbeziehung zu leben. Für diese Version käme eine Frau infrage, die eine Mittlere im Geschwistersystem ist und keine allzu befriedigenden Familienbeziehungen erlebt hat.

Die Mutter von Cornelia Meisner. Früher Mutterverlust und Aufwachsen mit einer Stiefmutter: Egon heiratet eine fünf Jahre jüngere Frau (Margitta), die 1943, als ihre Eltern von Pommern nach Köln flüchteten, geboren wurde. Im Alter von drei Jahren verliert Margitta ihre Mutter. Ihr Vater, der als Hausangestellter arbeitet, entschließt sich sehr schnell zu einer neuen Heirat, durch die während seiner berufsbedingten Abwesenheit die häusliche Ordnung gewährleistet werden kann. Durch die neue Frau steht im unmittelbaren privaten Nahbereich so jemand zur Verfügung, der die Sorge für seine Tochter mit übernehmen kann. Die eheliche Neuvermählung des Vaters, durch die Margitta eine Stiefmutter erhält, wird eine substituierende und kontinuitätsstiftende Funktion gehabt haben. Aus der neuen Ehe gehen keine Kinder hervor. Für Margitta hat das den Vorteil, ohne die Konkurrenz von Halbgeschwistern aufzuwachsen. Fassen wir zusammen: Egon tut sich mit einer Frau zusammen, die zum einen durch die kriegsbedingte Flucht, den frühen Mutterverlust und das Aufwachsen in einer Stieffamilie in dreifacher Weise mit schwierigen Entwicklungsbedingungen konfrontiert war. Von den zwei Möglichkeiten, entweder eine Partnerwahl zu treffen, die Egon aus dem Familienzusammenhang mit den zwei Frauen herauslöst oder sich für eine Partnerin zu entscheiden, die ihn im mütterlichen Vollversorgungssystem belässt, wählt er die letzte. Ein Konfliktpotenzial, über das der Ablösungsprozess hätte vorbereitet werden können, heiratet Egon sich mit Margitta nicht an. Ganz im Gegenteil. Durch ihre Einsozialisation in eine Familie, in der sowohl im binnenfamilialen Bereich als auch im außerfamilialen Umfeld, hier insbesondere durch den Vater, sich die Lebensorganisation um hauswirtschaftliche Tätigkeiten konzentriert, erheiratet Egon sich eine Frau, mit der er den matrilinearen Umschwung geradezu erweitern kann. Auch Margittas Berufswahl lässt darauf schließen, dass mit der Wahl von Margitta als Partnerin Egon die bereits bestehende Versorgungseinheit stabilisieren kann. Margitta arbeitet im Lebensmitteleinzelhandel. Halten wir abschließend fest: Weder über die Wahl des Berufes noch über die Partnerwahl soll die Ablösung aus der Mutter-Tanten-Dyade vorbereitet werden. Sondern das zentrale Thema ist die Sicherung eines weiblichen Fürsorgesystems, das mit der Wahl von Margitta noch vergrößert wird.

Wie viel Kinder hat das Paar? Wenn die Hypothese stimmt, dass Egon sich nicht so weit von seinen „Müttern", also seiner leiblichen Mutter Hedwig und seiner Tante Anna, entfernt, dann wird es nicht um die Behauptung familialer Eigenständigkeit gehen – wir erwarten ein Kind. Halten sie sich an das „Normalmodell", so ist auch die unspezifische Variante von zwei Kindern nicht auszuschließen. Sollten beide berufstätig sein, dann werden sie die Versorgung des Nachwuchses den beiden pensionierten Frauen überlassen haben: Sie haben zwei Kinder. Cornelia kommt 1964 zur Welt und vier Jahre später, 1968, wird eine zweite Tochter geboren. So ist Egon von einer Frauengemeinschaft umgeben, in der er seine Männlichkeit über seine Berufstätigkeit zum Ausdruck gebracht, aber im Allgemeinen mit den fünf Frauen ohne konfliktprovozierende Strukturgestaltungsversuche zusammengelebt haben wird.

An welche Orientierungsvorgaben schließt die älteste Tochter Cornelia nun an, die uns hier als die Partnerin von Dagmar interessiert? Wenn die mütterliche Linie orientierungsbedeutsam ist, dann könnte sie sich für einen Beruf aus dem Bereich der Ernährung oder der Hauswirtschaft entscheiden. Wenn sie sich an

5.2 Heterologie zum Herkunftsmilieu: Frauendominanz und ...

der väterlichen Linie orientiert, dann wäre eine Option, an die Industriearbeit der Großmutter und deren Schwester anzuschließen. Es läge dann nahe, eine Facharbeiterausbildung zu machen und eine Arbeit im Industrieunternehmen der Stadt zu wählen. Denkbar wäre auch, dass sie an die Orientierungsvorgaben des Vaters direkt anknüpft, der bei den Stadtverkehrsbetrieben arbeitet und dadurch auch über eine Beamtenmentalität verfügt; Sekretärin beim Senat oder Kindergärtnerin in einer Kindertagesstätte wären hier sinnlogische Fortsetzungen. Cornelia macht eine Ausbildung zur Fachangestellten in einem Rechtsberuf. Sie arbeitet zehn Jahre in diesem Beruf. Danach wechselt sie in ein Finanzunternehmen, bei dem sie auch zum Zeitpunkt des Interviews arbeitet. Ihr eigentlicher Berufswunsch – so betont sie im Interview – war Krankenschwester zu werden. An den Berufsfeldern zeichnet sich Folgendes ab: Die Entscheidung für einen Rechtsberuf, in dem es im Rahmen von bürokratischem Verwaltungshandeln darum geht, durch administrative Kontrolle, und formal-rationalen Kriterien folgend, Gesetze und Rechtsvorschriften durchzusetzen, zeigt, dass sie über die Berufswahl auf der Suche nach einer in die Realität des Lebens einführenden Ordnungsstruktur ist, die der Vater, dem selbst der Nom-du-Père fehlte, vermutlich nicht vermitteln konnte. Dass diese Berufsoption sich gegenüber dem eigenen Berufswunsch, Krankenschwester zu werden, durchsetzt, weist auf den Bedarf hin, das durch den ‚schwachen' Vater fehlende Realitätsprinzip zu kompensieren. Die Fachausbildung im Rechtsberuf kann als eine Selbstsozialisationsleistung gedeutet werden, durch die fehlende Sozialisationserfahrungen nachgeholt werden sollen. Nach zehn Jahren entscheidet sich Cornelia diesen Erfahrungsraum, wo es um das gesetzte Recht und die Anwendung erlassener Gesetze geht, zu verlassen und in eine andere Erwerbstätigkeit zu wechseln.

Kommen wir zum Schluss, indem wir an die oben gestellte Frage anknüpfen, wen Dagmar sich zur Partnerin wählt. Dagmar verpartnert sich mit einer Frau, die in einem frauendominanten Haushalt aufgewachsen ist, in dem Männer eher randständig sind. Im Gegensatz zu ihr, die in einem sich in Auflösung befindenden Sozialverband aufgewachsen ist und die Erfahrung gemacht hat, dass Zuwendung nicht von Dauer ist, verfügt ihre Partnerin Cornelia über die Erfahrung stabiler Beziehungsorganisationen. Des Weiteren gewinnt sie durch diese Partnerwahl in Egon und Margitta Schwiegereltern, die die biografischen Voraussetzungen mitbringen, sie und ihre Partnerin in einem unkonventionellen Familienprojekt zu unterstützen bzw. dieses mitzutragen. Denn aus Egons Perspektive betrachtet reproduziert seine Tochter Cornelia mit ihrem Familienentwurf das Sozialisationsmilieu seiner Kindheit. Dieses war durch eine weibliche Umgebung bestimmt, in der er durch den weitgehenden Ausfall des Vaters als stärkende Identifikationsfigur zwar keine intrapsychische Repräsentanz einer Vater-Mutter-Kind-Beziehung ausbilden konnte, aber durch das Aufwachsen mit zwei Frauen die Repräsentanz einer Triade mit zwei Müttern. Diese Sozialisationserfahrung bereitet einen günstigen Boden, um die Schwiegertochter als Partnerin seiner Tochter relativ vorbehaltlos zu integrieren. So erheiratet sich Dagmar mit Cornelia und dem ganzen dazugehörigen Familienmilieu einen affektiven Boden für das Projekt, gemeinsam mit einer Frau ein Kind relativ allein, ohne mit dem Vater des Kindes zusammenzuleben, großzuziehen. Insgesamt gesehen ist Cornelia für Dagmar, die von ihren Entwicklungsbedingungen her zum Habitus einer Durchbeißerin neigt, vorzugsweise sich selbst als anderen vertraut und sozialen Beziehungen eher mit Misstrauen begegnet, eine ‚passende' Partnerin, eine gute Partie. Denn sie gewinnt mit Cornelia einen ganzen Verwandtschaftszusammenhang, den sie selbst durch den frühen Tod der Eltern und der Großmutter nicht mehr hat, und in dem jeder einzelne durch ein hohes Maß an Affektivität für die Stabilität eines Zusammenhalts garantiert.

Aus welchen herkunftsfamilialen Zusammenhängen stammen nun die beiden Männer? Inwieweit können sie bedingt durch ihre sozialbiografische Prägung in dieser unkonventionellen Familie einen Platz finden? Beginnen wir mit Dieter Gärtner, dem leiblichen Vater von Felix (Abb. 5.2).

Das Herkunftsmilieu des Vaters von Dieter Gärtner: Dieters Großeltern väterlicherseits, Anna (*1892) und Karl, kommen aus einer Kleinstadt in Niedersachsen. Die nächsten Großindustrien sind ca. 40 km und ca. 70 km entfernt. Vom Großvater Karl ist einzig sein Vorname bekannt. Die Großmutter Anna hat deutlich mehr Spuren im Familiengedächtnis hinterlassen. Von ihr wird nicht nur das Geburtsdatum, 1892, erinnert, sondern auch, dass sie Hausfrau gewesen ist. Diese empirische Tatsache, dass der Großvater in der Erinnerung als Person zwar nicht ganz ausfällt, aber weitgehend vergessen ist, legt die Hypothese eines frauendominanten Milieus nahe. Das Heiratsalter des Paares kann aufgrund des fehlenden Heiratsdatums und der weitgehend fehlenden Geburtsdaten der Kinder nicht bestimmt werden. Im Genogramm zeichnet sich aber ab, dass nach der Eheschließung eine stetige und lange Serie von Schwangerschaften und Geburten folgt. Sechs von insgesamt acht Kindern überleben. Die zwei ältesten Kinder sind Mädchen, die vier danach geborenen Jungen. Uns interessiert der zweitälteste Sohn, Heinz Wilhelm (*1927), der Vater von Dieter Gärtner. In welchen familienspezifischen Rahmen ist er aufgewachsen?

Die Generationenlage des Vaters als auch die Praxis der Vornamengebung sprechen für die Vermutung, dass Heinz Wilhelm, der Vater von Dieter Gärtner, in einem Familienmilieu aufgewachsen ist, das die nationalsozialistische Bewegung begrüßt und den Nationalsozialismus nach dem verlorenen Ersten Weltkrieg

5.2 Heterologie zum Herkunftsmilieu: Frauendominanz und ... 255

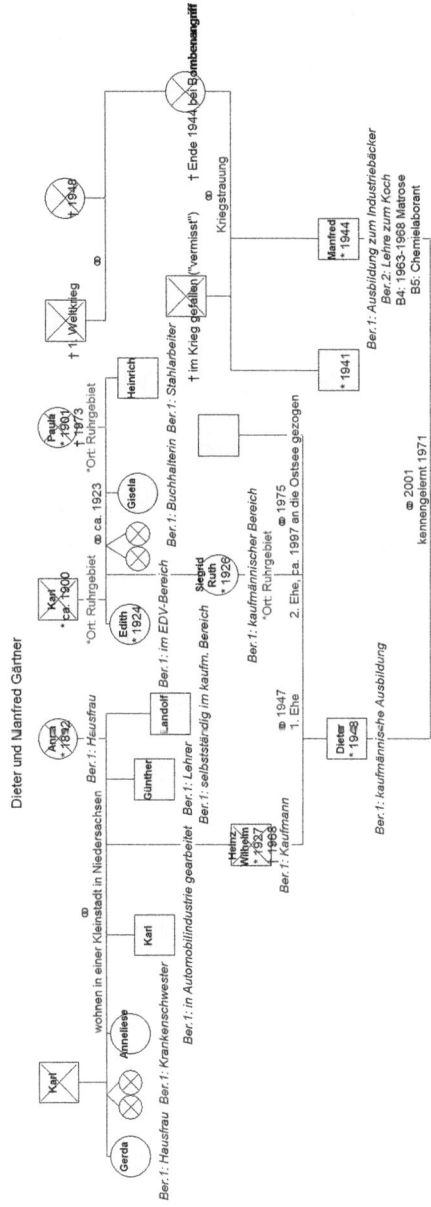

Abb. 5.2 Genogramm Dieter und Manfred Gärtner. (Quelle: eigene Darstellung)

als Heilung eines verletzten nationalen Ehrgefühls gedeutet hat: Seine beiden jüngeren Brüder erhielten die Namen Günther und Landolf. Von seiner Mutter Anna ist bekannt, dass sie nicht erwerbstätig gewesen ist. In der Zeit der Weltwirtschaftskrise mit einer hohen Zahl an Arbeitslosen wird sie vermutlich die Familie über Gelegenheitsarbeiten mitversorgt haben. Ihr Hauptaugenmerk wird aber auf der Kinderbetreuung und der Haushaltsführung gelegen haben, dabei unterstützt von den beiden ältesten Töchtern Gerda und Anneliese. Wie prägend die Übernahme stellvertretender Sorge für ihren weiteren Lebensweg war, zeigen ihre Entwürfe von weiblicher Identität. Die älteste Tochter der Familie reproduziert über einen ungebrochenen Anschluss an die traditionalen Vorgaben ihrer Herkunftsfamilie das Konzept der Mütterlichkeit und des Hausfrauendaseins. Die zweitälteste Tochter, Anneliese, überträgt die früh erworbene Fähigkeit, für andere da zu sein, in die verberuflichte Hilfe der Krankenschwester. Was wird nun aus den vier Söhnen der Familie, die im Vergleich zu den Töchtern in der Überzahl sind? Der älteste Sohn, das kann erst einmal festgehalten werden, trägt den Namen des Vaters: Karl. Er ist der Stammhalter, der von vornherein durch die Namensvergabe auf die patrilineare Abstammungsgruppe verpflichtet wird. Diese Beobachtung, dass der Vater durch seine Namensvererbung einen Kontinuitätsanspruch bekundet, legt nahe, die anfänglich formulierte Hypothese vom frauendominanten Milieu etwas zu korrigieren. Gleichwohl es sich um einen mütterzentrierten Familienzusammenhang handelt, in dem der Haushalt und die Erziehung in der Hand der weiblichen Familienmitglieder gelegen haben wird, kann nicht von einem Fehlen einer patriarchalischen Instanz ausgegangen werden. Vielmehr zeichnet sich an den weiblichen Orientierungsvollzügen und an der Namenvergabepraxis ab – zumindest mit Blick auf den ältesten Sohn und die beiden jüngsten Söhne –, dass wir es mit einem Milieu zu tun haben, in dem die mütterlichen und väterlichen Einflusssphären getrennt sind. Das kommt auch in den beruflichen Entscheidungen der beiden erstgeborenen Söhne zum Ausdruck. Sowohl Karl, der als Namensträger des Vaters auf den Statuserhalt der Familie verpflichtet ist, als auch der zweitgeborene Sohn, Heinz Wilhelm, unterlassen berufliche Experimente und längere berufliche Suchprozesse. Es werden Berufsverhältnisse gewählt, die in der Zeit entbehrungsreicher Lebensverhältnisse ermöglichen, die finanzielle und materielle Basis der Familie zu verbessern. Von Karl wird berichtet, dass er in der Automobilindustrie gearbeitet hat, Heinz Wilhelm als Kaufmann. Die beiden jüngeren Brüder haben Karrieren eingeschlagen, die einen höheren Grad an Individuierung ermöglichten. Günther hat sich für einen sozialen Aufstieg über Bildung entschieden und ist Lehrer für Geschichte und Deutsch geworden. Landolf, der jüngste Sohn, hat den Übergang in das selbstständige Unternehmertum vollzogen.

5.2 Heterologie zum Herkunftsmilieu: Frauendominanz und ...

Kommen wir zurück zu Heinz Wilhelm, den zweiten Sohn der Familie, der uns als Vater von Dieter Gärtner interessiert: Welche denkbare Partnerwahl ist vor seinem Familienhintergrund erwartbar? Das Transformationspotenzial, das sich bei seinen jüngeren Brüdern in den beruflichen Karrierebewegungen niederschlägt, könnte bei Heinz Wilhelm im Bereich der Partnerwahl orientierungswirksam werden. Nicht auszuschließen ist deshalb auch die Wahl einer Frau, die den Verantwortungsbereich der beruflichen Erwerbstätigkeit wählt und die Investition ihrer Handlungsenergien nicht auf das mütterliche Handlungsfeld beschränkt. Entscheidet er sich für eine Frau, die einen karitativ-helfenden oder pädagogischen Beruf ausübt, kann das als ein Indiz gedeutet werden, dass die Vorgaben aus seinem Herkunftsmilieu als verbindlich gelten. Heiratet er eine Frau, die für eine Loyalitätsverbundenheit zum Elternmodell steht, erwarten wir eine hohe Kinderzahl; mindestens drei bis fünf Kinder. Werden die Leistungsenergien allerdings in Transformationsbemühungen gebunden, würde uns eine geringere Kinderzahl (eins bis maximal zwei Kinder) nicht überraschen.

Das Herkunftsmilieu der Mutter von Dieter Gärtner: Seine Mutter, Siegrid Ruth, ist im Ruhrgebiet geboren und aufgewachsen in einer Familie, in der durch die Zugehörigkeit des Vaters zum Stahlarbeitermilieu Formen der proletarisch-industriellen Lebensgestaltung prägend sind. Ihr Vater Karl, ca. 1900 geboren, ist das Kind von Eltern, die in der Phase der Industrialisierung als Zuwanderer – möglicherweise angeworben durch einen Agenten (vgl. Sieder 1987: 165) – ins „industrielle Herz Deutschlands" (Loer 2007: 7) kamen.[6] Dass ihr Vater Karl, der in die ‚neue Wahlheimat' seiner Eltern hineingeboren wird, einen typischen, die Maloche-Kultur der Region betonenden Ruhrgebietsnamen erhält, spricht für die Anstrengung der Eltern, über das Anknüpfen an Traditionen in der Fremde Fuß zu fassen. Karls Eheschließung, ca. 1923, erscheint vor diesem Hintergrund als ein biografisch stimmiger Schritt. Denn mit der Heirat von Paula, geb. 1901, die aus einer alteingesessenen Ruhrgebietsarbeiterfamilie stammt, kann er über den Ausbau eines verlässlichen Solidarsystems die Verwurzelungsbemühungen seiner Eltern, die als Arbeitsmigranten ins Ruhrgebiet kamen, fortsetzen. Von seiner Frau Paula werden im Gegensatz zu ihm die Lebensdaten exakt erinnert. Das gibt

---

[6]Integrationserleichternd war für die Neueinwanderer, die zumeist aus ländlichen Gegenden stammten und sich dem industriellen Dasein erst anpassen mussten, ein regionaler bzw. sozialer Katholizismus, der durch ein reichhaltiges Pfarr- und Vereinsleben die Arbeitsmigranten religiös, sozial und kulturell einzubinden vermochte (vgl. Loer 2007: 70).

Anlass zur Hypothese, dass wir es auch hier mit einem frauendominanten Milieu zu tun haben. Vor dem Hintergrund, dass er ein Kind von Arbeitsmigranten ist, die ohne traditional soziale Verwurzelung sind, überrascht uns das nicht.

Wie viel Kinder hat das Paar? Trotz der ungünstigen Wirtschaftslage infolge der Reparationsforderungen aus dem Versailler Friedensvertrag, worauf die Industrie in den 30er Jahren mit Schließungen zahlreicher Zechen reagierte, erwarten wir eine relativ hohe Kinderzahl. Denn die familialen Beziehungen spielten sowohl unter den Alteingesessenen als auch Zuwanderern eine große Rolle[7] (vgl. Loer 2007: 75). Im Ruhrgebiet stellt die „Familie" im Vergleich zu den Bereichen „Arbeit" und „Freizeit" *den* Zentralwert dar (vgl. ebd., Fn. 27).[8] Das Paar hat sechs Kinder. Vier überleben. Bei den Erstgeborenen handelt es sich um drei Mädchen. Edith wird 1924 geboren und Siegrid Ruth 1926. Giselas Geburtsdaten sind unbekannt, ebenso die von Heinrich, dem jüngsten und einzigen Sohn der Familie, dem eigentlichen Stammhalter. Das überrascht angesichts eines traditional organisierte Milieus – darauf werden wir im Folgenden zurückkommen.

An den Berufsentwürfen dieser Generation werden wir erkennen, ob die Kinder das Vorgefundene übernehmen, also ob es um einen Traditionserhalt durch Traditionsfortsetzung geht, oder ob sich in den Arbeits- und Lebensformen der Nachkommen Suchbewegungen abzeichnen, die darauf zielen, sich überkommener Normalitätsentwürfe zu entledigen.

Nur der einzige und jüngste Sohn, Heinrich, hält den Rückanschluss an die körperbasierte Maloche-Kultur des Vaters. Er übernimmt nicht nur den väterlichen Beruf des Stahlarbeiters, der nur einen niedrigen Individuierungsgrad vorsieht, sondern er orientiert sich auch am Reproduktionsmuster der traditionell-kinderreichen Familie. Die Berufswahlen und die Familiengründungsprozesse der Töchter sind dagegen durchweg nicht an partikularistischen Kriterien der Herkunftsfamilie orientiert. Sie wählen Berufe aus dem modernen städtischen Angestelltenmilieu und verzichten auf einen großen Familienentwurf. Edith arbeitet im EDV-Bereich. Siegrid Ruth ist im kaufmännischen Bereich beschäftigt. Gisela ist Buchhalterin. Das familienspezifisch Interessante ist aber nicht nur, dass die Frauen diejenigen sind, die Wege aus der industriell geprägten Arbeitswelt in ein Milieu mit gesteigerten Individuierungsansprüchen wählen. Sondern die von den Frauen ausgehende Konsolidierungsverweigerung des überkommenen elterlichen

---

[7]Katholische Familien hatten im Durchschnitt 4,5 Kinder (vgl. Rosenbaum 1992: 188).
[8]Während zum Beispiel im Gegensatz zum Bergmann aus dem Saarland, die ‚Arbeit' den Zentralwert darstellt (vgl. Loer 2007: 75, Fn. 27).

5.2 Heterologie zum Herkunftsmilieu: Frauendominanz und ...

Lebensentwurfs geht nicht als Scheitern in das Familiengedächtnis ein. Wir haben es mit einem Milieu zu tun, das die Herauslösung aus überkommenen Traditionen, das Abweichen von Konventionen nicht sanktioniert, z. B. mit Tilgung durch Vergessen. Sondern dem Neuen wird mit Anerkennung in Form von Erinnerung begegnet. Im Gegensatz zu den zwei ältesten Schwestern bleibt Heinrich als Traditionsbewahrer innerhalb des Familiengedächtnisses, so wie es sich im Genogramm objektiviert, eine relativ ‚blasse Figur'.

Fassen wir zusammen mit der Frage: Welche Familienrahmenbedingungen findet Siegrid Ruth, die zweitälteste Tochter, vor, die uns hier als Ehefrau von Heinz Wilhelm und als Mutter von Dieter Gärtner interessiert? Sie wächst mit einem Vater auf, der aus einer Familie von Arbeitsmigranten stammt und der in der eisenschaffenden Industrie eine körperlich schwere, aber von der Tätigkeitsform her einfache Arbeit verrichtet. Die Mutter ist Hausfrau und bringt durch ihren Status der Zugehörigkeit zur alteingesessenen Arbeiteraristokratie einen Fundus an Sozialbeziehungen mit. Generell war das Leben neben der Sorge um die Mitglieder der Familie auf Arbeit konzentriert. In jedem Fall aber waren Kinder Frauensache. Der Vater war an der Erziehung weitgehend unbeteiligt. Die Literatur über die traditionalistischen Arbeiterväter (vgl. Rosenbaum 1992: 243) gibt als ursächlich dafür die starke Belastung durch die Erwerbsarbeit als auch die strikte Rollenaufteilung in Arbeiterfamilien an. Dieser zufolge oblagen der Frau Haushaltsführung und Kindererziehung und der Mann war der Ernährer der Familie. Kennzeichnend für das Familienmilieu, in dem Siegrid Ruth aufwächst, ist des Weiteren, dass wir es hier mit Frauendominanz zu tun haben. Diese drückt sich aus in der Anzahl der Frauen (1), in den deutlich genauer erinnerten objektiven Daten der Frauen (2), in der Matrilokalität (3) und darin, dass die Frauen der zweiten Generation die Agenten von Transformationsbewegungen hin in moderne Milieus sind (4).

Die Eltern von Dieter – normative Dominanz des Väterlichen und faktische Dominanz des Mütterlichen. Kehren wir zurück zur Frage nach der Partnerwahl von Heinz Wilhelm. Heinz Wilhelm wählt so, dass er die Transformation, die seine beiden jüngeren Brüder in den beruflichen Karrieren realisieren, auf der Ebene der Partnerwahl vollzieht. Als Wilhelm und Ruth heiraten ist der Zweite Weltkrieg seit knapp zwei Jahren beendet. Siegrid Ruth ist 22 Jahre und Heinz Wilhelm 21 Jahre alt. Das Matriarchat, das sich im Altersunterschied von einem Jahr abzeichnet, findet seinen Ausdruck auch im gewählten matrilokalen Residenzmuster. Heinz Wilhelm, der aus einem frauenstarken Milieu kommt und mit zwei älteren Schwestern aufgewachsen ist, heiratet in ein stark frauendominantes Milieu ein, in dem Frauen die Transformation hin zum Neuen vollziehen. Der gemeinsame Sohn Dieter Eugen kommt 1948, drei Monate nach der Hochzeit, im Ruhrgebiet zur Welt. Die nachträgliche Legitimation der Schwangerschaft durch die Eheschließung und das für die Objektivierung der Paarbeziehung notwendige eine Kind, lässt vermuten, dass es sich um eine eher affektiv neutrale Gattenbeziehung gehandelt hat. Auch ein Blick auf die Generationenlage von Heinz Wilhelm liefert ein Indiz und eine Erklärung für eine von affektiver Reserviertheit und Distanz getragenen Gattenbeziehung, die vermutlich eher pragmatisch ausgerichtet war und nur wenig vom „Romantic Love-Komplex" moderner Beziehungen gekennzeichnet war (vgl. Sieder 1997: 261; Linton 1936).

Der Vater von Dieter Eugen, Heinz Wilhelm (*1927), ist zum Zeitpunkt der nationalsozialistischen Machtergreifung sechs Jahre alt. Er zählt zu einer Generation, die ihre Kindheit und Jugend im „Dritten Reich" verbracht hat. Hinzu kamen im Krieg erfahrene, schwere Traumatisierungen. Heinz Wilhelm gehört zu den letzten Jahrgängen, die noch zur Wehrmacht eingezogen wurden. Da Traumatisierungen für seine Altersgenossen die Regel waren, entstand „eine Konstellation, in der Gefühle nicht mitteilbar waren: Wenn alle leiden ist die Klage über das eigene Leid unpassend" (Loer 2007: 105). Man kann, wie für seine Generation nicht untypisch, einen hohen Grad an emotionaler Verschwiegenheit vermuten. Nicht auszuschließen sind lebenspraktische Folgen für die Partnerbeziehung und Kindererziehung. Mit Blick auf die Generationenlage kann angenommen werden, wenn auch unter Vorbehalt, dass eine lebendige Partnerschaft im Sinne einer wechselseitigen Anerkennung als ganze Person und des Nicht-Ausschlusses von Teilen der eigenen Biografie aus dem gemeinsamen Kommunikationsraum, sowie der Ausdruck zärtlicher und verständnisvoller Zuwendung zum Sohn, nicht uneingeschränkt möglich gewesen sein wird. Für Dieter Eugen könnte das bedeutet haben, mit einem Vater aufzuwachsen, der aufgrund seiner biografischen Prägung zur Gestaltung einer Vater-Sohn-Beziehung disponierte, die ohne die Strukturmerkmale von affektiver Zuwendung und unbefangener Hingabe auskam. Die Beziehung ist in diesem Fall vor dem Hintergrund einer *relativen* Abstinenz des Vaters zu interpretieren, der, da ist der Sohn Dieter 20 Jahre alt, im Alter von 41 Jahren verstirbt.

Es kann davon ausgegangen werden, dass dieser sozialisatorische Kontext auch einen Boden für die Möglichkeit einer engen Mutter-Sohn-Beziehung bereitet hat. Weitere Faktoren, die eine Familialisierung des Vaters erschwert haben könnten, sind folgende: Zum einen die dominante Stellung der Frauen im Familienzusammenhang, in den Heinz Wilhelm eingeheiratet hat. Zum anderen kommen weder Heinz Wilhelm noch Siegrid Ruth aus einer Familie, die Vorbilder für die Einbindung des Vaters in die Erziehungsaufgaben bereithalten. Des Weiteren wird

5.2 Heterologie zum Herkunftsmilieu: Frauendominanz und ...

eine Ausdifferenzierung der Kernfamilie durch verwandtschaftliche Vernetzung als eine Folge der Matrilokalität erschwert gewesen sein. Diese Bedingungsfaktoren zusammengenommen werden einer Randstellung des Vaters Vorschub geleistet haben, nicht zuletzt deshalb, da Geschlechterverhältnisse asymmetrisch zugunsten der Frauen strukturiert gewesen sind. Diese Sozialisationserfahrungen in einem Milieu, das Wilhelm mit einer zwar normativen Dominanz des Väterlichen, aber auch einer faktischen Dominanz des Mütterlichen konfrontiert, strukturieren dann die spätere Entscheidung mit, eine eigene Familie zu gründen, in der Männer als Väter aus der Distanz heraus mitentscheiden, aber den Frauen die Entscheidungshoheit in allen Fragen rund um die Sozialisation des Nachwuchses überlassen.

Die berufliche Entwicklung von Dieter Gärtner: 1968, da ist er 20 Jahre alt, stirbt sein Vater. Vor dem Hintergrund der Zeitverhältnisse und der familienspezifischen Sozialisationserfahrungen ist eine klassische 68er Karriere denkbar. Ein Studium der Sozialarbeit, z. B. an der Fachhochschule in Bochum und der Eintritt in die SPD, würden nicht überraschen. Nicht auszuschließen ist auch, dass er zuerst eine Lehre macht, eine Zeit lang z. B. als Verkäufer für Stahlwaren arbeitet, dann über den zweiten Bildungsweg das Abitur nachholt, um im Anschluss Sozialarbeit zu studieren. Möglich wäre auch, dass er, um nicht zur Bundeswehr eingezogen zu werden, nach Berlin flüchtet und, nachdem er – zum vielleicht großen Bedauern der Mutter – die Ausbildung zum Versicherungsangestellten bei einer Bank abbricht, eine Ausbildung zum Erzieher macht (vgl. dazu der Fall Heinz Welbers in: Funcke 2007c: 131–143). Eine weitere Option ist, dass er gleich, ohne Umwege, direkt auf das Gymnasium geht und im Anschluss daran ein Hochschulstudium beginnt. Die Bedingungen dafür sind günstig, denn der deutsche Bildungsstaat ist seit Kiesingers Kanzlerschaft 1966, unter der die Universitäten Ulm und Konstanz gegründet wurden, bereits etabliert. Da er aus einem katholischen Gebiet und einem frauendominanten Milieuzusammenhang kommt, ist hier die Wahl vorzugsweise ‚weicherer' Fächer wie Deutsch, Geschichte, Pädagogik oder Soziologie zu erwarten. Die tatsächliche Berufswahl überrascht: Dieter Eugen macht wie seine Eltern eine kaufmännische Ausbildung und arbeitet bis zum Renteneintritt in diesem Berufsfeld. Er reproduziert in ungebrochener Weise die Erwerbstätigkeit seiner Mutter und die seines Vaters. Welche Logik steckt hinter dieser Entscheidungswahl? Stimmt die Hypothese von der marginalen Sozialposition des Vaters, dann könnte Dieter Eugen es sich zur Aufgabe gemacht haben, um die Aufmerksamkeit und Anerkennung des Vaters zu ringen. Die Wahl des gleichen Berufs kann für diese Bestrebung, das Beziehungsverhältnis zum Vater zu aktivieren, eine geeignete Strategie sein. Interessant daran ist des Weiteren, dass ihm über dieses Verhalten, die Bindungsbeziehung zum Vater einzuberufen, gleichzeitig die Abgrenzung von der Mutter erspart bleibt. Es kann über diese Berufswahl nicht nur um den Vater geworben werden, sondern es kann gleichzeitig auch die enge Beziehung mit der Mutter aufrechterhalten werden. Diese zeigt sich darin, dass er in den 90er Jahren, da lebt er bereits mit seinem Partner seit vielen Jahren in einer eingetragenen Lebenspartnerschaft, zu seiner Mutter zieht, die sieben Jahre nach dem Tod ihres Mannes wieder geheiratet und das Ruhrgebiet verlassen hat. Diese Orientierung am mütterlichen Lebensraum belegt die schon aus anderen Gründen längst vermutete enge Beziehung zwischen Mutter und Sohn.

Was für einen Partner wählt er?

Manfred Gärtner. Abwesende Eltern, Heimsozialisation und Stabilisierungsprozesse: Die Darstellung des biografischen Exposés von Manfred Gärtner beschränkt sich auf die mütterliche Seite, denn seinen Vater hat er nicht kennengelernt. Er gilt als im Krieg vermisst. Auch über die Mutter ist wenig bekannt, da nicht nur Vaterlosigkeit, sondern auch ein früher Mutterverlust die Entwicklung von Manfred Gärtner prägen. Er verliert die Mutter im Säuglingsalter während eines Bombenangriffes auf Berlin Ende des Jahres 1944. Es kann zwar davon ausgegangen werden, dass erste Bindungserfahrungen gemacht werden konnten, aber viel Zeit für das Kennenlernen in der Symbiose wird nicht geblieben sein. Der plötzliche Verlust der schützenden Dyade wird als traumatisches Ereignis in der frühkindlichen Erfahrungswelt Spuren hinterlassen haben. Der Massenversorgung der Säuglingsheime entkommt er durch die Großmutter mütterlicherseits, bei der er bis zum vierten, vielleicht auch fünften Lebensjahr, genau wird das nicht erinnert, gemeinsam mit seinem vier Jahre älteren Bruder aufwächst. Da der Großvater im Ersten Weltkrieg gefallen ist, versorgt die Großmutter die beiden Kinder in den schweren Nachkriegsjahren bis zu ihrem Tod im Jahr 1948 allein. Auf einen ehelichen Beistand kann sie nicht zurückgreifen, um von daher Unterstützung bei der Versorgung der Enkel zu beziehen und auch Trost in der Trauer um die früh verstorbene Tochter. Aus der Perspektive von Manfred betrachtet bedeuten diese Entwicklungsbedingungen von den frühen Lebensjahren an, weder im Zusammensein mit der Mutter noch in den Jahren allein mit der Großmutter Interaktionserfahrungen im Kontext einer sozialisatorischen Interaktionstriade machen zu können. Da der leibliche Vater und auch der Großvater fehlen, kann die Strukturdynamik nicht ins Werk gesetzt werden, über die in der frühkindlichen Lebenswelt eine Repräsentanz von diffusen Sozialbeziehungen entwickelt werden kann, die trotz ihrer Widersprüchlichkeit als eine Einheit Stabilität und Dauer verbürgen. Ein Erbe aus der Kindheit ist die Erfahrung,

5.2 Heterologie zum Herkunftsmilieu: Frauendominanz und ...

dass signifikante Andere, wie z. B. ein Vater oder Großvater, von vornherein als Bindungspersonen nicht zur Verfügung stehen, aber auch der Schutz, den mütterliche Bezugspersonen in Krisenzeiten gewähren, von hoher Fragilität ist.

Nach dem Tod der Großmutter kommt Manfred als familienloses Kind, wie viele Hunderttausende Kriegswaisen, die auf Unterbringung und Versorgung angewiesen waren, in ein Heim. Weder verwandtschaftliche Stützen, noch eine solidarische Vergemeinschaftung mit dem älteren Bruder, der kaum erinnert wird, fangen die von da an völlig fehlenden Familienbeziehungen auf. Familienähnliche Strukturen gab es in den damaligen Heimen nicht. Es herrschte großer Mangel an allem, nicht nur an Nahrungsmitteln, sondern auch an einer warmen Fürsorge, um den nicht selten auch traumatisierten Kindern mit kriegsbedingten Verlusterfahrungen eine alters- und kindgerechte Entwicklung in einer alternativen Umgebung zu ermöglichen. Die Regel war eine Versorgung in großen Gruppen, meistens in der Obhut eines unausgebildeten Personals, das kaum mehr als karge Zuwendung den Kindern gegenüber aufbrachte. Eine Geschlechtertrennung und die strenge Bindung an den Wertekanon der Heime, die wie totale Institutionen geführt worden: Unterordnung, Gleichmacherei, Ordnung, Sauberkeit, Pünktlichkeit, Kontrolle und Überwachung bestimmten den Lebensalltag eines jeden von vornherein schon diskriminierten Heimkindes. Ungefähr ganze zehn Lebensjahre, bis zum Alter von 14,5 Jahren, verbringt Manfred in einer Institution, die damals wie eine geschlossene Anstalt geführt wurde und noch weit entfernt war von den Reformen, die eine lebensweltnahe Heimerziehungspraxis durchzusetzen anstrebten (vgl. Gehres 2013).

Es stellt sich die Frage: Wie findet Manfred den Weg ins Erwachsenenleben und wie verhält er sich gegenüber den zentralen und unumgänglichen Bewährungsanforderungen, einen Beruf zu wählen, eine Partnerschaft einzugehen und eine Familie zu gründen? Ich komme jetzt zu den einzelnen Entwicklungsetappen nach dem Ende des Heimaufenthaltes bis zur Aufnahme der Paarbeziehung mit Dieter Eugen im Jahre 1971: Im Anschluss an die Schulausbildung macht Manfred im Harz eine Ausbildung zum Industriebäcker, die er in Berlin bei der Firma Brandt beendet. Daran anschließt er eine Lehre zum Koch. Interessant an diesen Berufsprofilen ist, dass es sich um versorgende, auf den ‚mütterlichen Herd' bezogene Tätigkeitsfelder handelt. Vor dem Hintergrund, dass Manfred nur sehr eingeschränkt auf milieueigene Orientierungsvorgaben aus der Familie zurückgreifen kann, repräsentieren diese Wahlen im Kern folgende Entscheidung: Er knüpft mit diesen Ausbildungsfeldern an die rudimentären Erfahrungen aus der frühen Kindheit an, als durch die Mutter und die Großmutter spezifische Bindungs- und Fürsorgeerfahrungen gemacht werden konnten.

Mit dieser doppelten beruflichen Ausstattung könnte er jetzt versuchen, sich der Realität des Berufslebens zu stellen. Es kommt aber anders. Manfred Gärtner entscheidet sich für einen Aufschub von fünf Jahren und geht, da ist er 19 Jahre alt, von 1963–1968 als Matrose zur See. Den Vorzug erhält ein klar geregelter Sozialzusammenhang, in dem vorstrukturierte Formen der Arbeitsorganisation und klare Kompetenzzuweisungen das allumfassende Eingebundensein in eine Gemeinschaft bestimmen. Er begibt sich in eine Organisationsstruktur, deren Spezifikum die soziale Isolierung ist, die durch die Trennung von der landseitigen Zivilisation und die Einbindung in eine hierarchisch strukturierte Männergemeinschaft besteht. Warum sucht er erneut, so stellt sich die Frage, die Aufnahme in eine ihn von den alltäglichen Lebenszusammenhängen absorbierende Gemeinschaft, nachdem er nachweislich durch zwei Ausbildungsabschlüsse befähigt ist, eigenes Geld zu verdienen und somit über ein berufliches Anstellungsverhältnis sich anschicken könnte, eine autonome Lebenspraxis zu gestalten? Es soll hier folgende, wenn auch riskante Hypothese aufgestellt werden, die gestützt wird durch die Studie des amerikanischen Soziologen und Psychologen Glen H. Elder zu den Lebensverläufen von Kindern, die zur Zeit der Großen Depression in großer Armut aufwuchsen und durch Entwicklungskontexte, wie z. B. auch den Militärdienst, ein – im Vergleich zu anderen Kindern mit weitaus günstigeren Entwicklungsausgangsbedingungen – erfolgreiches Leben führen konnten.[9] Es geht im Leben von Manfred Gärtner hier um das Aufsuchen eines Moratoriums, mit dem der Eintritt ins Erwachsenenleben verschoben werden kann. Vermutlich wusste er noch nicht, welche Richtung er sich befähigt fühlte, auf Dauer im Leben einzuschlagen und wie das am besten zu bewerkstelligen sei. Die Reaktion auf diese Unentschiedenheit, in die sich auch Zweifel an einer selbstständigen Lebensführung gemischt haben werden, ist die Wahl eines Aufschubes. Blicken

---

[9]Das Besondere und herausragende der Studie von Glen H. Elder ist auch, dass es ihm gelungen ist, mit dieser Untersuchung eine ganze neue Perspektive auf die Entwicklung von Kindern und Jugendlichen zu richten, sie als eigenständige Akteure zu sehen, die aktiv an der Gestaltung ihrer Lebensverhältnisse beteiligt sind und in der Lage sind, die sie umgebenden Umstände sich zu Nutze zu machen, um ihr Leben erfolgreich zu gestalten. Vergleich dazu auch die Autobiografie von J. D. Vance (2017) „Hillbilly-Elegie. Die Geschichte meiner Familie und einer Gesellschaft in der Krise". Erzählt wird hier die Geschichte eines Jungen, der aus dem Rust-Belt stammt, dem amerikanischen Norden, in dem seit dem Niedergang der Stahlindustrie viele Menschen in Armut leben, und der in schwierigen Familienverhältnissen aufgewachsen ist (Drogen, Gewalt, wechselnde Väter etc.), aber den Ausstieg und Aufstieg schafft: an der Yale Universität Jura studiert und heute als Immobilieninvestor arbeitet. Interessant an dieser Geschichte ist eine Parallele zu unserem Fall hier: ähnlich wie Manfred Gärtner, so entscheidet sich auch J. D. Vance,

5.2 Heterologie zum Herkunftsmilieu: Frauendominanz und ...

wir auf den weiteren Lebensverlauf, so muss man anerkennen, dass diese Auszeit, in der er sehr wahrscheinlich die bei der Marine üblichen Ausbildungsstufen absolviert hat, zur Entscheidungssicherheit und vermutlich auch zu einer psychischen Ressourcenstärkung beigetragen hat.

Nach diesen fünf Jahren bei der Marine, in denen er auch auf großen Fahrten unterwegs und lange Zeit von heimatlichen Regionen entfernt gewesen war, entscheidet er sich für einen beruflichen Neustart. Er absolviert, da ist er 24 Jahre alt, eine Ausbildung zum Chemielaboranten und arbeitet danach in diesem Beruf. Überblicken wir den Lebensverlauf bis zu diesem Zeitpunkt, so wird folgendes deutlich: Über verschiedene Ausbildungsverhältnisse und durch das Aufsuchen einer „totalen Institution" – wozu Goffman (1961) neben Klöstern, Gefängnissen, Psychiatrien etc. eben auch Schiffe zählt –, der in diesem Fall hier die Bedeutung eines psychosozialen Moratoriums zukommt, soll den ungünstigen Entwicklungsvoraussetzungen eine Perspektive entgegengesetzt werden, um im Erwachsenenleben Fuß fassen zu können. Diese Zeit, die man als Stabilisierungsphase bezeichnen kann, dokumentiert auch einen gewissen Optimismus, trotz prekärer Startbedingungen, Lösungen für die Bewährungsaufgaben zu finden, die in jeder Lebenspraxis zu bewältigen sind (vgl. Oevermann 1995)[10]. Im Jahr 1971, da ist er 27 Jahre alt, beginnt für ihn eine neue Lebensetappe. Er lernt Dieter Gärtner kennen, mit dem er dann nach vielen Jahren des Zusammenlebens eine eingetragene Lebensgemeinschaft eingeht. Das Thema der Familiengründung wird dann auf eine originelle Weise gelöst.

Über seinen Lebenspartner Dieter erhält er Anschluss an einen familienähnlichen Zusammenhang, der ihm weder die Ausgestaltung der Sozialposition des Ehemannes noch die des Vaters auferlegt. Er gewinnt über die Sozialintegration in einen Familienzusammenhang, der aus zwei Frauen und seinem Lebenspartner als biologischem Vater besteht, eine familiale Mitgliedschaft, die ihm

---

nachdem er das College absolviert hat und eigentlich sofort hätte mit dem Studium beginnen können, für einen Aufschub, der ihn gestärkt und entscheidungssicher gemacht hat: „Als ich mich bei den Marines verpflichtete, tat ich es zum Teil, weil ich nicht bereit war, in die Erwachsenenwelt einzutreten. Ich wusste nicht, wie man seine persönlichen Ausgaben kalkuliert, geschweige denn, wie man die Stipendienformulare fürs College ausfüllt. Jetzt wusste ich es genau, was ich vom Leben wollte und wie ich vorzugehen hatte" (2017: 204).

[10]Erwachsene haben sich bedingt durch die Endlichkeit des Lebens im Hinblick auf drei Lebensbereiche zu bewähren: im Beruf; in der Partnerschaft, Familie und Elternschaft und in der Gemeinschaft, z. B. als Staatsbürger (vgl. Oevermann 1995).

keine Kommunikation innerhalb von triadisch-organisierten Beziehungsmustern abfordert, zumal er auch nicht gelernt hat, mit dem dynamischen Potenzial triadischer Strukturen umzugehen. Betrachten wir die Formen der Lebensführung, die er nach seiner Stabilisierungsphase wählt, so fällt auf: Sowohl die Übernahme von Verantwortung in einer homosexuellen Partnerschaft als auch seine partielle Einbettung in einen erweiterten, von zwei Frauen gerahmten Familienzusammenhang, ermöglichen ihm in diesen Sozialzusammenhängen eine relativ ambivalenzfreie Kommunikation. In dem Mütterlichkeitsmilieu, das ihn an Bezogenheitserfahrungen aus der vorprädikativen Zeit der frühen Kindheit und an die affektive Intersubjektivität der dyadischen Gemeinschaft mit der Großmutter, wenn auch unbewusst, erinnert haben wird, erhält er durch das Kind seines Partners die Gelegenheit, möglicherweise auch ein Stück seiner eigenen Kindheit nachzuholen.

Betrachten wir Manfred Gärtners biografische Prägung vor dem Hintergrund der Frage nach seiner Einpassung in die Struktur des aus fünf Personen bestehenden Lebenszusammenhangs, so kann Folgendes festgehalten werden: Durch die Heimsozialisation als auch durch seine Sozialisation als Matrose auf See sind ihm Integrationskontexte vertraut, in denen es darum geht, sich in eine Gruppe durch Unterordnung und Anerkennung von Hierarchieachsen einzufügen. Hinzu kommt, dass seine Sozialisation ihn dazu disponiert, Konflikten und Ambivalenzen eher aus dem Weg zu gehen, als offen eigene Interessen und Ansprüche zu vertreten. Aus der Perspektive von Dieter, Dagmar und Cornelia bedeutet das, dass sie in Manfred Gärtner ein Mitglied in ihrer Gemeinschaft haben, das nicht dazu neigt, sich in spannungsreiche und von Widersprüchen geprägte Situationen hineinzubegeben. Er wird weder mit Dieter, noch mit einer der Frauen konkurrieren, wenn es diesen darum geht, ein Elternverhältnis zu dem Sohn Felix zu gestalten. Die Position, von der aus er einer Konkurrenzsituation entgehen kann, ist, an der Seite von Felix, also aus der Kind-Ebene heraus, am Familiengeschehen teilzunehmen, was besonders an der Sitzordnung während des familiengeschichtlichen Interviews deutlich wird, wie wir noch sehen werden. Diese Sozialplatzierung sichert ihm nicht nur die uneingeschränkte solidarische Unterstützung und emotionale Zuwendung der beiden Frauen, die sich mit Männern auskennen, die ohne Vater aufgewachsen sind und von ihren Müttern lernen konnten, wie man sich ihnen gegenüber verhält. Sondern diese Positionierung, die Manfred strukturell gesehen in ein kindliches Abhängigkeitsverhältnis bringt, zementiert auch die Grundlage der Beziehung zu Dieter, da dieser, ohne sich in eine Differenzkommunikation begeben zu müssen, in unwidersprochener Weise den ganzen Sozialverband nach den Vergemeinschaftungsprinzipien eines Ruhrgebietsarbeitermilieus zusammenhalten kann.

5.3 Eine ethnografische Annäherung an den Fall

Das Klingelschild: Ein erstes familienindikatives Protokoll. Es handelt sich hier um eine optische Selbstrepräsentation der beiden Frauen, die mit Felix zusammen in einem Haushalt leben, wo das Interview am 20. November 2009 stattfand. Ich werde im Folgenden das Klingelschild nicht als ein Zufallsprodukt behandeln. Sondern ich werde es als eine Ausdrucksgestalt analysieren, von der wir erste Hinweise auf ein der Familie zugrunde liegendes Muster erschließen können. Die Analyse dieses „Bild-Textes" erfolgt dabei auf der Grundlage von folgendem Vorwissen: Es handelt sich um ein familienindikatives Protokoll. Das Klingelschild ist nicht gekauft, also auf keine handelsübliche Weise entstanden, sondern selbstgemacht. Wir haben es mit einer bildnerischen Gestaltung zu tun, die von einer schöpferischen, menschlichen Hand stammt. Das schließt ein, dass im Prozess der Anfertigung eine Auswahl bei der Gestaltung bzw. Anordnung der Elemente getroffen werden musste (Abb. 5.3).[11]

Die zwei weiblichen Vornamen mit dem gemeinsamen Familiennamen *„Meisner"* zeigen eine gleichgeschlechtliche Lebensgemeinschaft an. Der Nachname der beiden Frauen stammt von Dagmar, die auch die leibliche Mutter von Felix ist. Zu der homosexuellen Zweierbeziehung gehört ein kindlicher Dritter mit dem Namen *„Felix"*. Alle drei Personen leben in einem gemeinsamen Haushalt. Würde man über das genannte Vorwissen nicht verfügen, wäre bei Betrachtung des Klingelschildes auch die Lesart möglich, dass hier zwei Schwestern wohnen, für die es gute Gründe gibt, ihren Haushund (z. B. *„+ Rex"*) mit in das Türschild einzutragen. Diese Auslegungsvariante liegt deshalb nahe, da der Dritte weder den Familiennamen *„Meisner"* hat, noch überhaupt ein anderer Nachname indiziert ist.

Wenn wir nun das Klingelschild analog etwa zu den häufigsten Schriftsprachen lesen, also von links nach rechts und von oben nach unten, bleibt u. a. Folgendes zu erklären: Warum stehen in der ersten Zeile die beiden Vornamen der Frauen, darunter der Familienname *„Meisner"*, der von der biologischen Mutter stammt; und: Warum steht in einem Abstand, der durch das Additionszeichen „+" markiert ist, der Vorname des Kindes? Hätten die beiden Frauen zum

---

[11]Selbst wenn das Klingelschild nicht gemeinsam von beiden Frauen gemacht ist, sondern nur das Ergebnis der subjektiven Gestaltungskraft einer der Frauen, oder sie das Klingelschild geschenkt bekommen hätten, so bestätigen sie mit der Entscheidung, das Klingelschild als Außendarstellung beizubehalten, die darin zum Ausdruck gebrachte interpretative Erfassung ihres Lebenszusammenhanges.

Abb. 5.3 Grafische Darstellung des Klingelschildes. (Quelle: eigene Darstellung)

Ausdruck bringen wollen, dass ihr Zusammenleben entlang einer Machtachse erfolgt, nach der Eltern überlegen und die Kinder unterlegen sind, dann hätte eine Anordnung der Elemente untereinander ausgereicht. Sie haben sich aber nicht dafür entschieden. Deshalb ist davon auszugehen, dass das „+" darüber hinaus noch für einen anderen Bedeutungssinn steht. Ich schlage folgende Deutung vor: Das „+", das zwischen den über eine Allianz verbundenen Frauen und der des Sohnes steht, verbindet, anders als das „und" in der ersten Zeile, Elemente unterschiedlicher Kategorien, ebenso verweist es auf einen Abstand im Kontakt. Das Additionszeichen macht aus den Elementen zwar eine Summe, trennt sie aber auch voneinander. Mithilfe der Frage, welche Geschichte erzählt das Klingelschild Felix, kann festgehalten werden: Felix wächst in einem triangulären Beziehungsgefüge auf. Die Generation der Erwachsenen ist durch zwei weibliche Personen bestimmt, die verwandtschaftlich verbunden sind. Der Rahmen ihres Zusammenlebens ist ein gemeinsamer Haushalt. Es kommt allerdings nicht wie in der Kernfamilie Blutsverwandtschaft (Deszendenz) und soziale Verwandtschaft zur Deckung. Deshalb ist Felix auf dem Klingelschild auch ohne einen eigenen Familiennamen ausgewiesen. Das Prädikat sozialer Identität, das für Zugehörigkeit zur Abstammungsgruppe steht, fehlt. Antworten die Herkunft und Abstammung betreffend, lassen sich für ihn nicht innerhalb der Grenzen der Haushaltsgemeinschaft finden. Das Klingelschild besagt, dass das Regulativ für Identitätsfragen nicht ausschließlich die Lebensgemeinschaft der weiblichen Paardyade ist. Wenn Felix seinen genealogischen Ursprung ausmachen will, muss er über das Personal des Klingelschildes hinausgehen. In diesem Sinne ist das „+" eine Bindungs- und Trennungsmarkierung zugleich.

Noch eine Anmerkung zur Beobachtung, dass der Sohn überhaupt auf dem Klingelschild genannt und dann noch in so exponierter Form repräsentiert ist. Es liegt die Vermutung nahe, dass wir es hier mit einer Familie zu tun haben, in der das Kind das affektive Zentrum bildet, es sich um eine kindzentrierte Familie handelt.

Das Beobachtungsprotokoll: Die Ankunftsszene und Begrüßungshandeln. Um zu erfahren, was nach dem Klingeln geschieht, ist man auf das Beobachtungsprotokoll

5.3 Eine ethnografische Annäherung an den Fall

verwiesen. Es geht um die Frage: Welche Lösung finden die Beteiligten für die Aufgabe, den Übergang in den Bereich des Privaten zu gestalten. Die Gestaltung von Eingangssequenzen – vergleichbar mit denen von Interviewanfängen – sind aus folgendem Grund interessant: An Übergängen, wo Ordnung eingerichtet werden muss und eine Entscheidung aus einer Vielzahl an Möglichkeiten getroffen wird, sieht man Fallstrukturen besonders gut hervortreten.[12] Ich zitiere aus dem Beobachtungsprotokoll: *An der Tür empfängt mich Dagmar Meisner. Ich schätze sie auf ca. Ende 40. Im kleinen Flur werde ich gebeten, die Schuhe auszuziehen. Ich bekomme Filzpantoffeln, die auf dem glatten Holzboden sehr rutschen. Meine Jacke hängt sie in die Garderobe. Wir gehen in das große Zimmer, das Esszimmer und Wohnraum in einem ist. Gleich an der Tür ist eine große Holzkrippe aufgebaut, vor der Felix sitzt. Es kommen mir dann die beiden Männer entgegen. Zuerst reicht mir Manfred Gärtner die Hand, dann Dieter Gärtner. Im Vergleich zu den Frauen wirken sie älter. Ich schätze sie auf ca. Ende 50.*

Aufgrund der bisherigen Ergebnisse sind wir nicht überrascht, dass Dagmar Meisner in der Funktion des Gatekeepers die Situation des Übergangs in die Privatwohnung reguliert. Sie ist diejenige, die als Gastgeberin die Grenze gegenüber der Öffentlichkeit gestaltet. Dazu gehört, mich als Erste zu begrüßen und auch klare Verhaltensregeln vorzugeben, die an der Schwelle zum Privatbereich gelten. An dem Vollzug der sozialen Praxis des ‚Schuhe-Ausziehens' wird auch deutlich, dass sie den Grad des Informellen bestimmt, der herrschen soll. Sie bittet mich, meine Straßenschuhe gegen ein paar Hausschuhe (Filzlatschen) auszutauschen.

Den Prozess der Begrüßung, an dem insgesamt vier Personen beteiligt sind, habe ich für die weitere Interpretation in eine grafische Darstellung gebracht. In die Abbildung geht dabei das Nacheinander ein, nach der die Vorstellung erfolgt ist. Hervorgehoben habe ich durch eine stärkere Markierung die Personen, die die biologischen Eltern von Felix sind. Die an der Reproduktion direkt Beteiligten, der Samenspender und die Frau, an der die Insemination vollzogen wurde, bilden die Ränder. Kursiv gesetzt sind die Lebenspartner der biologischen Eltern, also die Personen, die Elternschaft im Rahmen von fehlender biologischer Verbundenheit gestalten. Was fällt auf? (Abb. 5.4).

Die nicht-leiblichen Eltern sind in die Reproduktionstriade eingebunden. Die leiblichen Eltern sind, um die sozial konstruierten Eltern zu integrieren, getrennt.

---

[12]Vgl. u. a. das Beispiel „Schuhe-ausziehen" (Przyborski/Wohlrab-Sahr 2008: 265 ff.); das Beispiel „Guten Abend meine Damen und Herren" (Oevermann 1983) und vgl. auch die ethnografischen Beschreibungen von Ankunfts- bzw. (Erst-)begrüßungsszenen z. B. von Thompson (2005: 82 ff.); Scheffer (2002: 354 f.).

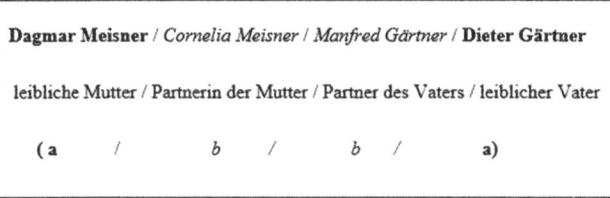

Abb. 5.4 Grafische Darstellung der Begrüßungsszene. (Quelle: eigene Darstellung)

Die leibliche Abkunft rahmt die sozial konstruierte. Ersichtlich wird eine Beziehung, in der die an der Reproduktion Beteiligten chiastisch (a b b a) voneinander getrennt, aber zugleich auch über die soziale Elternschaft ihrer Lebenspartner miteinander verbunden sind. Betrachten wir das Begrüßungshandeln in seiner Sequenzialität, so fällt des Weiteren auf, dass die gleichgeschlechtliche Frauendyade zuerst auftritt. Das verwundert nicht vor dem Hintergrund, dass die beiden Frauen hier zu Hause sind, während die Männer den Status von Besuchern haben. Der leibliche Vater begrüßt mich als Letzter. Er bildet in der Reihenfolge im Prozess der Begrüßung den Schluss. Vorrang erhalten nach der leiblichen Mutter die nicht-leiblichen Eltern. Das hat die Konsequenz, dass der leibliche Vater maximal am weitesten entfernt von der leiblichen Mutter ist, die die Sequenz eröffnet. Allerdings ist er aber auch derjenige, der die Sozialfigur des Begrüßens beschließt. Er ist zwar der Letzte in der Reihe, aber ihm obliegt die Aufgabe, das, was von der leiblichen Mutter eröffnet wurde, zum Abschluss zu bringen.

Mit Blick auf die gemachten Beobachtungen anhand der zwei Datensorten zeichnet sich ein Muster ab, mit dem sich die familiale Binnenregulation wie folgt beschreiben ließe: Es geht um die Ausdifferenzierung der weiblichen Paardyade, ohne dass der leibliche Vater (ebenso auch nicht dessen Partner – wie an der Begrüßungsszene ersichtlich wird –) ausgeschlossen ist. Der leibliche Vater ist präsent; auf dem Klingelschild dadurch, dass durch das Fehlen eines gemeinsamen Familiennamens, der alle auf dem Klingelschild Genannten einschließt, Felix auf einen Ort außerhalb der Paardyade verwiesen ist, um Fragen die Herkunft und Abstammung betreffend zu klären. Im Begrüßungshandeln tritt der leibliche Vater zwar nicht als Erster auf, denn er ist auch dort, wo das Treffen stattfindet, nicht zu Hause. Er ist aber derjenige, der, nachdem alle anderen sich am Prozess des Begrüßens beteiligt haben, das Ende gestaltet, den Abschluss strukturiert.

5.3 Eine ethnografische Annäherung an den Fall

Die Grafik der Sitzordnung: Die Organisationsweise im Raum. Nach der Begrüßung steht die Aufgabe an, sich für die Durchführung des Gespräches im Raum auf eine für jeden angemessene Weise zu verteilen. Das Schema der Sitzordnung, in der die soziale Figuration der Beteiligten während des Interviews emblematisch dargestellt ist, behandle ich als eine Visualisierung, an der sich soziale Beziehungsverhältnisse über die Organisationsweise im Raum ablesen lassen (Abb. 5.5).

Die leibliche Mutter Dagmar und ihre Partnerin sitzen nebeneinander. Oder so gesagt: Die mütterliche Elterneinheit sitzt mir gegenüber, der leibliche Vater auf dem Sofa, an der Tischseite. Der leibliche Vater ist, wenn auch als Mitglied der Gesprächsgruppe am Tisch präsent, so doch am weitesten von mir und den beiden Frauen entfernt. Das Muster, vom Rand her, auf einem Außenposten zu handeln, ist uns schon aus den anderen Protokollen bekannt. Sein Partner sitzt mit dem Kind am Boden. Im Vergleich zur Begrüßung sehen wir hier, dass die nicht-leiblichen Eltern also Cornelia und Manfred, nicht komplett in die Reproduktionstriade hineingeholt sind. Während Cornelia zwischen den leiblichen Eltern sitzt, befindet sich Manfred im gemeinsamen Spiel mit Felix zwar am nächsten dran am Kind, aber außerhalb der Erwachsenengruppe, die am Tisch sitzt. Was fällt noch auf? Eine Ähnlichkeit zur Begrüßungsszene. Auch hier in der Sitzordnung erhält die weibliche Zweierbeziehung Höchstrelevanz. Zum Zeitpunkt der Begrüßungsszene tritt die mütterliche Elterneinheit zuerst auf. Hier – in der Sitzordnung – ist sie verobjektiviert durch das Nebeneinander der beiden Frauen. Während das Männerpaar getrennt ist, tritt das Frauenpaar als Einheit auf. Sie bringen ihre gleichgeschlechtliche Paargeschlossenheit zum Ausdruck. Die nicht-leibliche Mutter, Cornelia, ist dabei von

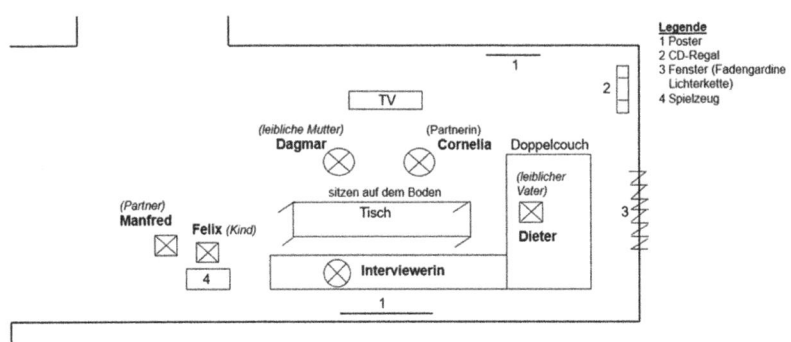

Abb. 5.5 Protokoll der Sitzordnung und des Wohnbereichs. (Quelle: eigene Darstellung)

den biologischen Eltern eingerahmt. Sie schiebt sich zwischen ihre Partnerin und den Vater des Kindes und neutralisiert diesen auf diese Weise. Im Vergleich zur leiblichen Mutter sitzt sie allerdings weiter weg von Felix. Die Frage ist, welchen Grund gibt es dafür, dass in der Sitzordnung die gleichgeschlechtliche Paardyade der Frauen das zentrale Thema ist? Ich schlage folgende Deutung vor: Zur Geltung gebracht wird, dass auf der Ebene der Alltagswelt die Reproduktionstriade nicht relevant ist. Die Familie ist organisiert nach dem Prinzip der Ausdifferenzierung der weiblichen Paardyade durch Grenzziehung. Besonders deutlich tritt dieses Strukturmerkmal der Familie gleich zu Beginn des Gespräches zutage, also dort, wo die Beteiligten zur „Selbststrukturierung durch die Interviewsituation" (Hildenbrand 2012: 206) aufgefordert sind.

Die Eingangssequenz des familiengeschichtlichen Gesprächs: Erste Sprechakte.[13]

I: *erzählen Sie doch einmal, (.) wie aus Ihnen (.) eine Familie geworden ist.*
D: *Mh.*
C: *Ja.*
D: *(schmunzelt) Muss ich wohl anfangen (!)(?)*
C: *@Ja@*

Beginnen wir mit der Frage: Wie reagieren die Beteiligten auf die „Zumutung" (vgl. Wolff 2010: 335), mir zu erzählen, *„wie aus ihnen eine Familie geworden ist"*. An der Art, wie sie daran mitwirken, die soziale Veranstaltung des Forschungsinterviews zu gestalten, artikuliert sich der Fall in seiner Besonderheit. Vorausgesetzt, dass die Lebenspraxis immer strukturiert ist, tritt an dem Vollzug der Sprechhandlungen ihre soziale Organisation als ein strukturiertes Gebilde zutage.

D: *Mh.*

Die leibliche Mutter reagiert zwar nur paraverbal, aber sie sagt zuerst etwas. Hinter dem *„Mh"* könnte die Aufforderung an die Interviewerin stehen, die Frage zu präzisieren im Sinne von: ‚Können Sie das genauer fragen'? Auf jeden Fall aber hat Dagmar ihren Platz schon einmal markiert. Für die anderen könnte das, nachdem die Außenvertreterin ihre Autorität zur Geltung gebracht hat, der ‚Startschuss' sein, jetzt zu erzählen. Aus Interviews mit Bauernfamilien, wo Bäuerinnen die geheimen Machtzentren der Familie bilden, sind ähnliche

---

[13] I = Interviewerin, D = Dagmar, C = Cornelia, Dt = Dieter

5.3 Eine ethnografische Annäherung an den Fall

Reaktionen bekannt. Da ein Paar sich zur Familie erweitert, wenn (i. d. R.) Mann und Frau zusammenkommen, wäre denkbar, dass der leibliche Vater anschließt. Möglich wäre auch, dass die Partnerin, also Cornelia, über den Vorgang spricht, wie sie den Familienplan realisiert haben.

C: *Ja.*
D: *(schmunzelt) Muss ich wohl anfangen (!).*

Signifikant ist, dass die Männer nichts sagen und dass die beiden Frauen sich für das anfangsrelevante Personal halten. Die Männer sind am Rand, die Frauen im Zentrum. Diejenigen, die die Alltagspraxis ausüben, setzen sich durch Sprache ins Zentrum. Es wiederholt sich hier die in der Sitzordnung im Nebeneinander zur Geltung gebrachte Einheit als gleichgeschlechtliches Paar. Der Kern, das Familienholon aus zwei Frauen, stellt sich dar. Doch wie unterscheiden sich die beiden Personen, die zur Gesamtgruppe des anfangsrelevanten Personals gehören? Es beginnt diejenige, die in der Kernbeziehung dominiert (siehe Familienname, Erstplatzierung auf dem Klingelschild, Eröffnung der Begrüßungshandlung), die leibliche Mutter ist und im Vergleich zu den beiden Männern auch dort zuhause ist, wo das familiengeschichtliche Gespräch stattfindet. Ihre Dominanz wird aber nicht nur dadurch zum Ausdruck gebracht, dass sie beginnt, sondern zusätzlich auch noch dadurch, dass sie sich selbst die Erzählhoheit zuweist. Sie selegiert sich selbst als die Anfangende: *„Muss ich wohl anfangen".* Wenn Cornelia dazu nichts sagt, wäre das ein stillschweigendes Einverständnis. Denkbar wäre auch, dass diese Bemerkung von Dagmar durch eine andere übertroffen wird, z. B. könnte einer der Männer sagen: ‚Sieht wohl so aus', oder: ‚Ich mach das schon, nicht so eilig, wir sind auch noch da'. Die Frage ist, lassen sie sich ausschließen, oder finden sie eine Form, sich im Ausschluss einzuschließen?

C: *@Ja@*
D: *Also...*

Die Männer sagen immer noch nichts und Cornelia bestätigt lachend die Selbsternennung Dagmars zum Hauptakteur. Diese Form der Darstellung ist uns schon vom Klingelschild bekannt, die Männer kommen auch da nicht vor und Cornelia *(„Conny")* ist zwar präsent, aber an zweiter Stelle im Schatten der mütterlichen Hauptfigur.

Doch noch einmal zurück zur Sitzordnung (vgl. Abb. 5.5). Man kann sehen, dass der biologische Vater räumlich betrachtet eine exponierte Position am Rand hat. Er sitzt an der Tischseite. Durch seinen Platz auf dem Sofa auch leicht erhöht gegenüber dem auf dem Boden knienden Frauenpaar. Auch die leibliche

Mutter hat im Vergleich zu ihrer Partnerin eine zentrale Position. Sie sitzt frontal zur Interviewerin. Deutlich wird Folgendes: Auch wenn in der alltäglichen Praxis das Familienleben von den beiden Frauen gestaltet wird, behalten die auf Abstammung beruhenden Sozialbeziehungen ihr Recht. Was diese Familie anerkennt, ist eine „naturgegebene Ordnung". Aber gleichzeitig halten sie an der sozialen Konstruktionsweise einer – wie René König (1974: 34) es ausdrückt – „künstlichen Verwandtschaft" fest, die aus „Rechte[n] und Pflichten" besteht, „die aus dem bloßen Faktum der physiologischen Abstammung niemals abgeleitet werden können". „Reproduktive Elternschaft" (Strathern 1992: 188) und soziale Elternschaft gehen in dieser Familie eine Verbindung ein.

Das Familienfoto: Displaying Families[14]. Im Folgenden geht es um ein visuelles Protokoll der Familie, das ich am Ende des Interviews, kurz vor der Verabschiedung, gemacht habe. Es handelt sich um ein Familienfoto. Bei meiner Frage an die Beteiligten, mit meiner Fotokamera eine Aufnahme machen zu dürfen, werden keine Einwände vorgetragen. In einem großen Vertrauen mir gegenüber erzeugen sie für mich, der sie „etwas von ihrer Welt sehen lassen wollen" (Goffman 1981: 117), eine Version des Bildes von sich als Familie. Dafür müssen sie eine „Übereinkunft" treffen, „sich füreinander" mittels spezifischer Gesten, Mimik und über eine körperliche Bezogenheit „darzustellen und den anderen ebenfalls eine solche Darstellung zu ermöglichen" (ebd.: 36). Herausgekommen ist dabei ein Abbild, das nur einen Augenblick und auch nur einen bestimmten Raumausschnitt fixiert. Das Resultat, die Kamera als ein „editorisches Instrument" (Harper 2010: 412) im Forschungsprozess einzusetzen, ist ein stehendes Bild. Ein zeitlich gedehnter Vorgang ist auf dem Foto in „die Erstarrung räumlicher Synchronizität" (Oevermann 2009: 132) überführt. Konstitutiv für das Bild ist, um es mit Max Imdahl zu sagen, die „Simultanstruktur" – „das Ganze [...] von vornherein in Totalpräsenz zu geben" (Imdahl 1996: 23) (Abb. 5.6).

---

[14]Das Konzept „Displaying Families" stammt von Janet Finch (2007). „Display is the process by which individuals, and groups of individuals, convey to each other and to relevant audiences that certain of their actions do constitute 'doing family things' and thereby confirm that these relationships are 'family' relationships" (2007: 67). Besonders in unkonventionellen Familien und in der Bewältigung von Krisensituationen, in denen familiale Bindungen fragwürdig geworden sind, taucht der Bedarf auf – so Finch –, über ein interaktives Tun sich wechselseitig und auch anderen anzuzeigen, dass man die Beziehung als eine familiäre versteht.

5.3 Eine ethnografische Annäherung an den Fall

Abb. 5.6 Familienfoto. (Foto: Dorett Funcke)

Generell gewinnt man den Eindruck, dass das Kind der affektive Mittelpunkt der Familie ist (vgl. auch Klingelschild), von dem eine das Ganze strukturierende Kraft ausgeht. Felix scheint der Anlass für eine allianzstiftende Praxis zu sein[15], die Bindung erzeugt und alle Beteiligten integriert. Das wird insbesondere an der umschließenden Rahmung deutlich. So schließt Dieter vom linken Rand her die Gruppe ab. Sein rechter Arm, der Cornelia berührt, scheint den Rest der Gruppe abzustützen. Der Arm seines Partners, der Dagmars Schulter umfasst, erscheint wie Dieters verlängerter linker Arm, der das Ganze von der anderen Seite abschließend integriert. So umschließen beide Männer nicht nur jeweils eine der Frauen, sondern durch den Kontakt von außen geben sie der Fünfer-Gruppe vom Rand her den Abschluss. Sie rahmen die Gruppe vom Rand her durch ihre Armhaltung ein. Alle sind durch wechselseitige Berührung einbezogen.

---

[15]Dieter bringt es im Interview wie folgt zum Ausdruck: „Seit Felix da ist, geht man auch ganz anders mit dem Leben um, auch viel umsichtiger, einfach weil im Hinterkopf immer noch die Verantwortung für dieses Kind ist. Und wenn man auf sich selber achtet, dann einfach nach dem Motto, das Kind soll dann, wenn es schon vier Elternteile hat, sie auch solange wie möglich haben. Also, das Denken dreht sich immer um das Kind."

Die Verbindung der Hände und Arme vermitteln einem geradezu den Eindruck einer „Berührungskaskade"[16]. Dieser Eindruck von Zusammengehörigkeit, Zugehörigkeit und sozialer Bezogenheit drückt sich auch in der Mimik aus: alle lachen.

Ein Unterschied zwischen den beiden Frauen zeichnet sich auch (vgl. Klingelschild, Eingangssequenz) an diesem Datenmaterial noch einmal ab. Blickt man nur auf die Frauenfamilie mit Kind, so ist auch hier Dagmar, die leibliche Mutter, die Zentralgestalt. Sie hat Felix auf dem Schoß und fokussiert durch ihren Blick den Bildbetrachter. Dass Dagmar die zentrale Figur in der Fünfer-Gemeinschaft ist, überrascht vor dem Hintergrund ihrer Sozialisationsbedingungen nicht. Dagmar ist diejenige von beiden Frauen, die aus der erfahrenen Not des Mangels an sozial affektiven Bindungen die Tugend einer aktivistischen Lebensführung gemacht hat und die aufgrund eines biografisch bestimmten Misstrauensverhältnisses bevorzugt, die Kontrolle selbst zu behalten. Es können zahlreiche andere Indikatoren genannt werden, die darauf verweisen, dass sie als Strukturgebende dieser familialen Lebensform die Zentralfigur im Ensemble der Fünfer-Lebensgemeinschaft ist. Sie ist zugleich biologische Mutter, Namensgeberin der weiblichen Paarfamilie, Zeitmanagerin der Familie und diejenige, die die Grenzgestaltung von Privatem und Öffentlichem reguliert und – wie noch durch die Sequenzanalyse zu zeigen sein wird – Initiatorin der Familiengründung überhaupt. Auch die Position, die der leibliche Vater einnimmt, ist uns nicht unbekannt. Vom Rand her verleiht er, der am weitesten von der biologischen Mutter entfernt ist, durch seine minimale Zurücksetzung und alle anderen um Haaresbreite leicht überragend, der Gruppe Stabilität. Er ist, wie schon mehrfach gezeigt, auf Abstand präsent.

Wenn wir einmal die Anordnung aller Personen als Reihe betrachten, also sequenziell, so fallen Ähnlichkeiten zur Begrüßungsszene als auch zur Sitzordnung auf. Wie in der Sitzordnung so sitzt auch hier Cornelia, die nichtleibliche Mutter, neben Dieter, dem biologischen Vater. Dadurch, dass sie dort platziert ist, rückt sie den Samenspender, der mit ihrer Partnerin die Reproduktionstriade bildet, weitestgehend auf Distanz. Spielt man einmal die Konstellationsverhältnisse angeleitet von der Frage durch, wie sind die mit Felix biologisch und nicht-biologisch verbundenen Akteure angeordnet, dann kommt man zu folgender Lösung. Es sind diejenigen von Felix am weitesten voneinander

---

[16]Ich danke Ruth Ayaß für diesen Begriff, der anlässlich eines Workshops in Klagenfurt am 26.11.2012 bei der Betrachtung des Fotos entstanden ist.

5.3 Eine ethnografische Annäherung an den Fall

entfernt, die durch genetische Abstammung mit ihm verbunden sind. Um das Bild nach dieser Formel vollständig aufzulösen, müsste Felix auf dem Schoß von Manfred sitzen; dann hätte man das Maximum an Distanz erreicht. Das wäre die beste Möglichkeit, alle zu integrieren. Dass aber die Variante gewählt ist, die Dagmar mit Felix gemeinsam im Fokus des Bildes zeigt, weist noch einmal darauf, dass es in der Familie nicht darum geht, die Strukturposition leiblicher Elternschaft zu verwischen, sondern klar anzuzeigen. Sowenig wie die Position der Mutter diskutabel ist, so auch nicht Dieters Position als leiblicher Vater. Auch wenn er nicht in die familiale Alltagspraxis der Frauenfamilie eingebunden ist und mit der Frauendyade auch keine Kooperationsgemeinschaft auf gleicher Ebene bildet, bleibt er der von ihnen anerkannte leibliche Vater des Kindes.

Wie in der Begrüßungsszene, so befinden sich auch im fotografischen Porträt der Familie die leiblichen Eltern am Rand. Die nicht-leiblichen Eltern werden von den biologischen umschlossen bzw. eingerahmt. Die leiblichen Eltern konstruieren einen Rahmen, in dem ihre Partner die soziale Elternschaft aufführen können. Die Vermittlungs- bzw. Verbindungsfunktion der leiblichen Eltern ist auch darin fundiert, dass sie direkt Blickkontakt zum Bildbetrachter aufnehmen. Im Gegensatz zu den nicht-leiblichen Eltern, die beide auf das Kind schauen, öffnen sich die biologischen Eltern durch ihre Blickrichtung zum Bildbetrachter hin. Die Reproduktionstriade, wozu auch das Kind gehört, blickt aus dem Bild heraus. Da sie den Blick auf den Fotografen und damit auf den potenziellen Bildbetrachter richten, sind sie es, die den Außenkontakt herstellen und dadurch Cornelia und Manfred ermöglichen, im Binnenraum sich Felix zuzuwenden. Auch hier finden wir noch einmal – wie auch schon am Begrüßungshandeln herausgearbeitet – das Konzept der Familie zum Ausdruck gebracht, dass die leibliche Abkunft die sozial konstruierte rahmt. Wir haben es mit einer Familienform zu tun, der es darum geht, über soziale Konstruktionsweisen von Zusammengehörigkeit die biologische Familie zu überschreiten. Allerdings soll im Prozess der Vergemeinschaftung, der alle integriert, weder der familiale Kernbereich aus den zwei Frauen mit dem Kind in seinen Grenzen gefährdet und destabilisiert werden, noch die Eindeutigkeit der leiblichen Elternschaft verwischt werden. Das kann man auch mit Blick auf das Foto gut erkennen: Denkt man sich nämlich die nicht-leiblichen Eltern einmal weg und schiebt die in die Kamera Blickenden zusammen, dann erkennt man die paternalistische Familie, so wie man sie zum Beispiel auf den Kunstwerken des 19. Jahrhunderts abgebildet sieht (vgl. Lorenz 1985). Während der Vater als Außenvertreter und Autoritätsperson hinter der Mutter-Kind-Dyade steht, füllt die Ehefrau als Mutter ihres gemeinsamen Kindes, das sie auf dem Schoß hält, den Vordergrund des Bildes aus. In einem alternativen Kontext Familie herzustellen, bedeutet nicht nur, trianguläre Strukturen im Rahmen der weiblichen Paarfamilie zu erzeugen, sondern auch anzuerkennen, dass Familie ein in der Biologie der Reproduktion verwurzelter Tatbestand ist.

5.4 Der Prozess der Familiengründung

Ich komme noch einmal auf die Sequenzstelle im Interview zu sprechen, die die Aufforderung enthält, mir zu erzählen: *„wie aus Ihnen (.) eine Familie geworden ist"*.

D: *Mh.*
C: *Ja.*
D: *(schmunzelt) Muss ich wohl anfangen (!)(?)*
C: *@Ja@*
D: *Also...*

Ganz offenbar haben die zum Zeitpunkt des Interviews Anwesenden eine Schwierigkeit damit, mir zu erzählen, wie aus ihnen eine Familie geworden ist. Denn es wird mit einem Zögern reagiert. Für einen Moment besteht Unentschiedenheit darüber, von wem – und wahrscheinlich auch wie – der Ereignisverlauf erzählt werden soll. An der Lösung, die dafür gefunden wird, kristallisiert sich zum wiederholten Male auf gleiche Weise aus der Menge der Anwesenden die weibliche Paardyade heraus. Zum anfangsrelevanten Personal zählen fraglos die beiden Frauen. Denn an der auszuhandelnden Redeordnung sind weder der leibliche Vater (Dieter), noch sein Partner (Manfred) beteiligt. Und erst nachdem sich Dagmar, die leibliche Mutter, selbst als autoritative Quelle identifiziert hat und dies vonseiten ihrer Partnerin auch bestätigt wird – während die Männer schweigend teilnehmen – kann in die Kontinuität einer Erzählung übergegangen werden. Der Umschlag in die Darstellung, wie es sich zugetragen hat, dass aus ihnen eine Familie geworden ist, wird von Dagmar vollzogen. Dagmar ist die Erzählerin und die anderen sind die Rezipienten. Gleichzeitig ist Dagmar, die in die Aktion der erzählenden Rede übergeht, also den Anfang macht und den Entschluss tut, die Interviewerin in die Begebenheiten der Familienbildung einzuführen, in der Geschichte, wie aus ihnen eine Familie geworden ist, aber auch die Protagonistin, und, da sie das Kind zur Welt gebracht hat, die maßgeblichste Zeugin für den Status der Elternschaft. So manifestiert sich über die Interaktionsordnung ein Kern der Fünfergemeinschaft, der aus den beiden Frauen besteht, die sich wechselseitig darin unterscheiden, dass die eine die Geschichte sprachlich

5.4 Der Prozess der Familiengründung

ins Werk setzt und die andere, wie im realen Entwurf, nicht die Initiatorin, sondern die Reaktive ist, die den Prozess der Familiengründung mitträgt. Die beiden Männer haben in dieser Triade – vergleichbar dem Klingelschild – keinen Platz. Sie sind zwar anwesend, haben aber – wörtlich verstanden – nichts zu sagen. Auf der redepragmatischen Ebene haben sich die Männer in Luft aufgelöst, wenn es darum geht, über die Interaktionsordnung die soziale Familie zu inszenieren.

D: *Also ich will, (.) wollte eigentlich schon ein Kind haben (.)*

Dagmar beginnt von der Zeit zu erzählen, wo es um die problematische Entscheidung geht, *„ein Kind [zu] haben"*. Auf der Ebene des Interaktionsstils fällt sofort auf, dass Dagmar ganz selbstverständlich, wie die Rede in der Ich-Form intendiert, davon ausgeht, dass einzig sie allein die Entscheidung für ein Kind trifft. Sie erzählt nicht die altbekannte Geschichte im Sinne von: ‚Wir waren ein Paar und dann überlegten wir uns, dass wir auch ein Kind haben wollten.' Sie stellt die übliche Abfolge auf den Kopf. Es heißt nicht: ‚Mein damaliger Mann und ich wollten schon ein Kind haben'. Man ist nicht erst zu zweit und dann zu dritt. Die Familienbildung wird vom Individuum hergedacht. Andere brauchen, wenn es um das Thema, ein Kind zu *„haben"* geht, nicht gehört zu werden. Dagmar antwortet nicht aus der Paarperspektive, sondern aus der Egoperspektive. Mutterschaft wird als Individualisierungsprojekt erzählt. Auffällig ist noch, dass sie den angefangenen Satz *„Also ich will"* nicht zu Ende bringt, z. B. mit ‚...mal so anfangen' oder ‚... einmal so beginnen'. Sie nimmt sich nicht mehr die Zeit, die rahmende Handlung sprachlich auszuführen. Die Geschichte, die sie auch sofort anhebt im Präteritum als dem „Leittempus der erzählten Welt" (Weinrich 2007: 204) zu erzählen (*„... wollte eigentlich"*), muss etwas beinhalten, das sie stark bewegt. Wir erwarten die Erzählung einer Vorgeschichte, die, gleichwohl sie in der Vergangenheit liegt, sie emotional so aufwühlt, dass der Druck, der davon ausgeht und zum sprachlichen Durchbruch drängt, sie eine Satzfigur nicht beenden lässt. Im erinnernden Rückgriff auf Vergangenes muss der Wunsch, über ein Kind verfügen bzw. besitzen zu können (*„haben"*), sich als Problem erwiesen haben, derart, dass es auch heute noch in ihr rumort, wenn sie darüber spricht.

(.) seit Anfang 20. (!) Ähm da war ich verheiratet (.) mit'm Mann.

Was sie im Moment des Erzählens immer noch stark bewegt, stellt sich in der Rückschau-Perspektive wie folgt dar: Mit der Präposition *„seit"* bezeichnet Dagmar einen Zeitpunkt, der für den Beginn steht, sich zu wünschen, ein *„Kind* *(zu) haben"*. Da war sie Anfang 20 und verheiratet. Dort, in dieser frühen Zeit ihres noch jungen Erwachsenenlebens, ist der Anfang für den Kinderwunsch auszumachen, der von ihrer Zeitwahrnehmung her nicht nur früh einsetzte *(„schon")*, sondern auch über die Zeit hinweg andauerte *(„seit")*. Das Ausrufezeichen *(„!")* als Ausdruck einer emphatischen Intonation verweist darauf, dass sie der Interviewerin folgendes zu verstehen geben will – einmal in Langschrift paraphrasiert: Unverändert blieb von früher Jugend an ihr Kinderwunsch. Das längst Überfällige tritt aber nicht ein, selbst unter der doch für die Realisierung eines Kinderwunsches relativ günstigen Bedingung, mit einem Mann verheiratet gewesen zu sein. Das immer Gleiche, während die Zeit ihren Lauf nimmt *(„seit")*, blieb der noch uneingelöste Kinderwunsch. Wie krisenhaft das in der Vergangenheit liegende auch heute noch von ihr erfahren wird, darauf verweisen der Satzabbruch *(„Also ich will, [.]")* als auch der exklamative Redestil *(„!")*.

Wie die Geschichte ausgeht, von der sie uns hier anlässlich einer Aufforderung durch die Interviewerin erzählt, wissen wir noch nicht. Im Moment ist Dagmar noch bei der Exposition der Ausgangslage. Wir erwarten in der Fortsetzung der Erzählung als nächstes, etwas über das Ereignis zu erfahren, um dessentwillen ja die Geschichte erzählt wird. Und im dritten Schritt, also nach der Problemexposition und der Erzählung über das eine Wende auslösende Ereignis, erwarten wir auch einen Schluss, der die neue, veränderte Situation charakterisiert, die in das Geschehen der Gegenwart zurückführt.

Und (.) das hat nicht funktioniert. (!)

Sie kommt jetzt, im Teil der Exposition der Geschichte, erst einmal zu einer Zusammenfassung, die mit der Konjunktion *„Und"* eingeleitet wird. Im Fokus-Pronomen *„das"* werden dann alle Informationen gebündelt, die sie der Interviewerin zur Vorgeschichte gegeben hat, die davon erzählt, wie sie versucht hat, ein *„Kind [zu] bekommen"* und dabei nicht erfolgreich war. Allerdings ist nicht ganz klar, worauf sich das *„das"* bezieht. Der Referent ist doppeldeutig. *„Das"* kann der Mann oder das Kind sein. Das Verheiratetsein kann nicht *„funktioniert"* haben oder das Kinderkriegen. Da der Satz aber mit *„Ich (…) wollte eigentlich schon ein Kind haben"* beginnt, muss man ihn fortsetzen mit *„das hat nicht funktioniert"*. Bei *„seit Anfang 20. (!) Ähm da war ich verheiratet (.) mit'm Mann"* handelt es sich um einen selbstständigen Einschub, den man auch in Gedankenstriche setzen kann. Ob der Mann auch ein Kind haben wollte oder nicht, wird auch hier nicht thematisiert. Halten wir fest: Bei der Frage, ein Kind haben zu wollen, differenziert sie sich aus der Paargemeinschaft mit einem Mann aus. Sie hat diesen von vornherein nicht mit auf der Rechnung. Vor dem Hinter-

5.4 Der Prozess der Familiengründung

grund ihrer biografischen Geschichte, die sie disponiert, in Entscheidungen nicht auf andere zu vertrauen, die Kontrolle selbst zu behalten und als Durchbeißerin eigene Wege zu gehen, überrascht diese Einstellung nicht besonders. Sie wird sich damals, nach der gescheiterten Ehe, gefragt haben, welche Alternativen für sie infrage kommen, um sich den den Zeiten(ver)lauf und damit auch das Ende dieser Paarbeziehung überdauernden *("seit")* Kinderwunsch zu erfüllen. Sollte für sie eine alleinerziehende Mutterschaft von vornherein nicht infrage kommen, dann muss sie sich auf die Suche nach einem Personal begeben, das sie bei ihrem Projekt, ein Kind zu bekommen, vorbehaltlos unterstützt und wenig Widersprüchliches dabei findet, ihr dabei die Entscheidungsautorität zu überlassen.

Noch folgendes ist an dieser Satzeinheit auffällig, Dagmar behandelt das Kinderkriegen wie eine instrumentell-strategische Angelegenheit, zumindest in der erzählten Zeit, von der hier die Rede ist. Vor allem eine Markierung lässt darauf schließen, dass *„ein Kind [zu] haben"* von ihr wie etwas mit Sachcharakter behandelt wird. Das etwas nicht *„funktioniert"* hat, würde man allenfalls in Sachkontexten sagen, in denen es um einen reibungslosen Ablauf, um einen ordnungsgemäßen Betrieb geht: ‚die Maschine funktioniert wieder' oder: ‚Funktioniert die Telefonanlage?' oder: ‚Der Notfallplan hat funktioniert'. Von *„funktionieren"* würde man gestaltrichtig nicht sprechen, wenn es um soziale Kontexte geht. Den diffusen Anteilen einer Paarbeziehung entsprechend wäre die Formulierung erklärungsbedürftig: ‚Unsere Paarbeziehung funktioniert gut'. Auch ist in klinischen Kontexten nicht die Rede davon, dass der Patient ‚wieder funktioniert'. Sie erzählt von der Kinderzeugung so, als ob es sich dabei um ein apparatives Verfahren handelt, bei dem zu verrichtende Abläufe einen störungsfreien und reibungslosen Betrieb gewährleisten. Wie das Paar seine Intimbeziehung tatsächlich gestaltet hat, darüber wissen wir nichts. Aber an der Art zu erzählen, zeigt sich, wie Dagmar sich zur Zeugung eines Kindes ins Verhältnis setzt: Sie stellt diesen Vorgang als eine technische Angelegenheit dar und reduziert so die daran Beteiligten, also das Ehepaar, auf Leistungserbringer in einer zu verrichtenden Sache. Denkbar wäre, dass das genau das Problem der Kinderlosigkeit gewesen ist. Woran es aber tatsächlich gelegen hat, dass das Paar kinderlos geblieben ist, wissen wir nicht (vgl. Heihoff 2003). Dass Dagmar unfruchtbar war, gilt als widerlegt, da sie später mithilfe einer Samenspende ein Kind zur Welt bringt. Hat es am Ehemann gelegen, dann war er entweder zeugungsunfähig oder er hat sich nicht gleichermaßen, wie das für Dagmar wichtig war, an der Familienplanung beteiligt. Wir wissen aber, dass Dagmar über einen übermäßig stark ausgeprägten Kinderwunsch verfügt, der nicht aus der gemeinsamen Beziehung zu ihrem Mann entstanden ist. Ihr Kinderwunsch ist nicht das Ergebnis einer gemeinsamen Paarpraxis, das sagt sie gleich zu

Beginn „*Ich wollte...*" Einmal angenommen, die Diagnose seiner Zeugungsunfähigkeit ist auszuschließen und der Ehemann hat sich auch dem Kinderwunsch seiner Ehefrau nicht verweigert, dann müssen andere Gründe zur Kinderlosigkeit geführt haben. Nicht immer, das ist aus der Reproduktionsmedizin bekannt, lassen sich die Ursachen genau bestimmen. Nach der Strukturdynamik des Paares hier zu schließen, ist zu vermuten, dass der Mangel einer Paarsynthese, der sich im Fehlen eines gemeinsamen Kinderwunsches objektiviert, und die Behandlung der Zeugung eines Kindes als eine technische Angelegenheit, nicht unerheblich dazu beigetragen haben, dass kein Kind entsteht. Auf latenter Ebene hat der Ehemann möglicherweise, wenn auch nur implizit, gewusst, für den Kinderwunsch seiner Ehefrau ein diesbezüglich auch austauschbarer Zulieferer zu sein.

Es hat wohl seinen Sinn.

Mit dieser Sequenz, mit der der Teil der Problemexposition seinen Abschluss findet, drückt Dagmar eine Vermutung aus. Sie vermutet, aber sicher wissen tut sie es nicht, dass es einen „*Sinn*" hat, dass damals *(„seit Anfang 20")*, als sie mit einem Mann in einer Ehe zusammenlebte, das Kinderkriegen nicht geklappt *(„funktioniert")* hat. Welchen „*Sinn*" könnte es aus ihrer Sicht gehabt haben? In der deutschen Sprache wird in der Regel, wenn es darum geht, in der Rückschau auf Vergangenes Vermutungen anzustellen, als Zeitform das sogenannte Vor-Futur (Futur II) verwendet (vgl. Weinrich 2007: 235). Demnach hätte es richtig ausgedrückt heißen müssen: ‚Es wird wohl seinen Sinn gehabt haben'. Stattdessen gebraucht Dagmar für ihre rückschauende Vermutung aber die Zeitform des Präsens. Warum? Mit der Formulierung im Präsens kann sie ausdrücken, wenn auch nur als Vermutung, dass die Kinderlosigkeit in der Ehe nicht nur für die Vergangenheit gilt. Auch wenn sie heute oder in Zukunft versuchen würde, im Rahmen einer ehelichen Paarbeziehung ein Kind zu bekommen, es würde nicht „*funktionieren*". Die verschiedenen Zeitläufe überdauernd gilt, so vermutet sie, dass sie mit einem Mann kein Kind bekommen kann. Dieser Sachverhalt ist für sie von zeitloser Bestimmung. Indirekt bereitet sie hier schon das Thema der Homosexualität vor und gibt zu verstehen, dass aus ihrer Perspektive damals weder ihr Ehemann, noch ihre Paarbeziehung, noch sie selbst Ursache waren, dass der Kinderwunsch sich nicht erfüllte. Im Grunde genommen vollzieht sie hier auch ein stückweit eine Rehabilitierung ihrer gescheiterten Ehe, weshalb wir annehmen können, dass die Trennung, da die Paarbeziehung auch eine affektiv-solidarische Grundlage hatte, als schmerzhaft erfahren wurde. Eine Fortsetzung der Ehe ohne Kinder ist aufgrund eines starken Kinderwunsches für sie aber keine Alternative.

5.4 Der Prozess der Familiengründung

Wie wird sie ihre Rede fortsetzen? Wir erwarten jetzt einen Neuansatz, eine erzählende Einleitung, die das Ereignis vorbereitet, wie aus ihnen eine Familie geworden ist.

Ich hab mich dann irgendwann (.) getrennt und äh hab die Richtung gewechselt. (.) Und nachdem ich dann wieder, nachdem ich meine Traumfrau gefunden habe und wir ne Beziehung für's Leben eingegangen sind,

Dagmar beginnt die Interviewerin über eine Abfolge von Ereignissen zu unterrichten: Erstens, sie lässt sich scheiden. Zweitens, sie nimmt eine Orientierungsänderung bei der Partnerwahl vor. Drittens, sie begibt sich auf die Suche nach einer von ihr idealisierten Partnerin und ist darin erfolgreich. Viertens, sie geht mit dieser Partnerin eine zeitlich nicht limitierte Partnerschaft ein. Dieser Verlauf wird von ihr durch die ausgedrückte Nachzeitigkeit (*„dann"*, *„nachdem"*) als eine auf Fortsetzung angelegte zusammenfassende Auflistung dargestellt. Nicht auszuschließen ist, dass die Handlungskette noch nicht vollständig zum Abschluss gebracht ist und weitere Erzählschritte zum Verlauf gehören. Doch bevor wir uns anschauen, wie sie fortfährt, müssen wir uns die Bedeutung von als befremdlich erscheinenden Formulierungen – insbesondere, wenn sie wie hier im Kontext von partnerschaftlichen Solidarbeziehungen verwendet werden – klarmachen.

Erklärungsbedürftig ist die Ausdrucksform *„ne Beziehung für's Leben eingegangen sind"*. Allenfalls ein Dritter, der selbst nicht Mitglied der partnerschaftlichen Sozialbeziehung ist, über die er spricht, kann sagen: ‚Das Paar ist durch die Eheschließung eine lebenslange Beziehung eingegangen'. Psychologen, Sozialpädagogen oder Soziologen formulieren derartige Sätze, wenn sie von ihrem Fall als einen Gegenstand der Untersuchung sprechen. Aber wenn ein Sprecher das Geschehen, an dem er selbst beteiligt ist, wie eine Beobachtung behandelt, dann ist das nicht eine zwangsläufig pragmatische Folge der Einstellung des Erzählens und Berichtens im Interview. Vielmehr drückt sich in der Erzählung die Haltung aus, lebenspraktische Problemstellungen wie die Partnerwahl als Vorgänge zu behandeln, die Bestandteil eines Schemas von Normalerwartungen sind, die man sich anschickt subsumierend auszugestalten. Gelingt die Ausgestaltung nicht, dann werden auch radikale Schritte unternommen, um in einem hohen Maß an Eigeninitiative das Programm, dem man sich selbst unterwirft, mit den Mitteln der instrumentellen Vernunft zu erfüllen. In unserem Fall sehen diese Schritte so aus, dass Dagmar diejenige ist, die die Trennung vom Ehemann vollzieht und konsumatorisch ihren Qualitätskriterien eines idealisierten Bildes von Partnerin folgend aus einer Menge ihre *„Traumfrau"* auswählt. Die Partnerwahl wird einer Rationalität assimiliert. Daraus können wir den Schluss ziehen, da sie bei der Partnerwahl Normalitätskriterien evaluierend in Anschlag bringt, dass sie einem Konzept folgt, in dem eben nicht uneingeschränkt die für den Typus Paarbeziehung zentralen Merkmale der bedingungslosen Anerkennung und Nicht-Substituierbarkeit gelten. Hat sie sich ja auch von ihrem Ehemann getrennt als aus der Beziehung kein Kind entstand, als auf diesem Wege eine Familiengründung nicht erfolgen konnte.

In dieser Hypothese, dass sie in der Partnerwahl einer Substitutionslogik folgt, werden wir durch die zäsurierende Unterbrechung und die sich daran anschließende Satzkorrektur: *„Und nachdem ich dann wieder, nachdem ich …"* bestätigt. Sie unterbricht deshalb, da sie gemerkt hat, dass die Fortsetzung der begonnenen Formulierung mit z. B. ‚… nachdem ich dann wieder in einer Beziehung war' oder mit ‚… nachdem ich dann wieder einen Partner gefunden hatte' in einer Spannung zu den allgemeingültigen Kriterien steht, die eine solidarische Austauschbeziehung partnerschaftlicher Art ausmachen: nämlich Einzigartigkeit, Unverwechselbarkeit und Nicht-Substituierbarkeit. Denn das *„wieder"*, das auf den ‚Richtungswechsel' folgt, den sie vorgenommen hat, bedeutet, dass sie davon erzählt, sich dann erneut in einer Konstellation befunden zu haben, und – das müssen wir hier einschieben –, die wie die erste gescheiterte Ehebeziehung zum Ziel hat, sich den Kinderwunsch zu erfüllen. Im Prinzip ist sie dabei auszudrücken, auch wenn sie das nicht zu Ende führt, dass sie durch den ‚Richtungswechsel' einen Personenaustausch vorgenommen hat. Sie berichtet von dem Versuch, der ja dann auch geglückt ist, für ihr Individualisierungsprojekt, zu dem auch ein Kind gehört, sich auf die Suche nach geeigneterem Personal begeben zu haben. Im Grunde genommen schickt sie sich mit ihrer Rede gerade an, von ihrer Partnerin als einer Person zu sprechen, die in ihrem Selbstverwirklichungsprogramm den Status einer Erfüllungsgehilfin einnimmt. Diesen latenten Bedeutungssinn, mit dem sie gegen die Prinzipien von Partnerschaftlichkeit verstößt und auch die anwesende Partnerin verletzt, antizipiert sie. Sie reagiert darauf mit einer Korrektur. Diese richtet es aber keineswegs, auch wenn sie die Partnerin als ihre *„Traumfrau"* vorstellt. Denn von einer auf Reziprozität aufruhenden Wechselbeziehung, in der sich beide Akteure als ganze Personen in einer diffusen Sozialbeziehung begegnen, ist nicht die Rede. Vielmehr reproduziert sich das ihre Partnerwahl charakterisierende Strukturmuster, da sie, wie von einer Austauschbeziehung abgekoppelt, von ihrer anwesenden Partnerin in einem Objektstatus spricht.

Wie geht die Sequenz weiter? Welche inhaltliche Fortsetzung ist vor dem Hintergrund des bisher Herausgearbeiteten erwartbar? Es ist nicht unwahrscheinlich, dass die bisher ausgeführten Erzählschritte wie Argumente in einem Erzählbericht die Begründungsbasis liefern, um zur eigentlichen Handlung überzuleiten. Es geht ihr um die Durchleitung zum eigentlichen Kern der Erzählung, der hier

5.4 Der Prozess der Familiengründung

vorbereitet wird. Der Umschwung von der Exposition hin zum Ereignis, mit dem dann auch die Frage der Interviewerin beantwortet werden kann, steht bevor. Stimmt die Hypothese, dass sie vom Habitus her eine Person ist, die zentrale lebenspraktische Problemstellungen wie die Partnerwahl als Vorgänge handhabt, die so auszugestalten sind, dass sie Normalitätsstandards des Lebens entsprechen, dann ist zu erwarten, dass wir jetzt etwas darüber erfahren, wie sie nach gelungener Partnerwahl dazu übergeht, sich ihren Kinderwunsch zu erfüllen. Bisher wissen wir so viel, dass ihr erster Versuch, damals Anfang 20 mit einem Mann, gescheitert ist und sie die Weichen dann neu gestellt hat, um wiederholt – jetzt allerdings unter dem Vorzeichen, in einer gleichgeschlechtlichen Lebensgemeinschaft zu leben – Schritte zu unternehmen, um ein Kind zu bekommen. Wir fragen uns, wie ist sie dabei vorgegangen? Was hat ihre Partnerin Cornelia dazu gesagt? Wie hat diese sich zum Kinderwunsch ihrer Partnerin verhalten, radikal ablehnend, sofort zustimmend, da sie auch immer schon ein Kind wollte, oder zögernd, Bedenken äußernd?

das war irgendwie relativ schnell klar, hab ich eigentlich gemeint, dass- ich will aber unbedingt irgendwann ein Kind haben (!)

Dagmar berichtet, dass sie, nachdem sie mit ihrer Partnerin eine eheähnliche Beziehung eingegangen ist, diejenige gewesen ist, die Cornelia zu verstehen gegeben hat, dass sie „*unbedingt irgendwann ein Kind haben (!)*" haben will. Sie kündigt ihrer Partnerin im Prinzip an, dass sich in ihrer Beziehung etwas ändern sollte. Es muss einen Zeitpunkt in ihrem Zusammenleben gegeben haben, an dem sie Cornelia über eine anstehende Wendung instruiert hat. Sprachlich wird das Neue durch die Zeitform des Perfekts vollzogen, das „häufig als Tempus des Übergangs an Gelenkstellen" steht (Weinrich 2007: 307): „*hab ich eigentlich gemeint, dass-…*". Wir datieren den Zeitpunkt, an dem Dagmar den Kinderwunsch gegenüber Cornelia geäußert hat, auf maximal ein bis zwar Jahre nach dem Kennenlernen, da sie der Interviewerin zu verstehen gibt, „*schnell*" ein Paar geworden zu sein. Interessant an der Formulierung ist, dass sie dazu ansetzt, eine Meinungsäußerung zu zitieren. Der Konditionalsatz wird aber nicht zu Ende geführt. Sie unterbricht sich und kommt so nicht mehr dazu, den Inhalt des Meinens explizit auszusprechen. Warum bricht sie ab und füllt das Meinen nicht mit der möglichen Anschlussalternative: ‚hab ich eigentlich gemeint, dass wir ein Kind haben sollten', oder: ‚hab ich eigentlich gemeint, dass wir eine Familie gründen sollten'? Denkbare Gründe für einen Abbruch wären, dass *erstens* das, was sie auszudrücken anschickt, mit Motiven und psychischen Prozessen verbunden ist, zu dem weder heute, in der Gegenwart des Sprechens, noch damals, also in der erzählten Zeit, die sprachliche Einkleidung in die

Ausdrucksform einer Meinung passt. Nehmen wir unser Wissen hinzu, dass sie über einen übermächtigen Kinderwunsch verfügt, den es auch qua Normalitätsstandards des Lebens standardisiertermaßen entsprechend zu erfüllen gilt, dann müssen wir davon ausgehen, dass sie gegenüber ihrer Partnerin eine Äußerungsform gewählt hat, die das Zurückhaltung ausdrückende Meinen stark übersteigt. Wir erwarten eher den Ausdruck einer gesteigerten Form des Begehrens. *Zweitens,* muss sie vermutlich auch deshalb abbrechen, da die Wir-Perspektive, die ihre Partnerin mit einschließt, nicht zu einer Bestrebung passt, die unabhängig von dieser, immer schon Antrieb ihres eigenen Handelns gewesen ist. *Drittens,* bricht sie vermutlich auch deshalb ab, da sie nicht unterstellen konnte, ihre Partnerin sei auch ihrer Meinung. Diese drei Begründungen für einen Satzabbruch zusammengenommen, kann gemutmaßt werden, dass das, was sie zu einem Abbruch bewegt, nach einer Formulierung verlangt, die die Intensität, von der sie ihr persönliches Handeln *(„hab ich ...")* angetrieben sieht, besser trifft.

Das, was sie als ihre Meinung *(„hab ich eigentlich gemeint")* mit dem Konditionalsatz *(„dass")* eingeleitet hat, wird, nachdem die Formulierung inhaltlich nicht gefüllt wird, übersetzt in einen unbedingten Wunsch, den sie als ihren eigenen kenntlich macht. Für sie, Dagmar, steht fest, dass sie ein Kind haben will. Dieser Feststellung will sie im Gespräch mit ihrer Partnerin Geltung verschaffen. Das hat sie nicht getan, in dem sie – was alternativ möglich gewesen wäre – zu Cornelia gesagt hat: ‚ich möchte aber unbedingt irgendwann ein Kind haben'. Sondern anstatt ihr Verlangen nach einem Kind zaghaft (‚möchte') vorzutragen, äußert sie ihren Kinderwunsch als etwas, das nicht verhandelbar ist. Sie drückt ihr Begehren nach einem Kind als eine gebotene Geltung aus. Es gilt unter allen Umständen und ohne Rücksicht auf mögliche Hindernisse; eben: *„unbedingt".* Die Vehemenz, mit der sie die für sie selbst zentrale lebenspraktische Entscheidung vorträgt, ist noch folgender Kontextbedingung geschuldet, auf die uns das adversative *„aber"* verweist. Durch diesen Adversativ-Junktor wird ein Kontrast angezeigt. In Langschrift paraphrasierend formuliert hat sie zu Cornelia gesagt: Entgegen der Erwartung, dass ein gleichgeschlechtliches Paar keine Kinder hat, will ich *„aber unbedingt irgendwann ein Kind haben (!)".* Das sagt sie mit Emphase und hoher Intentionalität, die einen Widerspruch kaum duldet, den sie aber vermutet. Sie weiß um die Begründungs- und Rechtfertigungsbedürftigkeit ihres Begehrens. Die Intensität, mit der sie das Ganze äußert, hat zum Ziel, darauf hin zu wirken, ihren Kinderwunsch um jeden Preis durchzusetzen, auch gegen die antizipierten und konkurrierenden Meinungen. Für ihre Partnerin Cornelia muss das damals auch bedeutet haben, zumal von Dagmars Wunsch auch ein massiver Druck ausgeht, sich in einer Situation zu befinden, die ihr aufnötigt sich zu entscheiden. Einzig kompromissbereit bzw. weniger

5.4 Der Prozess der Familiengründung

drängend scheint Dagmar sich zu der Frage zu verhalten, wann der Wunsch nach einem Kind erfüllt werden soll. Zwischen dem Modalverb „*will*" und dem Infinitiv „*haben*" finden in der Äußerungseinheit noch drei Wörter Platz, nämlich: „*aber unbedingt irgendwann*". Ihr Interesse (ein Kind zu haben) ist nicht unmittelbar an die Geltung der Prädikation herangeführt. Sie sagt nicht: ‚ich will ein Kind haben'. Es braucht, das weiß auch sie und gibt sie ihrer Partnerin auch zu erkennen, mehr als nur einen Schritt, damit sie ihren Kinderwunsch erfüllen kann. Vermutlich antizipiert sie die damit zusammenhängenden Schwierigkeiten und veranschlagt für die Umsetzung Zeit, auch wissend, dass sie erst einmal ihre Partnerin zu überzeugen hat.

und äh ja eines Tages war Conny dann auch soweit, dass sie gesagt hat: „Ja, is ok. Können wir machen."

Wie hat Cornelia sich gegenüber dem von ihrer Partnerin geäußerten Wunsch, „*unbedingt*" ein Kind haben zu wollen, geäußert? Halten wir erst einmal fest, dass sie sich nicht sofort positiv gegenüber dem Wunsch ihrer Partnerin verhält. Eine komplexe Motivationslage wird sie zum Zögern veranlasst haben. Sie wird Komplikationen antizipiert haben, die sie bewegt haben, ihre Partnerin in der Wunscherfüllung erst einmal zu enttäuschen. Was könnten die Gründe gewesen sein, die sie anfänglich zögern und zweifeln ließen? Ihre Bedenken könnten auf ganz unterschiedlichen Ebenen gelegen haben. Sie könnten z. B. von ganz praktischer Art gewesen sein. Sie könnte sich gefragt haben, wie solch ein Kinderwunsch bewerkstelligt werden soll, da ja in einer homosexuellen Paarbeziehung sich der Kinderwunsch nicht organisch und eigengesetzlich lösen lässt. Des Weiteren könnte ihre Unentschiedenheit auch mit familiendynamischen Fragen zusammenhängen. Vermutlich gehen vom Problemhorizont, wie alles das, was mit dem Strukturkomplex der Vaterschaft zusammenhängt, zu lösen ist, Irritationen und auch handlungshemmende Blockaden aus. Auch werden ihre Bedenken möglicherweise daher gerührt haben, dass sie sich gefragt hat, wie sie, ohne mit dem Kind verwandt zu sein, eine Elternschaft an der Seite ihrer Partnerin gestalten kann. Ihre Vorbehalte und Skepsis werden vermutlich auch daraus resultieren, nicht genau zu wissen, wer sie in Beziehung zu dem Kind sein kann und will, und ob das, was sie sich vorstellt, überhaupt gute Chancen hat zu gelingen. Und vielleicht werden ihre Zweifel auch dem Kind und seinen Entwicklungsbedingungen selbst gegolten haben. Im Ganzen zusammengenommen, ganz unabhängig davon, welche Gründe es im Einzelnen gewesen sind, die sie veranlasst haben, ihre anfängliche Zustimmung zu verwehren: Indem Cornelia sich der Wunscherfüllung verweigert, drückt sie aus, dass sie nicht bereit ist, sich auf die mit der Zustimmung verbundenen Verpflichtungen festzulegen.

Dagmar haben diese ganzen Bedenken ihrer Partnerin aber weder entmutigt, noch – so vermuten wir weiter – enthielten diese für sie bedeutungsvolle Argumente, die sie ernsthaft dazu veranlassen konnten, ihren Kinderwunsch zu überdenken oder davon abzulassen. Dass für sie die Gründe, die ihre Partnerin zum Zögern und Zaudern nötigten, nicht zählten, wird in der Sequenz empirisch manifest an zwei Ausdrucksweisen. Ein erstes Indiz, das zu dieser Hypothese veranlasst, ist das *„auch"* in *„… war Conny dann auch soweit …"*. Über diesen Vergleichsoperator wird ausgedrückt, dass sich etwas in gleicher Weise verhält. In den Kontext des Falles übersetzt: Ebenso wie sie selbst hat dann *auch* ihre Partnerin keine Bedenken mehr gehabt. Sie haben quasi eines Tages eine Übereinstimmung dahin gehend erreicht, dass der Realisierung des Kinderwunsches nichts mehr im Wege stand. Wir vermuten, dass Dagmar mithilfe verschiedener Strategien daraufhin gewirkt hat, die Bedenken ihrer Partnerin auszuräumen. In diesen Bemühungen wird sie von vornherein von der Zuversicht angetrieben gewesen sein, dass irgendwann, das hat sie erwartet, sie auch Cornelia zu einer Zustimmung wird bewegen können. Betten wir das *„auch"* in Alternativkontexte ein, wird sofort ersichtlich, dass für sie die Zustimmung Cornelias keine Überraschung war: Zum Beispiel könnte ein Fernuniversitätsstudent über eine andere Person berichten: ‚Er ist dann *auch* an die FernUniversität nach Hagen gekommen'. Oder er könnte sagen: ‚Sie hat dann *auch* den Abschluss gemacht'. Oder ein Freund könnte zu einem anderen Freund sagen: ‚Er konnte dann *auch* Autofahren'. In allen Fällen trifft nichts Unerwartetes oder Unwahrscheinliches ein, sondern eher antizipiert Wahrscheinliches. Dass aus ihrer Perspektive betrachtet von vornherein die Erwartung galt, dass es sich bei den Bedenken ihrer Partnerin um Einwände handelt, die relativ leicht gegenstandslos werden und nicht von dauerhaft blockierender Wirkung sein werden, zeigt sich auch darin, dass das, was ihre Partnerin krisenhaft beschäftigt hat, gar nicht erwähnt wird. Die Problemsicht ihrer Partnerin, und damit auch diese selbst ein stückweit, wird von ihr gar nicht richtig ernst genommen. Das wäre anders gewesen, wenn sie z. B. im Einzelnen oder wenigstens andeutungsweise erzählt oder erwähnt hätte, worin für Cornelia das Krisenhafte und Bedenkliche bestanden hätte. Da es aber nicht zur Sprache kommt, hat es vermutlich auch damals schon wenig Relevantes enthalten, dass sie daran hat zweifeln lassen, mit ihr zusammen den Kinderwunsch zu realisieren.

Und *„eines Tages"* hat dann auch Cornelia eingewilligt und *„gesagt […]: Ja is ok. Können wir machen."*. Fragen wir erst einmal, zu welchen Situationskonstellationen eine derartige Formulierung passen würde. Was wären denkbare Kontexte für eine solche Äußerung: Ein gemeinsam reisendes Geschwisterpaar könnte sich wie folgt unterhalten. Ein Bruder kann zu seiner Schwester sagen:

5.4 Der Prozess der Familiengründung

‚Wir sollten noch über Dresden fahren, um die Tante zu besuchen'. Ein Ehemann kann zu seiner Ehefrau sagen: ‚Wollen wir für heute Abend noch einen Wein besorgen?' Oder: ‚Ich möchte, dass wir wieder einmal ins Ballett gehen.' Allen Beispielen ist gemeinsam, dass jemand sich an einen anderen mit einem Anliegen wendet und diesen mit einem darin zum Ausdruck kommenden Wunsch konfrontiert (die Tante zu besuchen, gemeinsam Wein am Abend zu trinken, ins Ballett zu gehen), den zu erfüllen von seiner Zustimmung abhängig ist. Es geht darum, den Gesprächspartner (hier eine Schwester, eine Ehefrau) zu einer bestimmten Handlung zu bewegen und ihn dadurch auch zu veranlassen, sich mit einem erklärten Einverständnis auf eine bestimmte Handlungsweise, auf ein Geschehen in der Zukunft, verbindlich festzulegen. Die Intension ist, angeleitet vom eigenen Interesse, eine Zusage zu erwirken, die durch ihren Vollzug eine Verbindlichkeit erzeugt mit der Folge, über gemeinsame Schritte eine Praxis zu realisieren und zu gestalten. Eine stimmige Antwort, um einen positiven Praxisvollzug zu bewirken, hätte in diesen Beispielen sein können: ‚Ja, machen wir' oder: ‚Können wir gerne machen'. Irritierend ist hier das in wörtlicher Rede wiedergegebene *„Ja, is ok"*, das dem *„Können wir machen."* vorangestellt ist. Was drückt es aus? Zuerst einmal Zustimmung. Um diese auszudrücken, hätte aber die Äußerung *„Können wir machen."* vollumfänglich ausgereicht. Das: *„Ja, is ok"* muss darüber hinaus noch einen weiteren Bedeutungssinn haben: Diese Einverständniserklärung macht aus dem *„Können wir machen."* eine herausgehobene, eine bemerkenswerte Handlung. Der Nachsatz erhält eine zusätzliche Verbindlichkeit. Es wird der verbindliche Tatbestand einer Handlung unterstrichen. Es wird betont, das Etwas als abgemacht unwiderruflich gilt. Mit *„Ja, is ok"* hat Cornelia für ihre Partnerin ausdrücklich kenntlich gemacht, dass das *„Können wir machen."* für sie eine bindende Wirkung hat, die auch darin besteht, eine gemeinsame Praxis, die jetzt eröffnet werden kann, als institutionalisiert anzusehen. Und wie, um den von ihrer Partnerin vollzogenen Versprechensakt zu beweisen, greift Dagmar zum Stilmittel der authentizitätsverbürgenden direkten Rede. Cornelias Worte, die diese geäußert hat, werden selbst angeführt. Damit macht Dagmar das von Cornelia Geäußerte, also ihre Verbindlichkeitserklärung, selbst zum Gegenstand des Interviewgesprächs. Sie gibt über diesen Sprechakt der Interviewerin zu verstehen, Cornelia hat eine Aussage gemacht (*„gesagt hat"*) und somit öffentlich laut vernehmbar über genau diese Worte ihre Zustimmung erklärt.

In der ausgestellten, direkten Rede, die durch den illokutionären Sprechakt (*„Ja, is ok."*) den Vollzug einer Verbindlichkeitserklärung beinhaltet, ist auch für die Interviewerin jetzt ein Wendepunkt in dem Prozess angezeigt, der ihr erklärt, da sie ja danach gefragt hat, wie aus ihnen eine Familie geworden ist. Überlegungen, die Zweifel und Bedenken enthalten, die Cornelia bewegt haben und zögern ließen, scheinen ausgeräumt. Alles Weitere, das auf die Zustimmung Cornelias folgt, steht im Dienste der konkreten Umsetzung des Kinderwunsches von Dagmar. Erzählpragmatisch ist jetzt ein Stand erreicht, auf den der Beginn einer Darstellung folgt, die die einzelnen Schritte enthält, die in dem Familiengründungsprozess von ihnen als relevant angesehen werden. Wir erwarten in der Erzählung einen neuen Abschnitt, der konkordant ist zu einer neuen Phase in ihrer Paarbiografie. Ging es in der Zeit vor Cornelias Zustimmung darum, diese daraufhin zu bewegen, sich auf den Kinderwunsch Dagmars einzulassen, so steht nach der gelungenen Synchronisationsleitung im Zentrum, die Arbeit an der Ausgestaltung einer offenen Zukunft unter dem Vorzeichen ein Kind zu bekommen. Bevor wir uns anschauen wollen, wie sie das tun, muss noch eine Ergänzung vorgenommen werden. Über diese wird ersichtlich werden, dass Cornelia, obwohl sie ihre Zustimmung äußert, keineswegs damit meint, sie will auch ein Kind haben. Trotz Zustimmung ist sie von ihrer ursprünglichen Haltung gegenüber dem Kinderwunsch ihrer Partnerin nicht abgerückt. In der Zeit zwischen ihrem Zögern und ihrem Einverständnis ist keine Einstellungsänderung erfolgt. Im Grunde genommen ist sie genauso ablehnend wie zuvor, auch wenn sie jetzt ihr Mitmachen signalisiert. Doch schauen wir uns die Formulierung genauer an:

Die Formulierung: „*Ja, is ok. Können wir machen.*" ist als ein Sprechakt, mit dem eine Akzeptanz und eine Anerkennung eines geäußerten Wunsches ausgedrückt wird, erklärungsbedürftig, wenn er in einem Kontext vollzogen wird, in dem es vom Inhalt her umso zentrale lebensprägende Entscheidungen geht, wie die ein Kind zu bekommen bzw. eine Familie zu gründen. Vergleichbar ähnlich befremdlich wäre diese Antwort, wenn es z. B. um die Frage geht, soll man als Paar heiraten oder nicht (*„Ja, is ok. Können wir machen."*). Eine derartige Antwort ist genau dann nicht zu erwarten, wenn es um Entscheidungen mit weitreichenden Folgen für die Lebenspraxis geht, wozu auch ein Kind zu zeugen und es großzuziehen gehört. Vom pragmatischen Rahmen her betrachtet wäre diese Antwort (*„Ja, is ok. Können wir machen."*) stimmig in Kontexten, wie sie für die oben genannten Beispiele gelten: wo der Besuch einer Tante zu klären ist oder ein Wein für den Abend eingekauft werden soll oder ein gemeinsamer Ballettbesuch zur Disposition steht. Wir müssen uns nun fragen, was es bedeutet, dass Cornelia eine Antwort wählt, die eher zu einer Situationskonstellation passt, in dem das, was zur Verhandlung ansteht, nicht mit lebensverändernden Prozesswirkungen verbunden ist. Wir sind aufgefordert, eine Erklärung für den Widerspruch zu finden zwischen einer Antwort, die zu alltäglichen Entscheidungskrisen passt, hier aber in einem Zusammenhang verwendet wird, in dem es um

5.4 Der Prozess der Familiengründung

außeralltägliche, lebensbiografische Entscheidungen geht, wie wir sie im Kontext von Partner- und Berufswahl und eben auch von Familiengründung antreffen. Welche Erklärungen scheinen vor dem Hintergrund des bisher herausgearbeiteten Wissens plausibel?

Wir wissen von Cornelias Zurückhaltung gegenüber dem von Dagmar geäußerten Kinderwunsch. Sie hat nicht gleichermaßen wie ihre Partnerin ein Interesse daran, ihre Paarbeziehung um ein Kind zu erweitern, selbst Mutter zu werden oder ihre Partnerin mit einem Kind zu teilen. Welche inhaltlichen Bedenken es im Einzelnen sind, die sie zögern lassen, wissen wir nicht. Sie selbst weiß aber von dem übermächtig starken Kinderwunsch Dagmars, von dem auch ein Druck ausgeht. Cornelia wird sich dauerhaft konfrontiert erfahren haben mit der Forderung, Dagmars Kinderwunsch anzuerkennen, der, solange er ungestillt bleibt, sie vermutlich beide anhaltend beschäftigt. Diese noch unklare Situation, in der noch unentschieden ist, ob es für sie eine gemeinsame Praxis geben wird, die darauf zielt, aus ihnen ein Paar mit einem Kind zu machen, werden sie als krisenhaft erfahren haben. Für Cornelia bedeutet die Krise, abwägen zu müssen, zwischen ihren Interessen und Wünschen und denen ihrer Partnerin. Lehnt sie ab, und spricht sie sich gegen ein Kind aus, dann steht die Paarbeziehung zur Disposition. Geht sie auf den Kinderwunsch Dagmars ein, dann heißt das, sich gegen ihre eigene Motivlage zu entscheiden. Genau das tut sie, sicherlich dabei auch die Folgen der Alternativentscheidung bedenkend. Eine Trennung von Dagmar kommt nicht infrage. Ihre Antwort zeigt aber, dass die Zustimmung, die sie gibt, nicht als ein Ausdruck gelesen werden kann, dass sie jetzt auch wie ihre Partnerin ein Kind haben will. Sie hat keineswegs, trotz des Eingehens auf das Begehren ihrer Partnerin, sich deren Kinderwunsch zu eigen gemacht. Im Prinzip will sie im Moment der Zustimmung (*„Ja, is ok. Können wir machen."*) genauso wenig wie zuvor ein Kind, aber sie will eben auch keine Auflösung der Paarbeziehung provozieren. Dass ihre Bedenken weiterhin bestehen und keineswegs ausgeräumt sind, drückt sich in der sprachlichen Einkleidung der Zustimmung aus. Passt ja, wie wir bereits herausgearbeitet haben, die gewählte Ausdrucksweise der Zustimmung *„Können wir machen."* nicht zum Kontext so lebenszentraler Problementscheidungen wie die der Familiengründung. Die gewählte Formulierung, die im Widerspruch steht zum pragmatischen Rahmen der Situation, drückt aber genau Cornelias Haltung aus. Ihre weiterhin bestehenden Bedenken, die den Kinderwunsch ihrer Partnerin betreffen, und ihre Motive, die sie eher zu einer anderen Entscheidung tendieren lassen, lässt sie nicht zu. Sie unterdrückt den ganzen Komplex, der sie dazu bewegen könnte, ihrer Partnerin zu widersprechen. Dieser löst sich aber nicht in Luft auf. Sondern er findet einen Weg, die Zensur zu passieren, die eine Ablehnung unterdrücken soll. Heraus kommt dabei eine Formulierung, die auf manifester Ebene klar und deutlich die Botschaft der Zustimmung signalisiert, latent aber auch zu verstehen gibt, dass weiterhin etwas in ihr streitet, das sie nicht gleichermaßen wie ihre Partnerin davon überzeugt sein lässt, die nächsten Schritte in ihrer gemeinsamen Paarbiografie sollten zu einem gemeinsamen Kind führen. Dagmar muss den latenten Bedeutungssinn gemerkt haben. Denn sie gibt in wörtlicher Rede als Aussage das wider, was Cornelia damals, in der Zeit des Übergangs, gesagt hat (*"Ja, is ok. Können wir machen."*). Sie zitiert sie direkt. Sie nimmt sie beim Wort und führt hörbar für alle Anwesenden noch einmal ihre Zustimmung vor, die diese gegeben hat. Cornelias persönlichen Kämpfe, die Dagmar nicht ausführt, weder beschreibt noch ansatzweise benennt, tritt sie entgegen, in dem sie anmahnt, paraphrasierend formuliert: ‚Du hast aber zugestimmt. Du wolltest auch'. Mit dem wörtlichen Zitat antwortet sie auf das, was sich Cornelia selbst nicht gestattete auszudrücken, was aber so stark gewesen ist, nämlich ihre Skepsis gegenüber dem Kinderwunsch, die sich nicht vollständig unterdrücken ließ. Denn das dem Kinderwunsch Widerstrebende kommt in der Ausführungsvariante, in der die Zustimmung verpackt ist, doch, wenn auch nur schwer vernehmbar, zur Sprache. Dagmar hat aber nun offenbar ein feines Sensorium für den latenten Bedeutungssinn, von dem sie aber nichts wissen will. Wir erinnern daran, dass sie von Anfang an die Partnerin in ihren Bedenken nicht ernst genommen hat und von zustimmender Erwartung gewesen ist, was ihren eigenen Kinderwunsch betraf. Sollte jemals ihre Partnerin an dem ganzen Projekt der Familiengründung Zweifel äußern und es darauf anlegen, ihren Bedenken Geltung zu verschaffen, dann wird sie, Dagmar – das ist der latente Sinn der Einkleidung ihrer Worte in die wörtliche Rede –, sie daran erinnern, dass sie damals zugestimmt hat und damit auch Verpflichtungen eingegangen ist, die von ihr einzuhalten sind. Erlauben wir uns an dieser Stelle einen Sprung aus der Sequenzstelle heraus und nehmen weitere Informationen aus dem Interview hinzu und aus den Daten, die im Beobachtungsprotokoll festgehalten sind, dann kann man hier anführen, dass faktisch gesehen Cornelia ihr in keinerlei Weise einen Anlass gegeben hat, wie in einer Drohung die Mahnung auszusprechen, Zweifel und Bedenken, die die Familiengründung nachträglich infrage stellen könnten, sind weder damals noch heute erlaubt und sollten nicht geäußert werden. Es muss sich um etwas anderes handeln, das es als gerechtfertigt erscheinen lässt, dass sie Cornelias Aussage von damals zitiert. Es muss einen noch aktuellen Grund geben, der sie zu einer Formulierung veranlasst, hier einer wörtlichen Rede, mit der an das Problematische erinnert wird, wenn auch nur indirekt, das Cornelia mit der Familiengründung verbindet. Was könnte es sein, dass Cornelia anhaltend krisenhaft bewegt, auch nachdem sie mit ihrer Partnerin zusammen ein Kind hat? Und: Wie, wenn überhaupt, gehen die Beteiligten mit diesem Problem Cornelias um? Um diese beiden Fragen zusammen zu beantworten, werde ich in einem ersten Schritt das bereits herausgearbeitete Fallwissen auch unter Rückgriff auf objektive Daten noch einmal integrierend zusammenfassen. In einem zweiten Schritt werde ich eine Sequenzstelle auswählen, die auf den ersten Blick gut geeignet scheint, um zu rekonstruieren, warum Cornelias damalige Bedenken, wie sie auch immer im Einzelnen ausgesehen haben, sich nicht als gegenstandslos im Laufe der Zeit erledigten und wie insbesondere die leiblichen Eltern, also ihre Partnerin und der leibliche Vater, sich dazu verhalten.

5.5 Das Thema der Herstellung von Ähnlichkeit

An bereits zuvor ausgewerteten Dokumenten im ethnografischen Teil, wie der Familienfotografie und auch dem Protokoll von der Sitzordnung, haben wir eine Beobachtung gemacht, die auf ein zentrales Thema Cornelias hinweist. Sowohl während des Interviews als auch auf dem Foto nimmt sie einen Platz zwischen Dagmar und Dieter ein. Sie schiebt sich jeweils zwischen die leiblichen Eltern, sodass die mütterliche Elterneinheit wie auf dem Klingelschild und auch zum Zeitpunkt der Begrüßung zur Geltung gebracht werden kann. Über diese soziale Platzierung, die sie vornimmt und die von den anderen zumindest geduldet wird, neutralisiert sie den leiblichen Vater und bringt diesen auf Distanz zu der Frau, die mit seinem Samen (s)ein Kind zur Welt gebracht hat. Dass es um eine Ausdifferenzierung der mütterlichen Elterneinheit aus der Reproduktionstriade geht, wird auch an folgenden Entscheidungen der beiden Frauen deutlich. Nach der Geburt von Felix entscheiden sie sich, Dieter, den leiblichen Vater, nicht in die Geburtsurkunde einzutragen. Administrativ darf er nicht in Erscheinung treten. Was sie dadurch vermeiden, ist eine bürokratische Eigenlogik Fahrt aufnehmen zu lassen, die sie nicht mehr kontrollieren können. Zudem erlaubt ihnen diese Entscheidung, Cornelia das Sorgerecht zu übertragen. Im Notfall, das haben die beiden Frauen notariell sichern lassen, soll nicht der biologische Vater, sondern Cornelia, die nicht-leibliche Mutter, das Erziehungs- und Sorgerecht erhalten. Die Verpartnerung im Jahre 2003, also das Eingehen einer eingetragenen Lebenspartnerschaft kurz nach der Geburt des Kindes, ist auch dadurch motiviert, dass das, was sie zwar über den Notar geregelt haben, jetzt auch formaljuristisch als gesetzlich gesichert wissen wollen: Cornelia *„das Recht hätte"* – wie Dagmar sagt – *„ihn [Felix] zu behalten"*. *„Ich finde"* – so Cornelia darauf: *„doppelt hält besser"*.

Alle diese Entscheidungen zusammengenommen: der Vater wird nicht in die Geburtsurkunde eingetragen, das Eingehen einer eingetragenen Lebenspartnerschaft nach der Geburt des Kindes und die damit ermöglichte Stiefkindadoption durch Cornelia, die in diesem Zuge auch den Familiennamen ihrer Partnerin annimmt, als auch die Art und Weise, wie in der Fünfergruppe sich zueinander ins Verhältnis gesetzt wird, soweit das auf dem Familienfoto und im Dokument von der Sitzordnung protokolliert ist, erlauben eine Hypothese darüber, was das Zögern Cornelias inhaltlich motiviert hat. Im Kern gelten ihre Bedenken weniger den ethischen Fragen oder den Sozialisationsbedingungen, die sie für den Nachwuchs einrichten. Auch resultiert ihre anfängliche Zurückhaltung gegenüber Dagmars Kinderwunsch nicht aus einer generellen Ablehnung gegenüber Kindern oder aus einer fehlenden Bereitschaft, Elternverantwortung zu übernehmen. Sondern ihre Sorge, die zu einer Struktur des Zauderns und Zögerns motiviert, die trotz ihrer Zustimmung *„Ja, is ok. Können wir machen."* weder als überwunden noch als obsolet gelten kann, gilt dem Bedingungsrahmen, in dem sie den Anspruch, wie ihre Partnerin dem Kind ein Elternteil zu sein, einlösen kann. Ist sie doch, wenn Dagmar das Kind zur Welt bringt, weder die Mutter, noch ist sie der Vater des Kindes. Ihre Bedenken betreffen sie selbst in der von ihr antizipierten Statusfunktion der Mutterschaft, der – da sie mit dem Kind nicht biologisch verwandt ist – die Grundlage fehlt, um Rechte und Pflichten wie ein leibliches Elternteil geltend zu machen. Im Vergleich zu den anderen beiden Fällen, die in diese Studien eingegangen sind, ist ihre Sozialposition auch noch dadurch erschwert, dass der Samenspender als leiblicher Vater bekannt und als solcher auch für das Kind eingeführt ist. Das Problem, das Cornelia antizipiert, weshalb sie auch zögert, besteht darin, dass sie nicht wie Dagmar oder Dieter über die entsprechende Legitimation verfügt, auf die sie sich, wie diese, wie selbstverständlich und unhinterfragbar berufen kann, will sie als ein Elternteil handeln. Vor diesem Hintergrund wird deutlich, dass die oben ausgeführten Entscheidungen auf diese Unterausstattung abzielen. Es handelt sich um Kompensationsleistungen, denen die Funktion zukommt, den Mangel an „deontischer Macht" (Searle) auszugleichen. Nicht nur in der alltäglichen Lebenspraxis soll gewährleistet sein, dass der von ihr behauptete Platz unbestreitbar ist, nämlich sie sich wie eine Mutter um Felix kümmern und ihn erziehen kann, sondern auch im Krisenfall soll gesichert sein, dass sie nicht durch Ansprüche oder Rechte Dritter sich von ihren Aufgaben zu entledigen hat. Es gilt sicherzustellen, mit allen Kräften und Maßnahmen, am besten *„doppelt"*, daraufhin zu wirken, die Gefahr zu minimieren, die ihr den Anspruch auf Mutterschaft streitig machen könnte. Am Verhalten von Dagmar, der leiblichen Mutter, und Dieter, dem leiblichen Vater, haben wir gesehen, soweit wir das auf der

5.5 Das Thema der Herstellung von Ähnlichkeit

Basis der bisherigen Dokumentenanalyse interpretieren konnten, dass diese die Absicherungsleistungen nicht nur bloß dulden, sondern: nicht zur Disposition steht, dass die Mutter mit dem Kind und ihrer Partnerin im Zentrum stehen und die Männer das Ganze vom Rand her rahmen, ohne das der leibliche Vater sich verleugnen müsste. Die Präsenz des leiblichen Vaters hat aber zur Folge, dass Cornelias ursprüngliche Bedenken, die inhaltlich der Sorge galten, wie ein zweites Elternteil sich um das Kind kümmern zu können, virulent bleiben. Die Choreografie, für die sie sich entscheiden, um den Kinderwunsch Dagmars zu erfüllen, mündet in einen sozialen Zusammenhang, der ihr in dem, was sie immer schon zögern ließ, geradezu Recht gibt. Im Grunde genommen findet sie sich als Mitglied in einer Gemeinschaft wieder, die vom Kontext her – im Vergleich zu anderen Alternativen unkonventioneller Familiengründungen mithilfe einer Samenspende – die Variante darstellt, die am wenigsten ihre Anfangszweifel und Sorgen entkräften kann. Das wäre anderes gewesen, wenn sie sich z. B. für eine anonyme oder „halb-offene" Samenspende entschieden hätten, oder für eine ganz andere Form der alternativen Familiengründung, z. B. die einer Adoption. Sie entscheiden sich aber für eine Form, die insbesondere genau dann, wenn der leibliche Vater auch anwesend ist, sie im Kern ihres Problems trifft. Seine Anwesenheit konfrontiert sie mit der Zumutung, dass ihre Sozialposition bei voller Präsenz der Kernfamilie fragwürdig ist.

Im Folgenden wollen wir uns eine Sequenz anschauen, von der wir uns weiteren Aufschluss darüber erhoffen, wie sich die Beteiligten, insbesondere Dieter und Cornelia, zueinander verhalten. Die Sequenz ist auf den ersten Blick deshalb gut geeignet, da von der Interviewerin hier das konfliktprovozierende Thema der Ähnlichkeitserkennung angeschlagen wird.

I: Und ham Sie da auch schon so gedacht, was hat er denn von mir und was ist denn (.) so anlagenbedingt (?) (!).

Die Interviewerin fragt danach, sich dabei an alle Anwesenden wendend, ob für sie, wenn es um das Kind geht, die Herstellung und Feststellung von Zugehörigkeit ein Thema ist. Sie verwendet dafür eine Formulierung, die auch erkennen lässt, wie sie sich den Vorgang des Ähnlichkeitsabgleichs vorstellt. Da gibt es zum einen Anteile im Kind, die „*er [...] von mir [hat]*" und dann gibt es noch die „*anlagenbedingt[en]*". Es wird unterschieden zwischen den unspezifischen, alle möglichen Eigenschaften betreffenden Ähnlichkeiten, und einer genetisch bedingten Veranlagung. Die Identifizierung von Zugehörigkeit erfolgt also demnach über eine soziale *und* eine biologische Dimension. Zur sozialen Dimension sind z. B. Verhaltensweisen zu zählen, die durch Erziehungsprozesse angeeignet werden können. Sollten die Befragten auf diesen Punkt eingehen, so erwarten wir, dass beobachtbare Verhaltensmuster genannt werden, die auf eine andere Person zurückgeführt werden können und erkennbarerweise auch dieser eigen sind. Das könnte Ausdrucksformen betreffen, die sich auf die Mimik, Gestik oder die Körpersprache beziehen. Aber auch Wortverwendungen oder einzelne Handlungen könnten über Lernprozesse angeeignet sein, sodass die Formulierung das *"hat er [...] von mir"* stimmig erscheint. In jedem Fall kann das Kind über Merkmale als einer spezifischen Person zugehörig bestimmt werden, die nichts mit der genetischen Ausstattung zu tun haben. Das ist anders, sobald es um die „*anlagenbedingt[en]*" Eigenschaften geht. Sollte eine Verhältnisbestimmung über die biologische Dimension vorgenommen werden, dann ist zu erwarten, dass über Vererbungsprozesse bedingte Eigenschaften genannt werden. Zum Beispiel wäre in diesem Zusammenhang eine Erzählung nicht unwahrscheinlich, in der es um eine organische oder psychische Anfälligkeit für die Ausbildung einer Krankheit geht. Denkbar wäre auch, dass über eine außergewöhnliche Veranlagung gesprochen wird, die durch eine genetische Disposition hervorgerufen wird, oder über auffällig Äußeres, das das Kind erkennbar eindeutig von einer bestimmten Person hat, z. B. die Augenfarbe oder Körpergröße. In jedem Fall kann das Kind über ein durch Erbanlagen geprägtes Erscheinungsbild als der zu der Person zugehörig bestimmt werden, von der es abstammt.

Wer von den vier anwesenden Erwachsenen ist prädestiniert, auf die so gestellte Frage zu antworten, in der die Identifikation von Zugehörigkeit als ein Vorgang bestimmt ist, über den Ähnlichkeiten festgestellt werden, die zum einen auf soziales Verhalten und zum anderen auf biologische Abstammung zurückgeführt werden? Im Grunde genommen können nur die die Frage beantworten, die am meisten im Alltag mit dem Kind zu tun haben. Denn diejenigen, die gemeinsame Zeit mit dem Kind verbringen, kennen es soweit am besten, um sowohl auf das erste Konjunkt des Satzes *(„was hat er denn von mir")* als auch auf das zweite *(„was ist denn [.] so anlagenbedingt")* antworten zu können. Wir erwarten, dass die Frauen antworten werden. Auch wären wir nicht überrascht, wenn die leibliche Mutter beginnt, die wir bereits über verschiedene Materialsorten als die Strukturdominante erkennen konnten. Nicht ganz unwahrscheinlich ist aber auch, dass Cornelia als Erste beginnt. Denn so wie die Interviewerin die Frage stellt, könnte auch sie sich zuerst angesprochen fühlen. Zum einen verwendet die Interviewerin keine Konstruktion, die die genetische Komponente, die Cornelia fehlt, direkt anspricht und z. B. sagt: ‚was hat er denn geerbt und was hat er denn von mir'. Aus der biologischen Dimension macht die Interviewerin keine sprachliche Tatsache. Zum anderen wählt sie für die Auswahl der zwei satz-

5.5 Das Thema der Herstellung von Ähnlichkeit

förmigen Konjunkte eine Reihenfolge, die der lebensweltlichen Disposition den zentralen Stellenwert zuweist. Die Zugehörigkeitsbestimmung über ‚Anlagen' („anlagenbedingt") ist zweitrangig. Man könnte meinen, die Interviewerin zielt darauf ab, trotz des heiklen Themas, das hier angeschlagen wird, auch einmal mehr Cornelia zum Sprechen zu bringen, die sich bisher weniger geäußert hat und mehr im Hintergrund geblieben ist.

D: *Ja. Ich staune bei so vielen Sachen. Ich dachte gar nicht, dass man so was vererben kann (!) also*
C: *Mh.*

Es beginnt die leibliche Mutter. Sie äußert Zustimmung mit einem affirmativem „*Ja*". Dieses eröffnet eine Interaktionssequenz mit der sie dazu ansetzt, sich dabei selbst exponierend („*Ich*"), ihre persönliche Perspektive zu der Frage der Interviewerin vorzutragen. Wir sehen sofort, wenn wir die Sequenz im Ganzen lesen, dass sie die Ähnlichkeitsfeststellung, nach der gefragt ist, aus einer biologischen Perspektive vornimmt. Auf die in der Frage der Interviewerin angelegte Möglichkeit, Ähnlichkeiten über eine gemeinsame, intersubjektiv geteilte soziale Praxis zu begründen, wird nicht eingegangen. Der Erwerb gleicher Eigenschaften, z. B. individueller Verhaltensweisen durch Lernen am Modell, spielt keine Rolle. Mit ihrer Antwort schließt Dagmar nicht an die soziale Dimension an. Sondern durch die Verwendung des Verbs „*vererben*" wird ihre naturalistische Herangehensweise deutlich, wenn es um Zugehörigkeitsbestimmung geht. Die leibliche Mutter ist weit davon entfernt, über den unmittelbaren Kontext des Aufwachsens als eine Quelle für die Übertragung von Eigenschaften zu sprechen. Primat hat in ihrem Denken, wenn es darum geht, Ähnlichkeiten zu erklären, ein biogenetischer Erklärungsansatz. Verwandtschaftliche Ähnlichkeiten, die Nachkommen aufweisen, sind zurückzuführen auf die biologische Übertragung zwischen Eltern und Kindern. Ihr Thema ist die erbliche Weitergabe.

Wir erwarten, dass sie die Sequenz mit einer Erläuterung fortsetzt, welche „*Sachen*" sie meint, wenn es um die an die Gene gebundene Weitergabe von Informationen geht. Vermutlich wird sie dabei aber nicht Eigenschaften zur Sprache bringen, die erwartbarerweise und offensichtlich das Resultat einer genetisch basierten Vererbung sind. Denn Dagmar berichtet uns in Bezug auf die Phänomene, die an die Nachkommen übertragen werden können, von ihrem Staunen: „*Ich staune bei so vielen Sachen*". Staunen kann man aber nur über etwas, mit dem man nicht gerechnet hat, dass man nicht erwartet und für möglich gehalten hat. Es ist anzunehmen, dass ihr im praktischen Umgang mit dem Kind zunehmend deutlich geworden ist, welche starke Prägekraft von den Genen ausgeht, die über reproduktive Prozesse an Nachkommen weitergegeben werden. Zumindest drückt sie an dieser Stelle im Interview aus, dass sie durch biologische Vererbung auf das Kind übertragene Ähnlichkeiten beobachtet, die ihr im Zusammenhang von reproduktiver Weitergabe noch nicht bekannt waren. Sie spricht also nicht nur über die Geltung von über den Phänotyp ganz offensichtlichen Eigenschaften, wie sie z. B. an anatomischen Strukturen deutlich werden. Sondern darüber hinaus verweist sie zusätzlich noch auf eine große Menge *(„viele Sachen")* an ganz anderen Eigenschaften, die zwar auch auf Vererbungsprozesse zurückgehen, aber sich ganz anders äußern. Wir können hier nur mutmaßen, was sie damit meinen könnte. Denkbar wäre, dass sie sich auf Merkmale des Stoffwechsels bezieht oder auf die Resistenz gegenüber Infektionen oder die Anfälligkeit für bestimmte Krankheiten meint oder die Reaktion auf verschiedene Stimuli. In jedem Fall erwarten wir, dass sie von Erkennungsmerkmalen spricht, die zum einen den leiblichen Eltern eigen sind und die zum anderen, auch wenn sie vorhanden sind, sich nicht so leicht erschließen lassen. Vermutlich können sie nur denjenigen bekannt sein und diese in Staunen versetzen, die über die primäre Erfahrung praktischer Intersubjektivität mit dem Kind verfügen.

Versetzen wir uns an dieser Stelle einmal in die Lage von Cornelia. Wenn ihre Partnerin tatsächlich auf der Grundlage eines biologistischen Konzeptes argumentiert und eine Zugehörigkeitsbestimmung über vererbte Ähnlichkeiten vornimmt, dann bewirkt dieses Verhalten ihrer Partnerin, dass ihre, Cornelias, Identitätsungewissheit, wer sie denn in dieser Fünfer-Konstellation sei, virulent bleibt. Wir bekommen hier einen ersten Eindruck davon – sollten wir mit der Hypothese richtig liegen, dass Dagmar die Anteile im Kind naturalistisch verrechnet –, wo die Gründe für Cornelias bis in die Gegenwart anhaltendes Unbehagen liegen. Einmal angenommen, Dagmar spricht nach dem *„also"* insbesondere über die von den leiblichen Eltern auf das Kind übertragenen Merkmale, die sich nur im vertrauten Umgang mit dem Kind als Resultat prägender genetischer Übertragungsprozesse[17] bestimmen lassen, dann setzt das voraus, dass die spezifischen Eigenheiten sowohl der leiblichen Mutter als auch des leiblichen Vaters bekannt sind. Dass Dagmar ihre eigenen über das Phänotypische hinausgehenden Besonderheiten gut kennt, ist nicht erstaunlich. Sollte sie hier aber auf Spezifisches von Dieter zu sprechen kommen, so setzt das im Umkehrschluss voraus, ihn vergleichbar gut zu kennen wie sich

---

[17]Willer et al. sprechen auch von einer „Verleiblichung von Vererbung" (2013: 18).

5.5 Das Thema der Herstellung von Ähnlichkeit

selbst. Der Kontext für den Erwerb von Wissen, das über ein Bekanntheitswissen hinaus auch vertrautes Wissen enthält, das die Person als ganze unverwechselbar bestimmbar macht, ist der der diffusen Sozialbeziehungen, wozu prototypisch neben der Freundschaftsbeziehung, die (eheliche) Partnerschaftsbeziehung und die Eltern-Kind-Beziehung zählen. Wenn jetzt Dagmar in der mit „*also*" eingeleiteten Argumentationskette Dieter, den leiblichen Vater, in eine derart exponierte Stellung bringt, dann ist sie dabei, der Reproduktionstriade Geltung zu verleihen und eine Familialisierung von Vererbung nach dem Modell der Kernfamilie vorzunehmen. Noch reagiert Cornelia nur mit einem Minimalverhalten: „*Hm*". Sie nimmt, während die beiden Männer vorerst ganz in der Rezipientenrolle verbleiben, mit einer reduzierten Kommunikation teil. Eigene Beschreibungen oder Äußerungen, die eine Interpretation enthalten, etwas plausibilisieren oder einen Widerspruch anmelden, werden von ihr nicht erbracht. Die Initiative zu antworten, geht von ihrer Partnerin aus. Repräsentiert ist verbalsprachlich erneut die alltagsweltliche Triade mit der leiblichen Mutter als der Hauptperson, die das Wort führt.

D: *Das fängt (.) bei, dabei an, wie er ne Krankheit durchlebt. (!) (.) Dieter erzählt heut immer er hat <u>irgendwie</u> (.) einen Abend oder so kurz Fieber und am nächsten Tag is er wieder gesund. (!) Und das ist bei ihm genauso. (!) Dafür hat er aber auch das Knurrige von dir bei der @Krankheit@.*

Halten wir erst einmal fest: Wie erwartet, nimmt die leibliche Mutter eine Ähnlichkeitsbestimmung über ein biologisches Verwandtschaftsverhältnis vor. Zugehörigkeit stellt sie her, indem sie erkennbare Gemeinsamkeiten, hier im Prozess eines Krankheitsverlaufs, als die Folge genetischer Veranlagung erklärt. Auf die Frage der Interviewerin reagiert sie mit einer Antwort, in der auf die Möglichkeit, auch von Ähnlichkeiten zwischen Erwachsenen und Kindern zu berichten, die sich auf das alltägliche Miteinander zurückführen lassen, nicht eingeht. Verhaltensweisen, die in konkreten Interaktionen durch Zuschauen und Nachahmen gelernt werden, erhalten keine Bedeutung. Sie denkt, wenn es um Ähnlichkeiten geht, vor allem an die an der Fortpflanzung Beteiligten. Die Übertragung nichtgenetischer Informationen über die Generationen hinweg spielen keine Rolle. Sie vertritt das Konzept einer biogenetischen Reproduktion. Das hat eine narrative Struktur zur Folge, in der ihre Partnerin Cornelia überhaupt nicht vorkommt. Sie exkludiert Cornelia, auch Manfred, also die nicht-leiblichen Elternteile, und inkludiert über diese Schließung Dieter. Sie macht den leiblichen Vater, wenn es um Ähnlichkeiten geht, zum zentralen Protagonisten. Indem sie von ihm spricht und von ihm Erzähltes erinnert *(„Dieter erzählt heut immer ..."),* positioniert sie sich in der Rede selbst als Informantin. Sie gibt etwas wieder, das Dieter erzählt hat und das ihr in Erinnerung geblieben ist. Was hat sie sich eingeprägt und was erzählt sie wieder?

Für erzählenswert hält sie einen Sachverhalt, der als Ereignis und als Problem exponiert ist. Es geht um Krankheit und Auflösung, darum, wie schnell jemand wieder gesund wird. Das Besondere, das auch Interesse weckt und eine Wiedererzählung verdient, besteht darin wie bei Dieter, dem leiblichen Vater, eine Krankheit verläuft. Als eigenartig, signifikant und von den normalen Verläufen abweichend, wird die geringe Krankheitsdauer herausgestellt. Typisch für Dieter ist, dass er schnell, nach einem kurzen Auftreten und Verschwinden der Krankheitssymptome, wieder in den ursprünglichen gesunden Zustand, ganze ohne ärztliche Behandlung, zurückfindet *(„... einen Abend oder so kurz Fieber und am nächsten Tag is er wieder gesund ...").* Diese positive Eigenschaft attestiert Dagmar auch Felix. *„Genauso"* wie sein leiblicher Vater verhält sich auch der Sohn. Indem Dagmar so spricht, gibt sie – nach Ähnlichkeiten gefragt – ein Beispiel dafür, was sie in ein ‚Staunen' *(„Ich staune ...")* versetzt hat. Implizit sagt sie, dass sie, die mit Felix den gemeinsamen Alltag teilt und ihn deshalb in seinen Eigenschaften gut kennt, überrascht darüber ist, in wie vielen *„Sachen"* Übereinstimmung zwischen ihm und seinem Vater besteht. Die Kraft der Gene reicht soweit, dass selbst Krankheitsverläufe und das dazugehörige Sozialverhalten *(„hat er aber auch das Knurrige von dir bei der @Krankheit@ ...")* vererbt werden. Die Vererbung zeigt sich nicht nur im Erscheinungsbild, also im Phänotyp, sondern in einer – wie Willers das beschrieben hat (vgl. Willers et al. 2013: 18) – „Inkorporation und Verleiblichung". Indem Dagmar eine Ähnlichkeitsbestimmung nach einem derart naturalistischen Vererbungskonzept vornimmt, wird sie zur Stifterin einer genealogischen Kontinuität zwischen den per Abstammung verbundenen Generationen. Heraus stellt sie, wenn es um Ähnlichkeiten geht, die Familie als eine Institution mit biologischer Basis.

Wir sehen hier erneut, warum Cornelias Bedenken, die sie schon vor der Familiengründung hatte, bis in die Gegenwart hineinreichen. Das biologistische Denken ihrer Partnerin, das diese ja in aller Ausführlichkeit hier ausschmückt, in dem sie dem leiblichen Vater ihre ganze Loyalität versichert – selbst die negativen Begleiterscheinungen von Krankheiten *(„das Knurrige")* werden relativiert und durch die Ausdrucksbewegung des Lachens abgeschwächt *(„bei der @Krankheit@ ...")* – schließt sie als Mitglied aus der Gruppe aus, die durch Vererbungsprozesse miteinander verbunden sind. Die sie bewegende Frage, die sie von Anfang an beschäftigt hat und sich darauf bezog, auf welche geltenden Institutionen sie sich berufen kann, um wie ihre Partnerin über Rechte und

5.5 Das Thema der Herstellung von Ähnlichkeit

Pflichten zu verfügen, die ihr, Cornelia, erlauben, wie eine Mutter sich dem Kind gegenüber zu verhalten, bleibt virulent. Sie kann eben dann genau nicht stillstellend und befriedigend beantwortet werden, wenn durch biologistische Verwandtschaftskonzepte ihre soziale Position infrage gestellt bleibt und sie von der Wir-Gruppe, die alle diejenigen integriert, die durch die Übertragung von Genen zusammengehören, also über eine biogenetische Reproduktion, ausgeschlossen ist.

Bevor wir uns weiter anschauen, wer, und auch wie, an diesen Redebeitrag von Dagmar anschließt, wollen wir uns die Sequenz in der Formulierung *„erzählt heut immer ..."* in ihrer Formulierung näher anschauen. Denn wir haben ja weiter oben die Mutmaßung geäußert, dass, wenn Dagmar den leiblichen Vater exponieren sollte, sie dies in einem Zusammenhang tut, der auf eine enge soziale Beziehung schließen lässt, vergleichbar denen, die prototypisch für die Kernfamilie sind (wie die eheliche Paarbeziehung). Beginnen wir mit der Rekonstruktion der Sequenz, indem wir uns fragen, welche Bedingungsvoraussetzungen erfüllt sein müssen, damit die Äußerung *„erzählt heut immer ..."* sprachlich vollzogen werden kann.

Eine Bedingung dafür, dass überhaupt eine Erzählung stattfinden kann, ist, dass ein Sprecher seine Sprecherrolle wahrnimmt und es einen Hörer gibt, der sich mit der Zuhörerrolle bescheidet. Alltägliches Erzählen, ob nun fragmentiert, informierend oder wohlgeformt, braucht seine Zeit. Diese Zeit, die eine Voraussetzung dafür ist, dass sich eine Erzählung erst entfalten kann, räumen sie sich wechselseitig ein. Auch wenn die leiblichen Eltern, Dagmar und Dieter, in keinem gemeinsamen Haushalt zusammenleben, so bedeutet dies nicht, sich nicht im Rahmen von Erzählungen über ganz Persönliches, sie Bewegendes wie z. B. eine Krankheit und ihren Verlauf auszutauschen. Sie pflegen einen gemeinsamen Umgang miteinander, in dem sie sich einander anvertrauen und in dem sie die den anderen charakterisierenden Besonderheiten, die ihn in seiner Einzigartigkeit ausmachen, auch erinnern. Greift Dagmar doch in ihrer Rede auf ein Vertrautheitswissen (vgl. Schütz 1972: 56) zurück, mit dem sie der Interviewerin zum einen anzeigt, dass eine bis in die Gegenwart andauernde Erzählgemeinschaft besteht (*„erzählt heut immer ..."*) und zum anderen, dass sie einander teilhaben lassen an Dingen, die sie mit Sorge erfüllen. Dazu gehören auch Themen, die das leibliche Wohlbefinden betreffen. Die zentralen Erfüllungsbedingungen, die wir als gegeben voraussetzen können, damit die Sequenz *„erzählt heut immer ..."* formuliert werden kann, lassen sich wie folgt zusammenfassen: Es muss eine Erzählgemeinschaft bestehen, in der sich regelmäßig über persönliches Geschehen und Begebenheiten ausgetauscht wird. Allerdings erfahren wir hier nichts Genaues über den Kontext des kommunikativen Austauschs und auch nicht darüber, ob und wie Cornelia und Manfred daran beteiligt sind. Dass hier der Sprechakt von der leiblichen Mutter vollzogen wird und der leibliche Vater darin eine zentrale Bedeutung hat, heißt noch nicht, dass die nicht-leiblichen Eltern aus dem Kommunikationsgeschehen ausgeschlossen sind. Aber diejenigen, die an der biologischen Reproduktion direkt beteiligt sind, sind in der sprachlichen Rede herausgestellt und für die Interviewerin bestimmt als Personen, die wechselseitiges Wissen voneinander haben, wie es typisch für diffuse Sozialbeziehungen ist, in denen die Anteile von individuellem Vertrautheitswissen gegenüber einem sachbezogenen Verständigungszugang überwiegen.

Wir fragen uns, wie Cornelia hier wohl zumute ist, muss sie doch mit anhören, wie ihre Partnerin sich nicht nur als Vertreterin eines Naturalisierungskonzeptes darstellt, sondern auch der Interviewerin ein Bild von Beziehung zum Vater des Kindes zeichnet, das durch das individuelle Wissen, das hier preisgegeben wird, auch typische Merkmale einer persönlich-privaten Beziehung enthält. Möglich wäre, dass sie in irgendeiner Form auf diese situative Krise reagiert, z. B. in dem sie jetzt das Wort ergreift (‚Ja aber, er hat ja auch viel von mir!') oder einen letzten Rest von Autonomie geltend macht, indem sie einen nonverbalen Kommentar abgibt. Denkbar wäre hier ein Lachen (‚@(.)@'), um sich von der Schwere der Situation zu entlasten. Dagmar macht es ihr mit ihrem eigenen Sprachbeitrag aber nicht leicht, sich selbst in Szene zu setzen und sich als aktive Teilnehmerin im Gespräch zu ratifizieren. Um aus der Marginalsituation herauszufinden, müsste sie nicht nur die Exklusionsschranke überwinden, die Dagmar dadurch gezogen hat, dass sie bei dem Thema Ähnlichkeit auf die Gemeinsamkeit identischer Gene abhebt. Sondern wenn sie sich dazu anschickt, nach ihr das Wort zu ergreifen, dann würde sie zu einer Handlung ansetzen, die nicht dem Skript entspricht, dem Dagmar folgt. Cornelia würde, wenn sie sich selbst als Sprechende selektiert, Dagmars Plan durchkreuzen. Denn Dagmar hat mit der Formulierung: *„hat er aber auch [...] von dir"* Dieter direkt angerufen. Sie hat mit dem Ausdruck ein Signal gesetzt, mit ihm zu kooperieren. Indem sie ihn duzt, bezieht sie ihn ein und eben nicht Cornelia, ihre Partnerin. Im Grunde genommen ist es eine Einladung an den leiblichen Vater, den sie in der Rede exponiert hat, zu handeln; auch praktisch die Schließung in der Interviewsituation zu vollziehen. Will Cornelia diese „narrative Vergemeinschaftung" (Koschorke 2012: 252) zwischen Dagmar und Dieter, also den leiblichen Eltern, nicht zulassen, dann sollte sie jetzt reden. Bringt sie sich in irgendeiner Form ein, sei es auch nur nonverbal, dann wäre das als Ausdruck eines Versuchs zu deuten, gegen die Intentionen ihrer Partnerin zu handeln. Wenn sie jetzt spricht (z. B. sagt: ‚Na ja ...') und Dieter nicht zum Zuge kommen lässt, dann bringt sie klar zum Ausdruck, dass auch sie mitbestimmt, wer das Sagen hat, wenn es um

5.5 Das Thema der Herstellung von Ähnlichkeit

Zugehörigkeitsbestimmung qua Ähnlichkeit geht. Sie präsentiert sich dann als jemand, der in der Lage ist, sich selbst einzuschließen und aus der Randposition zu befreien. Bisher haben wir Cornelia allerdings nicht als eine Person kennengelernt, die eigenständig die Themen setzt und ihre Interessen durchsetzt, auch wenn wir sie schon mehrfach als Person erlebt haben, die sich zwischen Dagmar und Dieter schiebt. Wir erwarten eher, dass Dieter den Bewegungsimpuls von Cornelia aufgreift, diese schweigt, und Dieter uns eine Kostprobe von seiner Rolle als Erzähler gibt. Dagmar hat ihn in dieser Eigenschaft bereits eingeführt (*„erzählt heut immer ..."*) und nicht auszuschließen ist, dass er ein Beispiel einer durchgebildeten Erzählung liefert. Vom Inhalt her könnte er den Ball, der ihm von Dagmar zugespielt worden ist, aufgreifen und das Thema von der Krankheit ausgestalten, ergänzen oder eine dazu passende Geschichte erzählen. Vielleicht setzt er auch ganz eigene und andere Akzente.

C: @(.)@

Cornelia antwortet mit einem Lachen. Mit diesem Lachen stimmt sie in das Lachen von Dagmar ein, die mit dieser Ausdrucksgeste ihren Sprachbeitrag beendet hat (*„bei der @Krankheit@ ..."*). Von einem offenen, mit Worten angezeigtem Widerstand, einer eigenständigen Themensetzung oder einer Gegenbewegung, mit der eine Korrektur vorgenommen werden soll, kann nicht die Rede sein. Im Gegenteil. Indem sie mitlacht, vollzieht sie eine Synchronisationsbewegung. Sie schließt sich ihrer Partnerin an. Hörbar ist ein zweistimmiges Lachen. Wir haben Cornelia aber schon als eine Person kennengelernt, die nicht immer direkt ausdrückt, was sie fühlt und denkt. Sie ist jemand, der ein Mitmachen signalisiert (*„Ja is ok, können wir machen."*) und seine Bedenken und Vorbehalte zurückhält, die, wie wir zeigen konnten, dann sich aber ihren ganz eigenen Weg bahnen, um, wenn auch nur schwer entzifferbar, nach außen zu gelangen. So ist auch hier aus guten Gründen zu vermuten, dass dieses Lachen mehr als bloße Zustimmung enthält. Es ist ein überkomplexes, ein reichhaltiges und auch innovatives Lachen. Denn man muss sich schon fragen: Hat sie denn nicht gehört und wahrgenommen, dass ihre Partnerin über ihren Redebeitrag gerade dabei ist, zwischen sich und Dieter, dem leiblichen Vater, den sie, Cornelia, immer wieder – wie die anderen Dokumente gezeigt haben (Sitzordnung, Familienfoto) – auf Distanz zu bringen versucht, ein Partizipationsverhältnis zu stiften? Hat sie denn wirklich nicht bemerkt, dass von ihr, die ja im Alltag sich um den Sohn Felix kümmert, gar nicht die Rede ist, wenn es um die Zugehörigkeitsbestimmung geht? Sie kann doch nicht wirklich über ihre ihr zugewiesene Randposition lachen? Oder vielleicht doch? Wenn wir das Lachen mithilfe der Plessnerschen philosophischen Anthropologie deuten (vgl. Plessner 1982: 80 ff., Allert 2017: 150 ff.), dann wird es möglich zu zeigen, dass es noch mehr als eine Synchronisationsbewegung bedeutet. Machen wir uns dazu noch einmal klar, in welche Situation Dagmar insbesondere ihre Partnerin gebracht hat, die in der Gesprächssituation erst einmal zu den Zuhörenden gehört. Vom Inhalt her und auch hinsichtlich des direkten Ansprechens Dieters, mit dem sie diesen einlädt, die Kommunikation fortzusetzen *(„hat er […] von dir")*, bedeutet der Redebeitrag Dagmars für Cornelia eine situative Krise. Ihr widerfährt, hier zu einer Ausgeschlossenen zu werden. Alle Bedenken, die sie immer schon bewegt haben, wenn es um eine verantwortete Elternschaft für den Sohn Felix geht, werden bestätigt. Die Sorge, die sie von Anfang hatte, über fehlende Rechte und Pflichten an den Rand zu geraten, wenn sich das Paar zur Familie erweitert, ist angemahnt. Sie ist im Kern in ihrer alten Thematik, die durch die Präsenz eines leiblichen Vaters nicht abgemildert werden konnte, getroffen. Eine schnelle und passende Antwort darauf hat sie nicht parat. Auf das von ihr Unbeantwortbare reagiert sie dann mit einem Lachen, das von Plessner in Situationen, in denen uns etwas zustößt und in denen wir die „Bewandtnis" (Plessner 1970: 75) verlieren, mit Worten zu reagieren, als „Reaktion auf Grenzen" beschrieben ist, „an welche unser Verhalten stößt" (1982: 80). Befinden wir uns in einer Lage, die uns fassungslos macht und wir nicht mit Worten die Kommunikation fortsetzen können, dann „übergibt man in Sekundenschnelle dem Körper das ‚Kommando' der Kommunikation" (Allert 2017: 152). Kreativ und innovativ ist Cornelias Reaktion mit einem Lachen hier insofern, als sie *erstens* über diese Gebärde des Affekts ihren Gefühlen überhaupt einen Ausdruck verleiht. *Zweitens* gelingt ihr mit dem Lachen in einer krisenhaften Situation, sich selbst in der Lage „fehlender Bewandtnis" (Plessner 1970: 75) einen Trost zu spenden und *drittens* auch, letzte Reste von Selbstbehauptungsbestrebungen geltend zu machen.

Dt: *Äh, es gibt doch auch äh, äh (.) Sachen, die nicht vererbt werden. () und da denk ich mir, weil (.) bei uns jetzt weniger, weil wir ja nicht permanent vor Ort sind, aber ähm, wenn man, wenn man unbeteiligter Beobachter ist, könnte man auch meinen, dass von Conny was drin steckt,*

Jetzt ergreift Dieter, der leibliche Vater, das Wort. Aber er trägt die von Dagmar sprachlich in Szene gesetzte Sinndimension, mit der diese polarisiert und auch exkludiert, nicht mit. Er spricht zwar, aber er redet nicht über sich selbst, z. B. indem er eigene Besonderheiten darstellt, die seine Ähnlichkeit mit Felix betonen. Wäre doch möglich gewesen, dass er Dagmar uneingeschränkt zustimmt und mit seinem Redebeitrag entweder das Thema der Krankheit aufgreift oder

5.5 Das Thema der Herstellung von Ähnlichkeit

Eigenschaften auswählt, die auf andere Weise die überraschend starke Wirksamkeit der genetischen Übertragung und damit die Übereinstimmung zwischen ihm und seinem Sohn anzeigen. Den Steigbügelhalter, den Dagmar ihm hinhält, um über eine selbstbezügliche Redeweise den Prozess der Schließung zu vollziehen, nimmt er nicht auf. Er nimmt ganz souverän und selbstbewusst, dabei – wie noch zu zeigen sein wird – ein hohes Maß an Höflichkeit und Distinktion wahrend, eine Gegenbewegung vor. Dieter scheint auf eine gewisse Art und Weise bemerkt zu haben, dass Cornelia sich in einer Situation der kommunikativen Erschütterung befindet, die sie mit einem Lachen quittiert und damit zum Ausdruck bringt, die „Bewandtnis" (Plessner 1970: 75) verloren zu haben und eine Wortlosigkeit zu empfinden. In dieser für sie dramatischen Kommunikationssituation springt Dieter ihr bei. Er gibt ihr Rückendeckung (vergleichbar der körperlichen Geste dokumentiert auf dem Familienfoto, wo er mit dem Arm von hinten her dem Ganzen eine Stütze zu verleihen scheint) und verschafft ihr Resonanz. Wie geht er dabei vor?

Er stellt heraus, dass es neben den biologischen Vererbungsprozessen auch andere Übertragungsquellen gibt, über die Ähnlichkeiten erzeugt werden. Er will die Beschränkung auf die biologische Dimension nicht zulassen, sondern erweitert Dagmars Erklärungsmodell um die Dimension der sozialen Vererbung. Damit vollzieht er eine kommunikative Zuwendung zu „*Conny*", von der er sagt, dass in Felix auch Inhalte von ihr ‚drinstecken'. Beobachten lässt sich an sozialen Verhaltensweisen von Felix, dass Prägung nicht nur durch Gene entsteht, sondern „*auch*" durch die persönliche und dauerhafte Anwesenheit von Vorbildern, deren Verhaltensweisen über die gemeinsame Teilhabe an einer Lebenswelt ins eigene Verhaltensrepertoire aufgenommen werden. Indem Dieter eine Ähnlichkeitsbestimmung über eine Basis zulässt, zu der ein biologistisches und auch ein soziales Vererbungskonzept gehören, kann Cornelia auf gleiche Weise wie die mit Felix per Abstammung verbundenen Personen behandelt werden. Er schließt sie, nachdem Dagmar zu einseitigen Koalitionsbildungen angesetzt hat, die Cornelia sprach- und fassungslos gemacht haben, wieder ein. Dieter fungiert hier als ein Dritter, der ganz im Sinne der für das Ruhrgebiet typischen Vergemeinschaftungsmentalität eine sozialintegrative Funktion übernimmt.

Auch an zwei weiteren Formulierungen in diesem Sequenzabschnitt wird offensichtlich, dass Dieter, den Cornelia, wie andere Dokumente gezeigt haben, immer wieder auf Distanz hält, indem sie sich zwischen ihn und ihre Partnerin schiebt, ihr keinen Anlass gibt, mit ihm um ihre beanspruchten Elternrechte zu konkurrieren. Dieter ist nicht nur jemand, der sie in einer Kommunikationskrise mit einer sprachgebundenen Zuwendung versorgt und stellvertretend für sie wie ein Artikulationsverstärker ihre Bedeutung geltend macht. Sondern er beschreibt sich und seinen Partner *("wir")* als Personen, die durch ihre Nichteinbindung in den erzieherischen Alltag als Quelle der Übertragung von Ähnlichkeiten nicht infrage kommen. Er sieht sie beide nicht ins Geschehen inkludiert, sodass durch den praktischen Umgang im alltäglichen Miteinander Prägeprozesse wirksam werden könnten. Sie erfüllen im Gegensatz zu den beiden Frauen nicht die Bedingungen, die eine Weitergabe von Anlagen oder Dispositionen, also Inhalten, die in einem ‚drinstecken', ermöglichen. Indem er so spricht, antwortet er auf Dagmars ihm zugewiesene Zentralstellung mit einer Geste des Rückzugs. Den tritt er an, um Cornelia, die seiner patronagenhaften Zuwendung aufgrund ihrer Wortlosigkeit bedarf, mehr Raum einzuräumen und um ihr vielleicht auch die Sorge zu nehmen, sie verfügten über eine Selbstdefinition von Teilhabe und Zugehörigkeit, die ihre Ansprüche an Felix untergraben könnten. An welchen Formulierungen in diesem Sequenzabschnitt wird ersichtlich, dass er eine Verhältnisbestimmung zu den beiden Frauen vollzieht, die insbesondere für Cornelia die Spannung aus der Kommunikationssituation nimmt, da Dieter sich selbst und seinen Partner sozial außerhalb der Alltagstriade verortet, die von der weiblichen Paardyade und dem Kind gebildet wird?

Da ist zuerst die von Dieter gebrauchte Wendung *„bei uns jetzt weniger",* die beim erstmaligen Lesen irritiert. Geht es doch darum, so scheint es, aber eben nur auf den ersten Blick, die Personen in ihrer Eigenschaft als Träger von zu vererbenden *„Sachen"* zu charakterisieren, die über soziale Prozesse weitergegeben werden. Nicht überraschend wäre in diesem Zusammenhang gewesen, wenn er gesagt hätte: ‚von uns jetzt weniger'; also von uns kann er bestimmte *„Sachen"* nicht erben. Da Dieter aber statt ‚von' die Präposition *„bei"* wählt, geht es ihm weniger um die Personen als eine Übertragungsquelle von Merkmalen. Sondern Dieter ist dabei, eine zentrale Bedingungsvoraussetzung herauszustellen, durch die, ganz unabhängig davon, ob biologisch verwandt oder nicht, soziale Vererbungsprozesse überhaupt erst möglich werden. Als zentral dafür betrachtet er die räumliche Teilnahme. Im Prinzip spricht er von der Einbindung in einen Kommunikationsraum als Möglichkeitsbedingung für die Weitergabe von Ähnlichkeiten, die nicht genetisch kodiert sind. Und da nun die beiden Männer mit dem zu ihnen gehörenden Kommunikationsraum (Haus, Wohnort) nicht den Rahmen für Felix' Aufenthalt geben, er nicht Teil ihres kommunikativen Rahmens ist, kommen sie als Quelle der sozialen Vererbung nicht infrage. Dieter ist dabei, die Aufmerksamkeit, die insbesondere Dagmar auf ihn gelenkt hat, wieder ein stückweit zurückzunehmen. Die soziale Beziehung, die sie hergestellt hat, wird von ihm sogar in zweifacher Hinsicht wieder relativiert. Denn er sagt ja nicht *„bei uns jetzt weniger,* weil Felix selten bei uns ist". Es geht nicht um Felix'

5.5 Das Thema der Herstellung von Ähnlichkeit

Abwesenheit bei ihnen, sondern um ihre Abwesenheit im Kommunikationsraum der Frauen. Die familiale Lebenspraxis, also dort, wo Fürsorge und Erziehung stattfindet, ist für sie, die nicht *„permanent vor Ort"* sind, ein transitorisches Territorium. Im Umkehrschluss heißt das mit Blick auf die Übertragungsmöglichkeiten von Ähnlichkeiten durch Prozesse des nachahmenden Lernens: Über sie, die beiden Männer, können keine sozialen Prägeprozesse stattfinden, da sie nicht wie die beiden Frauen einen veralltäglichten Umgang mit dem Sohn Felix haben. Nicht nur sind sie selten Teil der kommunikativen Alltagswelt, in der Felix aufwächst, sondern noch weniger als selten – so muss man mutmaßen – ist Felix Teil ihres Kommunikationsraumes. Ihre Einflussnahme beschränkt sich auf vereinzelte, wenn auch regelmäßige Begegnungen, weshalb sie als Protagonisten in einer Erzählung, in der es um soziale Vererbungsprozesse geht, keine Rolle spielen – das ist die indirekte Botschaft, die Dieter in der Situation einer kommunikativen Krise, in der sich Cornelia befindet, sendet. Statt sich zu exponieren, und damit Dagmar in ihrer Rede zu bestätigen, nimmt er eine relativierende Ergänzung vor und arbeitet somit auch am Abbau einer dramatischen Situation. Dieter inkludiert Cornelia und unterstellt aus der Perspektive des *„unbeteiligte[n] Beobachter[s]"* eine Gleichheit im Recht auf Zugehörigkeit, auch wenn die biologische Abstammung fehlt.

Die Formulierung, die Dieter gebraucht: *„wenn man unbeteiligter Beobachter ist",* ist auch deshalb interessant, da mit ihr erneut eine soziale Verortung außerhalb der von den Frauen und dem Kind gebildeten Triade angezeigt wird. Zentrale Merkmale eines unbeteiligten Beobachters sind, dass er wie ein Forscher das vor ihm ablaufende Geschehen sieht und deutet. An dem System, das er beobachtet, hat er selbst nicht teil. Er ist in die soziale Praxis, die er deutet, nicht involviert. Indem Dieter für sich diese Perspektive reklamiert und sich dadurch selbst als ein Teil derjenigen beschreibt, die zur Statusgruppe der Unbeteiligten gehören, distanziert er sich ziemlich weit von der ihm von Dagmar zugewiesenen Rolle, als biologischer Vater Einfluss auf das soziale Verhalten von Felix zu haben, da identische Gene vorhanden sind. Er bezieht alternativ dazu eine Position, die ihn für Cornelia nicht als einen möglichen Konkurrenten in Szene setzt, wenn es um die Sozialisation des Nachwuchses durch Prägeprozesse geht. Ganz im Gegenteil. Er kann mit Bezug auf ein ethnografisches Basisverhalten, das er für sich veranschlagt, geltend machen, dass, wenn es um Herkunftsähnlichkeiten geht, die Quellen auch noch anders zu bestimmen sind. Nicht nur durch biologische Reproduktion kommen Ähnlichkeiten zustande, sondern – dafür kann er als unbeteiligter Beobachter bürgen – auch durch die dauerhafte Anwesenheit als eine Bedingungsvoraussetzung dafür, dass ganz unabhängig von einer biologischen Abstammung Eigenschaften übertragen werden können. Über den Sprechakt erweist er Cornelia den Dienst, stellvertretend für sie ihr Recht auszudrücken, gleich bedeutsam mit einem leiblichen Elternteil zu sein. Er fungiert in einem Moment des Bewandtnisverlustes als ein Choreograph, der in einer Notsituation die Interessenvertretung für Cornelia übernimmt.

Wer schließt jetzt an Dieters Redebeitrag an, mit dem er, wenn auch keinen Widerspruch zu Dagmars Antwort formuliert, so doch ihre Intention durchbricht, Ähnlichkeiten über ein naturalistisches Vererbungskonzept zu erklären? Dagmar erfährt durch ihn zwar Zustimmung, gleichfalls indirekt aber auch Kritik, da Dieter ihre Polarisierung nicht mitmacht. Er nimmt eine Ergänzung ihrer Perspektive vor und erweitert den Kreis der Beteiligten über eine integrative Schließungsprozedur. Wie verhält Dagmar sich dazu? Reagiert sie mit Zustimmung oder Ablehnung? Fühlt sie sich überhaupt angesprochen? Geht sie auf das ein, was Dieter gesagt hat? An der Art und Weise wie Dieter seinen Gedanken vorträgt, an der Wahl seiner Worte wird deutlich, dass er darauf aus ist, die indirekt Angesprochene so wenig wie möglich einzugrenzen. Er will ihr die Freiheit lassen, bei ihrer Ansicht zu bleiben und Nein zu sagen: ‚Nein, so sehe ich das nicht'. Denn Dieter sagt ja nicht: ‚Ich als unbeteiligter Beobachter sehe doch, dass auch von Cornelia was drin steckt'. Er ist weit davon entfernt apodiktisch zu argumentieren und so seine Perspektive in einer Bestimmtheit vorzutragen, die eine andere Meinung nicht mehr zulässt. Durch den Gebrauch des restriktiven Konjunktivs (*„könnte"*) drückt er eher eine Zaghaftigkeit aus. Es ist ein Signal, dass seine Äußerung keine feste Geltung ausdrückt. Mit dem konturschwachen Modalverb setzt er sich am wenigsten der Gefahr aus, Dagmar durch seine Meinungsäußerung, die ja auch ein konfliktuöses Moment enthält, ungebührlich nahe zu treten. Im Dienste der Diskretion und Höflichkeit steht auch das gleich dreimal verwendete neutrale Pronomen *„man"*. Indem Dieter nicht ‚ich' sagt: ‚Ich als unbeteiligter Beobachter', sondern sich zu einer unbestimmten Zahl von Personen zählt, vermeidet er eine Selbstexponierung, die missverständlich als Gegenrede gedeutet werden könnte, im Sinne von: Im Gegensatz zu dir. Über das *„man"*, das verallgemeinert und neutralisiert, gelingt ihm eine temporierende Ausdrucksweise.

D: *Ne Menge.*
Dt: *weil das einfach (.) <u>vor</u> gelebt wird. Also nicht mal was Vererbtes. Also ein (.) Kind ist ja nicht nur (.) Erbprodukt, sondern auch, das (.) lernt ja täglich. Und, und sieht ja (täglich) ((Felix schreit sehr laut)) was passiert. (!)*

Dagmar schließt sich Dieter sofort an und macht über diese Äußerung seine Integrationsbewegung, über die ihre Partnerin inkludiert wird, vorbehaltlos und ohne auch nur einen Moment zu zögern, mit. Beinahe nur mit einem Einwortsatz ("Ne Menge") äußert sie Zustimmung. Vom Inhalt her enthält er die Bedeutung: Quantitativ geschätzt ist der Anteil, der von Conny in Felix „*drin steckt*" nicht gering. Damit bestätigt sie nicht nur die Beobachtung Dieters, sondern auch Cornelia als eine Quelle für die Übertragung von Ähnlichkeit. Insofern war Dieter in seiner Absicht, im Sinne einer Gemeinschaft zu handeln, die auch diejenigen einschließt, die den Hauptanteil der Sozialisationsarbeit leisten, auch wenn sie nicht mit Felix biologisch verwandt sind, erfolgreich. Die positive Resonanz, die von Dagmars Antwort ausgeht, und ihn bestätigt, wird er auch als Ermunterung erfahren haben. Setzt er doch seine Rede fort und hebt noch einmal zu einer narrativen Ausgestaltung an. Wir wollen das im Einzelnen nicht weiter ausdeuten, denn wesentlich Neues ist darin nicht enthalten. Nur Felix, den wir bisher, wie auch Manfred, noch nicht gehört haben, meldet sich (*„Felix schreit sehr laut"*). Mit einem sehr lauten Schreien drückt er seinen Wunsch aus, sich an der Kommunikation zu beteiligen. Er unterstreicht auf demonstrative Art seine Anwesenheit und bekräftigt, nachdem Dieter Cornelia als Außenvorgebliebene einbezogen hat, auch seine Dazugehörigkeit.

5.6 Verwandtschaftlichung eines Freundschaftsverhältnisses

Im Folgenden wird es darum gehen, zu zeigen, wie aus ihrer Fortpflanzungsgemeinschaft eine Solidargemeinschaft mit hoher Bindungswirkung geworden ist. Dazu werde ich zum einen den Prozess der Familiengründung in seinen einzelnen Schritten beschreiben. Hier wird besonders an der selektiven Weitergabe von Informationen während der Schwangerschaft deutlich, wie eine alle Beteiligte integrierende Wissensgemeinschaft entsteht. Zum anderen werde ich die für den Fall typischen Netzwerkaktivitäten darstellen, aus denen hervorgeht, wie aus einer Freundschaftsbeziehung ein Bindegewebe verwandtschaftlicher Verästelungen und Verzweigungen entsteht. Für die Präsentation dieser beiden Aspekte, die Erzeugung eines Kommunikations- und eines Verwandtschaftsnetzwerkes, wähle ich eine Darstellung, in der die Analyse von kurzen Sequenzabschnitten verknüpft ist mit wörtlichen Zitaten und Paraphrasierungen von Sprechakten, um „interaktionsübergreifende Handlungsstränge zu dokumentieren und zu analysieren" (Schneider 1994: 185). Gesetzt wird auf eine „Mischtechnik" (ebd.), die gegenüber einer Analyse, die einzig auf die „excessive Interpretation einzelner fortlaufend wechselseitig aufeinander folgender Interakte" (ebd.: 162) zielt, den Vorteil hat, größere zusammenhängende Handlungsketten (wie die, ein Kind zu bekommen) und Handlungsgeschehen (Verwandtschaftsbildung) zu erfassen. Die Analyse folgt jetzt nicht der „sequentiellen Ordnung des Datenprotokolls" (ebd.: 167), sondern orientiert sich vielmehr „an der Realsequenz der Fallgeschichte" (ebd.).

Familienbildung als interaktives Tun: Nachdem Cornelia dem Drängen der Partnerin mit einem *„Ja, okay können wir machen."* zugestimmt hat, gehen der Entscheidung, das Paar um ein Kind mithilfe der beiden Freunde Dieter und Manfred zu erweitern, Überlegungen zu alternativen Familienmodellen voraus. Zuerst versuchen sie, ein Kind zu adoptieren, *„weil wir gesagt haben, es gibt genügend Kinder, die kein Zuhause haben, und wir haben eines"*. Da es in Deutschland aber für ein gleichgeschlechtliches Paar nicht möglich ist, ein Kind zu adoptieren, kümmern sie sich gleich um eine Auslandsadoption. Der Adoptionsplan scheitert an der Schwierigkeit des bürokratischen Zugangs, sodass sie die Variante der anonymen Samenspende in Form eines One-Night-Stands in Erwägung ziehen. Am Ende kommen sie aber zu dem Entschluss: *„Eigentlich ist es ganz gut, wenn das Kind weiß, woher es kommt, wenn es eine Identität hat und sich identifizieren kann."* Sie entscheiden sich, ihre langjährigen Freunde zu fragen. Denn es gibt für sie schließlich keine guten Gründe, mit denen sich hinreichend rechtfertigen ließe, sich für eine anonyme Samenspende zu entscheiden. Ihrer Meinung nach ist es *„unmöglich dem Kind vernünftig zu erklären, wo's herkommt, wenn's ne Samenspende ist"*. Um keine Konfusionen zu verursachen und die „autobionarrative Integrität" (Pollmann 2015: 271) nicht zu gefährden, halten sie es für notwendig, dass das Kind einen Vater hat. Es ist für sie ein moralisch-ethisches Anliegen dem Kind auf die Frage *„Wo komme ich her?"* eine Antwort zu geben, sodass es sich selbst in Beziehung zu den signifikanten Anderen, die seine Abstammung verbürgen, setzen kann. Die Frage nach der eigenen Herkunft, die ja Wissen mit unmittelbaren identitären Effekten berührt, wollen sie, ohne sich eine *„Ausrede einfallen lassen zu müssen"*, beantworten: *„Das ist dein Vater"*. Die beiden Männer müssen, nachdem die Frauen sie gefragt haben, nicht lange überlegen: *„Also es war für mich eindeutig keine Frage und ich ab mich sehr darüber gefreut. Also und dann fand ich das schon lange, bevor er nachher da war unheimlich aufregend Vater zu werden. Also ein Kind zu haben."*, so Dieter. Für Dagmar und Cornelia hat die Zustimmung, der seitens der Männer kein Bedenken abwägender Reflexionsprozess vorausgeht, zur Folge, dass sie keine *„Annonce aufzugeben oder Helfer zu suchen"* brauchten. *„Das brauchten wir nicht, weil wir halt innerhalb der Freundschaft bei euch gleich Hilfe bekommen haben"*, berichtet

5.6 Verwandtschaftlichung eines Freundschaftsverhältnisses

Dagmar. Es ist eine emotional geprägte Spenderwahl. Sie helfen einander als Freunde, selbst in solchen Situationen, wo es um Fragen der Reproduktion geht. Nachdem die beiden Freunde eingewilligt haben, hat es dann aber noch zwei Jahre gedauert, *„bis wir das umgesetzt haben"*, sagt Dieter. Es mussten Vorbehalte ausgeräumt werden. *„Ohne Überlegung ist das nicht passiert, nur übers Ausdebattieren."* *„Vom Kopf her"* sei das ein langer Entwicklungsprozess gewesen.

Cornelia, die nicht-leibliche Mutter – das haben wir weiter oben schon herausarbeiten können – war mit einer Identitätsproblematik konfrontiert: *„Dagmar ist die leibliche Mutter, Dieter der Vater, und wer bin ich eigentlich?"*

Im Rückblick beschreibt Dieter die Entwicklungsgeschichte ihrer Freundschaftsbeziehung, die für alle eine überraschende und ungeahnte Wendung erfahren hat, wie folgt: *„Eigentlich sollte die Bindung gar nicht so intensiv werden, wie es jetzt geworden ist. Das hat mer eigentlich alles gar nicht geplant."* Sobald aber Felix unterwegs war, habe sich die Qualität der Beziehung verändert. Es kommt zu einer Intensivierung der Bindung. *„Als Felix dann zur Welt gekommen ist, war eigentlich auf einmal, also spätestens da, eigentlich schon im Vorfeld, während der Schwangerschaft, war schon klar, dass es doch enger wird mit uns viern".* Die kommunikative Tatsache von Dagmars Schwangerschaft führt zu einer emotionalen Verstärkung zwischen ihnen. Ihre wechselseitige Beziehung, die auch schon zuvor von einem *„grenzenlosen Vertrauen"* (Dieter) geprägt war, erfährt eine Veränderung, zumal die freizügige Weitergabe von Informationen, insbesondere durch Dagmar, aus ihnen einen kleinen Kreis von Eingeweihten macht. Nach allen Schwangerschaftsvorsorgeuntersuchungen ist sie diejenige, die alle Beteiligten über die Ergebnisse der ärztlichen Tests informiert: *„Ich hab nach jeder Untersuchung erst bei dir angerufen und dann bei Dieter und Manfred".*

Schauen wir uns diese Sequenz im Einzelnen genauer an, in der deutlich wird, wie aus einem „Kreis von Informierten, ein Netzwerk des Wissens entsteht" (Hirschauer/Hoffmann 2012: 482). Dagmar, die wir schon an zuvor rekonstruierten Sequenzstellen als die Strukturgebende herausgearbeitet haben, hält auch dann die Fäden in der Hand, wenn es um die öffentliche Kundgabe von Mitteilungen an ihr sozial Nahestehende während der Schwangerschaft geht. Sie steuert eine Kommunikation, die allein von ihr als einem Zentrum ausgeht. Über die Entscheidung, wer zu den signifikanten Anderen zählt, in welcher Reihenfolge diese unterrichtet und auch welche Informationen weitergegeben werden, verfügt sie. Möglich wäre auch gewesen, dass Cornelia als Erstinformierte dann auch diejenige ist, die Informationen über den inneren Kreis der beiden Frauen hinausträgt. Über diese kommunikative Steuerung hätten die beiden Frauen gegenüber den beiden Männern kenntlich gemacht, dass bei ihnen als Paar die „verantwortete Elternschaft" (Kaufmann 1990) liegt. Wir wissen aber, dass Dagmar zwar äußere Impulse aufgreift, die Dritte integrieren (siehe die Sequenz zur Ähnlichkeitsbestimmung), selbst aber von ihrem Habitus her eher eine Einzelgängerin ist, die für sich entscheidet und auch danach strebt, die „Informationskontrolle" (Goffman 1967) zu behalten. Nach den Schwangerschaftsuntersuchungen hat sie zwar jedes Mal als Erste ihre Partnerin angerufen, aber sofort eben auch *„Dieter und Manfred".* Eine kommunikative Abschließung nach innen, um z. B. durch das Zurückhalten von Informationen sich als Paar zu exkludieren, unterbleibt. Der mögliche Zwischenschritt, sich als Paar auszudifferenzieren, indem Wissen eine Zeit lang zwischen ihnen beiden zirkuliert, wird nicht vollzogen. Das hat für Cornelia die Folge, mit den Männern gemeinsam in einer Reihe genannt zu werden. Wir sehen an dieser Stelle, wie durch einen Mangel an stabiler Grenzziehung der Zusammenschluss als Paar, in dem Cornelia vergleichbar ihrer Partnerin eine zentrale Stellung innehat, nicht gelingt. Im Grunde wird sie auch hier exkludiert, was hätte vermieden werden können, wenn sie, nachdem das Wissen zeitweilig nur in ihrem kleinen Kreis zirkuliert hätte, mit der Autorität versehen worden wäre, an die Männer die Informationen weiterzugeben. Eine Voraussetzung dafür wäre allerdings gewesen, dass Dagmar ihren Mitteilungsdruck, den sie verspürt haben muss, denn sie wartet nach den ärztlichen Untersuchungen die persönliche Begegnung mit Cornelia gar nicht erst ab, sondern ruft alle gleich an, nicht gleich nachgegeben hätte. Aber das Zurückhalten von Informationen ist nicht ihre Sache. Sondern sie macht alle, wenn auch eine Priorisierung in der Adressatenselektion vorgenommen wird, unmittelbar nacheinander zu Mitwissern. Der Wissensvorsprung ihrer Partnerin, die mit ihr zusammen die Betreuung und Erziehung des Kindes übernehmen wird, dauert einen Telefonanruf lang. Über den Prozess einer differenzierungslosen Vergemeinschaftung wird ein verwandtschaftliches Bindegewebe der Sozialität gestiftet; von Schobin auch beschrieben als eine „Verwandtschaftlichung [von] Freundschaftsverhältnisse[n]" (Schobin: 2011: 30 f.).

5.7 Die Regenbogenfamilie als Kleinfamilie

Ich komme zu einer letzten Sequenzstelle, die ich deshalb ausgewählt habe, um einen Versprecher, der Dieter unterläuft und der auch von ihm korrigiert wird, in seiner sinnlogischen Motivation zu verstehen. Als Einstieg in die Sequenzanalyse wähle ich die Interviewfrage:

> I: *„Und was würden Sie Felix jetzt sagen (?) Also vielleicht, vermute ich mal in zwei Jahren wird ja die Frage auftauchen, ne (!) (?)"*

5.7 Die Regenbogenfamilie als Kleinfamilie

Aus dem Kontext ergibt sich, dass die Interviewerin wissen möchte, wie sie Felix ihre Familienkonstellation erklären, sollte er danach fragen, womit – so nimmt die Interviewerin an – zu rechnen ist, sobald Felix in einem Alter ist, wo Kinder sich in einem Stadium der Entwicklung befinden, wo sie nicht mehr „alles auf sich […] [und ihren – D. F.] Körper zurückführen" (Piaget 1974: 158). Die Interviewerin antizipiert, dass in „*vielleicht*" „*zwei Jahren*", da ist Felix vier Jahre alt, er damit beginnen könnte, sich eigene Gedanken zu machen über eine Welt, die er als außerhalb von sich liegend empfindet. Piaget beschreibt diesen Entwicklungsschritt als einen „Prozess der Dezentrierung" (ebd.). Das Kind beginnt, sich von der Egozentrik abzukehren und eine Hinwendung zur Sozialität zu vollziehen. Wie werden die Angesprochenen auf diese Frage reagieren, in der auf indirekte Weise auch erzieherische Kompetenzen von signifikanten Anderen abgefragt werden im Sinne von: ‚Was bieten Sie Ihrem Sohn Felix an, um sich in einer Welt, die vielschichtig und überwältigend ist, sicher zu fühlen und zurechtzufinden? Wie bereiten Sie Ihren Sohn auf die Außenverhältnisse vor?' Denkbar wäre, dass ein Antwortverhalten folgt, das wir als Bemühung deuten können, das Informationsbedürfnis der Interviewerin befriedigend zu stillen. So könnte einer von ihnen sich anschicken, über eine Ad-hoc-Erzählung praktisch zu verdeutlichen, was sie ihrem Sohn Felix sagen würden. Wir vermuten, dass entweder die leibliche Mutter, also Dagmar, antworten wird, was uns nicht überraschen würde, oder Cornelia, die mit ihr zusammen das Kind erzieht. Aus der bisherigen Fallrekonstruktion wissen wir aber auch, dass Cornelia diejenige ist, die sich nicht dazu gedrängt versteht, eigene Akzente zu den angesprochenen Themen zu setzen und sich sprachlich dazu zu äußern. Dieter dagegen, der zwar nicht wie die beiden Frauen die Sozialisation des Kindes verantwortet, haben wir aber als jemanden kennengelernt, der in Frage-Antwort-Verhältnissen souverän agiert, und der auch einer Mentalitätsstruktur des Ruhrgebietes gemäß stark vergemeinschaftsbildend wirkt. Nicht überraschen würde deshalb, wenn auch Dieter spricht und zwar im Sinne aller an Felix' Erziehung Beteiligter, ohne dabei zu vergessen zu betonen, dass insbesondere Dagmar und Cornelia diejenigen sind, die Felix eine Erziehung angedeihen lassen, die ihn auf die Welt außerhalb des Primärbereichs vorbereitet. Er könnte seinen Redebeitrag auch noch in einen Kommentar einbetten, der ihn, wie schon an anderen Stellen deutlich wurde, als jemanden ausweist, der als eine Art Außenvertreter ihre Gemeinschaft vor problembezogenen Perspektiven, die ihre Familie infrage stellen, wie das die Interviewerin tut, beschützt und schützt. Generell wäre auch denkbar, dass, je nachdem wer antwortet, der Frage der Interviewerin nicht nachgekommen wird. Statt mit einer Beispielerzählung hypothetisch Möglichkeiten vorwegzunehmen, was sie Felix auf seine Frage erwidern würden, wäre auch ein ausweichendes

Antwortverhalten nicht ganz unwahrscheinlich: ‚Das kann ich Ihnen so nicht beantworten' oder: ‚Dazu will ich mich heute noch nicht äußern, da Felix ja noch nicht in dem Alter ist, wo er fragt'. Möglich wäre auch, sich radikal von der Frage der Interviewerin zu distanzieren, indem z. B. einer der Antwortenden die Metasprache wählt: ‚Ich weiß gar nicht, was die Frage soll'. Wird so geantwortet, dann verweist das darauf, dass sich jemand im Unklaren über die Motive der Interviewerin befindet, die diese mit ihrer Frage verbindet, und das auch zum Ausdruck bringt. Reflektiert wird im Prinzip das Verstricktsein in die Interaktionsbeziehung ‚Interview' und damit auch die soziale Beziehung zwischen der Interviewerin und den Interviewten. Nimmt das Gespräch über dieses Antwortverhalten eine derart reflexive Wende, dann bedeutet diese Neuausrichtung, mit der am Relevanzrahmen des Interviews gearbeitet wird, auch die Voreinstellung der Interviewerin nicht gelten zu lassen, dass ihre Lebensform beim Kind offene Fragen provoziere, die ihnen Erklärungen abverlange, sodass seine Zugehörigkeit zu einem Sozialzusammenhang, in dem es zwei Frauen und zwei Männer gibt, für ihn zufriedenstellend und identitätsstiftend geklärt werden kann. Verweigern sie sich einer Beispielerklärung, die die Interviewerin von ihnen abrufen will, dann drücken sie damit auch aus, eine ganz andere Ansicht und Einschätzung ihres Sozialisationszusammenhanges zu haben. Indem sie nicht direkt antworten, ausweichen oder sich radikal von der Frage distanzieren, lassen sie diese Prädikation, die ihre Familienform exodisiert, nicht gelten. Sie verweigern sich einer direkten Antwort, da sie der Interviewerin nicht darin zustimmen, es handele sich bei ihrem Sozialzusammenhang um einen außeralltäglichen, mit der Folge, beim Kind Irritationen und offene Fragen auszulösen.

D: *Das ist gut möglich. Ja, was würd ich sagen (?)*

Die leibliche Mutter, Dagmar, beginnt und äußert Zustimmung; übertragen in eine paraphrasenhafte Formulierung: ‚Ihre Prognose, dass unser Sohn Felix in *„vielleicht [...] zwei Jahren" „diese Frage"* an uns richten wird, ist *„gut möglich"*. Dagmar macht sich mit dieser Antwort die Perspektive der Interviewerin zu eigen. Wie diese hält sie es für nicht unwahrscheinlich, dass altersgemäß ein Entwicklungsstand eintreten wird, der Felix dazu veranlasst, eine Frage zu stellen, mit der er an die signifikanten Anderen einen Appell richtet, für ihn die soziale Konstellation zu beschreiben, in der er aufwächst.[18] Zum Sozialisationsprozess – darin sind beide sich einig und gleicher Meinung – gehört dazu, dass ein Kind herausfinden will, wie die sozialen Beziehungen zu bestimmen sind, in die es

---

[18]Zur Funktionsgenese von Frage und Antwort vgl. Jauß 1997: 377 ff.

5.7 Die Regenbogenfamilie als Kleinfamilie

eingebunden ist. Anlass – einmal allgemein formuliert –, dass Kinder sich gegenüber ihrem Nahbereich so verhalten, muss die Erfahrung sein, dass das Antwortverhalten, das sie in sich selbst stimulieren, auf inhaltlicher Ebene ins Leere läuft. Sie finden selbst keine Antwort und wenden sich deshalb an Andere. Sie fordern sie auf, eine Erklärung über die Konstitution der zentralen Beziehungen zu geben, die sie dann auch für sich übernehmen können. Wenn also Felix so zu fragen beginnt, dann bedeutet das, dass für ihn die bestehenden Interaktionsverhältnisse nicht einfach mehr bloß schlicht gegeben sind, sondern sie werden als Quellen für die Entwicklung seiner personalen Identität relevant. Es geht um die Konstitution eines Selbstverhältnisses, in dem er versucht, sich selbst in Beziehung zu signifikanten Anderen zu verstehen.

Mit „*Ja, was würd ich sagen (?)*" setzt Dagmar an, sich daraufhin zu befragen, welcher Beschreibungszusammenhang auszuwählen ist, um für Felix ein Intersubjektivitätsverhältnis zu bestimmen, in dem die für ihn zentralen signifikanten Anderen so ausgezeichnet werden, dass er gar nicht anders kann, als sich mit ihnen zu identifizieren und als wesentlich anzuerkennen. Doch die nach innen gerichtete Frage, mit der sie in ein Zwiegespräch mit sich selbst eintritt, verlangt ihr nicht nur ab, nach einer Antwort zu suchen, die einen Kreis von Personen so beschreibt, dass auch Felix sie für maßgeblich für seine Entwicklung hält. Sondern es muss, wenn sie antwortet, sich dabei auch um eine Narration handeln, mit der sie und alle anderen zufrieden sind und – nehmen wir das bisher herausgearbeitete Fallwissen hinzu –, auch emotionale Zusammengehörigkeit untereinander stiftet. Der Art zu antworten, können wir erst einmal entnehmen, dass sie sich nicht anschickt, Widerspruch gegenüber dem Frageverhalten der Interviewerin zu äußern. Sie fügt sich und setzt an, wenn auch erst einmal überlegend und sich selbst befragend, die Frage tatsächlich praktisch zu beantworten. Wir erwarten, dass sie nach der Pause im Zwiegespräch mit sich selbst mit einer beispielhaften Darlegung fortfährt, die eine Antwort auf die Frage enthält, was sie Felix sagen würde, sollte er „*die Frage stellen*".

Bevor wir uns anschauen, wie Dagmar mit ihrer Rede weitermacht, müssen wir uns aber noch über Folgendes Klarheit verschaffen. Wenn sie, wie wir vermuten, mit einer Beispielerzählung auf die Frage der Interviewerin eingeht, dann setzt das voraus, in der Lage zu sein, von sich selbst eine Antwort auf eine Frage zu fordern, die sie selbst erst einmal konkretisieren muss. Denn die Interviewerin stellt die Frage, die da „*auftauchen*" könnte, überhaupt nicht. Sie formuliert den Kern der Frage, die Felix an seine signifikanten Anderen richten könnte, nicht aus. Warum fragt sie z. B. nicht: ‚Was würden sie Felix sagen, wenn er fragt, warum zwei Frauen und zwei Männer ihn erziehen?' Oder: ‚Was würden sie Felix sagen, wenn er fragt, warum er nicht, wie andere Kinder auch, einen Vater und eine Mutter hat?' Die Interviewerin muss gemerkt haben, weshalb sie die Frage als Frage so nicht ausspricht, dass ein derartiger Redebeitrag, mit dem an eine gesellschaftliche Norm erinnert wird, von der sie abweichen, als Provokation verstanden und eine erfolgreiche Fortsetzung des Interviews gefährden könnte. Sie könnten heraushören, die Interviewerin argumentiere auf der Grundlage der Überzeugung, dass man einem Kind, das in einer sozialen Konstellation aufwächst, in dem die Vorgaben von Deszendenz und heiratsfähiger Allianz, gemäß dem Modell der Kernfamilie nicht gelten, auch die tiefergehende Frage nach seiner Angehörigkeit nicht beantworten kann. Die Interviewerin hält sich vermutlich deshalb mit der Formulierung der Frage zurück, da sie so gedeutet werden kann, als ob von ihr hier ganz ungeschminkt Zweifel daran vorgetragen werden, dass aus einem derartigen Sozialzusammenhang Narrationen abgeleitet werden können, die Identitätsfragen des Kindes zufriedenstellend beantworten. An der Reaktion von Dagmar sehen wir, dass die Interviewerin – zumindest, was sie betrifft – relativ erfolgreich darin ist. Sie scheint nicht zu bemerken, dass es eine Auslassung vonseiten der Interviewerin gegeben hat. Auf ihre möglichen Motive, die sie dazu veranlasst haben, sich mit einem ausformulierten Redebeitrag zurückzuhalten, geht sie nicht ein.

Du hast zwei Mamas, weil deine Mama liebt, (!) nämlich die Mutti. (!) Und wir halt zusammen. (!) Und der Papi is halt, der, der wohnt mit dem Papa zusammen, weil er den liebhat. So.

Sie setzt prompt fort mit dem Beispiel einer altersgemäßen Erklärung, die die soziale Konstellation beschreibt, zu der Felix dazugehört. Sollte Felix sie mit einer Frage nach seinem Sozialisationskontext konfrontieren, um für sich auch die Quellen seiner sozialen Identität ausmachen zu können, dann hält sie für eine befriedigende Antwort eine Narration, in der vier Erwachsene als signifikante Andere ersten Grades (vgl. Hildenbrand 2007) zu ihm als Verwandte, die alle gleichermaßen die innerfamiliale Position eines Elternteils haben, herausgehoben werden. Es wird so getan, als ob sie alle untereinander gleichermaßen mit Felix verwandt sind und er sich als biologisch von ihnen abhängig begreifen kann. Kontrafaktisch wird ein kindgemäßes Verwandtschaftskonzept unterstellt, sodass Felix auch in seinem Verhältnis zu Cornelia *(„Mutti")* und Manfred *(„Papi")*, die mit Rollenprädikaten von Elternschaft eingeführt sind, sich als jemand begreifen kann, der an sie die Erwartungen richten kann, die mit leiblicher Elternschaft verbunden sind. Aus der Antwort, die Dagmar gibt, können wir jetzt auch genauer die Frage ableiten, die sie sich selbst vorlegt, da diese durch das elliptische Reden der Interviewerin ausgelassen wurde. Sie stellt sich, wie wir jetzt wissen, eine Frage vor, mit der Felix nach dem Grund *(„weil")* fragt, warum er nicht in

5.7 Die Regenbogenfamilie als Kleinfamilie

einer Kernfamilie aufwächst, in der es stabil eine Mutter und einen Vater gibt. Antizipiert wird von ihr der von Felix als erklärungsbedürftig angesehene Sachverhalt, nicht von seinen leiblichen Eltern groß gezogen zu werden. Sollte er nach einer Erklärung dafür verlangen, so enthielte diese die Begründung, da in ihrem Fall die Liebesbeziehung und Elternschaft keine Einheit bilden. Mit den Adjunkten: *„weil deine Mama liebt (!) nämlich die Mutti (!)"* und *„der Papi [...] wohnt mit dem Papa zusammen, weil er den lieb hat"*, wird eine Kausalitäts-Beziehung hergestellt, dergestalt, dass Felix die Bedeutung der Adjunkte als Gründe dafür verstehen kann. Die leiblichen Eltern sind kein Paar, weil sie mit einer anderen Person sich in einer intimen, eine weitere Person ausschließenden Sozialbeziehung befinden: ‚Du wächst nicht in einer Kernfamilie auf, weil Deine Eltern in einer Liebesbeziehung sind, aus der der andere leibliche Elternteil ausgeschlossen ist. Du bist jemand, zu dessen Selbstverständnis die Kenntnis gehört, jemand zu sein, dessen leibliche Eltern kein Liebespaar sind, aber mit einem anderen Partner in einer diffusen, auf Liebe basierenden affektiven Zweierbeziehung leben. Diese Anderen sind für Dich aber keine Fremden, sondern ebenso wie *„Mama"* und *„Papa"* signifikante Andere ersten Grades.' Dagmar argumentiert mit dem Konzept der romantischen Liebe, das die Idee affektiver Exklusivität enthält und die leibliche Präsenz des Partners voraussetzt. Das hat zur Folge, dass im Binnenverhältnis der Liebenden der andere, der heterosexuelle Elternteil, keinen Platz hat. Sie spricht von einer Elternschaft ohne Partnerschaft, zu der aber dazugehört, dass die leiblichen Eltern wie in Trennungs- bzw. Scheidungsfamilien, trotzdem nicht zusammengelebt wird, nach dem Modell des Co-Parenting-Systems Verantwortung als Eltern für das gemeinsame Kind, das sie gezeugt haben und von denen es abstammt, übernehmen.

In die familiale Reproduktionstriade sind aber die gleichgeschlechtlichen Intimpartner als zusätzliche Elternteile integriert, benannt mit Prädikaten, die abgeleitete, etwas künstlich wirkende Ausdrucksweisen von *„Mama"* und *„Papa"* repräsentieren. Dieses Integrationsmodell, zu dem dazugehört, dass die Reproduktionstriade sich aufspaltet, um die nicht-leiblichen Elternteile zu integrieren, ist bereits deutlich im Familienfoto zutage getreten. In der Sequenzabfolge wird es auch hier reproduziert: *„[...] deine **Mama** liebt, (!) nämlich die **Mutti** [...] Und der **Papi** is halt, der, der wohnt mit dem **Papa** zusammen"*. Die nicht-leiblichen Elternteile sind vom Rand her umschlossen von denjenigen, die das Kind gezeugt haben und sich als *„Mama"* und *„Papa"* bezeichnen dürfen. Blicken wir noch darauf, wie die beiden durch *„Und"* gereihten Konjunkte miteinander verbunden sind, dann fällt auch noch auf – was uns ebenso nicht überrascht –, dass im Nachfeld, also erst im zweiten Konjunkt, von den beiden Männern (*„Papi"*, *„Papa"*) in der Prädikation von Eltern die Rede ist.

An erster Stelle im Koordinationsgefüge stehen die beiden Frauen *("Du hast zwei Mamas")*. Wie u. a. im Protokoll der Begrüßungsszene und der Sitzordnung tritt auch hier, an der Reihenfolge der beiden Konjunkte, die Bedeutung der im Alltag relevanten Dyade zutage, die aus den beiden Frauen besteht, die gemeinsam das Kind erziehen. Auch wenn alle als signifikante Andere ersten Grades gelten und die leiblichen Eltern als *"Mama"* und *"Papa"* herausgehoben werden, die jemand anderes lieben, wird zugleich akzentuiert, dass die beiden Frauen Höchstrelevanz haben. In der nach dem Verwandtschaftskonzept strukturierten Gemeinschaft haben, wenn es um die Sozialisation des Nachwuchses geht, die Frauen Priorität.

Die Sequenz wird von Dagmar mit einem *"So"* beendet. Sie zeigt an, dass der Sachverhalt jetzt geklärt und damit abgeschlossen ist. Nicht selten, so Weinrich (2007: 584), nimmt dieses *"So"* auch „eine ungeduldige Nuance an" (ebd.). Dagmar könnte, auch wenn sie es der Interviewerin nicht direkt sagt, ihr hiermit zu verstehen geben, dass derartige Fragen, die unterstellen, der Übergang in die elterliche Dyade, die nicht nach den Regeln der Kernfamilie erfolgt, erfordere vermutlich Sondervorkehrungen, um negative Folgewirkungen für den Sozialisationsprozess des Kindes zu vermeiden, ihre Geduld strapaziere. Sie muss, und das drückt sich im *"So"* aus, während sie spricht, einen Beigeschmack gespürt haben. Der rührt vermutlich daher, dass sie gemerkt hat, auch wenn sie prompt für die Interviewerin eine Beispielerzählung parat hat und ihr so zu verstehen gibt, Schwierigkeiten bei der interaktiven Übermittlung ihrer unkonventionellen Familienkonstellation kommen gar nicht auf, die Interviewerin könnte sich durch ihr Antwortverhalten darin bestätigt finden, bei ihrer Familienform handele es sich um einen prekären Entwicklungskontext für das Aufwachsen eines Kindes. Mit dem *"So"* bezieht sie Stellung gegenüber der sozialen Beziehung, in die sie sich durch ihre Antwort nicht bloß involviert, sondern auch verstrickt erfährt. Diese Konstellation des Frage-Antwort-Verhältnisses, in dem sie sich befindet, behagt ihr nicht, da sie mit ihrem Sprachverhalten den Anschein erweckt, sie untermauere die Argumente der Interviewerin, die sie aber gar nicht teile. Sie hat sich, ganz ungewollt, in Widersprüche verstrickt, und das ist ihr unangenehm, weshalb sie die Rede, in der sie auch Unbeherrschtheit ausdrückt, beenden will. Wir erwarten, dass sie sich nicht weiter äußern wird. Sie könnte, wenn nicht weitere Zugzwänge des Redens bestehen, das Thema wechseln oder eben auch auf die nächste Frage warten oder den Interaktionskontext verlassen, peinlich berührt davon, dass sie die Interviewerin in Ansichten bestärkt habe, die mit ihren kontrastieren.

5.7 Die Regenbogenfamilie als Kleinfamilie

Und bei manchen anderen Eltern ist das so, dass die früher mal zusammengelebt haben und dann auseinander gezogen sind (!) Und (.) wir ham gleich von Anfang an so gelebt.

Jetzt setzt sie noch einmal an, obwohl sie doch bereits ungeduldig die Sentenz als beendet erklärt hat. Sie fährt deshalb fort, so die Hypothese, da sie die Antwort (noch) nicht befriedigt. Sie drängt es, weiter zu sprechen, obwohl ihre Bereitschaft gesunken ist, dem Ganzen noch mehr hinzuzufügen. Was ist es, so müssen wir uns fragen, von dem ein Druck ausgeht, der sie dazu veranlasst, gegen ihre Neigung fortzufahren? Es muss etwas sein, das stärker ist als der Widerstand gegen einen weiteren Redebeitrag, der mit dem Risiko behaftet ist, die Verstrickung nicht aufzulösen. Es muss etwas in ihr rumoren, das zum Aussprechen drängt, gleichwohl sie meint, mit ihrer praktischen Antwort in Gestalt einer Spontanerzählung ihrer Pflicht gegenüber der Interviewerin genüge nachgekommen zu sein und dass, je mehr sie sagt, sie den Eindruck erwecken könnte, auch sie verbinde wie die Interviewerin mit ihrer Familienform anteilig Prekäres, das zu Fragen veranlasst. Zuerst einmal wäre festzuhalten, dass sie in der Logik der beispielhaften Darstellung verbleibt und weiter an einer kindgemäßen Erklärung formuliert. Im Umkehrschluss heißt das, dass sie das zuvor Geäußerte als eine Antwort bewertet, die weder sie ganz zufriedenstellt, noch das Erkenntnisinteresse eines Kindes vollständig befriedigen kann.

Zu ergänzen für dringend notwendig hält sie, dem Kind das Wissen zukommen zu lassen, dass seine *„Eltern"* im Vergleich zu Eltern aus Scheidungsfamilien *„gleich von Anfang an"* nicht zusammengelebt haben. Hinzugefügt (*„Und bei ..."*) werden muss dem Familienkonzept, das Felix über sie als seine signifikanten Anderen das Wissen vermittelt bekommt, dass das anfängliche Gemeinsame seiner *„Eltern"* darin besteht, dass zu ihrem Einzigartigkeitsentwurf dazugehört, keinen gemeinsamen Haushalt zu teilen. Im Vergleich zur Scheidungsfamilie macht Dagmar zwar einen Unterschied geltend, aber im Prinzip stellt sie mehr auf eine Gemeinsamkeit ab. Denn da sie nicht das Strukturmerkmal der Trennung herausstreicht und z. B. sagt: ,... das die früher mal zusammengelebt haben und sich dann aber getrennt haben', unterlässt sie es, die Scheidungsfamilie als Folge einer gescheiterten Intimbeziehung darzustellen. Sie vermeidet, dass für sie relevante familiale Vergleichsmodell als eine Familienform zu beschreiben, in der das Strukturmerkmal zeitlicher Unbefristetheit und Unkündbarkeit (vgl. Oevermann 1996: 113) verletzt worden ist. Diese Aussparung verweist darauf, dass sie sich positiv mit den Eltern aus Trennungs- bzw. Scheidungsfamilien assoziiert. Im Entfernteren legt das auch ihr biografischer Hintergrund nahe, hat sie sich doch selbst von ihrem ersten Ehemann getrennt und scheinbar kein Problem damit, eine Beziehung aufzukündigen, es ist für sie moralisch nicht verwerflich. Deshalb kann sie sich auch positiv mit Trennungsfamilien identifizieren, zumal bei ihr, in ihrem Lebensentwurf, der Kinderwunsch im Zentrum steht und nicht die auf Dauer gestellte Paarbeziehung. Dass verbindende Gemeinsame von Trennungs- bzw. Scheidungsfamilien ist nicht eine gescheiterte Liebesbeziehung, sondern die getrennte Elternschaft. Zu dieser gehört dazu, gemeinsam, trotz Trennung, Verantwortung für das Kind zu übernehmen und affektiv durch den sie verbindenden Dritten miteinander verbunden zu sein. Das, was sie drängt zu sagen, und was im zuvor geäußerten Satz, in dem es vordergründig darum geht, ihren Sozialzusammenhang als eine Art Quartettfamilie zu beschreiben *(Du hast zwei Mamas, weil deine Mama liebt, (!) nämlich die Mutti.[...] Und der Papi is halt, der, der wohnt mit dem Papa zusammen ...)*, ist, dass in dem Familienkonzept, das sie Felix vermitteln, sollte er „*die Frage stellen*", sie die leiblichen Eltern klar markieren. Im zweiten Satz, das kann sie jetzt nicht mehr länger zurückhalten, findet, wenn auch über die Kompromissbildung Scheidungsfamilie, die von der Kernfamilie abgeleitete Tatsache ihren Ausdruck, die auch von ihr unwidersprochen anerkannt wird und die es Felix mitzuteilen gibt, dass er seine menschliche Existenz ihnen, seinen leiblichen Eltern verdankt.

Sie hebt also deshalb noch einmal nach dem „*so*" zu sprechen an, da es sie zu einer wichtigen Ergänzung drängt, die ein stückweit auch eine Normalisierung enthält und die vielleicht auch deshalb noch einmal von Dagmar explizit gemacht wird, da sie die Bedenken der Interviewerin, die sie in ihrer Frage doch herausgehört hat, beseitigen will. Es gibt, so einmal paraphrasierend übersetzt, Eltern wie die in Scheidungsfamilien und es gibt eben Eltern, wie sie Felix hat, die gleich von Anfang an nicht zusammengelebt haben. Das, was „*Eltern*" sind, ganz unabhängig in welchem Kontext die Nachwuchssozialisation auch erfolgt, ist immer gleich. Ganz egal, in welcher Variante als Familie zusammengelebt wird, sie ist immer als abgeleitet zu begreifen von einem Paar, das ein Kind gezeugt hat und das für dieses als seine Eltern zu bestimmen ist, von denen es abstammt. So wie Dagmar hier von „*Eltern*" spricht, weist alles daraufhin, dass diesseits der narrativen Ebene eine Ordnung in Geltung sein muss, die zum Verstehen dessen, was sie sagt, notwendig ist. Diese Ordnungsstruktur ruft sie auf, ihr dabei sprachlich Geltung verleihend, ohne sie aber zu erklären. Sie unterstellt bei der Interviewerin, dass sie beide ein Hintergrundwissen teilen, von dem in der Erzählung bzw. Erklärung selbst aber keine Rede ist. Die Ordnung ihrer sprachlichen Äußerung: „*Und bei manch anderen Eltern ist das so ...*" partizipiert an der Ordnung des unterstellten allgemeingültigen Wissens, dass Eltern die Personen sind, die zeugungsmäßig an der Entstehung des Kindes beteiligt waren. Zur Antwort auf die Frage, die Dagmar sich selbst vorlegt, da die Interviewerin

5.7 Die Regenbogenfamilie als Kleinfamilie

eine Ausformulierung unterlässt, warum er, Felix, in einer sozialen Konstellation aufwächst, in der die Vorgaben der heiratsfähigen Allianz gemäß dem Modell der Kernfamilie nicht gelten, gehört eben auch dazu, auf plurale Ausgestaltungsmöglichkeiten von leiblicher Elternschaft zu verweisen. Ihre Familie stellt, wie auch die Scheidungsfamilie, die sie hier als einen positiven Vergleichsoperator wählt, eine von der Kernfamilie abgeleitete Variante dar. Indirekt will sie der Interviewerin auch zu verstehen geben: Auch wenn der Sozialisationskontext der Interviewerin als fragwürdig erscheint und sie Zweifel hegt, dass über dieses Modell Identitätsfragen des Kindes zufriedenstellend geklärt werden können, so ist doch ihre familiale Lebensform weit weniger exotisch und außeralltäglich als es die Interviewerin zu mutmaßen scheint. Nicht nur teilt ihre Variante mit der Scheidungsfamilie das Vorhandensein einer heterosexuellen Elternmatrix. Sondern darüber hinaus hat ihre unkonventionelle Familiengründung sogar noch den Vorteil, nicht die Folge eines Scheiterns zu sein. Im Vergleich zur Scheidungsfamilie konfrontiert ihre Variante die Kinder nicht mit einem Entwicklungsrahmen, der den Kindern die immer auch mit einer Krise verbundene Erfahrung auferlegt, dass sich die Liebesbeziehung ihres Elternpaares nicht bewährt hat. Ihre Praxis von getrenntlebenden Eltern ist nicht das Resultat eines Scheiterns, sondern sie haben *"gleich von Anfang an so gelebt"*. Im Grunde genommen will Dagmar auch darauf hinaus und der Interviewerin plausibel machen, dass ihre unkonventionelle Familienform eine weniger große Zumutung für Kinder bedeutet als andere von der Kernfamilie abgeleitete Familienvarianten.

I: Mmh (!)

Das scheint die Interviewerin nun doch zu überraschen, aber auch nicht ganz zu überzeugen. Gleichwohl sie Zustimmung signalisiert, drückt sie zugleich, wenn auch zurückhaltend, ihre Verwunderung, vielmehr vielleicht ihr Erstaunen aus. Für Dagmar ist die Sprachgestalt aber noch nicht geschlossen. Es ist, obwohl sie ein weiteres Mal ein *„so"* äußert, noch nicht alles gesagt. Sie setzt fort:

D: So. Und je älter das Kind wird, umso anspruchsvoller wird natürlich die Erklärung. Also er wird am Ende @auch wissen@, was Sache ist, aber eigentlich weiß er es ja mit der kurzen Erklärung auch schon.

Wir kennen das Muster bereits, einerseits wird der Abschluss einer Angelegenheit markiert *(„so"),* andererseits wird entgegen der gesunkenen Bereitschaft sich weiter zu äußern, doch die Rede fortgesetzt. Der beispielhaften Darlegung, nach der die Interviewerin gefragt hat, folgt noch ein Kommentar. Den benötigt sie, um auszudrücken, dass ihre Erklärungen nicht statisch, sondern dem Alter des Kindes gemäß dynamisch angepasst werden. Jetzt meldet sich Dieter zu Wort:

Dt: *Ich denke auch. Ja. Also äh natürlich.*

Dieter beginnt mit einer Formulierung, die ausdrückt, dass er sich zu dem von Dagmar Geäußertem in ein reflexives Verhältnis setzt *(„Ich denke ...")*. Es geht ihm um eine kognitive Differenzierung. Diese wird in der Regel dann vorgenommen, wenn etwas, zum Beispiel ein Sachverhalt, nicht präzise genug dargelegt erscheint und ein bisher noch unausgesprochener Aspekt als derart relevant bewertet wird, dass es Zeit wird, ihn zu thematisieren. Um das anzusprechen, was offen noch gar nicht artikuliert wurde, dafür ergreift Dieter jetzt das Wort. Er leitet vorsichtig, an Dagmars Äußerung zustimmend anschließend, einen Redebeitrag ein, mit dem er noch auf etwas ganz Anderes aufmerksam machen will. Wir vermuten, dass er dem Gespräch eine andere Ausrichtung geben will, auch unzufrieden damit – wie Dagmar selbst auch, die gegen ein spürbares Unbehagen anspricht –, was das Frage-Antwort-Verhältnis, so wie es bisher von der Interviewerin und Dagmar gestaltet wird, aus ihrer sozialen Lebensform macht. Dieter – so ist zu vermuten – setzt an, Kritik an der kommunikativen Situation zu äußern, die aus der Perspektive einer Problemsicht die Frage der Nachwuchssozialisation angeht. Was ihm nicht behagt, ist die Voreinstellung, aus der heraus das Thema behandelt wird, forciert von der Interviewerin und durch Dagmar mitgetragen, da diese, ohne den Ansatz der Interviewerin infrage zu stellen, praktisch mit einer Beispielerzählung antwortet. Wir erwarten und wären nicht überrascht, wenn Dieter inhaltlich mit einem Sprechakt fortfährt, der dem Ganzen eine Neuausrichtung gibt. Das *„also"* lässt vermuten, da dieser Dialogpartikel in der Regel genutzt wird, die Rede in den Dienst einer Argumentation zu stellen (vgl. Weinrich 2007: 839), dass es jetzt weniger um eine praktische Beispielerzählung gehen wird, wie sie Dagmar geliefert hat, sondern mehr um eine theoretische Dimension. Wir vermuten, dass Dieter eine Umstellung der Ausgangsfrage anstrebt, um das Ganze auf ein neues Niveau zu heben.

Diese, all diese Fragen zielen ja glaub ich darauf hin,

Halten wir erst einmal fest: Dieter geht inhaltlich auf den Redebeitrag von Dagmar gar nicht ein. Er unterlässt es, kleinschrittig, wie das Dagmar macht, die Frage der Interviewerin mit einer detaillierten Antwort zu füllen. Möglich wäre ja gewesen – wenn auch durch den vorausgehenden Satz nicht erwartbar –, dass Dieter in Form einer Wiederholung Dagmars Beispielsatz bekräftigt oder sich mit einer Zusatzinformation an ihre Ausführungen anschließt. Stattdessen wählt

5.7 Die Regenbogenfamilie als Kleinfamilie

er ein Antwortverhalten, mit dem er versucht herauszustellen, eingekleidet in den Status einer Hypothese *(„glaub ich")*, wodurch die Fragen, wie auch diejenige, die die Interviewerin stellt, motiviert sind. In der Rolle des Exegeten schickt er sich an, auf den nicht ganz offenkundigen Bedeutungssinn dieser Fragen zu verweisen. Damit macht er die soziale Interaktionssituation, in die er Dagmar als verstrickt erfährt und wahrnimmt, zum Gegenstand einer Auslegung. Er bringt das dialogische Geschehen, das er bisher aus der teilnehmenden Beobachterperspektive verfolgt hat, auf Distanz, um die Geltungsbasis derartiger *„Fragen"* zum Thema des Dialogs zu machen. Im Prinzip beginnt er, an der Rahmung der Interviewsituation zu arbeiten, die auch ihm nicht behagt, weshalb er nicht wie Dagmar kooperiert.

Dass er dem Interaktionsgeschehen, so wie es momentan Sprecher und Hörer wechselseitig bindet, sich kritisch gegenüber verhält, wird mindestens an zweierlei ersichtlich. Zum einen am verwendeten Plural, obwohl die Interviewerin nur genau eine Frage gestellt hat, und am Verb *„zielen"*, das auf eine Rationalität im Handeln verweist, die er einer Gruppe unterstellt, zu der er sich selbst und Dagmar nicht zählt. Schauen wir uns das im Einzelnen genauer an: Es fällt auf und irritiert, dass Dieter die eine Frage, die die Interviewerin stellt, unter eine Vielzahl von Fragen subsumiert. Aus einem Singular macht er einen Plural von Fragen, die er summativ *(„alle")* zu einer Ganzheit *(„Diese all diese")* zusammenfasst. Über diesen Prozess der Generalisierung macht er aus der Interviewerin die Repräsentantin einer Gruppe, die, da sie spezifische Interessen vertritt, eben *„diese"* Fragen stellt. Ein Merkmal dieser Fragen ist, dass sie ein bestimmtes Ergebnis zu erreichen versuchen. Sie sind so gerichtet *(„zielen")*, dass sie den Adressaten auf eine ganz spezifische Antwort verpflichten wollen. Und die gegenwärtige kommunikative Situation, das hat Dieter erkannt, ist genau von dieser Struktur gekennzeichnet. Wir erwarten jetzt mit der Fortsetzung der Redeeinheit, Genaueres über die Zielrichtung zu erfahren, die Dieter der Frage der Interviewerin unterstellt.

dass man sagt, so äh man denkt an das Wohl des Kindes. (.)...

Von ihrer Sinnstruktur her, so Dieter, verpflichten derartige Fragen zu beteuern, man denke an das Wohl des Kindes. Indem diese Frage aber mit dem Kindeswohl beantwortet wird, bleibt die Voreinstellung dieser Frage in Geltung, die, so wie das Dagmar durch ihre praktische Beispielerzählung getan hat, geradezu auch bekräftigt wird. Man verhält sich so, als ob man die Ansicht und Einstellung, die der Frage der Interviewerin zugrunde liegt, teilt, es handle sich bei ihrer Familie um einen Sozialzusammenhang mit sozialen Rahmenbedingungen, die als problematisch für Identitätsbildungsprozesse zu betrachten sind. Dass Dieter diese Deutung nicht teilt, ist nicht nur ersichtlich daran, dass er auf die gestellte Frage der Interviewerin nicht eingeht. Sondern an der Wahl seiner Worte, mit denen er auf Distanz geht, erkennen wir, dass er ihre Lebensform überhaupt nicht kritisch evaluiert. Er denkt nicht in Kategorien des Prekären, wenn es um ihre Familie als Ort der Nachwuchssozialisation geht. Ein Bewusstsein, dass ihre Familienform, wenn es um Identitätsbildung für Felix geht, irgendwie minderwertig sei und sie dazu anhalten sollte, Sondervorkehrungen zu treffen, um negative Entwicklungsverläufe zu vermeiden, ist bei ihm nicht vorhanden. Das wird ersichtlich, wenn wir die Formulierung „*dass man sagt, so äh man denkt an das Wohl des Kindes*" in alternative Kontexte einbetten. Es wird dann das Irritierende, das von dieser Äußerung ausgeht, deutlich. Es tritt zutage, dass die Verwendung der Äußerung dem Kontext nicht angemessen ist und wir uns fragen müssen, was das bedeutet. Stellen wir uns vor: Ein Lehrer äußert über die Fragen, die sich sorgende Eltern anlässlich einer Wanderfahrt ihrer Kinder stellen: ‚dass man sagt, so äh man denkt an das Wohl des Kindes'. Oder: Ein heiratswilliger junger Mann äußert über die Fragen seines zukünftigen Schwiegervaters: ‚das man sagt, so äh man denkt an das Wohl seiner Tochter.' Oder: Ein Shooter, der in einem Kriegsgebiet die Aufgabe hat, seine Kameraden im Häuserkampf vor tödlichen Angriffen des Gegners zu schützen, äußert: ‚das man sagt, so äh man denkt an das Wohl der Kameraden.' Unser allgemeines Regelwissen sagt uns sofort, dass über solche Kontexte so zu sprechen, unangemessen ist. Intuitiv halten wir eine derartige Redeweise, die über eine einfache Bekundung nicht hinausgeht *(„dass man sagt", „man denkt")* nicht passend für Kontexte, in denen von den verantwortlichen Akteuren (Lehrer, Shooter, Ehemann) ein aktives Handeln erwartet wird. Formulierungen wie, dass ‚man erklärt' oder ‚versichert', ‚alles Erdenkliche zu tun', um das schutzbedürftige Leben der ihnen anvertrauten anderen zu schützen, wären passender gewesen und hätten den Handlungsvorgaben, die aus dem Kontext folgen, besser entsprochen. Da sich aber so nicht geäußert wird, muss gemutmaßt werden, dass, zumindest von der Gesinnung und Einstellung her, praktisches Tun und praktische Handlungskonsequenzen keine Rolle spielen. Übertragen auf unseren Kontext heißt das, für Dieter, der diese irritierende Äußerung von sich gibt, sind Handlungen, wie sie in der Beispielerzählung von Dagmar ihren Ausdruck finden, nicht relevant. Bestandteil seiner Überzeugungen sind keine Deutungen, die ihre Lebensform problematisieren und ihnen deshalb Handlungen in Form von praktischen Tun abverlangen, weshalb sie auch in seiner Äußerung sprachlich nicht zur Geltung kommen. Anstrengungen, wie sie Dagmar in ihrer Antwort unternimmt, lässt er zwar gelten – ausgedrückt mit einem eher atmosphärischen als von seiner Bedeutung her bestätigendem „*ja*" –, aber er teilt nicht die Auffassung von der Notwendigkeit

5.7 Die Regenbogenfamilie als Kleinfamilie

altersangemessener Sprachformulierungen; aus dem einfachen Grund, da für ihn die ihnen von der Interviewerin unterstellte Perspektive, es handle sich bei ihrer Lebensform um eine negative Abweichung, nicht gilt.

Er ist, wie das kurze Innehalten anzeigt „(.)...", aber noch nicht zu Ende. Womit könnte er fortfahren? Er könnte mit einer Äußerung weitermachen, die die Interviewerin dazu veranlassen soll, ihre Perspektive aufzugeben. Dazu würde passen, dass er seine Überzeugung demonstriert, Kindeswohlfragen sind im Hinblick auf ihre Familienform nicht berechtigt. Wir erwarten – sollten unsere bisherigen Überlegungen stimmen – einen Sprachbeitrag, der darauf schließen lässt, dass er ihre Lebensform nicht als kritisch evaluiert. Wir vermuten Äußerungen, die ihn nicht als Träger einer Deutung repräsentieren, die anzeigt, dass Fragen, wie sie auch die Interviewerin gestellt hat, als legitim gelten.

Und wenn ich mich umschaue in meinem Bekanntenkreis, im Freundeskreis äh, (.) wo mal Paare warn, wo man sich getrennt hat, wo plötzlich nur noch eine Person alleine erzieht, wo man seinen Kindern erzählen muss, warum der Papa nicht gekommen ist. Oder aber über die äh Frage „Zwei Väter-Zwei Mütter". Äh, ich denke da an Björn. Äh, der ist geschieden, die Frau ist wiederverheiratet, er hat zum Teil das Kind mit seiner Lebenspartnerin (!) und äh, äh dann ist das Kind bei seiner Mutter (.) mit deren (Partner). Es sind auch wieder zwei Väter. Also ...

Dieter nimmt eine Außensicht auf plurale Formen des Familienlebens in seinem Freundes- und Bekanntenkreis ein. Er zitiert daraus genau zwei Beispiele, die er nacheinander konkretisiert. Interessant ist dabei nicht nur die Auswahl, die er trifft, sondern auch die nuancierte Darstellung. Sein erstes Referenzmodell ist die aus der Trennung der leiblichen Eltern resultierende Alleinerziehendenfamilie. Sein zweites Referenzmodell ist die aus der Trennung der leiblichen Eltern resultierende Patchworkfamilie, wo die Eltern nach einer Wiederverheiratung sich mit ihrem neuen Partner die Erziehung des Kindes teilen. Beiden Formen gemeinsam ist, dass die leiblichen Eltern nicht zusammen im Rahmen einer Kernfamilie die Sozialisation des Nachwuchses sichern. Die interaktive Dyade, aus der das Kind entstanden ist, fehlt. Diese beiden Familientypen, die Alleinerziehendenfamilie und die Patchworkfamilie, werden in der Darstellung – und das scheint eine eigene Bedeutung zu haben, die ihm wichtig erscheint, da er diese Konkretisierung vornimmt – in jeweils einer spezifischen Variante herausgestellt. Die Alleinerziehendenfamilie wird repräsentiert in der Variante alleinerziehender Mutterschaft. Die Patchworkfamilie in der Variante doppelter Vaterschaft. Er behandelt das Thema der Familie als Ort der Sozialisation, nach dem die Interviewerin ja gefragt hat, aus der Perspektive der Bedeutung des

Vaters. Zwei extreme, miteinander kontrastierende Formen von Vaterschaft stellt Dieter dabei heraus: die der Absenz und die der doppelten Präsenz. Da gibt es Familienformen mit dem Merkmal, dass der Vater fehlt und solche z. B. mit zweifacher Vaterschaft. Er verweist mit diesen Fällen auf Ausdrucksformen von Familien, in denen die sozialisatorische Interaktion nicht im Rahmen der Kernfamilie erfolgt. Was er mit der Interviewerin nicht teilt, das trägt er hier vor, ist die Überzeugung, die er ihr unterstellt, da diese die Sozialisationsbedingungen fragwürdig macht (*„Und was würden Sie Felix jetzt sagen [?]…"*), dass ihre Lebensform mit Kindern etwas Besonderes sei. Dieter setzt an, mit diesen Beispielen der Interviewerin zu erklären, dass ihre Familienform mit den anderen, bei denen das Thema des Vaters wie bei ihnen virulent ist, die Normalität teilt, Kinder ohne die Anwesenheit leiblicher Eltern großzuziehen. Seine Auffassung, gegenteilig zu der der Interviewerin, ist: den Nimbus des Exotischen verdient ihre Familienform keinesfalls. Sie haben, wenn es um die Sozialisation des Kindes geht, nicht andere Schwierigkeiten zu meistern als andere Familien auch, in denen Elternschaft nicht an die zahlenmäßige Vollständigkeit der äußeren Übereinstimmung mit der Kernfamilie gebunden ist. Aus dieser Perspektive ist die Frage der Interviewerin, die ihre Familienform exponiert und prekarisiert, nicht angemessen. Im Grunde genommen will er der Interviewerin zu verstehen geben – was in der mit *„Also"* eingeleiteten Sequenz dann auch schärfer zutage tritt: Sie sind, auch wenn sie keine Kernfamilie sind, der Normalfall einer Kleinfamilie.

Also ich denk mir mal, äh die typische Kleinfamilie äh Regenbogenfamilie, die wir jetzt sind, is ein neuer Begriff, (!) aber eigentlich hat's das schon immer in anderen Konstellationen gegeben.

Mit *„Also"* zeigt Dieter der Interviewerin erst einmal an, dass er sie jetzt darüber unterrichten wird, welche Perspektive er gegenüber der Einstellung vertritt, die sich in der Frage der Interviewerin manifestiert. Die Vorstellung und Erwartung, es handle sich bei ihrer Familienform um etwas Neues, kann er – so instruiert er die Interviewerin – nicht gelten lassen. Im Grunde genommen ist ihre Variante bereits in anderen Familienkonstellationen enthalten, weshalb der Begriff der Regenbogenfamilie nach seiner Ansicht (*„ich denk …"*) völlig überflüssig ist. Das, was sie machen, hat nicht den Status von etwas Verschiedenen. Ihre Familienform unterscheidet sich keineswegs von den *„anderen Konstellationen"*. Die Situation, die sie haben und ihr Handeln bestimmt, wenn es um die Sozialisation des Nachwuchses geht, ist nicht neu und deshalb anders zu bezeichnen. Sondern sie wiederholen (*„immer"*) nur das, was *„schon"*

5.7 Die Regenbogenfamilie als Kleinfamilie

repräsentiert ist, z. B. in der Alleinerziehenden- oder Patchworkfamilie. Statt Exponierung ihrer Familienform als eine von anderen Ausdrucksformen von Familien abweichende geht es Dieter darum, eine Kohärenz und Konformität zu Familien herzustellen, die keine Kernfamilie sind. Indem Dieter die „*Regenbogenfamilie*" von den bereits vorhandenen Familienformen her determiniert sieht, bringt er zum Ausdruck, dass er die zentralen Unterschiede, für die der Begriff der Regenbogenfamilie eigens ersonnen worden ist, für bedeutungslos hält. Dieter, so können wir jetzt schlussfolgern, hat überhaupt kein kritisches Verhältnis zu den Kontextbedingungen, unter denen sie die Sozialisation des Nachwuchses gestalten, weshalb bei ihm auch keine Sorge aufkommt, diese Bedingungen könnten dem Sohn Felix zum Nachteil gereichen. Die Homosexualität und die Samenspende hält er für unbedeutende Eigenschaften ihrer Familie, weshalb er auch die Problemsicht der Interviewerin nicht teilen kann.

Doch noch eines ist in dem Redebeitrag von Dieter auffällig. Er nimmt eine Sprecherkorrektur vor und substituiert während des Redens die sprachliche Äußerung „*Kleinfamilie*" durch „*Regenbogenfamilie*". Demzufolge muss ihm während des Sprechens ein Gedanke gekommen sein, der ihn veranlasst hat, eine Korrektur vorzunehmen. Er hat gemerkt, dass das, was die Äußerung „*Kleinfamilie*" vom Inhalt her bezeichnet, mit ihrer Form von Nachwuchssozialisation konkurriert. Im zweiten Zugriff treffender scheint ihm die Bezeichnung „*Regenbogenfamilie*". Damit schließt er an eine Konvention an, mit der Familien bezeichnet werden, bei denen Kinder von gleichgeschlechtlichen Partnern erzogen werden. Doch zu dieser begrifflichen Bestimmung geht er auf Distanz. Er hat ein kritisches Verhältnis zu dieser Klassifikation, ohne aber zu leugnen, dass sie eine solche Familie sind *(„die wir jetzt sind")*. Es muss ihm etwas anderes ein Unbehagen bereiten, wenn er gegenüber der Interviewerin den Begriff nicht ohne Kommentierung und Einschränkung in Geltung lassen kann *(„aber")*. Wir müssen also zwei Fragen beantworten: Erstens, warum markiert er das Wort „*Kleinfamilie*" als einen Versprecher und zweitens, warum hadert er mit dem gewählten Substitut? Wenn wir den inneren Kontext der Analyse hinzunehmen, so liegt die Vermutung nahe, dass der Begriff „*Regenbogenfamilie*" von der Interviewerin so verstanden werden könnte, als ob Dieter ihre Auffassung teile, es liege hier eine Sonderform von Familie vor, die gute Gründe liefert, sich zu skeptischen und Zweifel ausdrückenden Fragen bewegen zu lassen. Diese Einstellung teilt Dieter nicht, und um nicht den gegenteiligen Eindruck zu erwecken, ist er – was den gegenwärtigen Kontext des Redens betrifft – eben auch unsicher bezüglich der Treffsicherheit dieses Begriffes. Er sieht sich veranlasst, eher die Ähnlichkeiten mit „*anderen Konstellationen*" zu betonen. Ihre Familienform, das will er der Interviewerin klarmachen, ist kein Exemplar einer neuen

Familienform, und – jetzt müssen wir ergänzen – auch kein Exemplar, das sich merklich vom Typus der Kleinfamilie unterscheidet. Denn bemerkenswert an der Korrektur, die er vornimmt, ist dreierlei. Im Zugriff auf das Lexikon bzw. im Zugriff auf zur Verfügung stehende Lemmata wird der Begriff *("Kleinfamilie")* überhaupt ausgewählt und sprachlich relevant. Des Weiteren steht er an erster Stelle und neben seiner Erstplatzierung erhält er auch noch dadurch Gewicht, dass das Wort im Ganzen ausgesprochen wird. Alternative Formulierungen wären gewesen, auf den Ausdruck ganz zu verzichten oder während der Formulierung abzubrechen und mit der Korrektur neu anzusetzen (,äh die typische Klein- äh Regenbogenfamilie'). Spätestens seit Freud (vgl. 2011) wissen wir, dass man sich aber nicht regellos verspricht und jeder Versprecher „durch eine Kette von Motiven, Gedanken oder ähnlichem motiviert" ist (Leuninger 1996: 82). Dieters Motiv, den Ausdruck zuerst und vollständig zu platzieren, könnte sein, über die deutliche Aussprache der Möglichkeit vorzubeugen, vom Hörer, also von der Interviewerin, nicht unmissverständlich verstanden zu werden. Er ist dabei, sich darin Gehör zu verschaffen, dass sie die typische Kleinfamilie in der Ausdrucksgestalt einer Variante sind, für die kein neuer Begriff nötig ist, da ihre Sozialisationsbedingungen denen z. B. der Alleinerziehenden- oder der Patchworkfamilie gleichen. Wir sind – will er der Interviewerin sagen – so normal wie jede andere Kleinfamilie auch, wo es leibliche Eltern gibt, aber die Sozialisation von Kindern nicht an die Dyade der leiblichen Eltern gekoppelt ist. Ein Bewusstsein von ihrer Familienform als Ort prekärer Sozialisation, das ihm die Interviewerin durch ihre Frage ansinnt, hat er nicht. Er ist, wie auch Dagmar, die sich allerdings durch ihr Antwortverhalten zu ihrem eigenen Unwillen in die Interviewsituation verstrickt, weit davon entfernt, ihren Lebenszusammenhang unter dem Vorzeichen der Zumutung zu sehen. Es überrascht uns deshalb auch nicht, dass wir bei ihm als dem Vertreter der Gruppe, für die er hier auch stellvertretend spricht, keine Überlegungen finden, die ihn als Vertreter von Kompensationsstrategien zeigen und als einen Akteur, der sich für ein praktisches Handeln ausspricht, um problembehaftete Folgewirkungen zu bewältigen.

Teil III
Familie als Gegenstand der Soziologie

Zusammenfassung und abschließende Theoriebildung

6.1 Synopse der dritten Fallinterpretation

Der dritte Fall, den ich hier ausgewählt habe, ist der Vertreter einer Klasse von Fällen, die dem Typus der Konservativen zugerechnet werden können. Denn ihnen allen gemeinsam ist, auf das Folgeproblem, von der Regelstruktur der Kernfamilie abzuweichen, mit einer Lösung zu reagieren, die zeigt, dass sie sich auf eine Nachwuchssozialisation festlegen, für die gilt, ein Kind unter der Bedingung großzuziehen, dass sein leiblicher Vater bekannt ist. Im Unterschied zu den Radikalen (1. Fall) und Moderaten (2. Fall), die durch das Strukturmerkmal des unbekannten Vaters gekennzeichnet sind bzw. dadurch, dass kein eindeutiges, manchmal nur vages Wissen über den Vater des Kindes zur Verfügung steht, haben wir es hier mit einem bekannten Vater zu tun, der prinzipiell leiblich verfügbar ist und über Wechselbeziehungsprozesse integriert werden kann. Aus dieser Konstellation, dass der Samenspender bekannt ist und als Vater mit dem Kind eine soziale Beziehung eingehen kann, resultieren folgende familiendynamische Folgen:

Zum Strukturkern der frühen Familienerfahrung der Kinder dieses Typs von gleichgeschlechtlicher Inseminationsfamilie gehört dazu, neben der Erfahrung mit zwei Müttern aufzuwachsen, die in einer Liebesbeziehung miteinander zusammenleben, dem Vater begegnen zu können und in einem interaktiven Prozess lernen zu können, wer sein Vater ist, da dieser sich für das Kind in konkreten Geschichten und Erzählungen zu erkennen geben kann. Im Unterschied zu den anderen Typen kann das Kind von Anfang an im Kontakt und in Auseinandersetzung mit seinem Vater diesen als signifikanten Anderen identifizieren, zumal Fragen, die seine genealogisch verbürgte Zugehörigkeit (Seel 1993: 248 f.) betreffen, direkt, in kommunikativen Begegnungen, beantwortet werden können. In den Fällen, die sich dem Typ der Radikalen (1. Fall) zuordnen lassen, gibt es bedingt durch eine anonyme Samenspende keine Möglichkeit, den Vater zu verobjektivieren, weder kann er das selbst in einer intersubjektiven Beziehung tun, noch können die beiden Frauen dem Kind über Narrationen ein Bild vom Samenspender als Vater vermitteln. Der radikale Ausschluss führt in einen Familienzuschnitt hinein, der dem Nachwuchs auferlegt, zum einen nicht im praktischen Umgang mit dem Vater tiefergehende Fragen, wie die nach seiner Herkunft und Abstammung, beantworten zu können. Zum anderen sind die Kinder dieses Familientyps dazu aufgefordert, den Weg einer autonomen Lebensführung nach Ablösung aus der mütterlichen Triade unter der Bedingung zu gestalten, das Nichtwissen über den Vater in ihre eigene Bildungsgeschichte zu integrieren. In einer eigenen Studie wäre zu untersuchen, wie das gelingt und wie unter dieser sozialisatorischen Entwicklungsbedingung die private Lebensführung gestaltet wird (vgl. Funcke 2009b; 2012). In den Fällen, die sich dem Typ der Moderaten (2. Fall) zuordnen lassen, ist die sozialisatorische Ausgangskonstellation ähnlich, auch hier gibt es keinen konkreten Vater, der in einer verantwortungsorientierten Identifikation eine Beziehung zum Kind gestaltet. Im Unterschied aber zum ersten Typ, führt die Wahl einer „halb-offenen" Samenspende hier zu einer sozialen Konstellation, für die gilt, dass der Vater über ausgewählte Informationen (Name, Alter, Beruf etc.) – spätestens wenn das Kind 18 Jahre alt ist – in die soziale Beziehung eingebunden werden kann. Wie in diesen Fällen im Einzelnen mit dem Wissen um den Vater umgegangen wird, wie die beiden Frauen sich dazu verhalten, wie das Kind mit den Informationen umgeht und was es für Entwicklungsprozesse bedeutet, ohne Vater aufgewachsen zu sein, darüber wissen wir noch kaum etwas.

Im Kontrast zu den beiden ersten Fällen ist im Typ der Konservativen (3. Fall) der Umgang mit der Institution Vaterschaft anders gelöst. Das Kind wird in eine triadische Ausgangskonstellation hineingeboren, in der die zentralen und identitätsstiftenden Themen wie die der Zugehörigkeit und Angehörigkeit auf eindeutige Weise beantwortet werden können. Der Vater ist nicht nur über einen Personennamen und ein paar abstrakte Prädikate ausgewiesen (2. Fall: die Moderaten). Sondern in einer intersubjektiven Begegnung, in der er sich dem Kind gegenüber sowohl über performative als auch propositionale Akte zu erkennen geben kann, kann dem Kind über eine Geschichte, die es mit dem Vater teilt, allmählich ein Wissen zuwachsen, wer sein Vater ist. In diesem Typ von Inseminationsfamilie aufzuwachsen bedeutet, mehr als bloß auf theoretische

6.1 Synopse der dritten Fallinterpretation

Weise über Mitteilungen und Informationen Kenntnisse über den Vater zu haben. Die soziale Vermitteltheit des Dritten, die diesen Fällen dieses Typs eine starke „organisatorische Potenz" (Koschorke 2010: 49) abfordert, führt im Vergleich zu den anderen beiden Typen (die Radikalen und die Moderaten) im Binnenbereich zu einer Sicherheit und Stabilisierung. Denn weder müssen die beiden Frauen sich komplexe Begründungen einfallen lassen, um dem Kind zu erklären, wo und wer sein Vater ist, noch sich dazu positionieren, warum es keinen Vater gibt. Die Integration des Vaters, die im vorliegenden Fall über die Figur der engagierten Partizipation auf Distanz erfolgt, führt im Binnenbereich, auch wenn von Seiten der sozialen Mutter der leibliche Vater wie ein Konkurrent und Störenfried gedeutet werden kann, letztendlich doch zu einer Handlungsentlastung und aus der Perspektive des heranwachsenden Kindes zu einer relativen Eindeutigkeit und Klarheit in Bezug auf seine leiblichen Eltern.

Auf der Ebene der Selbstwahrnehmung resultiert daraus ein Bild von Familie, das keine Bedenken enthält, ihre familiale Lebensform sei für Sozialisationsprozesse risikoreich oder eine prekäre Ausgangskonstellation. Weder das Denken der Akteure dieses Falltyps noch ihr praktisches Handeln ist von einem Bewusstsein angeleitet, dass es sich bei ihrer Familie um eine Sonderform handelt. Weit davon entfernt, zur Risikoreflexion zu neigen oder sich mit Zweifeln auseinanderzusetzen, die von einem Problemverständnis genährt werden, tendiert dieser Typ – sobald das für diesen Typ zentrale Thema: in der sozialen Praxis die Integration und Desintegration des leiblichen Vaters miteinander zu verbinden gelingt – durch eine starke Konformitätsbewegung eher dazu, andere soziale Welten um sich herum auf der Grundlage eines Überlegenheitsgefühls zu deuten (*„wir haben alles doppelt"*). Ihre praktische Orientierung in den Dingen, die die Sozialisation betreffen, ist bestimmt durch ein starkes Selbstbewusstsein, eine überdurchschnittlich normale Familie zu sein. Dieses Bild wird nach außen hin auch durch Assimilierungsprozesse angereichert, die ihre Familie als einen Normalfall von Familie ausweist. Für die Grenzziehungsgestaltung hin zu einer Öffentlichkeit bedeuten diese Angleichungsbestrebungen, dass für diesen Typ (die Konservativen) gilt, sich relativ kompromissdistant gegenüber einer Außenwelt zu verhalten, die ihnen suggerieren könnte, ihre familiale Lebensform stelle eine Abweichung oder exotischen Spezialfall von Familie dar. Als Natürlichkeitsvertreter ist ihr Denken und Handeln darauf gerichtet, hartnäckig und kompromisslos ihre Normalität zu behaupten.

Typisch für diese Fälle einer gleichgeschlechtlichen Inseminationsfamilie ist im Unterschied zu denen, die sich den beiden anderen Typen (den Radikalen, den Moderaten) zuordnen lassen, ein Handlungsproblem, das daraus resultiert, das Thema mit dem Samenspender so geklärt zu haben, dass dem Kind seine Zurechnungsadresse eindeutig bekannt ist, wenn es um Fragen der Abstammung und Identität geht. Es besteht in der Aufgabe, den leiblichen Vater zu integrieren, ohne die nicht-leibliche Mutter in ihren Rechten und Pflichten zu beschränken, zusammen mit ihrer Partnerin eine verantwortete Elternschaft zu gestalten. Wie die Fälle dieses Typs mit dieser Aufgabe umgehen, ist – wie der analysierte dritte Fall gezeigt hat – abhängig von einer gemeinsamen Interaktionsgeschichte, die die Beteiligten haben, die sich entschließen, ein Kind zu bekommen (a), und auch von der biografischen Prägung durch Sozialisationsprozesse in der eigenen Herkunftsgeschichte, die dazu disponiert, dem Kind den praktischen Umgang mit einem Vater nicht zu verwehren (b). In dem ausgewählten Fall als Repräsentant des dritten Typs gelingt diese Aufgabe, Wechselbildungsprozesse mit dem leiblichen Vater (und seinem Lebenspartner) zu gestalten, die über eine Minimalvergemeinschaftung hinausgehen, auch dadurch (c), dass mithilfe von spezifischen Ausgleichsstrategien die nicht-leibliche Mutter in den Sozialstatus eines leiblichen Elternteils gehoben wird. Es geht hier, wie in den anderen beiden Typen auch, nur mit dem Unterschied, dass in diesen der Samenspender als väterliche Bezugsperson praktisch aufgrund verschiedener Anonymitätsgrade nicht verfügbar ist und dieser sich auch nicht darauf berufen kann, sich wie ein Vater zu verhalten, darum, die nicht-leibliche Mutter mit einer „deontischen Macht" (Searle) auszustatten, sodass sie und eben nicht der verfügbare Vater im Alltag als auch in Krisenzeiten (Krankheit, Tod der Partnerin) unangefochten und rechtlich abgesichert die zentrale signifikante Andere ist. Dass in dem vorliegenden Fall trotz der exponierten Stellung des Vaters eine Sozialintegration aller gelingt, ist auch auf Formen praktischer Intersubjektivität zurückzuführen (d), über die es dem Samenspender, eben dem leiblichen Vater gelingt, die Grenzziehungsprozesse der sozialisatorischen Interaktionstriade, die von den beiden Frauen und dem Kind gebildet wird, eher zu unterstützen und zu bekräftigen als diese zu unterlaufen, infrage zu stellen oder zu stören.[1]

---

[1] Mir sind andere Fälle bekannt, in denen der Samenspender als leiblicher Vater des Kindes in hohem Maße Anspruch erhebt, praktisch Elternarbeit zu leisten, Umgangsrecht einfordert oder erzieherisch ganz konkret beansprucht, sich an der Sozialisation des Kindes zu beteiligen. Es gibt Fälle dieses Typs, da führen diese Interaktionsformen zu Streit, Konflikt und Beziehungsabbrüchen, manchmal auch – je nach Rechtslage – zu anwaltlichen Verfahren.

6.2 Familienstrukturelle Grundlagen und die Anerkennung der kulturellen Norm der Kernfamilie – Diskrepanz zwischen normativer Bedeutung und praktischem Vollzug

Für alle Fälle gleichermaßen gilt, dass sie von der kulturellen Norm der Kernfamilie abweichen. Des Weiteren haben wir im Durchgang der Analyse an den verschiedensten sozialen Handlungsweisen, eben an den sozialen Praktiken[2], und an den Deutungen dieser Abweichung gesehen, dass in ihnen aber ausgedrückt wird, die Norm der Kernfamilie zu teilen. Im Vollzug von Deutungen und sozialen Praktiken (in Form von Ausgleichshandlungen) realisiert sich das Deutungsmuster der Kernfamilie. Die Frauen in den einzelnen Fällen teilen das Deutungsmuster aber auf unterschiedliche Art. Ganz offensichtlich tritt es z. B. dort zutage, wo wie im ersten Fall Wandula Fuertes und im dritten Fall Dagmar Kowalski Prozesse der Herstellung von Ähnlichkeit auf der Basis eines naturalistischen Vererbungskonzeptes vornehmen. Im zweiten Fall ist Sabrina Bauer die Vertreterin, die sich konsonant zur Norm verhält, hier indem, ohne einen Widerspruch zu formulieren, dem Samenspender über ein Elternprädikat *("Papa")* symbolische Präsenz nach den Regeln der Kernfamilie zugewiesen wird. Weder Ina Hoffmann im ersten Fall (die Radikalen), noch Maria Dallmeyer im zweiten Fall (die Moderaten) und ebenso wenig Cornelia Meisner im dritten Fall (die Konservativen) können allerdings vorbehaltlos diesen Normalisierungen, mit denen der Norm der Kernfamilie durch ihre Partnerin Geltung verliehen wird, zustimmen. Schauen wir uns das zusammenfassend mit Blick auf die einzelnen Fälle an. Der Schwerpunkt liegt dabei bei denjenigen Frauen, die im Paar die zentralen Akteurinnen im Familienbildungsprozess und selbst Mutter sind.

Die Konservativen: Wir haben gesehen, dass sobald Dagmar nach dem Modell der Kernfamilie soziale Zugehörigkeit herstellt, sie eine Exkludierung der Partnerin Cornelia vornimmt, mit der sie sich im Alltag unter Ausschluss des leiblichen Vaters die Erziehung und Betreuung des Kindes teilt. Dieses Verhalten, dem leiblichen Vater nach dem „Normalmodell" eine zentrale Bedeutung zu verleihen, muss in Cornelia das Unbehagen wecken, das sie von Anfang an bei ihrer

---

[2]Zum Begriff der Praxis und die in der Soziologie vernachlässigte Differenzierung von Praxis und Praktiken vgl. Thomas Loer, 2020: 9.

alle Bedenken aber nicht ausräumenden Einwilligung verspürt hat, auf diesem Wege – im Rahmen von weiblicher Homosexualität und einer Samenspende – eine Familie zu gründen. Dagmars ungebrochene Bezugnahme auf die Kernfamilie, wie sie bei der Ähnlichkeitsherstellung zutage tritt und auch in Ansichten wie die, dass das Kind einen Vater brauche, verstärkt in Cornelia die Dissonanz, gegen ihre Überzeugung einem Familienbildungsprozess zugestimmt zu haben, der im Widerspruch zu der auch von ihr anerkannten Norm der Kernfamilie steht. Im Zusammenleben mit Dagmar und dem Kind ist ihr Bestreben, diesen Druck, der immer von einer Dissonanz ausgeht (vgl. Festinger 1957/2012: 19; 52 ff.), zu reduzieren, indem sie versucht, die gewählte Alternative zu normalisieren, der sie innerlich nicht zustimmt. Zu den Strategien, den Widerspruch zwischen der konstruierten Wirklichkeit in Form einer gleichgeschlechtlichen Inseminationsfamilie und der anerkannten kulturellen Norm der Kernfamilie so zu bearbeiten, dass entgegen der allgemeinen Vernunft noch als legitim gelten kann, ein Kind in diesem Rahmen großzuziehen, ist, den leiblichen Vater, für den sie im Alltag ein vollgültig von allen erkannter Ersatz sein will, weitgehend auf Distanz zu halten. Wir haben gesehen, dass Dieter, der leibliche Vater, sie in diesen Bemühungen unterstützt[3]. Aber seine Verhaltensweisen, die daraufhin wirken, bei Cornelia die immer auch mit einem Unbehagen einhergehende Dissonanz zu reduzieren, ändern nichts daran, dass seine Präsenz und eben auch Dagmars offen vorgetragene Äußerungen, die wie ein Bekenntnis zur Norm der Kernfamilie gelesen werden können, ihr die Inkongruenz zwischen Wirklichkeit und Norm bewusstmachen und sie letztlich zwingt, die Dissonanz zu tolerieren. Im Vergleich zu ihrer Partnerin (Dagmar), die keinen übermäßig starken Konflikt zwischen der Verhaltensweise, über eine Samenspende sich den Kinderwunsch erfüllt zu haben, und einer kulturellen Norm erfährt, besteht für Cornelia die dissonante Beziehung auch nach der unkonventionellen Familiengründung. Während es Dagmar gelingt, die Abweichung von der kulturellen Norm als weniger drastisch zu normalisieren, da z. B. für sie als dissonanzreduzierend allein schon gilt, eine Variante gewählt zu haben, die noch am meisten mit der Kernfamilie

---

[3]Vgl. dazu u.a. seine Einschließungsbemühungen, sein patronagenhaftes Verhalten Cornelia gegenüber, seine Zustimmung, nicht in die Geburtsurkunde eingetragen zu werden, seine Rolle als unbeteiligter Beobachter und seine die Ansichten der leiblichen Mutter relativierende Perspektive, durch die Cornelia gleichwertig wie ein leibliches Elternteil einbezogen wird.

6.2 Familienstrukturelle Grundlagen und die Anerkennung der ...

korrespondiert, kann Cornelia diese Wege der Dissonanzreduzierung nicht teilen. Auch wenn beide sich für diese Familienform entschieden haben, Cornelia unter dem Druck von Dagmar eingewilligt hat[4], sind sie beide unterschiedlich stark überzeugt von der Angemessenheit dieser Form der Familiengründung. Dagmar ist bekannt, dass ihre Partnerin ihre Ansichten nicht teilt und diese ungeachtet aller Normalisierungen Zweifel und Bedenken hegt, gegen eine kulturelle Norm gehandelt zu haben. Diese divergenten Einstellungen beider dürfen aber nicht geäußert werden. Dies geschieht auch nicht, da Cornelia, die generell ihren Interessen nur schwer Geltung verleihen kann, sich nicht getraut, offen Widerspruch vorzutragen und Skepsis zu formulieren, und ihre Partnerin jemand ist, die im Interesse ihrer eigenen Wünsche, wie den ein Kind zu bekommen, ignorierend die ihre Partnerin bewegenden Konflikte übergeht, die sie an der Durchsetzung des Kinderwunsches hindern oder diesen infrage stellen könnten. An der Abwehr und Unterdrückung von Ansichten, die die Dissonanz zutage treten lassen könnten, die auch sie, Dagmar, empfindet, aber besser wegrationalisieren kann als Cornelia, wird aber auch deutlich, dass auch sie, wie ihre Partnerin, die kulturelle Norm der Kernfamilie teilt.

Jetzt müssen wir uns allerdings fragen: Warum wählen sie, trotzdem für sie die Norm der Kernfamilie gilt, eine solche Familienform? Warum entscheiden sich Dagmar und Cornelia für eine Nachwuchssozialisation in einem alternativen Kontext, obwohl sie beide das „Normalmodell" anerkennen? Warum verzichten sie nicht auf Familie, sondern wählen, wenn auch nach einem Abwägungsprozess, die Variante, in der der Spender als leiblicher Vater präsent ist? Beginnen wir mit Dagmar, die die treibende Kraft ist, das Paar um ein Kind zu erweitern. Wir haben gesehen, dass sie einen egozentrischen Kinderwunsch hat, der bei ihr nicht aus einer gemeinsamen Paargeschichte heraus entsteht, sondern in die Zeit des Vorfamilialen fällt. Paarbildungsprozesse stehen bei ihr immer im Dienste der Familiengründung. Eine private Lebensführung, ohne Mutter zu werden, ganz unabhängig ob mit einem Mann oder einer Frau zusammenlebend, kommt für sie nicht infrage. Diese Selbstunterwerfung unter ein Normalitätsmodell, nämlich als Frau ein Kind zu bekommen, ist bei ihr verbunden mit einer im Dienste des Kinderwunsches stehenden Instrumentalisierung der Umwelt. Sowohl der Mann aus erster Ehe und ihre Partnerin avancieren zu Erfüllungsgehilfen in diesem Individuierungsprojekt. Die Folge dieser subsumierenden Ausgestaltung dieses zentralen Lebensziels, bei dem ihr Eigeninteresse Vorrang hat, ist, dass dem alles nachgeordnet wird. Mutterschaft und Nachwuchssozialisation können für sie,

---

[4]Festinger bezeichnet diese Form der Zustimmung in seiner „Theorie der kognitiven Dissonanz" auch als „forcierte Einwilligung" (1957/2012: 93)

relativ spannungsfrei, auf jeden Fall mehr als für ihre Partnerin, von dem Kontext der Kernfamilie abgetrennt werden. Was sind aber die sozialisatorischen Voraussetzungen für die Entscheidung, die Nachwuchsfrage vom Kontext der Kernfamilie zu lösen?

Betrachten wir Dagmars Herkunftsfamilie aus der Perspektive des Generationenzusammenhangs, so muss man für die väterliche als auch mütterliche Seite konstatieren, dass Frauen als Mütter alleinerziehend waren, da ihre Männer als Väter nicht zur Verfügung standen (Großmutter mütterlicherseits), entweder gleich von Anfang an, oder durch Suizid aus der Familie desertierten (Großmutter väterlicherseits). Ein Kind ohne Vater großzuziehen, ist bilateral, also sowohl mütterlicherseits als auch väterlicherseits, ein Thema. Auch ihre eigenen Eltern (Brigitta und Hartje) scheitern daran, Paarbeziehung und Elternschaft dauerhaft zu verknüpfen. In dieser Generation reproduziert sich das in der großelterlichen Generation in beiden Linien angelegte Thema des abwesenden Vaters. Es erfolgt aber auch noch eine Steigerung in Richtung auflösender Kernfamilie, da neben dem Vater auch die leibliche Mutter für eine Nachwuchssozialisation nicht zur Verfügung steht – Dagmar ohne die leiblichen Eltern aufwächst, erzogen von der Großmutter und dem Stiefgroßvater. Sie selbst, die sozialisatorisch bedingt kein Konzept von Männern als Vätern herausbilden konnte und die die Erfahrung von der Kernfamilie als eine fragile, sich früh auflösende Gemeinschaft gemacht hat, macht aus dem die Generationen umspannenden Thema, das im binnensozialisatorischen Bereich der Vater abwesend ist, dann ein Muster. Sie greift eine für ihre Herkunftsfamilie typische Dynamik, Sozialisationsprozesse weitgehend ohne Väter zu gestalten, auf und führt diese in gesteigertem Maße fort, in dem sie sich, wenn es um die Lösung der Frage der Nachwuchssozialisation geht, vom Kontext der Kernfamilie ganz verabschiedet, was aber nicht bedeutet, deren Geltung zu leugnen. Nur macht es ihr ihre biografische Hypothek, aus einem Familienzusammenhang zu stammen, in dem Mütter früher oder später von ihren Männern verlassen werden und ihnen allein die Erziehung überlassen, leichter als ihre Partnerin (Cornelia), der derartige fragmentierte Sozialisationserfahrungen fehlen, sich faktisch gegen die Norm der Kernfamilie zu entscheiden, ohne dabei von allzu starken Zweifeln umgetrieben zu werden. Denn sie zieht daraus ‚nur' den endgültigen Schluss, der durch die Erfahrung der Frauen ihrer Generation davor als legitim erscheint: Männern als Vätern ist nicht zu trauen und sind deshalb vorzugsweise von vornherein auf Abstand zu halten. Dass sie aber nicht dafür optiert, die Nachwuchssozialisation ganz vom Komplex des leiblichen Vaters zu entkoppeln, in dem z. B. nur eine anonyme oder eine „halb-offene" Samenspende infrage kommt, ist als ein letzter Rest von Milieusolidarität und Identifikation mit ihrem Herkunftskomplex zu deuten. Indem ein

6.2 Familienstrukturelle Grundlagen und die Anerkennung der ...

Vater für das Kind zugelassen wird, wenn auch über die Figur der partizipativen Distanz, solidarisiert sie sich mit den Frauen ihrer Familie, die als Mütter für ihre Kinder einen Vater vorgesehen hatten, auch wenn dann die Sozialisation eingebettet in die Kernfamilie durch ein frühes Ausscheiden der Väter nicht gelingt. Dem Scheitern setzt sie die Perspektive entgegen, die Nachwuchssozialisation als Individualisierungsprojekt zu gestalten, zu dem dazu gehört, nicht nur das Kind selbst zu bekommen und Mutterschaft nicht an die Partnerin zu delegieren, sondern auch, damit sich die Funktionsschwäche des sozialisatorischen Systems ihrer Vorgängergeneration nicht wiederholt, zu verbieten, dass andere sich einmischen. Dagmars egozentrische Instrumentalisierung einer Umwelt, in der signifikante Andere wie ihre Partnerin Cornelia und die beiden Männer Dieter und Manfred strategisch zählen, ist das Ergebnis einer solidarischen Identifikation mit ihren Herkunftsbedingungen. Diese disponieren sie dafür, einerseits die Opposition von Elternschaft und Partnerschaft zu reproduzieren und andererseits einen Rahmen zu wählen, der als Versuch und Antwort zu deuten ist, das gescheiterte Thema mit den stets aus der Familie verschwindenden Vätern so zu lösen, dass väterliche Bedeutsamkeit für Entwicklungsprozesse zwar anerkannt wird, ihre Präsenz aber nicht verbunden wird mit der Integration in ein triadisches Beziehungsmuster, das durch seine dynamischen Selbstentfaltungskräfte nur schwer zu kontrollieren ist. Die anerkennende Geltung der Norm bei faktischer Leugnung zeigt sich dann eben darin, dass der leibliche Vater des Kindes, auch wenn dieser aus dem Binnenbereich der Familie ausgeschlossen ist und die Sozialisation entkoppelt von der Kernfamilie gestaltet wird, verfügbar ist. Diese Konstruktion, die Dagmar mehr als ihre Partnerin Cornelia relativ widerspruchsfrei in ihr Selbstkonzept von Familie integrieren kann, ist motiviert von der Sehnsucht nach einer familienorientierten Solidarität. Im Grunde ihres Herzens ist sie eine Sozialromantikerin, die nach einem Weg sucht, das Problem der sich immer wieder auflösenden Kernfamilie ihrer Vorgängergenerationen zu lösen. Heraus kommt dabei die Bildung einer Quartettfamilie, in der es neben einer zweiten Mutter dann auch gleich zwei Väter gibt.

Wir müssen noch begründen, warum ihre Partnerin Cornelia sich in einer dissonanteren Beziehung zum Familienentwurf erfährt, den sie aber, wenn auch nicht ganz von der Angemessenheit wie Dagmar überzeugt, mitträgt. Worin liegen aus sozialisatorischer Perspektive gesehen die Ursachen, dass Cornelia den Druck, der vom Konflikt zwischen der auch von ihr anerkannten Norm der Kernfamilie und der Abweichung ausgeht, auf massivere Weise erfährt? Die Inkonsequenz, mit ihrem Familienentwurf der kulturellen Norm der Kernfamilie nicht zu entsprechen, kann sie nicht so leicht rationalisieren, da ihre Primärsozialisation in Kohärenz zur normativen Bedeutung der Kernfamilie erfolgte. Sie ist normativ und faktisch weniger flexibel als Dagmar in Bezug auf eine unkonventionelle Familiengründung, da sie in einem Sozialmilieu aufgewachsen ist, in dem Mutterschaft ohne entsprechende Einbindung in eine formal kodifizierte Ehe als inkonsistent betrachtet wird und sie selbst auch die Stabilität einer Familie kennengelernt hat, in der die Nachwuchssozialisation über eine verlässliche Gattensolidarität und eine affektive Eltern-Kind-Beziehung erfolgte. Im Gegensatz zu ihrer Partnerin (Dagmar) hat sie die Dauerhaftigkeit von Bindungen in der Realität erfahren und als Repräsentanz verinnerlichen können. Die Stärke ihres Widerstands gegen eine von der Kernfamilie abweichende Familie ist aus diesen Gründen größer als bei Dagmar, die normativ Gültiges leichter verwerfen kann, da ihr die sozialisatorische Prägung fehlt, die bei Cornelia zur Überzeugung geführt hat, die Frage der Nachwuchssozialisation an den Kontext der Kernfamilie zu binden. Dass Cornelia nun trotzdem, entgegen dieser Überzeugung, mitmacht und sich dem Kinderwunsch Dagmars fügen kann, ist mindestens zweifach motiviert. *Zum einen:* In der väterlichen Linie haben die Not des Lebens und das Schicksalsereignis des frühen Vaterverlustes dazu geführt, dass die traditionellen normativen Vorgaben für die Sozialisation eines Kindes an Verbindlichkeit eingebüßt haben. Für das Aufwachsen ihres Vaters ist ein Sozialmilieu prägend, in dem nach dem Ausfall des Vaters Mutter und Tante sich gemeinsam um das Kind kümmern. Indem nun Cornelia sich selbst dazu entschließt, mit ihrer Partnerin im Rahmen einer mütterlichen Elterneinheit ein Kind zu erziehen, normalisiert sie die väterlichen Sozialisationsbedingungen. Sie stellt sich in den Dienst ihrer Herkunftsfamilie und nimmt sich der Aufgabe an, im Vollzug einer von der Kernfamilie abweichenden Familiengründung nachzuweisen, dass auch der sozialisatorische Kontext ihres Vaters bedeutungsvoll ist und als legitim gilt. *Zum anderen:* Zum Nachgeben, gegen die Norm der Kernfamilie faktisch zu verstoßen, veranlasst sie auch die soziale Beeinflussung durch ihre Partnerin. Von Dagmar geht durch ihren starken und vehement vorgetragenen Kinderwunsch ein Druck aus, auf den Cornelia schließlich, will sie die Paarbeziehung nicht aufs Spiel setzen, mit Uniformität reagiert, ohne aber ihre persönliche Meinung ganz zu ändern, dass diesem Weg der Familiengründung mit Skepsis zu begegnen ist. Sie verbleibt in einer dissonanten Beziehung zur faktisch realisierten Familienform. Ihre habituelle Prägung durch eine Sozialisation, in der fragmentierte Familienbeziehungen als normalisierungsbedürftig angesehen werden, kann sie maximal dazu veranlassen, soll unter der Bedingung weiblicher Homosexualität eine Familie gegründet werden, eine Variante zu wählen, die – darin ist sie sich mit ihrer Partnerin einig –, so gering wie nur möglich vom normativen Modell der Kernfamilie abweicht. Soll der sie innerlich bewegende und auch nicht aufzulösende Konflikt, den sie aufgrund ihrer Konformität mit dem Normalmodell

6.2 Familienstrukturelle Grundlagen und die Anerkennung der ...

stärker verspürt als Dagmar, die praktische Realisierung des Individualisierungsprojektes ihrer Partnerin nicht verunmöglichen, dann geht das nur, indem einem Kind der Zugang zum Vater ermöglicht wird. Eine anonyme oder „halb-offene" Samenspende kommen auch für Cornelia nicht infrage und sind, wie für ihre Partnerin Dagmar, keine Alternativen.

Die Moderaten: Auch in Bezug auf den zweiten Fall steht aus, die Frage zu beantworten, welche familienstrukturellen Grundlagen disponieren dazu, dass trotz Anerkennung der Norm der Kernfamilie sich gegen diesen Sozialisationsrahmen entschieden wird. In diesem Fall ist Sabrina die Initiatorin der unkonventionellen Familiengründung. Von ihr geht nicht nur ein Druck auf ihre Partnerin Maria aus, das Paar, um ein Kind zu erweitern, sondern Sabrina ist auch diejenige, die sozialisationsbedingt die Unbefangenere ist, wenn es darum geht, entgegen einer allgemeingültigen Vernünftigkeit eine andere soziale Praxis zu behaupten. Maria, die anfänglich nicht sofort zum Mitmachen zu bewegen war, eben – wie wir uns erinnern – *„aus allen Wolken gefallen"* ist, als Sabrina ihr ihren Kinderwunsch vorträgt, muss sich über größere innere Widerstände hinwegsetzen, um sich zur Entscheidung durchzuringen, ein Kind über eine Fremdsamenspende zu zeugen. Wir haben gesehen, dass dieser Strukturkonservatismus, der sie in eine anhaltende dissonante Beziehung zur gewählten alternativen Familiengründung bringt, sie dazu bewegt, über Kompensationsstrategien und Ausgleich erzeugende Gegenbewegungen den Dissonanzdruck zu verringern. Dazu zählen z. B. ein gesteigertes soziales Investment in die Beziehung zum Kind als auch die Form der Namenswahl, durch die Verwandtschaft nach der Logik der bilateralen Abstammung sozial konstruiert wird. Es geht ihr um die Herstellung einer Bindung zum Kind, die den Mangel eines fehlenden Vaters gar nicht erst aufkommen lässt. Aus diesem Grunde darf der Samenspender auch nicht mit Elternprädikaten (*„Papa"*) versehen werden. Maria verweigert Sozialrepräsentationen, die den Widerspruch zwischen geltender Norm und sozialer Praxis bewusstmachen und sie damit konfrontieren, vor sich und anderen rechtfertigen zu müssen, Abweichendes, das auch von ihr abgelehnt wird, in der Realität vollzogen zu haben. Ihrer Partnerin Sabrina fällt es im Vergleich zu Maria leichter, sich gegen eine geltende Norm, wie die der Kernfamilie, zu widersetzen. Der Regelbruch führt bei ihr nicht zu derart starken inneren Konflikten, die sie veranlassen – wie bei ihrer Partnerin Maria – Widersprüchliches nicht gelten zu lassen. Sie sucht, wir werden darauf zurückkommen, eher das Ambivalente als das sie danach strebt, wie ihre Partnerin Maria, Gegensätzliches zu normalisieren. Für die objektive soziale Situation der Paarbeziehung bedeutet das, dass Meinungsverschiedenheiten in der Figur des Streites genau dann ausgetragen werden, wenn die unterschiedlichen Einstellungen zur vollzogenen Abweichung von der Regelstruktur der Kernfamilie sich in Folgen manifestieren, die die Frage der Nachwuchssozialisation betreffen, Sabrina z. B. in Begriffen der Kernfamilie denkt und den Sohn darin unterstützt, eine Verhältnisbestimmung zum Samenspender vorzunehmen, die seine Relevanz unterstreicht, die Maria sich weigert öffentlich anzuerkennen, da diese die Inskonsistenz betont, die bei ihr ein Unbehagen auslöst.

Welche sozialisatorische Prägung disponiert Sabrina dazu, dass nonkonformes Verhalten bei ihr weniger starke Rechtfertigungszwänge auslösen? Sie kann viel leichter als Maria auf Distanz zur kulturellen Norm der Kernfamilie gehen, da sie in ihrer Herkunftsfamilie die Verschränkung von Paar- und Eltern-Kind-Beziehung nach diesem Modell für ungenügend gelöst hält. Sie geht auf Opposition und wählt einen Gegenentwurf, der auf ein spezifisches Problem ihrer Mutter antwortet. Die Lebensgeschichte ihrer Mutter ist stark mit den zentralen männlichen Akteuren des aus der väterlichen Linie stammenden Familienunternehmens verknüpft. Diese beschneiden sie in ihrer lebenspraktischen Autonomie zugunsten einer Bindung an das Familienunternehmen zu dem ihr, der Mutter, als der eigentlichen Unternehmensnachfolgerin der Zugang verweigert wird. Die Inanspruchnahme ihres Ehemannes durch das Unternehmen, der an ihrer Stelle von ihrem eigenen Vater zum Nachfolger inthronisiert wird, bringt sie in eine familiale Randstellung. Die Mutter von Sabrina wird zur Ausgeschlossenen, die durch eine patriale und autoritäre Gebundenheit eine soziale Isolierung und einsame Verzweiflung erfährt. Ein folgenreicher Schritt im Leben der Mutter ist die Haushaltsauflösung in Wiesbaden, die Rückkehr in ihren Herkunftszusammenhang und die Anstellung ihres Ehemannes bei ihrem Vater in der Firma. Es beginnt für sie eine dramatische Phase der Inaktivität. Die Mutter von Sabrina kann nicht in der Firma arbeiten, obwohl entsprechende Karrierewege (Maurerlehre, Studium in der Schweiz) sie darauf vorbereiten, und ihr Ehemann ist absorbiert in der Firma. Der internalisierte Entwurf der Unternehmensnachfolgerin wird es ihr schwergemacht haben, auf die sozialisatorische Funktion eines Haushaltes zufriedenstellend zurückzugreifen und sich auf die Aktivitäten aus diesem Bereich verpflichten zu lassen. Hinzu kommt die Belastungskrise durch zwei Fehlgeburten, sodass der Mutter von Sabrina nach der ungewollten Freisetzung von der Erwerbsarbeit der Weg in eine kompensierende Mutterschaft versperrt ist. Allein gelassen und enttäuscht, nicht entsprechend ihres weiblichen Emanzipationsentwurfes die Geschäfte der Firma leiten zu können, die zwei Fehlgeburten, die sie zu beklagen hatte, und die Desintegration durch den Vater, der in die strukturelle Priorität der ehelichen Bindung einbricht, führt bei der Mutter zu einer mehrfachen Kränkung. Diese Entwicklung wird vermutlich auch zu einer

6.2 Familienstrukturelle Grundlagen und die Anerkennung der ... 343

ehelichen Entfremdung geführt haben und auch zu einer affektiven Distanz gegenüber der Tochter Sabrina, die sich die Pläne der Mutter nicht mehr zu eigen macht und auf innere Distanz zum Familienunternehmen geht. Sie setzt an zu einem Gegenentwurf, in dem das Firmenunternehmen keine Rolle mehr spielt, und: Männer werden weder in der diffusen Sozialbeziehung einer (ehelichen) Paarbeziehung noch in einer Eltern-Kind-Beziehung zugelassen. Sabrina bearbeitet das Thema ihrer Mutter, die die Erfahrung machen musste, dass Männer dyadische Beziehungen spalten und Frauen in ihrer lebenspraktischen Autonomie einschränken, indem sie für sich selbst die Alternative abwählt, eine Bindungsbeziehung zu einem Mann einzugehen und mit ihm gemeinsam ein leibliches Kind großzuziehen. Aus der Problematik der Mutter zieht sie den Schluss: Es ist besser im richtigen Leben ein falsches (gemessen an der kulturell geltenden Norm der Kernfamilie) zu leben, wenn dadurch Erfahrungen, die ihre Mutter gemacht hat, vermieden werden können. Überrascht hätte vor diesem Hintergrund auch nicht die Wahl einer anonymen Samenspende. Was bedeutet aber die Wahl einer „halb-offenen" Samenspende und – so müssen wir ergänzen – damit zusammenhängend auch Sabrinas Bestreben, den Samenspender über Personalisierungsprozesse im Binnenverhältnis der weiblichen Paarfamilie zu verlebendigen, diesem, dabei den Konflikt mit ihrer Partnerin provozierend, einen Platz zu geben? Was bewegt sie dazu anzusetzen, nach dem Modell der Kernfamilie den Samenspender als Vater des Kindes mit einer Objektrepräsentanz auszustatten und ihm generell die Möglichkeit einzuräumen, eine Beziehung zum Kind zu gestalten, wenn dieses 18 Jahre alt ist? Sie drückt damit aus, Kommunikationskontexte, die durch Gegensätzliches bzw. Widerstreitendes gekennzeichnet sind, zu akzeptieren. Sie wählt, wenn es um die schwierige, ihr von der Herkunftsfamilie auferlegte und in der Biografie der Mutter ungelöste Problematik der Kernfamilie geht, eine Erfahrungsverarbeitung im Modus der Ambivalenzsuche.

Die Radikalen: Die Ergebnisse aus der Datenanalyse haben auch in diesem Fall gezeigt, dass trotzdem die Nachwuchssozialisation vom Kontext der Kernfamilie abgetrennt erfolgt, implizit die Geltung des Kernfamilienmodells geteilt wird. Warum entscheiden sich die beiden Frauen, Ina und Wandula, so soll zusammenfassend gefragt werden, bei anerkannter Geltung der kulturellen Norm der Kernfamilie faktisch gegen sie? Was motiviert die Abweichung positiv? Was bewegt sie dazu – im Unterschied zu den anderen beiden Fällen – auf noch radikalere Weise den Bruch mit der Regelstruktur der Kernfamilie zu vollziehen? Was treibt sie an, durch die Wahl einer anonymen Samenspende die große Diskrepanz zwischen implizit anerkannter Norm und sozialer Praxis in Kauf zu nehmen? Um diese Fragen zu beantworten, vergegenwärtigen wir uns noch einmal im Rahmen eines biografischen Kurzexposés die familienstrukturellen Grundlagen, die dazu disponieren, in der Figur der radikalen Regelübertreter eine Diskrepanz zwischen normativer Bedeutung und praktischem Vollzug zu erzeugen. Ich beginne mit Ina, die zwei Kinder zur Welt gebracht hat (Joel und Olivia) und diejenige von den beiden Frauen ist, die kompromisslos andere Alternativen zur anonymen Samenspende ausschließt. Der sozialisatorische Raum, in dem Ina aufwächst, kann durch vier formative Bedingungen charakterisiert werden: die Abwesenheit der Ursprungs-Triade, das Aufwachsen in einer Adoptivfamilie, die Sozialisationserfahrung im Schatten der Diaspora und eine Überdetermination durch die Holocausterfahrung. Diese formativen Bedingungen sind nicht als Determinanten zu verstehen, sondern als Weichenstellungen, die Nachwuchsfrage vom Kontext der Kernfamilie abzutrennen und die Sozialisation unter der Bedingung der strukturellen Abwesenheit väterlicher Vatervorbilder zu gestalten.

Die initiale Familienerfahrung Inas ist nicht durch die dynamische Einheit in der Differenz väterlicher und mütterlicher Vorbilder bestimmt. Sie bildet sich nicht um den Fokus der für die frühkindliche Entwicklung zentralen Polarität der Geschlechter. Frühzeitig, gleich nach der Geburt, erfolgt eine Trennung von der Mutter und eine Abgabe ans Waisenhaus. Der leibliche Vater ist Ina unbekannt. Ein weiteres Schlüsselereignis mit folgenreichen Auswirkungen für das Verhältnis zur Nachwuchsfrage ist die Beziehung zur Adoptivmutter. Diese baut zu ihr in der frühkindlichen Zeit, nachdem Ina nach der Geburt ohne elterlichen Schutz in die Welt entlassen wurde, eine mutterähnliche Beziehung auf. Im Rahmen der öffentlichen Betreuung im Waisenhaus entsteht eine Bindung zu der „fremden" Frau, die Ina im Alter von zwei Jahren gemeinsam mit ihrem Mann adoptiert und ihr das Aufwachsen in einer Ersatz-Familie ermöglicht. Inas spätere biografischen Schritte: sich mit der deutschen Sprache über die Aufnahme eines Studiums zu beschäftigen, was einen Zugang zu den Wurzeln der Adoptiveltern verspricht und somit im Zeichen einer Identitätsarbeit steht, die Rückkehr nach Deutschland, aus dem ihre Adoptiveltern, um den Verbrechen der Nationalsozialisten an der jüdischen Bevölkerung zu entgehen, geflohen sind und die Aufnahme einer Erwerbsarbeit für eine jüdische Organisation, verweisen auf ihre Verbundenheit und Loyalität zur Adoptivfamilie und, eng damit verbunden, auch auf eine Sozialisationserfahrung, die sich im Schatten der Diaspora vollzieht. Als Solidaritätsleistung, insbesondere gegenüber der Adoptivmutter, ist auch Inas eigener Kinderwunsch zu deuten, den sie in einer gleichgeschlechtlichen Paarbeziehung mithilfe einer Samenspende realisiert. Sie schließt damit an eine Zeit aus der Vorgeschichte der Adoptivmutter an, aus der die biografischen Themen stammen, die zur Aufschiebung einer eigenen Familiengründung geführt haben mit der Folge, über den Umweg einer späten Adoption eine Familie zu gründen. Für ihre

6.2 Familienstrukturelle Grundlagen und die Anerkennung der ...

Adoptiveltern steht Ina für die Zuversicht und Hoffnung, unter den Lebensverhältnissen der Diaspora eine Zukunft zu realisieren. Diesen stark ausgeprägten Familiensinn und die starke Familienorientierung, die sich in der Gründung einer Adoptivfamilie ausdrücken, übernimmt Ina und unterstreicht auf diese Weise ihre Verbundenheit mit der „fremden" Frau, der sie, als sie zwei Jahre alt ist, die Aufnahme in eine Ersatz-Familie zu verdanken hat. Identifiziert mit der Adoptivmutter, der es selbst nicht gelungen ist, sich den Wunsch nach einem leiblichen Kind zu erfüllen, gleichwohl die Hauswirtschaftslehre als eine frühe Vorbereitung auf eine eigene Familiengründung gedeutet werden kann, übernimmt Ina die Trägerfunktion für diesen Wunsch und schickt sich an, in der nachfolgenden Generation, eben nicht über eine Adoption, die für sie selbst keine Alternative darstellt, stellvertretend für die Mutter eigene Kinder in die Welt zu setzen. Ina stellt sich damit, wie auch mit den anderen biografischen Schritten, in den Dienst der Biografie der Adoptivmutter. Sie hat sich nicht nur ihren stark ausgeprägten Kinderwunsch zu eigen gemacht, sondern Ina setzt auch die Trauerarbeit über den „uneindeutigen Verlust" (Boss 2008) der vermutlich – wie auch sie nur vom Hörensagen weiß – im Konzentrationslager Auschwitz ermordeten Mutter der Adoptivmutter fort. Inas Entscheidung, nach Deutschland zu gehen und dort als Übersetzerin für eine jüdische Organisation zu arbeiten, bedeutet vor diesem Hintergrund zum einen, der Diaspora ihrer Adoptiveltern eine demonstrative Geste entgegenzusetzen – eine Geste, in der Versöhnung und auch Provokation ineinander übergehen. Zum anderen – und darin zeigt sich wie dynamisch wirksam und biografieprägend die kollektive Lebenserfahrung des Holocaust auch in der dritten Generation bleibt – bedeutet die Lebensform in Deutschland eine Art Zwiegespräch mit der Adoptivmutter, in das die im Konzentrationslager Ermordete als Fragende mit aufgenommen scheint und in dem das Unverstandene, das sich im Gedächtnis der Adoptivmutter als Überlebensschuld affektiv eingeprägt hat, einen Platz erhält. Die unkonventionelle Familie, die Ina dann mit ihrer Partnerin Wandula in Deutschland gründet, wird zu einem Refugium, ein Ort der inneren Emigration, um all die schweren Themen aus der biografischen Vergangenheit zu bearbeiten. Diese stammen aus der frühkindlichen Zeit und sind verknüpft mit der fehlenden Ursprungs-Triade, dem Trauma des frühen Elternverlustes, der Unerreichbarkeit primärer signifikanter Anderer, die das Kind lieben und beschützen, der Weggabe an ein Waisenhaus, der auferlegten Zumutung, dauerhaft nicht zu wissen, wer der leibliche Vater ist, und der Überdetermination durch die Holocausterfahrung – ein Thema, das mit der Sozialisationserfahrung in der Adoptivfamilie verbunden ist. Die über anonyme Samenspenden gegründete gleichgeschlechtliche Familie in Deutschland stellt das Ergebnis der Suche nach einer Existenzform außerhalb der Schwere einer Umgebung dar, die ihr die sie anhaltend beschäftigenden und zur Auseinandersetzung zwingenden Themen auferlegt haben. Dazu gehört auch, bei der eigenen Familiengründung im Kontext einer weiblichen Paarbeziehung auf die Alternative eines anwesenden, bekannten oder irgendwie anders präsenten leiblichen Vaters der Kinder zu verzichten. Aus ihrer Perspektive ist diese Entscheidung Ausdruck der impliziten Überzeugung, dadurch weitere Konflikte und Probleme evozierende Themen, die zusätzlich zu den bereits bestehenden biografischen Hypotheken belasten könnten, zu vermeiden. Das hat folgenreiche Implikationen. Denn die Bezugnahme auf das Holocaustdrama und die traumatische Situation, als ein Adoptivkind mit unbekanntem Vater aufgewachsen zu sein, übernimmt die Funktion, eine den Regeln der praktischen Vernunft entsprechenden Sozialisation des Nachwuchses zu verunmöglichen. Der Fokus auf ihre eigenen Themen, die ihre ganzen Kräfte in Anspruch nehmen, geht auf Kosten der nachfolgenden Generation. An diese wird das Thema des unbekannten Vaters weitergereicht und auch ihr wird der Zugang zur interaktiven Dyade der leiblichen Eltern verwehrt. Für die unmittelbare Familiensozialisation und die mit ihr verbundenen Aufgaben hat das auch zur Folge, dass Ina sich nicht in unabgelenkter Aufmerksamkeit um die Kinder kümmern kann. Da sie ganz im Dienst ihrer eigenen Biografie agiert, bleibt vermutlich auch die Sorge um die Kinder eher abstrakt. So wiederholt sich in dieser Generation nicht nur das Thema des unbekannten Vaters, sondern auch das der abwesenden, gleichwohl präsenten, leiblich verfügbaren Mutter.

In Wandula hat Ina eine Partnerin gefunden, die sie bei der Herstellung einer refugialen Situation unterstützt, um sich mit den biografischen, sie stark beschäftigenden Themen auseinanderzusetzen. Dazu gehört, entgegen des in seiner Geltung implizit von ihnen beiden nicht infrage gestellten Kernfamilienmodells zu handeln und über die Reproduktion Inas biografischer Ausgangskonstellation mit unbekanntem Vater, diesen Sozialisationsbedingungen den Anstrich von Normalität zu geben. Alle Faktoren und Einflüsse, die diese Normalisierungsbewegung stören, indem sie dissonanzstimulierend den Bruch zwischen kultureller Norm und sozial konstruierter Wirklichkeit in Gestalt der Inseminationsfamilie bewusstmachen, müssen vermieden und abgewehrt bzw. wegrationalisiert werden. Dass Inkonsistenz besteht und sie mit ihrem familialen Handeln eine Abweichung von der kulturellen Norm prämieren – mit möglicherweise weitreichenden Folgen für Subjektwerdungsprozesse der Kinder – darf nicht aufkommen, reflexiv verfügbar und damit Gegenstand einer kritischen Auseinandersetzung werden. Jegliche Art von Dissonanzverstärker darf aufgrund

6.2 Familienstrukturelle Grundlagen und die Anerkennung der ...

der Schwere Inas biografischer Themen nicht zugelassen werden. Insbesondere Ina muss sich dissonanzintolerant gegenüber Deutungen zeigen, die ihre Aufmerksamkeit auf das praktisch Unvernünftige in diesem Handeln lenken, das in seinen Folgen nicht dadurch abgemildert wird, indem es als Ausfluss eines sozialisatorischen Prägeprozesses erklärt und verstanden werden kann. Wandula ist vor diesem Hintergrund gesehen eine passende Partnerin. Sie kann, wenn auch habitusbedingt nicht so stark gezwungen wie Ina, alle Dissonanzerzeugungen abzuwehren, ein Familienleben mittragen, das bestimmt ist durch einen sozialisatorischen Raum, in dem das Entstehen von neuem Leben über einen technisch-instrumentellen Vorgang erfolgt, Mutterschaft entkoppelt von leiblicher Elternschaft gelebt und dem Kind ein Aufwachsen mit einem unbekannten Vater zugemutet wird. Allerdings muss und kann Wandula nicht gleichstark wie Ina alle Deutungen abwehren und unterdrücken, durch die die Diskrepanz zwischen ihrem Familienentwurf und dem Kernfamilienmodell manifest wird. Denn sie verfügt im Gegensatz zu Ina über eine Familienerfahrung, in der die sozialisatorische Interaktion eingebettet in die leibliche Elterndyade erfolgt und Abstammungsfragen eindeutig geklärt werden können. Diese sozialisatorische Prägung und auch ihre bis in die Gegenwart hineinreichende praktisch bestehende Beziehung zu ihrer Herkunftsfamilie disponieren sie dazu – zum Unbehagen von Ina – Auslegungsweisen aufzurufen, die mit dem Modell der Kernfamilie korrespondieren. Um ihre Paarbeziehung mit Ina aber nicht zu gefährden, ist sie um Inas Willen gezwungen, zumindest eine solche Normalisierung im Vollzug von an die Kernfamilie anschließenden Deutungen zu unterbinden, die Zweifel und moralische Bedenken hinsichtlich ihres nonkonformen Familienhandelns beinhalten. Das gelingt ihr auch, da in ihrem Herkunftsmilieu Perspektiven verfügbar sind, über die Abweichendes nicht in den Wahrnehmungshorizont des Problematischen eingerückt wird. Der Anschluss an den aus der väterlichen Linie stammenden naturwissenschaftlichen Sachverstand, den sie mit ihrer Berufswahl tradiert, und die aus der mütterlichen Linie stammenden feministischen Konzepte aus der Zeit der Frauenbewegung, ermöglichen ihr, potenziell Krisenhaftes über rational-technische Auslegungsschemata nicht zum Problem zu machen. Für den Alltag der Paarbeziehung bedeutet das, auch wenn Ina und Wandula jeweils aus unterschiedlichen Motiven heraus die Diskrepanz zwischen dem allgemein Gültigem, der Norm der Kernfamilie, deren Geltung sie implizit nicht infrage stellen, und ihrer Familiengründung nicht zur Sprache bringen, dass sie miteinander in der Sichtweise korrespondieren, die Nachwuchssozialisation nicht in den Kategorien von Zumutung und Krise zu deuten.

6.3 Erosionsprozesse im Bereich der Familie – Das Beispiel der gleichgeschlechtlichen Inseminationsfamilie

Abschließend müssen wir noch auf Befunde zu sprechen kommen, die bisher noch in keine zusammenfassende Interpretation eingegangen sind. Es handelt sich hierbei um Ergebnisse, die zwar aus den Fallanalysen stammen, aber im Kontext von disziplinübergreifenden Forschungen zur Familie allgemein betrachtet, nicht nur auf für diese Fälle reservierte Besonderheiten verweisen. Allerdings handelt es sich bei der gleichgeschlechtlichen Inseminationsfamilie um einen Fall von Familie, in dem einzelne Befunde, die eine Zeitdiagnose der Familie beinhalten, besonders gut zur Geltung kommen. Im Folgenden kann und soll es aber nicht darum gehen, alle diese Befunde zur Familie der Gegenwart aufzulisten, die darauf verweisen – das haben verschiedene, nicht nur soziologische Forschungen zur Familie gezeigt – wie schwer es Familien heute fällt, Familie als Ort diffuser Sozialbeziehungen zu leben und Sozialisation unter der Bedingung einer Kontinuität der exklusiven Elterndyade zu vollziehen, was Autoren wie Olaf Behrend, Sascha Liebermann und Hendrik Muijsson auch zur Zeitdiagnose veranlasst hat, dass „Familie als autonome Praxis […] derzeit […] kaltgestellt" ist (Behrend 2020: 31) bzw. es „Anzeichen dafür [gibt], dass das Verständnis für die Eigensinnigkeit familialer Beziehungen erodiert ist" (Liebermann/Muijsson 2020: 62). Sondern ich werde mich im Folgenden *erstens* auf die Befunde beschränken, die die gleichgeschlechtliche Inseminationsfamilie, so wie sie in Gestalt der drei Fälle in die Analysen eingegangen ist, charakterisieren und *zweitens* eine begründete Antwort darauf geben – die den Status einer riskanten Hypothese hat –, warum gerade in dieser unkonventionellen Familienform in besonders exponierter Weise tektonische Verschiebungen im Bereich der Familie zutage treten. Dieses Vorgehen stellt den Versuch dar, Auflösungserscheinungen von Familie als Zusammenhang diffuser Sozialbeziehungen nicht ausschließlich als Folge gesellschaftlicher Rahmenbedingungen zu erklären, sondern die Quellen für die Schwierigkeit, Strukturbesonderheiten von Familie ins Werk zu setzen, in den Entstehungsbedingungen dieser Familienform selbst auszumachen. Ich komme zum ersten Punkt:

Im Vollzug der Fallanalysen hat sich als Befund immer wieder aufgedrängt, dass in allen drei Fällen zu beobachten war a) eine starke Kindzentrierung, b) eine Darstellung von Familie in Ausdrucksformen von Planung und Organisation und c) eine Praxis des Sprechens, die infiltriert ist mit Bedeutungen, die als unangemessen für sozialisatorische Interaktionen im Kontext von Familie gelten, da sie auf Sachdimensionales verweisen. Dazu einige kurze Erläuterungen. *Die Zentralstellung des Kindes:* Das Kind, so haben die Fälle deutlich gemacht, ist der zentrale Planungsadressat beider Mütter, der biologischen und der sozialen. Dass das Kind im Mittelpunkt steht, das Epizentrum der Familie bildet, und dass alle Strukturierungen auf das Kind hin bezogen erfolgen, wird, wie ich zeigen konnte, in verschiedensten Datenprotokollen (siehe u. a. das Protokoll der Sitzordnungen, der Raumgestaltung, des Klingelschildes) offensichtlich. Da die nicht-leibliche Mutter nicht wie die leibliche auf die gleiche Weise mit dem Kind abgestützt über einen gemeinsamen biologischen Unterbau eine Beziehung aufbauen kann, versucht sie diesen Mangel zu kompensieren. Die Folge ist die Aufspaltung der Mutter-Kind-Dyade, die leibliche Mutter rückt an die Peripherie (vgl. 2. Fall), das Muster der Überkreuzungsfamilie (1. Fall) oder die Neutralisierung des Vaters bzw. die Aufspaltung der Reproduktionstriade, um die nicht-leiblichen Elternteile zu integrieren (3. Fall). In jedem dieser Fälle begünstigt die Konstellation leiblich unverbundener Elternschaft ein Modell elterlicher Sorge, in der es vordergründig um das Kind und nicht um die Einheit des Paares geht. *Familie in Begriffen von Planung und Organisation:* In allen drei Fällen finden wir Ausdrucksweisen, die Familie in diesen Begriffen darstellen. Ganz typisch sind Formulierungen, die auf Momente der praktischen Durchführung verweisen und darauf, wer was wann wie erledigt. Olaf Behrend hat gezeigt, dass diese Beobachtung, dass unmittelbare Erfahrungen und Erlebnisse, in denen Diffuses und Lebendiges von Familienleben ausgedrückt wird, aus den Erzählungen verschwindet (Behrend 2020). Besonders „zugespitzt und ausdrucksstark" zeige sich dieser Befund in Familien der „neue(n) Mittelschichtkultur" (Behrend 2020, Fn. 29), in exponierter Weise insbesondere in der Regenbogenfamilie. Des Weiteren drückt sich in den Interviews auf der Ebene der Sprache ein *versachlichter Umgang mit den beiden Sozialbeziehungen,* der Eltern-Kind-Beziehung und der Paarbeziehung, aus. Sie werden, wie auch die Sozialisationspraxis selbst, behandelt wie ein kalter Gegenstand. In den mikrologischen Interpretationen war auch die Verwendung einer abstrakten Sprechweise auffällig, ein abstraktes Reden über den anderen, was ich als *Pronominalisierung* bezeichnet habe. Es werden statt Eigennamen (z. B. Vornamen) oder Gattungsnamen (z. B. „meine Partnerin/Ehefrau") Pronomen (z. B. „sie") für die Person verwendet, über die gesprochen wird, gleichwohl sie anwesend ist. So traten in allen Fallrekonstruktionen neutrale und distanzierende Darstellungsweisen zutage, die auf eine Form von Sozialität verweisen, die für spezifische, aber nicht für diffuse Sozialbeziehungen gelten.

Warum tritt eine empirische Realität, die auf Erosionsprozesse im Bereich der Familie verweist, in der gleichgeschlechtlichen Inseminationsfamilie besonders ausdrucksstark zutage? Warum haben wir es hier mit einem Fall von Familie zu tun, in dem in den Merkmalen wie Kindzentrierung, Planung und Organisation, Sachbezogenheit und Pronominalisierung sich der allgemeine Befund, dass es Familien heute schwerfällt, das Besondere und Eigentümliche dieser Beziehungsform zu gestalten, besonders stark abzeichnet? Ich vermute, dass die Quelle dieser Auflösungserscheinungen – in der gleichgeschlechtlichen Inseminationsfamilie in Gestalt der genannten Merkmale – in den Strukturbedingungen dieser Familienform selbst auszumachen ist. Bestimmte Besonderheiten, die charakteristisch sind für diesen Fall von Familie, lassen an ihr einen gesellschaftlichen Kontext, der von der gegenwärtigen soziologischen Diagnoselandschaft mit „Ökonomisierung des sozialen Lebens" (Streeck 2009: 29), warenförmige Vergesellschaftung (Illouz 2003), „totale Verdinglichung von Erfahrung bzw. Individuierung" (Zehentreiter 2019: 11), „Fixierung auf Erwerbsarbeit" (vgl. Behrend 2013: 126, Fn. 3), „Individualisierung der Lebensführung" (vgl. Zehentreiter 2019: 139) beschrieben ist, besonders wirksam werden. Im Folgenden werde ich vier Strukturbesonderheiten dieser Familienform nennen, die das Material bzw. den Stoff darstellen, der zeitgeistverankerte Orientierungen gut in der Lage ist aufzunehmen. Die Folge ist eine soziale Praxis, die Familie nicht mehr als einen Vergemeinschaftungszusammenhang von zwei miteinander verschränkten diffusen Fundamentalbeziehungen repräsentiert, in dem Menschen als ganze Personen eingebunden sind.

Elternschaft auf der Grundlage asymmetrischer Ausgangsbedingungen: Aus der biologischen Unverbundenheit der sozialen Mutter mit dem Kind resultiert ein rationales Handlungsmotiv, das im Kern von der Intention bestimmt ist, über eine Beziehungsarbeit mit dem Kind auf dem Wege der Kompensation diesen Mangel zu beheben. Auf sprachlicher Ebene mündet diese Antriebsbasis in eine empirische Darstellungsweise, durch die das Kind nicht als Individuum vergegenwärtigt wird, sondern als ein Gegenstand der Sozialisation. Sind die Liebespartner einer Erwachsendyade nicht durch eine biologische Elternschaft miteinander verbunden, dann erzwingt das Merkmal der Nicht-Synthese eine Praxis des Sprechens, in der Familie – ganz unabhängig vom subjektiven Willen der Redenden – sich nicht immer ungebrochen und eindeutig als diffuse Sozialbeziehung realisiert. Daraus kann aber nicht abgeleitet werden, dass der Alltag in diesen Familien nicht auch nach der Logik diffuser Beziehungen strukturiert ist. Aber in der Narration setzt sich ein sprachliches Ausdruckshandeln durch, in dem sich die Folgen niederschlagen, praktisch, im Familienentwurf, nicht für eine Nachwuchssozialisation im Gehäuse der Kernfamilie zu sorgen. Ausdrucksweisen, die auf eine Nähe-Distanz-Regelung

6.3 Erosionsprozesse im Bereich der Familie – Das Beispiel der ...

in rollenspezifischen Beziehungen verweisen, gehen in den Kontext der Interaktion zwischen ganzen Personen ein.

Heterosexualität: Aufgrund fehlender Heterosexualität kann nicht aus der Liebe des Paares ein Kind wie selbstverständlich entstehen. Noch viel weniger als in heterosexuellen Paarbeziehungen ist hier ein Kind ein selbstverständlicher Normalfall, sondern etwas, das einer Planung unterliegt. Momente der Planung und Organisation, die wir heute verstärkt im Alltag von Familien generell beobachten können (vgl. Behrend 2020), sind in diesem Familientyp hineinverlängert in den Prozess, ein Kind entstehen lassen. Bereits in den Bereich des Vorfamilialen fallen Strategien und Praktiken rationalen Handelns. Denn ein Kind ist hier ein Produkt, das von den Beteiligten, bei denen wir gesehen haben, wie unterschiedlich stark ein Kinderwunsch ausgeprägt sein kann, realisiert wird.

Egozentrischer Kinderwunsch – Ausstattung des Selbst: Für alle drei Fälle ist ein egozentrischer, an dem Ich-Bedürfnis der einzelnen Frau ausgerichteter Kinderwunsch typisch, den sich jede der beiden Frauen in der Paarbeziehung erfüllt (1. Fall) oder der mitgetragen wird von der jeweiligen Partnerin der Frau mit Kinderwunsch (2./3. Fall). In jedem Fall aber ist der Kinderwunsch nicht aus der Paarbeziehung heraus entstanden, sondern konstituiert als ein Individualinteresse. Er entspringt der Angleichung an ein Idealitätsmuster, das beinhaltet: zum Individualisierungsprojekt gehört auch dazu, neben der Integration ins Erwerbsleben, das Eingehen einer Mutterschaft.[5] Das Kind wird instrumentalisiert für einen Biografieentwurf, der mitbestimmt ist von der Loyalität gegenüber dem gesellschaftlich anerkannten Muster, als Frau auch Mutter zu werden.

Das Kinderkriegen eine instrumentell-strategische Angelegenheit: Durch die Realisierung des Kinderwunsches mithilfe von Technik bzw. unter Einsatz von Hilfsmitteln tritt der verdinglichte Charakter des Prozesses, ein Kind entstehen zu lassen, zutage. Dass das Kinderkriegen eine instrumentell-strategische Angelegenheit ist, eine technische Prozedur, die die Beteiligten in unterschiedlichem Maße, insbesondere aber in der Regel den Samenspender, auf einen Leistungsbringer in einer zu verrichtenden Sache reduziert, drückt sich insbesondere im konsumatorischen Akt des Einkaufs einer Samenspende aus oder bei der Wahl des Samenspenders, die nicht frei von kalkulatorischen Erwägungen erfolgt. Die

---

[5]Zum Deutungsmuster Mutterschaft im Überblick Speck 2016: 26–46.

technische Erzeugung über den Weg der Insemination und die Selbst-Subsumtion der Frauen unter ein Modell von Lebensführung zu dem qua Ausstattung dazugehört, als Frau auch Mutter zu werden, macht das Kind zu einem warenhaften Ausstattungsobjekt.

Alle diese Punkte zusammengenommen: Elternschaft auf der Basis ungleich verteilter biologischer Abstammungsbeziehungen zu gestalten, ein Kind über marktgerichtetes Handeln zu zeugen und Mutterschaft als eine Form der Selbstverwirklichung und der biografischen Eigenanstrengung zu betreiben, macht die gleichgeschlechtliche Inseminationsfamilie zu einem Fall von Familie, bei dem besonders exponiert zutage tritt, wie Familie als diffuser Sozialzusammenhang droht in ein „Aggregat von Individualinteressen" (Liebermann/ Muljsson 2020: 39) zu zerfallen und es die Werte schwer haben sich durchzusetzen, die Familie als einen Vergemeinschaftungszusammenhang strukturieren. Das schlägt sich in den Interviews in einer Praxis des Redens nieder, bei der auffällt, das Diffuses (wie Primärsozialisation und Eltern-Kind- und Paarbeziehung) über versachlichte Ausdrucksweisen und Pronominalisierungen dargestellt wird. Die gleichgeschlechtliche Inseminationsfamilie stellt als Familie hier aber keine Ausnahme dar. In vielen anderen Familien der Mittelschichtkultur (vgl. Behrend 2020) deuten verschiedene Befunde auf tektonische Verschiebungen im Bereich der Familie hin. In der gleichgeschlechtlichen Inseminationsfamilie treten nun aber Erosionsprozesse als Ausdruck einer empirischen Realität von Familie besonders gut zutage. Denn sie ist durch Strukturbesonderheiten bestimmt, an der gesellschaftliche Entwicklungen, die in Termini wie „Verdinglichung", „Individualisierung", „Verbetriebswirtschaftlichung der Lebenswelt", „durchökonomisierte Moderne" beschrieben sind, sich gut anheften und in sie einsickern können. So haben wir es hier mit einem Fall von Familie zu tun, in dem Auflösungserscheinungen im Kernbereich von Privatheit ausdrucksstark zur Geltung kommen und sich abzeichnet, wie schwer es heute Familien fällt, elementare Sozialisationsbedingungen ins Werk zu setzen – Familie zu einer riskanten Angelegenheit wird (vgl. auch Funcke/Bachmann 2019).

6.4 Familie als Gegenstand der Soziologie

Im Folgenden sollen abschließend die Fragen beantwortet werden. *Erstens:* Welche allgemeinen Schlüsse können aus dem Beispiel der gleichgeschlechtlichen Inseminationsfamilie, die eine Variante einer unkonventionellen Familienform repräsentiert, im Hinblick auf die soziale Wirklichkeit von alternativen Familien gezogen werden? *Zweitens:* Welche familientheoretischen Reflexionen

6.4 Familie als Gegenstand der Soziologie

lassen sich daraus ableiten? *Drittens:* Wie ist Familie soziologisch zu untersuchen bzw. welchen Perspektiven hat eine Soziologie der Familie zukünftig Rechnung zu tragen? Ich beginne mit der ersten Frage.

Gegenstand des Projektes war eine unkonventionelle Familie, die im Vergleich zu anderen alternativen Familienformen in gesteigertem Maße vom institutionellen Muster der Elternschaft, vom „Normalmodell der Moderne", wie Tyrell (1979: 21) es ausdrückt, abweicht. Denn die Zeugung eines Kindes entsteht aufgrund von Homosexualität nicht aus der erotischen Kommunikation eines Paares und an die Stelle des Vaters tritt eine zweite Frau; ein homosexuelles Frauenpaar übernimmt Elternschaft. Diese „neue" Familienform, die auf radikalere Weise Nonkonformität zur Kernfamilie demonstriert als z. B. die Adoptiv-, Pflege- oder Stieffamilie, regte die Forschungsfrage an: Haben wir es hier möglicherweise mit einer Entwicklung im Bereich des sozialen Wandels von Familie zu tun, die darauf verweist, dass im Zusammenleben von Eltern und Kindern die Regelstruktur der Kernfamilie ihre bedeutungsstrukturierende Kraft eingebüßt hat? Die Befunde stimmen skeptisch. Die mikrologischen Fallanalysen haben gezeigt, dass die operative Entledigung der Institution der Vaterschaft weder eine Banalität ist, noch eine Choreografie zur Folge hat, die Ausdruck der Realisierung neuer Möglichkeiten ist.

Die empirische Realität dieser Familien ist eine soziale Wirklichkeit, die den Beteiligten, da vom Modell der Kernfamilie abgewichen wird, Bewältigungsleistungen abfordert. Es kommt infolge der unkonventionellen Familiengründung im Binnenbereich zu einer Komplexitätssteigerung. Diese drückt sich darin aus, dass zusätzlich zu dem allgemeinen Funktionsbezug, für die Sozialisation des Nachwuchses zu sorgen, und den zentralen elementaren Aufgaben, ein Zusammenleben unter hoher Leibbezogenheit, Unkündbarkeit und mit Bezug auf zentrale Solidaritätsformen zu gestalten, die Frauen in diesem Familientyp durch die Entscheidung für eine Samenspende gezwungen sind, sich mit all den Fragen rund um den Themenkomplex des abwesenden Vaters bzw. des zusätzlichen Dritten auseinanderzusetzen und sich ins Verhältnis zu der ungleich verteilten Ressource der blutsverwandtschaftlichen Abstammung zu setzen. Die Lösungen, die die Frauen für diese aus der Abweichung der Kernfamilie resultierenden Aufgaben wählen, zeigen, dass eine Re-traditionalisierung erfolgt. Auf die Folgen des nonkonformen Verhaltens wird mit einem starken Willen zur Konvention reagiert. Dieser drückt sich darin aus, dass z. B. orientiert an der blutsverwandtschaftlichen Kernfamilie Abstammung konstruiert wird, triangulatorische Prozesse nach dem Modell der Kernfamilie über Grenzziehungen nach innen gestaltet werden und Verwandtschaft nach dem Konzept der Bilateralität erzeugt wird. Gestaltungszwänge, die sich im praktischen Zusammenleben darin ausdrücken, dass zu klären ist, wer das Kind erziehen soll, welcher Platz dem Samenspender zugewiesen werden soll, wie Fragen von Zugehörigkeit und Angehörigkeit beantwortet werden sollen, zeigen, dass diese im Anschluss an alte Muster bewältigt werden. Die Reaktionsweisen auf die Folgen der Abweichung demonstrieren keine Alternative zum Modell der Kernfamilie. Im Gegenteil. In einer Zeit mit rückläufigen Kinderzahlen, aufgeschobener Mutterschaft aufgrund von Berufstätigkeit, einem Verzicht auf Kinder aus Karrieregründen und hohen Trennungs- und Scheidungsraten sind gerade diese Fälle von Familie Ausdruck einer emphatischen Verteidigung des Lebensmodells der blutsverwandtschaftlichen Kernfamilie.

Die Kehrseite dieses Prozesses, alles Neue im Zuge der unkonventionellen Familiengründung nach dem Vorbild der Kernfamilie zu reintegrieren, ist die Tendenz einer Normalisierung. Typisch für diese Fälle der gleichgeschlechtlichen Inseminationsfamilie ist, dass Andersartigkeit so wenig wie möglich reflexiv verfügbar gemacht wird. Die Diskrepanz zwischen der kulturellen Norm der Kernfamilie und ihrer Familienform darf nicht aufkommen. Christa Hoffmann-Riem (1984) hat in ihrer Studie über Adoptionsfamilien dafür den Begriff des „geschlossenen Bewusstheitskontextes" erfunden. Im Vergleich zu alternativen Familienformen wie die der Adoptions-, der Pflege- oder Stieffamilie ist die gleichgeschlechtliche Familie aber jüngeren Datums. Während sich in diesen Familienformen Entnormalisierungen nachweisen lassen, die für die Adoptivfamilie von Hoffmann-Riem im Konzept der „doppelten Elternschaft" (1984) und für die Pflegefamilie von Gehres und Hildenbrand im Konzept der „Familie eigener Art" (2008) zusammengefasst sind, tendieren gleichgeschlechtliche Inseminationsfamilien dazu, durch Normalisierungsanstrengungen Andersartigkeit in Ähnlichkeiten aufzulösen. Die Folge ist, sich die Asymmetrie, die aufgrund ungleicher Abstammungsverhältnisse besteht, und die damit verbundenen Folgen, nicht ins Bewusstsein zu rufen; sich nicht mit der Problematik des Nichtwissens bei unbekannter Elternschaft auseinanderzusetzen, also das Krisenhafte der Samenspende anzuerkennen; und sich nicht klar zu machen, dass dem Nachwuchs die Aufgabe auferlegt wird, Fragen der Identitätsbildung unter der Bedingung der genealogischen Zugehörigkeit zu einem unbekannten Elternteil oder einem außerhalb der Triade mit zwei Müttern lebenden, bekannten Elternteil bewältigen zu müssen. Es ist nicht so, dass diese Familien um diese problematischen Besonderheiten ihrer Familienform nicht wissen. Aber zum Abarbeiten an der kulturellen Norm der Kernfamilie, am immer schon Vorgegebenen, das unabhängig von den Personen die Auseinandersetzung mit den Folgen der Abweichung bestimmt – wie das auch für andere alternative Familienformen gilt – kommt noch hinzu, Situationsdefinitionen auszuweichen, abzuwehren oder zu unterdrücken, die eine Konformitätsherstellung erschweren. Es ist zu vermuten,

6.4 Familie als Gegenstand der Soziologie

dass in dieser Familienform im Vergleich zur Adoption-, Stief- und Pflegefamilie der zu überwindende Widerstand, um die Abweichung von der kulturellen Norm und den damit verknüpften Folgen reflexiv verfügbar zu machen, größer ist. Denn in der Anstrengung nachzulassen, über Normalisierungsprozesse Konformität zu behaupten, führt zunehmend an die mit den spezifischen Themenkomplexen dieses Falls von Familie verbundene Diskussion um die ethische Vertretbarkeit dieser Familienform heran. Entnormalisierungsprozesse und die damit verbundene Offenheit für die kommunikative Erarbeitung von Andersartigkeit werden es aus diesem Grunde in diesem Fall von Familie schwer haben.

Wie die Entwicklung dieser alternativen Familienform auch im Vergleich zu anderen ähnlichen gleichgeschlechtlichen Familien verläuft, bleibt für weitere Studien offen zu untersuchen. Festgehalten werden kann aber, dass neue Erkenntnisse nicht über Forschungsansätze zu haben sind, die nicht in der Lage sind, über die Subjektperspektive hinauszukommen und im Anschluss an das persönliche Meinen und Deuten der Forschungssubjekte Konformitätsbehauptungen über ein paraphrasierendes Beschreiben bloß duplizieren. Gerade auch die Arbeit mit diesem Fall von Familie hat gezeigt, dass es für den Prozess der Erkenntnisgewinnung ratsam ist, in der Analyse unterscheiden zu können, (a) zwischen der operativen Wirksamkeit einer Institution mit den darin eingelassenen kulturellen Normen, (b) der Ebene subjektiver Sinnbildungsprozesse (Meinungen und Intentionen), (c) praktischem Handeln (Ausgleichshandlungen) und (d) objektiven Bedeutungen des Handelns, die unter der Berücksichtigung verschiedener Kontexte als eine eigene empirische Wirklichkeit zu erschließen sind. Auf diese hier angedeuteten methodischen Konsequenzen, wie der Gegenstand Familie soziologisch untersucht werden kann, ist noch weiter einzugehen. Doch zuvor soll es um allgemeine familientheoretische Reflexionen gehen, die im Anschluss an die vorliegenden Fallanalysen ihren Ausgangspunkt bei der Frage nehmen, mit welchem theoretischen Zugriff eine Familienanalyse anzugehen ist.

Die Fallinterpretationen haben gezeigt, dass, wer heute Familienhandeln untersuchen will, auch in Familienkonstellationen, die vom äußeren Erscheinungsbild her nicht mit der Kernfamilie übereinstimmen, gut beraten ist, den Begriff der Kernfamilie als Leitkategorie einer theoriegeleiteten Familiensoziologie zu nutzen. Theoriegeschichtlich haben wir es hier mit einem alten Begriff zu tun, der im Zuge der historischen Entwicklung der Kleinfamilie als eine aus dem Verwandtschaftszusammenhang sich ausdifferenzierenden Gruppe entstanden ist. Er beschreibt die Organisation des Zusammenlebens einer kleinen Gruppe von Menschen, die durch Allianz und Deszendenz verbunden sind und in einem sozialen Raum von Intimität und häuslicher Privatheit unter Einhaltung des Inzesttabus entlang der Achsen Geschlecht und Generation für das Aufwachsen von Kindern sorgen. Verwandtschaft wird in diesem theoretischen Bezugsrahmen erfasst als über die Kernfamilie hinausgehende bilaterale, also über beide leibliche Elternteile geregelte und davon abgeleitete Zugehörigkeit. Das Beispiel der gleichgeschlechtlichen Inseminationsfamilie hat gezeigt, dass in einer Zeit der Pluralisierung von Familienformen dieser Begriff keinesfalls ausgedient hat. Wird ein Kind geboren, dann wird der Ort des Aufwachsens in Orientierung an der Landkarte der Kernfamilie strukturiert, ganz gleich, welches Geschlecht die erziehenden Eltern haben, ob ein Kind z. B. bei einem homosexuellen Frauenpaar aufwächst, und ganz gleich, ob ein Kind aus einer sexualisierten Zeugung entstanden ist. Interaktionsstrukturierend wirkt unabhängig von der Präsenz leiblicher Eltern die Regelstruktur der Kernfamilie, auch dann, wenn dieses Modell faktisch im Familienbildungsprozess geleugnet und für die soziale Praxis als bedeutungslos erklärt wird.

Die neuere Familiensoziologie hat insbesondere im Anschluss an Sigmund Freud und Talcott Parsons mit dem von Ulrich Oevermann entwickeltem Strukturmodell der ödipalen Triade ein analytisches Konzept vorgelegt, das Familie als Struktur sozialisatorischer Interaktion beschreibt. In späteren Ausarbeitungen hat Oevermann dieses Modell ergänzt um das Konzept der Heptade, mit dem er der Bedeutung der Sozialisation der Eltern im Zusammenhang mit der Bildung einer eigenen Familie Rechnung trägt. Empirisch eingelöst finden wir diese erweiterte Perspektive, die Familie als Interaktions- *und* Generationszusammenhang erfasst, insbesondere in den familiensoziologischen Arbeiten von Oevermann, Allert und Hildenbrand und den dann nachfolgenden Generationen von Soziologen, die diese Familientheorie in ihre eigenen Forschungen aufgenommen haben (vgl. beispielhaft u. a. Loer, Maiwald, Liebermann, Funcke, Peter). Blicken wir auf die Geschichte familientheoretischer Entwicklungen seit der „Stufe des systematischen Aufbaus von Theorien (1950 bis heute)" (Hill 1970: 69), dann kann man im Bereich der qualitativ-hermeneutischen Familienforschung einen Bestand an soziologischen Arbeiten konstatieren, die im Anschluss an grundlagentheoretische Entwicklungen mit dem analytischen Konzept der Kernfamilie als kultureller Norm und als Sozialisationsinstanz arbeiten (u. a. Funcke 2007a; Funcke/Hildenbrand 2009; Peter 2006). Familiensoziologie heute geht weder in einer historischen Betrachtungsweise auf, erschöpft sich nicht in „Kultur- und Sozialgeschichte der Familie" (König 1974: 11), noch schließt sie ohne eine Weiterentwicklung an die in den 60er und 70er Jahren noch dominante Gruppentheorie der Familie an, die mit den heute zum Teil weitestgehend vergessenen Namen von Burgess, Murdock, Classens und Neidhardt verbunden ist – davon ausgenommen René König, der den Begriff von der „Familie als Gruppe besonderer Art" (1974: 11) geprägt hat, auch in seinen familiensoziologischen Arbeiten immer schon sowohl in mikro- und

6.4 Familie als Gegenstand der Soziologie

makrosoziologischen Zusammenhängen gedacht hat, ebenso für einen Anschluss der Familiensoziologie an die allgemeine Soziologie plädiert hat und, dabei aktuelle Entwicklungen von heute vorwegnehmend, auch wegweisend war mit seinem Ansatz, Familie „als Kommunikationssystem weiter [zu] verfolgen" (ebd.). Das Neue im strukturtheoretischen Ansatz, so wie er von Ulrich Oevermann entwickelt wurde, besteht darin, Theoriebausteine der älteren Familiensoziologie aufgreifend, die Strukturmerkmale von Familie als System sozialisatorischer Interaktion zu beschreiben, auch basierend auf mikrologischen Einzelfallbestimmungen (vgl. Oevermann 1988, 1990, 1997). Schon Neidhardt als ein Vertreter der zitierten älteren Familiensoziologie bindet Sozialisation zurück an strukturbedingte Muster familialer Interaktion und benennt „strukturelle Eigenarten der Familie" (Neidhardt 1970: 162)[6]. Das Besondere aber nun im Ansatz von Ulrich Oevermann ist sein Strukturmodell der Triade. Es lässt nicht nur den Kategorienfehler der Rollentheorie als Überbleibsel der älteren Familiensoziologie hinter sich. Sondern es führt hinein in das Kraftzentrum der sozialisatorischen Interaktionsdynamik; beschrieben als widersprüchliche Einheit von zwei miteinander verkoppelten Fundamentalbeziehungen: der erwachsenen Paarbeziehung und der Eltern-Kind-Beziehung. Das sind die beiden im Familienverband auftretenden Zuwendungsformen, die für hohe Komplexität und das dynamische Potenzial im Familienhandeln sorgen. Des Weiteren ist dieser familientheoretische Ansatz eng verknüpft mit der Entstehung der Objektiven Hermeneutik, die Oevermann in den 70er Jahren am Gegenstand der Familie als Sozialisationsinstanz begonnen hat zu entwickeln.

---

[6]„Diese lassen sich folgendermaßen bezeichnen: 1. Die Familie, verstanden als die Gruppierung von Eltern und deren unselbstständigen Kindern (Kernfamilie) […], 2. Mit den Geschlechts- und Abstammungsbeziehungen greifen ‚biologische Substrukturen' in das familiale Geschehen; sie begründen Möglichkeiten spezifischen sozialen Zusammenhalts und stützen eine wesentlich nach zugeschriebenen Kriterien von Alter (Generation) und Geschlecht bestimmte Rollendifferenzierung. 3. Die Familie besitzt gegenüber ihrer Umwelt eine relativ scharf markierte Gruppengrenze, was durch die Unübertragbarkeit ihrer spezifischen Mitgliedernamen (Vater, Mutter, Bruder etc.) symbolisiert und durch ihre Organisation als exklusive Haushaltsgruppe (Kleinfamilie) auch räumlich gesichert ist. 4. Kleinheit und Haushaltsbindung bewirken, dass die familiale Gruppe relativ totalitär ist; sie erfaßt alle wesentlichen Aspekte des Lebens ihrer Mitglieder in relativ starkem Maße. 5. Die innerfamiliale Rollendifferenzierung ist in der vertikalen Dimension durch ein enormes Machtgefälle zugunsten der älteren Generation geprägt. – Diese Strukturmerkmale der Familie konstituieren ein spezifisch familiales Interaktionsmilieu mit sozialen Beziehungen, die relativ intensiv, partikularistisch, diffus, affektiv und hierarchisch sind." (Neidhardt 1979: 162 f.; Kursivhervorhebung im Original).

Fassen wir zusammen: Das aufregend Neue ist die Herausbildung einer Familientheorie, die *erstens* in der Lage ist, in ihren empirischen Analysen zwischen „Strukturmodell und empirischer Erscheinungsform von Familie" (Allert 1998: 2) zu unterscheiden, also zu differenzieren zwischen historisch unterschiedlichen Familienformen und einer triadischen Interaktionsstruktur, die das Familienhandeln bestimmt. *Zweitens:* Die Analyse makrosoziologischer Probleme institutioneller Veränderungen sind unter Berücksichtigung der Eigenlogik von Familie zu erschließen. Die Tendenz soziologischer Erklärungsansätze, das Eigensinnige von Familienstrukturen theoretisch nicht zu berücksichtigen, führt dazu, dass Widerstandskräfte – Schelsky (1953: 63) spricht von der „Elastizität" der Familie –, mit dem dieses soziale System gesellschaftlichen Veränderungen versucht standzuhalten, nicht erkannt werden, auch dann, wenn empirische Ergebnisse zunehmend skeptisch stimmen, was die Resilienz von Familien betrifft (vgl. Winkler 2012). *Drittens* enthält dieser familientheoretische Ansatz mit dem Konzept von der Heptade die Möglichkeit, mit dem Fokus auf die Drei-Generationen-Perspektive sozialisatorische Fragestellungen unter Einbeziehung von Familienentwicklungen zu rekonstruieren, also der „historischen Geschichtetheit von Familienbeziehungen" (Allert 1998: 3) Rechnung zu tragen. Und *viertens* geht es um eine Erkenntnisgewinnung über den Gegenstand Familie unter Einbezug verschiedener Kontextebenen, die in der Familienanalyse zu berücksichtigen sind. Darauf wird noch weiter einzugehen sein.

Doch zurück zu den empirischen Befunden, die keineswegs als gerechtfertigt erscheinen lassen, Familie als eine Aggregation von Einzeldyaden zu erfassen, mit z. B. der Mutter-Kind-Beziehung als Zentralinstanz oder als System unverschränkter, voneinander entkoppelter Beziehungen. Eine derartige Perspektive, die Familie unter dem Aspekt der Zusammensetzung begreift, verharmlost die Sozialisationsprobleme von Kindern, die ihre Eltern oder Elternteile aufgrund von Trennung/Scheidung, Desertion, Tod oder anderen Verlustgründen entbehren. Studien zur Situation von Heimkindern (Gehres 2013), Scheidungskindern (Marquardt 2007), Adoptivkindern (Sauer 2018), Besatzungskindern (Stelzl-Marx; Satjukow 2015) und Spendersamenkindern (Funcke 2009b, 2012) zeigen, dass die Abwesenheit leiblicher Eltern bzw. -teile in jedem Falle ein Thema ist, das zur Auseinandersetzung zwingt, auch wenn infolge unterschiedlicher Bedingungen der Einfluss auf individuelle Entwicklungsprozesse verschieden ist. Dass aber nicht nur die Auflösung oder das Fehlen der leiblich begründeten Eltern-Kind-Beziehung krisenhaft ist, sondern auch die Trennung des Elternpaares bzw. Scheidung nicht als Normalfall im Familienzyklus wegrationalisiert werden kann, verdeutlicht insbesondere die schwierige Situation von Alleinerziehenden. Über den Verlauf von Sozialisationsprozessen von Kindern,

6.4 Familie als Gegenstand der Soziologie

die in gleichgeschlechtlichen Familien, wie in solchen, die – wie in dieser Studie verhandelt – im Rahmen von weiblicher Homosexualität und gezeugt mit einer Fremdsamenspende aufwachsen, wissen wir relativ wenig, einmal abgesehen von Forschungen, die von ihrem Ansatz her entweder nicht in der Lage sind, die Subjektperspektive der Akteure, die sie untersuchen, hinter sich zu lassen oder mit einem Schwergewicht im Bereich der quantitativen Erhebungsverfahren Erkenntnisse generieren. Rar sind Forschungen in dem Forschungsfeld der gleichgeschlechtlichen Familie, die es mit der Abstraktheit einer objektiven Wirklichkeit im Sinne der dritten Ordnung in Poppers 3-Welten-Lehre aufzunehmen vermögen und objektive Bedeutungswelten rekonstruieren. Der fallrekonstruktive Forschungsansatz, der Sequenzanalysen nach der Methode der Objektiven Hermeneutik vorsieht, stellt hier eine Ausnahme dar. Mit diesem Zugriff auf den Untersuchungsgegenstand Familie in der Ausdrucksgestalt der gleichgeschlechtlichen Inseminationsfamilie, sind empirische Befunde zutage getreten, die nicht nur die Wirksamkeit der kulturellen Norm der Kernfamilie belegen, sondern überdies darauf verweisen, die beiden Fundamentalbeziehungen der Familie als eine Einheit zu begreifen. Folgende Ergebnisse, die insbesondere über Detailanalysen gewonnen werden konnten, lassen Letzteres plausibel erscheinen. Wird eine sozialisatorische Interaktionsstruktur ins Werk gesetzt, die nicht auf der bio-sozialen Einheit basiert, dann schlägt sich diese Unverbundenheit nicht nur in Ausgleichsstrategien nieder, sondern auch in einer Praxis des Sprechens. In diese gehen Ausdrucksweisen ein, die von ihrer Bedeutung her auf eine Form von Sozialität verweisen, die für spezifische aber nicht für diffuse Sozialbeziehungen konstitutiv ist. Es tritt, um es im Sinne des Sprechakttheoretikers Searle zu sagen, „Intentionalität" (nicht zu verwechseln mit Intention) zutage, die mit der Logik von Beziehungen, die den ganzen Menschen einschließt, im Widerspruch steht.[7] Die Fallanalysen haben nahe gelegt, den sich im Sprechen manifestierenden Verdinglichungscharakter als Folge einer Struktureigenschaft dieser Familienform zu deuten. Basiert die Gestaltung der Eltern-Kind-Beziehung nicht auf einer Symmetrie der Paarbeziehung, die durch Deszendenz, einer sexualisierten Zeugung, entsteht, dann resultiert daraus erzwungenermaßen aufgrund der Geltung der Norm der Kernfamilie eine Intentionalität, die darauf gerichtet ist, diesen Zustand zu überwinden. Der Kontext führt entgegen von Neigungen, Wünschen und Absichten, Wechselbeziehung nach dem Modell diffuser Sozialbeziehungen zu

---

[7] „Intentionalität ist diejenige Eigenschaft vieler geistiger Zustände und Ereignisse, durch die sie auf Gegenstände oder Sachverhalte in der Welt gerichtet sind oder von ihnen handeln." (Searle 1991: 60)

gestalten, zu einem elterlichen Handeln, das zweckrationalen Kriterien folgt. Es geht mir nicht darum, das ist hier wichtig zu betonen, um Missverständnissen vorzubeugen, diese Familienform zu kritisieren oder zu bewerten. Sondern es ist wichtig zu betonen, und das zeigen eben auch die Fälle dieser Familienform, dass es eine hinter den Intentionen und den persönlichen Wünschen operierende Kraft einer Struktur gibt, die theoretisch im Strukturmodell der ödipalen Triade beschrieben ist.

Des Weiteren ist an den Fällen deutlich geworden, wie problematisch und folgenreich es ist, wenn aus der erotischen Kommunikation kein Kind entsteht. Es werden dann Alternativen erwogen (auch Trennungen vollzogen)[8], auch Kosten und unkonventionelle Wege nicht gescheut, um eine Familie zu gründen. Familientheorien, die nun an der Mutter-Kind-Beziehung ansetzen oder eine auf das Kind zentrierte familientheoretische Perspektive einnehmen, übersehen, wie bedeutsam Vorfamiliales ist, die Paarbeziehung und die Entstehung des Kinderwunsches. Wir wissen noch wenig darüber, wie ein Kinderwunsch entsteht und welche paar- und familiendynamischen Folgen es hat, wenn z. B. das Kind nur von einem Partner gewünscht ist oder ein Kind ungewollt entsteht.

Welchem theoretischen Zugriff ist nun bei der Analyse von Familie der Vorzug zu geben? Mit Blick auf die Befunde dieser Studie ist ein Zugang zu wählen,

- der dem Vorfamilialen eine Bedeutung verleiht, d. h. sozialisatorische Prägeprozesse unter Berücksichtigung der Herkunftsfamilie des Paares erschließt,
- der in der Lage ist, bei der Affektivität der Zweierbeziehung anzusetzen, da dort entschieden wird, ob und wie ein Kind entsteht bzw. das Paar sich zur Familie erweitert,
- der die Familie als Einheit miteinander interagierender Personen erfasst, d. h. auch Familie als einen Zusammenschluss einer erwachsenen Paarbeziehung und einer Eltern-Kind-Beziehung begreift und diese beiden Handlungskreise versteht als die in der Familie synchron auftretenden Zuwendungsformen, die für hohe Komplexität und das dynamische Potenzial im Familienhandeln sorgen,
- der des Weiteren in der Lage ist, die Zentralstellung des Paares anzuerkennen als die „dominante Einheit sozialisatorischer Beziehungen" (Allert 1998) – ausgedrückt im Begriff von der „Gattenfamilie" (Durkheim 1978),

---

[8]Vgl. hier der dritte Fall.

6.4 Familie als Gegenstand der Soziologie

- zu unterscheiden zwischen den Strukturmerkmalen der bürgerlichen Familie, der jeweiligen historischen Ausdrucksgestalt der Familie und dem analytischen Konzept der Kernfamilie, das die Kernfamilie als kulturelle Norm und Sozialisationsmodell begreift,
- der die Wirkungsgesetze der Familie, eben ihre Eigenlogik, nicht unterschlägt, wenn es darum geht, gesellschaftliche Entwicklungen, die auf sie einwirken, zu erklären
- und schließlich ebenso in der Lage ist, das dynamische Potenzial der Familienstrukturen weder ausschließlich versucht, über die Selbstbeschreibungen und Eigenwahrnehmungen des Personals zu erschließen, noch an die leibliche Verfügbarkeit von Personen bindet.

Favorisiert wird ein theoretischer Zugang zur Familie, der ermöglicht, Familienhandeln – um es mit Marcel Mauss (1925/1975) zu sagen – als „totale soziale Tatsache" zu erfassen. „Die totale Tatsache" – so Claude Lévi-Strauss (1974) in einer Einleitung zum Werk von Mauss – stellt sich also als dreidimensional dar. Sie muss die eigentlich soziologische Dimension mit ihren vielfältigen synchronischen Aspekten, die historische und diachronische Dimension und die physio-psychologische Dimension zur Koinzidenz bringen" (1974: 20). Das führt zur dritten Frage: Welche Kontextebenen sind denn bei der Analyse von Familien zu berücksichtigen?

Um der Komplexität im Familienhandeln gerecht werden zu können und um Zusammenhänge sichtbar machen zu können, die in der Alltagsperspektive der Akteure nicht zur Sprache kommen, ist die mikrosoziologische Untersuchung von Familie, in der Strukturbildungsprozesse in Interaktionen unter Berücksichtigung von triadischen Konstellationen analysiert werden, mit einer Perspektive zu verbinden, die sich meso- und makrosozialen Bezügen öffnet. Hier geht es zum einen darum, die Analyse familialen Handelns zu verknüpfen mit der Analyse von sozialstrukturell vorgegebenen Rahmenbedingungen. Es müssen die Einflussgrößen miterfasst werden, die außerhalb kleinerer partikularistischer Weltzusammenhänge liegen, wozu neben rechtlichen, politischen und ökonomischen Faktoren eben auch die Dimension der historisch tradierten, kollektiven Deutungsmuster gehört. Alles Familienhandeln als historisch gebunden zu erfassen, bedeutet zum anderen aber auch, die Familiengeschichte als eine weitere Kontextebene zu berücksichtigen. Durchzuführen sind hier Mehrgenerationenanalysen, die die übergenerationelle Wirkung von Sinnstrukturen auf Familienentwicklungen sichtbar machen. Genogrammanalysen stellen dafür eine geeignete Methode dar. Sie ermöglichen, die historische Geschichtetheit von Familienbeziehungen zu erfassen oder, um es im Anschluss an das Marx'sche

Diktum zu formulieren, zu erkennen, dass Menschen ihre „eigene Geschichte" machen, „aber sie machen sie nicht aus eigenen Stücken, nicht unter selbst gewählten, sondern unmittelbar vorgefundenen, gegebenen und überlieferten Umständen" (Marx 1852/1972: 115).

Transkriptionszeichen

nein	betont (doch) Unsicherheit bei der Transkription
(2)	Anzahl der Sekunden, die eine Pause dauert
(stöhnt)	Kommentar bzw. Anmerkungen zu parasprachlichen, nicht-verbalen oder gesprächsexternen Ereignissen
@nein@	lachend gesprochen
( )	unverständliche Äußerungen
(!)	Stimme heben
(?)	Frageintonation
(.)	Pause, pro Punkt ¼ sek.

Literatur

Adorno, Theodor W. 2005. *Traumprotokolle*. Frankfurt a. M.: Suhrkamp.
Allert, Tilman. 1993. Familie und Milieu. Die Wechselwirkung von Binnenstruktur und Außenbeziehung am Beispiel der Familie Albert Einsteins. In *„Wirklichkeit" im Deutungsprozeß. Verstehen und Methoden in den Kultur- und Sozialwissenschaften*, Hrsg. Thomas Jung und Stefan Müller-Doohm, 329–357. Frankfurt a. M.: Suhrkamp.
Allert, Tilmann. 1998. *Die Familie. Fallstudien zur Unverwüstlichkeit einer Familie*. Berlin: De Gruyter.
Allert, Tilmann. 2017. *Gruß aus der Küche. Soziologie der kleinen Dinge*. Frankfurt a. M.: Fischer.
Bannas, Günther. 2017. Bundespräsident fertigt Gesetz über „Ehe für alle" aus. *Frankfurter Zeitung* 168:4, 22.7.2017.
Behrend, Olaf. 2013. Familie, Rationalisierungsdynamik und Autonomisierung der Lebensführung. In *Familie: Ort von Erziehung, Bildung und Sozialisation*, Hrsg. Ursula Boos-Nünning und Margit Stein, 123–146. Münster: Waxmann.
Behrend, Olaf. 2015. Autonomie und soziale Bewährung bildungsbenachteiligter Familien. https://www.uni-siegen.de/phil/sozialwissenschaften/soziologie/mitarbeiter/behrend/veroeffentlichungen.html?lang=de. Zugegriffen: 4. Juli 2019.
Behrend, Olaf. 2020. Zu Merkmalen der Familie der neuen Mittelschichtkultur. In *Rekonstruktive Paar- und Familienforschung*, Hrsg. Dorett Funcke, 9-42. Wiesbaden: Springer.
Berger, Christa, Bruno Hildenbrand, und Irene Somm. 2002. *Die Stadt der Zukunft. Leben im prekären Wohnquartier*. Wiesbaden: Springer VS.
Bergmann, Jörg R. 1982. Schweigepausen im Gespräch – Aspekte ihrer interaktiven Organisation. In *Beiträge zu einer empirischen Sprachsoziologie*, Hrsg. Hans-Georg Soeffner, 143–185. Tübingen: Narr.
Bergmann, Jörg R. 1985. Flüchtigkeit und methodische Fixierung sozialer Wirklichkeit. Aufzeichnungen als Daten der interpretativen Soziologie. In *Entzauberte Wissenschaft. Zur Relativität und Geltung soziologischer Forschung*, Hrsg. Wolfgang Bonß und Heinz Hartmann, 299–320. Göttingen: Schwartz.

Bertaux, Daniel, und Isabelle Bertaux-Wiame. 1991. ‚Was du ererbt von deinen Vätern…': Transmissionen und soziale Mobilität über fünf Generationen. *BIOS: Zeitschrift für Biographieforschung und Oral History* 4 (1): 13–40.

Bischof, Norbert. 1985. *Das Rätsel Ödipus. Die biologischen Wurzeln des Urkonfliktes von Intimität und Autonomie*. München: Piper.

Blankenburg, Wolfgang. 1997. „Zumuten" und „Zumutbarkeit" als Kategorien der psychiatrischen Praxis. In *Gemeindepsychiatrie unter ethischen Aspekten*, Hrsg. Matthias Krisor und Harald Pfannkuch, 21–48. Regensburg: Roderer.

Blumer, Herbert. 1973. Der methodologische Standort des symbolischen Interaktionismus. In *Alltagswissen, Interaktion und gesellschaftliche Wirklichkeit*, Hrsg. Arbeitsgruppe Bielefelder Soziologen, Bd. 1, 80–146. Reinbek: Rowohlt.

Bohler, Karl Friedrich. 1995. *Regionale Gesellschaftsentwicklung und Schichtungsmuster in Deutschland*. Frankfurt a. M.: Lang

Bohler, Karl Friedrich. 2008. Das Verhältnis von Fallanalyse und konditioneller Matrix in der rekonstruktiven Sozialforschung. *Sozialer Sinn* 2:219–250.

Bohler, Karl Friedrich. 2018. Eine Fallgeschichte im Feld sozialer Hilfen. In *Vom Fall zur Theorie – Auf dem Pfad der rekonstruktiven Sozialforschung*, Hrsg. Dorett Funcke und Thomas Loer, 127–156, Wiesbaden: Springer.

Bohnsack, Ralf. 2009. *Qualitative Bild- und Videointerpretation*. Opladen: Farmington Hills.

Bohrer, Karl Heinz. 2003. *Ekstasen der Zeit. Augenblick, Gegenwart, Erinnerung*. München: Hanser.

Boss, Pauline. 2008. *Verlust, Trauma und Resilienz: Die therapeutische Arbeit mit dem „uneindeutigen Verlust"*. Stuttgart: Klett-Cotta.

Bourdieu, Pierre. 1990. Die biographische Illusion. *BIOS* 1:75–81.

Brändli, Sybille, Barbara Lüthi, und Gregor Spuhler, Hrsg. 2009. *Zum Fall machen, zum Fall werden. Wissensproduktion und Patientenerfahrung in Medizin und Psychiatrie des 19. und 20. Jahrhunderts*. Frankfurt a. M.: Campus.

Brinkmann, Rolf, Dieter. 1979. *Rom, Blicke*. Reinbek bei Hamburg: Rowohlt.

Buchholz, Michael B. 1995. *Die unbewußte Familie*. Stuttgart: Klett-Cotta.

Bude, Heinz. 1987. *Deutsche Karrieren. Lebenskonstruktionen sozialer Aufsteiger aus der Flakhelfer-Generation*. Frankfurt a. M.: Suhrkamp.

Bude, Heinz. 1988. Der Fall und die Theorie. Zum erkenntnislogischen Charakter von Fallstudien. *Gruppendynamik* 19:421–427.

Bude, Heinz. 1995. *Das Altern einer Generation. Die Jahrgänge 1938 bis 1948*. Frankfurt a. M.: Suhrkamp.

Burkart, Günter. 2018. *Soziologie der Paarbeziehung*. Wiesbaden: VS Springer.

Cadoret, Anne. 2007. L'apport des familles homoparentales dans le débat actuel sur la construction de la parenté. *L'Homme* 183:55–75.

Corbin, Juliet M., und Anselm L. Strauss. 2004. *Weiterleben lernen. Verlauf und Bewältigung chronischer Krankheit*, 2. Aufl. Bern: Huber.

Corbin, Juliet M. und Bruno Hildenbrand. 2011. Qualitative Forschung. In *Handbuch Pflegewissenschaft*, Hrsg. Doris Schaeffer und Klaus Wingenfeld, 117–136. Weinheim: Juventa.

Count, Earl W. 1958. Eine biologische Entwicklungsgeschichte der menschlichen Sozialität: Versuch einer vergleichenden Wirbeltiersoziologie mit besonderer Berücksichtigung des Menschen. *Homo* 9:129–14.

Dammasch, Frank. 2013. Das Kind in der Moderne. In *Das modernisierte Kind*, Hrsg. Martin Teising, 11–30. Frankfurt a. M.: Brandes & Apsel.
Dethlof, Nina. 2010. Assistierte Reproduktion und rechtliche Elternschaft in gleichgeschlechtlichen Partnerschaften. Ein rechtsvergleichender Überblick. In *Die gleichgeschlechtliche Familie mit Kindern. Interdisziplinäre Beiträge zu einer neuen Lebensform*, Hrsg. Dorett Funcke und Petra Thorn, 161–192. Bielefeld: transcript.
Dickson, Sheila, Stefan Goldmann, und Georg Wingertszahn, Hrsg. 2011. *„Fakta, und kein moralisches Geschwätz". Zu den Fallgeschichten im „Magazin zur Erfahrungsseelenkunde" (1783–1793)*. Göttingen: Wallstein.
Dilthey, Wilhelm. 1958. Entwürfe zur Kritik der historischen Vernunft. In *Seminar: Philosophische Hermeneutik*, Hrsg. Boehm Gottfried und Hans-Georg Gadamer (1976), 189–220. Frankfurt a. M.: Suhrkamp.
Dilthey, Wilhelm. 1962. Die Entstehung der Hermeneutik. In *Gesammelte Schriften*, Hrsg. Wilhelm Dilthey, Bd. 5, 317–331. 1914–1936, fortgeführt. Leipzig: Stuttgart (Erstveröffentlichung 1900).
Douglas, Mary. 1986. *How Institutions Think*. Syracuse: Syracuse University Press.
Duden. Die deutsche Rechtschreibung. 2006. (24. völlig neu bearbeitete und erweiterte Auflage), Bd. 1. Mannheim, Leipzig, Wien, Zürich: Dudenverlag.
Duden. Das Bedeutungswörterbuch. 2010. (4. Auflage), Band 10. Nördlingen: C.H. Beck.
Durkheim, Émile. 1978. „The Conjugal Family". In *Emile Durkheim on institutional analysis*, Hrsg. Mark Traugott, 229–239. Chicago.
Durkheim, Émile. 1984. *Die Regeln der soziologischen Methode*. Frankfurt a. M.: Suhrkamp (Erstveröffentlichung 1895).
Durkheim, Émile. 1992. *Über soziale Arbeitsteilung. Studie über die Organisation höherer Gesellschaften*. Frankfurt a. M.: Suhrkamp (Erstveröffentlichung 1893).
Dux, Günter. 1970. Helmuth Plessners philosophische Anthropologie im Prospekt. *Plessner* 253–319.
Düwell, Susanne, und Nicolas Pethes, Hrsg. 2014. *Fall – Fallgeschichte – Fallstudie. Theorie und Geschichte einer Wissensform*. Frankfurt: Campus.
Eckstaedt, Anita. 1992. *Nationalsozialismus in der ‚zweiten Generation'. Psychoanalyse von Hörigkeitsverhältnissen*. Frankfurt a. M.: Suhrkamp.
Eggen, Bernd. 2007. Homosexuelle Paare mit Kindern. *Die Praxis des Familienrechts* 4:823–838.
Eggen, Bernd. 2009. Gleichgeschlechtliche Lebensgemeinschaften mit und ohne Kinder. In ifb-Materialien 1-2009, Staatsinstitut für Familienforschung an der Universität Bamberg (ifb). http://www.ifb.bayern.de/imperia/md/content/stmas/ifb/materialien/mat_2009_1.pdf. Zugegriffen: 7. Aug. 2017.
Eisenberg, Peter. 2013. *Der Satz. Grundriss der deutschen Grammatik*, 4. Aufl. Stuttgart: J.B. Metzler'sche Verlagsbuchhandlung und Carl Ernst Poeschel.
Elder, Glen Holl. 1974. *Children of the great depression*. New York: Routledge.
Erikson, Erik Homburger. 1978. *Kinderspiel und politische Phantasie. Stufen in der Ritualisierung der Realität*. Frankfurt a. M.: Suhrkamp.
Farber, Bernard. 1970. Affinität und Abstammung in industriellen Gesellschaften. In *Soziologie der Familie, Kölner Zeitschrift für Soziologie und Sozialpsychologie*, Hrsg. Günther Lüschen und Eugen Lupri, Sonderheft 14, 94–120.
Festinger, Leon. 2012. *Theorie der kognitiven Dissonanz*, 2. Aufl. Bern: Huber.

Finch, Janet. 2007. Displaying families. *Sociology* 41 (1): 65–81.
Fischer, Joachim. 2008. In welcher Gesellschaft leben wir eigentlich? In der bürgerlichen! http://www.bpb.de/apuz/31374/in-welcher-gesellschaft-leben-wir-eigentlich-in-der-buergerlichen?p=all. Zugegriffen: 12. Jan. 2017.
Forrester, John. 2014. Wenn p, was dann? In Fällen denken. In *Fall – Fallgeschichte – Fallstudie. Theorie und Geschichte einer Wissensform*, Hrsg. Susanne Düwell und Nicolas Pethes, 139–168. Frankfurt: Campus.
Fox, Robin. 1967. *Kinship and marriage. An anthropological perspective*. London: Penguin Books.
Frankfurter Allgemeine Zeitung. 2017. *BGH: Transsexueller ist Mutter*, 26.9.2017, Nr. 224, 6.
Franzmann, Andreas. 2018. Objektiv-hermeneutische Falldiagnostik im Rahmen der Kinder- und Jugendhilfe. In *Vom Fall zur Theorie – Auf dem Pfad der rekonstruktiven Sozialforschung*, Hrsg. Dorett Funcke und Thomas Loer, 157–192. Wiesbaden: VS Springer.
Franzmann, Manuel, und Christian Pawlytta. 2008. *Gemeinwohl in der Krise? Fallanalysen zur alltäglichen Solidaritätsbereitschaft*. Frankfurt a. M.: Humanities Online.
Freud, Sigmund. 2001. *Traumdeutung*. Frankfurt a. M.: Fischer (Erstveröffentlichung 1900).
Freud, Sigmund. 2011. *Zur Psychopathologie des Alltagslebens: Über Vergessen, Versprechen, Vergreifen, Aberglaube und Irrtum*. Frankfurt a. M.: Fischer.
Funcke, Dorett. 2007a. *Der abwesende Vater – Wege aus der Vaterlosigkeit. Der Fall Thomas Bernhard*. Münster: LIT.
Funcke, Dorett. 2007b. Die Inseminationsfamilie. Ein soziales Phänomen zur Prüfung des Kriteriums der Universalität kernfamilialer Strukturen. *Sozialer Sinn* 2:3–36.
Funcke, Dorett. 2007c. Akteure der Transformation. In *Regionen, Akteure, Ereignisse. Die Entwicklung der Erziehungshilfen nach der Einführung des Kinder- und Jugendhilfegesetzes 1990/91, SFB 580 Mitteilungen*, Hrsg. Bohler Karl Friedrich, Dorett Funcke, und Bruno Hildenbrand, Heft 23, 102–152.
Funcke, Dorett. 2008. Die elementaren Strukturen der Inseminationsfamilie. In *Wirkungen des wilden Denkens. Zur strukturalen Anthropologie von Claude Lévi-Strauss*, Hrsg. Michael Kauppert und Dorett Funcke, 395–422. Frankfurt a. M.: Suhrkamp.
Funcke, Dorett. 2009a. Komplizierte Verhältnisse. Künstliche Befruchtung bei gleichgeschlechtlichen Paaren. Einblicke in eine neue Lebensform. *Familiendynamik* 34(2): 2–14.
Funcke, Dorett. 2009b. Der unsichtbare Dritte. Ein Beitrag zur psychohistorischen Dimension der Identitätsfindung am Beispiel der Spendersamenkinder. *Zeitschrift Psychotherapie & Sozialwissenschaft* 11(2): 61–98.
Funcke, Dorett, und Bruno Hildenbrand. 2009. *Unkonventionelle Familien in Beratung und Therapie*. Heidelberg: Carl-Auer.
Funcke, Dorett. 2011. Familiale Beziehungsgestaltung unter der Bedingung von Gleichgeschlechtlichkeit und Fremdsamenspende. Die „Idee der Gleichheit" und ihre Grenzen. *Sozialer Sinn* 2:193–217.
Funcke, Dorett. 2012. „Ich will wissen, wer er ist". Geheimnisse und Nichtwissen im Leben von Spendersamenkindern. *Familiendynamik* 37(3): 168–177.
Funcke, Dorett. 2014a Soziale Konstruktion von Elternschaft und Verwandtschaft am Beispiel einer gleichgeschlechtlichen Familie. *Sozialer Sinn* 1:309–339.

Funcke, Dorett. 2014b. Qualitative Zugänge in der Familienforschung: Die Fallrekonstruktive Familienforschung. Eine unkonventionelle Familienform. In *Die Zukunft der Familie. Anforderungen an Familienpolitik und Familienwissenschaft*, Hrsg. Marina Rupp, Olaf Kapella, und Norbert F. Schneider, 155–172. Opladen: Budrich.

Funcke, Dorett. 2015. Homosexuelle Paare als Pflegeeltern. Ein Beitrag aus der fallrekonstruktiven Familienforschung. *Familiendynamik* 2:142–153.

Funcke, Dorett. 2017a. *Die gleichgeschlechtliche Inseminationsfamilie. Ein Fall von Familie. Studienbrief der FernUniversität in Hagen.*

Funcke, Dorett. 2017b. Die Kernfamilie – Ein ungebrochenes Faszinosum unserer Gegenwartsgesellschaft. In *Phänomene und Debatten gesellschaftlicher Entwicklung, Studienbrief Fernuniversität in Hagen*, Hrsg. Uwe Vormbusch, 104–137.

Funcke, Dorett. 2018. Die gleichgeschlechtliche Inseminationsfamilie. Gegenstandsbestimmung, Dimensionsanalyse und Methodisches. In *Vom Fall zur Theorie – Auf dem Pfad der rekonstruktiven Sozialforschung*, Hrsg. Dorett Funcke und Thomas Loer, 85–126. Wiesbaden: VS Springer.

Funcke, Dorett, und Thomas Loer, Hrsg. 2018a *Vom Fall zur Theorie – Auf dem Pfad der rekonstruktiven Sozialforschung*. Wiesbaden: VS Springer.

Funcke, Dorett, und Thomas Loer. 2018b Von der Forschungsfrage über Feld und Fall zur Theorie – Zur Einleitung. In *Vom Fall zur Theorie – Auf dem Pfad der rekonstruktiven Sozialforschung*, Hrsg. Dorett Funcke und Thomas Loer, 1–56. Wiesbaden: VS Springer.

Funcke, Dorett, und Bruno Hildenbrand. 2018. *Ursprünge und Kontinuität der Kernfamilie. Eine Einführung in die Familiensoziologie*. Wiesbaden: Springer VS.

Funcke, Dorett. 2019a. Die kulturelle Norm der Kernfamilie – Habitusrekonstruktionen und Deutungsmusteranalyse. Eine exemplarische Fallanalyse: „...aber es ist auch irgendwie durch meine Geschichte...". *Sozialer Sinn* 2:215–262.

Funcke, Dorett. 2019b. Familie: Eine selbstverständliche Lebensform? Der soziale Strukturwandel der Familie. In *Familie von morgen. Neue Werte für die Familie(npolitik)*, Hrsg. Carolin Küppers und Eva Harasta, 145–154. Leverkusen: Budrich.

Funcke, Dorett, und Sascha Bachmann. 2019. Familie – Eine riskante Angelegenheit? Gesellschaftliche Veränderungsdynamiken und ihre Folgen. *Familiendynamik* 45(1): 50–63.

Gehres, Walter, und Bruno Hildenbrand. 2008. *Identitätsbildung und Lebensverläufe bei Pflegekindern*. Wiesbaden: VS Verlag.

Gehres, Walter. 2013. *Das zweite Zuhause. Institutionelle Einflüsse, Lebensgeschichte und Persönlichkeitsentwicklung von dreißig ehemaligen Heimkindern*. Wiesbaden: VS Springer.

Gehres, Walter. 2016. *Als-Ob-Sozialisation?: Perspektiven auf die familiensoziologische Identitätsbildung von Pflegekindern*. Würzburg: Ergon.

Ginsborg, Paul. 2014. *Die geführte Familie. Das Private in Revolution und Diktatur 1900–1950*. Hamburg: Hoffmann und Campe.

Glaser, Barney G., und Anselm L. Strauss. 1998. *Grounded Theory. Strategien qualitativer Forschung*. Göttingen: Huber.

Goffman, Erving. 1961. *Asylums: Essays on the social situation of mental patients and other inmates*. New York: Anchor Books.

Goffman, Erving. 1967. *Stigma. Über Techniken der Bewältigung beschädigter Identität*. Frankfurt a. M.: Suhrkamp.

Goffman, Erving. 1981. *Geschlecht und Werbung*. Frankfurt a. M.: Suhrkamp.

Goody, Jack. 1983. *Die Entwicklung von Ehe und Familie in Europa*. Frankfurt a. M.: Suhrkamp.

Gough, Kathleen. 1961. Nayar: North Kerala. In *Matrilineal Kinship*, Hrsg. David M. Schneider und Kathleen Gough, 385–404. Berkeley: University of California Press.

Habermas, Jürgen. 1976. *Zur Rekonstruktion des Historischen Materialismus*. Frankfurt a. M.: Suhrkamp.

Harper, Douglas. 2010. Fotografien als sozialwissenschaftliche Daten. In *Qualitative Forschung. Ein Handbuch*, Hrsg. Uwe Flick, Ernst von Kardorff, und Ines Steinke, 402–416. Reinbek bei Hamburg: Rowohlt.

Hausen, Karin. 1976. Die Polarisierung der Geschlechtscharaktere – Eine Spiegelung der Dissoziation von Erwerbs- und Familienleben. In *Sozialgeschichte der Familie in der Neuzeit Europas*, Hrsg. Werner Conze, 363–393. Stuttgart: Klett-Cotta.

Hayford, Sarah R., und Karen Benjamin Guzzo. 2015. The single mother by choice myth. *Contexts* 14 (4): 70–72.

Hegel, Georg Wilhelm Friedrich. 1970. Grundlagen der Philosophie des Rechts oder Naturrecht und Staatswissenschaft im Grundrisse. *Werke*, Hrsg. Georg Wilhelm Friedrich Hegel, Bd. 7 (Erstveröffentlichung 1820).

Heihoff, Anne. 2003. *Paare mit unerfülltem Kinderwunsch als Patienten in der Reproduktionsmedizin*, unv. Magisterarbeit: Goethe-Universität Frankfurt.

Hildenbrand, Bruno. 1991. Fallrekonstruktive Forschung. In *Handbuch qualitative Sozialforschung*, Hrsg. Uwe Flick, Ernst v. Kardorff, Heiner Keupp, Lutz v. Rosenstiel, und Stephan Wolff, 256–260. München: Psychologie Verlags Union.

Hildenbrand, Bruno. 1998. Was ist für wen der Fall? Problemlagen bei der Weitergabe von Ergebnissen von Fallstudien an die Untersuchten und mögliche Lösungen. *Psychotherapie und Sozialwissenschaft* 1(4): 265–280.

Hildenbrand, Bruno. 2005. *Fallrekonstruktive Familienforschung - Anleitungen für die Praxis*. Opladen: Leske & Budrich (2. Aufl. im VS Verlag für Sozialwissenschaften, Wiesbaden 2005) (Erstveröffentlichung 1999).

Hildenbrand, Bruno. 2001. Einzelfallforschung. In *Lexikon der Geographie*, 291–292. Köln: Landscape.

Hildenbrand, Bruno. 2003. Milieu, Struktur und Biographie: Zur theoretischen und methodischen Begründung einer sozialphänomenologischen Familienforschung. In *Phänomenologie und soziale Wirklichkeit. Entwicklungen und Arbeitsweisen*, Hrsg. Ilja Srubar und Steven Vaitkus, 57–83. Opladen: Leske & Budrich.

Hildenbrand, Bruno. 2005a. *Einführung in die Genogrammarbeit*, 1. Aufl., (5. Aufl. 2020). Heidelberg: Carl-Auer-Systeme.

Hildenbrand, Bruno. 2005b. Fallrekonstruktive Familienforschung. Eine Übersicht. In *Familie und Gesellschaft. Beiträge zur Familienforschung*, Hrsg. W. Friedrich Busch und Rosemarie Nave-Herz, 219–236. Oldenburg: BIS-Verlag.

Hildenbrand, Bruno. 2007. Sozialisation in der Familie und Generationenbeziehungen. Die Bedeutung von signifikanten Anderen innerhalb und außerhalb der sozialisatorischen Triade. *Familiendynamik* 32(3): 211–228.

Hildenbrand, Bruno. 2007. Wandel in Ereignissen – Die Vermittlung von Struktur und Handeln in der Analyse von Prozessen sozialen Wandels. In *Regionen, Akteure, Ereignisse. Die Entwicklung der Erziehungshilfen nach der Einführung des Kinder- und Jugendhilfegesetzes 1990/91, SFB 580*, Hrsg. Dorett Funcke, Karl-Friedrich Bohler, Bruno Hildenbrand, Heft 23, Jena, 6–43. Mitteilungen.

Hildenbrand, Bruno. 2012. Systemische Forschung mittels fallrekonstruktiver Familienforschung. In *Handbuch systemische Forschung*, Hrsg. Matthias Ochs und Jochen Schweitzer, 197–214. Göttingen: Vandenhoeck & Ruprecht.

Hildenbrand, Bruno. 2018. *Genogrammarbeit für Fortgeschrittene: Vom Vorgegebenen zum Aufgegebenen*. Heidelberg: Carl-Auer-Systeme.

Hill, Reuben. 1979. Gegenwärtige Entwicklungen der Familientheorie und ihre konzeptionellen Probleme. In *Soziologie der Familie, Kölner Zeitschrift für Soziologie und Sozialpsychologie*, Hrsg. Günther Lüschen und Eugen Lupri, Sonderheft 14, 68–93.

Hirschauer, Stefan. 2002. Grundzüge der Ethnografie und die Grenzen verbaler Daten. In *Qualitative Gesundheits- und Pflegeforschung*, Hrsg. Doris Schaeffer und Müller-Mundt, 35–46. Bern: Huber.

Hirschauer, Stefan, und Anika Hoffmann. 2012. Frohe Botschaften! Adressatenselektion und kommunikative Netzwerke beim Schwangerschafts-Coming Out. In *Sozialität in Slow Motion. Theoretische und empirische Perspektiven*, Hrsg. Ruth Ayaß und Christian Meyer, 481–502. Wiesbaden: Springer VS.

Hoffmann-Riem, Christa. 1984. *Das adoptierte Kind: Familienleben mit doppelter Elternschaft*. München: Fink.

Hummel, Katrin. 2016. Zwei Papas, eine Mama. In: *Frankfurter Allgemeine Sonntagszeitung* (10.09.2016).

Husserl, Edmund. 1996. *Die Krisis der europäischen Wissenschaften und die transzendentale Phänomenologie. Eine Einleitung in die phänomenologische Philosophie*, 3–5. Hamburg. (§ 2) (Erstveröffentlichung 1936).

Illouz, Eva. 2003. *Konsum der Romantik*. Frankfurt a. M.: Campus.

Imdahl, Max. 1996. *Giotto – Arenafresken. Ikonographie – Ikonologie – Ikonik*. München: Fink.

Jäkel-Wurzer, Daniela. 2010. *Töchter im Engpass. Eine fallrekonstruktive Studie zur weiblichen Nachfolge in Familienunternehmen*. Heidelberg: Carl-Auer.

Jansen, Elke, Angela Greib, und Manfred Bruns. 2007. *Regenbogenfamilien – Alltäglich und doch anders. Beratungsführer für lesbische Mütter, schwule Väter und familienbezogenes Fachpersonal*. Köln: Lesben- und Schwulenverband Deutschland.

Jaspers, Karl. 1965. *Allgemeine Psychopathologie*, 8., unveränderte Aufl. Berlin: Springer (Erstveröffentlichung 1913).

Jauß, Hans Robert. 1997. *Ästhetische Erfahrung und literarische Hermeneutik*. Frankfurt a. M.: Suhrkamp.

Jolles, André. 1985. *Einfache Formen*. Halle: Max Niemeyer.

Kaufmann, Franz-Xaver. 1990. Familie und Modernität. In *Die „postmoderne" Familie: familiale Strategien und Familienpolitik in einer Übergangszeit, Konstanzer Beiträge zur sozialwissenschaftlichen Forschung*, Band 3, Hrsg. Kurt Lüscher, Franz Schultheis Franz, Wehrspaun, Michael, 391–415. Konstanz: UVK (2. Auflage).

Kaufmann, Jean-Claude. 1999. *Mit Leib und Seele. Theorie der Haushaltsaktivität*. Konstanz: UVK.
Kaufmann, Jean-Claude. 2000. Rolle und Identität: Begriffliche Klärungen am Beispiel der Paarbildung. *Sozialer Sinn* 1: 67–92.
Kaufmann, Jean-Claude. 2005. *Schmutzige Wäsche. Ein ungewöhnlicher Blick auf gewöhnliche Paarbeziehungen*. Konstanz: UVK.
Kierkegaard, Sören. 1923. *Furcht und Zittern/Die Wiederholung, Gesammelte Werke*. München: Eugen Diederichs.
König, René. 1974. Dreißig Jahre Familiensoziologie. Vorwort zur zweiten Auflage. In *Materialien zur Soziologie der Familie*, Hrsg. René König, 9–14. Köln: Kiepenheuer & Witsch.
Koschorke, Albrecht. 2010. Institutionentheorie. In *Die Figur des Dritten: Ein kulturwissenschaftliches Paradigma*, Hrsg. Eva Eßlinger, Tobias Schlechtriemen, Doris Schweitzer, und Alexander Zons, 49–64. Frankfurt a. M.: Suhrkamp.
Koschorke, Albrecht, Nacim Ghanbari, Eva Eßlinger, Sebastian Susteck, und Michael Thomas Taylor. 2010. *Vor der Familie. Grenzbedingungen einer modernen Institution*. Konstanz: University Press.
Koschorke, Albrecht. 2011. *Die Heilige Familie und ihre Folgen*. Frankfurt a. M.: Fischer.
Koschorke, Albrecht. 2012. *Wahrheit und Erfindung. Grundzüge einer Allgemeinen Erzähltheorie*. Frankfurt a. M.: Fischer.
Kraimer, Klaus, Hrsg. 2000. *Die Fallrekonstruktion*. Frankfurt a. M.: Suhrkamp.
Kuhn, Thomas S. 1976. *Die Struktur wissenschaftlicher Revolutionen*. Frankfurt a. M.: Suhrkamp.
Lacan, Jacques. 1997. *Das Seminar von Jacques Lacan. Buch III. Die Psychosen (1955–56)*. Weinheim: Quadriga.
Lähnemann, Lela. 2002. Regenbogenfamilien – Manche Kinder haben homosexuelle Eltern. In *Blickpunkt Berliner Kitas*, Hrsg. Landesjugendamt der Senatsverwaltung für Bildung, Jugend und Sport, 2:12–15.
Lallemand, Suzanne. 1976. „Génitrices et éducatrices Mossi". *L'Homme* 16 (1): 109–124.
Lang, Hermann. 2000. Im Anfang waren es drei – Das Konzept der „strukturalen Triade" oder der Ödipuskomplex heute. In *Strukturale Psychoanalyse, Hrsg*. Hermann Lang, 156–172. Frankfurt a. M.
Lenz, Karl. 2003. Familie und persönliche Beziehungen – Eine Replik. *Erwägen, Wissen, Ethik* 14:563–576.
Lenz, Karl. 2009. *Soziologie der Zweierbeziehung. Eine Einführung*. Wiesbaden: VS Springer.
Leuninger, Helen. 1996. *Reden ist Schweigen, Silber ist Gold*. Ammann: Zürich.
Lévi-Strauss, Claude. 1974. Einleitung in das Werk von Marcel Mauss. In *Soziologie und Anthropologie I*, Marcel Mauss, 7–41. München: Hanser.
Lévi-Strauss, Claude. 1975. *Strukturale Anthropologie II*. Frankfurt a. M.: Suhrkamp.
Lévi-Strauss, Claude. 1996. Geschichte der Familie. In *Geschichte der Familie*, Hrsg. André Burguière, Christiane Klapisch-Zuber, Martine Segalen, und Françoise Zonabend, Bd. 1, 9–15: Altertum. Frankfurt a. M.: Campus (Erstveröffentlichung 1986).

Lévi-Strauss, Claude. 2014. Die Rückkehr des Onkels mütterlicherseits. In *Wir sind alle Kannibalen*, Hrsg. Claude Lévi-Strauss, 213–223. Frankfurt a. M.: Suhrkamp (Erstveröffentlichung 1992).
Lévi-Strauss, Claude. 1993. *Die elementaren Strukturen der Verwandtschaft*. Frankfurt a. M.: Suhrkamp.
Liebermann, Sascha, und Henrik Muijsson. 2020. Familiale Vergemeinschaftung oder Betreuungsarrangement? Deutungsmuster zu Familie in der öffentlichen Diskussion und bei Eltern eines zweijährigen Kindes. In *Rekonstruktive Paar- und Familienforschung*, Hrsg. Dorett Funcke, 43-81.Wiesbaden: Springer.
Linton, Ralph. 1936. *Study of man. An introduction*. New York: Appleton Century Crofts.
Loer, Thomas. 2007. *Die Region. Eine Begriffsbestimmung am Fall des Ruhrgebiets*. Stuttgart: Lucius & Lucius.
Loer, Thomas. 2010. Videoaufzeichnungen in der interpretativen Sozialforschung. Anmerkungen zu Methodologie und Methode. *Sozialer Sinn* 2:319–352.
Loer, Thomas. 2013. *Zur eigenlogischen Struktur einer Stadt. Konstitutionstheoretische, methodologische und methodische Reflexionen zu ihrer Untersuchung*. Frankfurt a. M.: Humanities Online.
Loer, Thomas. 2014. *Selbstverlöschen. Erfahrung und Deutung des eigenen Sterbens*. Frankfurt a. M.: Humanities Online.
Loer, Thomas. 2015. Diskurspraxis – Konstitution und Gestaltung. Testierbare Daten – Methodologie der Rekonstruktion. Objektive Hermeneutik in der Diskussion. *Sozialer Sinn* 2:291–317.
Loer, Thomas. 2016. Wirklichkeitsflucht und mögliche Welterweiterung. Hunde als Objekte im Modus des Als-Ob. In *Auf den Hund gekommen. Interdisziplinäre Annäherung an ein Verhältnis*, Hrsg. Ronald Hitzler und Nicole Burzan, 203–228. Wiesbaden: Springer VS.
Loer, Thomas. 2018a. [Rezension] Walter Gehres: Als-Ob-Sozialisation? Perspektiven auf die familiensoziologische Identitätsbildung von Pflegekindern […]. *Sozialer Sinn* 1:237–245.
Loer, Thomas. 2018b. Das Gedicht an der Wand. Analyse des Gedichts *avenidas* von Eugen Gomringer sowie seiner öffentlichen Präsentation. *Sozialer Sinn* 1:191–226.
Loer, Thomas. 2019. Die zwei verschiedenen Rollen testierbarer Daten in der Analyse. https://blog.agoh.de/2019/04/02/die-zwei-verschiedenen-rollen-testierbarer-daten-in-der-analyse/. Zugegriffen: 3. Febr. 2020.
Loer, Thomas. 2020. *Reziprozität. Annäherungen an eine Grundlegung der Kultur- und Sozialwissenschaften. Studienbrief der FernUniversität in Hagen*.
Lorenz, Angelika. 1985. *Das deutsche Familienbild in der Malerei des 19. Jahrhunderts*. Darmstadt: Wissenschaftliche Buchgesellschaft.
Lüdemann, Susanne. 2007. Literarische Fallgeschichten. Schillers „Verbrecher aus verlorener Ehre" und Kleists „Michael Kohlhaas". In *Das Beispiel. Epistemologie des Exemplarischen*, Hrsg. Jens Ruchatz, Stefan Willer, und Nicolas Pethes, 208–223. Berlin: Kadmos.
Luhmann, Niklas. 1984. *Soziale Systeme*. Frankfurt a. M.: Suhrkamp.
(Muster-)Richtlinie zur Durchführung der assistierten Reproduktion – Novelle. 2006. http://www.bundesaerztekammer.de/downloads/Kuenstbefrucht_pdf.pdf. Zugegriffen: 18. Dez. 2017.

Maiwald, Kai-Olaf. 2004. *Professionalisierung im modernen Berufssystem. Das Beispiel der Familienmediation*. Wiesbaden: VS Verlag.

Maiwald, Kai-Olaf. 2007. Stichwort: Neue Väter – Alles beim Alten? WestEnd. *Neue Zeitschrift für Sozialforschung* 4 (1): 77–81.

Maiwald, Kai-Olaf. 2007b. [Rezension]: Johannes Süßmann, Susanne Scholz und Gisela Engel (Hg.) 2007: Fallstudien: Theorie – Geschichte – Methode (Frankfurter Kulturwissenschaftliche Beiträge, Band 1). Berlin: trafo. *Sozialer Sinn* 2: 404–408.

Maiwald, Kai-Olaf. 2009. Paarbildung als Selbst-Institutionalisierung. Eine exemplarische Fallanalyse. *Sozialer Sinn* 2:283–315.

Maiwald, Kai-Olaf. 2018a. Stand by Me: Was können Fotografien über Paarbeziehungen aussagen? In *Vom Fall zur Theorie. Auf dem Pfad der rekonstruktiven Sozialforschung*, Hrsg. Dorett Funcke, und Thomas Loer, 217–254. Wiesbaden: VS Springer.

Maiwald, Kai-Olaf. 2018b. Objektive Hermeneutik. Von Keksen, inzestuöser Verführung und dem Problem, die Generationendifferenz zu denken. In *Handbuch Interpretativ Forschen*, Hrsg. Leila Akremi, Nina Baur, Hubert Knoblauch, und Boris Traue, 442–478. Weinheim: Beltz Juventa.

Maiwald, Kai-Olaf, und Inken Sürig. 2018. *Mikrosoziologie. Eine Einführung*. Wiesbaden: VS Springer.

Maiwald, Kai-Olaf. 2020. Der Zwang zur Erziehung und die a-pädagogische Haltung moderner Eltern. Eine exemplarische Fallrekonstruktion zur Spannung von Asymmetrie und Symmetrie in Eltern-Kind-Beziehungen. In *Rekonstruktive Paar- und Familienforschung*, Hrsg. Dorett Funcke, 223–260. Wiesbaden: Springer.

Mannheim, Karl. 1985. *Ideologie und Utopie*, 7. Aufl. Frankfurt a. M.: Suhrkamp.

Marquardt, Elizabeth. 2007. *Kind sein zwischen zwei Welten*, 2. Aufl. Paderborn: Junfermann.

Marx, Karl. 1972. *Der achtzehnte Brumaire des Louis Bonaparte, Marx-Engels Werke (MEW) 8*, 115–123. Berlin: Dietz (Erstveröffentlichung 1852).

Mauss, Marcel. 1975. Die Gabe. Form und Funktion des Austauschs in archaischen Gesellschaften. In *Soziologie und Anthropologie II*, Hrsg. Marcel Mauss, 11–144. München (Erstveröffentlichung 1925).

Mitterauer, Michael. 1993. *Ahnen und Heilige*. München: Beck.

Neidhardt, Friedhelm. 1970. Strukturbedingungen und Probleme familialer Sozialisation. In *Soziologie der Familie, Kölner Zeitschrift für Soziologie und Sozialpsychologie*, Hrsg. Günther Lüschen und Eugen Lupri, Sonderheft 14, 144–168.

Nipperdey, Thomas. 1998. *Deutsche Geschichte 1866–1918*, Bd. II; Machtstaat vor der Demokratie. München: Beck.

Oevermann, Ulrich. 2001. Zur Analyse der Struktur sozialer Deutungsmuster. *Sozialer Sinn* 1:3–33 (Erstveröffentlichung 1973).

Oevermann, Ulrich, Tilman Allert, Helga Gripp-Hagelstange, Elisabeth Konau, Jürgen Krambeck, Erna Schröder-Cäsar, und Yvonne Schütze. 1976. Beobachtungen zur Struktur der sozialisatorischen Interaktion. Theoretische und methodologische Fragen der Sozialisationsforschung. In *Zwischenbilanz in der Soziologie*, Hrsg. M. Rainer Lepsius, 274–295. Stuttgart: Enke.

Oevermann, Ulrich, Tilman Allert, Elisabeth Konau, und Jürgen Krambeck. 1979. Die Methodologie einer „objektiven Hermeneutik" und ihre allgemeine forschungslogische

Bedeutung in den Sozialwissenschaften. In *Interpretative Verfahren in den Sozial- und Textwissenschaften*, Hrsg. Hans-Georg Soeffner, 352–434. Stuttgart: Metzler.

Oevermann, Ulrich. 1981. Fallrekonstruktionen und Strukturgeneralisierung als Beitrag der objektiven Hermeneutik zur soziologisch-strukturtheoretischen Analyse. Frankfurt a. M. (Transkription, Frankfurt a. M. 1981. http://publikationen.ub.uni-frankfurt.de/frontdoor/index/index/docId/4955. Zugegriffen: 19. Dez. 2017.

Oevermann, Ulrich. 1983. Zur Sache. Die Bedeutung von Adornos methodologischem Selbstverständnis für die Begründung einer materialen soziologischen Strukturanalyse. In *Adorno-Konferenz 1983*, Hrsg. Ludwig von Friedeburg und Jürgen Habermas, 234–289. Frankfurt a. M.: Suhrkamp.

Oevermann, Ulrich. 1988. Eine exemplarische Fallrekonstruktion zum Typus versozialwissenschaftlichter Identitätsformation. In *Vom Ende des Individuums zur Individualität ohne Ende*, Hrsg. Hans Georg Brose und Bruno Hildenbrand, 243–286. Opladen: Leske & Budrich.

Oevermann, Ulrich. 1990. Eugène Delacroix – Biographische Konstellation und künstlerisches Handeln. In *Georg-Büchner Jahrbuch 6*, Hrsg. Thomas Mayer, 12–58. Frankfurt a. M.

Oevermann, Ulrich. 1996a. Theoretische Skizze einer revidierten Theorie professionalisierten Handelns. In *Pädagogische Professionalität. Untersuchungen zum Typus pädagogischen Handelns*, Hrsg. Arno Combe und Werner Helsper, 70–132. Frankfurt a. M.: Suhrkamp.

Oevermann, Ulrich. 1996b. *Vorlesungen zur Einführung in die soziologische Sozialisationstheorie*. Frankfurt a. M.: unv. Vorlesungstranskript (Erstveröffentlichung 1995).

Oevermann, Ulrich. 1997. Literarische Verdichtung als soziologische Erkenntnisquelle: Szenische Realisierung der Strukturlogik professionalisierten ärztlichen Handelns in Arthur Schnitzlers Professor Bernhardi. In *Konfigurationen Lebensweltlicher Strukturphänomene*, Hrsg. Michael Wicke, 276–335. Opladen: Leske & Budrich.

Oevermann, Ulrich. 2000. Die Methode der Fallrekonstruktion in der Grundlagenforschung sowie der klinischen und pädagogischen Praxis. In *Die Fallrekonstruktion. Sinnverstehen in der sozialwissenschaftlichen Forschung*, Hrsg. Klaus Kraimer, 58–156. Frankfurt a. M.: Suhrkamp.

Oevermann, Ulrich. 2001a. Die Soziologie der Generationenbeziehungen und der historischen Generationen aus strukturalistischer Sicht und ihre Bedeutung für die Schulpädagogik. In *Pädagogische Generationsbeziehungen*, Hrsg. Rolf-Torsten Kramer, Werner Helsper, und Susann Busse, 78–126. Opladen: Leske & Budrich.

Oevermann, Ulrich. 2001b Die Struktur sozialer Deutungsmuster – Versuch einer Aktualisierung. *Sozialer Sinn* 1:35–81.

Oevermann, Ulrich. 2003. Ein Modell der Struktur von Religiosität. Zugleich ein Strukturmodell von Lebenspraxis und sozialer Zeit. In *Atheismus und religiöse Indifferenz*, Hrsg. Christel Gärtner, Detlef Pollack, und Monika Wohlrab-Sahr, 339–387. Wiesbaden: Springer.

Oevermann, Ulrich. 2004a. Adorno als empirischer Sozialforscher im Blickwinkel der heutigen Methodenlage. In *Die Lebendigkeit der kritischen Gesellschaftstheorie*, Hrsg. Andreas Gruschka und Ulrich Oevermann, 189–234. Wetzlar: Büchse der Pandora.

Oevermann, Ulrich. 2004b. Sozialisation als Prozess der Krisenbewältigung. In *Sozialisationstheorie interdisziplinär – Aktuelle Perspektiven*, Hrsg. Dieter Geulen und Hermann Veith, 155–181. Stuttgart: Lucius & Lucius.

Oevermann, Ulrich. 2009. ‚Get Closer': Bildanalyse mit den Verfahren der objektiven Hermeneutik am Beispiel einer Google Earth-Werbung. In *Geo-Visiotype. Zur Werbegeschichte der Telekommunikation*, Hrsg. Jörg Döring, 129–177. Siegen: Universitätsverlag.

Oevermann, Ulrich. 2014. Sozialisationsprozess als Dynamik der Strukturgesetzlichkeit der ödipalen Triade und als Prozesse der Entstehung von Neuen. In *Wie wir zu dem werden, was wir sind*, Hrsg. Detlef Garz und Boris Zizek, 15–69. Wiesbaden: Springer VS.

Oz, Amos. 2002. *Eine Geschichte von Liebe und Finsternis*. Frankfurt a. M.: Suhrkamp.

Parsons, Talcott. 1981. *Sozialstruktur und Persönlichkeit*, 4., unver. Aufl. Frankfurt a. M.: Fachbuchhandlung für Psychologie.

Parsons, Talcott. 1999. *Sozialstruktur und Persönlichkeit*. Eschborn: Klotz.

Peirce, Charles S. 1976. *Schriften zum Pragmatismus und Pragmatizismus*. Frankfurt a. M.: Suhrkamp.

Perec, Georges. 2017. *Die dunkle Kammer. 124 Träume*. Berlin: Diaphanes.

Peter, Claudia. 2006. *Dicke Kinder. Fallrekonstruktionen zum sozialen Sinn der juvenilen Dickleibigkeit*. Bern: Huber.

Peukert, Almut. 2015. *Aushandlung von Paaren zur Elternzeit*. Wiesbaden: VS Springer.

Piaget, Jean. 1974. *Weisheit und Illusionen der Philosophie*. Frankfurt a. M.: Suhrkamp.

Piaget, Jean. 1983. *Meine Theorie der geistigen Entwicklung*. In: Fatke, Reinhard, Hrsg. Frankfurt a. M.: Fischer.

Plessner, H. 1950. *Lachen und Weinen. Eine Untersuchung der Grenzen menschlichen Verhaltens*. München: Lehnen (Erstveröffentlichung 1941).

Plessner, Helmuth. 1982. *Elemente menschlichen Verhaltens*. In: Ders., *Mit anderen Augen. Aspekte einer philosophischen Anthropologie*. Stuttgart: Reclam.

Pollmann, Arnd. 2015. *Integrität. Aufnahme einer sozialphilosophischen Personalie*. Transcript: Bielefeld.

Popitz, Heinrich. 2011. *[1966–1967]: Allgemeine Soziologische Theorie*. Konstanz: University Press.

Przyborski, Aglaja, und Monika Wohlrab-Sahr. 2008. *Qualitative Sozialforschung*. München: Oldenbourg.

Revel, Jacques, und Jean-Claude Passeron, Hrsg. 2005. *Penser par cas*. Paris: Editions de l'Ecole des Hautes Etudes en Sciences Sociales.

Rickert, Heinrich. 1986. *Kulturwissenschaft und Naturwissenschaft*. Stuttgart: Reclam (Erstveröffentlichung 1899).

Ritter, Bertram. 2003. Piet Mondrian ‚Komposition im Quadrat' (1922). Eine kunstsoziologische Werkanalyse. *Sozialer sinn* 2:295–312.

Rosenbaum, Heide. 1992. *Proletarische Familien*. Frankfurt a. M.: Suhrkamp.

Rosenthal, Gabriele. 1999. Die Shoah im intergenerationellen Dialog: zu den Spätfolgen der Verfolgung in Drei-Generationen-Familien. In *Überleben der Shoah – und danach. Spätfolgen der Verfolgung aus wissenschaftlicher Sicht*, Hrsg. Alexander Friedman, Elvira Glück, und David Vyssoki, 68–88. Wien: Picus.

Rosenthal, Gabriele. 2001. Transgenerationelle Folgen von Verfolgung und von Täterschaft: Familien von Überlebenden der Shoah Familien und von Nazi-Tätern. In *Körper, Seele, Trauma: Biologie, Klinik und Praxis*, Hrsg. Annette Streeck-Fischer, Ulrich Sachsse, und Ibrahim Özkan, 174–206. Göttingen: Vandenhoeck & Ruprecht.

Rupp, Marina, und Andrea Dürnberger. 2010. Wie kommt der Regenbogen in die Familie? Entstehungszusammenhang und Alltag von Regenbogenfamilien. In *Die gleichgeschlechtliche Familie mit Kindern. Interdisziplinäre Beiträge zu einer neuen Lebensform*, Hrsg. Dorett Funcke und Petra Thorn, 61–98. Bielefeld: Transcript.

Rupp, Marina, und Bernd Eggen. 2011. Gleichgeschlechtliche Paare und ihre Kinder. Hintergrundinformationen zur Entwicklung gleichgeschlechtlicher Lebensformen in Deutschland. Verbreitung, Institutionalisierung und Alltagsgestaltung. In *Zeitschrift für Familienforschung*, Hrsg. Marina Rupp, Sonderheft 7, 23–37.

Ruprecht, Anja. 2004. *„Nicht von schlechten Eltern"*, Diplomarbeit, unv.

Sauer, Stefanie. 2018. *Bikulturelle Adoptivfamilien in Deutschland. Herausforderungen für Kinder, Eltern und Fachkräfte*. Leverkusen: Budrich.

Scheffer, Thomas. 2002. Das Beobachten als sozialwissenschaftliche Methode. Von den Grenzen der Beobachtbarkeit und ihrer methodischen Bearbeitung. In *Qualitative Forschung in den Gesundheits- und Pflegewissenschaften*, Hrsg. Doris Schaeffer und Gabriele Müller-Mundt, 351–374. Bern: Huber.

Schelsky, Helmut. 1953. *Wandlungen der Familie in der deutschen Gegenwart*. Dortmund: Ardey.

Schelsky, Helmut. 1955. *Soziologie der Sexualität: Über die Beziehungen zwischen Geschlecht, Moral und Gesellschaft*. Reinbek: Rowohlt.

Schelsky, Helmut. 1957. *Die skeptische Generation. Eine Soziologie der deutschen Jugend, Düsseldorf*. Köln: Eugen Diederichs.

Schleiermacher, Friedrich Daniel Ernst. 1977. Frank, *Hermeneutik und Kritik. Mit einem Anhang sprachphilosophischer Texte Schleiermachers*, Hrsg. Manfred Frank. Frankfurt a. M.: Suhrkamp.

Schmeiser, Martin. 2003. *Missratene Söhne und Töchter: Verlaufsformen des sozialen Abstiegs in Akademikerfamilien*. Konstanz: UVK.

Schneider, David M. 1961. Introduction: The Distinctive Features of Matrilineal Descent Groups. In *Matrilineal Kinship*, Hrsg. David M. Schneider und Kathleen Gough, 1–29. Berkeley: University of California Press.

Schneider, Gerald. 1994. Sozialwissenschaftliche Hermeneutik und ‚strukturale' Systemtheorie. Zu den Grenzen und Entwicklungsmöglichkeiten der ‚objektiven Hermeneutik'. In *Die Welt als Text. Theorie, Kritik und Praxis der objektiven Hermeneutik*, Hrsg. Detlef Garz und Klaus Kraimer, 153–194. Frankfurt a. M.: Suhrkamp.

Schobin, Janosch. 2011. Sorgende Freunde. Fragen an eine andere Lebensform. *Mittelweg 36*, 20(1):24–42.

Scholtz, Gunter. 1995. *Ethik und Hermeneutik. Schleiermachers Grundlegung der Geisteswissenschaften*. Frankfurt a. M.: Suhrkamp.

Schütz, Alfred. 1972. Der Fremde. Ein sozialpsychologischer Versuch. In *Gesammelte Aufsätze, Bd. II: Studien zur soziologischen Theorie*, Hrsg. v Arvid Brodersen, 53–69. Den Haag: Martinus Nijhoff.

Schwab, Dieter. 1975. Familie. In *Geschichtliche Grundbegriffe*, Hrsg. Otto Brunner, Werner Conze, und Reinhart Koselleck, Bd. 2, 253–301. Stuttgart: Klett-Cotta.

Searle, John R. 1983. *Sprechakte. Ein sprachphilosophischer Essay*. Frankfurt a. M.: Suhrkamp.
Searle, John R. 1991. *Intentionalität. Eine Abhandlung zur Philosophie des Geistes*. Frankfurt a. M.: Suhrkamp.
Searle, John R. 2012. *Wie wir die soziale Welt machen – Die Struktur der menschlichen Zivilisation*. Frankfurt a. M.: Suhrkamp.
Seel, Martin. 1993. Ethik und Lebensformen. In *Gemeinschaft und Gerechtigkeit*, Hrsg. Micha Brumlik und Hauke Brunkhorst, 244–259. Frankfurt a. M.
Seiffge-Krenke, Inge. 2014. Identität im Wandel und therapeutische Herausforderungen. *Forum Psychoanalyse* 1:85–108.
Shibutani, Tamotsu. 1955. Reference Groups as Perspectives. *AJS* 6:562–569.
Sieder, Reinhard. 1987. *Sozialgeschichte der Familie*. Frankfurt a. M.: Suhrkamp.
Sieder, Reinhard. 1997. Besitz und Begehren, Erbe und Elternglück. Familien in Deutschland und Österreich. In *Geschichte der Familie*, Band 4, Hrsg. André Burguière, Christiane Klapisch-Zuber, Martine Segalen, Françoise Zonabend, 211-284. Darmstadt: Wissenschaftliche Buchgesellschaft.
Simmel, Georg. 1992. *Soziologie. Untersuchungen über die Formen der Vergesellschaftung*. Frankfurt a. M.: Suhrkamp (Erstveröffentlichung 1908).
Speck, Sarah. 2016. Bilder und Bürde. Funktionen und Transformationen von Mutterschaft. In *Nicht ohne (m)eine Mutter. (Queer-)Feministische Perspektiven auf vertikale Beziehungen im Kontext von Mütterlichkeit*, Hrsg. Maya Dolderer, Hannah Holme, Jerzak Claudia, Ann-Madeleine Tietge, 26–46. Münster: Westfälisches Dampfboot.
Starn, Rudolph. 1973. Historische Aspekte des Krisenbegriffs. In *Politische Systemkrisen*, Hrsg. Martin Jänicke, 52–69. Köln: Kiepenheuer & Witsch.
Stelzl-Marx, Barbara, und Silke Satjukow, Hrsg. 2015. *Besatzungskinder. Die Nachkommen alliierter Soldaten in Österreich und Deutschland, Kriegsfolgen-Forschung*, Bd. 7. Weimar: Böhlau.
Stern, Daniel N. 1998. *Die Mutterschafts-Konstellation*. Stuttgart: Klett-Cotta.
Sterne, Lawrence. 1964. *Das Leben und die Ansichten Tristram Shandys*. Leipzig: Paul List (Erstveröffentlichung 1759).
Stierlin, Helm. 2001. *Das erste Familiengespräch*. Stuttgart: Klett-Cotta.
Strathern, Marilyn. 1992. *Reproducing the future. Anthropology, kinship, and new reproductive technologies*. New York: Routledge.
Strauss, Anselm L. 1978. *Negotiations. Varieties, contexts, processes and social order*. San Francisco: Jossey Bass.
Strauss, Anselm L. 1994. *Grundlagen qualitativer Sozialforschung*. München: Fink.
Strauss, Anselm L. 1995. *Analysis through microscopic examination*, Ms.
Streeck, Wolfgang. 2009. Von der gesteuerten Demokratie zum selbststeuerndem Kapitalismus. Die Sozialwissenschaften in der Liberalisierung. *WestEnd* 6 (1):13–33.
Stuhr, Ulrich, und Deneke, Friedrich-Wilhelm, Hrsg. 1993. *Die Fallgeschichte. Beiträge zu ihrer Bedeutung als Forschungsinstrument*. Heidelberg: Asanger.
Süßmann, Johannes. 2007. Einleitung: Perspektiven der Fallstudienforschung. In *Fallstudien: Theorie – Geschichte – Methode*, Hrsg. Johannes Süßmann, Susanne Scholz, und Gisela Engel, 7–27. Frankfurt a. M.: trafo.
Süßmann, Johannes, Susanne Scholz, und Gisela Engel, Hrsg. 2007. *Fallstudien: Theorie - Geschichte – Methode*. Frankfurt a. M.: trafo.

Teuteberg, Hans Jürgen. 1983. Zur Genese und Entwicklung historisch-sozialwissenschaftlicher Familienforschung in Deutschland. In *Ehe, Liebe, Tod. Zum Wandel der Familie, Geschlechts- und Generationsbeziehungen in der Neuzeit*, Hrsg. Peter Borscheid und Hans-Jürgen Teuteberg, 15–85. Münster: Franz Coppenrath.

Thompson, Charis. 2005. *Making parents. The ontological choreography of reproductive technologies*. Cambridge: MIT Press.

Tolstoi, Leo. 2015. *Anna Karenina*, 5. Aufl. München: dtv (Erstveröffentlichung 1877/1878).

Trotha, Trutz von. 1994. Pluralisierung familialer Lebenswelten? Einleitung. *Soziologische Revue*, Sonderheft 3, Soziologie familialer Lebenswelten, 55–60.

Tyrell, Hartmann. 1978. Die Familie als ‚Urinstitution': neuerliche spekulative Überlegungen zu einer alten Frage. *Kölner Zeitschrift für Soziologie und Sozialpsychologie* 4 (1978): 611–651.

Tyrell, Hartmann. 1979. Familie und gesellschaftliche Differenzierung. In *Familie – Wohin? Leistungen, Leistungsdefizite und Leistungswandlungen der Familie in hochindustrialisierten Gesellschaften*, Hrsg. Helge Pross, 13–77. Reinbek bei Hamburg: Rowohlt.

Ullmann, Hans-Peter. 1995. *Das Deutsche Kaiserreich 1871–1918*. Frankfurt a. M.: Suhrkamp.

Vance, J. D. 2017. *Hillbilly-Elegie. Die Geschichte meiner Familie und einer Gesellschaft in der Krise*. Berlin: Ullstein.

Waldenfels. 1997. *Topographie des Fremden. Studien zur Phänomenologie des Fremden*. Frankfurt a. M.: Suhrkamp.

Weber, Max. 1988. *Gesammelte Aufsätze zur Wissenschaftslehre*, 7. Aufl. Tübingen (Erstveröffentlichung 1922).

Weinrich, Harald. 2007. *Textgrammatik der deutschen Sprache*, 4. Aufl. Hildesheim: Georg Olms.

Wenzl, Thomas, und Andreas Wernet. 2015. Fallkonstruktion statt Fallrekonstruktion, Zum methodologischen Stellenwert der Analyse objektiver Daten. *Sozialer Sinn* 1:85–101.

Wernet, Andreas, 2009. *Einführung in die Interpretationstechnik der Objektiven Hermeneutik*. Wiesbaden: VS Verlag (Erstveröffentlichung 2000).

Wernet, Andreas. 2018. Wie kommt man zu einer Fallstrukturhypothese? In *Vom Fall zur Theorie – Auf dem Pfad der rekonstruktiven Sozialforschung*, Hrsg. Dorett Funcke und Thomas Loer, 57–84. Wiesbaden: Springer.

Willer, Stefan, Sigrid Weigel, und Bernhard Jussen. 2013. Erbe, Erbschaft, Vererbung. In *Erbe – Übertragungskonzepte zwischen Natur und Kultur*, Hrsg. Stefan Willer, Sigrid Weigel, und Bernhard Jussen. 7–36. Frankfurt a. M.: Suhrkamp.

Windelband, Wilhelm. 1911. *Präludien. Aufsätze und Reden zur Philosophie und ihrer Geschichte*, Bd. 2. Tübingen: Mohr (Siebeck).

Winkler, Michael. 2012. *Erziehung in der Familie. Innenansichten des pädagogischen Alltags*. Stuttgart: Kohlhammer.

Wolff, Stephan. 2010. Wege ins Feld und ihre Varianten. In *Qualitative Forschung. Ein Handbuch*, Hrsg. Uwe Flick, Ernst von Kardorff, und Ines Steinke, 334–349. Reinbek bei Hamburg: Rowohlt.

Zehentreiter, Ferdinand. 2001. Systematische Einführung. Die Autonomie der Kultur in Ulrich Oevermanns Modell einer Erfahrungswissenschaft der sinnstrukturierten Welt. In

Materialität des Geistes. Zur Sache Kultur – Im Diskurs mit Ulrich Oevermann, Hrsg. Roland Burkholz, Christel Gärtner, und Ferdinand Zehentreiter, 11–104. Weilerswist: Velbrück.

Zehentreiter, Ferdinand. 2019. *Adorno. Spurlinien seines Denkens. Eine Einführung.* Frankfurt a. M.: Wolke.

Zizek, Boris. 2012. *Probleme und Formationen des modernen Subjekts – Zu einer Theorie universaler Bezogenheiten.* Wiesbaden: VS-Verlag.

Zonabend, Françoise. 1996. Über die Familie. Verwandtschaft und Familie aus anthropologischer Sicht. In *Geschichte der Familie,* Hrsg. André Burguière, Christiane Klapisch-Zuber, Martine Segalen, Françoise, Bd. 1, 17–90. Frankfurt a. M.: Campus.

The manufacturer's authorised representative in the EU is Springer Nature Customer Service Centre GmbH, Europaplatz 3, 69115 Heidelberg, Germany. If you have any concerns regarding our products, please contact ProductSafety@springernature.com

Printed and bound by CPI Group (UK) Ltd, Croydon, CR0 4YY

23/03/2026

02076747-0010